Academia de Ciencias Políticas y Sociales

LIBRO HOMENAJE AL DOCTOR LUIS COVA ARRIA

Conmemorativo del 25 aniversario de la especialización
en Derecho de la Navegación y Comercio Exterior
del Centro de Estudios de Postgrado de la Facultad de Ciencias
Jurídicas y Políticas de la Universidad Central de Venezuela

TOMO I

COORDINADORES:
RAFAEL BADELL MADRID
ENRIQUE URDANETA FONTIVEROS
SALVADOR YANNUZZI RODRÍGUEZ

Editorial Jurídica Venezolana International
2020

CARACAS / VENEZUELA

A12

Academia de Ciencias Políticas y Sociales
Libro Homenaje al Doctor Luis Cova Arria. Conmemorativo del 25 aniversario de la Especialización en Derecho de la Navegación y Comercio Exterior del Centro de Estudios de Postgrado de la Facultad de Ciencias Jurídicas y Políticas de la Universidad Central de Venezuela / Rafael Badell Madrid; Enrique Urdaneta Fontiveros y Salvador Yannuzzi Rodríguez (Coordinadores); prólogo Humberto Romero-Muci.-- Caracas: Academia de Ciencias Políticas y Sociales, 2020.
3 tomos

Depósito Legal: DC2020000971
ISBN de la obra completa: 978-980-416-021-9
Tomo I: 978-980-416-022-6
Tomo II: 978-980-416-023-3
Tomo III: 978-980-416-028-8

1. DERECHO MARÍTIMO 2. DERECHO ADMINISTRATIVO MARÍTIMO 3. JURISDICCIÓN MARÍTIMA 4. COMERCIO EXTERIOR I Título

Depósito legal: DC2020000971
Tomo I: 978-980-416-022-6

ACADEMIA DE CIENCIAS POLÍTICAS Y SOCIALES
Avenida Universidad, Bolsa a San Francisco,
Palacio de las Academias
Caracas 1121-A
Teléfonos: (0212) 482.88.45 - 482.86.34
Fax: (0212) 483.26.74
e-mail: academiadecienciaspoliticas@gmail.com
Página Web: www.acienpol.org.ve
Biblioteca "Andrés Aguilar Mawdsley"
Telefax: (0212) 481.60.35
Servicio on line:
Sistema de Cooperación Jurídica: www.scjuridica.org.ve
Centro de Investigaciones Jurídicas
Teléfono: (0212) 377.33.58
Servicio on line:
Proyecto Ulpiano: www.ulpiano.org.ve

Diseño de portada: Evelyn Barboza V.
Diseño de caricatura: Roberto Weil
Diagramación: Oralia Hernández
Impreso en Venezuela

UCAB

COMITE MARITIMO VENEZOLANO
Asociación Venezolana de Derecho Marítimo
(Comité Marítimo Nacional)
Afiliado al Comité Marítimo Internacional

Universidad Central de Venezuela
Facultad de Ciencias Jurídicas y Políticas
Centro de Estudios de Postgrado
ESPECIALIZACION EN DERECHO DE LA NAVEGACIÓN Y COMERCIO EXTERIOR
25 aniversario

CMI
1897

Luis Cova Arria

PRÓLOGO AL LIBRO HOMENAJE A LUIS COVA ARRIA: UN JURISTA *IMPRESCINDIBLE*.

Los hombres que se esfuerzan una vez son hombres buenos, los hombres que se esfuerzan muchas veces son hombres mejores, pero los hombres que se esfuerzan toda la vida son los hombres ***imprescindibles***[1].

La Academia de Ciencias Políticas y Sociales celebra jubilosa la valiosa iniciativa de rendir homenaje a la obra científica y docente del colega y amigo Académico Luis Cova Arria, individuo de número y ex presidente de esta centenaria corporación. Un ***jurista imprescindible***.

Con este libro homenaje honramos la *vigencia* y la *trascendencia* del pensamiento de Luis Cova Arria para el Derecho venezolano y para el derecho marítimo y el comercio internacional en particular. Un libro que representa no solo un homenaje, sino una auténtica "*ofrenda a la amistad*", realizada por un conspicuo grupo de colegas académicos, discípulos y amigos invitados a participar en esta merecido tributo.

Este proyecto homenaje contó desde el comienzo con la bendición marítima: ***llevó buen viento y buena mar.*** Recibió el apoyo unánime de los individuos de número de la Academia de Ciencias Políticas y Sociales y con ello el impulso enérgico ***a sotavento*** bajo la acertada dirección de los académicos Enrique Urdaneta Fontiveros, Rafael Badell Madrid y Salvador Yannuzzi y la coordinación ejecutiva de la abogada Patricia Martínez de Fortoul. Sin lugar a duda, una combinación que garantizó el éxito de su ejecutoria, medido en términos de las instituciones que se sumaron al auspicio de la obra y la receptividad de la convocatoria. A ello se agrega la magnética personalidad y la respetable ejecutoria del homenajeado, que atrajo un aluvión de aportes expresado en afecto, gratitud y respeto de sus discípulos, colegas maritimistas y compañeros académicos.

---

1 ***Cfr***. Eugen Berthold Friedrich "Bertolt" Brecht.

El libro homenaje reúne 65 artículos en 3 tomos para un total de más de 2000 páginas. En estos 3 tomos se desarrollan temas fundamentalmente de derecho marítimo y de comercio exterior. También se incluyen estudios sobre temas jurídicos variados en materias tan distintas como el derecho constitucional, administrativo, mercantil y civil, internacional privado, tributario y aduanero, procesal y arbitraje, historia, ciencias políticas y filosofía del derecho.

Lo más impresionante: El eficiente esfuerzo de ensamblaje de esta obra homenaje. Tomó escasos 9 meses de trabajo de los organizadores y de los participantes, en medio de las vicisitudes de la pandemia del Covid-19. Algo muy digno y consistente con la personalidad del homenajeado.

El Profesor Luis Cova Arria es un integrante de esa ***minoría selecta*** de hombres, que se distinguen por una vida esforzada, dispuesto siempre a superarse a sí mismo, a trascender de lo que es hacia lo que se propone como deber y exigencia, como compromiso y responsabilidad.

Luis Cova Arria cumple un rol estelar en el Derecho Privado venezolano en los últimos treinta años del siglo XX, y en los veinte años de este siglo XXI. El profesor Cova Arria es el gran Almirante del Derecho Marítimo venezolano. Es aquí donde volcó su energía creadora, su ciudadanía responsable y digna, su admirable vitalidad al servicio del país. Desde finales de los años setenta, al regresar al país luego de cursar sus estudios de postgrado en la Facultad de Derecho de la Universidad de Nueva York, culminados en 1974, dictó conferencias que hablaban sobre la necesaria reforma del derecho marítimo venezolano. Y no se conformó sólo con decirlo, trabajó incansablemente hasta lograrlo.

En efecto, fundó la Asociación Venezolana de Derecho Marítimo[2] en el año 1977 cuyo objetivo es el estudio, desarrollo, reforma y divulgación del Derecho Marítimo, y la afilió al Comité Marítimo Internacional (CMI). Impulsó la reforma de la legislación marítima venezolana, elaborando el Proyecto de Ley Orgánica de la Navegación y Comercio por Agua (PLONCA) y presentándolo al Congreso de la República en 1986. Posteriormente retoma ese proyecto como Presidente del Comité Mercantil a cargo de la reforma de la legislación marítima venezolana

2 https://www.avdm-cmi.com/historia

en el año 2000, presentando para su promulgación el Proyecto de Ley de Comercio Marítimo venezolana actualmente vigente.

Luis Cova Arria fundó hace 25 años los estudios de postgrado en Derecho de la Navegación y Comercio Exterior en el Centro de Estudios de Postgrado de la Facultad de Ciencias Jurídicas y Políticas de la UCV[3]. Aniversario que conmemoramos también con la publicación de este libro. Allí dictó las cátedras de Nociones Básicas del Derecho de la Navegación y Comercio Exterior y continúa como su Coordinador. Es Miembro titular del Comité Marítimo Internacional y el primer latinoamericano en formar parte de su Comité Ejecutivo. Fue también Vicepresidente por Venezuela del Instituto Iberoamericano de Derecho Marítimo.

Representó a Venezuela como delegado oficial en diversas conferencias internacionales sobre temas de derecho marítimo como transporte marítimo, privilegios e hipotecas navales, conocimientos de embarque y salvamento.

Pero su visión de lo que debe ser el derecho marítimo no termina en nuestro país. Su incansable trabajo por la necesaria armonización del derecho marítimo le llevó a plantear el ambicioso Proyecto de Ley Modelo Marítima Iberoamericana en la Asamblea del Instituto Iberoamericano de Derecho Marítimo, celebrada en la Isla de Margarita en el año 2006[4].

En la cátedra puso de manifiesto la calidad de sus ideas, su capacidad de hacer comprensibles los complicados marcos teóricos del derecho marítimo y del comercio internacional, así como su liderazgo en la recepción y difusión cultural. Tengo el honor de haber presentado su obra **"Derecho internacional incluyendo el comercio electrónico"**, editado por esta corporación bajo el número 92 de la serie estudios. Un libro fruto del estudio y de la experiencia de nuestro autor por más de 40 años de trayectoria docente y profesional. Una contribución trascendental al estudio del derecho mercantil internacional en Venezuela.

---

3 Ver, Cova Arria, Luis, "25 años de enseñanza del Derecho Marítimo en la Universidad Central de Venezuela", en *I Foro virtual panhispánico la enseñanza del derecho marítimo*, lunes, 31 de agosto de 2020, inédito.

4 http://www.luiscovaa.com/publicaciones.asp

Luis Cova Arria es un fino jurista hecho a pulso en la fragua del trabajo digno y comprometido, pero también un gran abogado, porque ambos ingredientes por seguro no vienen juntos. Domina los conocimientos científico-técnicos que requiere su especialidad, pero también dispone de una gran cultura y sensibilidad para las ideas, que requiere una vida plena. Su obra es también una lección de humanismo. Representa el compromiso del intelectual con su tiempo y con su sociedad.

Luis Cova Arria es un numerario ***imprescindible*** en la Academia de Ciencias Políticas y Sociales. Fue presidente de la Corporación entre los años 2013 y 2015. Se recuerda con admiración su contagioso entusiasmo, su dinámico liderazgo y su eficiente ejecutoria en el umbral del centenario de la corporación. Tengo la satisfacción de haber servido como secretario de la junta directiva que presidió y el privilegio de que él profirió el discurso de bienvenida en el acto de mi incorporación académica en 2006.

Su generosidad y fe en las nuevas generaciones de juristas son signo de especial admiración de la personalidad académica del homenajeado. Él ha promovido a muchísimos discípulos través del conocimiento y la participación gremial, para empoderarlos como hacedores del presente y del futuro del país.

En épocas de regresión y primitivismo, de hemiplejia moral, frente al genocidio de las instituciones jurídicas de cada día, la trayectoria de excelencia en la obra intelectual y la intachable ejecutoria personal de Luis Cova Arria nos compromete e inspira en la lucha por restaurar la civilidad, el Estado de Derecho y los principios republicanos.

Hoy este proyecto homenaje llegó a "buen puerto". Sólo me resta agradecer a todos los participantes en este esfuerzo académico, tanto organizadores como colaboradores. Es una oportunidad estelar para dar muestra de nuestro respeto, admiración y afecto por ***Luis Cova Arria: un jurista imprescindible.***

Humberto Romero-Muci
Presidente de la Academia de Ciencias Políticas y Sociales
Aguafría, 27 de septiembre de 2020

PRESENTACIÓN

Es para mí muy honroso presentar esta obra en homenaje al profesor Luis Cova Arria, Individuo de Número y Expresidente de esta Corporación.

La iniciativa de este Libro Homenaje fue una decisión unánime de la Academia de Ciencias Políticas y Sociales adoptada en la sesión ordinaria del 5 de noviembre de 2019. De inmediato se conformó una comisión organizadora integrada por los académicos Rafael Badell Madrid, Salvador Yannuzzi Rodríguez y mi persona. La Secretaría Ejecutiva del libro estuvo a cargo de la profesora Patricia Martínez de Fortoul quien en todo momento prestó su significativa y valiosa colaboración en las actividades de la Comisión para llevar adelante esta publicación.

Luego se sumaron a este justo homenaje, como coauspiciadores institucionales, la Asociación Venezolana de Derecho Marítimo, el Instituto Iberoamericano de Derecho Marítimo, el Comité Marítimo Internacional, el Centro de Postgrado de la Facultad de Ciencias Jurídicas y Políticas de la Universidad Central de Venezuela y la Facultad de Derecho de la Universidad Católica Andrés Bello.

Una máxima que podría servir de poderosa introducción para el libro que hoy presentamos nos fue legada por ese genio indiscutible de la lírica y el teatro alemán Johann von Goethe (1749-1832): "*No basta saber, se debe también aplicar. No es suficiente querer, se debe también hacer*."

Pareciera que esta sentencia hubiese sido el *motto* de vida del doctor Luis Cova Arria, el homenajeado en estas páginas. Su existencia es una evidencia palpable de que el saber siempre ha estado junto al hacer. Prueba de ello es que este texto, en donde se reúnen trabajos que comportan el tratamiento de temas de gran significación y actualidad jurídica, es un reconocimiento por la celebración, en este turbulento año 2020, de los 25 años de la creación de la Especialización en Derecho de la Navegación y del Comercio Exterior, dictado en el Postgrado de la Facultad de Ciencias Jurídicas y Políticas de la Universidad Central de Venezuela, de la cual el doctor Cova Arria ha sido su propulsor fundamental y su dedicado coordinador.

Esta especialización, cuyas bodas de plata son ocasión propicia para adentrarse en el fascinante campo de los problemas del mar, ha contribuido significativamente al desarrollo de la doctrina jurídico-marítima venezolana. Allí se han formado expertos y técnicos en el comercio exterior y en el Derecho de la Navegación que han sabido aplicar las particulares fórmulas jurídicas del Derecho Marítimo, como son las relativas a compraventas marítimas, los *incoterms*, los sujetos de la navegación -el capitán, el agente naviero, el armador y el procedimiento de la responsabilidad del armador -, la copropiedad naval, el embargo de buques, los privilegios e hipotecas navales, los contratos de utilización del buque, especialmente los de transporte de mercancías y de pasajeros, los riesgos de la navegación, los abordajes y el salvamento, las averías, los seguros marítimos, etc. De su seno ha salido un contingente de profesores de Derecho Marítimo y de especialistas en el comercio exterior, de sólida formación, que contribuyen día a día a la solución de los problemas marítimos que aquejan a nuestro país.

Fundador de los estudios sobre Derecho Marítimo en Venezuela y jurista que ha dejado su huella indeleble en la evolución de esta disciplina de las ciencias jurídicas en nuestro país, el Dr. Cova Arria ha sido miembro de la Academia de Ciencias Políticas y Sociales desde el 21 de marzo de 2000 cuando fue electo. Su trabajo de incorporación titulado "*La responsabilidad civil derivada de derrames de hidrocarburos*" versó sobre un tema del más alto interés para nuestro país, sobre el cual se han adoptado numerosos convenios internacionales de indiscutible trascendencia. El 19 de febrero de 2013 Cova Arria fue elegido presidente de la Academia. Durante dos años dirigió con acierto los destinos de la corporación, defendiendo dignamente la autonomía, objetivos e independencia de la Academia, los derechos humanos, la institucionalidad democrática y el Estado de Derecho. La Junta Directiva presidida por Cova Arria se esforzó por proyectar la Academia, nacional e internacionalmente, reforzando sus vínculos con las Universidades, Colegios de

Abogados y Asociaciones especializadas de Derecho. Durante su gestión se intensificaron las labores de digitalización de las publicaciones jurídicas venezolanas y su puesta a disposición de los investigadores, docentes, estudiantes y estudiosos del Derecho, a través de la plataforma de la página web de la Academia. El acento en las nuevas tecnologías, la búsqueda de la modernidad y la digitalización de los contenidos hablaba de un académico dispuesto a seguir los designios del tiempo y pensar en el mañana antes que en el ayer.

Nacido como Luis del Valle Cova Arria, nuestro homenajeado llegó a esta vida simultáneamente con el hálito que insuflaba a una Venezuela en sus primeros pasos rumbo a la democracia. El general López Contreras al suceder al general Gómez hacía un gesto de enorme valor simbólico: colgaba el uniforme y se presentaba como gobernante civil. Algo cambiaba en el país. El 23 de diciembre de 1937 es la fecha de nacimiento del doctor Cova Arria. Era hijo de un respetado y apreciado hombre de leyes, el doctor Luis Cova García, quien fuera profesor de la Universidad Central de Venezuela, miembro de la Academia Mejicana de Ciencias Penales, asesor legal de la Asociación de Escritores de Venezuela y Juez de la República, y de doña Obdulia Arria Herrera de Cova, dama de ilustre prosapia y por cuyo linaje el Dr. Cova Arria se emparenta con relevantes hombres de mar. Fueron cuatro los hijos nacidos de aquel hogar.

Luis, el primogénito, ha formado familia con la distinguida dama doña Moraima Franco González y fruto de ese hogar son los cuatro vástagos que hoy prodigan nuevos herederos, extendiendo la estirpe.

Luis Cova Arria obtuvo su grado de Abogado en la Universidad Central de Venezuela en 1961, con la mención *Magna Cum Laude*. Posteriormente, el 3 de agosto de 1963, esa misma universidad le confirió el título de Doctor en Derecho con la presentación de la tesis "*Presupuestos de la quiebra en el derecho venezolano*", bajo la tutoría del egregio jurista Roberto Goldschmidt. Obtuvo el Master en Jurisprudencia Comparada en el Instituto de Derecho Interamericano de la Universidad de New York en 1974, con la presentación de la tesis "*The doctrine of forum non conveniens and basis of juridiction in Venezuela*". En la Universidad de Nueva York participó en 1973 – 1974 en el Curso de

Derecho Marítimo dictado por el profesor Nicholas J. Healy, jurista de reconocido prestigio y uno de los más insignes exponentes de la doctrina moderna de Derecho Marítimo a nivel mundial.

Siguiendo las huellas de su mentor el profesor Healy, la actividad profesional, académica y docente de Cova Arria se ha orientado hacia el Derecho Marítimo.

Desde 1962 ha ejercido exitosamente en el sector privado su profesión de abogado, con especial énfasis en el Derecho Comercial Internacional y en el Derecho de la Navegación, sin que ello le haya impedido dedicar largas horas a la docencia universitaria, la investigación y la redacción de obras jurídicas y proyectos de leyes.

El doctor Cova Arria ha tenido una dilatada trayectoria docente: desde 1965 hasta 1972 dictó clases de Derecho Mercantil en la Universidad Central de Venezuela; también fue profesor de Derecho Marítimo (1971-1995) en la Especialización en Derecho Mercantil del Centro de Estudios de Postgrado de la Facultad de Ciencias Jurídicas y Políticas de esa misma Universidad. Desde 1995 se desempeña como Profesor y Coordinador Académico del Curso de Especialización de Derecho de la Navegación y Comercio Exterior en esa Facultad. Ha sido profesor invitado de las Facultades de Derecho de las Universidades de El Salvador y Buenos Aires (Argentina), El Rosario (Colombia), San Marcos (Perú) y Nueva York (Estados Unidos de América).

La producción jurídica de Cova Arria es abundante y sólida. Ha publicado un libro bajo el título *La Responsabilidad Civil Derivada de Derrames de Hidrocarburos* y un manual sobre *Comercio Internacional y Comercio Electrónico* con comentarios, casos y materiales para la más fácil consulta de los estudiantes y profesionales del Derecho. Es además autor de numerosos artículos publicados en revistas jurídicas, en obras colectivas y en libros homenaje, tanto en Venezuela como en el extranjero.

El profesor Cova Arria ha sido protagonista de primer orden en múltiples conferencias, congresos, seminarios y eventos, nacionales e internacionales, en donde se abordan diversos problemas que se presentan en la actividad comercial marítima, portuaria y aduanera, se analizan temas controversiales y se elaboran recomendaciones que han orientado las decisiones de nuestros tribunales y contribuido al desarrollo armónico del Derecho Marítimo venezolano.

Numerosas son también las asociaciones profesionales vinculadas al Derecho Marítimo que lo han tenido como propagandista o fundador: en 1977 se constituyó la Asociación Venezolana de Derecho Marítimo (Comité Marítimo Venezolano), de la cual Cova Arria fue uno de sus fundadores y su primer presidente. Es Miembro Titular del Comité Marítimo Internacional desde 1977, habiendo sido el primer latinoamericano designado Miembro de su Consejo Ejecutivo (1994); Miembro del *Standing Committee* de la Organización Internacional de Arbitrajes Marítimos de la Cámara Internacional de París. Fue fundador y vicepresidente por Venezuela del Instituto Iberoamericano de Derecho Marítimo (IIDM) y director de su Centro de Arbitraje Marítimo (CEAMAR), habiendo sido uno de los redactores y firmantes de los Estatutos del IIDM y del Reglamento de Arbitraje del CEAMAR.

El aporte de Cova Arria al desarrollo y modernización del Derecho Marítimo en Venezuela es indiscutible. Mención especial merece en ese sentido la tesonera actividad desplegada en la redacción del cuerpo de leyes marítimas actualmente vigentes en nuestro país.

Atendiendo una solicitud del antiguo Congreso de la República, a mediados de 1980, el Instituto de Derecho Privado de la Facultad de Ciencias Jurídicas y Políticas de la Universidad Central de Venezuela le encomendó al profesor Cova Arria la coordinación y redacción de un proyecto de ley que sustituyera al vetusto Libro II del Código de Comercio sobre el comercio marítimo cuyas normas, inspiradas en las Ordenanzas de Luis XIV de 1640 y reproducidas en el Código de Comercio francés de 1807, abordaban la regulación de la navegación y del comercio por agua tal como se practicaban en la época de la navegación a vela.

En cumplimiento de este encargo, Cova Arria realizó durante varios años un trabajo de investigación y redacción de un proyecto de ley orgánica de la navegación denominado *Proyecto de Ley Orgánica de la Navegación y Comercio por Agua*, conocido por sus iniciales "*PLONCA*". El proyecto fue presentado formalmente en un evento convocado por la misma Facultad de Ciencias Jurídicas y Políticas en el año 1987.

Nuestras leyes eran pretéritas, antiguas, superadas. Trabajábamos con una legislación con más de un siglo de distancia y el mundo había cambiado. Había evolucionado. Se imponía una modernización de nuestra legislación marítima. En ese sentido, el *PLONCA* incorporó los principios fundamentales de las convenciones internacionales sobre Derecho Marítimo, así como las soluciones impuestas por la navegación y el tráfico moderno, adaptadas a las modalidades de nuestros puertos.

Después de haber sido ampliamente discutido con los sectores interesados en el comercio marítimo, el *PLONCA* fue presentado en 1987 al antiguo Congreso de la República. Debido a su importancia doctrinaria y alto grado de perfección técnica y su carácter novedoso, el proyecto recibió los más favorables comentarios de los eximios juristas José Domingo Rey de Argentina, José Luis Goñi de España, Víctor Pulido Méndez y Alfredo Morles Hernández de Venezuela. De todo ello se da cuenta en la Revista N°72 de la Facultad de Ciencias Jurídicas y Políticas de la Universidad Central de Venezuela.

El texto preparado por el doctor Cova Arria adquirió la categoría de Proyecto de Ley, pero no llegó a discutirse en el Congreso Nacional puesto que otras materias captaron la atención prioritaria de los legisladores, pasando el proyecto a dormir el sueño de los justos. Sin embargo, el *PLONCA* fue el antecedente inmediato que sirvió de base para la redacción de nuestra Ley de Comercio Marítimo, cuyo anteproyecto también tuvo a su cargo el doctor Cova Arria en su carácter de presidente del Comité de Derecho Mercantil designado por el Ejecutivo Nacional para elaborarlo.

Para la preparación del Proyecto de Decreto-Ley de Comercio Marítimo, el Comité sostuvo incontables reuniones de trabajo con las distintas organizaciones vinculadas al mundo marítimo y examinó las diversas propuestas presentadas por dichas organizaciones, contribuyendo eficazmente el doctor Cova Arria a la estructuración del articulado final del proyecto que recoge la mayoría de las convenciones internacionales de Derecho Marítimo y reglas adoptadas por el Comité Marítimo Internacional, así como las más modernas tendencias doctrinarias y orientaciones jurisprudenciales sobre la materia.

Como el *PLONCA* fue originalmente concebido como un Código de la Navegación, incorporó los principios fundamentales y las normas generales de carácter mercantil, administrativo, procesal y de derecho internacional privado relativas a todo tipo de navegación (marítima, fluvial, portuaria y lacustre). De ahí que su articulado sirvió de base no solo para la redacción del Decreto-Ley sobre Comercio Marítimo de 2001[1] sino también para buena parte de las disposiciones del Decreto-Ley sobre Espacios Acuáticos e Insulares[2], el Decreto-Ley General de Marina y Actividades Conexas[3] y el Decreto-Ley de Procedimientos Marítimos[4] que entraron en vigencia en 2001.

El producto del trabajo coordinado por el doctor Cova Arria, distante de filiación ideológica y cercano al compromiso nacional, generó una de las legislaciones marítimas más modernas y funcionales del continente, que fue recibida con entusiasmo por la comunidad marítima en general y sirvió de ejemplo para que otros países actualizaran y pusieran al día sus ordenamientos sobre la navegación.

Con la promulgación de este cuerpo de leyes en 2001, Venezuela pasó a tener un derecho marítimo autónomo, separado del Derecho Mercantil, del cual había sido un simple apéndice desde que se promulgó nuestro primer Código de Comercio el 15 de febrero de 1862.

Aunque nuestro ordenamiento marítimo es moderno y de avanzada, en Venezuela no hay actualmente interés político por implementarlo. Como bien dijo Albert Einstein: "*Nada destruye más el respeto por el Gobierno y por la ley de un país que la aprobación de leyes que no pueden ponerse en ejecución*". El comercio marítimo, como el resto de la actividad económica y comercial, ha sufrido los embates de la crisis

---

1 El Decreto-Ley sobre Comercio Marítimo fue derogado por la Ley de Comercio Marítimo publicada en la Gaceta Oficial No. 38.351 de fecha 5 de enero de 2006.

2 El Decreto-Ley sobre Espacios Acuáticos e Insulares de 2001 fue derogado por la Ley Orgánica de Espacios Acuáticos e Insulares de fecha 20 de diciembre de 2002 la cual, a su vez, fue derogada por el Decreto con rango de Ley Orgánica de los Espacios Acuáticos publicado en la Gaceta Oficial No. 6.153 Extraordinario del fecha 18 de noviembre de 2014.

3 El Decreto-Ley General de Marina y Actividades Conexas fue modificado por la Ley General de Marinas y Actividades Conexas del 2002, la cual fue derogada por el Decreto-Ley de Marina y Actividades Conexas publicado en la Gaceta Oficial No.6.153 Extraordinario de fecha 18 de noviembre de 2014.

4 El Decreto-Ley de Procedimientos Marítimos fue publicado en la Gaceta Oficial No. 5.554 Extraordinario de fecha 13 de noviembre de 2001.

sin precedentes que ha devastado al país. El comercio con Venezuela ha disminuido dramáticamente. Pero cuando las condiciones mejoren, tendremos ya un gran camino andado pues disponemos del marco legal e institucional adecuado y contamos con los instrumentos propios del Derecho de la Navegación para un vigoroso reflorecimiento del comercio marítimo.

Hoy tenemos la gran satisfacción de presentar esta obra colectiva en tres volúmenes. Además del prólogo del doctor Humberto Romero-Muci, presidente de la Academia de Ciencias Políticas y Sociales, y de las palabras introductorias del profesor Christopher O. Davis, presidente del Comité Marítimo Internacional, esta obra consta de 65 estudios preparados por académicos, profesores universitarios y especialistas, nacionales y extranjeros. La mayoría de los trabajos se concentran en el régimen del Derecho de la Navegación, lo que era de esperarse por ser ésta la materia a la que el profesor Cova Arria le ha dedicado décadas de estudio como docente, académico y abogado. También se recibieron importantes contribuciones sobre otras áreas del derecho, como derecho constitucional, administrativo, civil, comercial internacional, penal, tributario, internacional público y privado, solución de controversias, derecho y contabilidad, lenguaje y derecho, historia y otros temas de interés general.

Sus autores dedican con gusto y afecto al emérito homenajeado el libro que tiene en sus manos el lector y lo publican con la confianza de que contribuya efectivamente a la difusión de temas jurídicos de gran relevancia.

En nombre de la Comisión Organizadora nuestro sincero agradecimiento a los colaboradores por el esfuerzo y tiempo dedicado a la elaboración de sus artículos, los cuales constituyen autorizada doctrina sobre la materia tratada en cada uno de ellos.

El Dr. Luis Cova Arria es una figura relevante de nuestra modernidad, de nuestro futuro. Su obra, aún en tránsito, permite pensar en el porvenir de un país, lleno de esperanza y capacidad de crecimiento. Su labor, grande desde el aula universitaria y memorable desde el fruto palpable, nos permite siquiera imaginar una mejor Venezuela. Este libro intenta rescatar y ponderar esa memoria. Esperamos que lo logre.

Hay una obra inobjetable y valiosa amparada en el nombre de Luis Cova Arria: pensar, querer, luchar y hacer, como decía Goethe. La herencia es enorme. Para los pupilos y discípulos, muchos en cantidad, la mesa está servida. Manos a la obra.

Enrique Urdaneta Fontiveros
Caracas, 15 de septiembre de 2020

LIMINAR

Es motivo de gran satisfacción para mí, tanto a nivel personal y en mi capacidad de Presidente del Comité Marítimo Internacional, prologar una obra escrita con la contribución de diversos autores destacados, para homenajear a mi gran amigo y colega Luis Cova Arria.

De los distintos especialistas, precursores y promotores del derecho marítimo a nivel global y especialmente en el continente latinoamericano, pocos merecen este homenaje más que Luis.

Luis Cova Arria es, sin duda, el precursor del derecho marítimo venezolano en su versión moderna.

Ilustre caraqueño y abogado venezolano, se graduó de la emblemática Universidad Central de Venezuela *Magna Cum Laude* en 1963.

Se interesó por el derecho marítimo hace más de medio siglo, cuando en Venezuela pocos se habían percatado de su existencia.

Estudió el derecho marítimo en Nueva York cuando cursaba su Máster en Jurisprudencia Comparada a principios de los años 70 en la Universidad de Nueva York, y lo hizo nada más y nada menos que bajo la tutela del gran Nicholas J. Healy, el abogado marítimo más destacado y reconocido de Norteamérica.

Al regresar a Venezuela de sus estudios en Nueva York, fundó la Asociación Venezolana de Derecho Marítimo en el año 1977, convocando a un grupo de abogados, marinos y personas del medio de la época a que contribuyeran con esta iniciativa y enseguida, incorporó a la Asociación Venezolana de Derecho Marítimo al Comité Marítimo Internacional.

Casi medio siglo después, la semilla que Luis sembró al fundar la Asociación Venezolana de Derecho Marítimo y hacerla parte del Comité Marítimo Internacional, ha germinado en forma vigorosa y robusta, con muy pocos casos susceptibles a igualarla en el ámbito latinoamericano.

Por la Asociación Venezolana de Derecho Marítimo han pasado más de una docena de presidentes desde que Luis la fundó. Es una Asociación, que ha llegado a tener más de doscientos miembros y que, aún con las dificultades que Venezuela ha experimentado a través de las últimas dos décadas, ha mantenido y continúa manteniendo una intensa vida interna, así como una significativa participación en el Comité Marítimo Internacional.

Es también miembro fundador del Instituto Iberoamericano de Derecho Marítimo.

Desde 1994 hasta 2003, Luis Cova Arria fue además, Consejero del Comité Ejecutivo del Comité Marítimo Internacional y primer venezolano en hacerlo, sucediendo a los maestros José Domingo Ray de Buenos Aires, Argentina y Eugenio Cornejo de Valparaiso, Chile, dos grandes maritimistas de Latinoamérica, quienes fueron sus grandes amigos.

Contribuyó significativamente con la unificación del derecho marítimo internacional, con diversas iniciativas durante su paso por el Consejo Ejecutivo del Comité Marítimo Internacional. A la vez, gracias a él, otro venezolano, Aurelio Fernández-Concheso, pasa a ser el segundo que forma parte de este órgano esencial en el funcionamiento del Comité Marítimo Internacional.

Así pues, una de las obras preeminentes de Luis en el derecho marítimo es, sin duda, la Asociación Venezolana de Derecho Marítimo y su activa participación en el Comité Marítimo Internacional.

Pero Luis ha hecho mucho más por el derecho marítimo.

A principios del siglo XXI, Venezuela fue uno de los primeros países latinoamericanos en modernizar su legislación marítima, adecuándola a los tiempos del nuevo siglo, generando una moderna autoridad y sistema de registro de buques y una jurisdicción marítima especializada, que solamente Panamá y Venezuela se pueden jactar de tener en el continente latinoamericano.

Esa legislación es también, en parte, hechura de Luis Cova Arria.

En efecto, su idea de modernizar la legislación marítima venezolana surgió mucho antes, con su proyecto de Ley Orgánica de la Navegación, conocido como PLONCA, para el cual Luis tomó inspiración en la legislación argentina y las enseñanzas del maestro Ray.

Fue esa iniciativa, la que permitió más tarde la concreción de una legislación marítima moderna como la tiene Venezuela hoy.

Más allá del derecho marítimo, como el jurista integral que es, Luis ha tenido una intensa actividad académica en Venezuela. Es fundador de la Especialización en Derecho de la Navegación en la Universidad Central de Venezuela, por la que han pasado numerosas promociones y cuyos 25 años de fundada se conmemoran también con esta obra.

También en lo académico, es miembro de la prestigiosa Academia de Ciencias Políticas y Sociales de Venezuela de la que han formado y forman parte hoy los más prestigiosos abogados de ese país y fue su Presidente entre 2013 y 2015.

Pero lo más resaltante en Luis, aparte de todos estos logros, ha sido su excelente condición humana y la formación de una familia extraordinaria a través del tiempo que es apreciada en la sociedad venezolana, con su distinguida esposa Moraima Franco de Cova, 4 hijos y 13 nietos.

Nadie mejor entonces para recibir este homenaje que mi gran amigo y colega Luis Cova Arria, cuya contribución al derecho marítimo venezolano, latinoamericano y global es amplia, extensa y verdaderamente trascendente.

En nombre del Comité Marítimo Internacional, su Comité Ejecutivo y el mío propio como su Presidente, le rindo merecido honor.

Christopher O. Davis
New Orleans, Louisiana
29 de julio de 2020

ÍNDICE

LIBRO HOMENAJE AL DOCTOR LUIS COVA ARRIA

Conmemorativo del 25 aniversario de la especialización en Derecho de la Navegación y Comercio Exterior del Centro de Estudios de Postgrado de la Facultad de Ciencias Jurídicas y Políticas de la Universidad Central de Venezuela

TOMO I

DERECHO ADMINISTRATIVO MARÍTIMO

RIESGOS DE LA NAVEGACIÓN Y CONTAMINACIÓN MARÍTIMA

JURISDICCIÓN MARÍTIMA, PROCEDIMIENTOS MARÍTIMOS, PRIVILEGIOS Y EMBARGO DE BUQUES

TOMO II

CONTRATOS DE UTILIZACIÓN DEL BUQUE Y TRANSPORTE DE MERCANCÍAS

INTERNACIONALISMO Y UNIFICACIÓN DEL DERECHO MARÍTIMO

COMERCIO EXTERIOR

DERECHO CONSTITUCIONAL

DERECHO ADMINISTRATIVO

DERECHO CIVIL Y DERECHO INTERNACIONAL PRIVADO

JURISDICCIÓN, ARBITRAJE, MEDIACIÓN Y DERECHO INTERNACIONAL PÚBLICO

TOMO III

DERECHO TRIBUTARIO Y ADUANERO

DERECHO PENAL

HISTORIA

VARIOS

EPÍGRAFE

TOMO I
DERECHO MARÍTIMO

• PRÓLOGO

• PRESENTACIÓN

• LIMINAR

• TEMAS GENERALES DE DERECHO MARÍTIMO

• DERECHO ADMINISTRATIVO MARÍTIMO

• RIESGOS DE LA NAVEGACIÓN Y CONTAMINACIÓN MARÍTIMA

• JURISDICCIÓN MARÍTIMA, PROCEDIMIENTOS MARÍTIMOS, PRIVILEGIOS Y EMBARGO DE BUQUES

TEMAS GENERALES DE DERECHO MARÍTIMO

DERECHO MARÍTIMO: RAMA PRECURSORA DEL DERECHO

ALBERTO C. CAPPAGLI*

AGRADECIMIENTO

Agradezco a la Academia de Ciencias Políticas y Sociales de Venezuela, su invitación a participar en este libro de homenaje a mi querido amigo Luis Cova Arria, con quien desde la Conferencia del Comité Marítimo Internacional de Río de Janeiro del año 1977, he compartido numerosas reuniones académicas y me he beneficiado de su conocimientos, y gozado con mi esposa Marta –a quien el Señor llamó mientras escribía estas líneas– de la amistad de Moraima y de Luis.

* Doctor en Ciencias Jurídicas por la Pontificia Universidad Católica Argentina – Abogado por la Universidad de Buenos Aires – Presidente de la Asociación Argentina de Derecho Marítimo – Miembro Titular del Comité Marítimo Internacional – Ex profesor de Derecho de la Navegación en la Facultad de Derecho de la Universidad de Buenos Aires – Socio retirado y actualmente Consultor de Marval, O'Farrell & Mairal (Buenos Aires).

INTRODUCCIÓN

El derecho marítimo en la antigüedad

La navegación se practicó por egipcios, caldeos, asirios, fenicios y griegos, desde muchos siglos antes de la era cristiana, y esto debió haber generado costumbres que se deberían haber sido fijado en leyes[1], pero que no han tenido trascendencia significativa, al punto que el primer capítulo su *Colección de Leyes Marítimas anteriores al siglo XVIIIe.*, ha recibido de J. M. Pardessus[2] lleva como título *"Des Peuples ancien dont il n'existe aucun monument de legislation maritime"*.

Esto no significa olvidar que en su reseña sobre la historia del derecho marítimo, Antonio Brunetti[3] dice que se suele mencionar el Código de Hammurabi, que se remonta al 2100 a. C. y contiene algunas normas relacionadas con las construcciones navales, los fletes, los acuerdos sobre enrolamiento, la responsabilidad del transportista, etcétera[4]. A su vez, Ripert menciona que el derecho romano no tuvo importancia considerable en la historia del derecho marítimo, aunque refiere un título del Digesto: *De lege Rhodia de Jactu*[5].

La Edad Media

Las actuales instituciones del derecho de la navegación –tradicionalmente llamado derecho marítimo, denominación que aún se mantiene en muchos países[6]– datan de la Edad Media, cuando nacieron,

---

1 Raymundo L. Fernández, *Código de Comercio de la República Argentina comentado. Tratado de derecho comercial en forma exegética*, t. IV, Buenos Aires, 1952, p. 60.

2 J. M., Pardessus, *Collection de lois maritime antérieurs a XVIIIe. sciecle, dédiée au* Roi, Imprime par autorisation royale, a'la Imprimerie Royal, MCXXXIII.

3 Brunetti, Antonio, *Derecho marítimo privado*, versión española anotada por R. Gay de Montellá, t. I, Bosch Casa Editorial, Barcelona, 1950, pp. 79-110.

4 *Ibídem*, p. 80.

5 Georges Ripert, *Droit maritime*, t. I, quatrième edition, Editions Rousseau et Cia., París, 1950, p. 82.

6 En la Argentina y diversos otros países, el derecho de la navegación regula tanto la navegación marítima como la fluvial y la lacustre. Sin embargo hay países, incluso del llamado derecho continental, como España y Francia, que tienen una regulación específica para la navegación marítima y entonces aluden al "derecho marítimo". Esta denominación también es usada en nuestro país, aunque últimamente con menos frecuencia, tanto por la doctrina como por la jurisprudencia, probablemente porque hasta bien avanzado el siglo XX, los autores y la jurisprudencia local recurrian con bastante frecuencia a la literatura jurídica española y francesa, además de a la italiana.

entre otras, tres grandes recopilaciones de costumbres y sentencias: el Consulado del Mar, los Roles de Oleron y las Leyes de Visby[7].

Refiriéndose al Consulado del Mar, a las Leyes o Reglas de Wiby y a los Roles de Oléron, Paul Chauveau destaca el asombro que produce el parecido con que ellas tratan las distintas instituciones del derecho marítimo[8].

En tal sentido, Pardessus ha mencionado la uniformidad, señalándola como de la esencia del derecho marítimo, independiente del transcurso del tiempo, de las revoluciones y de las rivalidades nacionales[9]. Este autor ha resaltado que el interés común universal de los navegantes forma "*por así decirlo, una sola familia*", cuyo espíritu no cambia a través de las demarcaciones territoriales y habla del sentido hospitalario que ofrece a los extranjeros las mismas garantías que a los nacionales.

Pardessus ha usado a Roma como ejemplo del interés común de los navegantes que, no obstante el muy desarrollado derecho civil romano y a considerarse los señores del mundo, adoptaron la legislación rhodia, pese a que –nuevamente en palabras del mismo Pardessus– provenía de un "*país tributario*"[10].

Refiriéndose a la uniformidad del derecho marítimo, ese autor ha sostenido –según mi criterio, sensatamente– que el peor código civil sería el que se destinara a todos los pueblos del mundo, sin tener en cuenta las diversas tradiciones, costumbres e idiosincrasias, en tanto que el peor código marítimo sería el destinado a un pueblo determinado y a sus intereses[11].

La Ordenanza de la Marina de 1681

A partir del siglo XVII comienza la codificación[12]. Los usos y los estatutos emanados de las ciudades y de las corporaciones, fueron des-

---

7 Frédéric Sohr, *Le droit maritime et son unificaction internationale*, Veuve Ferdinand Larcier, Editeur, Bruxelles, 1914, p. 25.

8 Paul Chaveau, "La unificación del derecho marítimo y el C.M.I.", en *Revista Española de Derecho Marítimo*, nº 5, Enero-Marzo, 1964, p. 10.

9 Pardessus, *Colletion…*, obra citada, t. I, p. 2.

10 *Ibídem,* p. 17.

11 *Ibídem*, p. 3.

12 Codificación, en el sentido de crear un cuerpo de normas sistemáticas que regulan una materia.

plazados por las normas escritas dictadas para establecer la unidad del derecho dentro de los respectivos reinos.

Francia dio el primer gran paso en materia de codificación con su Ordenanza de la Marina de 1681. Brunetti la menciona como *"...el prototipo de la moderna codificación del derecho marítimo [en la que] al lado de las instituciones de derecho privado, se halla toda la materia del derecho público y procesal*"[13].

La Ordenanza se compone de cinco Libros. El Libro Primero está dedicado al almirantazgo y su jurisdicción, incluyendo –entre otros aspectos– la competencia de los jueces de almirantazgo, los cónsules de Francia en el exterior, las sentencias y su ejecución, y el embargo y venta de buques y la distribución de su precio; el Libro Segundo se ocupa de las personas, (entre ellas) el capitán, el piloto, el contramaestre, el cirujano, los marineros, los propietarios de buques, los carpinteros y calafateadores) y de las naves; el Libro Tercero legisla sobre los contratos marítimos (como los de fletamento), los conocimientos y pólizas, el flete, los préstamos a la gruesa, los seguros, las averías y la contribución, las presas y cartas patente, y los testamentos y sucesiones de quienes mueren en el mar; el Libro Cuarto se refiere a la policía de puertos, costas, radas y riveras de mar; y el Libro Quinto trata de la pesca en el mar.

Como se aprecia, la Ordenanza legisló sobre los diversos aspectos de la navegación y si bien, según su Preámbulo, fue dictada para facilitar y aumentar el comercio, (considerado por el mismo Preámbulo como una de las principales fuentes de la felicidad de los pueblos), mantuvo al derecho marítimo independiente del derecho mercantil terrestre, que ya había sido objeto de la Ordenanza de 1673. Con la reunión de las disposiciones referidas a la navegación en su Ordenanza de la Marina de 1681, Francia reafirmó –al decir de Ripert– el particularismo del derecho marítimo[14].

El Código de Comercio francés de 1807

También fue Francia la que opacó el particularismo del derecho marítimo. La Revolución Francesa suprimió la jurisdicción de almirantazgo y puso las causas marítimas bajo la competencia de los tribunales

13 Brunetti, obra citada, t. I, p. 99.

14 Georges Ripert, *Droit maritime* quatrième édition, t. I, Éditions Rousseau et Cie., Paris, 1950, p.52, nº 53.

de comercio. Luego su Código de Comercio de 1807 –que entrara en vigor en 1808– incluyó el derecho marítimo en el Libro II que, si bien en los aspectos de derecho privado siguió a la Ordenanza de la Marina de 1681, dejó de lado sus normas de derecho público.

El camino iniciado por Francia en el siglo XIX fue seguido por diversos países europeos e iberoamericanos, enfocados (aunque no exclusivamente) en la actividad comercial y la navegación marítima, e incluyendo las respectivas regulaciones en los códigos de comercio, varios de ellos aún en vigor.

Sin embargo, aunque diversos códigos hayan apuntado (y aún apuntan) a la actividad mercantil y a la navegación marítima, esta tendencia no fue (ni es) uniforme. La República Argentina incluyó la regulación de la navegación en el Libro III de su Código de Comercio sancionado en 1882[15], que fue reformado en 1889[16]. El Libro III se titulaba "De los derechos y obligaciones que resultan de la navegación" y se aplicaba a todo tipo de navegación (marítima, fluvial y lacustre) cualquiera fuera su propósito (mercantil, científico, de esparcimiento y deporte), al igual que su similar de la República Oriental del Uruguay de 1886[17].

El Código de Comercio francés, directa o indirectamente inspiró a los Códigos de Comercio españoles del siglo XIX, a varios otros códigos europeos, a algún código africano y también asiático, y a la mayoría de los códigos iberoamericanos. Entre los códigos de comercio iberoamericanos del siglo XIX –algunos ya derogados y otros modificados– Brunetti señala los de la República Dominicana, Ecuador y El Salvador, que directamente adoptaron el código francés, en tanto que entre los que se inspiraron en mayor o menor medida en el francés, Brunetti menciona los códigos de comercio de la Argentina, Chile,

15 La República Argentina adoptó en 1862 el Código de Comercio que la Provincia de Buenos Aires sancionara en 1859 y fuera redactado por el jurista argentino Dalmacio Vélez Sarsfield y el jurista uruguayo Eduardo Acevedo. Cuando el código fue sancionado por la Provincia de Buenos Aires, ésta estaba separada de la República Argentina. El Código adoptado por la República en 1862 fue modificado en 1889 y también con posterioridad y además se dictaron leyes complementarias, incluyendo la Ley de la Navegación, que sustituyó casi íntegramente el Libro III. Finalmente, el Código de Comercio del siglo XIX fue derogado y sustituido por el actual Código Civil y Comercial en vigor desde el 1º de agosto de 2015, que mantuvo la vigencia de la Ley de la Navegación.

16 También hubo reformas posteriores y se dictaron leyes complementarias.

17 El Uruguay también adoptó el Código de la Provincia de Buenos Aires de 1859.

Colombia, Costa Rica, Guatemala, México, Nicaragua, el Perú, el Uruguay y Venezuela[18].

Actualmente diversos países –sin perjuicio de adoptar soluciones modernas– han adoptado rasgos fundamentales de la Ordenanza Marítima de 1681, cubriendo tanto los aspectos de derecho público como de derecho privado, y fueron más allá al incluir en el mismo cuerpo legislativo tanto la navegación marítima, como la fluvial y la lacustre, incluyendo la navegación que se practica con cualquier propósito (comercial, científica, de pesa, de esparcimiento, etc., salvo la navegación de buques militares y de policía). En esta línea destaco el Código de la Navegación de Italia de 1942, la Ley de la Navegación argentina de 1973 y la Ley de Navegación Marítima española de 2014, las que también señalan expresamente la autonomía del derecho de la navegación.

Además de la relativa uniformidad internacional que ello generó, hasta el siglo XIX el derecho marítimo también mantuvo uniformidad a través del tiempo[19], lo que le confirió un carácter fuertemente tradicionalista.

La uniformidad del derecho marítimo a través del tiempo

Según Brunetti, "*mientras ha durado la navegación a vela, podía afirmarse que el derecho marítimo había atravesado siglos sin envejecer*"[20]. A ello contribuían las bases económicas y técnicas de la navegación, y también "*la índole particularista que lo sustraía a las influencias políticas y sociales que casi siempre actúan como factores de graduales transformaciones", mientras que sobre el "derecho terrestre [...] han operado las revoluciones políticas*"[21].

En el siglo XIX se inició la etapa de la navegación a vapor, que se generalizó en el siglo XX. Entonces el derecho de la navegación comenzó a perder su relativa inmutabilidad[22].

En el siglo XX también aparecieron otros notables adelantos técnicos que impactaron sobre la navegación, el comercio y el derecho

---

18 Antonio Brunetti, *Derecho marítimo privado*, t. I, versión española anotada por R. Gay de Montellá, Bosch, Casa editorial, Barcelona, 1950, p. 107.

19 Ibídem, p. 38

20 Antonio Brunetti, *Derecho marítimo privado italiano*, t. I, versión española anotada por R. Gay de Montellá, Bosch, Casa Editorial, Barcelona, 1950, p. 45.

21 Idem.

22 Brunetti, obra citada, t. I, p. 45; Ray, obra citada, t. I, p. 39.

marítimo. Estas novedades técnicas implicaron importantes cambios en la explotación naviera, la que dejó de estar sujeta a los vientos y a la incomunicación.

La telegrafía sin hilos, aunque dependiendo de operadores, permitió la comunicación con los buques en navegación, comunicación que se agilizó enormemente y se volvió en instantánea, entre persona y persona, con las comunicaciones satelitales.

Aunque sus facultades legales no fueron eliminadas, las comunicaciones modificaron drásticamente el ejercicio de las funciones del capitán. Actualmente sería sorprendente que el capitán procediera a vender el buque o la carga en puertos alejados, por carecer de fondos para continuar el viaje. Las comunicaciones hoy permiten que el capitán esté en contacto directo y personal con los armadores, y también permiten las transferencias de fondos casi instantáneas a bancos del lugar en el que se encuentra el buque.

Las comunicaciones también posibilitan, por ejemplo, que el capitán mantenga constantemente informado al armador sobre la navegación y obtenga asesoramiento inmediato en cuestiones técnicas y en cuestiones médicas.

La relación de los armadores con sus agentes en los diversos puertos, también se ven facilitadas por las comunicaciones instantáneas.

La estadía de los buques en los puertos se ha abreviado. Por un lado, el cada vez más elevado costo de los buques lleva a abreviar las estadías para no mantener inmovilizados los capitales que significan las naves actuales. Por otro lado, la difusión del uso de contenedores, las modernas facilidades portuarias para operar con ellos, y también la modernización de las instalaciones portuarias para operar con cargas a granel, han contribuido significativamente para abreviar las estadías en los puertos.

Todo ello, los volúmenes de carga que se operan y las gestiones burocráticas que implican la entrada, permanencia y salida de los buques de los puertos, ha llevado que las gestiones comerciales y administrativas que desarrollaba el capitán como representante del armador[23] en

[23] Estas gestiones no sólo se desarrollan desde que el buque entra a puerto hasta que zarpa, sino que muchas de ellas comienzan antes de la llegada (por ejemplo, la contratación de prácticos y de remolcadores, los pedidos de muelle y de amarradores, entre otros) y terminan después de la zarpada.

gran medida hoy queden a cargo del agente marítimo, de modo que aunque el capitán conserve las facultades que le asigna la legislación, en la práctica muchas han sido transferidas al agente marítimo, que también tiene asignada la representación del armador.

Así es que el capitán, que solía cumplir esas funciones, hoy –sin que la ley haya cercenado sus facultades– prácticamente concentra su actividad en la navegación y en la dirección del buque.

La navegación no sólo se ha beneficiado de los enormes progresos de las comunicaciones, sino también de los avances técnicos en el diseño y construcción de los buques, y en sus equipos.

Los buques que a fines del siglo XIX y principios del XX dejaron la vela para ser impulsados por máquinas a vapor, hoy se valen de derivados de hidrocarburos. Los cascos que durante siglos eran construidos con madera, ahora se construyen de acero.

El radar permite la detección y localización temprana de buques y obstáculos, y advertir riesgos de colisión, de modo que constituye un equipo muy beneficioso para la seguridad de la navegación. Los hoy coloquialmente conocidos como GPS, que complementado con cartas electrónicas, constituyen una ayuda inestimable para la navegación segura, ubicando la posición del buque con notable precisión, con lo que se evita el uso del sextante, que no es de fácil manejo y requiere de un cielo razonablemente despejado para su utilización. En muchas zonas, la sonda ecoica también es de gran utilidad para una navegación segura.

Si bien hoy el capitán cuenta con equipos que facilitan la navegación segura, hay nuevos factores de riesgo que requieren cada vez más atención al capitán y a los oficiales. La cantidad de buques navegando tiende a crecer, y también tiende a crecer el tamaño de los buques y el volumen de la carga a bordo. Además, se suelen seguir rutas de navegación cada vez más concurridas de modo que el riesgo de colisiones también aumenta. Si bien el capitán ha visto aliviadas sus tareas comerciales y burocráticas, siguen pesando sobre él las relativas a la navegación.

Se puede decir que los progresos técnicos y la evolución de la actividad naviera no quitaron su carácter tradicional al derecho marítimo, que –manteniendo su tradicionalismo– convive perfectamente con los progresos que la técnica aportó a la navegación y con los modernos desarrollos del comercio marítimo.

Ramas y soluciones de las que el derecho de la navegación es precursor

El derecho marítimo fue y es precursor de soluciones jurídicas adoptadas por otras ramas del derecho.

Si bien no tiene la antigüedad del derecho civil, cuyos conceptos estructurales se remontan al derecho romano[24], ni tampoco constituye la que podríamos llamar columna vertebral del derecho privado, en algunos aspectos el derecho de la navegación es un verdadero precursor[25] de los institutos jurídicos que hoy integran otras ramas del derecho.

Es indiscutible que el derecho marítimo –a diferencia del derecho civil– no es la principal rama del derecho privado ni tampoco del derecho público. Por el contrario, el derecho marítimo se sirve de las grandes ramas del derecho.

¿Qué sería del derecho marítimo si no existiera un derecho civil que estableciera las nociones de acciones, actos jurídicos, capacidad, competencia, contratos, culpa, daños resarcibles, dolo, domicilio, fianza, fraude, instrumento privado, instrumento público, nulidad, obligaciones, posesión, prescripción, privilegios, responsabilidad civil, uso, vicios ocultos, violencia? Y parecidas preguntas se podrían hacer respecto de institutos del derecho público.

Ahora bien, pese a que no constituye la columna vertebral del derecho, el derecho marítimo es precursor de institutos jurídicos y soluciones que fueron recogidas por otras ramas del derecho, tales como las que se ocupan de la relación entre empleadores y trabajadores bajo relación de dependencia, del régimen legal del seguro, y de la protección

---

24 El derecho romano impactó fuertemente en Europa, particularmente en la Europa continental. Sobre el impacto del derecho romano en Europa, ver: Koschaker, P. *Europa y el derecho romano*, versión completa y directa del alemán por José Santa Cruz Teijeiro, Editorial Revista de Derecho Privado, Madrid, 1955. En pp. 318-320, esta obra hace referencia especial a Francia, y recordemos la influencia que su derecho civil tuvo influencia en los códigos del XIX. Por ejemplo, Dalmacio Vélez Sarsfield, que fue quien proyectara el hoy derogado Código Civil argentino mencionó a los códigos del siglo XIX, a los comentaristas del código francés y al derecho de Roma, entre otras numerosas fuentes (Ricardo Zorraquín Becú, *Historia del derecho argentino*, t. II, primera edición, tercera reimpresión, Editorial Perrot, Buenos Aires, 1985, p. 381).

25 Según el *Diccionario de la Real Academia Española*, "*precursor*" significa "*que precede (// va delante)" y "precede" significa "ir adelante en el tiempo, orden o lugar*".

del ambiente y de la responsabilidad civil por los daños ambientales; y en el futuro cercano es probable que se deban incluir en esta lista la responsabilidad civil por los daños derivados de la robótica aplicada a los llamados buques autónomos y de los buques gobernados remotamente desde tierra.

¿Qué es lo que ha llevado al derecho de la navegación a ser precursor de soluciones adoptadas por otras ramas del derecho?

Creo que la respuesta a esta pregunta es que en el campo de la navegación se presentaron tempranamente situaciones que sólo más tarde aparecieron en otras actividades, tales como la protección de los marinos, el seguro, la necesidad de cuidar el ambiente marino y la necesidad de que a las víctimas de la contaminación marina causada desde buques se les aseguren indemnizaciones serias y eficazmente ejecutables.

El saber de los juristas es un saber práctico, de modo que es natural que los juristas busquen las soluciones que acompañen las necesidades y progresos de cada actividad que desarrolla la comunidad.

EL DERECHO LABORAL MARÍTIMO Y LA PROTECCIÓN DE LOS TRABAJADORES

Las normas laborales del derecho marítimo en la Edad Media

La necesidad de una razonable protección legal de los navegantes, se ha puesto de manifiesto tempranamente (o ha sido reconocida tempranamente) en el derecho marítimo.

Siempre –y particularmente en la época de la navegación a vela– los marinos han desempeñado un trabajo sacrificado. Este trabajo no sólo los aleja de sus familias, de sus amigos y de sus ambientes, sino que también los llevan a vivir en espacios limitados y en contacto sólo con el reducido grupo de personas que navegan a bordo del mismo buque. Por otro lado, aunque hoy diversos factores atenúan los peligros del mar, estos no han desparecido. A la inseguridad de la navegación en sí –exposición a tormentas, a grandes cambios de climas y, aún hoy, a ataques de enemigos y de piratas– se suma que deben aceptar la dureza de la disciplina de a bordo y afrontar enfermedades y accidentes sin contar con asistencia médica inmediata.

Es cierto que durante muchos siglos la vida de quienes hoy llamamos trabajadores en relación de dependencia ha sido dura, pero la generalidad de ellos no estaba sometida a los peligros, al aislamiento y a la dureza tan extremos como los que debían soportar los navegantes.

Se ha considerado que dar protección legal a los navegantes fue un modo de alentar a la gente para servir a bordo y que constituía una herramienta para atraer a los trabajadores hacia el mar[26].

En la Edad Media, ya se encontraban en el Consulado del Mar[27] capítulos[28] que protegían a de los marineros, además de los que les imponían y regulaban sus obligaciones. En los párrafos que siguen hago ligeras referencias a las disposiciones del Consulado del Mar, con el propósito de dar una idea general de las normas que gobernaban la relación laboral de estos trabajadores.

La soldada[29] de los marineros gozaba de clara protección y sus créditos de privilegio sobre el producido de la venta del buque (capítulos 34, 57, 62, 106, 130 y 131 del Consulado del Mar), se establecía la oportunidad en que debía ser pagada, el lugar del pago, y diversas disposiciones para asegurar el cobro, disponiendo el capítulo 226 que los marineros jamás deben perder su soldada.

Los capítulos 154 y 155 se refieren a las causas por los que los marineros pueden dejar el buque: el marinero que quiere "*tomar muger*" (ello es, contraer matrimonio), el que parte en Romeria (peregrinación) en cumplimiento de un voto y el que deja el buque para ocupar un puesto de mayor jerarquía.

El capítulo 125 prohibía al Patrón despedir marineros para emplear otros con menor soldada y el 126 también le prohíbe despedirlos para emplear parientes.

---

26 José Domingo Ray, *Derecho de la navegación con textos legales e internacionales y sobre comercio* exterior, t. II, Buenos Aires, Abeledo-Perrot, 1993, p. 88; Montiel, *Curso*... citado, Editorial Astrea, Buenos Aires, 1975, pp. 177-178.

27 La edición que empleo en mis referencias es: *Consulado del Mar de Barcelona,* nuevamente traducido de cathalan en castellano por don Cayetano de Pallejá, Barcelona, Imprenta de Juan Piferrer, MDCCXXXII.

28 En la traducción citada –que data del año 1732– el *Consulado del Mar* menciona como *capítulos* a las divisiones que, desde hace años, los cuerpos legislativos mencionan como *artículos*.

29 La palabra *soldada* es empleada en la traducción citada, en el sentido de *suelo, salario o estipendio*.

Las disposiciones del Consulado del Mar también se ocupaban de la alimentación de los marineros. El capítulo 144 se refiere a la alimentación y el vino que se deben dar a los marineros. Las disposiciones sobre la alimentación son detalladas, al punto que indican qué alimentos han de ser dados según los días de la semana.

El Consulado del Mar previó la que hoy llamamos repatriación de los marineros, y también el rescate de los apresados por piratas (capítulos 151, 160 y 181).

La muerte y la enfermedad de los marineros también ha sido materia considerada por el Consulado del Mar, así como quién recibirá los pagos cuando un marinero ha muerto (capítulos 127, 128 y 129).

Respecto de las obligaciones de los marineros, el Consulado del Mar establece los servicios que están obligados a cumplir (capítulo 154) y el deber de obediencia en todo lo que se refiere al servicio del buque (capítulo 161).

También hay disposiciones sobre los marineros que se ausentan del buque (capítulos 152, 173 y 178) y sobre la deserción (capítulos 156 y 157).

De la protección de los marineros no sólo se ocupó el Consulado del Mar, sino la generalidad de las recopilaciones de la Edad Media.

Sobre las normas que desde la Edad Media protegían a los marinos, se ha dicho que "*no tenían sus fuentes en los principios que informan el moderno derecho del trabajo, sino en el interés comercial de los organizadores de la expedición, de que ésta llegara a buen término y proporcionara las ganancias que se habían tenido en cuenta al organizarla*"[30], y para ello "*era menester estimular la formación de marinos, crear incentivos adecuados para que los hombres afrontaran con ciertas garantías, absolutamente extrañas a la labor terrestre, los riesgos que implicaba toda expedición naval*"[31].

Otro factor al que se ha atribuido el origen de las normas que protegían a los tripulantes de los buques mercantes, es que "*los tripulantes de tales buques debían tripular los de guerra, que, en dicha época, no*

---

30 Atilio Malvagni, "Régimen de los trabajadores marítimos", en Mario L. Deveali, director, *Tratado de derecho del trabajo*, t. III, La Ley S.A. Editora e Impresora, Buenos Aires, 1965, p. 18.

31 Montiel, obra citada, p. 178.

se diferenciaban mucho, en cuanto a la estructura y maniobra, de los primeros", de modo que las normas laborales aplicables a los marinos "*compensaban con beneficios las obligaciones que imponían a los hombres de mar*"[32].

Las disposiciones laborales en la Ordenanza de la Marina de 1681 y en los códigos del XIX

Regulaciones del trabajo a bordo en línea de las mencionadas aparecen en la Ordenanza de la Marina de 1681, en el Código de Comercio francés de 1807 y en diversos Códigos de Comercio del siglo XIX, tales como el español de 1885 (Libro III, Título II, Sección 3ª.), los italianos de 1865 y 1882 (Libro II), el argentino de 1862 (Libro III, Título VI), el uruguayo de 1865 (Libro III, Título VI).

Del Código de Comercio argentino de 1862, Montiel ha dicho que mencionar la época de su sanción, no da "*una acabada idea acerca de la real antigüedad de la mayor parte de sus normas*". En efecto, este Código se inspiró en el Código de Comercio francés de 1807, cuya fuente primordial fueron las Ordenanzas francesas de Comercio y de la Marina, de 1673 y 1681, respectivamente. En materia de trabajo marítimo, como en muchos aspectos, la Ordenanza de la Marina tenía antecedentes tan remotos como los medioevales Roles de Olerón y Leyes de Visby[33], y también del Consulado del Mar.

Montiel también expresó que "*a pesar de la antigüedad de sus fuentes, el Código de Comercio consagró una serie de institutos, que [en el siglo XX] fueron vigorosamente desarrollados por el Derecho del Trabajo*".

"*En rigor de verdad* [continúa diciendo este autor], *llama la atención encontrar entre sus normas, inspiradas en tan remotos antecedentes, la regulación del despido, distinguiendo el motivado del que no lo fuese, y estableciendo un sistema indemnizatorio respecto de este último; la protección específica del tripulante en los casos de enfermedades y accidentes; el carácter privilegiado de los créditos por salarios sobre el buque y fletes, etcétera*".

---

[32] Malvagni, obra citada, t. III, p. 18.

[33] Montiel, obra citada, p. 177.

A renglón seguido, el mismo Montiel expresó que las normas que desde la Edad Media protegían a los marinos, "*no tenían sus fuentes en los principios que informan el moderno derecho del trabajo, sino en el interés comercial de los organizadores de la expedición, de que ésta llegara a buen término y proporcionara las ganancias que se habían tenido en cuenta al organizarla*"[34], y que "*era menester estimular la formación de marinos, crear incentivos adecuados para que los hombres afrontaran con ciertas garantías, absolutamente extrañas a la labor terrestre, los riesgos que implicaba toda expedición naval*"[35].

Otro factor al que se ha atribuido el origen de las normas que protegían a los tripulantes de los buques mercantes, es que "*los tripulantes de tales buques debían tripular los de guerra, que, en dicha época, no se diferenciaban mucho, en cuanto a la estructura y maniobra, de los primeros*", de modo que las normas laborales aplicables a los marinos "*compensaban con beneficios las obligaciones que imponían a los hombres de mar*"[36].

El nacimiento del derecho laboral terrestre

Independientemente de los propósitos que en la Edad Media y hasta el siglo XIX hayan inspirado al derecho laboral marítimo, tanto Malvagni como Montiel y Ray, coinciden en que éste ha sido precursor del derecho laboral terrestre[37].

No intento un relato histórico de las relaciones laborales[38], intento que me llevaría a examinar la esclavitud, la servidumbre, el trabajo independiente en Roma, los gremios o corporaciones, la supuesta libertad de trabajo de la Revolución Francesa y, con la revolución industrial, el individualismo liberal que gobernaba a las relaciones laborales como

[34] Atilio Malvagni, "Régimen de los trabajadores marítimos", en Mario L. Deveali, director, *Tratado de derecho del trabajo*, t. III, La Ley S.A. Editora e Impresora, Buenos Aires, 1965, p. 18.

[35] Montiel, obra citada, p. 178.

[36] Malvagni, obra citada, t. III, p. 18.

[37] Malvagni, obra citada, t. III, p. 18; Montiel, obra citada, p. 178; Ray, *Derecho de la navegación...*, obra citada, t. II, p. 89.

[38] El desarrollo histórico de las relaciones laboral y del derecho laboral, se puede ver en: Juan Carlos Fernández Madrid, *Tratado práctico de derecho del trabajo*, 3ª. edición actualizada y ampliada, La Ley, Buenos Aires, 2007, t. I, pp. 1-173.

si los empleados y los empleadores celebraran un contrato en pie de igualdad[39].

Sí cabe que mencione –siguiendo a Fernández Madrid– que la fisonomía actual del derecho laboral comenzó a delinearse a fines del siglo XIX, con la aprobación en Alemania de la primera ley de trabajo en 1877, con la convocatoria por Suiza a una conferencia internacional, no diplomática, en 1890, y con la doctrina social de la Iglesia iniciada por las Encíclicas *Libertas*, de 1888, y *Rerum Novarum*, de 1891, ambas de León XIII[40].

En la Argentina, las primeras leyes laborales se refieren al descanso semanal (ley 4661 de 1906), al trabajo de mujeres y de menores (ley 5291 de 1907) y a los accidentes de trabajo (ley 9688 de 1915), que fueron seguidas por una profusa legislación y en 1974 se sancionó la Ley de Contrato de Trabajo (ley 20.744).[41]

Llama la atención que, salvo una obra colectiva que incluyó un título dedicado al contrato de ajuste[42], las grandes obras doctrinarias argentinas sobre derecho laboral no se refieran al derecho laboral marítimo como antecedente de aquella rama del derecho[43], pese a que el

---

[39] Autor y obra citados, t. I, pp. 4-10.

[40] Ibídem, pp. 10-12

[41] Ibídem, pp. 21-22

[42] Malvagni, obra citada, t. III, título I, pp. 11-72

[43] No he encontrado referencia alguna al contrato de ajuste como antecedente del derecho laboral en Deveali, Mario L., director, *Tratado de derecho del trabajo*, La Ley, Buenos Aires, 1964, salvo una tímida e imprecisa alusión a las "ordenanzas marítimas", que Deveali hace en el t. I, p. 6, ya que la contribución de Malvagni citada en la nota anterior que se refiere específicamente al contrato laboral de la gente de mar, pero en las contribuciones introductorias y generales de esta importante obra, el antecedente del contrato de ajuste parece ser ignorado. Tampoco he encontrado referencias al contrato de ajuste como antecedente del derecho laboral en: Fernández Madrid, *Tratado práctico de derecho del trabajo*, 3ra. edición actualizada y ampliada, La Ley, Buenos Aires, 2007; Krotoschin, Ernesto, *Tratado práctico de derecho de trabajo*, 3ra. edición actualizada y reelaborada, reimpresión, Depalma, Buenos Aires, 1978 (en esta obra sólo aparece una mención a la inclusión en el Código de Comercio de sendos capítulos sobre dependientes de comercio y sobre la contrata de gente de mar, en el t. I, última línea de p. 22 y primera línea de p. 23); tampoco se menciona el antecedente del contrato de ajuste en Rodolfo A. Nápoli, *Derecho del trabajo y de la seguridad social*, La Ley, Buenos Aires, 1969; ni en Juan D. Pozzo, *Manual teórico práctico de derecho del trabajo*, segunda edición, Ediar, Buenos Aires, 1967; Austerlic, en su contribución a la obra colectiva dirigida por Vázquez Vialard, menciona en apenas unas líneas el carácter precursor, en materia laboral, del derecho marítimo (Abraham Austerlic, "Trabajo a bordo de los buques de matrícula nacional", en Antonio Vázquez Vialard, director, *Tratado de derecho del trabajo*, t.6, Editorial Astrea, Buenos Aires, 1985, pp. 465-466).

carácter de precursor del derecho laboral que tiene el derecho marítimo, es innegable. Desde mediados del siglo XIX, los códigos de comercio del siglo XIX establecían normas laborales específicas que protegían a la gente de mar, siguiendo una tradición iniciada en la Edad Media, continuada por la Ordenanza francesa de la Marina de 1681, por el Libro II del Código de Comercio francés de 1807, y por numerosos códigos europeos y latinoamericanos.

No obstante los antecedentes que datan de la Edad Media, el interés del derecho laboral terrestre por el bienestar y los derechos de los trabajadores recién se manifestó en el siglo XX

Hasta entonces, en los países del sistema jurídico romano-germánico (también conocido como derecho continental o como *civil law*) las relaciones laborales ajenas a la navegación, estaban enmarcadas en la locación de servicios del derecho civil, como si los contratos de trabajo se celebraran libremente entre partes con similar poder de negociación[44].

EL RÉGIMEN JURÍDICO DEL CONTRATO DE SEGURO

El origen del seguro marítimo

El seguro apareció tempranamente en la navegación. En su ámbito se generaban (y se generan) grandes concentraciones de bienes valiosos –los buques y sus cargamentos– que se exponían a riesgos frecuentes e ineludibles.

Cuando nació el seguro marítimo, difícilmente se concentraran en un espacio confinado, tantos bienes valiosos como el buque en sí y la carga a su bordo, bienes que quedaba frecuentemente expuestos a la pérdida total. Un temporal que hiciera naufragar a un buque con su carga, seguramente causaría la ruina de varios comerciantes[45].

Fuera del ámbito de la navegación no se producía una concentración importante de bienes valiosos y muy expuestos a la pérdida

[44] Como expresa Deveali "*en la mayoría de los casos [el trabajador], no goza de verdadera libertad cuando celebra el contrato de trabajo, ya que actúa bajo el apremio de la necesidad económica*" (Deveali, director, obra citada, t .I, p. 6).

[45] *El mercader de Venecia* es una obra de ficción, pero la bancarrota a la que podía llevar un naufragio no es mera imaginación de Shakespeare.

total[46] dicho esto sin ignorar los devastadores incendios que arrasaron ciudades, como los de Londres (1666), Copenhague (1728 y 1795), y Chicago (1871). Fuera del ámbito de la navegación, la concentración de bienes valiosos en un espacio relativamente reducido y frecuentemente expuestos a grandes siniestros, sólo apareció con la llegada de la era industrial, bien entrado el siglo XIX.

El origen de la regulación del seguro marítimo

Dice Isaac Halperín que "*el seguro nació en las ciudades italianas del medioevo*" y que se vinculaba con el préstamo a la gruesa[47]. En la misma línea se expresa, entre otros, Daniel Danjon[48].

El préstamo a la gruesa consistía en un contrato por el cual una persona prestaba a otra una cantidad de dinero sobre bienes expuestos a los riesgos de un viaje marítimo; si los bienes se perdían durante el viaje, quien había dado el préstamo perdía la suma prestada, pero si lo bienes llegaban a puerto, el tomador del préstamo debía devolver la suma más un premio estipulado[49].

El préstamo a la gruesa constituía una mezcla de transferencia de riesgo y de especulación.

Así era que el préstamo a la gruesa implicaba que el riesgo de que el buque no llegara a destino, se transfería al prestamista, y en este aspecto se asimilaba al actual efecto del seguro[50], pero la diferencia consistía en que bajo el contrato de seguro el asegurado recibe indemnización sólo si se produce la pérdida del bien objeto del seguro o aquél se daña, en tanto que en el préstamo a la gruesa, el prestatario recibía el

---

46 Un edificio difícilmente estaría expuesto a la pérdida total y aunque se derrumbara, siempre queda el terreno.

47 Isaac Halperin, *Seguros. Exposición crítica de las leyes 17418, 20091 y 22400*, tercera edición actualizada y ampliada por Nicolás H. Barbato, Ediciones Depalma, Buenos Aires, 2001, p. 1.

48 Daniel Danjon, *Traité de droit maritime*, tomo cuarto, Librarie Générale de Droit et de Jurisprudence, París, 1914, p. 190.

49 Así lo disponía el art. 1120 del Código de Comercio argentino. Este artículo, como casi todo el Libro III, ha sido derogado y reemplazado por la Ley de la Navegación, con lo cual este contrato de origen medieval, en 1973 desapareció de la legislación argentina, y en los hechos ya hacía mucho tiempo que no se recurría a él.

50 El contrato de seguro implica la transferencia al asegurador de un riesgo que, a no ser por el seguro, sería afrontado por el asegurado.

dinero antes de que comenzara a correr el riesgo de pérdida o daño, y si finalmente la pérdida no se producía, el prestamista no sólo debía ser reembolsado sino que también debía recibir una participación –que solía ser significativa– del beneficio generado por el viaje[51], participación que no era otra cosa que el interés generado por el préstamo.

Cuando el préstamo a interés fue prohibido mediante una decretal del papa Gregorio IX emitida en una fecha que se ubicaría entre 1227 y 1235[52], esto habría llevado a que desaparecieran las operaciones de préstamos a la gruesa por considerarlas actos de usura.

La necesidad de encontrar quienes asumieran los enormes riesgos que significaban las expediciones marítimas, habría llevado a que –para evitar que se considerara que se otorgaba un préstamo encubierto y en el afán de presentar las soluciones jurídicas bajo fórmulas conocidas por el derecho romano– los primeros seguros marítimos revistieran la forma de compraventas: el asegurador compraba el buque o la mercadería bajo la condición resolutoria que el buque llegara felizmente al puerto de destino, estipulándose que en ese caso, quien hoy llamaríamos asegurado, pagaría a quien hoy llamaríamos asegurador, una prima por el riesgo corrido[53].

Halperín ubica la aparición del seguro en el siglo XIV, precisamente con la aparición del seguro marítimo, y enseña que en la segunda mitad de dicho siglo ya estaba ampliamente difundido en Pisa, Florencia y Génova, de donde su práctica fue llevada a Francia, Portugal, Flandes, España e Inglaterra[54]. Danjon menciona una crónica de Flandes escrita en el siglo XVI, en la que se decía que a pedido de los habitantes de Brujas, en 1310 el conde de Flandes autorizó la creación de una cámara de aseguradores para cubrir mercaderías expuestas a riesgos de mar; también menciona Danjon que entre 1367 y 1383 el rey Fernando, de Portugal instituyó una compañía de seguros mutuales contra los riesgos de mar, además de señalar sucesos en la misma línea durante los siglos XVI y XVII en Italia, España y Países Bajos[55].

---

[51] Ivonne Lambert-Faivre, *Droit des assurances*, troisième edition, París, 1979, p.2.

[52] Alonso Soto, obra citada, pp. 91-94; Danjon, obra y tomo citados, p193.

[53] Ibidem, pp. 93-94.

[54] Halperín, obra citada, p. 2.

[55] Danjon, obra y tomos citados, p.p. 194-195.

Halperín también dice que "*originariamente la legislación del seguro se limitó a recopilar las reglas referentes al seguro marítimo*", y cita las Tablas de Amalfi, los Roles de Oleron, el *Guidon de la Mer*, las Leyes de Visby, el Consulado del Mar y la Ordenanza francesa de 1681, mencionando que ellas e "*incluso el propio Código de Comercio francés de 1807, no consideran sino el seguro marítimo*"[56].

Como he dicho, la regulación del seguro marítimo apareció mucho más temprano que la regulación de los seguros terrestres, sencillamente porque desde antiguo los buques y sus cargamentos constituyen concentraciones de bienes valiosos y están expuestos a riesgos graves de ocurrencia frecuente, en tanto que en tierra, la concentración de bienes valiosos y la exposición a riesgos graves de ocurrencia frecuente, recién apareció con el nacimiento de la era industrial.

La regulación del contrato de seguro terrestre

Actualmente los países suelen contar con regulaciones legales específicas sobre el contrato de seguro terrestre, pero hasta bien entrado el siglo XIX sólo se conocían las disposiciones relativas al seguro marítimo.

El art. 1964 del Código Civil francés mencionó al contrato de seguro entre los contratos aleatorios, pero no lo reguló. En cuanto al Código de Comercio francés, no contenía normas sobre seguros generales ni sobre seguros de vida. Esto determinó que en Francia se aplicaran a tales seguros, las normas del seguro marítimo. Explicó J. M. Pardessus que si bien la aplicación de las disposiciones sobre el seguro marítimo al seguro terrestre no estaba expresamente dispuesta por la legislación, ellas debían ser aplicadas de acuerdo con las reglas de la razón y de equidad, a las que los jueces deben recurrir en los casos de silencio de la ley positiva[57].

Horacio Roitman explica que "*esta circunstancia y la gran influencia que ejerció el Código Napoleón en los países occidentales, retrasó el desarrollo de una legislación inmediata sobre el contrato de seguro*

56 Ibídem, p. 6.

57 J. M. Pardessus, *Cours de droit comercial*, tomo segundo, sexta edición publicada por M: Eugéne de Roziere, nieto del autor, Henri Plon, Libraire-Éditeur, Paris, 1856, p. 99.

terrestre"[58] y Luciene Paris Le Clerc ha señalado que la aplicación de las normas de los seguros marítimos a los seguros terrestres, se mostró insuficiente[59].

Halperín dice que "*es necesario llegar al Código holandés*[60] *para hallar un título dedicado a los seguros terrestres y que desde código pasó a los códigos de Portugal, Brasil y al nuestro*"[61]. Roitman, además del Código holandés de 1838, señala a la ley belga de 1874 y al Código de Comercio húngaro de 1855[62].

Así es que Ricardo Alonso Soto dice que "*si los siglos XV a XVIII se caracterizan por la reglamentación de los seguros marítimos, el siglo XIX se va a caracterizar por la codificación de los seguros terrestres*"[63], pero en razón de que el movimiento codificador se originó en Francia, su Código de Comercio es "*el texto legal que mayor influjo va a producir en los demás países*"[64]. Cómo el Código de Comercio francés sólo regulaba los seguros marítimos y seguía la inspiración de la Ordenanza de la Marina de 1681, el régimen del seguro marítimo es el precursor de la regulación de los seguros no marítimos resultante del movimiento codificador del siglo XIX.

Sólo fue en el siglo XX que Francia se orientó hacia una ley para regular los seguros terrestres. En 1904 se creó una comisión de juristas para elaborar un proyecto, pero recién en julio de 1930 se dictó una ley sobre seguros no marítimos[65].

Todavía hoy, Gran Bretaña no cuenta con una Ley de Seguros que contenga la regulación general del contrato de seguro, de modo que la

---

58 Horacio Roitman, *El seguro de la responsabilidad civil*, Lerner Ediciones, Buenos Aires, 1974, p. 36.

59 Paris Le Clerc, Lucien, *Le contrat d'assurance. Sa nature juridique. Principes et applications (Code de Commerce – Loi du 13 juillet 1930)*, Libraririe Générale de Droit et de Jurisprudente, París, 1932, p. 3.

60 El Código holandés es del año 1838 y fue seguido por la ley Belga de 1874 y el Código de Comercio húngaro de 1855 (Horacio Roitman, *El seguro de la responsabilidad civil*, Lerner Ediciones, Córdoba – Buenos Aires, 1974, p.36.

61 Halperín, obra citada, pp. 6-7.

62 Roitman, obra citada, p. 36.

63 Ricardo Alonso Soto, *El seguro de la culpa*, Editorial Montecorvo S.A., Madrid, 1977, p. 129.

64 Ibidem, p. 130.

65 Paris Le Clerc, obra citada, pp. 4-5.

Ley de Seguros Marítimos (*Marine Insurance Act*) es aplicable a los seguros no marítimos, salvo en lo que está regulado por la legislación dictada para distintos tipos de seguros específicos.

El seguro de responsabilidad civil

El precursor de la hoy muy difundida cobertura de responsabilidad civil, también es el derecho de la navegación o derecho marítimo. El seguro de responsabilidad civil –dice Halperín– "*halla su origen en el resarcimiento del abordaje en el derecho marítimo*"[66] y lo mismo enseña Roitman[67].

No se trata de la cobertura de los daños materiales que afectan al buque asegurado, sino de la responsabilidad civil en la que incurre el asegurado –el armador del buque– por los daños que un buque cause causado a otro o a las personas y cosas a su bordo. Roitman señala el art. 28 de la Ordenanza de la Marina de 1681, solución que luego pasó al art. 353 del Código de Comercio de Francia, permitiendo que el naviero tomara una cobertura por las consecuencias de las faltas, errores u omisiones del capitán.

Tanto Halperín como Roitman expresan que no podría afirmarse que antes de mediados del siglo XIX, el seguro de responsabilidad civil haya existido fuera del seguro marítimo[68]. Ambos autores mencionan que tal cobertura no podía funcionar mientras no se admitía la responsabilidad sin culpa y no se hubiera liberado al asegurador de la obligación de responder cuando el siniestro fuera consecuencia del dolo o de la culpa del asegurado o de sus dependientes, obstáculo que se superó con la aceptación de la responsabilidad sin culpa y de la posibilidad de dar cobertura aseguradora aun mediando culpa del asegurado[69].

Hoy, la cobertura de responsabilidad civil que apareciera en los seguros marítimos, es una cobertura ampliamente difundida e incluso es obligatoria para diversas actividades como –por ejemplo– el uso de automotores.

---

[66] Halperín, obra citada, p. 3.
[67] Roitman, obra citada, p. 41.
[68] Roitman, obra citada, p. 42.
[69] Halperín, obra citada, p. 3; Roitman, obra citada, p. 42.

El seguro ambiental

El llamado seguro ambiental, ya sea apuntando a afrontar los costos de la recomposición del ambiente dañado, ya sea con el objeto de indemnizar los daños sufridos por quienes han sido directamente afectados por el daño causado al ambiente, también tiene su origen a mediados del siglo pasado, en el derecho de la navegación, como se verá a continuación.

LA PRESERVACIÓN DEL AMBIENTE MARINO Y LA RESPONSABILIDAD CIVIL POR LOS DAÑOS CAUSADOS COMO CONSECUENCIA DE SU CONTAMINACIÓN[70]

La preservación del ambiente marino

El transporte de hidrocarburos y de otras sustancias contaminantes de las aguas, ha generado preocupación por la preservación del ambiente marino. En la página web de la Organización Marítima Internacional[71], que seguiré en los próximos párrafos, se señala que los primeros buques tanques aparecieron hacia el final del siglo XIX para el transporte de queroseno para iluminación, pero la gran demanda de petróleo apareció con el uso de automóviles. Durante la Segunda Guerra Mundial los buques petroleros estándar eran de 16.400 toneladas de porte, tonelaje que se fue incrementando desde los años '50 del siglo XX. En 1959 apareció el primer buque petrolero de 100.000 toneladas para el tráfico desde Medio Oriente a Europa, rodeando el Cabo de Buena Esperanza (que como consecuencia del conflicto de 1956, en esa época se encontraba cerrado el Canal de Suez). Hacia mediados de los `60 se construyeron buques tanque de 200.000 toneladas, los *Very Large Crude Carriers* (VLCC).

El incremento del transporte de hidrocarburos por mar y del tamaño de los buques determinó que los daños derivados de los accidentes

---

[70] Me he ocupado de estos temas en: Alberto C. Cappagli, *La contaminación del medio marino y los buques petroleros. Prevención, lucha, responsabilidad civil y seguro*, AbeledoPerrot, Buenos Aires, 2011.

[71] Ver www.imo.org/Enviroment.

de navegación que generaban derrames de hidrocarburos, comenzaran a preocupar a la comunidad internacional.

El derrame de hidrocarburos en el mar es el más fotogénico de los accidentes[72]: una mancha oscura que se expande sobre un fondo azul, será inevitablemente fotografiada, filmada, televisada y difundida a todo el mundo por los medios de información, y entonces la opinión pública enjuiciará a la industria petrolera, a la actividad naviera y a las autoridades.

Reconociendo la potencialidad del petróleo para contaminar el ambiente marino, la comunidad internacional actuó tempranamente. En 1954 una conferencia internacional aprobó la Convención para la Prevención de la Contaminación del Mar por Petróleo (OILPOL 1954). Teniendo en cuenta que el grueso de la contaminación marina por petróleo proveniente de buques resultaba de operaciones normales de éstos, ello es, operaciones de rutina como el lavado de tanques y el bombeo al mar de la emulsión resultante, esta convención prohibió el bombeo en áreas costeras y en áreas especiales en las que el daño al ambiente marino se magnifica.

En 1967 se produjo el primer desastre de contaminación del mar como consecuencia del derrame producido desde el buque *Torrey Canyon*. Este derrame generó graves inquietudes como la relativa a las facultades de los Estado ribereños para actuar fuera de su mar territorial respecto de buques de banderas extranjeras y la indemnización de las víctimas. En 1969 se celebró en Bruselas el Convenio relativo a la Intervención en Alta Mar en casos de Accidentes que causen Contaminación por Hidrocarburos, autorizando a los Estados ribereños a intervenir en alta mar respecto de buques extranjeros, en casos de peligro grave para su litoral.

En 1969 fue enmendado el Convenio OILPOL 1954, disponiendo que el resultado del lavado de tanques fuera enviado a un tanque especial del buque, de modo que durante el viaje el petróleo se separara del agua y ésta pudiera ser bombeada al mar, y el petróleo a tanques de la

[72] Antoine Vialard, prefacio a Karine Le Couviour, *La responsabilité civile a lëpreuve des pollutions majeurs résultant du transport maritime*, Presses Universitaires dÁix-Marseille, Marseille, 2007.

terminal. El Convenio OILPOL fue nuevamente enmendado en 1971, limitando el tamaño de los buques tanque cuya construcción se ordenara a partir de 1972.

En 1973 se celebró el Convenio para la Prevención de la Contaminación producida por Buques (MARPOL), en cuyo Anexo I se recogió mucho del convenio OILPOL y de sus enmiendas, ampliándolo y mejorándolo en varios aspectos.

A lo largo del tiempo se fueron sucediendo diversos instrumentos internacionales tendientes a mejorar y ampliar los anteriores. La participación de la Organización Marítima Internacional (OMI) y de su Comité de Protección del Medio Marino ha sido fundamental en el desarrollo de la legislación internacional sobre la protección del medio marino. De esta organización son miembros de ciento setenta Estados cuyas flotas implica más del 97% del tonelaje mercante mundial, y su actuación ha sido decidida y eficaz.

La responsabilidad civil por daños al ambiente causados por buques[73]

La necesidad de legislar sobre la responsabilidad civil por daños causados por la afectación del ambiente marino, también se hizo evidente más tempranamente en el terreno del derecho de la navegación que en el terreno del derecho civil o del hoy llamado derecho ambiental.

Así fue que las diversas autoridades y la comunidad internacional, reaccionaron rápidamente ante la contaminación de las aguas y –como resultado de esa pronta reacción– produjeron herramientas jurídicas de una eficacia aún no lograda para indemnizar las consecuencias de los daños ambientales que se producen en el ambiente marino.

En este terreno también estamos ante acontecimientos que llevaron a que la reacción del derecho de la navegación se produjera antes que respecto de la contaminación producida en tierra o en el aire.

En la generalidad de los casos, los daños ambientales tienen origen extracontractual. Tradicionalmente, en el derecho marítimo la culpa ha

[73] También me he ocupado de la responsabilidad civil, en mi ya citada obra *La contaminación del medio marino y los buques petroleros. Prevención, lucha, responsabilidad civil y seguro*, Abeledo-Perrot, Buenos Aires, 2011.

sido y sigue siendo, el principal factor imputativo de responsabilidad civil extracontractual.

El acontecimiento náutico típico generador de responsabilidad civil extracontractual es el abordaje y los arts. 2, 3 y 4 de la Convención de Bruselas de 1910 sobre la unificación de ciertas reglas en materia de abordaje, son expresos al fundar la responsabilidad en la culpa.

Además –y también tradicionalmente– la responsabilidad civil de los navieros es cuantitativamente limitada[74], ya sea mediante el abandono del buque en el estado en que se encuentre, mediante la constitución de un fondo de dinero establecido en consideración al valor del buque, o mediante la constitución de un fondo de dinero fijado en consideración al tonelaje del buque.

La necesidad de una solución específica frente al daño causado desde buques al ambiente marino

Ya hace más de medio siglo que la cantidad de petróleo que transportaban los buques conocidos como supertanques, sumada a la dispersión que se produce en el mar cuando se derrama petróleo y el consiguiente daño de grandes extensiones, tanto del mar como de las costas, preocupó a la comunidad internacional e hizo evidente la necesidad de dejar de lado la responsabilidad subjetiva y fijar límites de responsabilidad adecuados frente a los daños que podía producir un derrame.

El tema fue considerado por la Conferencia Internacional del Comité Marítimo Internacional que se celebró en Tokio, en 1969. Como resultado de esta Conferencia, el Comité propició un proyecto de convención centrando la responsabilidad sobre el armador del buque desde el que se produjera un derrame, estableciendo la presunción de culpa del armador con la posibilidad que él demostrara su ausencia de culpa y estableciendo un límite de responsabilidad.

[74] La limitación de responsabilidad de los navieros, es considerada un principio del derecho de la navegación. Ver: Adrián M. Alzueta, *Responsabilidad limitada en el derecho de la navegación*, Plus Ultra, Buenos Aires, 1977; Jorge Bengolea Zapata, *Teoría general del derecho de la navegación,* Plus Ultra, Buenos Aires, 1976; Federico Ortiz de Guinea, *Responsabilidad limitada, principio general del derecho de la navegación*, Universidad Nacional del Litoral, Facultad de Ciencias Jurídicas y Sociales, Instituto de Derecho Comercial, Sección de Derecho de la Navegación, Santa Fe, 1969.

El Convenio internacional sobre responsabilidad civil por derrames de hidrocarburos (CLC)

El proyecto de Tokio no fue acogido por la Organización Marítima Internacional (OMI), cuando en su seno se celebró en 1969 el Convenio Internacional de Bruselas sobre responsabilidad civil por derrames de hidrocarburos, hoy conocido como CLC, por las siglas de *Civil Liability Convention*, que fue modificado por los Protocolos de 1976 y 1992.

El Convenio internacional sobre el establecimiento de un fondo internacional para la indemnización de daños por derrames de hidrocarburos (FUND)

Con el objeto de pagar las indemnizaciones que no resulten pagaderas bajo el régimen del CLC, o que superen el límite del CLC, o que no sean pagadas por insolvencia del propietario del buque o del asegurador, también en el seno de la OMI se celebró el Convenio Internacional de Bruselas de 1971 sobre la creación de un fondo internacional para la indemnización de daños por derrames de hidrocarburos, conocido como FUND, que fue modificado por los Protocolos de 1973, 1992 y 2003.

El sistema CLC / FUND

Ambos convenios, el CLC y el FUND, forman un sistema que afronta los costos de prevención de daños causados por derrame de hidrocarburos, los costos de recomposición del ambiente marino y de las costas, y la indemnización de quienes sufrieron daños como consecuencia de derrames de hidrocarburos transportados por buques. Los párrafos que siguen están referidos al CLC 92 y al FUND 92, que son las versiones de los convenios que cuentan con la mayor cantidad de Estados parte.

Mientras que el CLC 92 básicamente establece el sistema de responsabilidad objetiva y limitada del propietario del buque, y su obligación de asegurar, el FUND 92 establece un fondo internacional constituido por aportes obligatorios de los recibidores de hidrocarburos transportados por mar (art. 10.1 del FUND 92), destinado a indemnizar los daños superiores al límite de responsabilidad establecido por el CLC, los daños no indemnizables bajo el CLC, y los daños no indemnizados como consecuencia de la insolvencia del propietario del buque y del asegurador (art. 2.1.a del FUND 92).

Muy resumidos, los lineamientos generales del régimen del sistema CLC 92 / FUND 92[75], son:

- Se aplica a los daños por contaminación producida en el territorio de un Estado parte, en su mar territorial o en su zona económica exclusiva (art. II.a del CLC 92, y art. 3.a del FUND 92) por hidrocarburos derramados por buques aptos para la navegación marítima (art. I.1 del CLC 92, y remisión del art. 1.2 del FUND 92), sin que interese en qué aguas se produjo el derrame ni la nacionalidad del buque que derrama[76], pero no se aplica a los daños causados por derrames desde buques de guerra o de otro buque cuya propiedad o utilización corresponda a un Estado y que el buque estaba destinado, en el momento que se produjo el derrame, a servicios no comerciales del gobierno (art. XI.1 del CLC 92 y art. 4.2.a del FUND 92).
- Son a cargo del sistema
- los costos de las medidas preventivas adoptadas para evitar o minimizar daños por contaminación en el territorio de un Estado parte, en el mar territorial o en la zona económica exclusiva (art. I.6.b del CLC 92 y remisión del art. 1.2. del FUND 92),
- los costos de las medidas razonables de restauración efectivamente adoptadas o que se vayan a adoptar (art. I.6.a del CLC 92 y remisión del art. 1.2 del FUND 92),
- los costos de las medidas de limpieza y las pérdidas o daños ulteriormente ocasionados por tales medidas (art. I.6.b del CLC 92 y remisión del art. 1.2 del FUND 92),
- los costos de las medidas razonables que se hayan tomado o se vayan a tomar para la limpieza, reparación o reposición de

[75] Un estudio más detenido puede verse en mi *La contaminación del medio marino...* ya citado, pp. 202-323.

[76] Por ejemplo, si un buque de bandera argentina derrama en alta mar pero produce daños por contaminación en el territorio argentino, en el mar territorial o en la zona económica exclusiva, el sistema CLC / FUND resulta aplicable.

bienes contaminados, tales como embarcaciones, instalaciones portuarias, muelles y otras obras costeras, y la costa misma (art. I.6.a del CLC 92 y remisión del art. 1.2 del FUND 92), y

- la pérdida de beneficios resultante del deterioro del ambiente, tales como las resultantes de la afectación de la actividad pesquera, de esparcimiento y de turismo, entre otras (art. I.6.a del CLC 92 y remisión del art. 1.2 del FUND 92).
- Los propietarios de buques que transportan más de 2.000 toneladas de hidrocarburos a granel como carga, están obligados a mantener un seguro de responsabilidad civil u otra garantía financiera (art. VII.1 del CLC 92) y los aseguradores pueden ser directamente demandados por quienes sufran daños derivados de los derrames (art. VII.8 del CLC 92).
- El sujeto responsable es el propietario del buque y su asegurador de responsabilidad civil (arts. III.1 y VII.8 del CLC 92), y el Fondo Internacional cuando la cuantía del daño supere el límite de responsabilidad del propietario y del asegurador, éstos resulten insolventes o liberados de responsabilidad bajo el CLC, o no se haya identificado el buque del que proviene el derrame (art. 2.1.a del FUND 92).
- La responsabilidad es objetiva (art. III.1 del CLC 92).
- El propietario del buque y su asegurador, y el Fondo Internacional, se liberan de responsabilidad si prueban que los daños se debieron a actos de guerra, hostilidades, guerra civil o insurrección, (art. III.2 del CLC 92, y art. 4.2.a del FUND 92).
- El propietario del buque y el Fondo Internacional se liberan total o parcialmente de responsabilidad si prueban que los daños resultan total o parcialmente de la acción u omisión intencional por parte de quien los sufrió, pero la liberación sólo opera ante tal persona y no ante otras que hayan sufrido daños (art. III.3, CLC 92, y art. 4.3, FUND).
- El propietario del buque se libera de responsabilidad si prueba que el derrame fue causado por (a) fenómenos naturales de carácter excepcional, inevitables e irresistibles, (b) acontecimientos causados exclusivamente por negligencia de cualquier gobierno o autoridad responsable del mantenimiento de luces u otras ayudas a la navegación, en el ejercicio de tal función o (c)

hechos causados exclusivamente por la acción u omisión intencional de un tercero dirigida a causar daños (art. III.2, CLC 92), pero en estos casos, responde el Fondo Internacional (art. 4.1.a, FUND 92).

- La responsabilidad del propietario y de su asegurador es limitada (art. V.1 del CLC 92), pero el propietario no puede invocar la limitación cuando ha incurrido en dolo o conducta temeraria a sabiendas de que probablemente se originarían daños (art. V.2 del CLC 92).
- El límite de responsabilidad del propietario y de su asegurador, es 4.510.000 DEGs (derechos especiales de giro, tal como los define el Fondo Monetario Internacional) para buques para buques que no excedan de 5.000 toneladas de arqueo que se incrementan a razón de 631 DEGs por cada tonelada de arqueo adicional, hasta el máximo de 89.770.000 DEGs (art. V.1 del CLC 92).
- Sin embargo, si las sumas indicadas no cubrieran la responsabilidad en que incurre el propietario, el Fondo Internacional responde por encima de ellas hasta el total de 203.000.000 DEGs que dependiendo de los volúmenes de hidrocarburos que se reciben por mar en los países involucrados, si llegan a tres, puede alcanzar la cantidad de 300.740.000 DEGs . Adicionalmente, mediante el Protocolo de 2003, del que son parte 27 Estados, la cantidad total de 203.000.000 DEGs ha sido elevada a 750.000.000 DEGs.

Otras fuentes de daños ambientales provenientes de la actividad de los buques

Por cierto que los accidentes sufridos por buques no sólo pueden generar el derrame de hidrocarburos transportados como carga, sino que también pueden derramarse los combustibles y lubricantes que se consumen a bordo, u otras cargas nocivas o peligrosas.

El derrame de tales sustancias también ha sido afrontado por el derecho de la navegación siguiendo, en términos generales, los mismos lineamientos en materia de responsabilidad civil.

En tal sentido, cabe mencionar el Convenio de Londres de 1996 sobre responsabilidad e indemnización de daños vinculados con el transporte por mar de sustancias nocivas y potencialmente peligrosas (conocido como HNS, por las siglas de *Hazardous and Noxious Substances*), y el Convenio de Londres de 2001 sobre la responsabilidad civil por daños causados por el derrame de hidrocarburos empleados como combustible (conocido como BUNKER, palabra que se emplea en el idioma inglés para mencionar el combustible de los buques).

La contaminación terrestre

La cuestión ambiental, a la que durante mucho tiempo (¿milenios?) no se le prestó atención, se tornó preocupante a partir de la era industrial. Inicialmente la contaminación ambiental pudo haber sido considerada causante de meras molestias, pero a medida que fue en aumento y los avances de la medicina hicieron evidentes los daños a la salud causados por la afectación del ambiente, la contaminación pasó a ser tenida como lo que verdaderamente es: un peligro para la vida humana.

Sin embargo, la reacción de la comunidad internacional y de muchas comunidades nacionales ante la afectación del ambiente terrestre, parece haber sido más lenta que frente a la afectación del ambiente marino. "*El medio marino fue uno de los primeros espacios geográficos en ser protegidos por el Derecho Internacional a escala global...*"[77].

Ya en 1926 se celebró la Conferencia Preliminar sobre la Contaminación Marina por Hidrocarburos en Aguas Navegables, en 1954 el primer convenio internacional para prevenir la contaminación marina, y en 1969 el primer convenio internacional sobre la responsabilidad civil por los daños causados por el derrame de hidrocarburos desde buques, pero recién fue en 1972 que la Declaración de Estocolmo "*dio a conocer mundialmente la idea de comercio y desarrollo y se procuraron evaluar las consecuencias ambientales del manejo de los recursos naturales en todo el mundo*"[78].

---

[77] Adriana Beatriz Tripelli, *La protección internacional del ambiente en el siglo XXI. Hacia un derecho internacional del desarrollo*, Lexis Nexis Argentina, Buenos Aires, 2008, p. 151.

[78] Ibídem, p. 32.

Jorge Mosset Iturraspe dice que a la Declaración de Estocolmo de 1972 siguió una "*muy larga serie de acuerdos o convenciones bilaterales o plurilaterales*" que "*tienen una muy relativa o escasa eficacia; son más bien consejos y no principios o normas obligatorias; traducen generalidades políticas y no obligaciones jurídicas*", que según el autor que cito se ha dicho, con razón, que los países las suscriben porque no se sienten realmente obligados[79]. También se ha aludido a normas de *soft law* que con el paso del tiempo los Estados adoptan en los tratados o son aplicadas por los tribunales internacionales[80].

Con respecto a la Convención de Río de Janeiro sobre el cambio climático celebrada en 1993, también se ha dicho que es una declaración de buena voluntad sin compromiso alguno de cumplimiento, en tanto que en el Protocolo de Kyoto de 1997, se asume la obligación de reducir la emisión de gases[81], pero ni estos instrumentos ni las diversas reuniones internacionales que se vienen celebrando, no han llevado a mejoras significativas frente al cambio climático.

Los diversos convenios internacionales celebrados para enfrentar a contaminación del medio marino causada por los buques, son de aplicación generalizada y han dado resultados efectivos.

Con respecto a los daños causados por el derrame de hidrocarburos desde buques, el Convenio Internacional sobre responsabilidad civil por los daños causados por el derrame de hidrocarburos desde buques (CLC), y el Convenio Internacional sobre el Fondo de indemnizaciones (FUND), el derecho marítimo han sido eficaces para hacer efectiva la indemnización de las víctimas.

No parece que en el ambiente terrestre se hayan obtenido resultados equivalentes y me llama la atención que los tratadistas del derecho ambiental –por lo menos, los de mi país– no hagan referencia a las soluciones del derecho marítimo. No me ha sido fácil encontrar alusiones al derecho marítimo en la literatura que se ocupa del derecho ambiental. Sólo las he encontrado en la obra de Adriana Beatríz Tripelli, tal

---

79 Jorge Mosset Iturraspe, "Introducción", en Mosset Iturraspe, Jorge; Hutchinson, Tomás y Donna, Edgardo Alberto, *Daño Ambiental*, , t. I, Ribinzal – Culzoni Editores, Buenos Aires, 1999. p. 26.

80 Tripelli, obra citada, p. 303.

81 Dino Bellorio Clabot, *Tratado de derecho ambiental*, t. II., Ad-Hoc, Buenos Aires.

como resulta de las citas que he hecho, y en la obra del tratadista Dino Bellorio Calbot, pero este distinguido autor sólo dedica algunos párrafos en los que se limita a señalar diversos siniestros importantes[82], y a hacer una mera mención –sin análisis alguno– de tres leyes argentinas[83].

Considero que el régimen de responsabilidad civil diseñado en el terreno del derecho de la navegación otorga adecuada y –sobre todo– eficaz protección al ambiente marino, y facilita la recomposición del ambiente cuando es dañado y la efectividad de la indemnización a las víctimas. Llama la atención la poca atención que –fuera del campo del derecho de la navegación– los legisladores y los juristas le han dedicado a estos temas.

CONCLUSIÓN

Reiterando lo que he expresado al iniciar este trabajo[84], las cuestiones de las que muy resumidamente me he ocupado, muestran que si bien el derecho de la navegación ha dado soluciones que son precursoras de las que siguieron otras ramas del ordenamiento jurídico, estas soluciones fueron tempranas porque –sencillamente– los problemas enfrentados se presentaron más tempranamente –vale la redundancia– en el campo de la navegación.

Es claro que los avances de una rama del derecho influyen en sus otras ramas tan pronto éstas enfrentan problemas similares a los que antes enfrentó aquélla, de modo que también aquí también vale repetir que el ordenamiento jurídico no está compuesto por compartimientos aislados[85].

Finalmente, cabe recordar la idea de Videla Escalada en el sentido que todas las *ramas* jurídicas, parten el *tronco* del derecho[86].

---

[82] Ibídem, t. III, pp. 269-271.

[83] Ibídem, p. 273

[84] *Supra*, I-3, I-3.1, I-3.2, I-3.,3 y I-3.4

[85] *Supra*, I-1, penúltimo párrafo.

[86] Federico N. Videla Escalada, *Derecho aeronáutico*, Nota preliminar, Víctor P. de Zavalía, Buenos Aires, 1969, t. I, p. 7.

BIBLIOGRAFÍA

ALONSO SOTO, Ricardo, *El seguro de la culpa*, Editorial Montecorvo S.A., Madrid, 1977.

ALTERINI, Atilio Aníbal, "Prólogo" en *Ley de Defensa del Consumidor comentada y anotada*, dirigida por PICASSO, Sebastián y VÁZQUEZ FERREIRA, Roberto A., La Ley, Buenos Aires, 2009.

ALZUETA, Adrián M., *Responsabilidad limitada en el derecho de la navegación*, Plus Ultra, Buenos Aires, 1977.

AUSTERLIC, Abraham, "Trabajo a bordo de los buques de matrícula nacional", en VÁZQUEZ VIALARD, Antonio, director, *Tratado de derecho del trabajo*, Editorial Astrea, Buenos Aires, 1985.

BENGOLEA ZAPATA, Jorge, *Teoría general del derecho de la navegación*, Plus Ultra, Buenos Aires, 1976.

_____ "La prelación de las fuentes en el derecho de la navegación (autonomía e interpretación)", en *Revista de Derecho Marítimo*, julio 1966, pp. 11 y ss.

BRUNETTI, Antonio, *Derecho marítimo privado italiano*, versión española anotada por R. Gay de Montellá, Bosch, Casa Editorial, Barcelona, 1950.

CAFFERATTA, Néstor A., "Responsabilidad civil por daño ambiental", en Trigo Represas, Félix A. y LÓPEZ MESA, Marcelo J., *Tratado de la responsabilidad civil. El derecho de daños en la actualidad: teoría y práctica*, La Ley, Buenos Aires, 2004.

CAPPAGLI, Alberto C., *La contaminación del medio marino y los buques petroleros. Prevención, lucha, responsabilidad civil y seguro*, Abeledo-Perrot, Buenos Aires, 2011.

COMITÉ MARITIME INTERNATIONAL, *Yearbook 2010 Annuaire*, published by CMI Headquarter.

CHAMI, Diego E., *Manual de derecho de la navegación*, Abeledo-Perrot, Buenos Aires, 2010.

FERNÁNDEZ MADRID, *Tratado práctico de derecho del trabajo*, 3ra. edición actualizada y ampliada, La Ley, Buenos Aires, 2007.

FERNÁNDEZ, Raymundo L., *Código de Comercio de la República Argentina comentado. Tratado de derecho comercial en forma exegética*, t. IV, Buenos Aires, 1952.

GONZÁLEZ-LEBRERO, Rodolfo A., *Manual de derecho de la navegación*, 4ª edición ampliada y actualizada, Depalma, Buenos Aires, 2000.

HALPERIN, Isaac, *Seguros. Exposición crítica de las leyes 17418, 20091 y 22400*, tercera edición actualizada y ampliada por Nicolás H. Barbato, Ediciones Depalma, Buenos Aires, 2001.

INTERNATIONAL LAW ASSOCIATION, Boletín, t. I, n° VII, 31ª Conferencia celebrada en Buenos Aires en el Palacio de Justicia, salas del Colegio de Abogados del 22 al 30 de agosto de 1922, Talleres Gráficos de Schenone y Linari, Buenos Aires, 1922.

KOSCHAKER, P. *Europa y el derecho romano*, versión completa y directa del alemán por José Santa Cruz Teijeiro, Editorial Revista de Derecho Privado, Madrid, 1955.

KROTOSCHIN, Ernesto, *Tratado práctico de derecho de trabajo*, 3ra. edición actualizada y reelaborada, reimpresión, Depalma, Buenos Aires, 1978.

LAMBERT-FAIVRE, Ivonne, *Droit des assurances*, troisième edition, París, 1979.

LORENZETTI, Ricardo Luis, *Consumidores*, segunda edición actualizada, Rubinzal-Culzoni Santa Fe, 2009.

_____ *Teoría del derecho ambiental*, La Ley, Buenos Aires, 2008.

_____ *Tratado de los contratos. Parte general*, Rubinzal-Culzoni, Santa Fe, 2004.

MALVAGNI, Atilio, *Contratos de transporte por agua*, Roque Depalma Editor, Buenos Aires, 1956.

_____ "Régimen de los trabajadores marítimos", en DEVEALI, Mario L. director, *Tratado de derecho del trabajo*, La Ley S.A. Editora e Impresora, 1965, t. III, Buenos Aires.

MONTIEL, Luis B., *Curso de derecho de la navegación*, Astrea, Buenos Aires, 1975.

NÁPOLI, Rodolfo A., *Derecho del trabajo y de la seguridad social*, La Ley, Buenos Aires, 1969.

ORTIZ DE GUINEA, Federico, *Responsabilidad limitada, principio general del derecho de la navegación*, Universidad Nacional del Litoral, Facultad de Ciencias Jurídicas y Sociales, Instituto de Derecho Comercial, Sección de Derecho de la Navegación, Santa Fe, 1969.

PARIS LE CLERC, Lucien, *Le contrat d'assurance. Sa nature juridique. Principes et applications (Code de Commerce – Loi du 13 juillet 1930)*, Libraririe Générale de Droit et de Jurisprudente, París, 1932.

POZZO, Juan D., *Manual teórico práctico de derecho del trabajo*, segunda edición, Ediar, Buenos Aires, 1967.

RAY, José Domingo, *Derecho de la navegación con textos legales e internacionales y sobre comercio exterior*, Abeledo-Perrot, Buenos Aires, 1992.

REZZÓNICO, Juan Carlos, *Contratos con cláusulas predispuestas*, Editorial Astrea, Buenos Aires, 1987.

ROITMAN, Horacio, *El seguro de la responsabilidad civil*, Lerner Ediciones, Buenos Aires, 1974.

SÁENZ, Luis R. J., "De los términos abusivos y las cláusulas ineficaces", t. I., en *Ley de defensa del consumidor anotada y comentada*, Picasso – Vázquez Ferreira, directores, La Ley, Buenos Aires, 2009.

SIBURU, Juan B., *Comentario al Código de Comercio argentino*, , t. 3, Félix Lajouane y Cía, Buenos Aires, 1906.

SOHR, Frédéric, *Le droit maritime et son unificaction internationale*, Veuve Ferdinand Larcier, Editeur, Bruxelles, 1914.

VALLS, Mario F., *Derecho ambiental*, segunda edición, Abeledo-Perrot, Buenos Aires, 2012.

VIALARD, Antoine, prefacio a Le Couviour, Karine, *La responsabilité civile a lëpreuve des pollutions majeurs résultant du transport maritime*, Presses Universitaires dÁix-Marseille, Marseille, 2007.

VIDELA ESCALADA, Federico N., *Derecho aeronáutico*, Nota preliminar, Víctor P. de Zavalía, 1969, Buenos Aires, t. I.

ZORRAQUÍN BECÚ, Ricardo, *Historia del derecho argentino*, primera edición, tercera reimpresión, Editorial Perrot, Buenos Aires, 1985.

LA NUEVA REGULACIÓN DEL CONSIGNATARIO DE BUQUES EN ESPAÑA

EDUARDO ALBORS*

SUMARIO

1. INTRODUCCIÓN Y FUENTES

La figura del consignatario del buque[1] tiene una importante relevancia en el contexto del tráfico marítimo, aunque su intervención se desarrolle en los puertos de escala. Se trata de un eslabón más en la cadena logística que permite que los buques sean más eficientes y los transportes más rápidos y ágiles; como consecuencia de ello el consig-

* Abogado. Socio Albors Galiano & Portales, Madrid. Presidente de la Asociación Española de Derecho Marítimo. Miembro Titular del CMI. El presente artículo tiene como origen la conferencia pronunciada por el autor en la Universidad Menéndez Pelayo, Santander, en septiembre de 2019, durante los Encuentros de Derecho Marítimo y Portuario, bajo la organización de la Asociación Internacional de Derecho Portuario.

1 *Ship agent.* en inglés.

natario del buque acumula funciones, y un cierto poder derivado también de las relaciones que mantiene en los puertos en los que actúa. Hoy por hoy –espero que nadie pueda discutirlo- no podemos concebir el tráfico marítimo sin su intervención y, desde luego, en España, quien no podría fácilmente prescindir del consignatario, son las Autoridades Portuarias. El tiempo ha ido perfilando las características y los medios de estas empresas que, como consecuencia de su privilegiada posición como agentes del buque, interactúan y conectan con otras actividades no propias de la consignación. Por ello, en muchas ocasiones, se enfrentan a situaciones de verdadero conflicto de interés.

En España, el consignatario de buques estuvo desprovisto de una regulación legal específica hasta la entrada en vigor de la Ley 27/1992, de 24 de noviembre, de Puertos del Estado y de la Marina Mercante[2]. Esta norma, hoy ya modificada, como más adelante comprobaremos, constituyó un hito relevante; pero fueron los intereses recaudatorios del Estado los que propiciaron que el legislador definiera la figura. Es cierto que el Código de Comercio de 1885 hacía alguna referencia al consignatario del buque, como un actor más en la escena marítima, pero sin disponer normativa alguna que pudiera servir de referencia para su regulación[3]. Sin embargo, a partir de principios del siglo XX, aparecen Sentencias[4] en las que, apoyadas en distintos presupuestos jurídicos, el

2 Pero esta no era una situación exclusiva en España. Como puso de manifiesto Francisco Gamechogoicoechea, en su *Tratado de Derecho Marítimo,* Bilbao, 1941, ni el Código de Comercio francés, ni el italiano, ni los de muchos países hacen mención del consignatario de buques. Sin embargo, si se contenía una definición de consignatario de buques en las Ordenanzas de Aduanas de 17 de octubre de 1947, considerando como tal a la persona a cuyo nombre se encuentra dirigido un buque. Como monografías referentes al consignatario de buques, citamos las obras de A. Nieto Tamargo, *El consignatario de buques*, Oficina Central Marítima, Madrid, 1960; R. A. González Lebrero, *El agente consignatario de buques en España*, Librería Bosch, Madrid, 1989; y E. Silvestre Martí, *Manual del consignatario marítimo. Obligaciones y responsabilidades*, Colegio Oficial de la Marina Mercante Española, Madrid. 1993.

3 Los artículos 578 y 611 del Código de Comercio se referían al consignatario. El primero de ellos previendo su citación al reconocimiento del buque en caso de su inhabilitación para navegar y el segundo para que el Capitán del buque le solicitase fondos en caso de necesidad.

4 STS de 24 de junio de 1904, y 3 de mayo de 1924, entre otras, en las que se consideraba al consignatario como un mero sustituto del capitán del buque, desde el momento en que recibe la mercancía que había sido transportada en el mismo, hasta que se la entrega al receptor.

Tribunal Supremo español aprecia la responsabilidad del consignatario de buques en el seno del contrato de transporte marítimo de mercancías, en el que no era parte. Estas tesis, muy desafortunadas a nuestro juicio, se han venido manteniendo hasta la entrada en vigor de la Ley Navegación Marítima (LNM). Más adelante insistiremos sobre este tema.

La entrada en vigor del Real Decreto 131/2019 (en adelante, Real Decreto 131)[5], del que nos vamos a ocupar principalmente, viene a completar el marco normativo del consignatario de buques, integrado por las dos normas cabeceras de nuestros Derecho portuario y marítimo, respectivamente. Por un lado, el Texto Refundido de la Ley de Puertos del Estado y de la Marina Mercante, aprobado por el Real Decreto Legislativo 2/2011, de 5 de septiembre (en adelante, LPEMM), lo hace prioritariamente desde el punto de vista de sus relaciones con la Administración portuaria, es decir, desde la perspectiva del Derecho administrativo. Por otro lado, la LNM regula la figura del consignatario de buques desde la perspectiva del Derecho privado. Esta Ley enmarca el contrato de consignación de buques dentro de los denominados contratos auxiliares de la navegación, situando el foco de la regulación en las relaciones entre el consignatario, el armador, el porteador-fletador del buque, y los terceros titulares de conocimientos de embarque. No debemos perder de vista la trascendencia de las relaciones jurídico-privadas del consignatario de buques pues, en definitiva, constituyen el inicio y origen de su intervención.

Estas dos normas definen al consignatario de buques compartiendo la idea básica de la representación, aunque no lo hacen de forma idéntica. El concepto de consignatario de buques en la LPEMM (con redacción que se ha mantenido inalterada desde su primer texto de 1992) es el siguiente: "*A los efectos de esta Ley se considera agente consignatario de un buque a la persona física o jurídica que actúa en nombre del naviero o del propietario del buque*[6]". Por su parte, la LNM define al

[5] Real Decreto 131/2019, de 8 de marzo, por el que se desarrolla la obligación de consignación de buques.
Artículo realizado a partir de la conferencia pronunciada en la Universidad Menéndez Pelayo, en septiembre de 2019, en Encuentros de Derecho Marítimo y Portuario, bajo la organización de la Asociación Internacional de Derecho Portuario.

[6] art. 259.1 LPEMM

consignatario del buque como "*la persona que por cuenta del armador o del naviero se ocupa de las gestiones materiales y jurídicas necesarias para el despacho y demás atenciones al buque en puerto*[7]". Como podrá comprobarse, ambos conceptos insisten en la representación del armador o naviero como elemento más destacado en la figura del consignatario de buques.

En la esfera del Derecho privado, esto es, en las relaciones jurídicas que entabla el consignatario del buque con sus principales, ya se trate de armadores, o de fletadores que se constituyan en navieros, según dispone el Art. 320 de la LNM, el consignatario de buques queda sometido a la Ley 12/1992, sobre contrato de agencia, en aquellos supuestos de consignación estable o permanente (*liner*), pudiendo en estos casos acordar la exclusividad, y a los preceptos legales reguladores de la comisión mercantil del Código de Comercio (Arts. 244 y siguientes) en los casos de consignación ocasional (*tramp*).

Por su parte, en la esfera del Derecho administrativo, también debemos citar la Orden del Ministerio de Fomento (Orden FOM 1194, de 29 de abril de 2011, modificada el 11 de agosto de 2014) que regula el procedimiento integrado de escala de buques en los puertos de interés general[8]. En esta Orden se identifica al consignatario de buques como declarante obligado a la presentación de la Declaración Única de Escala (DUE) para la solicitud de escala, asignación de atraque y despacho del buque[9], y la Autoridad Portuaria queda constituida como ventanilla única ante la cual deberá presentar dicha DUE por procedimientos de transmisión electrónica de datos[10].

El anterior es el escenario normativo vigente cuando se publica el Real Decreto 131/2019, de 8 de marzo, del Ministerio de Fomento[11] cuya entrada en vigor se pospuso hasta el 1 de julio de 2019[12]. Esta nue-

7 art. 319 LNM
8 BOE núm. 114, de 13 de mayo (referencia BOE-A-2011-8339).
9 art. 6 Orden FOM 1194/2011.
10 Conviene resaltar que esta Orden se aplica exclusivamente a buques civiles, quedando excluidos los buques de la Guardia Civil, de Sasemar, de las Administraciones públicas, y los pesqueros que faenan en caladeros lejanos.
11 BOE núm. 71, de 23 de marzo (referencia BOE-A-2019-4248).
12 Véase Disposición final tercera del RD 131/2019.

va norma ha significado un espaldarazo definitivo al gran protagonismo del consignatario de buques en España, al situarlo como eje vertebrador de las relaciones entre las Autoridades Portuarias y los operadores marítimos y portuarios.

2. LOS MODELOS CONTRACTUALES EN EL ÁMBITO DEL DERECHO PRIVADO PARA LA CONSIGNACIÓN DE BUQUES

Antes de pasar al examen de esta nueva norma, obligado es señalar brevemente que los modelos habituales utilizados en algunas ocasiones en España para la consignación de buques se corresponden con los formularios que FONASBA (*Federation of National Associations of Shipbrokers and Agents*) y BIMCO (*Baltic International Maritime Council*) publican conjuntamente, y cuya versión más reciente es la de 2017.

Estos modelos están localizables en las respectivas páginas web de ambos organismos[13]. En ellos se estandariza la relación jurídica entre el armador o el naviero del buque (principal) con el consignatario del buque (agente), y pueden ser utilizados tanto para navegación *tramp* como para la *línea regular*[14]. La práctica también acuña la existencia de condiciones generales de contratación que los armadores y/o los navieros tratan de imponer al consignatario de buques. En todo caso, es un hecho constatado que, en este tipo de contratos, suelen introducirse cláusulas de renuncia al cobro de indemnizaciones en caso de terminación anticipada, así como de sometimiento a Derecho y jurisdicción extranjeros, en cuyo caso la Ley española no resulta aplicable[15].

---

[13] Véanse, respectivamente, www.fonasba.com/documentation y www.bimco.org/contracts-and-clauses

[14] Los formularios insisten en la idea de que la vinculación, que es la base del contrato, entre el consignatario de buques y su principal es una relación de agencia. Asimismo, para evitar problemas que puedan surgir respecto de la extensión de la relación contractual, las obligaciones y la remuneración del consignatario, se utiliza en dichos formularios el término "Principal" para definir a la contraparte del consignatario de buques en el contrato, incluyendo en este concepto a propietarios, operadores, fletadores y gestores del buque.

[15] Esta es una práctica habitual en el tráfico de líneas regulares.

3. EL REAL DECRETO 131/2019, DE 8 DE MARZO, POR EL QUE SE DESARROLLA LA OBLIGACIÓN DE CONSIGNACIÓN DE BUQUES

3.1. Origen

En este escenario aparece el RD 131. El origen de esta norma se vislumbra, fundamentalmente, analizando la oportunidad de su propuesta en la Memoria del análisis de impacto normativo. En ella se afirma que la ausencia de regulación del consignatario de buques había ocasionado graves problemas a la Administración marítima española. Con ocasión de distintos incidentes, afectando a buques en puertos españoles, la citada Administración se había encontrado un cumplimiento muy deficiente de la obligación de consignación de buques. Esto dificultaba la puesta en marcha de buena parte de las medidas necesarias para combatir las consecuencias del incidente. El impulso de la norma provino, pues, de la Dirección General de la Marina Mercante y uno de los incidentes a los que se refiere la Memoria de análisis de impacto normativo fue el incendio del buque "OLEG NAYDENOV" en el Puerto de Las Palmas de Gran Canaria, que se produjo el 11 de abril de 2015[16].

3.2. Análisis de la norma

La estructura del RD 131 es sencilla. Consta de un Preámbulo, dos capítulos, diez artículos, una disposición adicional, una derogatoria, y tres disposiciones finales. El Preámbulo considera al consignatario de buques como una de las piezas fundamentales para el buen funcionamiento del negocio marítimo. Esta era ya una realidad constatada a todas luces, pudiendo afirmarse que no sólo el negocio marítimo sino la propia Administración marítima y portuaria se benefician notable y sensiblemente de la intervención de los consignatarios de buques.

Esta nueva norma pretende dar un paso adelante hacia la transparencia, la calidad y un mejor servicio por parte de los consignatarios

[16] Dicho esto, conviene no obstante resaltar la buena acogida que tuvo el proyecto y que ha tenido el Real Decreto en el sector de los consignatarios de buques, que finalmente han visto reconocidas sus aspiraciones a un estatuto jurídico propio.

de buques. En el procedimiento de su redacción se dio audiencia e intervinieron los sectores interesados, entre ellos, la Asociación Española de Derecho Marítimo (AEDM). También el RD proyectado pasó el Dictamen del Consejo de Estado[17], que propuso la supresión de varios artículos del proyecto por fala de cobertura legal, como seguidamente tendremos ocasión de comprobar.

En el Preámbulo, el RD lleva a cabo una introducción explicativa y hace un repaso de las leyes que regulan al consignatario de buques, concretando la LPEMM y la LNM; constata la obligación legal de consignación de buques tanto españoles como extranjeros, aunque con alguna excepción; establece que dicha obligación viene referida a todos los puertos, sean o no de interés general, e insiste en la necesidad del cumplimento de los Pliegos aprobados por las Autoridades Portuarias o por las entidades gestoras de los puertos[18].

3.2.1. Objeto

El primero de sus capítulos, bajo la rúbrica de Disposiciones generales, compuesto por un total de cuatro artículos (1 a 4), se ocupa de proclamar su objeto, cual es la actividad y las condiciones de establecimiento de los consignatarios de buques en puerto, ya sea de titularidad estatal o autonómica; de definir al consignatario del buque en términos muy similares a los de la LNM; y de establecer los términos de la obligación de consignación tanto de los buques nacionales como de los buques extranjeros.

La definición de consignatario que ofrece el RD 131 (art. 2) no es igual a la establecida en el art. 319 de la LNM. No hemos encontrado razones que justifiquen la diferencia en su literalidad. Hay opiniones que sugieren la posible aparición de problemas interpretativos, pero consideramos que lo razonable hubiese sido mantener la misma definición; sin embargo, no vemos una trascendencia negativa en la diferencia. El Consejo de Estado, en su Dictamen, ya puso de manifiesto este

[17] En fecha 29 de noviembre de 2018.

[18] La práctica ya había consolidado la consignación obligatoria en la navegación *tramp* en la medida en que las Pólizas de fletamento habituales exigen la necesidad de contar con consignatario de buques en los puertos de carga y descarga.

punto. El concepto que ofrece el art. 2 del RD 131 se diferencia del que establece el art. 319 de la LNM en que aquél aclara que el consignatario de buques, además de "*por cuenta*", actúa "*en nombre y representación del armador o del naviero del buque*". En nuestra opinión esta representación debe considerarse implícita en el concepto del art. 319 de la LNM[19].

3.2.2. Obligatoriedad de la consignación

La obligación de consignación se impone a los buques extranjeros y a los españoles en aquellos puertos en los que no el armador no disponga de consignatario dentro de su propia organización. De esta obligatoriedad se excluyen las embarcaciones de recreo (no los buques de recreo) y, en el caso de los buques españoles, se excluyen, además, las embarcaciones de pesca (no los buques de pesca)[20]. Esta obligación de consignación tiene su origen normativo en el art. 10 de la LNM, en el que se establecía el régimen para los buques de bandera extranjera y se dejaba al posterior desarrollo reglamentario en relación con los buques de bandera española.

El RD 131 nada dice de los artefactos navales ni de las plataformas fijas, cuando, por alguna razón, deban entrar o permanecer en puerto. Como es bien conocido, el concepto de buque no incluye a los artefactos navales ni a las plataformas petrolíferas[21]. Sin embargo, existe ya abundante práctica en algunos puertos españoles sobre la consignación de plataformas petrolíferas, a las que se les aplica el mismo régimen obligatorio que para los buques.

3.2.3. Relaciones del consignatario de buques con la Administración

El segundo de los capítulos se ocupa de regular las relaciones de los consignatarios de buques con la Administración marítima y las

[19] En nuestra opinión, lo que ha hecho el legislador es refundir en una las definiciones del art. 254 de la LPEMM y del art. 319 de la LNM).

[20] arts. 3 y 4 del RD 131.

[21] Los arts. 58 y 59 de la LNM definen, respectivamente, los conceptos de artefacto naval y de plataforma fija.

Autoridades Portuarias. Como presupuesto de partida, el RD 131 recalca que los consignatarios deberán cumplir sus obligaciones con la debida diligencia en sus relaciones para con la Administración marítima y portuaria[22]. Evidentemente, este presupuesto estaba ya implícito en la generalidad de los preceptos de la LPEMM y, por supuesto, en toda la esfera del Derecho privado aplicable a los consignatarios de buques. En nuestra opinión, se trata de una disposición superflua que, desde luego, no lleva aparejado un plus de diligencia adicional a la normalmente exigible.

El RD 131 no orilla los avances ni las ventajas de la tecnología y señala que las comunicaciones de los consignatarios de buques tendrán lugar a través de medios electrónicos[23], en la línea ya establecida por la Orden del Ministerio de Fomento 1194/2011, de 29 de abril, con última modificación de 11 de agosto de 2014. Pese a ello, consideramos que las comunicaciones remitidas por cualquier medio fehaciente deberán producir también plenos efectos.

El RD 131 regula las condiciones de establecimiento y actividad de los consignatarios de buque a nivel estatal, cualquiera que sea el puerto en el que vayan a prestar sus servicios, ya de interés general, ya de dimensión autonómica. Sin embargo, en su texto, sólo encontramos unas determinadas condiciones y/o deberes, tales como la necesidad de contar con autorización de la Autoridad Portuaria correspondiente (Art. 7.1); la disposición de los medios necesarios para ejercer su actividad (Art. 9); la comunicación a través de medios electrónicos con las autoridades marítimas y portuarias, y en general con las Administraciones públicas (Art. 5.2); y la prestación de una continua atención al buque y el mantenimiento de un constante contacto con las Autoridades Marítimas y Portuarias (Art. 7.2).

Como se trata de un servicio de naturaleza comercial, en contraposición a los servicios portuarios, el consignatario del buque necesita un título habilitante en los términos establecidos en el art. 139.5 de la LPEMM, que deberá incluir, al menos, los siguientes contenidos,

[22] art. 5 RD 131.

[23] art. 5.2 RD 131.

- Objeto de la actividad
- Plazo de otorgamiento
- Garantías que deben constituirse
- Condiciones para garantizar la seguridad
- Tasa de la actividad (los consignatarios pueden estar excluidos siempre que no ocupen dominio público)[24].

Todo esto implica que el RD 131 no constituye una norma con exigencias uniformes, salvo las antes indicadas, sino que deja al criterio de las correspondientes Autoridades Portuarias el establecimiento de las condiciones para el ejercicio de la actividad. En consecuencia, constatamos que cada puerto podrá tener normas o reglas distintas, incluso en aquellos de interés general.

El RD 131 no exige al consignatario de buques la necesidad de contar con una oficina o establecimiento ni con un apoderado en el municipio del puerto en el que presta su actividad. En el RD proyectado (Arts. 9 y 10.1) se concretaban estas exigencias, pero el Consejo de Estado, en su Dictamen de 29 de noviembre de 2018, instó su supresión por falta de cobertura legal para establecer tal obligación por vía reglamentaria, y por atentar contra la libertad de establecimiento. Ello es independiente de la conveniencia de que el consignatario disponga, como cuestión de hecho, de una oficina en el puerto del que se trate, así como de un apoderado; todo ello facilitará sin duda el cumplimiento de las exigencias del RD respecto a la atención continua al buque, así como el contacto permanente con las Autoridades Marítimas y Portuarias.

Asimismo, a instancias del Consejo de Estado, también se suprimió la obligación del consignatario de buques[25] de informar a los propietarios, navieros, armadores y capitanes del contenido de las normas de marina mercante, portuarias y de aquellas otras que deben cumplir las tripulaciones, los pasajeros, incluso, las relativas a prevención de riesgos laborales[26]. Al margen de la supresión de esta obligación, la información sobre estas normas, como cuestión de hecho, tiene gran tras-

[24] art. 170 LPEMM.

[25] art. 12 del RD proyectado.

[26] Esta supresión se produjo por carecer de cobertura legal para establecer esta obligación por un cauce reglamentario.

cendencia dada la situación de importante exposición del consignatario de buques a las infracciones de sus representados durante la estancia del buque en puerto. No debemos olvidar que, de estas infracciones, es responsable solidario, fundamentalmente, en materia de prevención de riesgos laborales durante las operaciones de atraque, desatraque y fondeo y, en general, de la estancia del buque en el puerto. Por ello, aunque tal comunicación de normas se haya suprimido como obligación, lo bien cierto es que, como cuestión de hecho, el consignatario diligente deberá llevarla a cabo para proteger su responsabilidad.

3.2.4. Funciones del consignatario de buques.

En relación con las funciones del consignatario del buque y, a modo de ejemplo, hemos analizado las condiciones del Pliego del Puerto de Castellón[27]. En este Pliego de condiciones particulares para la prestación del servicio comercial de consignación de buques en el puerto, concretamente, en su cláusula 3, se señala que los consignatarios de buques podrán desarrollar, entre otras, las siguientes funciones:

- Gestión de la solicitud de escala y obligaciones derivadas de la Orden FOM/1194/2011, 29 de abril, por la que se regula el procedimiento integrado de escala de buques en los puertos de interés general.
- Preparación, modificación, entrega, presentación y firma, en su caso, de toda la documentación relacionada con los contratos de transporte suscritos por el naviero o propietario del buque.
- Asistencia, protección y defensa de los intereses de los navieros, armadores, fletadores, porteadores o capitán de un buque, según los casos, que representen, con relación a un buque.
- Los demás actos no incluidos en los apartados anteriores que, con relación al buque consignado, le sean encomendados por el naviero o propietario del buque en un puerto.
- Encargar provisiones y reparaciones, atendiendo que dichas gestiones sean llevadas a cabo.

[27] Este Pliego fue aprobado incluso antes de la entrada en vigor del RD 131, el 24 de junio de 2019, pero ya con referencia a su texto.

El Pliego señala también que el consignatario de buques podrá desarrollar, además, las siguientes funciones cuando no sean desarrolladas directamente por el naviero o propietario del buque, por su Capitán o por el consignatario de la mercancía, referidas a los pasajeros o la mercancía transportadas o que transportará el buque consignado, mientras estén bajo la responsabilidad del naviero o propietario del buque y en el puerto en el que tenga encargada la consignación[28]:

- gestiones relacionadas con la contratación y/o la supervisión de las operaciones estiba-desestiba, carga, descarga, entrega y recepción, depósito y almacenaje de mercancías.
- La supervisión de las operaciones de embarque y desembarque de pasajeros, incluyendo toda contratación necesaria para el cumplimiento de las obligaciones y el ejercicio de los derechos del naviero, armador, del fletador o del portador o capitán de un buque, según los casos.
- Las gestiones relacionadas con la contratación y/o supervisión de los transportes complementarios incluidos en el contrato de transporte de las mercancías cargadas o descargadas en el buque que tenga consignado.
- La emisión, firma, modificación, entrega y presentación de toda la documentación relacionada con los contratos de transporte de pasajeros ejecutados por un buque.
- La promoción, negociación y conclusión, en nombre del armador, de contratos de transporte de mercancía y pasajeros en los buques por él consignados.
- Los demás actos no incluidos en los apartados anteriores que, con relación a la mercancía transportada por un buque, mientras aquella sea responsabilidad del naviero o propietario del buque, le sean encomendados por este último, en un puerto.

Analizadas las funciones que este Pliego otorga al consignatario de buques, comprobamos que la mayor parte de ellas exceden al contenido de la definición de consignatario, que se limita a las gestiones materiales

[28] Cláusula 3 del Pliego de Condiciones Particulares para la prestación del servicio comercial de consignación de buques en el puerto de Castellón.

y jurídicas necesarias para el despacho del buque y demás atenciones al buque en puerto. Si repasamos tales funciones, observamos que la mayor parte de ellas inciden en aspectos jurídico-privados del contrato de consignación y que dependen exclusivamente de la estricta voluntad de las partes. Y esta voluntad se manifestará, en cada caso, a través de las concretas instrucciones del armador o del naviero que sean aceptadas por el consignatario. Desde esta perspectiva, consideramos que el Pliego excede las facultades que conceden a las Autoridades portuarias tanto la LPEMM como el RD 131.

3.2.5. Registro de consignatarios de buques

El RD 131 crea el Registro de consignatarios, como una novedad importante que contribuye a la transparencia, así como al acceso a sus servicios tanto de los armadores como de los navieros[29]. Se trata de un Registro público administrativo, similar al de las empresas navieras, accesible a través de una base informatizada en la página web del Ministerio de Fomento, al que corresponde su gestión. El Director General de la Marina Mercante ostenta la condición de responsable del fichero de acuerdo con la normativa vigente sobre protección de datos. La inscripción deberá realizarse a través de esta página web.

La inscripción se llevará a cabo por la Subdirección General de Seguridad, Contaminación e Inspección Marítima en el plazo de dos meses desde la solicitud por el interesado, al que se concederá un plazo de diez días en el caso de que sea necesario completar la información o la documentación. Una vez producida la inscripción se notificará electrónicamente al consignatario interesado en el plazo de diez días. En el caso de denegación, procederá Recurso de Alzada ante el Director General de la Marina Mercante. Para la solicitud de la inscripción, los consignatarios deberán hacer constar todos sus datos personales, así como identificar los puertos en los que están autorizados para desarrollar su actividad. La pérdida de la totalidad de las autorizaciones será causa de baja en el Registro.

[29] El Registro está previsto y regulado en el art. 8. No consideramos que la inscripción sea obligatoria, por lo que su eficacia es puramente declarativa y no constitutiva de la condición de consignatario de buques.

El RD 131 prevé la firma de convenios con Puertos del Estado, con entidades autonómicas de gestión de puertos, así como con asociaciones de consignatarios para facilitar la inscripción y el intercambio de información. El pasado 22 de Junio de 2020 se publicó en el BOE[30] el Convenio suscrito por la Dirección General de la Marina Mercante y la Asociación Española de Consignatarios de buques (ASECOB) para establecer el mecanismo de colaboración entre las autoridades marítimas y la citada asociación con la finalidad de facilitar la inscripción de los consignatarios en el Registro de consignatarios.

El encargado del Registro deberá comunicar las inscripciones tanto a Puertos del Estado, cuando el consignatario desarrolle su actividad en un puerto de interés general, como a las entidades gestoras de puertos cuando estos sean de titularidad autonómica.

3.2.6. Cambio de consignatario del buque

El RD 131 establece también la posibilidad de cambio de consignatario[31]. Esta posibilidad estaba ya parcialmente en vigor en la LPEMM[32], delimitada como renuncia unilateral del consignatario previo. Esta renuncia está sujeta al cumplimiento de las obligaciones pendientes hasta el momento de su notificación. La novedad que a estos efectos incorpora el RD 131 es la sustitución o la cesión de la consignación del buque[33].

El cambio de consignatario o la cesión de la consignación -supuestos que consideramos idénticos- debe comunicase a las Autoridades marítimas y portuarias a través de una ventanilla única nacional regulada en la normativa sobre formalidades exigibles a buques mercantes. Tanto el consignatario sustituido o cedente como el sustituto o cesionario están obligados a esta comunicación. El consignatario sustituido o cedente deberá satisfacer las obligaciones pendientes con la Capitanía Marítima y con la Autoridad portuaria correspondiente hasta el momento en que llevó a cabo la comunicación y el consignatario sustituto o ce-

[30] Disposición 6558 del BOE núm. 173 de 2020.

[31] art. 6 RD 131.

[32] Concretamente en el Art. 259.3 LPEMM.

[33] art. 6 RD 131.

sionario vendrá obligado desde el momento en que se opere el cambio.

Bajo nuestro punto de vista, y pese a que pueden existir dudas interpretativas al respecto, la combinación de los arts. 259.3 de la LPEMM y del art. 6 del RD 131 nos lleva a la conclusión de que para que el cambio y/o la cesión sea eficaz y produzca efectos, el consignatario sustituido o cedente deberá haber abonado todas las deudas pendientes para con la Administración marítima y portuaria.

3.2.7. Régimen adicional y derogatorio

En su Disposición adicional única, el RD 131 establece que los Ministerios de Hacienda y de Fomento establecerán las medidas de coordinación necesarias para la disposición por medios electrónicos de los datos del Registro de Consignatarios por las autoridades aduaneras para el cumplimiento de sus funciones.

El RD deroga cuantas normas reglamentarias se le opongan (Disposición Derogatoria). Y sus Disposiciones finales, facultan al Ministerio de Fomento para dictar las normas necesarias para el desarrollo del RD (primera); establecen el título competencial (art. 149.1.20 de la CE) que atribuye al Estado la competencia exclusiva sobre Marina Mercante (segunda); y determina su entrada en vigor para el 1 de Julio de 2019 (tercera).

4. LA RESPONSABILIDAD ADMINISTRATIVA DEL CONSIGNATARIO DE BUQUES. BREVE RESEÑA

4.1. Liquidaciones de las Autoridades Portuarias

Es bien conocido que la LPEMM[34] ha situado al consignatario del buque en el ojo del huracán, como sujeto pasivo sustituto responsable del pago de las liquidaciones que giren las Autoridades Portuarias por tasas y otros conceptos originados con motivo de la estancia del buque en el puerto. Evidentemente, estas liquidaciones deben ajustarse a los servicios portuarios prestados, ya que en caso contrario pueden ser objeto de impugnación.

[34] art. 259.2 LPEMM.

Concurre aquí un claro supuesto de responsabilidad sin deuda, dado que el beneficiario de los servicios es un tercero, el armador del buque. Esta realidad está ya consolidada y ha sido aceptada sin muchas reservas aunque, lógicamente, asumiendo el riesgo del fallo de los armadores en el reembolso correspondiente.

4. 2. Sanciones

Asimismo, los arts. 305 y siguientes de la LPEMM establecen un régimen sancionador que también apunta contra el consignatario de buques en materia de infracciones relacionadas con la estancia en puerto, al considerarlo solidariamente responsable junto al armador del buque. Incluso en aquellos casos en que el hecho infractor no sea directamente imputable al consignatario del buque. En este caso nos encontramos ante un supuesto de responsabilidad por la acción de un tercero y, por tanto, sin culpa propia, con los consiguientes problemas que entraña la repetición contra el armador o el naviero.

Algunos autores opinan que el fundamento de esta responsabilidad directa –aunque solidaria para con el naviero- radica en la *culpa in vigilando*. Sin embargo, no estamos en posición de admitir que el consignatario del buque esté en posición de controlar algunos aspectos de la gestión naviera, aunque esta se produzca en el puerto. Bajo nuestro punto de vista el fundamento de esta responsabilidad administrativa se encuentra anudado al principio de facilidad recaudatoria.

4.3. Prevención de riesgos laborales

El vigente art. 65 de la LPEMM tiene su origen en el art. 132 de la Ley 48/2003, de 26 de noviembre, sobre Régimen Económico y de Prestación de servicios en los Puertos de interés general. En su versión más primitiva este artículo imponía a las Autoridades Portuarias el control del cumplimiento de las obligaciones de coordinación de las actividades establecido en el art. 24 de la Ley 31/1995, de prevención de riesgos laborales, *sin perjuicio de las competencias que correspondan a otros órganos de las Administraciones Públicas, y de las responsabilidades que en esta materia correspondan a los usuarios y concesio-*

narios del puerto. Posteriormente este art. 132 fue modificado para imponer al consignatario del buque la responsabilidad del cumplimiento de las obligaciones de coordinación durante las maniobras de atraque, desatraque y fondeo del buque y, en general, durante la estancia del mimo en el puerto salvo para las operaciones de carga, estiba, desestiba y descarga, transbordo de mercancías o embarque de pasajeros, en aquellos espacios no otorgados en régimen de concesión. Y este es el contenido exacto del art. 65.1 de la vigente LPEMM.

En el año 2013 la Abogacía del Estado emitió un informe exponiendo que el cambio normativo perseguía un doble objetivo. Por un lado, pretendía aclarar que el control del cumplimiento de la obligación de coordinación de riesgos laborales no corresponde a las Autoridades Portuarias, sino a la Inspección de Trabajo y, por otro, identificar a los operadores portuarios a los que compete el cumplimiento de las obligaciones de coordinación, identificando al consignatario de buques como responsable en relación con las operaciones de atraque, desatraque, fondeo, y, en general, durante la estancia del buque en puerto.

Este planteamiento podría contradecir el texto del Art. 24 de la Ley de Prevención de riesgos laborales, que impone la obligación al empresario titular del centro de trabajo. Y es obvio que el consignatario de buques no es en caso alguno titular del centro de trabajo; lo es el armador. Por ello, nos preguntamos si es legal o constitucional imponer dicha obligación a quien no es el titular del centro de trabajo. La Jurisprudencia del Tribunal Supremo y del Tribunal Constitucional[35] avalan esta posibilidad con base en el principio de especialidad normativa. En casos especiales, una norma de rango legal puede imponer tal obligación a un tercero distinto al mencionado en el Art.24 de la LPRL.

La siguiente cuestión que debemos considerar es, si fuera del ámbito normativo formal, es legal o constitucional hacer responsable a quien, como cuestión de hecho, no puede acceder al control del cumplimiento de las normas sobre prevención de riesgos laborales. Parece claro que el consignatario no tiene muchas posibilidades de control sobre el buque y sus procedimientos, no sólo en el curso de las operaciones de

35 Véanse STS 5/4/2016 y STC 28/2/2011, respectivamente.

atraque, desatraque y fondeo, sino que también resulta difícil que pueda hacerlo durante la estancia en puerto. El problema no es nuevo y no está exento de debate doctrinal y jurisprudencial. Pero es razonablemente pacífico para el Tribunal Constitucional y para el Tribunal Supremo que el legislador puede imputar responsabilidad administrativa a quien no es el autor material de la infracción, disociando así responsabilidad y autoría, tal y como ocurre en el régimen sancionador antes analizado. Lo que el legislador ha pretendido en nuestro caso es identificar al obligado contra el que debe dirigirse cualquier expediente sancionador y exigir el pago de la multa. Nótese que el Art. 65.2 de la LPEMM no impone al consignatario de buques el cumplimiento de las obligaciones de coordinación de riesgos laborales, sino que lo hace responsable del citado cumplimiento, y de las consecuencias del incumplimiento en su condición de representante del armador del buque.

5. LA RESPONSABILIDAD DEL CONSIGNATARIO DE BUQUES FRENTE AL ARMADOR.

Tal y como hemos explicado anteriormente, entre el consignatario del buque y el armador o naviero existe un vínculo contractual que la LNM caracteriza como de agencia, en los casos de consignación habitual y como de comisión mercantil cuando la consignación se presta con carácter ocasional (art. 320). Desde esta perspectiva, el consignatario de buques será responsable del cumplimento de sus obligaciones bajo los términos del contrato y, de no existir documento que lo regule, conforme a las disposiciones de la LNM y de la Ley 12/1992, sobre el Contrato de Agencia, o del Código de Comercio, respectivamente.

La LNM traslada al consignatario de buques la responsabilidad frente al armador o el naviero por los daños que sufran las mercancías por su propia culpa (art. 322). Ello implica, por un lado, que el armador o el naviero que haya indemnizado a un tercero titular de los conocimientos por daños a las mercancías transportadas tendrá un derecho de repetición o reembolso frente al consignatario, sujeto a la carga de la prueba de que los daños se deben a la culpa o negligencia de este último y, por otro lado, que el consignatario del buque está protegido frente a cualquier acción directa, de naturaleza extracontractual, del tercero titular del conocimiento de embarque. Exactamente como ocurre bajo las Reglas de La Haya Visby y por el efecto de la habitual inclusión de la cláusula Himalaya en los conocimientos de embarque.

Asimismo, el consignatario de buques será responsable frente al armador, al naviero, o al porteador fletador, de cualquier daño que puedan sufrir estos últimos por los errores u omisiones en la emisión y firma de los conocimientos de embarque. También lo será por las consecuencias del retraso en trasladarles las reclamaciones o reservas que haya recibido de los destinatarios del transporte.

6. LA RESPONSABILIDAD DEL CONSIGNATARIO DE BUQUES POR DAÑOS A LAS MERCANCÍAS TRANSPORTADAS.

Al comienzo de la exposición ya explicábamos que, a partir de 1904, la Jurisprudencia del Tribunal Supremo comenzó una andadura contraria a los intereses de los consignatarios de buques; esta andadura se ha mantenido, con carácter general -aunque con algunas honrosísimas excepciones- hasta la entrada en vigor de la LNM. Durante más de un siglo, los consignatarios de buques vieron comprometida su responsabilidad de forma directa en el transporte marítimo, por daños a las mercancías transportadas.

Esta construcción -evidentemente patológica- se instauró sobre varias tesis, y fue evolucionando. Desde la tesis de sustitución de armador o naviero, pasando por la del depósito, y llegando finalmente a la tesis de la equiparación del consignatario de buques con el naviero, consecuencia de una incorrecta interpretación del ya derogado Art. 586 del Código de Comercio. Partiendo de la definición de naviero que ofrecía dicho precepto como persona encargada de representar al buque en el puerto en el que se halle, se construyó el silogismo de que siendo el consignatario la persona representante del buque en puerto, el consignatario debía, por tanto, ser considerado naviero.

Esta tesis llegó incluso a confirmarse en la Sentencia de 26 de noviembre de 2007, dictada por el Pleno de la Sala Primera del Tribunal

Supremo en unificación de doctrina, porque algunas de sus Sentencias, con buen criterio, se habían apartado de tal artificiosa e injusta construcción. Desde luego que era artificiosa, ya que no se podía sustentar que un buque pudiese tener tantos navieros como consignatarios de buque utilizase en el curso de un viaje, ni que se le reconociese al consignatario de buques el derecho de abandono[36]. Y era evidentemente injusta desde un punto de vista económico porque consolidaba una inaceptable situación: los armadores cobraban los fletes y los consignatarios retenían las responsabilidades de aquellos.

Esta situación finalizó con la entrada en vigor de la LNM. Por un lado, categorizando al consignatario del buque como un mero agente o comisionista y, por otro, estableciendo expresamente su irresponsabilidad frente a los destinatarios del transporte de las indemnizaciones por daños o pérdidas de las mercancías o por retraso en su entrega[37].

Esta regla fundamental, que ha venido a corregir la situación anterior, tiene una excepción en la LNM. Y esta excepción tiene que ver con la emisión y firma de los conocimientos de embarque. En efecto, el art. 321 de la LNM, recogiendo los principios inspiradores de la comisión mercantil, establece que el consignatario de buques podrá firmar los conocimientos de embarque por cuenta del armador o del naviero, o por cuenta del fletador/porteador. En este caso, deberá hacer constar en el documento el nombre y dirección de ellos; en caso contrario, responderá solidariamente con el armador o con el naviero, o con el fletador porteador, frente a los titulares de los conocimientos de embarque.

Con independencia de todo lo anterior, la LNM obliga al consignatario de buques a recibir las reclamaciones y reservas por pérdida o daños a las mercancías, que le dirija el destinatario del transporte, comprometiéndose a comunicarlas de modo inmediato al armador, al naviero o al porteador fletador según resulte el caso[38].

---

[36] Véase el art. 587 del Código de Comercio que recoge el derecho del naviero a limitar su responsabilidad haciendo abandono del buque, de sus pertenencias, y de los fletes ganados en el viaje. Pero es evidente que el consignatario de buques no podía ejercer este derecho de limitación.

[37] arts 320 y 322.1 de la LNM.

[38] art. 322.2 LNM.

7. OTRAS RESPONSABILIDADES EN LAS QUE PUEDE INCURRIR EL CONSIGNATARIO DE BUQUES.

Consciente el legislador de que el consignatario de buques desborda en la generalidad de los casos las tareas propias de la consignación, esto es, las gestiones materiales y jurídicas necesarias para el despacho y demás atenciones del buque en puerto, la LNM ha establecido que cuando el consignatario del buque realiza tareas de manipulación portuaria, se le aplicarán las normas de esta actividad[39]. En este caso, responderá de los daños y pérdidas que sufran las mercancías durante su manipulación y custodia -desde su recepción hasta su entrega- en tanto no se pruebe que se debieron a causas fortuitas, y que para evitar sus efectos se adoptaron todas las medidas razonablemente exigibles[40].

No obstante ello, y sin perjuicio de la posibilidad de quiebra del derecho a limitar, la responsabilidad quedará limitada a dos Derechos especiales de giro[41] por kilogramo de peso bruto. A estos efectos, cuando una parte dañada de la mercancía afecte a otra parte, se tendrá en cuenta la suma del peso de ambas[42].

En el caso de retraso en la entrega, la responsabilidad quedará limitada a dos veces y media la remuneración por la manipulación de las mercancías afectadas por el retraso, sin exceder del total de la remuneración pagada por la remesa de las mercancías a las que pertenecen las afectadas por el retraso[43]. En ningún caso la responsabilidad acumulada por daño y retraso excederá de la cantidad que resultaría aplicable por la pérdida total de la mercancía a razón de 2 Derechos Espaciales de Giro por kilogramo de peso bruto.

Finalmente, si el consignatario del buque llevase a cabo además actuaciones como transitario o de cualquier otra naturaleza, responderá de estas prestaciones además de las propias de la consignación del buque[44]. En definitiva, la LNM sienta la frase acuñada de que el consignatario además de responder por lo que es, responde por lo que hace.

---

[39] art. 323 de la LNM.

[40] art. 333 de la LNM.

[41] La equivalencia monetaria, a 19/06/2020, es 1 Derecho Especial de Giro = 1,23043 €.

[42] art. 334.1 a y b de la LNM.

[43] art. 334.1.c de la LNM.

[44] art.324 de la LNM.

8. LAS GARANTÍAS DEL CONSIGNATARIO DEL BUQUE PARA EL COBRO DE SUS CUENTAS DE ESCALA Y DEMÁS CRÉDITOS FRENTE AL ARMADOR

Finalmente, haremos referencia a las garantías con las que cuenta el consignatario del buque para ser resarcido de sus derechos y créditos derivados de sus servicios. Ya hemos visto que el consignatario es responsable de las liquidaciones por tasas y otros conceptos que se devengan con motivo de la escala del buque. En este sentido, es práctica habitual que el consignatario, por cuenta del armador y naviero, abone a la Autoridad Portuaria correspondiente las tasas debidas por el buque, a las Corporaciones de Prácticos los derechos de practicaje; a las compañías del remolque el precio del remolque; y también los servicios de amarre. El consignatario compone así una cuenta, denominada Cuenta de escala, que, junto a la comisión o precio de la agencia, incorpora todos los gastos y anticipaciones propios del comisionista o del agente por cuenta de su principal.

Además de esto, en una determinada escala, pueden producirse incidentes (como hemos analizado) de los que puede resultar solidariamente responsable el consignatario del buque, viéndose obligado a satisfacer multas y/o indemnizaciones por actos imputables al armador o al naviero y, por consiguiente, enfrentándose a un posterior derecho de reembolso frente a estos. El tema puede complicarse cuando la escala ha sido encargada por persona o compañía que no es el propietario ni el arrendatario a casco desnudo del buque.

Tradicionalmente, como cuestión de hecho, el consignatario de buques podría retrasar el despacho hasta que su cuenta y sus créditos fuesen abonados. Sin embargo, tal posibilidad no puede ni debe extenderse en el tiempo y tiene que acudir al embargo del buque. El actual régimen del embargo de buques puede presentar serias dificultades para los consignatarios en aquellos supuestos en los que el deudor de la escala no sea el propietario o el arrendatario a casco desnudo del buque, sino su fletador por tiempo. A esto se añade la circunstancia de que los conceptos más habituales de la cuenta de escala, distintos a las tasas y tarifas portuarias, no constituyen créditos marítimos privilegiados que siguen al buque con independencia de quien resulte el deudor de la escala.

Nuestro sistema de embargo preventivo de buques[45] no avala el embargo del buque que no pertenece al deudor, salvo en aquellos casos en los que el crédito en cuestión lleva aparejado un privilegio marítimo, lo que no ocurre, por ejemplo, en la comisión de agencia ni en los créditos por multas que haya tenido que soportar el consignatario por actos imputables al armador. Toda esta problemática es relevante y obliga a los consignatarios de buque a extremar cautelas. En este sentido, sería razonable reconocer al consignatario un privilegio marítimo sobre el buque en garantía de todos sus créditos derivados de su escala, tal y como autoriza el art.6 del Convenio de Ginebra de 1993 sobre privilegios e hipotecas marítimos.

Para finalizar, y a modo de resumen, podemos constatar cómo el Derecho marítimo ha venido progresando para situar al consignatario de buques en el lugar que le corresponde en su condición de agente o de comisionista, liberándole, como regla general, de obligaciones en el seno de un contrato de transporte en el que no es parte; sin embargo, el Derecho portuario ha venido situando al consignatario en un plano sustituto del armador del buque, para exigirle todo tipo de obligaciones en materia portuaria, por servicios o infracciones de los que aquél, y no el consignatario del buque, es responsable.

Esto nos lleva a la conclusión del poco atractivo que tiene por sí sola la actividad de consignación de buques, que nos muestra una sensible desproporción entre cargas portuarias y beneficios derivados de la simple comisión de agencia que se percibe. Dicho esto, no es menos cierto que todo este Derecho portuario que hemos analizado sitúa al consignatario de buques en el centro de la cadena logística portuaria, pudiendo éste interactuar con todos los usuarios y asumir actividades paralelas y complementarias que le puedan reportar razonables beneficios. Siempre, eso sí, contando con una buena cobertura de seguro.

---

[45] arts. 470 a 479 de la LNM y Convenio de Ginebra de 1999.

DESDE EL «*COFFEE HOUSE*» DE LLOYD'S A LA INTELIGENCIA ARTIFICIAL – EVOLUCIÓN Y EXPECTATIVAS DE LA PRÁCTICA MARÍTIMA

JUAN J. ITRIAGO*

SUMARIO

• Antecedentes. • Evolución de la Práctica Marítima. • Expectativas de la Práctica Marítima. • Conclusiones.

El mercado de seguros de Lloyd's de Londres es sinónimo de, entre otros, los seguros marítimos. Éste siempre se ve de alguna forma u otra presentado y representado en los litigios en esa área del seguro. Si bien tenemos claro que este no es inicio de lo que podemos llamar como abogados «la práctica marítima», para efectos de este capítulo, vamos a partir de los inicios de Lloyd´s por su importancia en el sector marítimo, de modo de intentar analizar la evolución hasta la fecha y las expectativas a futuro del ejercicio profesional del derecho, con especial énfasis en el derecho marítimo.

ANTECEDENTES

Poco se sabe, a ciencia cierta, en qué momento específico inició lo que hoy se conoce como el Mercado de Lloyd's. El autor D.E.W. Gibb,

* Abogado de la Universidad Católica Andrés Bello – Caracas; Especialista en Comercio Marítimo Internacional, Mención Derecho Marítimo egresado de la Universidad Marítima del Caribe – Caracas; Magister en Derecho Marítimo de Tulane *University* – Nueva Orleans, Estados Unidos; Miembro del Colegio de Abogados de Caracas, Venezuela; Miembro del Colegio de Abogados del Estado de Nueva York, Estados Unidos, donde está admitido para ejercer desde Mayo de 2015; Miembro Titular y actual Director de Publicaciones y Eventos de la Asociación Venezolana de Derecho Marítimo (AVDM); Miembro Fundador de Jóvenes Maritimistas de la AVDM; Miembro Titular del Instituto Iberoamericano de Derecho Marítimo; Conferencista; y Autor de varias publicaciones. Actualmente se desempeña en el Despacho de Abogados Miembros de la Firma Internacional Clyde & Co. Juan.Itriago@clydeco.com

Ilustración del Lloyd's «*coffee house*». Archivo www.lloyds.com

en su obra *Lloyd's of London: A Study of Individualism*[1] explica que "*desde la fecha de su ocupación permanente, no tenemos idea cuando empezó el predestinado negocio de seguros marítimos*".

Ahora bien, tal como relata Herschaft[2]: de lo que puede ser recogido de relatos históricos, es que durante finales de siglo diecisiete e inicios del siglo dieciocho, grupos de capitanes de buques retirados empezaron a reunirse en Lloyd's y extendieron su experiencia a la floreciente área del seguro marítimo.

Edward Lloyd, quien se piensa era originario de Gales, fue el propietario de la «cafetería» o «café» (cuya traducción al español en opinión del autor, como veremos, no le hace justicia descriptiva al término «*coffee house*» de la época, y por lo cual nos permitiremos utilizar el término anglosajón). Se dice que Lloyd abrió su comercio en 1687 en *Tower Street* cerca del río Támesis en el centro de Londres, alrededor de 8 años luego de haberse mudado a la zona.[3]

---

1 Gibb D.E.W. *Lloyds' of London: A Study of Individualism*. Editorial Informa UK, Ltd., 1957. p. 8.

2 Jeremy Herschaft, "*Not Your Average Coffee Shop: Lloyd's of London – A Twenty-First-Century Primer on the History, Structure and Future of the Backbone of Marine Insurance*", Tulane Maritime Law Journal, *Volume 29, Summer 2005, Number 2*. p. 171.

3 "*Edward Lloyd and his Coffee House*". Disponible en: https://www.lr.org/en-ae/who-we-are/brief-history/edward-lloyd-coffee-house/; consultado en fecha 27 de junio de 2020.

Para esa época de mediados del siglo diecisiete, los *coffee houses* en Londres representaban un escape de la sociedad Inglesa y se convirtieron rápidamente en la escena social.[4] Naturalmente, esto conllevó a los comerciantes y demás mercaderes a realizar sus negocios en estos establecimientos. Nos parece curioso que en el caso específico del *coffee house* de Edward Lloyd, Lloyd's, las discusiones de negocios y/o conversaciones entre sus clientes habituales, vale decir tripulantes y capitanes de buques, así como comerciantes que se desarrollaban como proveedores de buques – *ship chandlers* – entre otros comerciantes del negocio marítimo, se llevaban a cabo en lo que hoy se conoce como las butacas de suscripción o «*underwriting boxes*» del establecimiento.

Butaca utilizada por casi 70 años para suscripción, construida en 1928 durante el último año de Lloyd's en el *Royal Exchange*. Fotografía del autor.

El diseño de las butacas de suscripción data de la misma época del Lloyd's *coffee house* en las cercanías del Támesis. Según reseña disponible en el *Lloyd's Collection*, un pequeño museo en las inmediaciones del actual Mercado de Lloyd's en Londres, Edward Lloyd, en aras de promover su establecimiento a la clientela habitual, proveía un sin número de facilidades para que estos llevasen a cabo sus negocios,

[4] Jeremy Herschaft, ob.cit., p. 170.

e incluso adaptó las mesas y bancos para satisfacer la demanda de sus clientes.

Cuando los comerciantes del negocio marítimo, que hasta la fecha no usaban o no tenían oficinas – ya que sus negocios se llevaban a cabo en los comercios como el de Lloyd – abrieron sus propias oficinas, por ejemplo en el conocido *Royal Exchange* alrededor de 1774, éstos mantuvieron las ya familiares butacas de suscripción; las cuales a pesar de los cambios en materiales para adaptarse a las nuevas tecnologías (como veremos, solo uno de los diversos cambios realizados con el paso del tiempo) mantienen intacto su diseño desde hace 3 siglos.[5]

Luego del humilde *coffee house* en las cercanías del Támesis, Lloyd's mudó su comercio a un establecimiento más grande en 1691, y esto atrajo a comerciantes más adinerados. Así mismo, buscando establecerse como una figura en el derecho marítimo y comercial, empezó a ofrecer noticias portuarias, tanto locales como en el extranjero, mediante una red de corresponsales quienes informaban sobre movimientos de buques, cargas y otras noticias relacionadas al sector, lo cual lo llevo a establecerse como un comercio con un importante nexo marítimo[6].

Desde entonces el mercado de Lloyd's se ha mudado varias veces hasta su última en 1986[7] al mundialmente conocido edificio (al menos para abogados maritimistas y de seguros) diseñado por Richard Rogers en *Lime Street*.

Es allí donde actualmente se encuentra el afamado Piso del Mercado de Seguros de Lloyd's, donde diariamente trabajan alrededor de 7000 personas comprando y vendiendo riesgos de todo tipo, y en el que todas las aseguradoras más importantes del mundo se encuentran representadas. El edificio de Lloyd's de Londres es uno muy moderno, más la forma de trabajar por lo menos hasta principios del 2020 como veremos, se continúa realizando mayormente de la manera tradicional: cara a cara en las butacas de suscripción (ahora adaptadas a la tecnología) entre los agentes o corredores y los aseguradores.

---

[5] Reseña disponible en *Lloyd's Collection.*

[6] *Ibíd.* p. 171.

[7] "*The Business of Face-to-Face Interaction – A Visit to Lloyd's of London*". 13 de junio de 2016. Disponible en https://spaceandorganisation.org/2016/01/13/the-business-of-face-to-face-interaction-a-visit-to-lloyds-of-london/; consultado en fecha 25 de junio de 2020.

Resultó curioso para el autor conocer que, en aras de mantener la tradición, y aún en el año 2020, todos los grandes siniestros o pérdidas de buques y carga, son transcritos a un Libro de Pérdidas que se encuentra en el medio del Piso del Mercado de Seguros de Lloyd's utilizando un bolígrafo de plumas.

Si bien el autor de estas líneas cree y es promotor de la tecnología como vía para mejorar las sociedades y profesiones, de igual forma considera que hay tradiciones que aún con la mayor tecnología disponible no deben perderse, como es el caso con el referido Libro.

Libro de Pérdidas en el que se muestra una entrada del viernes 25 de agosto de 2017 que muestra la de la pérdida por zozobra del buque de carga general «Viet Hai 06» en Vietnam. Fotografía del autor.

EVOLUCIÓN DE LA PRÁCTICA MARÍTIMA

Por las razones que veremos de seguidas, el apartado referido a la evolución de la práctica marítima será breve; y es que por alrededor de 300 años, desde los inicios del *coffee house* de Lloyd's en *Tower Street*, y por supuesto mucho antes de ello, el ejercicio profesional del derecho se ha desarrollado mayormente de la misma forma: mediante la presentación de argumentos por las partes, sea de forma oral, por escrito, o ambas, usualmente más no necesariamente representados por abogados (al menos antes del siglo diecisiete), ante un tercero imparcial llamado juez o árbitro quien conoce la Ley, prácticas y usos, a quien son presentados los hechos, y quien analiza la posición tomando en cuenta las pruebas presentadas para determinar la «verdad» o al menos la «verdad procesal» y tomar una decisión, todo ello en un recinto llamado tribunal o corte.

Lo anterior significa, en efectos prácticos, que las partes debían asistir personalmente a los Tribunales a presentar sus escritos y físicamente revisar los expedientes para poder enterarse en ese momento en el que el abogado toma dicho expediente en sus manos dentro del recinto judicial, de las actuaciones de su contraparte; por supuesto, luego de esperar por su turno en fila en el archivo del tribunal para solicitar tal expediente. Aunado a esto, por ejemplo, en los tribunales de Venezuela aún en este año 2020, los trabajadores judiciales deben caligráficamente llenar los libros de entrada, índice y demás de forma manual.

Ahora bien, la práctica brevemente descrita en este apartado, la cual de una forma u otra se ha mantenido, si acaso, con mínimos cambios durante 3 siglos, ha cambiado de forma exponencial en ciertas jurisdicciones desde los últimos 30 años o menos.

Desde la invención y distribución masiva de computadores personales, la Conferencia Judicial de los Estados Unidos aprobó, en septiembre de 1988, una nueva forma de proveer la información al público mediante un sistema llamado «Acceso Público a los Records Electrónicos de la Corte» (PACER por sus siglas en inglés), el cual junto al sistema de Manejo de Casos Electrónico de Expedientes (CM/ECF por sus siglas en inglés), fundamentalmente cambió como el sistema judicial federal, los abogados y empleados judiciales realizan sus funciones.[8]

El referido sistema ha sido positivamente adoptado por abogados, quienes han comentado reducción de estrés al tener conocimiento que los escritos pueden ser presentados de forma electrónica hasta la medianoche del término aplicable, y así los temores de horas del cierre del despacho desaparecen. Lo mismo ocurre en los despachos de los Secretarios del Tribunal, donde el trabajo ha cambiado de recibir y se-

---

[8] "25 Years Later, PACER, Electronic Filing Continue to Change Court" Disponible en https://www.uscourts.gov/news/2013/12/09/25-years-later-pacer-electronic-filing-continue-change-courts; consultado en fecha 20 de junio de 2020.

llar los escritos o contestar el incesante timbre del teléfono, a revisar la exactitud, orden y actualización de las entradas electrónicas. Además, todas las partes, desde los litigantes, partes representadas *pro se*, hasta los jueces en todas las instancias pueden hacer seguimiento a los casos y expedientes en tiempo real.[9] Adicionalmente, el uso del sistema PACER permite ingresos al Poder Judicial ya que, a pesar de que es púbico, éste cobra al usuario al bajar los documentos al ordenador, pero siempre tarifas menores a lo que representa por ejemplo el solicitar copias en los Tribunales.

Lo anterior en términos prácticos y continuando con el ejemplo del expediente judicial, se traduce en que las partes desde sus oficinas, casas o incluso desde sus teléfonos celulares inteligentes pueden conocer sobre los escritos de su contraparte al momento que estos e introducen (y además son notificados de ello) sin necesidad de movilizarse al tribunal. Esto no aplica únicamente a las partes, ya que como mencionamos el acceso es público, por ende, en casos notorios cualquier persona desde cualquier parte del mundo tiene como acceder a ellos y leer el desarrollo completo del expediente; y además, conocer sobre la agenda del tribunal para saber que otros casos se van a escuchar y cuando.

A nivel de procedimientos arbitrales, el tema va incluso más allá que en sede judicial. Las partes pueden llevar un procedimiento completo, incluyendo etapa probatoria y evacuación de testigos vía presentaciones correo electrónico, sin necesidad presencial alguna en durante el proceso, esto en caso de que las partes, o las reglas del centro arbitral así lo permitan.

Por lo menos hasta principios de 2020 por causas que no discutiremos en profundidad por ser de conocimiento general, vale decir Covid-19, incluso en las jurisdicciones que ya habían incorporado el uso de la tecnología en su interacción diaria, las apariciones, audiencias y demás procedimientos orales todavía debían realizarse físicamente frente al juez para exponer sus argumentos. Ahora bien, desde inicios de la pandemia, como veremos, y mediante la inclusión de la tecnología, una vez más las cosas se aceleraron, y en esta oportunidad fue en cuestión de días o meses.

---

9 Ídem.

En Venezuela se han visto intentos tímidos de utilizar la tecnología para uso del público y de los abogados litigantes. Existen algunos Tribunales que permiten utilizar computadores – que por cierto se encuentran dentro de los mismos edificios donde físicamente están ubicados los Tribunales – en los que se muestran en pantalla las últimas actuaciones de un caso específico. Ahora bien, esas actuaciones son solo un breve resumen, a lo sumo, de unas pocas líneas. El abogado debe solicitar físicamente el expediente en los archivos del Tribunal para poder leer el texto completo del escrito de su contraparte, el auto o decisión como se viene haciendo desde varias décadas atrás.

EXPECTATIVAS DE LA PRÁCTICA MARÍTIMA

Ciertamente, la tecnología nos ha llevado a avanzar en el ámbito profesional en tareas que, antes de su uso, consumían tiempo y dinero. Ahora vemos ejemplos claros en otras jurisdicciones que exitosamente lograron automatizar tales tareas para que, en nuestro caso, el abogado en su práctica utilice mejor su tiempo en desarrollar teorías y analizar su caso.

La distribución masiva de computadores, como comentamos anteriormente para el caso de PACER, sin duda ayudó al desarrollo o evolución de la práctica del derecho. Esa distribución masiva continuó, y lo hace cada día más, a tal escala que hoy en día un 45% de la población mundial tiene un teléfono inteligente[10], que no es otra cosa que una pequeña computadora con las mismas, o más capacidades que las utilizadas en casas u oficinas. Los teléfonos móviles/inteligentes, por ende, han pasado a tener una relevancia en el ámbito legal y judicial.

Una pequeña muestra de la importancia de los teléfonos móviles, lo vemos en sentencia cuyo objeto se centró alrededor de un teléfono celular, emanada del Tribunal del Distrito Oeste de Washington, Estados Unidos[11], cuyo caso trata sobre la detención de un sospechoso de robo y asalto, el cual al momento de su arresto se le encontró un telé-

---

[10] S. O'Dea, "Number of smartphone users worldwide from 2016 to 2021". 28 de febrero de 2020. Disponible en: https://www.statista.com/statistics/330695/number-of-smartphone-users-worldwide/; consultado en fecha 28 de junio de 2020.

[11] *United States v. Sam*, No. 2:19-cr-115-JCC (W.D.Wa. May 18, 2020).

fono inteligente bloqueado, y el agente policial tomó dicho teléfono, lo encendió y colocó el mismo en modo avión para que la información en él contenida no pudiese ser eliminada remotamente.

El acusado, solicitó al Tribunal que cualquier evidencia resultante de su teléfono móvil, tanto al momento de su detención por la policía, como luego cuando el aparato fuese manipulado por agentes del FBI, no fuese admitida como prueba y se eliminase del proceso visto que los agentes policiales, tanto locales como Federales, no obtuvieron una orden de allanamiento sobre su propiedad privada, sobre la cual el acusado tiene expectativas de privacidad.

El Tribunal, luego de hacer una consideración sobre la diferencia entre la búsqueda y captura, y revisión de objetos por temas de inventario realizados por los agentes policiales locales, consideró que no tenía suficiente información para determinar si la revisión del celular por la policía infringía los derechos constitucionales de privacidad del acusado y solicitó a las partes escritos aclaratorios. Ahora bien, respecto a la acción del agente del FBI, el tribunal determinó que la manipulación del aparato, si merecía una orden de allanamiento visto que la misma fue intrusiva sobre un bien que usualmente contiene información sensible de privacidad personal, además que tal manipulación se realizó meses después de la detención del acusado.[12]

Ejemplos como el anterior que centran su estudio alrededor de los teléfonos móviles inteligentes, son cada vez más comunes. La relevancia de estos artefactos en el desarrollo profesional es incuestionable, y a su vez, ellos son quizás la muestra más clara del avance de la tecnología y su uso en la sociedad y la profesión.

Entre otros ejemplos del uso de la tecnología en la profesión marítimo-legal podemos destacar el reciente remate judicial de una embarcación de recreo realizado por videoconferencia por un Juez de Carolina del Sur. El buque, luego que una serie de acreedores con créditos marítimos privilegiados sobre el mismo lo solicitasen al Tribunal, estuvo embargado desde finales de enero de 2020. El propietario, no pudo o no quiso ofrecer la contragarantía necesaria para levantar la medida sobre el bien. En ese sentido, el Juez acordó la solicitud de los deman-

[12] Ídem.

dantes de remate o venta judicial, las cuales usualmente se realizan al mejor postor que en persona presente un cheque certificado por el diez (10%) por ciento del monto de remate, quien adquiere los derechos de comprar el buque libre de todo gravamen. En este caso de la moto nave *EVOLUTION*, el tribunal y las partes reconocieron que el remate judicial en persona no iba a ser posible debido a que el recinto del Tribunal, por temas de la pandemia del Covid-19, tenía acceso limitado al público. Por ende, hubo preocupación que la cantidad de personas que asistieran iba a ser limitada, lo cual ponía en riesgo el alcanzar el monto mínimo de la oferta. Así, el juez acordó el uso de la plataforma «*Zoom*» para realizar la venta judicial en línea y otra parte de los oferentes estuvo presente presencialmente en el estacionamiento del Tribunal viendo el desarrollo del remate mediante una computadora portátil estratégicamente colocada sobre un carro, con lo cual además se cumplió con el distanciamiento social sugerido. El custodio del bien realizó un video y fotografías del estado del buque y lo envió a los potenciales compradores en remate por correo electrónico. Además, el Juez permitió la transferencia electrónica de fondos a una cuenta del Tribunal en vez de presentar una copia física del cheque en persona. De esta forma se llevó a cabo la venta judicial a mediados de mayo del 2020.[13] Esto, sea por efectos del llamado «nuevo normal» a raíz del Covid-19 o como un caso excepcional, demuestra la posibilidad de utilización de la tecnología en la profesión. Es decir, el cierre de Tribunales por meses, lo cual hace imposible la práctica y litigio de causas en estos tiempos modernos es algo por demás criticable.

Aunque en Venezuela son contados los casos, afortunadamente tenemos, al menos en la práctica marítima, un caso de vanguardia y precedente, vale decir la evacuación de testigos de forma remota por video conferencia ante él, entonces, especializado Tribunal Marítimo de Primera Instancia con sede en Caracas, en el caso del buque *OCEAN PREFECT*[14].

---

[13] "Virtual Courthouse Auction for the Interlocutory Sale of the M/V EVOLUTION Held in South Carolina". Disponible en https://chaloslaw.com/virtual-courthouse-auction-for-the-interlocutory-sale-of-the-m-v-evolution-held-in-south-carolina/; consultado en fecha 29 de junio de 2020.

[14] Auto del Tribunal de Primera Instancia Marítimo con Competencia Nacional y Sede en la Ciudad de Caracas de fecha 11 de enero de 2017. Expediente 2013-000478.

Ahora bien, no todo lo relacionado con la tecnología en el ámbito profesional se puede considerar buenas noticias. La misma puede llegar a representar un riesgo en industrias como la marítima, ya que los empleados, incluso los que están en trabajo de campo vale decir: puertos o buques, que se encuentran siempre conectados, podríamos decir que se distraen del trabajo físico de campo por notificaciones, correos, mensajes, etc., que puedan recibir en sus «computadores de bolsillo» incluso aquellos mensajes o notificaciones relacionados al trabajo mismo. Solo a efectos de ilustrar el punto, mencionamos un reciente caso ocurrido en Inglaterra en mayo 2020, en el que el tercer oficial de un buque falleció en un incidente portuario en el que un camión de carga lo arroyó cuando el tripulante del ferry se encontraba distraído leyendo su celular en la rampa de acceso al buque en el puerto de arribo. La declaración del Inspector de Accidentes Marítimos resalto: "(…) *este es el peligro de utilizar teléfonos móviles cuando se está de guardia o en un ambiente de trabajo. Los usuarios pueden fácilmente distraerse de las tareas que estén realizando y perder conciencia de lo que ocurre alrededor de ellos. Este accidente ocurrió en la rampa de carga de un ferry ro-ro, ahora bien, el uso de teléfonos móviles en otros lugares peligrosos de trabajo y en los puentes de mando de buques se está convirtiendo en una preocupación seria* (…)".[15]

Adicionalmente, existen riesgos que no son necesariamente físicos sino profesionales y económicos para el futuro de la práctica del derecho a causa de la tecnología, y así queremos adentrarnos a ilustrar lo que refiere este apartado en cuanto a las expectativas y futuro de la práctica del derecho.

En primer lugar existen compañías como *DoNotPay*, cuya traducción al español es NoPagues, las cuales alegan desarrollar productos de Inteligencia Artificial en el campo del Derecho o «robots legales» que de forma automatizada apelan a multas por incorrecto estacionamiento de vehículos; tarifas por cancelaciones de pasajes aéreos; cancelaciones de gimnasios que, por ejemplo a causa de la pandemia actual del

---

[15] "Seatruck Progress report and flyer publishsed - Fatal accident on the stern ramp of a ro-ro freight ferry at Brocklebank Dock, Liverpool". 11 de junio de 2020. Disponible en https://www.gov.uk/government/news/seatruck-progress-report-and-flyer-published; consultado en fecha 25 de junio de 2020.

2020 no están abiertos pero continúan cobrando su membresía; y demás reclamos de consumidores. *DoNotPay* incluyó en sus algoritmos de desarrollo, precedentes legales de casos en los cuales algún reclamante resultó vencedor en su proceso y de forma automatizada utiliza computadores para introducir y sustanciar el reclamo del consumidor o cliente hasta conseguir una decisión, que basado en las circunstancias usualmente repetitivas tales como multas de estacionamientos indebidos, dichas decisiones mayormente son favorables.

Decimos que servicios como *DoNotPay* afectan la profesión del derecho desde el punto de vista económico ya que los reclamos han podido ser intentados por un abogado local, y este como es natural ha podido cobrar honorarios por el manejo del caso; ya que los servicios que ofrece la compañía no solo se limitan a apelar multas de estacionamiento, sino que sus servicios se han expandido a introducir todos los documentos y escritos necesarios e incluso preparar un guion o libreto para que una persona frente a un Tribunal de Reclamos Menores pueda leer sus argumentos y representarse a sí mismo sin necesidad de un abogado presente, en los casos que la jurisdicción así lo permita.

Cabe acotar que bajo las cláusulas de reclamos menores que usualmente existen en diversos contratos marítimos, las partes pueden determinar la cuantía de tales reclamos las cuales ascienden a montos como USD$ 50,000.00 o incluso mayores, es decir no son necesariamente montos bajos. Es decir que compañías de sistemas como *DoNotPay* estarían compitiendo con abogados profesionales y especializados en reclamos de este tipo.

Para poner lo anterior en contexto económico, podemos resaltar que *DoNotPay* reportó que desde inicios de la pandemia sus servicios han visto un aumento significativo, lo que la llevó a recaudar USD $12 millones desde inicios del año – en tan solo meses.[16]

Por otra parte, existen sistemas como el caso de Ross. Ross es un sistema de inteligencia artificial que busca ser una herramienta para los abogados en su ejercicio profesional.

---

[16] Paul Sawers, "DoNotPay's legal bots helps consumer fight the system during lockdown". 23 de junio de 2020. Disponible en https://venturebeat.com/2020/06/23/donotpays-legal-bots-help-consumers-fight-the-system-during-lockdown/; consultado en fecha 28 de junio de 2020.

El abogado en su investigación sobre los aspectos legales a su caso puede acceder a Ross y preguntarle en lenguaje natural la duda que tenga, o el tratamiento jurisprudencial en una o varias jurisdicciones específicas, y el algoritmo del sistema busca y analiza en cuestión de segundos las decisiones, autos, escritos de cualquier índole y por supuesto precedentes en la materia, utilizando el contexto, la sintaxis de las palabras y su uso en los documentos legales para proporcionar al abogado la respuesta a la pregunta que éste se había planteado y que hubiese generado horas o días de investigación.[17]

En pocas palabras, Ross es un "abogado" con todo el conocimiento jurisprudencial desde 1792[18], que entiende lenguaje natural, similar al de una conversación entre humanos, y encuentra la respuesta y las distintas aristas que tengan conexión con la pregunta.

Así mismo hay otros sistemas de inteligencia artificial que pueden prever los argumentos de la contraparte y predecir con cierto grado de precisión el resultado de un reclamo determinado basado en los precedentes de dicha jurisdicción.

La diferencia de *DoNotPay* con sistemas como Ross que mencionamos anteriormente, es que éste último no busca, reemplazar al abogado, sino ser una herramienta para él, mientras que el primero elimina al abogado de la ecuación de la práctica profesional. Esto nos hace preguntarnos: ¿está el futuro del abogado, por el uso de la inteligencia artificial, en peligro de extinción?

Los críticos de la profesión del derecho se plantearían la misma interrogante de otra forma: ¿Podría decirse que la programación de computadores al igual que el Derecho es una serie de algoritmos o instrucciones codificadas que instruyen que puede y que no puede hacerse, y por ende no podría un robot llevar a cabo la práctica legal?[19]

---

[17] "*Ross's AI Search*". Disponible en https://www.rossintelligence.com/what-is-ai; consultado en fecha 28 de junio de 2020.

[18] El sistema alega que tiene en su base de datos las decisiones de Tribunales de Apelación de los Estados Unidos desde esta fecha.

[19] Neil Shota, "*Will A.I. Put Lawyers Out of Business?*". 9 de febrero de 2019. Disponible en: https://www.forbes.com/sites/cognitiveworld/2019/02/09/will-a-i-put-lawyers-out-of-business/#7a5e4df131f0; consultado en fecha 28 de junio de 2020.

CONCLUSIONES

Nuestra respuesta a las anteriores interrogantes, por supuesto, es negativa. Es importante para la profesión y práctica del derecho llevar a cabo procesos cognitivos y pensamientos críticos que no es posible sean realizados por máquinas.

Buocz, explica que la tecnología no está todavía lista para producir Inteligencia Artificial con un conjunto de actividades suficientemente amplias para realizar el trabajo de un juez. No porque las tareas intelectuales necesarias sean muy complejas para ser procesadas por Inteligencia Artificial, sino porque el trabajo de un buen juez consiste en una mezcla de habilidades que incluyen investigación, lenguaje, lógica, solventar problemas de forma creativa y utilizar habilidades sociales. La Inteligencia Artificial del futuro cercano podrá sobresalir en algunas de estas tareas de forma separada, pero no de forma combinada[20].

La profesión del derecho no es solo analizar información y bases de datos existentes, sino también poder conocer aquello que no está contenido en bases de datos jurisprudenciales o de investigación, como usos o costumbres no codificadas o *soft law*, analizar los distintos hechos que conforman el desarrollo del caso, las reglas éticas y morales en un lugar y momento determinado, o por ejemplo el comportamiento de un testigo material al momento de rendir testimonio, o incluso la presentación de los hechos ante un jurado, todo mediante el uso de pensamiento crítico.

Adicionalmente, la inteligencia artificial no es una máquina que se ensambla y ya contiene todo el conocimiento, hay que de cierta forma alimentarla y se debe ser muy cuidadoso al hacerlo, ya que información sesgada resulta en inteligencia artificial inmoral o con prejuicios.

Ahora bien, es más probable que una parte se siente a negociar con su contraparte, en vez de dilucidar su asunto ante un Tribunal en juicio si por medio del uso de sistemas de inteligencia artificial pueda ésta conocer con cierto grado de certeza, el porcentaje que de su de éxito

[20] Thomas Julius Buocz, "*Artificial Intelligence in Court – Legitimacy Problems of AI Assistance in the Judiciary*", Retskraft – Coppenhagen *Journal of Legal Studies / Vol. 2, Number 1, Spring 2018*. p. 46.

en un juicio. Más no quiere decir ello que los abogados litigantes están en riesgo. Ciertamente, no en Venezuela que todavía se encuentra en su etapa de evolución y donde la tecnología, a pesar de ser necesaria, es prácticamente inexistente.

El progreso de la práctica del derecho, necesita creer y adaptarse a las nuevas tecnologías. No hacerlo sería incluso incurrir en mala praxis. Parte del trabajo del abogado es resolver los problemas de la forma más eficiente y manteniendo los costos lo más bajo posibles. Para ello, necesitamos utilizar la tecnología y conocer sus alcances para automatizar tareas diarias y repetitivas para ayudar al abogado a tomar decisiones basadas en la mayor información disponible en un tema legal específico.

Además, es necesario que tanto los abogados actuales como quienes están en las aulas de las escuelas de derecho aprendan a discernir y analizar las respuestas a casos que hasta la fecha no tienen precedentes, como por ejemplo: (i) ¿Qué ocurre si la inteligencia artificial se equivoca?, o para casos marítimos (ii) ¿Quién es responsable en un caso de un abordaje por buque autónomo contra un crucero que resulte en pérdida de vidas? ¿Será el diseñador del *software* automatizado, su programador, el fabricante de las partes, o el constructor del buque quien lo ensambló, o incluso acaso el «Capitán» quien quiera éste sea?

Por último, y volviendo a la referencia del Mercado de Seguros de Lloyd's, para ilustrar como ha avanzado la práctica marítima incluso en este tradicional Mercado, en los últimos meses, se ha conocido que Lloyd's planea abrir a corto plazo lo que llama un «cuarto de suscripción virtual» el cual combinará mediante el uso de la tecnología: formas eficientes, inteligentes, y colaborativas de hacer negocios. Esto incluirá butacas de suscripción digitales, en las cuales, sin la necesidad de presencia física, los suscriptores de riesgos o corredores sostendrán reuniones virtuales.[21]

---

[21] Oliver Ralph, "*Lloyd's of London to reopen underwriting room in September*". 17 de junio de 2020. Disponible en https://amp-ft-com.cdn.ampproject.org/c/s/amp.ft.com/content/6bd0bd1a-6a45-4997-b5d9-32188a474af1#; consultado en fecha 28 de junio de 2020.

Ahora bien, ¿será esto el principio del cambio del Mercado de seguros a uno completamente en línea? Aunque se ha demostrado que es posible llevar a cabo el negocio de esa forma, también debemos considerar que hay negociaciones complejas que se beneficiarían de ser discutidas como se han hecho tradicionalmente, cara a cara en las butacas de suscripción.

Caracas, 30 de junio de 2020.

SINGLADURAS COMPLEJAS EN LAS AGUAS DEL COVID-19

MARÍA GRAZIA BLANCO*

INTRODUCCIÓN

Siempre resulta un reto escribir un artículo para rendir homenaje a un profesional que ha contribuido al desarrollo de nuestro derecho marítimo, en esta oportunidad será todo un desafío casi insuperable, por cuanto la petición nos ha llegado en un año donde el abismo pareciera estar muy cerca, toda vez que navegamos por escenarios realmente desafiantes y difíciles de superar en el corto plazo. Sin embargo, la inspiración y la voluntad se ha hecho presente, tal vez porque el destinatario

* Abogado egresado de la Facultad de Ciencias Jurídicas y Políticas de la Universidad Central de Venezuela y postgraduada en Derecho Marítimo y Negocio Naviero en la en la Escuela de Estudios Superiores de la Marina Mercante y la Universidad Marítima del Caribe, respectivamente. Socio fundador de la firma Bolinaga & Blanco Asesoría Marítima y Mercantil, C.A. Profesora en la Universidad Marítima del Caribe y la Universidad Central de Venezuela, en las cátedras de Seguro Marítimo y Riesgo de la Navegación respectivamente. Miembro del Comité Marítimo Comercial de la Comisión redactora de la Ley Orgánica de los Espacios Acuáticos y la adecuación de la Legislación Marítima a la Constitución de 1999 que redacto la Ley de Comercio Marítimo. Miembro titular del Instituto Iberoamericano de Derecho Marítimo, vicepresidente de la rama venezolana del Instituto Iberoamericano de Derecho Marítimo. Miembro titular de la Asociación Venezolana de Derecho Marítimo y miembro de su actual Comité Ejecutivo como Directora de Legislación. Presidente del Consorcio Costa Afuera. Conferencista y articulista a nivel nacional e internacional.

principal de esta obra, a la cual contribuiremos, es un reconocido abogado venezolano, con el cual hemos crecido dentro de este maravilloso mundo marítimo. Efectivamente, hoy nos unimos al reconocimiento del Dr. Luis Cova Arria, individuo de número de la Academia, que ha sabido durante su trayectoria reducir las distancias del conocimiento, toda vez que ha recorrido un maravilloso mar de talento, discernimiento, comprensión y experiencias que lo ha llevado a figurar, brillando con luz propia en escenarios y foros dentro y fuera de nuestras fronteras. En este sentido, esperamos estar a la altura de este significativo reconocimiento y contribuir a rotular su nombre en las páginas de nuestra historia.

Hemos considerado que habiendo trabajado arduamente el tema del COVID-19 y sus implicaciones en el mundo marítimo, deberíamos dejar en blanco y negro lo que estamos viviendo, admitiendo, que este evento de salud, aunque parezca imposible, hoy nos acompaña como una suerte de musa inspiradora. Efectivamente, a lo largo de este año hemos realizado varios artículos, entrevistas, asimismo, hemos participado en varios foros virtuales nacionales e internacionales, pero es importante registrar en esta obra del cual somos parte, lo que ha sido este transitar por escenarios insospechados e inéditos. Por esta razón, hemos considerado propicio y muy pertinente en esta introducción hacer algunas reflexiones, tomando en cuenta esta pausa que estamos experimentando, obligatoria, pero a la vez responsable, la cual nos tiene alejado de nuestros centros operativos, prometiendo que iremos analizando cada una de ellas con más detalle a lo largo de este estudio. En este sentido, quisiéramos compartir lo que ha sido este tiempo de trabajo en aislamiento, tratando de dar respuesta, a uno de los cuestionamientos que nos hemos estado haciendo en estos días ¿En dónde estamos y hacia dónde vamos?, siempre en la búsqueda de encontrar algunas soluciones viables o posibles que nos permitan transformar lo negativo en positivo.

El mundo marítimo es especialmente reactivo; pero se nos ha exigido de forma urgente, rápida y podríamos decir, hasta incluso violenta, activarnos para doblegar el panorama que se nos presenta, como oscuro e incierto. Ciertamente, un enemigo silencioso comenzó a vivir con nosotros desde comienzos de este año, sin saber hasta cuándo y nos ha borrado el horizonte o por lo menos lo desdibujó, tal cual como lo teníamos pensado para el cierre del 2019.

Somos, por lo tanto, una generación de vanguardia, al cual se le ha exigido el compromiso de superar los embates de un evento de salud a escala mundial, tomando en cuenta, que la última pandemia, la llamada fiebre española, se registró en el siglo pasado, específicamente en el año 1918. Sin embargo, tenemos que advertir, que este nuevo genoma denominado Coronavirus SARS CoV- 2 o enfermedad emergente COVID-19, es mucho más complicado desde el punto de vista de la bioestadística, toda vez que su capacidad de contagio es exponencial, lo que ha justificado en gran medida, el confinamiento o asilamiento físico, cuyos efectos se registran como nocivos para el desarrollo político, económico y social de los países. En este sentido, tenemos que señalar, que las Organizaciones Gubernamentales y no Gubernamentales han estado trabajando incansablemente de forma unida y coordinada, para establecer una sinergia que les permita atender esta emergencia sanitaria. Por su parte, la Organización Mundial de la Salud (OMS) desde el 11 de marzo de 2020, fecha de la declaración de la pandemia, ha venido estableciendo una serie de directrices y recomendaciones orientadas a establecer unas normativas sanitarias y de higiene, que permitan controlar, contener y evitar la propagación del virus, tratando de preservar la vida humana. Igualmente, la Organización Marítima Internacional ha considerado la importancia de estas medidas epidemiológicas, pero, asimismo ha realizado múltiples llamados a no interrumpir el transporte marítimo, tratando de garantizar la cadena de suministro y distribución de alimentos, medicinas y productos esenciales para la vida. Como corolario, se ha producido una serie de directrices y recomendaciones para las Administraciones y/o Estados miembros y de más organizaciones internacionales con la finalidad de lograr los objetivos en el corto, mediano y largo plazo. En este sentido, dentro de las principales exhortaciones encontramos:

- Establecimiento o determinación de personal clave o esencial, con la finalidad de que puedan alcanzar certificados y salvoconductos a los fines de transitar y movilizarse libremente (donde se incluye a la gente de mar y a los que trabajan en la interfase buque- puerto);

- Rutas de viaje para lograr la repatriación o vuelta a casa de los tripulantes, de forma segura;
- Convenios para la facilitación digital de la interfase buque-puerto;
- Cambios de tripulación;
- Prórrogas de títulos, certificados y refrendos de gente de mar, entre otros.

Por otro lado, los gobiernos han tenido que normar a lo interno este evento de salud, aceptando en primer lugar, a la OMS como autoridad sanitaria internacional, por lo que están llamados a reconducir sus políticas sanitarias y de higiene para consolidar la seguridad y protección de la vida humana, pero también a transitar por escenarios que hagan viable el sostenimiento y sustentabilidad del desarrollo social, político y económico de sus países.

Si tuviéramos que hacer un ejercicio descriptivo de nuestro escenario actual, tendríamos que decir, que se caracteriza por: -Decretos de Emergencia o Alertas; establecimiento de cuarentanas o confinamientos severos; debilitamiento de los flujo de importación y exportación; cierre parcial de la economía China; cierre de puertos y fronteras; acumulación de carga en terminales y centros de almacenamiento; restricción y/ o suspensión de vuelos; baja o disminución en los volúmenes comerciales; paralización de las industrias; disrupciones del transporte marítimo; cancelación de los viajes de crucero; tripulaciones y pasajeros contagiados; cuarentenas en buques, establecimiento de puertos como inseguros; tripulaciones embarcada más allá del tiempo contratado; desplome de los mercados; variación de las demandas de productos y servicios; cancelación de pedidos; abandono de mercancías en puertos; entre otros; generándose consecuencialmente, la suspensión, cancelación, demora o incumplimientos de contratos, que implicarán reclamos o acciones, en el corto, mediano y largo plazo; traduciéndose en el establecimiento de responsabilidades e indemnizaciones por unos cuantos años.

Al incursionar el COVID-19 sin pedir permiso en nuestras vidas, ha estado escribiendo nuestra historia, pero paralelamente a esto debemos decir, que antes de su llegada, la industria del transporte marítimo estaba bajo un cambio de paradigmas liderado por la revolución tecnológica. En definitiva, nos estábamos enfrentando a la segunda ola de revolución en el comercio internacional o como muchos han llamado, la cuarta revolución industrial, por lo tanto, estábamos inmersos en la cibernética, la robótica, la física cuántica, la inteligencia artificial, la *big data* o las impresiones 3D. Es decir, habíamos comenzado a hablar de los buques no tripulados o eléctricos, naves autónomas para inspecciones subacuáticas, puertos 4.0, *Smart port*, tecnologías verdes, gemelos digitales, *blockchain*, entre otros. Esto nos lleva obligatoriamente a pensar que esta crisis sin precedente en nuestra modernidad, nos reconducirá a cambiar nuestras estructuras convencionales o tradicionales, eliminar o reducir la brecha digital para rediseñar y pensar en las nuevas aguas que tendremos que navegar y donde estaremos irreversiblemente conectados a la reingeniería de los sistemas, automatización en las comunicaciones, transmisión de datos, así como, utilización de documentos electrónicos. En resumen, la digitalización al máximo, pudiendo soñar con tecnologías cero- carbono, sistemas de propulsión híbridos con gas, es decir, pasaremos necesariamente a la sofisticación técnica, haciendo de las nuevas tecnologías nuestros principales aliados. Estimando, que se invertirá de un modo diferente y bajo otros enfoques, por lo que observaremos la transformación del mundo marítimo, que se fundamentará en modificaciones en términos de infraestructura, logística, capacitación y conectividad exterior, poniendo especial énfasis, en soluciones logísticas prioritarias, por lo que seguiremos orientados a trabajar por el transporte marítimo competitivo, eficiente y seguro.

Viviremos en un mundo lleno de algoritmos, sensores, ciertamente, en una revolución digital que simplificará los procesos, los métodos y actividades. Los retos tecnológicos estarán mostrándose en todo, incluso en el aspecto institucional, por lo que se nos exigirá revisar el rol de las autoridades portuarias, de los operadores marítimos, e igualmente, nos anotaremos en redefinir la eficiencia en la interfase buque - puerto, para consolidar resultados positivos, que se traduzcan en competitividad, desarrollo y bioseguridad.

De esta manera, las agendas gubernamentales estarán enfocadas a reprogramar inversiones, para rediseñar estrategias políticas que permitan incentivar la inversión en marina mercante, expansión portuaria, capacidad, desarrollo logístico y operativo, para poder concretar las planificaciones que se hagan a corto, mediano y largo plazo. Las herramientas tecnológicas serán nuestras aliadas para vencer los enigmas y grandes desafíos del presente y futuro. Nos guste o no, estamos irreversiblemente inmerso en un cambio de paradigma en la industria marítima, por eso tal vez hemos encontrado la justificación perfecta para poder definir las bases de nuestro trabajo.

Y para cerrar esta introducción, debemos decir que se hace urgente, transitar por nuevos escenarios con la finalidad de transformar lo negativo en positivo. Debemos mantener nuestra mirada en el horizonte, es fundamental para la industria marítima, considerar las perspectivas, prototipos, planes y proyectos que se han presentado en las mesas de trabajo institucionales, empresariales y gubernamentales hasta la fecha, ya que ellas nos anuncian que superaremos con éxito estos desafíos o riesgos emergentes. Esta pandemia pudiera convertirse en el motor que impulse la llegada de los cambios tecnológicos antes de tiempo. Para quienes advierten, que el panorama será adverso desde el punto de vista económico o financiero, toda vez que estamos ante el registro de una gran recesión similar a la vivida 1928, debemos categóricamente expresar que, las epidemias, pandemias y problemas económicos han sido parte de la evolución del hombre, y por lo tanto, han estado presentes en su devenir, esto implica que una vez más y desde la resiliencia, el hombre conquistará nuevamente el fututo, demostrando que no hay límites para su creatividad, inventiva y desarrollo.

ENFERMEDAD EMERGENTE COVID -19

El mundo comercial marítimo está sometido a diferentes agentes infecciosos que pueden comprometer la navegación segura, pero ciertamente no nos habíamos percatado de esta realidad, hasta que un evento de salud como el Coronavirus: COVID-19, amenazó la vida de los tripulantes, pasajeros, los operadores marítimos, afecto las cargas, el comercio y el transporte marítimo, pero además, los riesgos se multiplicaron y se extendieron consecuencialmente a los contratos de fletamentos, construcción o a los contratos de transporte de mercadería por agua, entre otros; activando las cláusulas contractuales o coberturas de seguro, tomando en cuenta, que estos eventos o la materialización de ciertos acontecimientos pudieran implicar erogaciones o gastos superiores a los estimados. [1]

Nunca antes una situación de escala mundial nos había llevado a considerar la importancia que tiene la salud y el bienestar social de nuestra gente de mar, pero debemos afirmar que antes del COVID-19, ya estos derechos habían adquirido gran relevancia en las Convenciones internacionales MLC 2006 y STCW en su versión enmendada Manila 2010. Asimismo, de una forma cruda hemos vigorizado la importancia del transporte marítimo, toda vez que es el núcleo logístico del sistema mundial. Pero, además del factor humano o contractual que se ve envuelto en todo esto, existe otro aspecto, que es el comercial, si efectivamente, esto puede afectar el comercio internacional debido a la paralización o interrupción de las importaciones o exportaciones de productos, cancelación de pedidos, alteración de las demandas de servicio, en definitiva, se puede perturbar la compra venta internacional y por ende la economía de los Estados. En realidad, no estamos acostumbrados a considerar los riesgos emergentes relacionados con la salud y mucho menos, logramos entender que estos riesgos puedan verse incrementados debido al intercambio de personas y bienes que se produce por vía marítima en esta aldea global que llamamos planeta tierra.

En definitiva, a lo largo de todos estos años hemos estado conectados de forma inexorables con eventos de esta índole, y para enumerar algunos sin consecuencia en el sector marítimo, tenemos el Virus Gripal A (H1 N1) registrado en el 2009, el Virus del Ébola (EVE) que hizo su aparición en el 2013 y dos betacoronavirus relacionados con epidemias muy graves, el primero de ellos es el SARS CoV-1, el cual se registró en China en el año 2002, originando 8.096 infectados y 774 muertes, con una tasa de letalidad del 10%, afectando a 32 Países. Y el segundo, el cual apareció en el medio Oriente y Arabia Saudita, en el año 2012, diez años más tarde, llamado MERS CoV, con una mortalidad muy alta

[1] María Grazia Blanco. "El Coronavirus COVID -19 y el transporte marítimo". Publicado el 18 de marzo 2020. Disponible en: https://www.mercojuris.com/31115/el-coronavirus-covid-19-y-el-transporte-maritimo-por-María-grazia-blanco/

representada en 35%, el cual se tradujo en 2.494 infectados, 858 muertes y 27 Países afectados.[2]

En este sentido, pudiéramos listar una serie de eventos de salud que han impactado el mundo marítimo y que han exigido un trabajo coordinado de la Autoridades Sanitarias a nivel mundial con la finalidad de ejecutar planes concretos para mitigar, prevenir o evitar las consecuencias negativas que se han rotulado en casos concretos como: La dispersión del Vibrio Cholerae a consecuencia de aguas de lastre, o la dispersión de la invasión del Mosquito Aedes Albopitctus, evidenciado en nuevas áreas del comercio de mercancías por agua y por último, para fortalecer nuestro argumento, el accidente nuclear de Fukushima (Japón) el cual tuvo serias repercusiones en las travesías marítimas.[3]

Los Coronavirus se conocen desde mediados del siglo pasado, pertenecen a un amplio grupo de virus que observados al microscopio electrónico se destacan por tener espículas a su alrededor en forma de corona que le dan el nombre a esta familia de virus. En el siglo XX se les han relacionado con infecciones leves como rinitis e infecciones del tracto respiratorio superior similares a un resfriado común. [4]

Vista la información que antecede podemos decir que esta enfermedad que nos acompaña en los actuales momentos es causada por un nuevo coronavirus denominado SARS CoV-2, que produce la enfermedad emergente COVID-19, el cual registramos desde diciembre de 2019, y cuyo foco infeccioso fue la Ciudad de Wuhan- China, pero dado la conectividad y globalización de servicios y actividades comerciales, este logro esparcirse de forma muy rápida, y para comprobar la afirmación, solo basta considerar que este virus llegó a penetrar nuestro

---

2 Maite Duque, María Grazia Blanco, Guillermo Riut de la Sociedad Venezolana de Medicina Marítima, La Rama Venezolana del IIDM y La Universidad Marítima del Caribe. Covid-19. "*Rotación de Tripulantes Protocolo recomendado para Buques de Bandera Venezolana*". Publicado en fecha 17 de mayo de 2020, Edición 1, volumen 11.

3 María Grazia Blanco, "Medicina marítima y gente de mar". Publicado el 20 de agosto de 2019. https://www.mercojuris.com/30710/la-medicina-maritima-y-la-gente-de-mar-%e2%80%93-por-María-grazia-blanco/

4 Maite Duque, María Grazia Blanco, Guillermo Riut de la Sociedad Venezolana de Medicina Marítima, La Rama Venezolana del IIDM y La Universidad Marítima del Caribe. Covid-19. "*Rotación de Tripulantes Protocolo recomendado para Buques de Bandera Venezolana*". Publicado en fecha 17 de mayo de 2020, Edición 1, volumen 11.

mundo en tres meses, recordando que la fiebre amarilla que ocurrió hace 100 años, le tardo tres años, por lo que se ha convertido en una pandemia de dimensiones alarmantes afectando todos los sectores de la Sociedad a escala global.

Sin duda hemos comprobado que una pandemia ha logrado que los Estados hayan tenido que activar mecanismos en armonía con el Reglamento Sanitario Internacional, tales como, el cierre de Aeropuertos y restricciones de Puertos Marítimos, acciones que han tenido efectos negativos en el plano económico, social, jurídico y comercial, esto con la intención de atacar un intruso desconocido y silente cuyo alcance desbastador no hemos logrado descifrar, dada su transmisión y contagio exponencial. Por tal razón, las Autoridades competentes según el mencionado reglamento, están obligadas a planificar y prepararse de forma correcta para afrontar y responder con eficacia a estas contingencias de salud. En este punto, hemos visto que los Estados han establecido políticas sanitarias satisfactorias y no tan acertadas -para algunos científicos y otros profesionales de la salud- y han aplicado planes de contingencia de acuerdo a sus capacidades y criterios, siendo diferentes los resultados y las estadísticas indicadas en los trabajos consultados.

En el caso del virus gripal A-(H1N1) y el ÉBOLA las autoridades de salud pública demostraron que tenían la capacidad para ejecutar planes de respuesta en ambas emergencias. Pero a medida que pasa el tiempo los desafíos aumentan en gran medida, hasta hacernos entender, que la atención inmediata de estos eventos de salud no pareciera ser posible en el corto plazo o con la inmediatez que se requiere, por lo que sus efectos suelen quebrantar la salud de la población mundial.[5]

Ahora si centramos nuestra atención, en los eventos de salud que afectan negativamente al sector marítimo, notaremos la incidencia de ciertos factores que se deben considerar como, las condiciones a bordo de los buques, la conexión con diferentes puertos, la manipulación de carga en diferentes condiciones, uniéndose a esto, las condiciones de salud o estados vacunales de la tripulación y pasajeros que añaden un

---

5 María Grazia Blanco, "*Medicina marítima y gente de mar*". Publicado el 20 de agosto de 2019. https://www.mercojuris.com/30710/la-medicina-maritima-y-la-gente-de-mar-%e2%80%93-por-María-grazia-blanco/

aspecto muy importante al desarrollo de estas epidemias o brotes que amenazan la vida de la navegación en nuestros tiempos.[6]

El mundo marítimo se ha visto vulnerable frente a estas complicaciones de salud que son exponencialmente más peligrosas para sectores donde hay intercambio de personas, bienes y servicios. Uniéndose a esto, encontramos en esta ocasión, la importancia que tienen los mercados asiáticos a nivel mundial, haciendo la situación del Coronavirus COVID -19, mucho más compleja. Por este motivo, hemos registrado que la Organización Marítima Internacional ha establecido sus recomendaciones sobre el particular, admitiendo el velo de incertidumbre que impide predecir el futuro en el transporte marítimo. [7]

Por lo tanto, el sector marítimo y aéreo se ha visto vulnerable frente a estas complicaciones de salud que son exponencialmente más peligrosas en las cadenas logísticas de transporte, donde hay intercambio de bienes y personas.

El Coronavirus objeto de estudio es un 80 % similar al virus del SARS, según información publicada por el Centro Nacional de Datos Genómicos de China, sin embargo, hay que señalar con responsabilidad que el número de afectados y victimas del Coronavirus: COVID-19 son superiores, tomando en cuenta que para la fecha se reportan 500.000 fallecidos y suponemos que para la publicación de este artículo este número será superior al actual.

Haciendo un poco de historia, debemos decir que tuvimos conocimiento de este virus, el 31 de diciembre de 2019 en la sede de la Organización Mundial de la Salud (OMS), por cuanto se recibió un aviso de varios casos de neumonía en China de etiología desconocida detectados en la ciudad de Wuhan, provincia de Hubei. Días más tardes, se confirmó por las autoridades chinas que se había identificado una nueva cepa de coronavirus.

Al comienzo de esta enfermedad que empezó como epidemia, leímos al Dr. José Ramón Arribas[8], portavoz designado por la Sociedad

---

[6] Ibidem.

[7] Ibidem.

[8] Sandra Pulido. "El coronavirus supera los casos del SARS de 2003 ". Disponible en https://gacetamedica.com/investigacion/todo-lo-que-se-sabe-del-nuevo-coronavirus-2019-ncov-fx2404160/ Consultado el 15 de febrero de 2020.

Española de Enfermedades Infecciosas y Microbiología Clínica (SEMI) explicar sobre lo complejo que es en la actualidad hablar de este virus y por ende de su mortalidad, de sus mecanismos de acción y del cuál era en ese momento, el animal que lo produjo. Es decir, se tenían un sinfín de incertidumbres que rodeaban el nacimiento de esta nueva enfermedad con la que inicio este 2020[9].

Habiendo transcurrido siete meses desde el primer brote, encontramos que aún subsisten una serie de dudas por resolver, las cuales han dado lugar a una serie de acciones acertadas y no tan eficaces, toda vez que esto se ha traducido en un enigma que ha tenido que atenderse en una especie de ensayo y error. En un primer momento, se nos informó que el virus se trasmite de persona a persona, igualmente, la Organización Mundial de la Salud, quien ejerce el liderazgo a nivel internacional o es la autoridad jurídica primaria en esta materia, comunicó que el patógeno se puede trasmitir de persona a persona a través de las gotitas de *flugge* (saliva y mucosidad) hasta un metro de distancia.

En este punto es importante destacar que ya desde 1890 se planteaba la hipótesis de que los microorganismos se difundían de persona a persona a través de las gotas emitidas por la nariz y la boca, el primero en referirlo fue Carl Flugge y luego en el año 1934 William Firth Wells teorizó que las gotas son demasiado pequeñas para permanecer suspendidas en el aire durante un tiempo y más para sostener a un ser infeccioso.[10] Sin embargo, en la actualidad hablamos de otros aspectos que se agregan para complicar la situación generada por el COVID-19 y es precisamente el hecho de que el patógeno puede permanecer en el aire, creando mayor posibilidad de contagio.

La información actual sugiere que las dos rutas principales de transmisión del virus SARS-CoV-2 son las gotitas respiratorias y el contacto. En general, se considera que las infecciones respiratorias virales se propagan por contacto directo, como tocar a una persona infectada o las superficies y fómites que la persona ha tocado, o sobre las

---

[9] Ibid.

[10] Murillo-Godínez G. "Las gotitas de Flügge". *Rev Med Inst Mex Seguro Soc.* 2009;47(3):290. Consultado 20 de febrero de 2020.

cuales han caído gotas grandes que contienen virus, y de allí que puede permanecer estable durante días[11].

Se ha comprobado que una gran cantidad de contagios o propagación de la enfermedad por coronavirus COVID-19 parece estar ocurriendo a través de la transmisión de aerosoles en el aire producida por individuos asintomáticos durante la respiración y el habla. Los aerosoles pueden acumularse, por lo que puede permanecer este agente infecciosos en el aire durante horas y ser fácilmente inhalados hasta llegar a los pulmones. En este sentido, se piensa que para que la sociedad se reanude, se deben implementar medidas diseñadas para reducir la transmisión de aerosoles, incluido el enmascaramiento universal y pruebas regulares y generalizadas para identificar y aislar individuos asintomáticos infectados[12].

Cuando damos lectura a las informaciones médicas recopiladas, alcanzamos información vital para nuestro trabajo toda vez que nos establecen datos significativos que nos permiten valorar la complicación que se genera con este evento de salud que estamos reportando. La Comisión Nacional de Salud de China registró el 1 de abril de 2020, un 78% de casos asintomáticos[13], este factor de riesgo se ha venido agregando al tratamiento del complejo virus que estamos experimentando y que observamos en el caso concreto del Crucero *Diamond Princess*, donde se comprobó que 328 de los 634 casos positivos (51.7%) eran asintomáticos al momento de la prueba.[14]

Esto nos lleva a concluir que identificar a las personas infectadas

---

[11] Azaibi Tamin, Ph.D.; Jennifer L. Harcourt, Ph.D.; Natalie J. Thornburg, Ph.D.; Susan I. Gerber, MD; James O. Lloyd-Smith, Ph.D. de Wit, Ph.D.; Vincent J. Munster, Ph.D. "Aerosol and Surface Stability of SARS-CoV-2 as Compared with SARS-CoV-1"[Internet]. 2020 [cited 2020 Mar 19]. Disponible en: https://www.nejm.org/doi/10.1056/NEJMc2004973. Consultado el 20 de junio de 2020.

[12] K. A. Prather et al., "Reducción de la transmisión de SARS-CoV 2". Disponible en: Science 10.1126/science.abc6197 (2020). Consultado el 20 de junio de 2020.

[13] Day M. Covid-19: *four fifths of cases are asymptomatic*, China figures indicate BMJ2020;369:m1375 doi: 10.1136/bmj.m1375 (Published 2 April 2020). Consultado el 20 de junio de 2020.

[14] Mizumoto K, Kagaya K, Zarebski A, Chowell G. *Estimating the asymptomatic proportion of coronavirus disease 2019 (COVID-19) cases on board the Diamond Princess cruise ship, Yokohama, Japan, 2020.* Euro Surveill 2020; 25: pii=2000180. Consultado el 20 de junio de 2020.

para frenar la transmisión del SARS-CoV-2 es más difícil en comparación con el SARS y otros virus respiratorios porque las personas infectadas pueden ser muy contagiosas durante varios días, alcanzando su punto máximo antes de que aparezcan los síntomas. Estos "*shedders* silenciosos" podrían ser impulsores críticos de la propagación mejorada del SARS-CoV-2. En Wuhan, China, se estimó que los casos no diagnosticados de infección por COVID-19, que presumiblemente eran asintomáticos, eran responsables de hasta el 79% de las infecciones virales. Por lo tanto, las pruebas regulares y generalizadas son esenciales para identificar y aislar individuos asintomáticos infectados.[15]

A pesar de que el origen del virus fue incierto en los primeros meses, se ha estado manteniendo la tesis que apunta a los mercados de animales vivos de Wuhan. Debiendo resaltar, que desde que se detectó el primer brote las Autoridades en Salud Pública, han logrado identificar el virus y lo más importante, en la actualidad tenemos métodos de diagnóstico o protocolo que permite aplicar algunos lineamientos o correctivos sanitarios con efectividad.

Dentro de las pruebas diagnósticas o procedimientos utilizados para confirmar la presencia o no de una enfermedad en personas sintomáticas y asintomáticas, se incluyen todos los test o pruebas de diagnósticos en general, abarcando las pruebas para detectar la infección por el nuevo Coronavirus CoV-2, las cuales son evaluadas matemáticamente para analizar el grado de eficacia y de certeza de las pruebas. Este punto está bien desarrollado en el Protocolo de recomendaciones elaborado por la Sociedad Venezolana de Medicina Marítima, la Rama Venezolana del Instituto Iberoamericano de Derecho Marítimo y la Universidad Marítima del Caribe, donde se establece: -que ninguna prueba da un resultado 100% exacto; las pruebas deben evaluarse para determinar su sensibilidad y especificidad, idealmente en comparación con una referencia denominada "*estándar de oro*" en pocas palabras cada test debe ser analizado para definir cuál es la probabilidad de que la infección esté presente si resulta positivo o por el contrario no se tiene la infección si el resultado es negativo, es decir valorar el valor predictivo del test utilizado. La falta de un "*estándar de oro*" o patrón de referencia

[15] K. A. Prather et al., "Reducción de la transmisión de SARS-CoV 2". Ob. cit.

claro para las pruebas de COVID-19 hace que la evaluación de la precisión de la prueba sea verdaderamente un desafío.[16]

Por lo que en ese trabajo se recomienda a la Comunidad Marítima en general, particularmente a los responsables del manejo del recurso humano de las Compañías Navieras mantenerse informado sobre las indicaciones, ventajas y limitaciones de las distintas pruebas COVID-19 disponibles en nuestro medio, para lo que en el documento *in comento*, se sugiere de forma responsable, que las orientaciones sean solicitadas a expertos con especialidades de infectología, microbiología, medicina interna, medicina crítica o emergenciología, en virtud de no considerar los test de diagnóstico rápidos actualmente aplicados como única herramienta para el cambio de tripulantes.[17]

Para la detección de personas infectadas por el nuevo coronavirus los principales tipos de pruebas hasta el momento comúnmente aplicadas a la población son las siguientes:

- Las pruebas de detección de ácidos nucleicos o diagnóstico molecular RT-PCR (Reacción en cadena de la polimerasa con transcriptasa inversa).
- Pruebas rápidas basadas en la detención de antígeno o anticuerpo.

Tratando de establecer un conocimiento claro de estas pruebas volveremos a recurrir al Protocolo in comento, con la finalidad de valorar la doctrina médica consultada en este importante trabajo. Efectivamente, las primeras de ellas, son las denominadas:

Pruebas de Diagnóstico Molecular o RT-PCR:

Con una sensibilidad promedio del 70% y una especificidad del 95%, es la única prueba confirmatoria disponible para detectar la presencia del SARS-CoV-2, el virus responsable de la enfermedad

---

16 Maite Duque, María Grazia Blanco, Guillermo Riut. de la Sociedad Venezolana de Medicina Marítima, La Rama Venezolana del IIDM y La Universidad Marítima del Caribe. *Covid-19. "Rotación de Tripulantes Protocolo recomendado para Buques de Bandera Venezolana"*. Publicado en fecha 17 de mayo de 2020, Edición 1, volumen 11.

17 Maite Duque, María Grazia Blanco, Guillermo Riut de la Sociedad Venezolana de Medicina Marítima, La Rama Venezolana del IIDM y La Universidad Marítima del Caribe. Covid-19. "*Rotación de Tripulantes Protocolo recomendado para Buques de Bandera Venezolana"*. Publicado en fecha 17 de mayo de 2020, Edición 1, volumen 11.

COVID-19, en el organismo, significa entonces que el RT-PCR detecta la presencia del virus. Sin embargo, existe evidencia que reporta una tasa de falsos negativos hasta en un 29%. La precisión para el diagnóstico de la infección varía de acuerdo al sitio y calidad de la toma de la muestra así se describe una certeza de 93% para el lavado bronco alveolar, 72% para el esputo, 63% para los hisopos nasales y solo 32% para los hisopos de garganta.

Los resultados también pueden verse influidos por la etapa o período de la enfermedad, si la muestra es tomada en los primeros días cuando hay menor concentración del virus podría ser negativa la prueba, cuando en realidad la persona si está enferma, sobre todo en el período pre sintomático al inicio de la enfermedad. La proporción de falsos positivos es baja con este test, es decir un PCR positivo indica una probabilidad muy alta de estar infectado y no a un error de clasificación.

Pruebas de serología / conocidas en Venezuela como pruebas de Diagnóstico Rápido:

Son pruebas que detectan la formación de anticuerpos en el organismo como consecuencia de la presencia del Virus. A diferencia de los PCR, estos test no analizan ni amplifican el material genético del virus. No necesitan un equipamiento específico ni un personal técnico altamente cualificado. Una importante desventaja de este tipo de test, es que el organismo necesita varios días para producir anticuerpos detectables en la prueba, por lo que un marino antes de embarcar podría estar infectado y durante los primeros días no dar positivo en este tipo de test resultando un falso negativo. La segunda desventaja es que son mucho menos específicos y menos sensibles que la RT-PCR. Estas pruebas deben ser tomadas en la fase aguda y convaleciente de la enfermedad, porque existe probabilidad de reacción cruzada con otros coronavirus previamente expuestos.

Pruebas rápidas basadas en la detención de antígeno o anticuerpos:

Son un tipo de pruebas rápidas, que ya se encuentran disponibles en el mercado y se aplican para la detección de anticuerpos de forma separada IgM o IgG o IgG/IgM que buscan evidenciar la respuesta inmune que produce el individuo que ha sido afectado por el virus. Se espera mayor validación de estas pruebas por la comunidad científica internacional.

De acuerdo a lo estudiado, la especificidad de un test es el alcance que tiene el test para diagnosticar negativos a los que no están enfermos o infectados, resultando por tanto que una persona sana será al test negativo. Si por el contrario es negativo y tiene la enfermedad será definido como falso negativo.

Buscando concretar en cada uno de los aspectos que hemos venido desarrollando, debemos afirmar que hasta el momento se ha cumplido con lo que establece el marco normativo del Reglamento Sanitario Internacional, cuya norma prevé todo lo referente a los trabajos y acciones que se deben acometer para la prevención, detección y contención de los riesgos de salud pública. Es decir, que el Estado ha establecido en blanco y negro políticas sanitarias y de higiene internas, sin embargo, debemos observar que las acciones concretas que se indican en los decretos y circulares, algunas no han sido concretadas con efectividad, específicamente las referidas a las tripulaciones o gente de mar.

Con relación a su propagación y no contención en la fase inicial de esta epidemia, en esta oportunidad, no nos uniremos al debate planteado en la web y portales informativos, sin embargo, consideramos que esto será motivo de análisis ulteriores por parte de los Estados y Organismos Internacionales, tomando en cuenta las dudas que sobre este punto se han planteado. En tal sentido, nos enfocaremos en los aspectos relevante que enmarcan nuestro trabajo, recordando que la información sobre la salud es un derecho universal, y que toda persona tiene derecho a información médica precisa y accesible.

A partir de los datos epidemiológicos consultados, se demuestra que algunos países han sido más eficaces en la reducción de la propagación del COVID-19: Y para comprobarlos solo se necesita considerar:

Taiwán, Hong Kong, Singapur y Corea del Sur tuvieron efectividad implementado el uso de las mascarillas universales. En la batalla contra el COVID-19, Taiwán teniendo una población de 24 millones, y quien reporto su primer caso de COVID-19, el 21 de enero de 2020, no implementó un bloqueo durante la pandemia, pero mantuvo una baja incidencia de 441 casos y 7 muertes para la fecha del 21 de mayo de 2020. Los taiwaneses, a través de su gobierno promulgaron un conjunto de medidas proactivas que impidió con éxito la propagación del SARS-CoV-2, incluyendo establecer un centro de control de epidemias en enero, utilizando las nuevas tecnologías para detectar y rastrear pacientes infectados y sus contactos cercanos, y quizás lo más importante, exigiendo a las personas usar mascarillas en lugares públicos. El Gobierno, también aseguró la disponibilidad de mascarillas médicas al prohibir a los fabricantes de estas, el poder exportarlas. Implementando así, un sistema para garantizar que cada ciudadano pueda adquirir mascarillas en precios razonables y aumentando la producción de mascarillas.

Por el contrario, el Estado de Nueva York con una población de 20 millones y siendo su primer caso de COVID, el 1 marzo de 2020, tuvo un mayor número de registros, específicamente 353.000 y 24.000 muertes. Tal vez por la falta de medidas sanitarias y de higiene similares a Taiwán. En otros países, ha habido una escasez generalizada de mascarillas, lo que hace que la mayoría de los residentes no tengan acceso a ninguna forma de mascarilla médica. Esta notable diferencia en la disponibilidad y la adopción generalizada de usar mascarillas probablemente influyó en el bajo número de casos de COVID-19.[18]

Se debe reconocer la transmisión de virus en aerosol como factor clave que conduce a la propagación de las enfermedades infecciosas respiratorias. La evidencia sugiere que el SARS-CoV-2 es silencioso, dada la propagación en aerosoles exhalados por individuos sin síntomas, pero infectados, estableciéndose en altamente contagiosos. Debido a su menor tamaño, los aerosoles pueden conducir a una mayor gravedad de COVID-19 porque los aerosoles que contienen virus penetran más profundamente en los pulmones. Por eso hemos escuchado lo esencial que es introducir medidas de control, para reducir la transmisión de aerosoles. Se necesita un enfoque para abordar una amplia gama de factores que pueden conducir a la producción y transmisión del virus por vía aérea y a través de vías respiratorias.[19]

---

18 K. A. Prather et al., "*Reducción de la transmisión de SARS-CoV* 2". Disponible en: Science 10.1126/science.abc6197 (2020). Consultado el 20 de junio de 2020.

19 Ibid.

La eficiencia de filtrado de diferentes tipos de mascarillas también ha sido determinante en el control de esta pandemia, ciertamente el COVID-19 ha inspirado investigaciones que ya están liderando una mejor comprensión de la importancia que tiene el transporte aéreo del virus el cual es determinante en la transmisión de enfermedades respiratorias.

En este sentido, creemos que a lo largo de este año los esfuerzos estarán enfocados a contener la enfermedad mediante la práctica de medidas de higiene y sanidad, hasta lograr el alcance de una vacuna.

Visto estos argumentos, surge un primer dilema o controversia; estamos ante un hecho extraordinario, sin precedente, pero que además nos exige la prioridad de salvar a la humanidad contra este virus cuyo contagio es exponencial y ya ha cobrado la vida de más de quinientas mil personas para finales de junio de 2020. Es decir, que los datos nos revelan que estamos ante una guerra biológica de consecuencia inimaginables. Y es allí, donde nos preguntamos, ¿es posible conciliar todos estos intereses y fundamentar unas recomendaciones acertadas que nos permitan lograr la no paralización del comercio marítimo? ¿Estamos seguros de que atendiendo a rigores sanitarios lograremos registrar estas medidas? OMI ha pedido un enfoque práctico y pragmático a los Estados, pero la situación que vivimos, es única e insospechada, tomando en cuenta el comportamiento de este nuevo enemigo de la humanidad que ha llegado para marcar desolación y terror. Son tiempos para reflexionar sobre esta situación que nos ha desbordado en nuestra capacidad, pero no podemos paralizarnos, por el contrario, debemos buscar salidas posibles a esta coyuntura, con la finalidad de garantizar el comercio y la salud de nuestra gente de mar, sin que esto implique un peligro para la salud y la vida de las personas que habitamos esta aldea llamada tierra. [20]

Con certeza podemos decir, que en estos tiempos hay más preguntas que respuestas, hay más dudas que soluciones, el presente es un cuestionamiento continuo que nos impulsa a seguir girando en torno a la búsqueda de doblegar lo desconocido y que nos reclama compren-

[20] María Grazia Blanco. "*Algunos efectos del Coronavirus Covid-19 en el comercio marítimo*". Publicado el 25 de marzo 2020. Disponible en: https://www.eldial.com/eldialexpress/home_ea_nd.asp?Edicion=25/3/2020.

sión y acción con determinación. Esto nos permite entonces, encontrar el impulso para continuar en nuestro análisis y enfocarnos en nuestra actualidad o presente inmediato.

PANORAMA ACTUAL

Una vez que hemos concientizado en lo complicado que es la contención del virus, queremos también resaltar las consideraciones realizadas por el Secretario General de la OMI, quien ha venido aceptando las normas epidemiológicas con la finalidad de preservar la vida humana, pero también alzó su voz para concientizarnos sobre la necesidad de mantener el comercio por mar y proteger el bienestar de la gente de mar. Ciertamente, KITACK LIM señala en su declaración, el efecto devastador del Coronavirus COVID-19 para la industria naviera y la cadena de suministro y distribución de alimentos, medicinas y productos esenciales. Asimismo, observamos que se produjo una afectación de los mercados o del intercambio de bienes y servicios a nivel mundial.

Efectos del Covid-19 a nivel contractual

La emergencia sanitaria global nos ha obligado a implementar medidas, que han implicado reducción, cancelación o suspensión de viajes, cierres de puertos y fronteras, aplicación de cuarentenas, entre otras; produciendo consecuencialmente, incumplimientos que se traducen en demoras, cancelación de contratos y en este sentido, ya se comienza a registrar acciones que demandan responsabilidades. El COVID-19 es un evento de salud, pero además una causa para activar la cláusula de fuerza mayor en un contrato y las coberturas marítimas.[21]

Visualizamos con asombro que la navegación del siglo XXI se ha visto afectada por la mortalidad y virulencia del COVID-19, tomando en cuenta, que en menos de cuatro meses esta enfermedad pasó de epidemia a convertirse en una pandemia.

---

[21] María Grazia Blanco. "*Algunos efectos del Coronavirus Covid-19 en el comercio marítimo*". Publicado el 25 de marzo 2020. Disponible en: https://www.eldial.com/eldialexpress/home_ea_nd.asp?Edicion=25/3/2020.

Esto nos ha llevado a tratar temas referidos a coberturas de riesgos emergentes, cláusulas de fuerza mayor o la teoría de la frustración en los contratos marítimos. Efectivamente, hemos observado la disrupción significativa del trasporte y comercio internacional sin contar la alteración en las Balanzas de Pago de los Estados producto de la reducción de las importaciones y exportaciones, así como otros aspectos financieros que son imposibles de desarrollar en esta oportunidad.

En la mayoría de los contratos marítimos (Fletamentos, Conocimientos de Embarque, Construcción Naval, entre otros) pueden existir cláusulas referidas a la Fuerza Mayor, que modifica las obligaciones contractuales de las partes o lo que es lo mismo, excusan de su cumplimiento en caso de una eventualidad extraordinaria de este tipo.

Como indicamos, los contratos pueden hacer referencia a estas situaciones de emergencia sanitaria, en este punto, sería válido recordar que en algún momento BIMCO reguló esta situación en los fletamentos por viaje y por tiempo. Los acontecimientos en pleno desarrollo, han exigido su revisión y reactivación. Sí los contratos lo establecen, definitivamente se activará la cláusula en virtud del COVID-19. Esta cláusula bien redactada, podrían ser la solución en algunos casos. La eficiencia de una cláusula de fuerza mayor en estos tiempos, sin duda alguna puede hacer la diferencia, ya que, en ella, se desarrollan aspectos relacionados con epidemias, pandemias, cuarentenas, restricciones por decisiones de la autoridad gubernamental, entre otros. En el caso venezolano, tenemos dentro de nuestro ordenamiento marítimo la cláusula Rebus *Sic Stantibus* que pudiera ser alegada, toda vez que en el Artículo 275 de la Ley de Comercio Marítimo se establece:

En los contratos de arrendamiento y de fletamento de buques, si la prestación de una de las partes resultare ser más onerosa de lo previsto, la parte que deba tal prestación podrá demandar la resolución del contrato o una reducción de la misma, o bien una modificación en las modalidades de ejecución. En el supuesto de decretarse la resolución, esta no tendrá efecto retroactivo. La parte contra quien se hubiere intentado la acción de resolución, podrá evitar ofreciendo modificar equitativamente las condiciones del contrato.

Tal y como lo señala el Dr. Cova Arria "*si queremos hallar la justificación de la Rebus Sic Stantibus en la doctrina, tendremos que considerar que la intangibilidad del contrato dependerá de que las cosas se mantengan tal cual se presentaron al momento de su conclusión.*

Como consecuencia de la pandemia del COVID-19, los armadores y fletadores, pueden encontrar inconvenientes para cumplir con lo previsto en los contratos de utilización de los buques, debido a las políticas o medidas sanitarias aplicadas por los Estados, las cuales pueden traducirse en cumplimientos, parciales, tardíos o defectuosos"[22].

El COVID-19 es un evento de salud, pero también puede constituirse en una causa de fuerza mayor, la cual se activa en virtud de los hechos que se declaran y que dan lugar al incumplimiento. Si damos lectura a todos los trabajos que se han realizado a la fecha como corolario de esta problemática que se vive a nivel mundial, encontraremos que muchas empresas han invocado la fuerza mayor, como la China National Offshore Oil Corp, toda vez que se han afectado algunos cargamentos de GNL debido al COVID-19. Igualmente se registran situaciones similares en el caso de otras empresas relacionadas con aéreas de construcción, operación y logística, que debido a la falta de manos de obra o de trabajadores en sus puestos de servicio, han evidenciado, retrasos, suspensión de actividades y cancelación de las obligaciones asumidas, como por ejemplo los astilleros.[23]

Definitivamente, un evento como esta pandemia socava el propósito de cualquier contrato, para confirmar esta premisa, solo basta con revisar un Contrato de Fletamento, donde se establece la designación de un puerto seguro, pero bajo las circunstancias que estamos viviendo, muchos puertos han dejado de serlo e inclusive, algunos están al día de hoy cerrados o parcialmente cerrados. Esto nos lleva a pensar que ante la posibilidad de un puerto declarado como inseguro se establece la posibilidad contractual de designar uno alternativo. Pero, bajo la declaratoria de pandemia, muchas autoridades portuarias han cerrado

---

22 Luis Cova Arria. "La Admisión en la Ley de Comercio Marítimo de la cláusula Rebus sic stantibus*"* (las cosas quedan como están). Artículo publicado en la página web de la AVDM.

23 María Grazia Blanco. "Algunos efectos del Coronavirus Covid-19 en el comercio marítimo*"*. Publicado el 25 de marzo 2020. Disponible en: https://www.eldial.com/eldialexpress/home_ea_nd.asp?Edicion=25/3/2020.

sus puertos para contener el contagio, hecho que agrava la situación aún más. Como vemos, el panorama es muy complejo, las Autoridades Gubernamentales han dictado políticas basadas en las recomendaciones de la Organización Mundial de la Salud (OMS), colocándose a los puertos en condiciones diferentes, debido a las restricciones de operaciones dentro de ellos. Conectándonos entonces, con deviaciones de rutas y la aplicación de cuarentenas en los buques siempre con el objetivo de salvar vidas. Durante el mes de febrero y los primeros días del mes de marzo observamos varios buques de crucero que tuvieron que ejecutar estas medidas, complicándose el desarrollo y fiel cumplimiento de sus obligaciones contractuales. Por supuesto, podríamos seguir listando otros casos que merecen análisis y que revisten preocupación, cuando se estudia a profundidad, los efectos negativos dentro del mercado marítimo mundial, como es el caso de las demoras en la entrega de las cargas.[24] Pero lamentablemente los límites que regulan este artículo no nos permiten desarrollar con más profundidad todas las implicaciones del COVID-19.

Efectos del Covid-19 para la Gente de Mar:

Hemos visto con preocupación la situación de nuestra gente de mar ante las decisiones políticas que se han fijado con la finalidad de contener el virus. Sabemos que no es fácil para la población ni para los tripulantes lo que se está viviendo. Y entendemos, que las medidas restrictivas producto de la cuarentena sanitaria tendrán efectos negativos desde el punto de vista económico, político y social. Pero es tiempo para la prudencia, para la responsabilidad y para contribuir con voluntad en una solución viable y eficaz. Se exige con rigurosidad atender las directrices de la Organización Mundial de la Salud, asimismo, es fundamental admitir que lo que estamos viviendo, nos ha logrado impactar, por lo que no existe una clave, ni una fórmula mágica que nos permita encontrar la normalidad en el corto plazo. Los profesionales de la medicina y científicos hacen sus mejores esfuerzos para combatir el COVID-19, pero las cifras nos revelan escenarios oscuros y nunca ex-

[24] Ibid.

plorados. Sin embargo, confiamos en que venceremos este nuevo desafío y volveremos a ver a nuestros buques surcando los mares con buen viento y buena mar. [25]

Dentro de las situaciones negativas que hoy se observan, quisiéramos hacer una especial mención a la situación de los trabajadores de marina mercante, quienes efectivamente como recurso humano esencial dentro de esta cadena logística de transporte, ya registran serios problemas en cuanto a su salud y bienestar social a bordo de los buques, toda vez que el exceso de trabajo, la prolongación o continuidad del trabajo más allá de los tiempos contratados, el estrés, la fatiga, el cansancio y muchas veces la desesperanza, se ha traducido en testimonios que revelan la precaria situación de algunos tripulantes y que los ha llevado como se nos presenta en algunos casos concretos a huelgas de hambre y situaciones dudosas relacionadas con la causas de muerte, que sugieren suicidio, testimonios que revelan la situación precaria que están viviendo a bordo de los buques. Para constatar lo afirmado podemos dar lectura a una nota de prensa del Miami Herald, que señala: Quince miembros de la tripulación en el crucero Navigator of the Seas de Royal Caribbean aseguraron estar en huelga de hambre hasta que la compañía acuerde enviarlos a casa. En el artículo se lee, que la tripulación no tenía planes de detener su huelga de hambre hasta que la compañía proporcione pruebas de concretar el retorno a casa, con la urgencia que se requiere.

Igualmente uniéndose a este hecho, a mediados de junio leíamos con preocupación en un portal marítimo, que la alta presión psicológica afecta a gente de mar y tripulantes de cruceros retenidos a bordo en distintos puntos del globo. Debido a esto una tripulante de 28 años de edad se quitó la vida tras cancelación de vuelo de repatriación, en este sentido, el Secretario de Asuntos Exteriores de Filipinas Teddy Locsin, Jr. confirmó, "*que el 11 de junio la tripulante del mencionado país se suicidó mientras permanecía a bordo de un crucero atracado en el puerto de Bridgetown en Barbados*". La mujer era tripulante del crucero "*Harmony of the Seas*", donde los miembros de la tripulación

[25] Ibid.

permanecían "*retenidos*" mientras esperaban una vez más una frustrada "repatriación", la que ha sido dificultada por las cancelaciones de vuelos internacionales.[26]

Este hecho ocurre tras reiterados llamados de la OMI, UNTACD, Cámara Marítima Internacional (ICS), y la Federación internacional de Trabajadores del Transporte (ITF) y la OIT, entre otras organizaciones a los gobiernos del mundo. Demostrando que la diplomacia ejercida pareciera haber fallado en algunos casos o por lo menos no ha sido tan efectiva tomando en cuenta que no se han concretado los cambios de tripulación y repatriación con la inmediatez que se requiere. Para junio de 2020 el secretario de la OMI ha declarado la situación de la gente de mar como de "*Crisis Humanitaria*" dado lo que se registra hasta el momento.

Creemos que es tiempo de trabajar de forma coordinada para la solución concreta de este problema que se presenta bajo la mirada cómplice de muchos gobiernos y que pareciera que le han dado la espalda al mar. En este momento, existen planes concretos para la concreción de las rutas y vuelos de repatriación, gracias a un trabajo sostenido que se ha venido realizando de forma unida entre los Sindicatos, Asociaciones Internacionales de la Industria Naviera, Aerolíneas, Seguros y Organizaciones Internaciones comprometidas con la solución de estos problemas.

Y estas circunstancias tan adversas y preocupantes, nos han llevado irreversiblemente a revisar con detenimiento los postulados y normas jurídicas que a nivel nacional o internacional regulan sus condiciones laborales a bordo de los buques. Por este motivo, hemos comprendido de una forma cruel y amarga que la condición de salud es fundamental para la navegación segura, para la continuidad del transporte marítimo y para la navegabilidad de nuestros buques. En este sentido, se hace obligatorio reconocer que la Organización Internacional del Trabajo (OIT) ha establecido como elemental la salud de los trabajadores de marina mercante, máxima que se manifiesta al entrar en vigencia el Convenio de Trabajo Marítimo (MLC 2006), el cual hoy recordamos como una muestra del extraordinario trabajo que con relación a esta materia ha

[26] Mundo marítimo. Disponible en: https://lnkd.in/dDVP3uJ. Consultado 20 de junio de 2020.

desarrollado esta organización, destacando que el Convenio fue aprobado el 23 de febrero de 2006 en Ginebra, Suiza y se le ha denominado el cuarto pilar de la regulación internacional marítima. Básicamente podemos decir, que este convenio actualiza y refunde los 41convenios y 29 recomendaciones de la OIT que se han producido o desarrollado desde 1920, convirtiéndose en una compilación jurídica que, bajo una estructura más novedosa y sencilla, permite los gobiernos, armadores y la gente de mar comprometidos con el principio del trabajo decente, su comprensión y aplicación. El destinatario de la norma, el trabajador del mar como se acuña en el Convenio, ha pasado a tener una importancia a nivel normativo, siendo su condición física y de salud, fundamental dentro del derecho marítimo actual. En esta novedosa normativa que entró en vigor el 20 de agosto de 2013, se instauran unos requisitos mínimos para trabajar a bordo de un buque. Igualmente se regula lo referente a las condiciones de trabajo, descanso, alimentación, pero como algo novedoso, se incluye la protección de la salud, la asistencia médica y la protección de la seguridad social.

En este texto normativo se establece que toda gente de mar tiene derecho a la protección de la salud, a la atención médica, a medidas de bienestar y a otras formas de protección social. Se regula la atención médica a bordo y en tierra, la responsabilidad del armador y la seguridad social que asiste y debe establecerse para los trabajadores de marina mercante. Confirmando, que el Estado tiene el deber de satisfacer directamente tales derechos mientras que el Armador asume la protección en caso de accidente, lesiones, enfermedad o muerte del trabajador, obligaciones que se han visto exigidas en estos tiempos en que una enfermedad infecciosa ha comenzado a tener efectos negativos en los tripulantes. Asimismo, se instituye que el Estado miembro debe velar por la gente de mar, garantizando que los buques de su pabellón tendrán las medidas adecuadas para la protección de la salud, así como, acceso rápido y eficiente a una atención médica mientras esté trabajador este cumpliendo con sus obligaciones laborales a bordo del buque. En estos tiempos de pandemia, hemos tenido que revisar si estos postulados han sido cumplidos con firmeza, toda vez que hemos leído en páginas informativas confiables y en confesiones directa de los tripulantes, que la situación en muchos buques es precaria y deficiente. Por lo que, en algunos casos, los armadores han justificado sus incumplimientos en la existencia de un virus letal, que lejos de excusar esta reprochable conducta, la exige de forma categórica.

Como el Convenio pretende proteger a la gente de mar, instituye que el Estado miembro debe asegurar que los armadores que enarbolen su pabellón garantizarán la ayuda y apoyo material ante las posibles consecuencias o efectos de una enfermedad, lesión o muerte producida en servicio. En este sentido, el Armador tiene la responsabilidad de hacer frente a las consecuencias económicas que padezca la gente de mar, por lo tanto, debe sufragar gastos de atención y tratamiento médico, medicamentos, aparatos terapéuticos, alojamiento y alimentación. Así mismo, está obligado a constituir una garantía financiera en caso de muerte o discapacidad prolongada, asegurándose, el pago de los gastos funerarios, así como los excesos que puedan registrase por atención médica.[27]

Esta normativa no está vigente en nuestro país, sin embargo, sus preceptos se tendrán que incluirse de forma indirecta en nuestro ordenamiento marítimo en el corto o mediano plazo, toda vez que sus principios y normas son fundamentales para el desarrollo del transporte marítimo y para el establecimiento del respeto y dignidad que merece la gente de mar, el cual no podemos suprimir ni relegar por otros intereses o criterios jurídicos igualmente válidos. En este sentido, hemos expresado que el Estado venezolano debe buscar fórmulas para superar los límites de tipo normativo que en la actualidad se presentan.

Nos atrevemos a decir para concluir con este punto de gran importancia en los actuales momentos, que en los próximos meses estaremos forzados a solventar estos problemas con más voluntad y profundidad a la hora del análisis, por cuanto hemos percibido, que la salud de nuestros tripulantes ha sido un factor determinante en la no disrupción del transporte marítimo, logrando con méritos, alcanzar su condición o denominación de personal clave o esencial. Por eso, la OMI instó a

[27] Jesús Martínez. Director del Máster en Logística, Cadena de Suministros y Negocios Marítimos y Coordinador del Grado en Logística y Negocios Marítimos Tecnocampus de Mataró- Universitat Pompeu Fabra. "Tras Bastidores" Disponible https://diarioelcanal.com/*tras-bastidores*/22 de abril 2020. Tras Bastidores. Consultado 10 de junio de 2020.

trabajar y apoyar los cambios de tripulación y repatriaciones, estableciendo como fecha tope el 16 junio de este año.

Efectos del Covid-19 en la cadena logística del transporte y comercio internacional

Otro sector que ha registrado grandes desafíos en estos tiempos ha sido el personal de operativo o de logística y siguiendo en esta línea, Martínez afirma "*que tras bastidores, existe un ejército, menos conocido, o casi siempre ignorado, la logística que no ha parado, abasteciendo a todos los sectores básicos y esenciales: alimentación, médico, insumos varios, paquetería, e-commerce; puertos, aeropuertos, bajando, claro está, su rendimiento, pero prestando un servicio, de momento, insustituible, desde los estibadores, marinos, transportistas, amarradores, personal de los cuerpos de seguridad, reponedores, hasta toda esa gran industria indetenible que no espera aplausos, solo busca cumplir con su trabajo: entregar la mercancía necesaria y primordial, de forma segura en el menor tiempo y de ser posible al menor coste*".[28]

Para el especialista en logística, estos héroes merecen un homenaje como muchos otros que han trabajado incansablemente durante este evento de salud, y asegura que tras bastidores y sin siquiera esperar salir en las pequeñas letras de los créditos finales de esta película, se siguen transportando todo lo que necesitamos para subsistir.

Por lo tanto, con el objetivo de visualizar la situación marítima internacional, con responsabilidad y objetividad, debemos expresar que se requiere con urgencia establecer medidas, que, conforme a los lineamientos de la OMS, se puedan ejecutar, con la finalidad de garantizar la seguridad del comercio de mercadería por mar, el intercambio de bienes necesarios para la vida, es decir, que se logré la entrega de ellos, en los centros de distribución y consumo. Estableciendo, como prioritario, garantizar la salud de la gente de mar y de todo el personal que labora en esta cadena o en todo este proceso logístico comercial.

El COVID -19 ha generado situaciones adversas y muy peligrosas para la continuidad de la vida, pero también nos ha llevado a reconocer

[28] Ibid.

la importancia del transporte marítimo para resiliencia del mundo. Así lo establece la declaración conjunta de la OMI y la UNCTAD que confirma la necesidad de mantener los buques en movimiento, los puertos abiertos y el flujo de comercio transfronterizo, donde se incluye otro aspecto fundamental, la rotación de las tripulaciones.

Efectos del Covid-19 en la operatividad de los puertos y el sector naviero en general:

Con relación a los puertos podemos afirmar parafraseando a Sabatino Pizzolante que "*el COVID-19, al igual que en muchos otros sectores, ha tenido repercusiones sobre los puertos en términos operativos y económicos, pues accesorios como lo son al transporte marítimo corren su misma suerte. Y es que, ciertamente, son tiempos complicados para el mercado global, toda vez que refiere una caída del comercio mundial para el segundo trimestre del 27%, una caída en las exportaciones globales de casi un 5.4%, baja en las exportaciones de Asia a USA y Europa, aunque las exportaciones a Asia se mantienen*".[29]

En cuanto, al sector naviero señala el especialista, que "*la situación no es mejor, ya que los hechos registran que algunas líneas navieras han reportado caídas en los volúmenes del 25% en el segundo trimestre. Igualmente, los volúmenes globales en el mercado de contenedores experimentan una baja de 8-10%, aumentan las cancelaciones de viajes (calls), también denominadas blank sailings. El 20% de la capacidad de las líneas de contenedores está inactiva, al punto que recientemente la prensa especializada reportó un número récord superior a 500 buques sin operaciones y para completar el escenario descrito, se habla que en la actualidad entre 2,5 y 3 millones de TEUs que están ociosos*".[30]

El especialista en puertos, asimismo, enfatiza que "*el impacto del COVID- 19 pareciera estar representado en: a) Una reducción en los toques de buques por cancelación de viajes; b) En algunos casos, la disminución en los volúmenes de mercancías manejadas o almacenadas; c) Incremento en las mercancías no retiradas del puerto o sencillamente abandonadas; y d) Reclamos por cierres de operaciones o*

[29] José Alfredo Sabatino Pizzolante, "*Los Puertos frente al Covid-19*". Artículo publicado en la página web de la AVDM.

[30] Ibid.

retardos en la ejecución. Y además concluye, que el COVID-19, como tantas otras calamidades que ha vivido la humanidad, pasará. No hay certeza del alcance de sus efectos en el negocio naviero-portuario, pero resulta claro que al margen de las bajas que dejará, se avecinan tiempos diferentes que habrán de ser estudiados y analizados detenidamente para diseñar las estrategias de supervivencia". [31]

Sabatino con la idea de confirmar lo manifestado, cita a Rolf Habben Jansen, CEO de Hapag Lloyd, quien señala que: "*La pandemia del coronavirus está exponiendo actualmente las debilidades latentes de las cadenas de suministro internacionales que dependen de un solo proveedor para artículos de necesidad crucial, como medicamentos y equipo de protección. Esto ha impulsado a muchos países a empezar a pensar en formas de asegurar su 'autonomía estratégica', lo que puede cambiar la naturaleza de la globalización... () ... si la globalización se transforma profundamente, también se puede suponer que esto tendrá importantes repercusiones en nuestra industria, como la reducción de las empresas de larga distancia, los volúmenes más reducidos y posiblemente la reducción de las navieras*".[32]

Volviendo a la generalidad tomando en cuenta que no tenemos tiempo para abordar todos los puntos reseñados con detenimiento, debemos afirmar para completar de forma sumaria el panorama actual, que la OMI y UNCTAD, han solicitado a los gobiernos realizar sus mejores esfuerzos en la búsqueda de eliminar los obstáculos reglamentarios innecesarios a la recuperación postpandemia, facilitando el transporte marítimo en estos tiempos de crisis. Y dentro de las directrices y recomendaciones se aboga por concretar esfuerzos para facilitar los medios electrónicos para las interacciones de la interfase buque -tierra. Igualmente, dentro de las medidas que se fijan a largo plazo está la inversión en digitalización, así como, avanzar en los esfuerzos para mejorar la eficiencia energética de los buques y reducir las emisiones de gas de efecto invernadero (GEI) del transporte marítimo. Todo esto nos lleva necesariamente a plantearnos nuestra segunda interrogante.

---

[31] Ibid.

[32] Ibid.

Hacia dónde vamos

Negrete (2020) afirmaba, "*que a todos nos llegó una transformación digital acelerada y sin anestesia, asimismo consideraba, que esta transformación está llegando tan imperceptible como visceral tan sigilosa como impertinente, tan indispensable como vital. Esta inmersión digital llegó a toda la sociedad y con sorpresa está masificando con furia algunas marcas, productos y servicios, unos locales y otros globales.*" Según el Presidente de Digital Policy & Law Group DPL, "*en plena pandemia las redes de telecomunicaciones han soportado la demanda de servicios y un tsunami de tráfico de datos*". Y apunta, que "*las empresas que no se digitalicen van a desaparecer o padecer el nuevo sistema de competencia*". Para el especialista, está muy claro que "un paradigma se ha comprobado, es tiempo de evolucionar. Las Sociedades deberán comprender que el determinismo histórico existe y el cisne negro volcó su mirada de juego en un factor de transformación".[33]

Partiendo de esta premisa vamos a analizar el escenario futuro o el horizonte hacia donde nos dirigimos y para ello vamos a comenzar con Martínez quien señalaba "*que la pandemia nos había modificado de forma radical, nuestra forma de vida, hasta el punto que nuestras arraigadas costumbres han tenido que ponerse en pausa para dar inicio, a una apresurada nueva forma de domesticación, donde las mascarillas, los guantes, geles desinfectantes, etc., han pasado a formar parte de nuestras nuevas rutinas*".[34]

Siguiendo esta línea de pensamientos debemos afirmar de nuevo que, "*nunca creímos que una pandemia como el COVID -19, con la que iniciamos este 2020, nos hiciera retomar temas y artículos realizados y nos llevará inexorablemente a la posibilidad de una reformulación consciente de todos los sistemas, estructuras y condiciones que cono-*

---

[33] Jorge Francisco Negrete. "El antídoto frente al veneno lento de la incertidumbre... es el Factor Digital" Disponible en @fernegretep Presidente de Digital Policy & Law Group DPL. Consultado el 8 de junio de 2020.

[34] Jesús Martínez. Director del Máster en Logística, Cadena de Suministros y Negocios Marítimos y Coordinador del Grado en Logística y Negocios Marítimos Tecnocampus de Mataró- Universitat Pompeu Fabra. "*Tras Bastidores*" Disponible en: https://diarioelcanal.com/tras-bastidores/22 de abril 2020. Consultado el 10 de junio de 2020.

cemos en la actualidad. Esto con la necesidad imperiosa de dominar con la inmediatez que se requiere a los riesgos emergentes que estamos experimentando. Hemos quedado sumergidos bajo las profundas aguas por este hecho de salud con alcance mundial y, por supuesto, a la suerte de lo inimaginable".[35]

Hace algunos días atrás expresaba: "*Como una montaña rusa, hemos quedado girando sin control ante el abismo que se cierne en esta estructura desconocida, que nos enfrenta a rieles de intersección variable y que podrían ser la causa para sucumbir en el intento. Nunca antes fue más cierto decir que los riesgos son un hecho futuro e incierto. Por eso, en estos últimos días, hemos dado lectura a noticias que nos conmueven profundamente, porque nos han obligado a aceptar que la revolución tecnología, pareciera ser una de las soluciones para seguir navegando en razón de los objetivos; más aún, la garantía para permanecer en este planeta toda vez que esta se instaura como la clave para superar este nuevo desafío*". [36]

Y con esta certeza podemos afirmar que: "*Estamos seguros de que muchos han consentido la posibilidad o existencia de los buque autónomos o parcialmente autónomos, sistemas de moneda global basadas en el blockchain, puertos automatizados, maletas inteligentes con chip para localización, automóviles y autopistas eléctricas, servicio de piloto o practicaje de forma remota, impresiones 3D, en fin, un progreso que nos conecta a un universo de comunicación y sistemas de control sorprendentes*".[37]

Esto en algún momento nos hizo concluir: "*En la actualidad nos hemos reencontrado con teorías como el vigía humano, que pretende cambiar drásticamente el diseño de los buques dentro de la industria naval, dejando atrás la idea estructural (de ingeniería y arquitectura) que tenemos en nuestra contemporaneidad, siendo su fundamento la reducción de costos y el ahorro de tiempo en su construcción. Imaginemos, además, un nuevo factor que se agrega a su imperiosa existencia;*

---

[35] María Grazia Blanco. "*EL COVID -19 y los cambios de paradigma en la industria marítima*". Publicado el 4 de junio de 2020. Disponible en: https://www.eldial.com/nuevo/suplemaritimo.asp.

[36] Ibid.

[37] Ibid.

el escenario actual (una pandemia que tiene paralizado al mundo y que ha puesto a tambalear el comercio marítimo mundial), convirtiendo esta situación, en la más propicia para acelerar los cambios". [38]

Creemos que, en la actualidad, el recurso humano es la clave del desarrollo sustentable del planeta tal como lo conocemos, pero, esta enfermedad sin precedente en nuestro siglo, nos ha colocado al borde del abismo por cuanto las cifras nos revelan que, el COVID- 19, ha cobrado más de 400 mil vidas a su paso y ha logrado impactar a más de 200 países. En este punto, cobra valor la tesis expuesta que señala que un buque con sensores o vigía electrónico no requeriría de presencia física, es decir, todo se desarrollaría a través de un "*data link*" y una estación de control en tierra donde se podrá monitorear y ejecutar el control remoto del buque. Esto nos permite afirmar, que la existencia de un buque sin tripulación o parcialmente tripulado y con una tecnología adecuada para interpretar las múltiples situaciones de un buque, podría tener presencia en nuestro pensamiento. Es decir, nos hemos planteado como cierto los buques autónomos o la navegación autónoma, mediante la automatización parcial o total avanzada.[39]

Definitivamente, nos hemos enfrentado con la presencia del *"Situational Awareness"* o, lo que es lo mismo, la conciencia de la situación, que tienen gran relevancia cuando nos referimos a la navegación autónoma, por cuanto, a partir de un sistema electrónico, se logra la toma de decisiones evitando así, los riesgos de mar como colisión, abordaje, encalladura, entre otros. Y todo esto sin la tradicional figura del oficial de marina mercante. La OMI (Organización Marítima Internacional), en el 2017, aprobó y reconoció la incorporación de las nuevas tecnologías y, en este sentido, está trabajando para conquistar un marco regulatorio. Esto ha sido un gran paso hacia el futuro. Los Buques "MASS" (*Marine Autonomous Surface Ship*) surcarán nuestros

[38] María Grazia Blanco. | "*EL COVID -19 y los cambios de paradigma en la industria marítima*". Publicado el 4 de junio de 2020. Disponible en: https://www.eldial.com/nuevo/suple-maritimo.asp.

[39] María Grazia Blanco. | "*EL COVID -19 y los cambios de paradigma en la industria marítima*". Publicado el 4 de junio de 2020. Disponible en: https://www.eldial.com/nuevo/suple-maritimo.asp.

mares y la realidad los está llamando a cumplir un papel sin precedente alguno dado la complejidad de los tiempos que estamos viviendo.[40]

Los cambios de paradigmas en la industria naval empezarán a registrar nuevos lineamientos, que requerirán de una regulación adecuada para efectivamente establecer los criterios que determinarán la navegabilidad de los nuevos buques autónomos, no tripulados o electrónicos.

Para Martínez, "*en los últimos tiempos, se han desarrollado una gran cantidad de avances tecnológicos, propios de un entorno cada vez más cambiante, la industria 4.0, como nueva revolución histórica, nos lleva a afrontar nuevos paradigmas desde el punto de vista funcional. Robots que mueven almacenes enteros, sofisticados algoritmos que toman decisiones basados en el machine learning, haciendo que el big data, que hace unos años no sabíamos cómo manejar, sea cada vez más fácil gestionar y con cuyo análisis se aportan soluciones reales, partiendo de un principio básico del conocimiento, siempre en la búsqueda de la optimización y eficiencia esperada*".[41].

Con certeza, podemos afirmar aludiendo a Martínez, que "*estamos en una era de drones, coches, camiones, buques y aviones completamente autónomos y no hipotéticamente, estos especímenes existen ya en el mercado, esperando que las regulaciones se adapten a las nuevas formas de mover personas y cosas; incluso dispositivos electrónicos de trazabilidad automática donde el cliente firma cuando recibe el producto y transmite el cambio de estatus en tiempo real. Efectivamente, estamos ante las soluciones de ingeniería que probablemente ni imaginamos en este momento*".[42]

Para Simon Heany "*el coronavirus COVID-19 ha tenido un impacto sobre todas las cosas como ningún otro evento en la historia. La industria de transporte de contenedores no ha sido la excepción y adaptarse a las nuevas circunstancias ha tomado un significado completamente nuevo de cara a una pandemia viral que es tan impredecible como sin precedentes. Esta es una situación extremadamente dinámica*

---

40 Ibidem.

41 Jesús Martínez, "*El factor humano de la última milla*". Disponible en: https://diarioelcanal.com/el-factor-humano-de-la-ultima-milla/ El factor humano de la última milla, 29 de julio de 2019, Consultado 10 de junio de 2020.

42 Ibid.

que nos ha sorprendido con la guardia baja (...) las condiciones para el comercio internacional y la cadena logística continuarán cambiando a medida que el virus lo haga".[43]

Heany nos recuerda que, "*a finales de 2019, el pronóstico de Drewry para 2020 era de crecimiento portuario moderado de 3%. Efectivamente, no era excelente, pero había una continuación a la tendencia de crecimiento lento experimentada en los últimos años. A mediados de marzo, las predicciones aún proyectaban crecimiento, tal vez no advirtiendo por completo la devastación que llegaría en tan corto plazo -y las consecuencias que todavía falta por dimensionar. "Todos los desafíos que se presentaban a principios de año se volvieron absolutamente irrelevantes de cara al nuevo contexto", dice refiriéndose a temas como el binomio sobre oferta-baja demanda, IMO 2020, entre otros*".[44]

En este interesante artículo se nos invita a considerar la supervivencia del más apto, en definitiva, las navieras buscarán de forma prioritaria sobrevivir, por lo tanto, se enfocarán en mantenerse con vida a través de la crisis ahorrando costos. El editor de Drewry destaca que "*los armadores están viendo dividendos de sus esfuerzos, pero los dueños de la carga están recibiendo un estándar de servicio menor debido a viajes cancelados, o carga detenida en tránsito, o están teniendo dificultades para encontrar el equipamiento necesario porque la cadena logística está operando en un estado tan atípico. Todos están enfrentados a presiones similares para mantenerse a flote y nadie sabe cómo van a ser sus volúmenes, pero quieren asegurar que el transporte no será impedimento para el flujo natural del comercio de carga".*[45]

Y en este sentido, concluye que "*todas las rutas comerciales van a sufrir, pero las regiones más conectadas a economías avanzadas sentirán más fuerte el golpe*". Para él, todos los países se verán afectados y seguirán la suerte del virus. Además, señala que hay que ver el lado

[43] Mundo Marítimo. 1 de mayo de 2020 "*La industria se moverá como lo haga el virus*". Entrevista exclusiva con Simón Heany, editor de Drewry Container Forecaster. Disponible en: https://www.mundomaritimo.cl/noticias/ldquola-industria-se-movera-como-lo-haga-el-virusrdquo. Consultado en 25 de junio de 2020.

[44] Ibid.

[45] Ibid.

positivo de esta situación tan oscura, por lo que tendríamos que registrar, igualmente, la caída de los precios del combustible que han ayudado en gran medida, a mantener las cosas interesantes en un mercado convulsionado. Tomando en cuenta que el 2020 se mostraba con ciertos riesgos. Efectivamente, las navieras no estaban seguras de que hubiera suficiente capacidad para el combustible y, por ende, habían evaluado los efectos de ello sobre los precios. Sin embargo, el precio del combustible bajo en sulfuros ha caído tan drásticamente ya que no es un problema, toda vez que ha sido desplazado por otras prioridades.[46]

Otra buena noticia es que "*las tarifas de flete se han mantenido notablemente bien, siguiendo la tendencia de cada año, es decir, ha subido 10% interanual. Esto se debe en parte a los programas de cancelaciones y, por supuesto, por la caída en los precios de combustibles*".

Según Heany "*las tarifas comenzarán a bajar a medida que lo hagan los precios de combustibles debido a un menor cargo búnker. Y afirmó, "esperamos que esto suceda pronto, pero depende de cómo respondan las navieras*".

Con relación al bajo precio del combustible, se advierte que esto ha ayudado a las navieras en su recuperación del costo de combustible. Si, normalmente con bajo precios regulares, los armadores recuperan un 15% de su costo de combustible, ahora están recuperando más, por lo tanto, la disminución tan dramáticamente es un punto a favor.

En cuanto a los astilleros, podríamos poner como ejemplo a los españoles, afirmando que existe una apuesta firme y decidida por la aplicación de la innovación y las nuevas tecnológicas, esto confirma que se tiene una hoja de ruta establecida por los constructores navales de España, con el objetivo fundamental de coordinar, integrar y unificar la política europea frente a la competencia internacional en general y asiática en particular. Efectivamente, buscando la competitividad. Y este escenario no será muy distinto en los asiáticos.

Podemos decir que la industria 4.0, la computación en la nube, el *big data*, la robotización o la inteligencia artificial serán disciplinas clave para generar nuevos modelos de negocio que sienten las bases de

---

[46] Ibid.

los astilleros del futuro. Más tecnología y mejor utilizada para reparar, transformar y construir buques y artefactos inteligentes, energéticamente eficientes, conectados y no contaminantes.[47]

El Plan Estratégico establecido, se estructura en torno al cumplimiento de tres misiones principales: -Conseguir un transporte marítimo limpio y seguro; -potenciar la competitividad y el crecimiento sostenible del sector de Construcción Naval; y -contribuir a la consolidación y crecimiento de la Economía Azul para potenciar nuevos modelos de negocio que constituyan las líneas maestras.[48] La introducción de nuevas tecnologías tendrá efectos sobre el empleo y la fuerza laboral, según la etapa de desarrollo de los países y sus ventajas comparativas.[49]

Los cambios en el corto mediano y largo plazo "*han llevado a las empresas a priorizar en opciones más sostenibles, como el uso de buques que combustionan Gas Natural Licuado (GNL)*". Y para confirmar la frase, podemos señalar que "en enero de 2020 entró en vigor la normativa de la Organización Marítima Internacional (IMO) 2020, donde se exige a los buques emplear combustible con un contenido máximo de azufre del 0,5% para reducir las emisiones de óxido de azufre, permitiendo, que el GNL se haya convertido en la fórmula perfecta, basta con observar el aumento de su consumo en los últimos 20 años, el cual ascendió a casi 3.800 millones de metros cúbicos en todo el mundo"[50].

Se ha expresado que el sector del transporte marítimo representa aproximadamente el 3% de todas las emisiones mundiales y el 34% de todos los vertidos al mar, en este sentido, la plataforma online para logística de contenedores destaca la importancia de iniciar estudios sobre

---

47 Revista Sector Marítimo Ingeniería Naval, "*La Industria Marítima apuesta por la Innovación y las Nuevas tecnologías para ser competitivas frente a la pujanza del mercado asiático*". 26 de marzo de 2019. Disponible en https://sectormaritimo.es/la-industria-maritima-apuesta-por-la-innovacion-y-las-nuevas-tecnologias. Consultado 25 de junio de 2020.

48 Ibid.

49 Randstad. "*La Tecnología, motor de cambio en el futuro laboral del sector marítimo*". Disponible en https://www.randstad.es/tendencias360/el-futuro-del-transporte-maritimo/. Consultado el 25 de junio de 2020-

50 Mundo Marítimo (5 mayo 2020) "*GNL en el transporte marítimo y sus desventajas para el medio ambiente*". Disponible en https://www.mundomaritimo.cl/noticias/change-las-desventajas-para-el-medioambiente-del-uso-de-gnl-en-el-transporte-maritimo. Consultado el 20 de junio de 2020.

qué tan efectivo podría ser el cambio a GNL para mitigar el daño al medio ambiente. [51]

Por otro lado, se hace pertinente reseñar que en la celebración de los 25 años de Maersk, Francisco Ulloa señalaba: "*Enfrentamos la segunda ola de revolución en el comercio internacional, viene el estándar digital y las revoluciones digitales avanzan mucho más rápido que las físicas*". Específicamente, Ulloa augura un gran cambio en los próximos tres años, el cual ha exigido a la naviera a incorporar una amplia gama de tecnologías.

Por su parte, la ministra de Transportes y Telecomunicaciones de Chile[52], Gloria Hutt, abordó el aumento de los volúmenes y la integración de tareas en la cadena logística. Afirmando: "*Este cambio de escala implica desafíos muy grandes en términos de infraestructura y conectividad exterior. Las personas que trabajan en el mundo marítimo son cada vez más especializadas. Y en este sentido, aseguro que se impone una reconversión laboral*".

En esta oportunidad, se valoró el avance de la automatización y las aplicaciones de realidad virtual incorporadas a los buques, la inteligencia artificial, el seguimiento de los procesos y los sensores que regulan la temperatura de un contenedor en forma remota. Y dentro de las conclusiones que podemos reportar están: La integración de las soluciones logísticas aceptando que los servicio tiene que fluir. Y aquí se confirma la tesis de que el mayor valor de un puerto no va a estar determinado por su capacidad de operación sino por la capacidad de conectividad interior.

"Tomando en cuenta la eficiencia y agilidad de las operaciones encontraremos que estas pueden afectar fuertemente los resultados y ser esto un condicionante para la calidad de la entrega. Por este motivo, las agendas gubernamentales estarán enfocadas en seguir avanzando en expansión portuaria; en tener capacidad suficiente; en alcanzar

[51] UNCTAD, (2018) Informe sobre transporte marítimo 2018. Disponible en https://unctad.org/es/PublicationsLibrary/rmt2018_es.pdf. Consultado 20 de junio de 2020.

[52] Mundo Marítimo (4 de diciembre, 2018). "*Maersk celebra 25 años en Chile con foco en la revolución tecnológica de la industria marítima*". Disponible en https://www.mundomaritimo.cl/noticias/maersk-celebra-25-anos-en-chile-con-foco-en-la-revolucion-tecnologica-de-la-industria-maritima. Consultado 20 de marzo de 2020.

una planificación integrada del borde costero y las cadenas al interior; y en conquistar la liberación el cabotaje"[53].

Durante nuestra investigación hemos leído el documento técnico "*Coronavirus, cambio climático y shipping inteligente: tres escenarios marítimos 2020-2050*", de Martin Stopford, presidente de Clarkson Research, en él se desarrollan varios escenarios de la pandemia y de la revolución técnica que merece ser desarrollado en este trabajo. El texto propone tres olas de desarrollo técnico, junto con la huella de carbono de cada uno de estos escenarios, en el contexto de tres posibles realidades navieras:

Stopford, comienza hablando de los sistemas de propulsión que actualmente tienen las flotas de carga marítima y el alcance de los cambios necesarios para alcanzar los casi 900 millones de toneladas de reducción de carbono para cumplir con la meta de 450 millones de toneladas de emisiones al 2050. Él considera que " *la inversión se proyectará en los sistemas de propulsión de las naves para la próxima década y advierte que el 99% de la flota de carga mundial sobre las 5.000 toneladas (GT) utiliza combustibles fósiles para su propulsión. De estos, el 78% son motores diésel de dos tiempos; 17% son motores diésel de 4 tiempos; 4% diésel eléctrico y apenas 1% turbina a vapor. En este sentido, para los inversionistas el problema se centra en que los sistemas de propulsión cero-carbono aún no están disponibles para los buques de carga comercial, y las alternativas propuestas de celdas de energía no estarán disponibles sino hasta la década de 2030 o incluso más adelante, serán costosos y estarán en alta demanda para el transporte en terreno. Esto lo lleva a concluir que para llegar a la meta del desafío de reducción de carbono se requerirá de un acercamiento "en fase", en donde la innovación en el diseño se introduce en tres olas de tecnología en el período 2020-2050*".

La primera ola "*debe inevitablemente incluir la producción de motores diésel*". Y en este sentido, se señala que: "*Los motores a diésel son altamente eficientes y mientras no haya una alternativa cero-carbono viable, la opción más efectiva es continuar invirtiendo en los motores diésel, mientras se utiliza la tecnología digital I4 para mejorar el*

[53] Ibid.

desempeño de toda la plataforma a bordo, incluyendo la reingeniería de los sistemas funcionales". Pero además afirma que otro desafío será convencer a los inversionistas que aún podrán continuar comercializando naves diésel durante suficiente tiempo para depreciarlas. "*Si estos problemas pueden solventarse, entonces este período de desarrollo no sería una pérdida de tiempo sino una inversión en crear el marco técnico para avanzar hacia la segunda ola que involucra el desarrollo de sistemas de propulsión híbridos con gas y, finalmente, la tercera ola que probablemente involucrará naves completamente eléctricas con células de energía y baterías*".[54]

En la segunda ola tecnológica, el especialista incluye a las naves propulsadas por gas y sistemas híbridos, la cual empezaría a principios de la década de 2020 y continuaría hacia el final del período. Los precios serán fundamentales a la hora de determinar cómo se desarrolla esta ola. Y nos explica que: "*Las embarcaciones híbridas utilizando baterías representan un importante terreno de pruebas para desarrollar diseños que, a pesar de su sofisticación técnica, son económicamente accesibles, confiables y comercialmente lo suficientemente robustos para ser exitosos en las áreas granel y contenedores*". Advirtiendo, que "*inicialmente, son propensos a ser más costosos que las naves convencionales, y los ahorros en emisiones de carbono, que serían de alrededor del 20 al 30%, necesitarían atraer tarifas time charter lo suficientemente altas como para compensar*".[55]

Cuando se refiere a la tercera ola, considera que "*los sistemas de propulsión cero-carbono, los cuales están actualmente apenas en estado de diseño, con claros problemas de escalabilidad. La primera generación de sistemas de propulsión con células de energía y baterías podría estar disponible durante la primera mitad de la década del 2020. Desarrollar una red búnker sería otro problema, ya que las exigencias de seguridad para tales commodities implican un alto costo*". Finalmente, agrega que: "*los sistemas de propulsión y búnkeres probablemente serán más costosos que los hidrocarburos. Al 2050 toda la flota diésel estaría fuera del mercado, pero bajo el escenario 2 esto*

[54] Ibid.
[55] Ibid.

se habría logrado de manera ordenada que permitiría a los inversionistas depreciar sus naves en un lapso normal de vida útil, ya que no habría nuevas entregas diésel después de 2030. Lo que sí habría sería una flota de naves híbridas y gas operando".[56]

Y para concluir con su interesante análisis, Stopford, nos habla de la huella de carbono, y destaca, que a "*la intensidad de actividad comercial que propone cada escenario, los más activos producen más emisiones de carbono"*. Y lo ejemplifica de esta manera*: -el escenario de crecimiento en línea que asume un crecimiento de 3,2% y 14 nudos de velocidad de operación produciría 771 millones de toneladas en 2050, "muy por encima del tope de 450 millones de toneladas que propone la OMI". Pero los otros dos escenarios lo hacen mucho mejor. El segundo reduciría las emisiones de carbono a 324 millones de toneladas al 2050, mientras que el tercero produciría apenas 184 millones de toneladas de emisiones de carbono hacia mediados de siglo*".[57]

Una vez que hemos desarrollado de forma muy general cual pudiera ser nuestro horizonte de manos de algunos especialistas, vamos a revisar la visión de algunas organizaciones internacional con la finalidad de confirmar algunas visiones antes reseñadas, tratando de demostrar que no son extravagancias o ficciones.

UNCTAD y nuevas tecnologías

Revisando el trabajo de la UNCTAD con relación a las nuevas tecnologías debemos prestar atención al informe del año 2018 sobre transporte marítimo, donde se analiza la revolución de ellas y la digitalización en este medio de transporte. Este organismo considera que las nuevas tecnologías transformarán el transporte marítimo. Y señala que, los avances tecnológicos como la inteligencia artificial, el Internet de las cosas, la tecnología *blockchain*, los buques autónomos o los vehículos aéreos no tripulados podrían mejorar la eficiencia de la industria

[56] Ibid.

[57] Mundo Marítimo (04 de mayo de 2020). "*Revolución tecnológica y como el coronavirus cambia el campo de juego. Tres olas de desarrollo técnico y la huella de carbono en medio de la pandemia"*. Disponible en: https://www.mundomaritimo.cl/noticias/revolucion-tecnologica-y-como-el-coronavirus-cambia-el-campo-de-juego. Consultado el 20 de junio de 2020.

mundial del transporte marítimo. Los datos que figuran en el informe son concluyentes al sentenciar que, dado que el crecimiento de la demanda de servicios de comercio marítimo supera a la oferta, las nuevas tecnologías podrían contribuir a la tan necesaria mejora de su eficiencia en términos de costos, tiempos y respeto al medio ambiente.

Mukhisa Kituyi, Secretario General de la UNCTAD, expresó en esa oportunidad que, "*La brisa de la digitalización puede henchir las velas del comercio marítimo mundial, si se aprovecha de manera eficaz*".[58] En este documento explica que muchas de las iniciativas y los acuerdos de colaboración actuales en el ámbito de la tecnología *blockchain* pueden utilizarse para realizar un seguimiento de la carga y proporcionar visibilidad a todos los eslabones de la cadena de suministro. Esta tecnología también puede utilizarse para el registro de información sobre los buques, particularmente sobre los riesgos y contingencias globales, para integrar contratos inteligentes y pólizas de seguro marítimas, y la digitalización y automatización de la presentación de documentos en formato físico.[59]

Shamika N. Sirimanne, Directora de la División de Tecnología y Logística de la UNCTAD declaró, "*cada vez más, los buques y las mercaderías que se transportan están integrados en el Internet de las cosas mediante la combinación de los sistemas de a bordo y las plataformas digitales. Los países en desarrollo han de procurar que sus sistemas de tecnología de la información (TI) y de transporte estén preparados para conectarse con las redes mundiales de logística*".[60]

Gran cantidad de los avances en nuevas tecnologías tienen aplicaciones en puertos y terminales portuarias, permitiendo a los interesados de estos sectores la innovación y generación de valor adicional gracias a una mayor eficiencia, productividad, seguridad y protección del medio ambiente. Como un ejemplo de esto, la digitalización permite una mejora en la disponibilidad de datos para el seguimiento y la medición del rendimiento de puertos y terminales, a fin de optimizar la

---

58 RMF. "Nuevas Tecnologías transformaran el transporte marítimo". Disponible en: http://rm-forwarding.com/2018/10/14/nuevas-tecnologias-transformaran-el-transporte-maritimo/ Consultado el 22 de junio de 2020.

59 Ibid.

60 Ibid.de 2020.

adopción de decisiones y la planificación. También permite ganar eficiencia, seguridad, productividad y lograr un mayor desempeño ambiental de estas instalaciones.[61]

De acuerdo a este informe los puertos y las terminales de todo el mundo deben reevaluar su papel en la logística marítima mundial y prepararse para incorporar y aprovechar eficazmente las innovaciones y las nuevas tecnologías basadas en la digitalización. Sin embargo, un desafío clave será asegurar la interoperabilidad, a fin de que los datos puedan intercambiarse de manera fluida y al mismo tiempo se ofrezcan garantías en materia de ciberseguridad y protección de datos comerciales sensibles y datos privados, en particular en vista del reciente Reglamento General de Protección de Datos de la Unión Europea.[62]

Dentro del informe encontramos un aparte referido a los buques autónomos, además de los temores relativos a la seguridad y la ciberseguridad, que también inquieta el futuro de los empleos de la gente de mar, que en su mayoría proceden de países en desarrollo. Asimismo, se ha expresado con gran vehemencia que, si no se logra reducir las emisiones contaminantes de la industria marítima, nos dirigimos a un "desastre medioambiental".

Según la edición de 2018 del Informe sobre el transporte marítimo de la UNCTAD, los avances tecnológicos como la inteligencia artificial, el Internet de las cosas, la tecnología de cadenas de bloques, los buques autónomos o los vehículos aéreos no tripulados (drones) podrían mejorar la eficiencia de la industria mundial del transporte marítimo.[63] Igualmente se establece que las nuevas tecnologías podrían contribuir a la tan necesaria mejora de su eficiencia en términos de costos, tiempos y respeto al medio ambiente.[64]

Para la UNCTAD, muchas de las iniciativas y los acuerdos de colaboración actuales en el ámbito de la tecnología de cadenas de bloques pueden utilizarse para realizar un seguimiento de la carga y propor-

---

61 Ibid.

62 Ibid.

63 Conferencia de las Naciones Unidas sobre Comercio y Desarrollo. UNCTAD, página oficial. Disponible en https://unctad.org/es/Paginas/PressRelease.aspx?OriginalVersionID=472. Consultada el 20 de marzo de 2020.

64 Ibid.

cionar visibilidad a todos los eslabones de la cadena de suministro. La tecnología también puede utilizarse para registrar información acerca de los buques - en particular sobre los riesgos y contingencias globales -, integrar contratos inteligentes y pólizas de seguro marítimas, y digitalizar y automatizar la presentación de documentos en formato físico.[65]

OMI y nuevas tecnologías

Con respecto a las nuevas tecnologías y los desafíos que se presentan, la Organización Marítima Internacional (OMI), a través de su portavoz, Lee Adamson, destacó en una entrevista con Noticias ONU que los actuales niveles de emisiones del transporte por mar son "inaceptables".[66] Asimismo, añadió que la industria necesita una "*nueva revolución de sus sistemas de propulsión*" para eliminar completamente del sector esas emisiones altamente contaminantes. Las emisiones de gases de efecto invernadero producidas por el sector naviero son significativas y, según el Banco Mundial, no ha seguido el ejemplo de otros medios de transporte en lo que se refiere a la lucha contra el cambio climático. El Banco Mundial calcula que solamente un gran buque de transporte marítimo produce tanto azufre como 50 millones de automóviles.[67] El conjunto de la industria naval es responsable de aproximadamente el 2,2% de todas las emisiones mundiales de gases contaminantes con unos 800 millones de toneladas al año.[68] En la actualidad, la ONU lidera una serie de proyectos destinados a reducir significativamente las emisiones y, en última instancia, a eliminarlas por completo.[69]

Según la Organización, el transporte marítimo debe formar parte esencial de la estrategia de las Naciones Unidas sobre desarrollo sostenible, ya que tiene el potencial de transportar más del 80% del comercio mundial de un modo seguro, energéticamente eficiente y a bajo coste.[70]

---

65 Ibid.

66 Noticias ONU. "*La industria marítima, entre la innovación ecológica o el naufragio contaminante*". Publicado en 3 de nov. 2019. Disponible en: https://news.un.org/es/story/2019/11/1464831. Consultado 22 de junio de 2020.

67 Ibid.

68 Ibid.

69 Ibid.

70 Ibid.

En los últimos tiempos en diferentes foros internacionales, ha quedado muy claro que se debe avanzar hacia la sostenibilidad ambiental, e igualmente se ha estado analizando el gran impacto que han supuesto para el transporte marítimo el cambio climático y la disrupción tecnológica durante la última década. Dentro del desarrollo de la temática de estos encuentros, se han revisado igualmente los Buques sin emisiones, por lo que algunas empresas solicitaron es desbloqueó financiero o remoción obstáculos para construir buques con emisiones libres de carbono.

Durante cientos de años, el envío de mercancías por mar fue uno de los métodos más importantes para conectar al mundo y, aún hoy, es crucial para el comercio internacional y en la conexión de naciones y comunidades. Además, es muy probable que su destacado rol no pare de aumentar, junto con un importante aumento del comercio mundial y del transporte marítimo.[71]

Ha quedado definido que la Organización Marítima Internacional ayuda a convertir esta idea en realidad y que se necesita construir buques sin emisiones de carbono.[72] En el 2018, los Estados miembros de la OMI adoptaron una estrategia preliminar para reducir las emisiones de gases de efecto invernadero del transporte marítimo y eliminarlas por completo lo antes posible. Hay un claro vínculo con el Acuerdo de París sobre el cambio climático, y unas claras y ambiciosas metas, entre las que se incluye una reducción de al menos el 50% en las emisiones del sector para 2050, en comparación con 2008".[73] Los objetivos de reducción acordados suponen una ruta concreta hacia la descarbonización del transporte marítimo y que, por lo tanto, las embarcaciones de emisiones neutras "deberían construirse mucho antes del año 2050, con suerte para 2030".[74]

OMI espera que la estrategia impulse una nueva revolución de los sistemas de propulsión. En el seno de este organismo, se ha planteado como viable la propuesta de construir buques sin emisiones de carbono,

71 Ibid.
72 Ibid.
73 Ibid.
74 Ibid.

que sean más atractivos desde un punto de vista comercial y orientar las inversiones a la utilización de tecnologías innovadoras sostenibles y hacia carburantes alternativos bajos y sin emisiones de carbono. Y en este sentido, se afirma, que la industria está explorando actualmente una serie de opciones interesantes que siguen las estrategias de emisiones recomendadas por OMI. Incluyéndose, los transbordadores eléctricos e híbridos, los buques que usan biocombustibles o células de combustible de hidrógeno aún en fase de prueba y la propulsión asistida por el viento.[75]

Para comprobar el trabajo que se está realizando, podríamos citar a la compañía noruega de transbordadores Color Line, quien está construyendo el buque híbrido eléctrico más grande del mundo, que transportará 2000 pasajeros y 500 coches entre las ciudades de Strømstad, en Suecia, y la de Sandefjord, en Noruega.[76]

O la empresa noruega Brødrene Aa, quien es constructora de transbordadores de fibra de carbono altamente eficientes, que, pudieran reducir el consumo de combustible hasta un 40% en comparación con los buques tradicionales.[77] Esta compañía ha desarrollado un prototipo que funciona completamente con baterías e hidrógeno, anticipándose a los futuros transbordadores donde las emisiones neutras sean la norma.

Después de tantos estudios, se ha comprobado que, a pesar de su rentabilidad, el transporte marítimo contamina y hay que mitigarlo de algún modo. Pero para agilizar el avance en la reducción de las emisiones contaminantes, la OMI participa actualmente en varios e importantes proyectos mundiales, junto con los Estados y el sector del transporte marítimo, entre ellos:- La Global Industry Alliance to Support Low Carbon Shipping (GloMEEP),- la Red Mundial de Tecnología Marítima que agrupa a los centros de tecnología marítima, que trabajan en métodos para mejorar la eficiencia energética en el sector, -asimismo trabaja con el Gobierno de Noruega en el GreenVoyage-2050, siendo esta un iniciativa entre la OMI y este gobierno, diseñada para promover los objetivos que se han trazado.

---

75 Ibid.

76 Ibid.

77 Ibid.

El transporte marítimo constituye uno de los elementos esenciales de todo programa que tenga por objeto un crecimiento económico sostenible. En el marco de la OMI, los Estados miembros de la Organización, la sociedad civil y el sector del transporte marítimo ya se encuentran trabajando de forma conjunta a fin de lograr un avance constante y vigoroso en pro de una economía verde y de un crecimiento ecológico y sostenible. El fomento del transporte y desarrollo marítimos sostenibles es una de las principales prioridades de la OMI para los próximos años.[78]

Por esta razón, OMI se ha enfocado en establecer normas internacionales que regulen temas referidos a la eficiencia energética, nuevas tecnologías e innovación, educación y formación marítimas, protección marítima, gestión del tráfico marítimo y desarrollo de la infraestructura marítima. En este sentido, el trabajo se ha enfocado en el compromiso de la OMI de crear el marco institucional adecuado para un sistema de transporte marítimo mundial ecológico y sostenible.

La Organización Marítima Internacional (OMI), como principal órgano regulador del transporte marítimo internacional, ha comenzado a determinar el modo de abordar la navegación de los buques marítimos autónomos de superficie (MASS) en condiciones de seguridad, protección y ambientalmente racionales a través de su Comité de seguridad marítima (MSC). Según la OMI, "*se entiende por buque marítimo autónomo de superficie (MASS) todo buque que, en diversos grados, puede navegar sin depender de la interacción humana*".[79]

El Comité de Seguridad Marítima, en su 101° período de sesiones (junio de 2019), aprobó las "*Directrices provisionales para los ensayos MASS*", con el objetivo de ayudar a las autoridades y partes interesadas relevantes, además de garantizar que los ensayos de los sistemas e

---

[78] OMI. "Organización Marítima Internacional- es el organismo especializado de las Naciones Unidas responsable de la seguridad y protección de la navegación y de prevenir la contaminación del mar por los buques". Disponible en: http://www.imo.org/es/About/Paginas/Default.aspx. Consultado 22 de junio de 2020.

[79] Randstad. "La Tecnología, motor de cambio en el futuro laboral del sector marítimo". Disponible en https://www.randstad.es/tendencias360/el-futuro-del-transporte-maritimo/. Consultado el 25 de junio de 2020-

infraestructura relacionados con MASS se realicen de forma segura, y con el debido respeto a la protección del medio ambiente. [80]

El documento implica una serie de experimentos, realizados durante un período limitado, con el fin de evaluar métodos alternativos para realizar funciones específicas o satisfacer los requisitos reglamentarios prescritos por varios instrumentos de la OMI, que proporcionarían al menos el mismo grado de seguridad y protección del medio ambiente según lo previsto por esos instrumentos.[81] En definitiva, el trabajo se enfocará en demostrar a través de documentaciones, pruebas y simulaciones que el control autónomo y remoto de las funciones del buque tendrá un nivel de seguridad equivalente o mejor, en comparación con las operaciones convencionales de los buques, con respecto a la protección de la vida, la propiedad y el medio ambiente. Las primeras pruebas se realizarán con la tripulación a bordo y la operación en tierra en paralelo, y esta fase de prueba durará hasta que se tenga la confianza suficiente para operar sin tripulación. En este sentido, hay que advertir que se deben estudiar las regulaciones internacionales vigentes, y garantizar el cumplimiento de la intención de los instrumentos obligatorios. Ejemplo de ellos, sería el SOLAS (Convenio internacional para la seguridad de la vida humana en el mar), el Convenio Internacional sobre Normas de Formación, Certificación y Vigilancia para la gente de mar (STCW) y el COLREG (Convención Internacional para Prevenir Colisiones en el Mar). Por lo tanto, es fundamental garantizar un nivel de seguridad de navegación que sea equivalente o mejor, en comparación con una embarcación convencional, donde la navegación es realizada por navegantes a bordo. Está claro que las normativas anteriores se basan en navegadores a bordo que tienen una conciencia situacional completa, basada en las propias percepciones y análisis de la situación, respaldados en las ayudas prescritas por las regulaciones. Es prudente demostrar cómo se pueden cumplir los objetivos de la regulación cuando la presencia del navegador a bordo se reemplaza por navegación autónoma y remota.

---

80 World Energy Trade. "Tecnología autónoma beneficios para la industria marítima". Disponible en https://www.worldenergytrade.com/logistica/transporte/tecnologia-autonoma-beneficios-para-la-industria-maritima. Consultado 25 de junio de 2020.

81 Ibid.

OMC y las nuevas tecnologías

Siguiendo en la búsqueda de nuestro horizonte, la Organización Mundial del Comercio (OMC), examinó como la pandemia de coronavirus COVID-19 ha afectado el *e-commerce* incluidas sus consecuencias para el comercio transfronterizo. Esto ha permitido resaltar su creciente uso, a medida que los consumidores se adaptan a las medidas de confinamiento y de distanciamiento social, y en este sentido, se enfoca igualmente en la necesidad de reducir la brecha digital en y entre los distintos países.[82]

Debiendo puntualizar, que los gobiernos se han esforzado por aumentar la capacidad de la red, fomentar la prestación de servicios de datos ampliados a un costo reducido o nulo y reducir o suprimir los costos de transacción de los pagos digitales y las transferencias móviles de dinero. El trabajo producido en el seno del organismo se observan los debates realizados sobre el *e-commerce* y el Acuerdo de Facilitación del Comercio tratando de abordar algunos de los desafíos que plantea la pandemia.[83]

Para la OMC, las experiencias y las enseñanzas extraídas de la crisis de Covid-19 podrían constituir un nuevo incentivo para la cooperación mundial en la esfera del *e-commerce*, que podría contribuir a facilitar la circulación transfronteriza de bienes y servicios, reducir la brecha digital y establecer condiciones equitativas para las pequeñas empresas.[84]

Entre las conclusiones de la OMC se destacan:

A) La pandemia ha llevado a los consumidores a aumentar las compras online, el uso de medios sociales, la telefonía por Internet, las teleconferencias, y la transmisión de vídeos y películas. Hay un aumento en la demanda de servicios de Internet y de datos móviles y esto ha exigido a los operadores y gobiernos adaptarse de forma urgente a la capacidad y el espectro de la red para acomodar el cambio a las actividades online.

---

[82] Mundo Marítimo (05 de mayo de 2020) "OMC: Coronavirus acrecienta uso del e-commerce pero pone de relieve una serie de desafíos" https://www.mundomaritimo.cl/noticias/omc-coronavirus-acrecienta-uso-del-e-commerce-pero-pone-de-relieve-una-serie-de-desafios

[83] Ibid.

[84] Ibid.

B) El *e-commerce* de bienes y servicios también se ha visto afectado negativamente por los mismos factores que han causado la interrupción de la oferta y la demanda en general. Esto ha puesto de relieve la necesidad evidente de cerrar la brecha digital, tanto dentro de los países como entre ellos. Por lo tanto, ha quedado en evidencia la necesidad de contar con servicios eficientes y asequibles de tecnología de la información y las comunicaciones (TIC), como los servicios de telecomunicaciones, informática y otros servicios de TI y tecnologías emergentes.[85]

En Resumen:

Un estudio liderado por la World Maritime University (WMU) bajo el título "*Transport 2040: Automation Technology Employment – the Future of Work*", ha justificado la inclusión de las nuevas tecnologías basado en varios hallazgos que se pueden resumir en:[86]

Beneficios económicos, las tendencias demográficas y los factores de seguridad que son los pilares catalizadores para la introducción de la automatización y una tendencia gradual en su aplicación.

Existencia de un creciente volumen de oportunidades comerciales que implicarán la captación de talento especializado.

Cuando hablamos de tendencias marítimas en la actualidad nos involucramos con una serie de aspectos que trataremos de resumir en 5, debiendo admitir que la lista es larga:

1. Envío autónomo en el 2020 será un año de innovación y las pruebas de embarcaciones autónomas, se afirma que este período terminará con el primer cruce del Atlántico de una embarcación no tripulada. Se proyecta que, para septiembre, el buque autónomo Mayflower (MAS), intentará el primer viaje transatlántico del mundo, desde Plymouth, Reino Unido a Plymouth, EE. UU., utilizando inteligencia artificial (IA), computación en

[85] Mundo Marítimo (05 de mayo de 2020) "OMC: Coronavirus acrecienta uso del e-commerce pero pone de relieve una serie de desafíos" https://www.mundomaritimo.cl/noticias/omc-coronavirus-acrecienta-uso-del-e-commerce-pero-pone-de-relieve-una-serie-de-desafios

[86] Randstad. "*La Tecnología, motor de cambio en el futuro laboral del sector marítimo*". Disponible en https://www.randstad.es/tendencias360/el-futuro-del-transporte-maritimo/. Consultado el 25 de junio de 2020-

la nube y tecnología de monitoreo remoto. Este buque totalmente autónomo está siendo desarrollado, construido y probado por un consorcio liderado por la organización de investigación marina ProMare, y con PowerAI Vision de IBM. El sistema computarizado a bordo de Mayflowe recibirán datos e imágenes en tiempo real, esto será realmente un gran avance. Otras fuentes de datos incluirán radar, detección de luz y rango de datos del sistema de identificación automatizado. Con estas pruebas se tendrá una visión de un futuro para el transporte transoceánico, incluido un diseño radical y fuentes de energía alternativas.[87]

2. Optimización digital: La industria naval implementará estrategias de digitalización y tecnología de Internet de las cosas (IoT) en 2020, mientras buscan ofrecer una optimización del rendimiento. Se espera alcanzar una navegación más inteligente para envolver la planificación de viaje optimizada, la ruta meteorológica, la gestión del tráfico de barcos y la guía de navegación electrónica de la OMI, todo para reducir el consumo de combustible y las emisiones. Se afirma que esto se volverá regulatorio en la próxima década, debido a que se insta a los propietarios a reducir las emisiones para cumplir con la estrategia 2030 de la OMI y así reducir la huella ambiental del transporte marítimo.[88] A través del IoT, el mantenimiento predictivo contribuirá a evitar fallas en el equipo, bajo rendimiento y tiempo de inactividad. La optimización también implicará una mejor planificación de la tripulación y capacitación de la gente de mar para reconocer e implementar planes de viaje optimizados, reduciendo las emisiones de los motores y ahorrando energía[89].
3. Sensores: serán una poderosa oportunidad para mejorar la eficiencia y la seguridad de los buques y los equipos asociados. Las estrategias de monitoreo y análisis en tiempo real serán la clave para mejorar el sector de envío. La obtención de datos de

[87] World Energy Trade. "Tendencias marítimas para la década de 2020" Disponible en: https://www.worldenergytrade.com/logistica/investigacion/*tendencias-maritimas-para-la-decada-de-2020-* Publicado 4 de enero de 2020. Consultado 4 de marzo de 2020.

[88] Ibid.

[89] Ibid.

alta calidad mediante sensores robustos y confiables, permitirán optimizar la vida de los buques.

4. Construcción naval las proyectos y prototipos presentados en las mesas de trabajo demuestran la libertad de diseño, la personalización eficiente, la reducción de residuos y la gestión del inventario virtual, con esto se impulsará el desarrollo de futuras tecnologías de construcción naval.
5. Propulsión y potencia: En definitiva, la propulsión de buques y la generación de energía serán un área importante de desarrollo tecnológico. Esto incluirá motores futuros, combustibles alternativos, dispositivos de ahorro de energía de propulsión, fuentes renovables de energía, generación de energía híbrida y tecnología de reducción de emisiones.

Frente a todo este desarrollo proyectado y en vías de ejecución, se requiere de una normativa o regulación. Toda vez que los desarrollos tecnológicos son realmente avasallantes y deberán ser normados y en este sentido, la OMI ha comenzado a hacer un ejercicio para la consecución de los objetivos.

CONCLUSIONES

Este análisis ejercido durante estos meses nos ha permitido alcanzar el conocimiento de nuestro panorama presente y futuro, esperamos brindar al lector un espectro de lo que es hoy nuestro mundo marítimo a consecuencia del COVID-19 y de lo que puede convertirse en el corto, mediano y largo plazo, tomando en cuenta la resiliencia e inventiva que ha caracterizado al hombre durante su proceso de evolución.

Los desafíos son muchos, pero pareciera que los retos se superarán con éxito, tomando en cuenta que existen suficientes razones para motorizar un trabajo sostenido en pro de los objetivos. Como no sabemos hasta cuando este enemigo silencio estará en nuestras vidas, tenemos que comenzar a pensar en su existencia y en la forma de avanzar aun con su presencia. No podemos paralizarnos ni atrasarnos en el cumplimiento de las agendas gubernamentales, institucionales o empresariales. Por lo que se exige seguir, pese a las dificultades, incorporando cambios de tipo sanitario y de higiene, así como aceptar las trasformaciones de tipo tecnológico que nos permita doblegar este horizonte desafiante y retador que ahora tenemos.

Durante más de 200 años, el sector marítimo ha sido testigo de la introducción de nuevas tecnologías, tales como el cambio de vela a vapor, de vapor a diesel, de carbón a hidrocarburos, de hidrocarburos a combustible con bajas emisiones de gases de efecto invernadero, radar y un sistema de información y visualización de cartas electrónicas (ECDIS). Y considerando, que casi el 90 por ciento del comercio mundial se transporta por mar, esta vez no será diferente.

Hemos constatado que "*la incorporación de nuevas tecnologías en el sector del transporte ha traído grandes beneficios en temas de seguridad, eficiencia y protección del medio ambiente. El mundo está más conectado que nunca a través del comercio global, el cual está creando nuevos puestos de trabajo e impactando en los existentes*".[90]

En el Foro Económico Mundial se anunció la llegada de una nueva era donde la tecnología, la innovación y el uso de la información revolucionaran nuestro mundo: La Cuarta Revolución Industrial. "*Esta nueva tendencia difiere de los grandes saltos anteriores de la historia debido a la velocidad con la que se desarrolla, a su omnipresencia en la sociedad y a un cambio de sistemas en la manera en que la gente vive, se mueve, trabaja y se comunica*".[91]

Dentro de esta revolución se encuentra la industria marítima y logística. En este sentido, las estrategias se han dirigido al uso de la tecnología para generar cadenas de suministro circulares que agreguen valor a los clientes con servicios de principio a fin. Dentro de las fórmulas establecidas para su consecución se encuentra la integración entre líneas navieras para llenar los buques más grandes, y la integración vertical de las líneas navieras con los puertos.

---

[90] Randstad. "*La Tecnología, motor de cambio en el futuro laboral del sector marítimo*". Disponible en https://www.randstad.es/tendencias360/el-futuro-del-transporte-maritimo/. Consultado el 25 de junio de 2020-

[91] Pórtico Live. "*La cuarta revolución en la industria marítima*". *Disponible en:* https://www.puertocartagena.com/es/actualidad/bitacora-del-capitan/la-cuarta-revolucion-en-la-industria-maritima. Consultado 19 de junio de 2020.

> *"Estamos obligados a buscar nuevas formas de ampliar nuestro centro de negocio y consolidar una activa presencia en el negocio portuario y logístico a través de la aplicación de tecnologías y procesos innovadores que apoyen la desmaterialización de servicios, el aumento de clientes, la introducción de herramientas y la implementación de nuevas formas de hacer negocios a través de la colaboración".*[92]

Se afirma que el 2020 será fundamental para la autonomía marítima, la digitalización, la ciberseguridad y las futuras comunicaciones de envío. Los armadores se enfrentarán a grandes cambios en la tecnología utilizada para optimizar las operaciones, proteger los activos de las amenazas cibernéticas, implementar aplicaciones autónomas de buques y proporcionar acceso a Internet a la velocidad de la luz, en los buques.[93]

Por eso se ha insistido que "*el paisaje marítimo está cambiando con las crecientes mareas de la tecnología. Ciertamente la necesidad ha provocado el cambio por lo que los avances en la construcción naval, propulsión, envío inteligente, materiales avanzados, big data y análisis, robótica, sensores y comunicaciones en conjunto con una fuerza laboral cada vez más capacitada están experimentando cambios trascendentales en la forma en que la industria marítima aborda nuevos desafíos y oportunidades*".[94]

Dentro de toda esta gran metamorfosis que estamos experimentando se observa que las nuevas tecnologías y sus fundamentos se están equilibrando entre la necesidad ambiental y comercial. Efectivamente, las políticas ambientales están buscando rápidamente algunos de los desarrollos para impulsar la sostenibilidad.

Para finalizar, es conveniente destacar que 2020 y la década posterior se perfilan como un período revolucionario para la innovación, la optimización y las comunicaciones de envío.

---

92 Ibid.

93 World Energy Trade. "*Tendencias marítimas para la década de 2020*" Disponible en: https://www.worldenergytrade.com/logistica/investigacion/*tendencias-maritimas-para-la-decada-de-2020-* Publicado 4 de enero de 2020. Consultado 4 de marzo de 2020

94 Ibid.

Con las nuevas tecnologías se logrará:

La automatización de vehículos e infraestructuras.

Las tripulaciones estarán asistidas por nuevas tecnologías que ayudarán al control de velocidad y al ahorro de combustible con o sin supervisión humana.

Los avances tecnológicos, permitirán constatar el estado del equipamiento a bordo de los buques, mediante monitoreos, gracias a la programación y la conectividad a distancia. En este sentido el mantenimiento predictivo mejorará enormemente la fiabilidad de las operaciones de transporte mediante el uso de una matriz de datos.

Estaremos en un mundo de gran nivel de colaboración entre sistemas técnicos y humanos, haciendo que las interfaces de usuario garanticen dicha interacción, logrando que sea segura y efectiva, ejemplo de ello. las aplicaciones de servicio al cliente a través de robots y drones.

La introducción de la automatización en el transporte naval obedece igualmente a la necesidad de reducir la emisión de gases de efecto invernadero debido a la proliferación de combustibles alternativos a los que se emplean en la actualidad capaces de trabajar alineados con las nuevas tecnologías y a la urgencia de captar nuevo talento especializado que permita adaptarse a la realidad laboral futura.[95]

Por lo tanto, los efectos de la automatización en los buques ofrecen una serie de ventajas que no pasan desapercibidas, y nos guste o no, tendremos que evaluar:

Los buques autónomos no sustituirán la carga convencional.

Potenciarán el ahorro energético, por ejemplo, en términos de climatización, racionalización de la gestión eléctrica e implantación de energías renovables.

Regularán sistemas y equipos necesarios.

Los profesionales del transporte marítimo se beneficiarán al combinar habilidades marítimas con las digitales que potencian la capacidad de interpretar y analizar grandes cantidades de datos, y hacer uso de software de programas y sistemas fundamentales.

---

[95] Randstad. "*La Tecnología, motor de cambio en el futuro laboral del sector marítimo*". Disponible en https://www.randstad.es/tendencias360/el-futuro-del-transporte-maritimo/. Consultado el 25 de junio de 2020

En definitiva, los buques son el principal medio de transporte mundial de grandes cargas y lo seguirán siendo en los próximos años con nuevos componentes en la ecuación: la sostenibilidad, la eficiencia y talento cualificado.[96]

BIBLIOGRAFÍA

BLANCO María G. "Algunos efectos del Coronavirus Covid-19 en el comercio marítimo". Publicado el 25 de marzo 2020. Disponible en: https://www.eldial.com/eldialexpress/home_ea_nd.asp?Edicion=25/3/2020.

_________________. "El Coronavirus COVID -19 y el transporte marítimo". Publicado el 18 de marzo 2020. Disponible en: https://www.mercojuris.com/31115/el-coronavirus-covid-19-y-el-transporte-maritimo-por-maria-grazia-blanco/Blanco.

_________________, "Medicina marítima y gente de mar". Publicado el 20 de agosto de 2019. Disponible en : https://www.mercojuris.com/30710/la-medicina-maritima-y-la-gente-de-mar-%e2%80%93-por-maria-grazia-blanco/.

_________________. DOCTRINA "El COVID -19 y los cambios de paradigma en la industria marítima". Publicado el 4 de junio de 2020. Disponible en: https://www.eldial.com/nuevo/suple-maritimo.asp.

Conferencia de las Naciones Unidas sobre Comercio y Desarrollo. UNCTAD, página oficial. Disponible en https://unctad.org/es/Paginas/PressRelease.aspx?OriginalVersionID=472. Consultada el 20 de marzo de 2020.

COVA ARRIA, Luis. "La Admisión en la Ley de Comercio Marítimo de la cláusula "Rebus sic stantibus". Artículo publicado en la página web de la AVDM.

DAY M. Covid-19: "four fifths of cases are asymptomatic, China figures indicate BMJ2020"; 369:m1375 doi: 10.1136/bmj.m1375 (Published 2 April 2020) Consultado 20 de junio de 2020.

DUQUE, Maite; BLANCO, María Grazia; RIUT, Guillermo, Sociedad venezolana de medicina marítima, la rama venezolana del iidm y la universidad marítima del caribe. Covid-19. "*Rotación de Tripulantes Protocolo recomendado para Buques de Bandera Venezolana*". Publicado en fecha 17 de mayo de 2020, Edición 1, volumen 11, 2020.

[96] Randstad. "*La Tecnología, motor de cambio en el futuro laboral del sector marítimo*". Disponible en: Consultado el 25 de junio de 2020

MARTÍNEZ, JESÚS "El factor humano de la última milla". Disponible en: https://diarioelcanal.com/el-factor-humano-de-la-ultima-milla/ El factor humano de la última milla. 29 de julio de 2019.

MIZUMOTO K, KAGAYA K, ZAREBSKI A, CHOWELL G. "*Estimating the asymptomatic proportion of coronavirus disease 2019 (COVID-19) cases on board the Diamond Princess cruise ship, Yokohama, Japan, 2020"*. Disponible en: Euro Surveill 2020; 25: pii=2000180. Consultado el 20 de junio de 2020.

Mundo Marítimo (04 de mayo de 2020). "*Revolución tecnológica y como el coronavirus cambia el campo de juego. Tres olas de desarrollo técnico y la huella de carbono en medio de la pandemia"*. Disponible en: https://www.mundomaritimo.cl/noticias/revolucion-tecnologica-y-como-el-coronavirus-cambia-el-campo-de-juego. Consultado el 20 de junio de 2020.

Mundo Marítimo (4 de diciembre, 2018). Maersk celebra 25 años en Chile con foco en la revolución tecnológica de la industria marítima. Disponible en https://www.mundomaritimo.cl/noticias/maersk-celebra-25-anos-en-chile-con-foco-en-la-revolucion-tecnologica-de-la-industria-maritima. Consultado en marzo de 2020.

Mundo Marítimo (5 mayo 2020) "*GNL en el transporte marítimo y sus desventajas para el medio ambiente"*. Disponible en https://www.mundomaritimo.cl/noticias/change-las-desventajas-para-el-medioambiente-del-uso-de-gnl-en-el-transporte-maritimo. Consultado el 20 de junio de 2020.

Mundo Marítimo. 1 de mayo de 2020 "*La industria se moverá como lo haga el virus*". Entrevista exclusiva con Simón Heany, editor de Drewry Container Forecaster. Disponible en https://www.mundomaritimo.cl/noticias/ldquola-industria-se-movera-como-lo-haga-el-virusrdquo. Consultado en 25 de junio de 2020.

Mundo marítimo. Disponible en: https://lnkd.in/dDVP3uJ. Consultado 20 de junio de 2020.

MURILLO-GODÍNEZ, G. Las gotitas de Flügge. *Rev Med Inst Mex Seguro Soc*. 2009;47(3):290. Consultado 20 de febrero de 2020

NEELTJE VAN DOREMALEN, PH.D.; TRENTON BUSHMAKER, B.SC.; DYLAN H. MORRIS, M. PHIL.; MYNDI G. HOLBROOK, B.SC.; AMANDINE GAMBLE, PH.D.; BRANDI N. WILLIAMSON, MPH;

AZAIBI TAMIN, PH.D.; JENNIFER L. HARCOURT, PH.D.; NATALIE J. THORNBURG, PH.D.; SUSAN I. GERBER, MD; JAMES O. LLOYD-SMITH, PH.D. DE WIT, PH.D.; VINCENT J. MUNSTER, PH.D. "*Aerosol and Surface Stability of SARS-CoV-2 as Compared with SARS-CoV-1[Internet]. 2020*" [cited 2020 Mar 19]. Disponible en: https://www.nejm.org/doi/10.1056/NEJMc2004973. Consultado 20 de junio de 2020.

NEGRETE, JORGE FRANCISCO. "*El antídoto frente al veneno lento de la incertidumbre... es el Factor Digital...*" Disponible @fernegretep Presidente de Digital Policy & Law Group DPL. Consultado el 8 de junio de 2020.

Noticias ONU. "*La industria marítima, entre la innovación ecológica o el naufragio contaminante*". Publicado en 3 de nov. 2019. Disponible en: https://news.un.org/es/story/2019/11/1464831. Consultado 22 de junio de 2020.

OMI. "*Organización Marítima Internacional- es el organismo especializado de las Naciones Unidas responsable de la seguridad y protección de la navegación y de prevenir la contaminación del mar por los buques*". Disponible en: http://www.imo.org/es/About/Paginas/Default.aspx. Consultado 22 de junio de 2020.

ORGANIZACIÓN MUNDIAL DE LA SALUD. Disponible en: https://www.who.int/es/emergencies/diseases/novel-coronavirus-2019/advice for-public/qacoronaviruses?gclid=Cj0KCQjw3Nv3BRC8ARIsAPh8hgIwJRTjvTxQSQdIFm5iH33Km6b1SQpANJ9iwVOJ0tQXl-OxUurnNA-AaAmfzEALw_wcB. Consultado el 19 de junio de 2020.

Pórtico Live. "*La cuarta revolución en la industria marítima". Disponible en:* https://www.puertocartagena.com/es/actualidad/bitacora-del-capitan/la-cuarta-revolucion-en-la-industria-maritima. Consultado 19 de junio de 2020

PRATHER, K. A. ET AL. "Reducción de la transmisión de SARS-CoV2" Cite as: Science 10.1126/science.abc6197 (2020). Consultado 20 de junio de 2020.

PULIDO, SANDRA. El coronavirus supera los casos del SARS de 2003. https://gacetamedica.com/investigacion/todo-lo-que-se-sabe-del-nuevo-coronavirus-2019-ncov-fx2404160/ Consultado el 15 de febrero de 2020.

RANDSTAD. "*La Tecnología, motor de cambio en el futuro laboral del sector marítimo"*. Disponible en https://www.randstad.es/tendencias360/el-futuro-del-transporte-maritimo/. Consultado el 25 de junio de 2020-

Revista Sector Marítimo Ingeniería Naval, "La Industria Marítima apuesta por la Innovación y las Nuevas tecnologías para ser competitivas frente a la pujanza del mercado asiático". 26 de marzo de 2019. Disponible en https://sectormaritimo.es/la-industria-maritima-apuesta-por-la-innovacion-y-las-nuevas-tecnologias. Consultado 25 de junio de 2020.

RMF. Nuevas Tecnologías transformaran el transporte marítimo. Disponible en: http rm-forwarding.com/2018/10/14/nuevas-tecnologias-transformaran-el-transporte-maritimo/ Consultado el 22 de junio de 2020.

SABATINO PIZZOLANTE, JOSÉ ALFREDO. "Los Puertos frente al Covid-19". Artículo publicado en la página web de la AVDM.

SOCIEDAD VENEZOLANA DE MEDICINA MARÍTIMA, RIU, Guillermo, UNIVERSIDAD MARÍTIMA DEL CARIBE; BLANCO, María Grazia. INSTITUTO IBEROAMERICANO DE DERECHO MARÍTIMO-RAMA VENEZOLANA. *Corona Virus Prevención de la enfermedad Covid-19 a Bordo. Recomendaciones para la protección de la salud de la Gente de Mar venezolana.* Consultado el 11 de junio de 2020.

UNCTAD, *Informe sobre transporte marítimo 2018.* Disponible en https://unctad.org/es/PublicationsLibrary/rmt2018_es.pdf. Consultado 20 de junio de 2020.

World Energy Trade. "Tecnología autónoma beneficios para la industria marítima". Disponible en https://www.worldenergytrade.com/logistica/transporte/tecnologia-autonoma-beneficios-para-la-industria-maritima. Consultado 25 de junio de 2020.

World Energy Trade. "Tendencias marítimas para la década de 2020" Disponible en: https://www.worldenergytrade.com/logistica/investigacion/tendencias-maritimas-para-la-decada-de-2020- Publicado 4 de enero de 2020. Consultado 4 de marzo de 2020.

EL PARTICULARISMO DEL DERECHO MARÍTIMO

PATRICIA MARTÍNEZ DE FORTOUL*

SUMARIO

INTRODUCCIÓN

Constituye un honor para mí contribuir a esta obra en homenaje al doctor Luis Cova Arria, un ser humano y académico excepcional, quien ha dedicado su vida profesional al estudio, promoción y desarrollo del Derecho Marítimo, y esto lo digo de una manera muy especial pues como su discípula soy fiel testigo de esa labor y del impacto que ha causado a su alrededor.

Hace exactamente 25 años culminaba mis estudios de Derecho en la Universidad Central de Venezuela y me desempeñaba como pasante en el escritorio jurídico Luis Cova Arria & Asociados, cuando el doctor Cova, como suelo llamarle, me convenció de estudiar la Especialización en Derecho de la Navegación y Comercio Exterior en el Centro de Estudios de Postgrado de la misma Universidad Central de Venezuela que él había fundado ese año.

Recuerdo la primera clase en la especialización, fue una clase magistral que tuvo como invitado al doctor José Domingo Ray, Profesor Emérito de la Universidad de Buenos Aires, quien falleció hace pocos años.

* Abogado egresado de la Universidad Central de Venezuela (UCV). Especialización en Derecho de la Navegación y Comercio Exterior (UCV). Profesora de la Cátedra de Conflicto de Leyes y Legislación Marítima en la Especialización en Derecho de la Navegación y Comercio Exterior de la UCV. Miembro titular del Comité Marítimo Internacional.

En esa clase, el doctor Cova nos habló de los caracteres del Derecho Marítimo o Derecho de la Navegación, comenzando por explicarnos la razón más que semántica de la nueva tendencia de llamarle "Derecho de la Navegación" para abarcar no sólo la navegación marítima sino también la aérea y fluvial y luego nos detallaba, citando a Daniel Danjon,[1] los rasgos característicos de esta rama del derecho: (i) su estabilidad a través de las edades (permanencia), (ii) una notoria uniformidad en todos los países (internacionalismo) y (iii) una asombrosa osadía en las concepciones jurídicas (originalidad o particularismo) la cual nos decía, se origina también por la autonomía.

Seguidamente el doctor José Domingo Ray nos dictó una clase magistral sobre "*La especial responsabilidad en el Derecho Marítimo*", que destacaba justamente ese carácter particular de esta rama del derecho que durante mis posteriores años de estudio, ejercicio profesional, actividad gremial y académica junto al doctor Cova, pude ver siempre en cada una de las instituciones que regula.

Por ello he seleccionado este tema para esta ocasión especial de rendir homenaje al doctor Cova, porque recordar esa primera clase magistral en el postgrado es una forma de demostrarle mi admiración y agradecimiento no solo por sus enseñanzas, por su gran conocimiento, sino también por su bondad y por su arduo trabajo en estudiar, profundizar, promover, difundir y materializar esos caracteres del Derecho Marítimo tanto en Venezuela como el resto del mundo en una forma tan original y particular como el mismo Derecho Marítimo lo es y a la vez conmemorar los 25 años de fundada la Especialización en Derecho de la Navegación y Comercio Exterior en mi alma mater, la Universidad Central de Venezuela.

1. EL PARTICULARISMO DEL DERECHO MARÍTIMO O DERECHO DE LA NAVEGACIÓN

El Derecho Marítimo ha sido particular desde su origen y esto por una razón esencial: el mar y el buque como el medio y el vehículo en torno al cual se desarrollan las actividades reguladas por este derecho.

[1] Daniel Danjon, *Tratado de Derecho Marítimo,* Tomo I, Traducción de Luis de Aguirre Fanaique, Editorial Reus, Madrid, 1931.

Sin embargo, esta característica ha tenido tanto sus defensores como adversarios, generando un debate que se vincula directamente con la autonomía científica de esta rama del derecho.

La doctrina francesa fue la primera en defender el particularismo del Derecho Marítimo, especialmente Pardessus en su Colección de Leyes Marítimas de 1928,[2] quien afirmaba, en su obra dedicada al rey de Francia, que las leyes marítimas se particularizan por su originalidad, su uniformidad en el espacio y en el tiempo y su carácter consuetudinario, desarrollando su teoría sobre la base de que el Derecho Marítimo es *la rama del Derecho* con más *excepciones* del Derecho común u ordinario, concluyendo que no es autónomo sino particular, dando origen así a la teoría del *particularisme du droit maritime* aplicable hasta nuestros días.

A Pardessus le sigue Ripert, quien siendo probablemente el mayor defensor de esta escuela "*particularista*" francesa, sin desconocer que tal carácter se ha atenuado desde el siglo XIX, sostenía: "*...pues es cierto que el comercio de mar se hace en condiciones que motivan una legislación especial. La importancia del medio de transporte, las condiciones de vida de los trabajadores, los incidentes y los riesgos de la navegación, la necesidad de la seguridad en razón de la importancia de los riesgos, la variedad y el carácter remoto de ciertas operaciones necesitan reglas especiales. En segundo lugar, el transporte marítimo es un transporte de carácter casi exclusivamente internacional. Para evitar conflictos de leyes, algunas veces insolubles, para calcular exactamente sus derechos y sus obligaciones, los que participan en los transportes marítimos desean que una misma ley se aplique en todos los mares que los buques están llamados a cruzar. Pero esta Ley uniforme, lograda por una buena voluntad común, está redactada, por supuesto, bajo la sola consideración de las necesidades prácticas, y sin ningún respeto por los principios generales del derecho nacional. Se forma entonces un nuevo derecho marítimo que, como el derecho antiguo, tiene un carácter internacional y es necesariamente un derecho particular*".[3]

---

2 Jean Marie Pardessus, *Collection de lois maritimes anterierures au XVIIIeme siecle*, t. I, París, 1928.

3 Georges Ripert, *Compendio de Derecho Marítimo*. Tipográfica Editora Argentina, Buenos Aires, pág.15

Posteriormente el profesor *Bonnecase* hace una crítica al particularismo del Derecho Marítimo, defendiendo la asimilación y subsunción de sus instituciones en el Derecho Común diciendo que al desaparecer la especialidad del medio (riesgos e incomunicación) no existe justificación para una normativa especial.

Finalmente, la moderna doctrina francesa ha promulgado una teoría más moderada del particularismo, usando el término "originalidad", tal como lo hace el doctrinario *Reneé Rodiere*, quien en su obra *"Le droit maritime"* cuando sostiene que el Derecho Marítimo es una disciplina particular, llena de excepciones, que sin separarse del derecho común contiene una regulación especial.

Por su parte la doctrina italiana se vuelca sobre la autonomía científica de esta rama del derecho, reconociendo con carácter general el particularismo. Así, la escuela Napolitana del Derecho de la Navegación liderada por el profesor *Antonio Scialoja* defiende con carácter unitario la autonomía científica del Derecho de la Navegación Marítima y Aérea centrándose en la singularidad del objeto o materia regulada: el transporte como hecho técnico de la navegación y no la finalidad. Sin embargo, esta autonomía de la escuela italiana no se presenta como la existencia de un sistema jurídico totalmente autónomo o aislado, sino que por el contrario esta doctrina autonomista italiana reconoce la necesidad de acudir al resto del ordenamiento para suplir las lagunas. Para Antonio Brunetti en Italia, las expresiones "*autonomía*" y "*particularismo*" son sinónimas,

Esta doctrina es seguida por autores españoles y argentinos. Así por ejemplo, el Profesor José Domingo Ray sostiene que "*al predicar la autonomía de un sector se quiere significar que el legislador, el funcionario, el particular o el juez, deben recurrir a los principios que informan el sistema, porque son más razonables y se estima que son más justos que los del derecho común para resolver los problemas planteados en el terreno legislativo, administrativo, convencional o judicial*",[4] coincidiendo con Brunetti al afirmar que "*los términos autonomía, especialidad y particularismo se pueden utilizar como sinónimos*".

[4] José Domingo Ray, *Derecho de la Navegación,* Abeledo Perrot, Buenos Aires, Argentina 1992, p.100.

Personalmente coincido con Brunetti y Ray en el sentido que particularismo y autonomía del Derecho Marítimo o Derecho de la Navegación responden a un mismo concepto y descansan en las mismas circunstancias técnicas *sui generis* presentes en la navegación, el medio donde se desarrolla y el objeto con el cual se lleva a cabo.

Si bien es cierto que el particularismo está directamente conectado con el tradicionalismo, también es cierto que, aunque la revolución tecnológica conlleva a la existencia de buques más modernos, estos no necesariamente son más seguros, sino que los riesgos son diferentes. Es innegable por ejemplo que la incomunicación ha desaparecido, con lo cual por ejemplo no se justifican hoy día las normas que otorgan facultades especiales al Capitán del buque, pero por otro lado es también innegable que esa revolución tecnológica ha originado situaciones especiales como el caso de los buques autónomos que requieren especial tratamiento, así como la intensificación de los riesgos, especialmente relativos al transporte de sustancias nocivas y peligrosas y al gran tamaño y capacidad de los buques.

En mi opinión no puede negarse el particularismo o autonomía del derecho marítimo, pero tampoco puede considerarse esta rama del derecho como un compartimiento aparte y aislado del ordenamiento jurídico.

2. NORMAS ATÍPICAS DEL DERECHO MARÍTIMO

Después de exponer en rasgos generales el carácter particular o autónomo del derecho marítimo o derecho de la navegación, a continuación desarrollaremos algunas de las instituciones absolutamente atípicas en relación con el derecho común y que demuestran ese carácter.

2.1. El buque

El medio con el cual se lleva a cabo la principal actividad desarrollada por este derecho, el transporte, es el buque, el cual es un bien *siu generis*, que participa de las características tanto de un bien mueble como inmueble. De manera que el buque no puede ser encuadrado dentro de la tradicional clasificación de bienes muebles o inmuebles.

En efecto, por su naturaleza, el buque es un bien mueble, sin embargo, su propiedad debe transferirse por escritura Pública,[5] puede hipotecarse,[6] y responde de las deudas privilegiadas sobre el mismo buque con derecho de persecución de los acreedores.[7] Características que corresponden a los bienes inmuebles.

Las normas de derecho marítimo sobre el buque tienden a suprimir su ubicación legal dentro del régimen de los bienes muebles, que es inadecuado y responde a una clasificación hoy superada en materia civil. Estas normas establecen para el buque un régimen similar al de los inmuebles, en todo lo referente a trasmisión, adquisición, prescripción, privilegios, suprimiendo así un factor de perturbación, la calificación del buque como cosa mueble. Además, en caso de duda sobre la solución a aplicar, debe tenerse en cuenta preferentemente el régimen de la ley especial que lo regula.

Por otro lado, algunos doctrinarios sostienen la metáfora de otorgarle personalidad jurídica al buque, haciéndolo titular le derechos y obligaciones. En efecto, todo buque tiene nacionalidad, y ésta viene dada por el país de su matrícula.[8]

El artículo 15 de la Ley de Comercio Marítimo venezolana, establece que las acciones derivadas de la misma podrán intentarse contra el buque y su capitán, sin que sea necesaria mención alguna sobre el propietario o armador. Esto podría concebirse como una especie de otorgamiento de capacidad procesal a una cosa como lo es el buque. Esa norma, tal como sucede en el derecho anglo norteamericano con el proceso *in rem*, en última instancia no sería otra cosa que un recurso de técnica jurídica mediante el cual se imputan acciones o responsabilidades al buque en ciertos casos, postergando la determinación de la persona que en definitiva debe responder por el hecho o acto en cuestión.

2.2. El Capitán

Desde que existe la navegación, la figura del capitán aparece como la persona situada al frente del buque. La emblemática figura de este

---

[5] Ley de Marinas y Actividades Conexas venezolana, arts. 115 al 118

[6] Ley de Comercio Marítimo venezolana, art. 130.

[7] Ley de Comercio Marítimo venezolana, art. 114.

[8] Ley de Marinas y Actividades Conexas, art. 18.

sujeto ha evolucionado en el tiempo, conforme se han ido desarrollando nuevas formas de practicar el transporte y comercio marítimo y puesto en práctica los avances tecnológicos. Sin embargo, sigue conservando sus características fundamentales, impuestas por la naturaleza misma del ambiente donde desenvuelve su actividad.

Este sujeto por excelencia de la navegación ha revestido desde siempre, de una doble condición, de un lado, funge como representante de los intereses involucrados en la aventura marítima y, de otro lado, es el delegado de la autoridad pública, por imperio de la ley. Condiciones como esas son las que le otorgan a la disciplina que lo revela, el derecho marítimo, un carácter particular.

El Capitán es representante de jure del propietario, del armador del buque y de los cargadores, y como tal los representa judicial y extrajudicialmente, activa y pasivamente, bastando su designación como tal en el Rol de Tripulantes para conferirle ese carácter.[9]

Pero también el Capitán es la máxima autoridad a bordo. Toda persona a bordo estará bajo su mando. En aguas extranjeras y en alta mar es considerado delegado de la Autoridad Pública y como tal es responsable de la conservación del orden y la seguridad del buque y de otros buques y medios aéreos que se encuentren embarcados y la operación de estos. Igualmente es responsable de la seguridad y preservación de pasajeros, tripulantes y la carga.[10]

2.3. La Avería Gruesa

La Institución de la avería gruesa, aparece en los albores de la navegación organizada, encontrándose la primera manifestación escrita en la *Lege Roída de Jactu*, que se volcó al derecho romano en el Digesto y en las *Instituta de Justiniano*. El caso previsto era la echazón de mercadería, procedimiento frecuentemente empleado por los navegantes para restablecer la estabilidad del buque en peligro, y el corte de los mástiles. El capitán – magíster – decidía sin consulta alguna, pero con la aparición de las formas asociativas de la explotación marítima se impuso la necesidad de contar con la conformidad de los interesados.

---

[9] Ley de Comercio Marítimo, art. 18

[10] Ley de Marinas y Actividades Conexas, art. 51

Las averías gruesas quedaron reguladas asimismo en las Leyes de Wisby, en los Roles de Olerón y en el Consulado del Mar, entre otros ordenamientos de la época.

Posteriormente encontramos la figura en la Ordenanza francesa de 1681, que se proyecta a las legislaciones que la sucedieron, destacándose el otorgamiento de la facultad de disponer actos de avería al capitán, paralelamente a la desaparición de los comerciantes a bordo. La ordenanza sirvió de base al Código Francés de 1.808, el cual inició el período de la codificación del Siglo XIX.

En los albores del siglo XIX y comienzos del XX nacen las Reglas de York & Amberes que sustituyen, en forma voluntaria, convirtiéndose en una costumbre o práctica marítima, de reconocimiento mundial.

La Avería Gruesa constituye una excepción al principio de derecho común *Res Perit Domin.* En efecto, en el derecho común, la cosa perece para su dueño. Sin embargo, como quiera que la aventura marítima se constituye con la reunión de tres factores fundamentales: el buque, la carga y el flete, a los que se agrega los riesgos que esa comunidad y el ejercicio navegatorio suponen se ha establecido la figura de la Avería Gruesa o común a fin de que todas las partes involucradas en la aventura marítima soporten la pérdida o sacrificio efectuado.

Se entiende como acto de avería gruesa o común, únicamente cuando, se ha hecho o contraído intencionalmente un sacrificio o gasto extraordinario para la seguridad común de la expedición marítima, con el objeto de salvar de un peligro, las propiedades envueltas en la misma. Los sacrificios y gastos de avería gruesa o común, deberán ser soportados por los diferentes intereses contribuyentes.[11]

2.4. La limitación de responsabilidad del armador o propietario del buque

Constituye un principio de derecho común que el deudor responde con todos sus bienes habidos y por haber.[12] Sin embargo, constituye un

[11] Ley de Comercio Marítimo venezolana, art. 366

[12] Código Civil. Artículo 1.863 "*El obligado personalmente está sujeto a cumplir su obligación con todos sus bienes habidos y por haber*".

principio de derecho marítimo que el deudor o el obligado civilmente, pueda limitar su responsabilidad a su fortuna de mar.

"*La limitación de responsabilidad es un beneficio, concedido al propietario de naves y, extensivo a sus armadores, colocándolos en posición más favorable que a los deudores terrestres y, que se materializa en la inaplicación de la llamada regla de afección universal del patrimonio del deudor, es decir, del principio de que el obligado personalmente está sujeto a cumplir su obligación con todos sus bienes, habidos y por haber, los cuales son la prenda común de sus acreedores*".[13]

Esa limitación de la responsabilidad es una facultad extraordinaria, para evitar la satisfacción de las obligaciones del propietario nacidas de los actos del capitán y de las obligaciones que contraiga con relación a la nave y a la expedición, con su *patrimonio de tierra.* Si embargo, ese beneficio no es oponible a las obligaciones asumidas directamente por el propietario o el armador, o nacida de su culpa o de la culpa la de sus dependientes, gerentes o factores de la empresa terrestre, o bien, aun cuando no haya intermediado para el establecimiento de su responsabilidad culpa alguna, la ley le haya impuesto una responsabilidad civil estricta u objetiva.[14] Así lo establece en nuestro país, el artículo 41 de la Ley de Comercio Marítimo según la cual: *El armador podrá limitar contractualmente su responsabilidad, salvo expresa prohibición legal..."*

Esta figura de la limitación de responsabilidad es tan particular y antigua como el derecho marítimo mismo. En el Digesto Romano aparecía un contrato marítimo llamado *receptum,* en virtud del cual el armador que recibía de sus clientes objetos determinados para su custodia respondía por ellos si tales objetos eran destruidos o deteriorados por la tripulación,[15] pero esa responsabilidad era ilimitada.[16]

---

13 Luis Cova Arria, *La Responsabilidad Civil Derivada de Derrames de Hidrocarburos*, discurso de incorporación a la Academia de Ciencias Políticas y Sociales, Academia de Ciencias Políticas y Sociales, Caracas, 2000.

14 Ibidem.

15 José Melich Orsini, *Responsabilidades Civiles Extracontractuales*, Puebla, México, 1965, pp. 123 y 124.

16 Digesto, L. IV, T. IX, fragm. 7, § 5.

Esa responsabilidad ilimitada se fue transformando en interés de los armadores y ya en la Edad Media se comenzó a considerar la noción de que el armador no debía responder con todos sus bienes por los actos y hechos de su capitán y que las obligaciones resultantes de las expediciones marítimas fuesen limitadas para los propietarios de naves a los valores comprometidos por ellos en cada expedición.

Eso dio origen a la separación entre la llamada fortuna de mar y la fortuna por la cual se divide en forma ficticia y a los efectos de la responsabilidad el patrimonio del armador o propietario de buques, dedicando la primera para responder de las obligaciones que provienen de los actos del capitán o de la tripulación.

Dado el carácter "*particular*" del Derecho marítimo, se consideró a cada nave junto con sus fletes, como una especie de patrimonio separado (*fortune de mer*) del propietario, referido particularmente a cada nave frente a las demás y a todas ellas frente al llamado, por contraposición, patrimonio terrestre (*fortune de terre*). En virtud de ello, la responsabilidad civil del propietario, nacida de los actos del capitán y de las obligaciones que contraiga con relación a la nave y a la expedición, podía limitarse con el patrimonio que constituye la *fortuna de mar*, excluyéndose de afectación para responder de tal responsabilidad a la *fortuna de tierra.*[17]

El fundamento de esta particular institución del derecho marítimo ha sido defendido por la doctrina con los mismos argumentos por los cuales se sostiene el particularismo del derecho marítimo, esto es, los riesgos propios de la actividad navegatoria y la incomunicación del propietario con el capitán del buque.

Rene Rodiére fundamenta esta particular institución en el concepto de "*aventura de mar*", atribuido a la expedición marítima como una asociación de beneficios comunes en la cual todos los intereses involucrados deben soportar sus riesgos, comportándose *como si fuese una sociedad de responsabilidad limitada.*[18]

---

[17] Daniel Danjon, *Tratado de derecho marítimo*, traducción de Faustino Meléndez-Pidal, Madrid, 1932, 1ra. Edición, págs. 183 a 193.

[18] René Rodiére, *Traité Général de Droit Maritime,* París 1976, p. 595.

Este principio de limitación de responsabilidad facilita el ejercicio de la navegación toda vez que permite a los armadores o propietarios de buques calcular su responsabilidad en caso que surja y poder cubrirla con el seguro correspondiente, lo cual a su vez repercute en el cálculo de fletes. Sin duda, el ejercicio de la navegación, con un régimen de responsabilidad objetiva e ilimitada sería totalmente inviable.

3. EL PARTICULARISMO O AUTONOMÍA EN LA ENSEÑANZA DEL DERECHO MARÍTIMO

Habiendo tratado el particularismo o autonomía científica o legislativa del derecho marítimo o derecho de la navegación, no quisiera dejar pasar esta oportunidad histórica en la que conmemoramos los 25 años de la inauguración de la Especialización en Derecho de la Navegación y Comercio Exterior en la Facultad de Ciencias Jurídicas y Políticas de la Universidad Central de Venezuela sin referirme a la autonomía didáctica de esta rama del derecho.

En efecto, teniendo el derecho de la navegación un carácter tan particular, lleno de instituciones tan especializadas, su enseñanza no puede encuadrarse dentro de la enseñanza de las ramas tradicionales del derecho, tales como el derecho mercantil.

Obviamente que la autonomía didáctica en los planes de estudio se presenta como consecuencia de la autonomía científica, legislativa y jurisdiccional.

El particularismo o autonomía en la enseñanza del derecho marítimo se refleja en dos aspectos fundamentales: primero la enseñanza separada en los planes de estudio y segundo, en el particular método de enseñanza.

El derecho marítimo es un derecho vivo, característicamente internacional, por lo que el estudio de la normativa nacional e internacional junto al método del caso resultan los más apropiados. No puede estudiarse el Derecho Marítimo en forma aislada, debe incorporarse en su estudio las convenciones y jurisprudencias internacionales.

Hasta el año 1995 en Venezuela, la enseñanza del Derecho Marítimo en forma autónoma no existía. En sesión Extraordinaria del 20 de enero de 1995 del Consejo de Facultad de la Facultad de Ciencias Jurídicas y Políticas de la Universidad Central de Venezuela, fue aprobado el Proyecto de Curso de Derecho de la Navegación y Comercio Exterior propuesto por el homenajeado en esta obra, Doctor Luis Cova Arria.

Fue así como en el mes de septiembre de ese mismo año, hace exactamente 25 años, se dio inicio por primera vez en Venezuela a la enseñanza del Derecho Marítimo, como rama autónoma del Derecho, en una escuela de Derecho venezolana.

La implementación de esta especialización se justificó en primer lugar por la necesidad de alcanzar en nuestro país la autonomía característica de esta rama del Derecho en tres aspectos principales: autonomía legislativa con la actualización de la legislación marítima venezolana, mediante la reforma del Libro Segundo del Código de Comercio venezolano, la autonomía jurisdiccional, con la creación de una jurisdicción especial para las causas marítimas, con jueces especializados, y la autonomía didáctica, con la enseñanza del Derecho Marítimo en forma autónoma y no como parte de los programas de Derecho Mercantil permitiendo profundizar el estudio, investigación, promoción y desarrollo del Derecho Marítimo o Derecho de la Navegación.

En segundo lugar, la revolución tecnológica a nivel mundial y el desarrollo acelerado del transporte acuático, debido entre otras causas, al impacto de la informática y de las comunicaciones modernas, que venían produciendo cambios radicales en las normativas internacionales que buscan la unificación del Derecho de la Navegación.

En tercer lugar porque durante los estudios universitarios, no siempre se presta, por falta de tiempo, una especial atención a la asignatura "*Derecho Marítimo*". La consecuencia inmediata de esta situación es que los licenciados en Derecho carecen de los conocimientos básicos imprescindibles para solucionar con éxito los múltiples problemas jurídicos que se presentan en los sectores, lo que les impide enfocar su vida profesional hacia los mismos.

Finalmente, hasta la apertura del curso, los licenciados interesados en este campo debían desplazarse al extranjero para tomar cursos de especialización en la materia y adquirir los conocimientos y la información necesaria, lo cual significa una erogación de recursos bastante considerables. Esta razón económica unida a la necesidad académica de llenar una laguna en esta especialidad del derecho para contribuir con su desarrollo, son las que impulsaron a proponer formalmente la apertura del curso de especialización en Derecho de la Navegación y Comercio Exterior en nuestro país.

El objetivo básico de la especialización es brindarle a los participantes un conocimiento teórico de alto nivel académico en cada una de las modalidades del Derecho de la Navegación y del Comercio Exterior en el campo nacional e internacional, mediante el análisis del régimen legal, el estudio de la doctrina y la jurisprudencia, y en la práctica de un método casuístico, que les permita a los estudiantes desempeñarse con propiedad en cargos del área jurídica relacionados con la actividad del comercio acuático, tanto en el sector empresarial, como de la administración pública, lo mismo que en el ejercicio independiente de la profesión de abogado.

4. CONCLUSIONES

El particularismo del derecho marítimo o derecho de la navegación es un carácter vigente. Los fundamentos que dieron origen a esta teoría en la doctrina francesa vinculados al riesgo y las particulares instituciones que regula, siguen vigentes, aunque con las modificaciones propias de la revolución tecnológica y seguirán vigentes frente a los cambios que la industria enfrentará a raíz de la pandemia del Covid19 que parece haber acelerado el futuro.

Defendemos y propiciamos la autonomía del derecho marítimo o derecho de la navegación pero no en un concepto de autonomía abstracto. Es evidente la dificultad de encasillar las instituciones que regula dentro de los esquemas clásicos del derecho común pero esa autonomía debe tenerse en cuenta en la labor interpretativa que corresponde al Juez funcionario o abogado.

La norma particular o especial debe prevalecer sobre la general y en caso de ausencia de una norma o solución expresa o tácita en el derecho especial, debe recurrirse al general.

Julio, 2020.

DERECHO ADMINISTRATIVO MARÍTIMO

Derecho Administrativo Marítimo.
Venezuela. Rafael Badell Madrid

El Servicio de Practicaje y Pilotaje en Chile.
Chile. Max Genskowsk Moggia

La investigación de los siniestros marítimos
en la República Argentina.
Argentina. Fernando Ramón Ray

DERECHO ADMINISTRATIVO MARÍTIMO

RAFAEL BADELL MADRID*

1. INTRODUCCIÓN

Me da mucho gusto participar en este libro organizado por iniciativa de la Academia de Ciencias Políticas y Sociales para rendir homenaje a uno de sus numerarios más notables: el Dr. Luis Cova Arria. No sólo tengo el agrado de rendir homenaje a nuestro apreciado colega académico Dr. Luis Cova Arria a través del estudio que he preparado a estos efectos sobre el "*Derecho Administrativo Marítimo*", sino que también, y por generosidad de los miembros de la Academia de Ciencias Políticas y Sociales, he formado parte de la comisión que se designó para organizar la edición de este libro Homenaje. De forma que durante todo el año 2020, junto con los académicos Enrique Urdaneta Fontiveros y Salvador Yannuzzi Rodríguez, y con la eficiente colabo-

* Doctor en Derecho de la Universidad Católica Andrés Bello. Profesor titular de la Universidad Católica Andrés Bello. Individuo de Número de la Academia de Ciencias Políticas y Sociales. Socio fundador del Despacho de Abogados Badell & Grau.

ración de la profesora Patricia Martínez de Fortoul, hemos estado realizando lo necesario para que se hiciera realidad este libro.

A pesar de las dificultades y adversidades que ha planteado la pandemia del Covid 19, podríamos decir, no obstante las tormentas y tempestades que han caracterizado el año 2020, el enorme empeño en participar y el deseo inmenso de importantes juristas extranjeros y nacionales de sumarse a este homenaje, puso el viento en la popa del proyecto, lo que nos permitió llegar a puerto seguro con este Libro Homenaje al Dr. Luis Cova Arria.

El entusiasmo de la comunidad jurídica ha sido tan grande que además de los ilustres juristas que han expuesto sus brillantes ideas en este Libro, se unieron al homenaje que rinde la Academia de Ciencias Políticas y Sociales, la Asociación Venezolana de Derecho Marítimo, el Instituto Iberoamericano de Derecho Marítimo, el Comité Marítimo Internacional, el Centro de Postgrado de la Facultad de Ciencias Jurídicas y Políticas de la Universidad Central de Venezuela y la Facultad de Derecho de la Universidad Católica Andrés Bello,

El Dr. Luis Cova Arria tiene una trayectoria de casi sesenta años de trabajo ordenado y disciplinado fundamentalmente en el Derecho Comercial Internacional y en el Derecho de la Navegación. Es un reconocido profesor universitario de derecho mercantil y de derecho marítimo, tanto en la Universidad Central de Venezuela, como en universidades extranjeras en Latinoamérica y Estados Unidos. Es frecuente conferencista en los más importantes eventos sobre derecho marítimo, tanto en Venezuela como en el exterior.

Desde cubierta se oye con fuerza la voz de mando del Capitán del Derecho Marítimo en Venezuela. Ese es Luis Cova Arria, el más importante maritimista de Venezuela, con una enorme proyección y reconocimiento internacional.

Luis Cova Arria es, además, un brillante y muy activo Numerario de la Academia de Ciencias Políticas y Sociales, de la cual ha sido su Presidente con una reconocida y eficiente gestión. Por encima de todo lo dicho, este distinguido jurista, Luis Cova Arria es una extraordinaria y admirable persona. Tiene la humildad propia del sabio y el empuje y perseverancia del triunfador.

2. DERECHO MARÍTIMO Y DERECHO ADMINISTRATIVO

La navegación marítima, primero a remo, luego a vela, después a vapor y ahora con sofisticados sistemas computarizados e incluso con propulsión nuclear, desde los tiempos más remotos ha sido uno de los medios de comunicación más importantes que ha usado el hombre para conocer otras culturas, para comerciar, para el transporte y para hacer la guerra. Los caminos marítimos han sido las vías de comunicación más utilizadas, desde que no tiene que ser construidos ni mantenidos por el hombre, por eso los usaron los egipcios, caldeos, asirios, fenicios y griegos, desde muchos siglos antes de la era cristiana, y se establecieron costumbres y principios que fueron recogidas en leyes[1].

No obstante que la doctrina coincide en señalar que el Código del Rey Hammurabi -2100 a.C.- contenía normas relacionadas con las construcciones navales, los fletes, los acuerdos sobre enrolamiento, la responsabilidad del transportista, etcétera, el Derecho Marítimo, sin embargo, no era el producto de la potestad soberana de los Estados, sino de la recopilaciones de usos, costumbres y sentencias o de estatutos de ciudades-puertos por parte de los jurisconsultos. Las actividades marinas eran independientes de los reinos. Tres de esas grandes recopilaciones se conocieron en la Edad Media: el Consulado del Mar, los Roles de Oleron y las Leyes de Visby[2].

Con el advenimiento del Estado Territorial comenzó a ejercerse la potestad de dictar leyes para ser aplicadas en esos ámbitos territoriales y fue, precisamente, Francia el primer Estado moderno donde se codificó el Derecho Marítimo. Fue en la Francia de Luis XIV, y a instancia del famoso Ministro Colbert, donde se promulgó en 1681 la Ordenanza sobre La Marina -Ordenanzas de Colbert- lo que representa la primera codificación estatal de esta rama del derecho. Es según Brunetti "*...el prototipo de la moderna codificación del derecho marítimo [en la que] al lado de las instituciones de derecho privado, se halla toda la materia del derecho público y procesal*"[3].

---

1 Antonio Brunetti, *Derecho marítimo privado*, versión española anotada por R. Gay de Montellá, Bosch Casa Editorial, Barcelona, 1950, t. I, pp. 79-110.

2 Frédéric Sohr, *Le droit maritime et son unificaction internationale*, Veuve Ferdinand Larcier, Editeur, Bruxelles, 1914, p. 25.

3 Antonio Brunetti, *Derecho marítimo privado,* ob. cit., t. I, p. 99.

Por lo que al Derecho Administrativo se refiere, aunque sus primeros antecedentes se identifican con los orígenes de las primeras civilizaciones, pues como señala George Vedel "*todo país civilizado poseería un derecho administrativo, puesto que necesariamente posee un conjunto de normas que rigen la acción de la administración*"[4], fue también en Francia, pero esta vez en la de Luis XVI, donde se originó el Derecho Administrativo como lo conocemos hoy.

El Estado de Derecho predicado por la Revolución Francesa en 1789 sometió a derecho tanto a los ciudadanos como a los gobernantes, reconoció derechos a los ciudadanos y estableció la separación de poderes entre los distintos órganos que ejercen el poder público. Como lo diría la Declaración de los Derechos del Hombre y del Ciudadano: "*Una sociedad en la que no esté establecida la garantía de los Derechos, ni determinada la Separación de los Poderes, carece de constitución*"[5]. De allí surge entonces el régimen jurídico administrativo.

Ahora pongamos la brújula dirigida al empeño de enlazar esos dos ordenamientos jurídicos. En primer lugar el Derecho Marítimo, que ha ocupado la atención del Dr. Luis Cova Arria de forma tan influyente, podemos definirlo como el conjunto de relaciones jurídicas que nacen o se desarrollan con el mar, constituyendo el mar y lo marítimo los criterios delimitadores de la materia.[6] La doctrina suele utilizar indistintamente las expresiones "*derecho de la navegación*" y "*derecho marítimo*".[7]

Algunos autores señalan que el derecho marítimo "*es la parte del Derecho privado que regula y protege la actividad empresarial de navegación marítima con el naviero como sujeto, el buque como objeto y el fletamento como el acto jurídico central.*" [8] Sin embargo, sabemos que el Derecho Marítimo es algo más que derecho privado. Para Antonio Brunetti existe un derecho privado marítimo que comprende

---

4 George Vedel, *Derecho Administrativo,* Madrid. Biblioteca Aguilar, 1980. P 40

5 Artículo 16 de la Declaración de los Derechos del Hombre y del Ciudadano. Disponible en: https://www.conseil-constitutionnel.fr/sites/default/files/as/root/bank_mm/espagnol/es_ddhc.pdf

6 Ignacio Arroyo, *Compendio de Derecho Marítimo.* Tercera edición. Tecnos. Madrid, 2009, p. 25.

7 Diego Esteban Chami, *Manual de Derecho de la Navegación.* Abeledo Perrot, Buenos Aires, 2009, p 2.

8 Rafael Matilla Alegre, *Internacionalidad del Derecho Marítimo y jurisdicción Internacional*, Universidad de Deusto, Bilbao, 1999, p. 37.

un conjunto de instituciones civiles, como los modos de la adquisición de la propiedad naval, el dominio marítimo, la copropiedad, la hipoteca, el usufructo, el secuestro y la venta judicial como también la navegación comercial[9], pero también hay un derecho público de la navegación dentro del cual hay derecho de la navegación administrativo, el derecho de la navegación penal, el derecho de la navegación procesal y el derecho financiero marítimo[10].

El Derecho Marítimo puede ser estudiado entonces desde sus aspectos principales. En primer lugar, desde un punto de vista privado y, también desde su carácter público. Desde el aspecto privado podemos entender por Derecho Marítimo aquel que estudia el conjunto de normas y relaciones jurídicas que se refieren al hecho técnico y económico de la navegación por agua. De otra parte, el Derecho Marítimo desde su aspecto público abarca "*la parte del derecho marítimo que se ocupa de las relaciones jurídicas que por razón de la navegación acuática en general y las circunstancias que la rodean surgen entre el Estado y los particulares; y el derecho marítimo positivo de carácter público como el conjunto de normas de distinto grado que constituyen, regulan y modifican dichas relaciones*"[11].

Reconocemos que hay hechos de la navegación que pueden ser gobernados por normas de derecho civil, pero los hay también regulados por el derecho comercial, por el derecho laboral, internacional público o internacional privado, penal, procesal y, también, por el derecho administrativo; por eso para González-Lebrero el derecho de la navegación es uno e indivisible, aun cuando esté integrado por normas originariamente de carácter mercantil, penal, internacional, las que, al sistematizase en torno al hecho náutico, pierden su individualidad y se incorporan al sistema[12].

Nos referiremos, entonces, a los hechos de la navegación que se relacionan con el Derecho Administrativo. Solo a los fines de esta travesía

---

9 Antonio Brunetti, *Derecho marítimo privado,* ob. cit., t. I, p. 23-25.

10 Ibidem.

11 Aurelio Fernández Concheso, *Régimen Administrativo de la Navegación*. Editores Individuales 3. Caracas, 1993.

12 Rodolfo González - Lebrero, *Manual de derecho de la navegación*, 4ª ed., ampl. y actual., Depalma, Buenos Aires, 2000, p. 3.

diremos que el Derecho Administrativo es organización administrativa, es actividad administrativa y es, también, control jurisdiccional. De forma que podríamos decir que el derecho administrativo es el conjunto de principios y normas de derecho público que regulan la creación, organización y régimen de competencias de los órganos administrativos, las relaciones de esos órganos administrativos entre sí y con los administrados en razón de la actividad administrativa -policía, prestación de servicio público, gestión económica y fomento- que llevan adelante y que se concreta en actuaciones materiales, actos administrativos, contratos administrativos y hechos administrativos, así como el régimen de control jurisdiccional dirigido a garantizar el sometimiento a derecho de la actuación de la administración pública.

Zarpamos así hacia el objeto central de nuestro estudio. Ya con nuestra definición de derecho administrativo vamos a referirnos ahora al Derecho Administrativo Marítimo en Venezuela, desde la consideración inicial de que hay principios y normas de derecho público dirigidos a regular la organización y funcionamiento de los órganos de la administración pública que ejercen funciones administrativas relativas a la actividad marítima, que regulan las relaciones de esos órganos entre sí y con los particulares, y el régimen de control de dicha actividad.

La doctrina -Guaita Martorell- define el Derecho Administrativo Marítimo como "*un sector del Derecho administrativo que regula, desde el punto de vista de la Administración y con normas y principios típicamente jurídico-administrativos, cuanto se refiere a las aguas marítimas: el mar territorial o litoral, la zona marítimo-terrestre, los puertos, las pesquerías, diversos eventos marítimos, los transportes de esta misma naturaleza, etc.*"[13]. Otros - María Zambonino Pulito- señalan que el derecho administrativo se encarga de establecer el régimen jurídico relativo a la intervención de la administración pública, su organización y actividad en relación con las aguas marítimas[14].

[13] Aurelio Guaita Martorell, *Derecho administrativo. Aguas, Montes, Minas*, Editorial Civitas, Madrid, 1986, p. 38.

[14] María Zambonino Pulito, *Manual de derecho administrativo marítimo*, 2008, disponible en: https://ocw.uca.es/pluginfile.php/195/mod_resource/content/1/Manual%20de%20Derecho%20Administrativo%20Mar%C3%ADtimo.pdf

Consideramos que el Derecho Marítimo Administrativo podría entonces definirse como el conjunto de principios y normas de derecho público que regulan la creación y organización de las órganos administrativos marítimos, las relaciones de estos órganos entre sí y las actividades que llevan adelante estas organizaciones administrativas marítimas y su relación con los administrados, que se concreta en prestación de servicio público, actos administrativos, contratos administrativos y hechos administrativos, así como el régimen de control jurisdiccional dirigido a garantizar el sometimiento a derecho de la actuación de la administración pública.

En Venezuela el régimen jurídico administrativo marítimo está conformado por una gran variedad de normas; muchas de ellas formadas por tratados internacionales, otras de derecho interno y de diversos rangos: leyes, reglamentos, decretos y resoluciones de los órganos administrativos. De allí el carácter de multiinstrumentalidad de esta rama del derecho[15].

2.1. Convenciones internacionales

En primer lugar, las fuentes normativas del derecho marítimo en su aspecto público abarcan los convenios y tratados internacionales, los cuales, como lo reseña Concheso[16], incluyen principalmente los siguientes: Convención Internacional para impedir la Contaminación del Mar por los buques (MARPOL); Convención Internacional para la Seguridad de la Vida Humana en el Mar (SOLAS); Convención sobre la Plataforma Continental; Convención sobre el Mar Territorial y la Zona Contigua; Convención sobre Altamar; Convención sobre Pesca y Conservación de los Recursos Vivos de Altamar; Convenio entre Venezuela y Cuba sobre Secuestro de Naves Aéreas y Marítimas y otros Delitos; Convenio Internacional sobre Líneas de Carga; Convenio Internacional sobre Arqueo de Buques; Resoluciones A.358 (IX) del 14 de Noviembre de 1975, A.371(X) del 9 de Noviembre de 1977, A.400(X) del 17 de Noviembre de 1977 y A.450(X) del 15 de Noviembre de 1979 (Organización Marítima Internacional, O.M.I.); Convenio sobre el Reglamento

---

[15] Ibidem.

[16] Aurelio Fernández Concheso, *Régimen Administrativo de la Navegación.*, ob. cit.

Internacional para Prevenir Abordajes (COLREG); 1) Protocolo relativo a la Cooperación para Combatir los Derrames de Hidrocarburos en la Región del Gran Caribe; Convenio Internacional sobre Normas de Formación, Titulación y Guardia para la Gente de Mar; Convenio Internacional sobre Búsqueda y Salvamento Marítimos; Convenio Internacional sobre Responsabilidad Civil por Daños Causados por la Contaminación de las Aguas del Mar por Hidrocarburos (CLC-69) y sus Protocolos de Enmienda de 1976 y de 1984; Convenio Internacional sobre la Constitución de un Fondo Internacional de Indemnización de Daños Causados por la Contaminación de Hidrocarburos (Fondo-71) y sus Protocolos de Enmienda de 1976 y de 1984; entre otros.

Estas convenciones internacionales conforman el llamado derecho marítimo contemporáneo, según Cova Arria[17], y comprende las siguientes materias[18]:

a) El predominio de los organismos de Naciones Unidas en la elaboración de las normas internacionales[19].
b) La aparición de una nueva sistematización dentro del concierto del derecho internacional, el derecho del mar, codificado en la Convención de Montego Bay de 1982.
c) La protección del medio ambiente, es decir, las medidas que se han adoptado para prevenir o remediar la contaminación por hidrocarburos, las que se están estudiando para paliar las consecuencias que pueden derivar del transporte de mercancías nocivas y peligrosas y la regulación de las indemnizaciones de los daños producidos por contaminación[20].

---

17 José Domingo Ray, *Derecho de la navegación*, Vol. I., Buenos Aires, 1992. P. 19

18 Luis Cova Arria, "El estado actual del Derecho Marítimo", *Revista de la Facultad de Ciencias Jurídicas y Políticas*, número 96, Universidad Central de Venezuela, Caracas, 1995, pp. 62 y 63.

19 Véase al respecto Luis Cova Arria, "Trabajos realizados en el siglo que finaliza por el Comité Marítimo Internacional de la Organización de las Naciones Unidas y otras organizaciones internacionales", en *Revista de la Facultad de Ciencias Jurídicas y Políticas*, número 105, Universidad Central de Venezuela, Caracas, 1997. pp. 387-402.

20 Sobre este particular, véase para mayor profundidad el trabajo de incorporación de la Academia de Ciencias Políticas y Sociales del Dr. Luis Cova Arria intitulado, *La responsabilidad civil derivada de los derrames de hidrocarburos*, Academia de Ciencias Políticas y Sociales, Caracas, 2000.

d) Las medidas de seguridad y la represión de actos ilícitos en el mar, en especial, del terrorismo, y del contrabando de drogas y sustancias sicotrópicas.
e) La influencia de las nuevas concepciones jurídicas, consecuencia de un afinamiento en el tema de la responsabilidad civil y la pretensión de buscar nuevas fórmulas para distribuir el riesgo marítimo y las causales de exoneración y de limitación de la responsabilidad del transportista, buscándose una solución al conflicto dentro de las Reglas de La Haya-Visby y las de Hamburgo.
f) Las nuevas modalidades y las nuevas fórmulas de contratación y de documentación, como consecuencia de la necesidad de precaver el fraude marítimo y las características impuestas por la informática, la computación y la transmisión electrónica de datos[21].
g) La explotación de los recursos naturales del lecho del mar, con las operaciones costa-afuera ("off-shore"), así como, la influencia que éstas tienen en el derecho marítimo; y
h) La regulación y responsabilidad del transportista multimodal.

2.2. Leyes de contenido administrativo

El régimen jurídico del derecho marítimo administrativo está conformado por un conjunto de leyes administrativas. Esta leyes de contenido administrativo tienen normas de organización y normas de relación. Las normas administrativas de organización son las que crean los órganos administrativos, los organizan y les otorgan sus competencias y las de relación son las que regulan las relaciones entre los órganos administrativos y los administrados.

---

[21] Véase Luis Cova Arria, "La Ley modelo de la CDUDMI sobre comercio electrónico", en *Revista de la Facultad de Ciencias Jurídicas y Políticas*, número 104, Universidad Central de Venezuela, Caracas, 1997; "Conocimientos de embarque electrónicos", en *Revista de Derecho Marítimo*, número extraordinario, Asociación Venezolana de Derecho Marítimo. Asociada al Comité Marítimo Internacional. Caracas, 1992. pp. 477-492; y "Las compraventas marítimas", en *Revista de Derecho Marítimo*, número 9-9, Asociación Venezolana de Derecho Marítimo. Asociada al Comité Marítimo Internacional. Caracas, 1989. pp. 168-186.

Esas leyes administrativas son: Ley Orgánica de los Espacios Acuáticos[22], la Ley de Marina y Actividades Conexas[23], la Ley General de Puertos[24], la Ley de Comercio Marítimo[25], y la Ley de Pesca y Acuicultura[26], Ley de Faros y Boyas[27], Decreto con Rango, Valor y Fuerza de Ley de Zonas Costeras[28], Decreto con Rango, Valor y Fuerza de Ley de Canalización y Mantenimiento de las Vías de Navegación[29], Ley de Procedimiento Marítimo[30], Decreto con Rango, Valor y Fuerza de Ley de Tasas Portuarias[31], entre otras[32].

Conviene tener presente que en la redacción de esas leyes ha influido decisivamente el Dr. Luis Cova Arria, quien sin duda ha sido el motor fundamental que ha permitido tener en Venezuela un derecho marítimo autónomo e independiente del Derecho Mercantil, del cual había sido tributario desde el primer Código de Comercio de 1862.

---

[22] Decreto número 1.446 17 de noviembre de 2014 publicado en la Gaceta Oficial número 6.153 Extraordinario del 18 de noviembre de 2014.

[23] Decreto número 1.445 17 de noviembre de 2014 publicado en la Gaceta Oficial número 6.153 Extraordinario del 18 de noviembre de 2014.

[24] Gaceta Oficial número 39.140 del 17 de marzo de 2009.

[25] Gaceta Oficial número 38.351 del 5 de enero de 2006.

[26] Decreto número 1.408, 13 de noviembre de 2014 publicado en Gaceta Oficial número 6.150 Extraordinario del 18 de noviembre de 2014.

[27] Gaceta Oficial número 35.509 del 25 de julio de 1994

[28] Decreto número 1.468 27 de septiembre de 2001. Gaceta Oficial número 37.319 del 7 de noviembre de 2001.

[29] Decreto número 6.220, 31 de julio de 2008. Gaceta Oficial número 5.891 Extraordinario del 31 de julio de 2008.

[30] Decreto número 1.551, 12 de noviembre de 2001. Gaceta Oficial número 5.554 Extraordinario del 13 de noviembre de 2001.

[31] Decreto número 1.397, 17 de noviembre de 2014. Gaceta Oficial número 6.150 Extraordinario del 18 de noviembre de 2014.

[32] Ley de Protección y Desarrollo de la Marina Mercante; Ley de Privilegios e Hipotecas Navales; Ley de Pilotaje; Ley sobre Mar Territorial, Plataforma Continental, Protección a la Pesca y Espacio Aéreo; Ley por la cual se establece una Zona Económica Exclusiva a lo Largo de las Costas Continentales e Insulares de la República de Venezuela; Ley de Títulos, Licencias y Permisos de la Marina Mercante; Ley Orgánica de la Hacienda Pública Nacional; Ley Orgánica de Aduanas; Ley Penal del Ambiente; Ley Orgánica del Servicio Consular; Ley sobre Admisión y Permanencia de Naves de Guerra Extranjera en Aguas Territoriales y Puertos de Venezuela; Ley Orgánica del Trabajo.

2.2.1. Ley Orgánica de los Espacios Acuáticos

La Ley Orgánica de los Espacios Acuáticos[33] regula la organización y competencias de los órganos rectores de control y supervisión de la actividad marítima, tales como, el Ministerio del Poder Popular con competencia en materia de transporte acuático y el Instituto Nacional de los Espacios Acuáticos, los cuales ejercen el órgano rector, el ente de gestión y la autoridad acuática, respectivamente.

Los Ministerios, como parte de la organización administrativa del Estado, forman parte del Poder Ejecutivo, según dispone el artículo 225 de la Constitución, y están regidos por normas de derecho público. Tal como lo establece la Ley Orgánica de Administración Pública en su artículo 63, los ministerios son los encargados de la formulación, adopción, seguimiento y evaluación de las políticas, estrategias, planes generales, programas y proyectos en las materias de su competencia y sobre las cuales ejercen su rectoría, de conformidad con la planificación centralizada.

De otra parte, los Institutos Autónomos forman parte de la llamada administración descentralizada funcionalmente y están regulados igualmente en la Constitución y en la Ley Orgánica de Administración Pública. El artículo 142 de la Constitución dispone que los institutos autónomos sólo podrán crearse por ley y estarán sujetos al control del Estado, en la forma que la ley establezca. El artículo 98 de la Ley Orgánica de Administración Pública establece que los institutos públicos o autónomos son personas jurídicas de derecho público de naturaleza fundacional, creadas por ley nacional, estadal, u ordenanza municipal, dotadas de patrimonio propio, con las competencias determinadas en éstas, de lo que se desprende que están sujetas a normas estrictas de derecho público. De acuerdo con las referidas normas, entonces, se puede definir a los institutos autónomos como entes del derecho público creados por ley, con patrimonio propio e independiente del Fisco Nacional, dotados de personalidad jurídica y sometidos a la tutela de la República.

Ahora bien, la Ley Orgánica de Espacios Acuáticos, según su artículo 1, tiene por objeto regular el ejercicio de la soberanía, jurisdic-

[33] Decreto número 1.446 17 de noviembre de 2014 publicado en la Gaceta Oficial número 6.153 Extraordinario del 18 de noviembre de 2014.

ción y control en los espacios acuáticos, conforme al derecho interno e internacional, así como regular y controlar la administración de los espacios acuáticos, insulares y portuarios de la República, los cuales son declarados por esta ley como de interés y utilidad pública, lo que significa que se sustraen del régimen de derecho privado para ser regidos especialmente por normas de derecho público.

En efecto, la Ley Orgánica de Espacios Acuáticos regula en el artículo 6 la categoría de interés y la utilidad pública de los espacios acuáticos en los siguientes términos:

> *"Se declara de interés y utilidad pública todo lo relacionado con el espacio acuático, insular y portuario, especialmente el transporte marítimo nacional e internacional de bienes y personas, puertos, industria naval y en general, todas las actividades conexas, relacionadas con la actividad marítima y naviera nacional, las labores hidrográficas, oceanográficas, meteorológicas, de dragado, de señalización acuática y otras ayudas a la navegación y cartografía náutica."*

De forma que la Ley Orgánica de Espacios Acuáticos regula y asegura la ordenación y utilización sostenible de los recursos hídricos y de la biodiversidad asociada de su espacio acuático, insular y portuario, así como la promoción, investigación científica, ejecución y control de la clasificación de los recursos naturales, la navegación y otros usos de los recursos, y todas las actividades relacionadas con la ordenación y su aprovechamiento sostenible, de conformidad con lo dispuesto en el artículo 7 de la Ley.

Recapitulando, la Ley Orgánica de Espacios Acuáticos tiene como finalidad preservar y garantizar el mejor uso de los espacios acuáticos, insulares y portuarios, de acuerdo a sus potencialidades y a las líneas generales definidas por la planificación centralizada; y es aplicable a los espacios acuáticos que comprenden las áreas marítima, fluvial y lacustre de la República Bolivariana de Venezuela[34].

---

[34] Esta Ley derogó la Ley de Navegación del 1° de septiembre de 1998, publicada en la Gaceta Oficial Extraordinaria de la República de Venezuela N° 5.263 del 17 de septiembre de 1998.

2.2.2. Ley Orgánica de Marina y Actividades Conexas

La Ley Orgánica de Marina y Actividades Conexas regula el ejercicio de la autoridad acuática -el Instituto Nacional de Espacios Acuáticos- en lo concerniente al régimen administrativo de la navegación y de la Gente de Mar, y además crea la Comisión Nacional para la Facilitación del Sistema Buque-Puerto, con el objeto de dar cumplimiento a las acciones para optimizar el tráfico marino internacional.

Uno de los objetivos de la administración en materia marítima es el fortalecimiento y desarrollo de la marina mercante, así como de las actividades conexas (pilotaje o practicaje, remolque o lanchaje). En este sentido, el artículo 2 de la Ley General de Marinas y Actividades Conexas indica lo que es la Marina Nacional:

> *"A los efectos de este Decreto con Rango, Valor y Fuerza de Ley, la Marina Nacional comprende los buques de la Fuerza Armada Nacional Bolivariana, la Marina Mercante con el transporte marítimo, fluvial y lacustre nacional e internacional de bienes y personas, la marina de pesca, de turismo, deportiva, recreativa y de investigación, salvo lo dispuesto en contrario en forma expresa en este Decreto con Rango, Valor y Fuerza de Ley.*

De forma que la marina mercante abarca todos los buques civiles que sirven de transporte marítimo, fluvial y lacustre de bienes y personas a nivel nacional o internacional.

La Ley de Marina y Actividades Conexas en su artículo 3 además establece las actividades conexas que están regidas por el derecho administrativo marítimo, tales como:

> *1. La industria naval de construcción, mantenimiento, reparación, modificación y desguace de buques*
> *2. Las portuarias y de marinas, así como su infraestructura*
> *3. El pilotaje, remolcadores y lanchaje*
> *4. El diseño, dragado y mantenimiento de canales, ayudas a la navegación, hidrografía, oceanografía, cartografía náutica y meteorología.*

5. Las labores de búsqueda, rescate y salvamento y las prevenciones y combate de contaminación ambiental en los espacios acuáticos.
6. Las navieras, de certificación, de agenciamiento naviero, de operación agenciamiento de carga, de transporte multimodal y corretaje marítimo
7. Los servicios de inspección, consultoría y asesorías navales
8. Educación náutica en los diferentes niveles del sistema educativo".

Dentro de esas actividades conexas resaltan el pilotaje, remolque y lanchaje como actividades declaradas por esta ley como servicios públicos (véase artículos 195, 217 y 222), lo que quiere decir que se trata de actividades prestacionales propias de la administración pública, sometidas a un régimen de derecho público, dirigidas a satisfacer, de forma regular y continua, necesidades generales o colectivas indispensable para la vida de la sociedad y que puede ser prestada bien directamente, a través de órganos de la propia administración creados al efecto o por delegación.

En definitiva, esta Ley Orgánica de Marina y Actividades Conexas tiene por objeto regir lo pertinente a los buques de bandera nacional en aguas internacionales o jurisdicción de otros Estados, estableciendo los principios fundamentales de constitución, funcionamiento, fortalecimiento y desarrollo de la marina mercante y de las actividades conexas, así como regular la ejecución y coordinación armónica de las distintas entidades públicas y privadas en la aplicación de las políticas y normas diseñadas y que se diseñen para el fortalecimiento del sector, todo ello de conformidad con el artículo 1 de la Ley.

2.2.3. La Ley General de Puertos

Dentro de las actividades marítimas una de especial tradición e importancia es la portuaria. 2500 años antes de Cristo comenzó a ordenarse y regularse esta actividad. En esa época, y por mil años, funcionaba el puerto Wadi el-jarf en el mar rojo en Egipto, considerado el puerto artificial más antiguo. Allí comenzaron a establecerse reglas para ordenar el atraque, la permanencia y el zarpe de las embarcaciones marítimas. Otros puertos siguieron en India, Atenas, Roma y fueron abundante las normas de contenido administrativo y tributario que los regulaban principalmente.

Esa actividad está regulada hoy en Venezuela por la Ley General de Puertos que determina las competencias del poder público (nacional y estadal) en materia portuaria, que comprenden el régimen de los puertos y su infraestructura; la regulación, formulación y seguimiento de políticas en materias de puertos y construcciones de tipo portuario; el establecimiento de normas y procedimientos técnicos para la construcción y mantenimiento de la infraestructura portuaria; los estudios y proyectos de desarrollo, construcción, modernización y el mantenimiento de los puertos y construcciones de tipo portuario, la conservación, administración, aprovechamiento y defensa de los puertos, así como la posibilidad de intervención (véase artículo 9 de la Ley General de Puertos).

Asimismo, la Ley General de Puertos establece las funciones y atribuciones de la Autoridad Acuática, es decir el Instituto Nacional de Espacios Acuáticos, en materia portuaria, como el ente rector y coordinador con los demás organismos públicos y privados con inherencia en la materia, con el objeto de asegurar el cumplimiento de las atribuciones y obligaciones establecidas en dicha Ley y demás leyes aplicables.

La Ley General de Puertos establece los principios rectores que conforman el régimen de los puertos de la República y su infraestructura, de forma que se aplica a todos los puertos y construcciones de tipo portuario, marítimos, fluviales y lacustres de interés general o local, de propiedad pública o privada, de uso público o privado, de función comercial, pesquero, deportivo, de investigación, que existan o se construyan en el territorio de la República, de conformidad con el artículo 2 de la Ley.

Al igual que los espacios acuáticos, la materia portuaria es declarada por la ley como de interés público. En este sentido tengamos en cuenta el artículo 8 el cual dispone:

> *"Se declara de interés público la materia portuaria. El Ejecutivo Nacional tendrá a su cargo todo lo relativo a la elaboración de las políticas portuarias nacionales, y a la supervisión y control de to-*

dos los puertos y construcciones de tipo portuario marítimo, fluvial y lacustre existentes o que se construyan en el territorio de la República, en los términos establecidos en esta Ley. Las disposiciones que rigen la materia portuaria son de orden público, con excepción de las que se refieren al régimen de responsabilidad civil."

La Ley General de Puertos define en el artículo 3 qué debe entenderse por puertos y señala que son "*el conjunto de espacios acuáticos y terrestres naturales o artificiales e instalaciones fijas y móviles, aptos para las maniobras de fondeo, atraque y desatraque y permanencia de buques, que constituyen una unidad integral para efectuar operaciones de transferencia de bienes entre buques y tierra u otros modos de transporte, o de embarque y desembarque de personas. Quedan incluidas las plataformas fijas o flotantes para carga o descarga aguas afuera.*"

De otra parte la Ley General de Puertos define a la "Zona Portuaria" en el artículo 6 como: "*el espacio físico donde se efectúan las operaciones portuarias y ejerce sus funciones el Administrador Portuario o la Administradora Portuaria, la cual comprende los siguientes elementos: 1. En el espacio acuático: la rada, el fondeadero, el canal de acceso y la dársena. 2. En el espacio terrestre: los muelles, fijos o flotantes, las rampas, las monoboyas, las multiboyas, las plataformas de embarque, grúas, los patios, las vías internas, los almacenes y los edificios de uso para las actividades portuarias.*"

Además, la Ley General de Puertos establece los "espacios portuarios", definidos en el artículo 10 como "*aquellas porciones del territorio de la República donde se encuentran emplazados los puertos existentes, incluyendo sus zonas de expansión; así como aquéllas que, según estudios técnicos autorizados, sean aptas para la construcción de nuevos puertos. Dicho espacio comprende además, a los fines de la planificación portuaria nacional, aquellas porciones del territorio aptas para el desarrollo económico, susceptibles de ser servidas, a los fines del comercio nacional o internacional, por un puerto determinado, existente o proyectado.*"

Todas estos puertos, espacios, zonas, son recogidas por la Ley General de Puertos dentro del "Sistema Portuario Nacional" que se establece en el artículo 15 y que comprende "*el conjunto de puertos y construcciones de tipo portuario público y privado, marítimo, lacustre y fluvial, que permiten la movilización y el intercambio de personas o mercancías entre los distintos modos de transporte.*, todos los cuales son objeto de regulación del Derecho Administrativo Marítimo.

2.2.4. Ley de Comercio Marítimo

La Ley de Comercio Marítimo tiene por objeto regular las relaciones jurídicas que se originan en el comercio marítimo y en la navegación por agua; y cuyas disposiciones se aplican a los buques y a los hidroaviones nacionales o extranjeros que se encuentren en aguas jurisdiccionales de la República; a los buques nacionales que se encuentren en alta mar o aguas jurisdiccionales de otro país; a cualquier construcción flotante apta para navegar, carente de propulsión propia, que opere en el medio acuático o auxiliar de la navegación destinada o no a ella; a las islas artificiales, instalaciones y estructuras situadas en el espacio acuático Nacional, salvo disposición expresa en contrario establecida en la ley.

2.2.5. Ley de Pesca y Acuicultura

La Ley de Pesca y Acuicultura, determina como órgano rector en el sector de pesca y acuicultura al Ministerio del Poder Popular de pesca y acuicultura, el cual tendrá, entre otras, las competencias de formular la política nacional en materia de pesca y acuicultura; y crea el Instituto Socialista de la Pesca y Acuicultura (INSOPESCA), como un instituto autónomo encargado de la ejecución de la política nacional de pesca y acuicultura. Sobre la naturaleza de estos organismos (ministerio e instituto autónomo), reiteramos las consideraciones hechas anteriormente respecto del Ministerio del Poder Popular con competencia en Transporte Marítimo y el Instituto Nacional de Espacios Acuáticos. Se trata de organizaciones administrativas, reguladas por normas de derecho administrativo.

La Ley de Pesca y Acuicultura está dirigida a regular el sector pesquero y de acuicultura con el fin de "*asegurar la soberanía alimentaria de la Nación, especialmente la disponibilidad suficiente y estable de productos y subproductos de la pesca y la acuicultura*". De esta forma, esta ley rige sobre todos los recursos hidrobiológicos, así como sobre las actividades de pesca, acuicultura y conexas, cuando se desarrollen bajo soberanía o jurisdicción de la República Bolivariana de Venezuela, así como en alta mar y en aguas territoriales de otros países cuando sean ejecutadas por buques pesqueros de bandera nacional, en el marco de convenios pesqueros bilaterales, multilaterales u otras normativas de carácter internacional que involucren a la República.

La pesca, acuicultura y sus actividades conexas son declaradas como de utilidad pública, interés nacional e interés social, por cuanto, establece la ley, son de "*importancia estratégica*" para "*garantizar la soberanía alimentaria, la nutrición de la población, por los beneficios socioeconómicos y tecnológicos que se derivan de ellas, así como por su importancia geopolítica y genética*". Asimismo, la ley señala en el artículo 4 como servicios públicos las actividades de producción, fabricación, importación, acopio, transporte, distribución y comercialización de los alimentos o productos derivados de la pesca, acuicultura y sus actividades conexas.

De otra parte, la Ley establece que los recursos hidrobiológicos, los componentes de la diversidad biológica y la información genética de los mismos que se encuentran permanente u ocasionalmente en el territorio nacional y en las áreas bajo su soberanía son propiedad de la República. Además dispone la ley que "*La República Bolivariana de Venezuela es la propietaria y administradora de la capacidad de pesca nacional y, en tal sentido, dictará las medidas necesarias para lograr la protección y mejor aprovechamiento de esa capacidad*" (véase el artículo 7 de la Ley). La ordenación y regulación de esta actividad pesquera es una típica función administrativa de administración de los bienes de la dominialidad pública.

2.2.6. Decreto con Rango, Valor y Fuerza de Ley de Tasas Portuarias

El Decreto con Rango, Valor y Fuerza de Ley de Tasas Portuarias tiene por objeto establecer y regular las tasas a las cuales estarán sujetas las actividades realizadas por personas naturales o jurídicas en los puertos públicos de uso público administrados por el Poder Público

Nacional, tales como, las tasas por los derechos de arribo, muelle, embarque y desembarque, uso de superficie, depósito, almacenamiento, estacionamiento de vehículos y maquinarias, registro, entre otros, que pudieran crearse.

2.2.7. El Decreto con Rango, Valor y Fuerza de Ley de Zonas Costera

El Decreto con Rango, Valor y Fuerza de Ley de Zonas Costeras establece las disposiciones que regirán la administración, uso y manejo de las Zonas Costeras, a objeto de su conservación y aprovechamiento sustentable, como parte integrante del espacio geográfico venezolano. De conformidad con esta ley, se declara de utilidad pública e interés social la conservación y aprovechamiento sustentable de las zonas costeras, a cargo de los órganos del Poder Público, con la activa participación de la comunidad organizada, y que comprende, entre otros, la protección de los procesos geomorfológicos que permiten su formación, regeneración y equilibrio, la protección de la diversidad biológica, la ordenación de las zonas costeras, la determinación de las capacidades de uso y de carga de las zonas costeras, el control, corrección y mitigación de las causas generadoras de contaminación, provenientes tanto de fuentes terrestres como acuáticas, la vigilancia y control de las actividades capaces de degradar el ambiente, y el tratamiento adecuado de las aguas servidas y efluentes, y la inversión pública o privada destinada a garantizar su calidad (véase el artículo 7 de la Ley).

2.2.8. El Decreto con Rango, Valor y Fuerza de Ley de Canalización y Mantenimiento de las Vías de Navegación

El Decreto con Rango, Valor y Fuerza de Ley de Canalización y Mantenimiento de las Vías de Navegación establece que el Ministerio del Poder Popular con competencia en materia de infraestructura y transporte es el órgano rector en la canalización, administración y mantenimiento de las vías de navegación de la República y además crea el Instituto Nacional de Canalizaciones como el ente de gestión de las políticas que dicte el órgano rector. De igual forma, sobre la naturaleza de estos organismos (ministerio e instituto autónomo), caben las mismas consideraciones hechas anteriormente respecto del Ministerio del Poder Popular con competencia en Transporte Marítimo y el Instituto Nacional de Espacios Acuáticos.

Esta ley tiene por objeto regular las actividades relacionadas con el desarrollo, conservación, inspección, administración; canalización y mantenimiento de las vías de navegación, las cuales han sido declaradas por la ley como de interés y utilidad pública, con la finalidad de transformar y conservar espacios en vías adecuadas a la navegación acuática para garantizar la accesibilidad permanente y segura de buques y accesorios de navegación.

2.2.9. La Ley de Faros y Boyas

La Ley de Faros y Boyas creó el Servicio Autónomo Oficina Coordinadora de Hidrografía y Navegación, el cual estará adscrito al Ministerio de la Defensa, a través de la Armada, y regula el Sistema Nacional de Señalización Marítima y otras ayudas a la navegación.

Los servicios autónomos son definidos por la Ley Orgánica de Administración Pública en el artículo 94 como "servicios desconcentrados", los cuales son órganos sin personalidad jurídica creados con el propósito de obtener recursos propios para ser afectados a la prestación de un servicio. De conformidad con el artículo 95 de la mencionada ley, los servicios desconcentrados sin personalidad jurídica contarán con un fondo separado, para lo cual estarán dotados de la capacidad presupuestaria o financiera. Así pues, los ingresos provenientes de la gestión de los servicios desconcentrados sin personalidad jurídica no forman parte del Tesoro y, en tal virtud, podrán ser afectados directamente de acuerdo con los fines para los cuales han sido creados. En efecto, tales ingresos sólo podrán ser utilizados para cubrir los gastos que demanda el cumplimiento de sus fines.

Los servicios autónomos sin personalidad jurídica son organizaciones administrativas desconcentradas funcionalmente que permiten la flexibilidad presupuestaria y financiera para el desempeño de algunas actividades y autonomía en la gestión administrativa; constituyen una figura intermedia entre la administración central y la administración descentralizada.

En efecto, al igual que los órganos de la administración central, los servicios autónomos no tienen personalidad jurídica propia, sino que tienen una sola y única personalidad jurídica: la personalidad de la República, como persona nacional, distinta, en el ámbito territorial, de las otras personas político-territoriales. De otra parte, los servicios autónomos comparten con los entes de la administración descentralizada su carácter autónomo, que se manifiesta en su autonomía patrimonial y presupuestaria y, en general, en su capacidad para dictar sus propias normas de funcionamiento y de organización, así como para ejercer las competencias que le son desconcentradas.

En el caso del del Servicio Autónomo Oficina Coordinadora de Hidrografía y Navegación, la Ley de Faros y Boyas establece en el artículo 11 que su organización, funcionamiento y demás actividades serán determinados en el Reglamento Orgánico de la Dirección de Hidrografía y Navegación que promulgará el Ministerio de la Defensa, a través de la Comandancia General de la Armada, con arreglo a lo previsto en dicha Ley; y que sus ingresos estarán constituidos, de conformidad con el artículo 10, de la siguiente forma:

1. Por los provenientes de las tasas creadas por esta Ley;
2. Por los aportes ordinarios que anualmente se le asigne en la Ley de Presupuesto, a través del Ministerio de la Defensa;
3. Por los ingresos provenientes de labores de apoyo a organismos públicos o privados;
4. Por los otros ingresos que perciban por la prestación de sus servicios;
5. Por las donaciones provenientes de personas naturales o jurídicas, públicas o privadas, nacionales o extranjeras u organismos internacionales;
6. Por los ingresos ordinarios y extraordinarios del presupuesto que le sean acordados;
7. Por los recursos provenientes de convenios con instituciones nacionales y extranjeras.

La Ley de Faros y Boyas establece que la utilización de los bienes nacionales del Sistema Nacional de Señalización Marítima y otras ayudas a la navegación, causará el pago de una tasa equivalente en moneda nacional a tres centavos de dólar americano (US$ 0,03) por tonelada bruta, sujeto al cambio oficial vigente el día de arribo del buque en cuestión a puerto venezolano. De conformidad con el artículo 2 de esta ley, cada dos años esta tasa por faros y boyas podrá ser revisada y aumentada, mediante Resolución del Ministerio de la Defensa, previa opinión favorable de las Comisiones Permanentes de Finanzas del Senado y de la Cámara de Diputados.

2.2.10. Ley de Procedimiento Marítimo

La Ley de Procedimiento Marítimo regula el procedimiento ordinario en la Jurisdicción Acuática (Tribunales de Primera Instancia y Tribunales Superiores Marítimos), a ser aplicado en aquellos asuntos marítimos judiciales que no tienen previsto un procedimiento especial[35]. Por su contenido procesal marítimo esta ley no forma parte del Derecho Administrativo Marítimo. En efecto, la Ley de Procedimiento Marítimo se limita a establecer las normas que rigen la actuación y competencia de los Tribunales Marítimos, así como los principios y actos procesales que informan el procedimiento marítimo ordinario.

2.3. Otras Normas

De otra parte, existen en el ordenamiento jurídico venezolano varios Reglamentos dirigidos a desarrollar asuntos específicos del Derecho Administrativo Marítimo, tales como, la expedición de certificados de matrícula, patentes y licencias de navegación y permisos especiales; el diario de navegación y de puerto y del diario de máquinas; el rol de tripulantes; el registro y cedulación de personal de la marina mercante nacional en general, de pesquería y de recreo; las marcas y distintivos para los buques de la marina mercante nacional; la recepción y despacho de buques por las autoridades marítimas de la República; el cuerpo de bomberos marinos; uniformes para la marina mercante; títulos de la marina mercante; el servicio de remolcadores; la expedición del certificado de navegabilidad y fijación de la línea máxima de carga; arqueo de buques; régimen de acceso de embarcaciones pesqueras extranjeras

[35] Patricia Martínez Souto, "Reforma Legislación Marítima Venezolana 2006", disponible en: http://www.luiscovaa.com/publicaciones.asp

a zonas bajo soberanía o jurisdicción exclusiva de la República, entre otros.

3. ORGANIZACIÓN ADMINISTRATIVA MARÍTIMA

La organización administrativa marítima es el conjunto de principios y normas de derecho público que determinan la estructura, organización, funcionamiento y competencia de los órganos y autoridades marítimas de la administración pública, las relaciones de esos órganos entre sí y con otros órganos del poder público y sus relaciones con los particulares.

De conformidad con el régimen jurídico marítimo señalado precedentemente es claro que hay varias organizaciones administrativas marítimas que llevan adelante la prestación y supervisión de la señalización Marítima y otras ayudas a la navegación; la vigilancia de la conservación y aprovechamiento sustentable de las Zonas Costeras; y el desarrollo, conservación, inspección, administración, canalización y mantenimiento de las vías de navegación. Así también, existe una organización administrativa dirigida a recaudar las tasas por la prestación de los servicios públicos, a las cuales estarán sujetas las actividades realizadas por personas naturales o jurídicas en los puertos públicos de uso público; así como a administrar los espacios acuáticos, insulares y portuarios de la República.

Hay una administración pública que ejerce la autoridad acuática en lo concerniente al régimen administrativo de la navegación y de la Gente de Mar, así como lo pertinente a los buques de bandera nacional en aguas internacionales o jurisdicción de otros Estados.

Existe una organización administrativa encargada de regular y controlar el sector pesquero y de acuicultura y actividades conexas, así como de proteger la biodiversidad y los procesos ecológicos para mantener y asegurar un ambiente acuático sano y en equilibrio para futuras generaciones.

A nivel nacional, el Derecho Administrativo Marítimo establece una serie de órganos encargados de la administración de los espacios acuáticos y portuarios, es decir, de todo lo que abarca los áreas náuticas de la nación. En este sentido, el artículo 70 de la Ley Orgánica de

Espacios Acuáticos establece que "*Corresponde al Ejecutivo Nacional, a través de sus órganos y entes, el ejercicio de las competencias que sobre los espacios acuáticos y portuarios tienen atribuidas de conformidad con la ley*".

3.1. Ministerio del Poder Popular para el Transporte

De conformidad con el artículo 71 de la Ley Orgánica de Espacios Acuáticos, el Ministerio del Poder Popular con competencia en materia de transporte acuático, es el órgano rector de la navegación marítima, fluvial y lacustre destinada al transporte de personas y bienes, a la pesca, al turismo, al deporte, a la recreación y a la investigación científica; así como, lo relacionado a la materia portuaria, y cualquier otra que señale la ley.

En efecto, según dispone el prenombrado artículo 71, el Ministerio del Poder Popular con competencias en Transporte Marítimo, que en este caso sería el Ministerio del Poder Popular de Transporte, es el encargado de planificar, desarrollar, supervisar, estudiar, controlar, coordinar, promover todo sobre las políticas que se van a aplicar a los espacios acuáticos de la República.

De esta forma, el Ministerio del Poder Popular para el Transporte es el encargado de formular los proyectos y planes nacionales de transporte acuático conforme a la planificación centralizada; aprobar el componente de transporte acuático a ser incluido en el Plan Nacional de Desarrollo del Sector Acuático; supervisar y controlar el ejercicio de la autoridad acuática, estudiar, supervisar e incluir dentro de los planes de desarrollo del sector acuático, los planes y proyectos sobre la construcción de puertos, canales de navegación, muelles, buques, marinas, obras e instalaciones y servicios conexos; controlar, supervisar y fiscalizar el régimen de la navegación, los puertos públicos y privados y actividades conexas conforme a la ley; el control y supervisión del transporte de cargas reservadas; fijar las tarifas sobre los servicios del transporte público de pasajeros y actividades conexas al sector acuático, en coordinación con el Ministerio del Poder Popular con competencia en materia de comercio; supervisar el Registro Naval Venezolano de buques; promover actividades de investigaciones científicas y tecnológicas en el sector, en coordinación con los demás órganos y entes de la Administración Pública; aprobar los proyectos del sector acuático de conformidad con las normas técnicas nacionales e internacionales; vigilar, fiscalizar y controlar la aplicación de las normas para la seguridad del transporte acuático nacional; aprobar y ejercer el control sobre las políticas de personal del Instituto de los Espacios Acuáticos, de conformidad con lo establecido en las leyes que rigen la materia, entre otras.

3.2. Instituto Nacional de Espacios Acuáticos

La Ley Orgánica de Espacios Acuáticos contempla el Instituto Nacional de Espacios Acuáticos (INEA), como un "*ente de gestión*", con personalidad jurídica y patrimonio propio, el cual estará encargado de la gestión y ejecución de las políticas que dicte el órgano rector (Ministerio del Poder Popular para el Transporte).

Tal como lo dispone el artículo 73 de la Ley Orgánica de Espacios Acuáticos, corresponde al Instituto Nacional de Espacios Acuáticos ejercer la autoridad acuática, así como el ejercicio de la administración acuática, que comprende, entre otras, las siguientes funciones:

- Supervisar, controlar y vigilar el funcionamiento de las capitanías de puerto y sus delegaciones.
- Coadyuvar y supervisar la formación y capacitación del personal de la marina mercante.
- Vigilar y controlar la aplicación de la legislación acuática nacional e internacional.
- Mantener el registro del personal de la marina mercante.
- Certificar al personal de la marina mercante, según los convenios internacionales y la legislación nacional.
- Velar por el cumplimiento del régimen disciplinario del personal de la marina mercante.
- Llevar el registro, certificación y supervisión del personal del servicio de pilotaje y de inspecciones navales.
- Mantener el registro, autorización y seguimiento de las empresas navieras, certificadoras, operadoras y agenciamiento de carga, consolidación de carga, de transporte multimodal y de corretaje marítimo.

- Supervisar, controlar y fiscalizar la actividad de puertos públicos y privados, construcciones de tipo portuarios, instalaciones, servicios conexos y demás obras.
- Garantizar mediante la supervisión y control, la seguridad marítima y la vida, en el ámbito de las circunscripciones acuáticas, en coordinación con las autoridades competentes.
- El establecimiento de las rutas marítimas, dispositivos de separación de tráfico y los sistemas de notificación y reportes de buques.
- La supervisión y control de las actividades de búsqueda y salvamento.
- Controlar y supervisar lo concerniente a la marina deportiva, recreacional y turística.
- Controlar y supervisar lo concerniente a los buques dedicados a la pesca, en coordinación.
- Controlar y supervisar los servicios de pilotaje, lanchaje, remolcadores e inspecciones navales.
- Aprobar, supervisar y controlar los planes de contingencia ambiental en los espacios acuáticos y portuarios, en coordinación con los órganos y entes competentes.
- Mantener actualizados los planes de contingencia en materia ambiental, tanto nacionales e internacionales; en especial el Plan Nacional de Contingencia Contra Derrames de Hidrocarburos; en los mismos se establecerán los mecanismos de coordinación.
- Coordinar todo lo referente al Convenio del Fondo Internacional de Indemnización de Daños Causados por la Contaminación de Hidrocarburos.

De otra parte, la Ley de Marinas y Actividades Conexas regula en su título II el régimen administrativo de la navegación, y dispone que corresponde al Ejecutivo Nacional, mediante el Instituto Nacional de Espacios Acuáticos, todo lo relativo a la organización, control, supervisión y administración de los servicios del Cuerpo de Bomberos Marinos y el Cuerpo de Policía Marítima, los cuales comprenden las funciones de prevención, protección, combate, mitigación, extinción y la investigación de siniestros y las funciones de policía, vigilancia y control, para asegurar la preservación de la vida y la de los bienes, la prevención de la contaminación, y la seguridad de playas y áreas bajo la potestad de cada circunscripción acuática (véase el artículo 11 de la Ley).

Asimismo, la Ley General de Puertos regula las competencias de la Autoridad Acuática que corresponde al Instituto Nacional de Espacios Acuáticos en materia portuaria, y le otorga, entre otras, las siguientes funciones y atribuciones en el artículo 24:

- Formular las políticas y lineamientos en materia portuaria y verificar la ejecución del Plan Nacional de Desarrollo Portuario.
- Supervisar el cumplimiento de las políticas, lineamientos y normas para la construcción, mejoramiento y mantenimiento de la infraestructura portuaria.
- Definir los objetivos del Sistema Portuario Nacional y los lineamientos económicos, técnicos y tarifarios para el desarrollo de la actividad portuaria.
- Garantizar el cumplimiento de las normas nacionales e internacionales, en particular, las referidas al ambiente y la seguridad, que tengan incidencia en materia portuaria.
- Mantener información actualizada sobre los puertos y construcciones de tipo portuario que conforman el Sistema Portuario Nacional.
- Otorgar las concesiones de funcionamiento, habilitaciones y autorizaciones establecidas en la ley.
- Imponer las sanciones establecidas en la Ley.
- Supervisar la actividad de los entes públicos o privados, a quienes les hayan sido otorgadas concesiones, habilitaciones o autorizaciones para la construcción, operación, administración y mantenimiento de puertos o cualquier otra construcción de tipo portuario.
- Velar por el desarrollo del sistema portuario y la correcta prestación de las operaciones portuarias, salvaguardando los recursos ambientales y la calidad de vida de los centros urbanos directamente relacionados con la actividad portuaria.
- Iniciar y proseguir los procedimientos de intervención sobre los puertos y construcciones portuarias de administración estadal.

- Garantizar la satisfacción eficaz de la prestación del servicio público de los puertos de uso comercial con el fin de asegurar a los usuarios y consumidores un servicio de calidad.

3.3. Consejo Nacional de los Espacios Acuáticos

La Ley Orgánica de Espacios Acuáticos regula un "órgano asesor", denominado Consejo Nacional de los Espacios Acuáticos, que tiene como competencia según el artículo 81, asesorar al Ejecutivo Nacional en materia de fomento y desarrollo de la marina mercante, puertos, industria naval, el desarrollo de los canales de navegación en ríos y lagos, la investigación científica y tecnológica del sector acuático, la formación, capacitación, actualización y certificación del talento humano de dicho sector. Este órgano, de conformidad con el precitado artículo 81, será además "*un órgano de participación de las comunidades organizadas en el asesoramiento para la formulación y seguimiento de políticas, planes y programas del sector acuático.*".

El Consejo Nacional de los Espacios Acuáticos está regulado a través del Reglamento especial que establece su organización, atribuciones y funcionamiento; y que además dispone el establecimiento y operación de los denominados Comités de Asesoramiento y Participación en Actividades Específicas y Especializadas del sector acuático, los cuales han sido consagrados para el tratamiento de materias como la marina mercante, marina de pesca y acuicultura, marina deportiva, recreacional y turística, Dependencias Federales, industria naval, puertos, formación, capacitación y actualización de los recursos humanos del sector acuático, investigación científica y tecnológica acuática, derecho del mar y derecho marítimo, seguridad de los espacios acuáticos, servicios de pilotaje, remolcadores, lanchaje, señalización, balizaje y canalizaciones, hidrografía, meteorología, oceanografía y cartografía náutica, protección del ambiente acuático, y seguridad de la vida humana en el mar[36].

---

[36] Patricia Martínez Souto, "Reforma Legislación Marítima Venezolana 2006", cit.

3.4. Instituto Nacional de Canalizaciones

El Instituto Nacional de Canalizaciones es el ente encargado de ejecutar la política nacional de desarrollo de los canales y vías de navegación que dicte el Ministerio del Poder Popular con competencia en materia de infraestructura y transporte, el cual es su órgano rector, de conformidad con el artículo 8 de la Ley de Canalización y Mantenimiento de las Vías Marítimas. Este Instituto tiene personalidad jurídica y patrimonio propio, y le corresponde, entre otras, el ejercicio de las siguientes competencias:

- Elaborar la propuesta del anteproyecto de Plan Nacional de Desarrollo de Mantenimiento de los Canales de Navegación, integrado por los planes y proyectos de las nuevas vías de navegación.
- Realizar el mantenimiento de los canales y vías de navegación existentes en la República.
- Administrar los canales de navegación de la República.
- Administrar los recursos financieros provenientes por el uso de los canales de navegación de la República.
- Realizar actividades de hidrografía, dragado y señalización que requieran los órganos o entes públicos o privados, en instalaciones portuarias, terminales petroleros, ferromineros, así como de cualquier otro cauce navegable y actividad de naturaleza similar.
- Administrar, mantener y operar los sistemas de señalización de los canales y vías de navegación.
- Supervisar y controlar el ejercicio de la actividad de canalización y mantenimiento de las vías de navegación.
- Autorizar a personas naturales o jurídicas para la prestación de servicios que permitan la transformación de espacios en vías de navegación.
- Prestar asesoría técnica a instituciones públicas o privadas, nacionales e internacionales, relacionadas con la actividad de canalización y mantenimiento de vías de navegación.

3.5. Capitanía de Puerto

La Ley de Marinas y Actividades Conexas establece en el artículo 12, el órgano de la Capitanía de Puerto, el cual estará a cargo de un funcionario denominado Capitán de Puerto, que será de libre nombramiento y remoción por parte del Presidente del Instituto Nacional de los Espacios Acuáticos, y tendrá entre otras, competencia para: ejecutar las políticas y directrices emanadas del órgano que ejerce la autoridad acuática; supervisar en su circunscripción el correspondiente registro de buques y demás registros contemplados en la ley; expedir la patente o licencia de navegación provisional en el Registro Naval Venezolano, mientras se tramita la patente definitiva; ordenar la inspección a los buques en su circunscripción; expedir los certificados nacionales e internacionales de los buques que le correspondan en su circunscripción; expedir el rol de tripulantes y las cédulas marinas correspondientes al personal de navegación; coordinar, controlar y supervisar, según el caso, los servicios de pilotaje, remolque y lanchaje y todo lo relativo a la seguridad, sanidad marítima y la prevención de la contaminación del medio acuático, en el ámbito de su competencia; la recepción y despacho de buques en tráfico internacional, cabotaje o navegación doméstica y las órdenes de fondeo, atraque y desatraque.

3.6. Comisión Nacional para la Facilitación del Sistema Buque-Puerto

La Ley de Marinas y Actividades Conexas crea además la Comisión Nacional para la Facilitación del Sistema Buque-Puerto, con el objeto de dar cumplimiento a las acciones para optimizar el tráfico marino internacional. Dicha comisión será presidida por el Presidente del Instituto Nacional de los Espacios Acuáticos, quien instalará las comisiones locales en cada una de las circunscripciones acuáticas de la República, las cuales serán presididas a su vez por los respectivos Capitanes de Puerto, todo ello de conformidad con el artículo 16 de la Ley de Marinas y Actividades Conexas.

3.7. Ministerio del Poder Popular con competencia en materia de Pesca y Acuicultura

De otra parte, la Ley de Pesca y Acuicultura determina como órgano rector en el sector de pesca y acuicultura al Ministerio del Poder Popular con competencia en materia de pesca y acuicultura, el cual tendrá, entre otras, las competencias de formular la política nacional en materia de pesca y acuicultura; hacer seguimiento, evaluación y control de la política nacional, el Plan Nacional y las normas técnicas de ordenamiento en materia de pesca y acuicultura; ordenar, direccionar, articular y asegurar el cumplimiento de las competencias de los entes de gestión en materia de pesca y acuicultura.

3.8. Instituto Socialista de la Pesca y Acuicultura

La Ley de Pesca y Acuicultura además establece el Instituto Socialista de la Pesca y Acuicultura (INSOPESCA) como un instituto autónomo con personalidad jurídica y patrimonio propio, distinto e independiente del Fisco Nacional, adscrito al Ministerio del Poder Popular con competencia en materia de pesca y acuicultura, encargado de la ejecución de la política nacional de pesca y acuicultura, así como el Plan Integral de Desarrollo Agrícola.

También, la Ley de Pesca y Acuicultura determina que el Ministerio del poder popular con competencia en materia de pesca y acuicultura contará con las estructuras organizativas y administrativas necesarias para coordinar lo relacionado con el desarrollo de los circuitos pesqueros y acuícolas en función de la producción nacional, con énfasis en materia de inversión, cooperación, asistencia técnica, comercio justo, distribución equitativa, programas de fortalecimiento del apoyo en materia de desarrollo rural, consolidación de actividades de investigación, vigilancia y control, consolidación del modelo productivo, desempeño de los componentes y actores de las cadenas agroproductivas del sector. Igualmente estas estructuras organizativas y administrativas, ejecutarán la supervisión de la adecuada construcción, distribución y funcionamiento de la infraestructura de intercambio, distribución y comercio, así como la supervisión de programas de investigación, aplicación de tecnologías desarrolladas en el país, aprovechamiento sustentable de los recursos pesqueros y acuícolas e impulsar el desarrollo integral de las comunidades pesqueras por intermedio del Poder Comunal y los consejos de pescadores y pescadoras y acuicultores y acuicultoras, y demás organizaciones de base del Poder Popular (véase el artículo 51 de la Ley).

3.9. Administración Portuaria

En Venezuela, el control y administración de los puertos, de conformidad con los artículos 156.26 y 164.10 de la Constitución está a cargo del Poder Nacional y Estadal, respectivamente. En efecto, dispone la Constitución que:

> *Artículo 156. Es de la competencia del Poder Público Nacional:*
>
> *26. El régimen de la navegación y del transporte aéreo terrestre, marítimo, fluvial y lacustre, de carácter nacional; de los puertos, aeropuertos y su infraestructura.*
> *Artículo 164. Es de la competencia exclusiva de los estados:*
> *10. La conservación, administración y aprovechamiento de carreteras y autopistas nacionales, así como de puertos y aeropuertos de uso comercial, en coordinación con el Ejecutivo Nacional.*

Sobre este aspecto, el artículo 42 de la Ley General de Puertos establece que los Estados, bajo la rectoría y lineamientos establecidos por el Ejecutivo Nacional, "*ejercerán esta competencia de conformidad con esta Ley y con lo que dispongan las leyes sancionadas por los respectivos Consejos Legislativos Estadales, debiendo constituir un ente descentralizado que se encargue de la administración del puerto u otorgarlo en concesión o habilitación*".

En este orden de ideas, la Ley General de Puertos dispone en el artículo 48 que las legislaciones portuarias estadales establecerán la conformación y funcionamiento del ente descentralizado, garantizando la representación de los principales actores involucrados en la actividad marítima portuaria local.

Ahora bien, este ente descentralizado podrá adoptar la forma de sociedad mercantil o de instituto autónomo, según disponen los artículos 51 y 52 de la Ley General de Puertos. Las sociedades mercantiles creadas como entes descentralizados son las llamadas "*empresas del estado",* las cuales, si bien son constituidas de acuerdo a las normas de derecho privado, son personas jurídicas de derecho público en las cuales la República, los estados, los distritos metropolitanos y los municipios, o alguno de los entes descentralizados funcionalmente a los que se refiere el presente Decreto con Rango, Valor y Fuerza de Ley Orgánica, solos o conjuntamente, tengan una participación mayor al cincuenta por ciento del capital social (véase el artículo 103 de la Ley Orgánica de Administración Pública). De otra parte, ya hemos comentado que los institutos autónomos también son personas jurídicas de derecho público, dotadas de patrimonio propio, de naturaleza fundacional y son creadas por ley nacional, estadal, u ordenanza municipal, dotadas de patrimonio propio, con las competencias determinadas en éstas, de conformidad con el artículo 98 de la Ley Orgánica de Administración Pública.

Los entes administradores de los puertos públicos de uso público tendrán como ingresos los que se deriven de su actividad comercial, como también los percibidos por concepto de tasas. Así pues, los entes administradores de los puertos públicos de uso público tendrán derecho a percibir y administrar todos los ingresos derivados de la operación comercial del puerto, tales como, operaciones financieras, arrendamientos de áreas cubiertas o descubiertas, concesiones, entre otros, en las condiciones establecidas en la Ley General de Puertos, según lo dispuesto en el artículo 55 de dicha ley.

Pero también, los entes administradores tendrán como ingresos por concepto de tasas, de acuerdo con el artículo 56 de la Ley General de Puertos, los derechos de arribo[37], muelle[38], embarque y desembarque[39],

[37] Contraprestación a cargo del propietario del buque, que se pagará por el tránsito del buque a través de los canales de acceso, así como el uso de las dársenas o aguas internas del puerto. Son responsables solidarios del pago de esta tasa: el armador, el representante del armador, el Capitán del buque o su agente naviero.

[38] Contraprestación a cargo del propietario del buque, que se pagará por la utilización que haga el buque de los muelles del puerto. Son responsables solidarios del pago de esta tasa: el armador, el representante del armador, el Capitán del buque o su agente naviero.

[39] Contraprestación a cargo del propietario del buque, que se pagará por el uso que los pasajeros hacen de las instalaciones del terminal portuario de pasajeros respectivo. Son responsables solidarios del pago de esta tasa: el armador, el representante del armador, el Capitán del buque o su agente naviero.

uso de superficie[40], depósito[41], almacenamiento[42], estacionamiento de vehículos y maquinarias[43], registro[44], entre otros, que pudieran crearse, los cuales son regulados especialmente por la Ley de Tasas Portuarias.

De otra parte, el administrador portuario, definido por la Ley General de Puertos en su artículo 71 como la persona jurídica que ejerce la administración y mantenimiento del puerto, cualquiera sea su clasificación, ejerce, entre otras, las siguientes competencias fundamentales establecidas en el artículo 72 de la prenombrada ley:

- Gerenciar la actividad portuaria dentro de su ámbito de competencia, a fin de hacerla eficiente y rentable.
- Ejecutar el Plan Maestro del puerto, en concordancia con el Plan Nacional de Desarrollo Portuario.
- Autorizar y controlar las operaciones portuarias para lograr que se desarrollen en condiciones óptimas de eficacia, rentabilidad, productividad y seguridad.
- Remitir periódicamente a la Autoridad Acuática información relativa al movimiento de cargas y de buques, los presupuestos y planes de inversión, los informes de control de gestión, así como cualquier otra información que se le solicite.
- Facilitar la actuación de los diferentes órganos de la Administración y de los entes públicos y privados que ejercen actividades en la zona portuaria.

40 Contraprestación a cargo del propietario de la carga, que se pagará por la movilización de las mercancías desde o hacia el buque. Son responsables solidarios del pago de esta tasa: el operador portuario o el consignatario de las mercancías.

41 Contraprestación a cargo del propietario de la carga, que se pagará por el depósito transitorio de las mercancías en las áreas abiertas o patios, administrados directamente por el administrador portuario. Son responsables solidarios del pago de esta tasa: el operador portuario o el consignatario de las mercancías.

42 Contraprestación a cargo del propietario de la carga, que se pagará por el almacenamiento de la mercancía, en los almacenes administrados directamente por el administrador portuario. Son responsables solidarios del pago de esta tasa: el operador portuario o el consignatario de las mercancías.

43 Contraprestación a cargo del propietario de vehículos y maquinarias, que se pagará por estacionar vehículos y maquinarias dentro del recinto portuario. Son responsables del pago de esta tasa, los propietarios de estos vehículos y maquinarias. Están exentos del pago de esta tasa, aquellos vehículos utilizados para el normal desenvolvimiento de las operaciones, destinadas al acarreo de mercancías dentro del recinto portuario.

44 Contraprestación a cargo de las empresas de servicios portuarios, por la inscripción en el registro respectivo.

- Organizar el uso de las áreas de servicio del puerto, planificar y programar su desarrollo.
- Elaborar y someter a la aprobación del órgano que corresponda las tasas portuarias previstas en esta Ley, procurando asegurar la competitividad del puerto y márgenes de rentabilidad razonables.
- Elaborar y ejecutar el Plan de Acción Ambiental Portuario de acuerdo a las políticas, lineamientos y normas establecidas por la Autoridad Acuática y el Ministro del Poder Popular para el Ambiente, en concordancia con las leyes que rigen la materia.
- Solicitar a las autoridades competentes, evaluaciones periódicas, por lo menos cada dos (2) años, de la batimetría a los fines de garantizar el calado oficial de cada puerto, el canal de acceso y los muelles mantengan profundidades acordes con la naturaleza del tráfico que el puerto sirve.
- Elaborar los Planes de Contingencia según las políticas y lineamientos establecidos por la Autoridad Acuática, para garantizar la continuidad del servicio.
- Cumplir y hacer cumplir las normas nacionales e internacionales en materia de seguridad e higiene industrial, control sanitario, prevención y control de incendios así la como protección física de las instalaciones, para lo cual organizarán los respectivos servicios de seguridad física y protección integral, según los lineamientos de la Autoridad Acuática y los requerimientos específicos del puerto.
- Cumplir y hacer cumplir las normas nacionales e internacionales en materia de prevención y combate de incendios, para lo cual podrá, mediante convenio con la Autoridad Acuática, organizar los respectivos servicios, según los requerimientos específicos del puerto.
- Llevar a cabo el mantenimiento predictivo, preventivo y correctivo de las instalaciones portuarias.
- Llevar el registro de Empresas de Servicios Portuarios y el registro auxiliar de personas naturales y jurídicas que realicen actividades en la zona portuaria, distintas de las operaciones portuarias.

- Liquidar y recaudar los derechos respectivos, de conformidad con esta Ley y con lo que disponga la ley estadal respectiva.
- Dictar las normas para la prestación de los servicios portuarios y elaborar el correspondiente Manual de Operaciones.
- Asignar los puestos de atraque, estando facultado para ordenar la movilización de cualquier buque que haya sido objeto de medidas judiciales o administrativas, preventivas o ejecutivas, a una posición más conveniente a la seguridad y el interés comercial del puerto, sin perjuicio de la medida que pese sobre el buque.
- Prestar los servicios que sean ordenados o delegados por la Autoridad Acuática, o que ordene o delegue la ley estadal de acuerdo a las facilidades propias del puerto.

4. LA ACTIVIDAD ADMINISTRATIVA MARÍTIMA

Como todas las actividades que lleva adelante la administración pública, la actividad administrativa marítima puede clasificarse en actividad de policía administrativa marítima, actividades de prestación de servicios públicos marítimos, actividad de gestión económica marítima y, finalmente, en actividad de fomento marítimo.

Ahora bien toda esa actividad administrativa marítima, como actividad de carácter sublegal, se concreta a través de actos administrativos, como ocurre en el caso de la actividad de policía y fomento; o por medio de hechos o actuaciones materiales, como es el caso de la actividad de prestación de servicio público y en la de gestión económica; y mediante de actos bilaterales, que constituyen los denominados contratos administrativos, utilizados también en el caso de la prestación indirecta de los servicios públicos.

4.1 Actividad de policía

La actividad de policía o coacción es la actividad administrativa dirigida al mantenimiento del orden público, entendido en sentido amplio, mediante la limitación de las actividades privadas. Garrido Falla ha definido la actividad de policía como el "*conjunto de medidas coactivas arbitradas por el derecho para que el particular ajuste su actividad a un fin de utilidad pública*"[45].

Como explica Brewer-Carías, "*Toda entidad estatal, por esencia, realiza una actividad de policía en el sentido de velar por el orden público y social o por el respeto de los derechos de los demás. Por ello, la policía no es solo un conjunto de funcionarios uniformados, sino que ante todo es una actividad del Estado que corresponde a todos sus órganos con relación a las competencias que les corresponden y, a las actividades que realicen, siempre que las mismas tengan relación con el orden público y social y con el respeto a los derechos de los ciudadanos*"[46].

En el ámbito del Derecho Administrativo Marítimo encontramos múltiples ejemplos del ejercicio de actividad de policía por parte de las autoridades administrativas marítimas. Tengamos presente que la administración pública está llamada por la ley a ejercer el control, inspección y seguimiento de los espacios acuáticos, insulares y portuarios, industria naval, asuntos navieros y portuarios del Estado, deportes náuticos y actividades recreativas en los espacios acuáticos, entre otros; así como a asegurar la protección del medio marítimo.

Como ya señalamos al tratarse de una actividad de ordenación y control, esta actividad se lleva adelante a través de actos administrativos. Ese control se lleva a cabo, de una parte, mediante las autorizaciones, certificaciones, permisos, licencias, etc., que otorga la administración a los particulares para desempeñar determinadas actividades en los espacios acuáticos. Asimismo, la actividad de policía también puede manifestarse a través de actos administrativos sancionatorios por razón del incumplimiento de las disposiciones que rigen las actividades de índole marítima.

---

45 Fernando Garrido Falla, "Las transformaciones del concepto jurídico de policía administrativa", conferencia pronunciada por el autor en el Instituto de Estudios Político- el 23 de abril de 1953.

46 Allan Brewer-Carías, "Consideraciones sobre el Régimen de la Actividad de Policía Administrativa". *Revista de Derecho Público* número 48. Octubre -Diciembre 1991. Editorial Jurídica Venezolana. Caracas, 1991.

4.1.1. Actos administrativos autorizatorios

La doctrina -Sayagués Laso- define los actos administrativos autorizatorios como el "*acto de la Administración que habilita a una persona física o jurídica, privada o pública para ejercer un poder jurídico o un derecho preexistente. Supone pues, un poder o derecho anterior, cuyo ejercicio está subordinado a la obtención previa de un acto habilitante de la Administración, que remueva el obstáculo jurídico establecido por el derecho objetivo*"[47]. En este sentido, debe entenderse por autorización la remoción por la administración pública de una prohibición legal, que habilita al particular para el ejercicio de un poder jurídico o derecho subjetivo preexistente[48].

De otra parte, otra noción necesaria de considerar en este aspecto son los permisos. En el caso del permiso, contrariamente a lo que ocurre en la autorización, no hay un derecho preexistente, antes bien, mediante dicho acto se habilita al particular para el ejercicio de una actividad que, en principio, está prohibida por el ordenamiento jurídico. El permiso, expresa Dromi, es una exención especial respecto de una prohibición general, en beneficio exclusivo de quien lo pide. Con el permiso no se autoriza ni delega nada, sino que se tolera, se permite realizar algo determinado o circunscripto. Así, concluye el citado autor, el permiso importa una concesión de alcance restringido, ya que otorga derechos de menor intensidad y mayor precariedad; más que otorgar un derecho se tolera un uso[49].

Precisados los conceptos de autorización y permisos, veamos ahora algunos ejemplos de estas figuras en el derecho administrativo marítimo. En primer lugar, podemos encontrar casos de autorizaciones en el artículo 7 de la Ley de Marina y Actividades Conexas que establece que la Autoridad Acuática es el órgano competente para autorizar la construcción y la modificación de muelles, malecones, marinas deportivas,

[47] Enrique Sayagués Laso, *Tratado de Derecho administrativo*, 4ta Edición, Montevideo, 1974, pp. 414-415.

[48] Rafael Badell Madrid. *Régimen de las Concesiones en Venezuela.* Caracas-Venezuela, 2002. Pp. 54 y ss.

[49] Roberto Dromi, *Derecho administrativo*, Ediciones Ciudad Argentina, Buenos Aires, 1995, pp. 258-259.

turísticas y recreacionales, embarcaderos, varaderos, diques, astilleros, cualquier otra infraestructura industrial y de servicios, así como las instalaciones para almacenar combustibles, sustancias contaminantes o de otra índole, cuyas tuberías lleguen a la línea de la costa o comiencen en ella.

Asimismo téngase en cuenta el artículo 133 de la Ley de Marina y Actividades Conexas que establece la Patente de Navegación como el documento que acredita la nacionalidad venezolana del buque y lo autoriza a navegar bajo bandera Venezolana y la cual es expedida por la Autoridad Acuática; el artículo 148 que dispone que los servicios de cartografía náutica, actividades oceanográficas, científicas, subacuáticas e hidrográficas, publicaciones náuticas, levantamientos hidrográficos y cualquier actividad conexa con estos servicios, serán autorizados por la Autoridad Acuática, previo cumplimiento de los requisitos exigidos por la ley.

En la Ley General de Puertos se pueden observar también las típicas figuras de la actividad administrativa de policía como son las habilitaciones y autorizaciones, las cuales dispone la ley en el artículo 33, deberán ser solicitadas por los interesados ante el Instituto Nacional de los Espacios Acuáticos, de conformidad con el procedimiento establecido en el Reglamento.

En efecto, dispone la ley en el artículo 31 que se entiende por habilitación, el acto que emite la Autoridad Acuática, para que un ente público o una empresa del Estado construya, mantenga, opere o administre un puerto público de uso privado.

Asimismo, señala el artículo 32 que se considera autorización, el acto por el cual la Autoridad Acuática autoriza a un particular para construir, operar, mantener y administrar un muelle, embarcadero o atracadero de interés local o particular, en los términos que establezca el Reglamento.

De otra parte, ejemplos de permisos en el derecho administrativo marítimo pueden encontrarse en el artículo 26 de la Ley de Pesca y Acuicultura el cual establece, entre otros, los permisos que pueden ser otorgados tanto a personas naturales o personas jurídicas para realizar las siguientes actividades:

a. Pesca comercial: Para ejercer la captura de organismos permitidos por la normativa vigente, en las zonas y épocas establecidas, y en armonía con los criterios de manejo y conservación de los recursos hidrobiológicos. Tendrán vigencia de un año, tanto para los pescadores artesanales, como para los pescadores industriales, con carácter renovable.

b. Pesca deportiva y recreativa: Destinada a la captura de determinadas especies en áreas permitidas, siempre y cuando no causen interferencia con otras pesquerías, de conformidad con los reglamentos y normas técnicas de ordenamiento del presente Decreto con Rango, Valor y Fuerza de Ley, y tendrán una vigencia hasta por un año con carácter renovable.

c. Procesamiento, intercambio y comercialización: Para adquirir, transportar, procesar, importar y exportar productos o subproductos pesqueros y acuicultura. Tendrán vigencia por cada operación a realizar.

d. Acuicultura: Para el desarrollo y operación de proyectos de acuicultura en zonas de propiedad pública o privada. Tendrá vigencia variable dependiendo del tipo de actividad, será con carácter renovable de conformidad con los reglamentos y normas técnicas de ordenamiento del presente Decreto con Rango, Valor y Fuerza de Ley.

e. Especiales: Para ejercer actividades de pesca o acuicultura distintas a las señaladas en los literales anteriores, tales como: La didáctica, científica, ornamental y minera. Tendrán una vigencia hasta por un año, con carácter renovable. De otra parte, el artículo 250 de la Ley de Marina y Actividades Conexas dispone que el Instituto Nacional de los Espacios Acuáticos, expedirá los títulos, licencias y permisos, así como los refrendos y dispensas de la Gente de Mar a que se refiere este Decreto con Rango, Valor y Fuerza de Ley, previo cumplimiento de los requisitos exigidos en el reglamento respectivo.

4.1.2. Actos administrativos sancionatorios

Como ha señalado la doctrina -Alejandro Nieto- la actividad administrativa sancionatoria de la administración, al igual que la potestad penal de los tribunales, es una manifestación del *ius puniendi* del Estado, esto es, de la potestad punitiva del Estado. De esta forma, la potestad sancionatoria contentiva del ius puniendi, es el poder de condena a penas por la comisión de delitos o faltas (ilícitos penales), como la potestad de imposición de sanciones por la comisión de infracciones administrativas.

Particularmente, la potestad administrativa sancionadora es una potestad anexa a toda potestad atribuida a la administración para la gestión de los intereses públicos y que se materializa a través de actos administrativos sancionatorios[50], es decir, a través de sanciones, definidas como "*un mal infligido a un administrado en ejercicio de la correspondiente potestad administrativa por un hecho o conducta constitutivos de infracción asimismo administrativa, es decir, tipificado legal y previamente como tal*"[51].

El artículo 49 de la Constitución de 1999 extendió a los procedimientos administrativos en general y a los sancionadores en particular, las garantías propias del proceso penal, tal y como ya había sido aceptado por la jurisprudencia venezolana (Vid.: Sentencia de la extinta Corte Suprema de Justicia en Pleno, del 15 de abril de 1997, caso: Eloy Lares). Dentro de esas garantías destaca el principio de legalidad de la sanciones en el numeral 6 del artículo 49 de la Constitución, garantía de la cual se desprende el principio de tipicidad de las sanciones según el cual la Administración únicamente podrá imponer las sanciones que estén establecidas previamente mediante una ley.

Resulta indudable que el ius puniendi de la Administración se encuentra tutelado por los principios del Derecho Penal, los cuales no son más que garantías constituidas en pro de los administrados, por lo cual ya es posible afirmar que todas las garantías contenidas en el artículo 49 constitucional son aplicables respecto de las actuaciones de la administración pública. En otros términos, el numeral sexto del artículo 49 constitucional exige que toda sanción a ser aplicada por la Administración, puede serlo sólo si ésta ha sido previamente establecida a través de una ley.

---

50 Alejandro Nieto, *Derecho Administrativo Sancionador*. Segunda Edición Ampliada. Editorial Tecnos. 1994.

51 Luciano Parejo Alfonso, "La Actividad Administrativa Represiva y el Régimen de las Sanciones Administrativas en el Derecho Español". *En Segundas Jornadas Internacionales de Derecho Administrativo. Allan Randolph Brewer-Carías,* 1996.

Estas sanciones pueden consistir tanto en la obligación de satisfacer una cantidad de dinero (multa), como en la pérdida (total o parcial, temporal o definitiva) de una situación jurídica subjetiva favorable constituida por el derecho administrativo (revocación de actos favorables, ejemplo: pérdida de la carrera funcionarial, revocatoria de una licencia de construcción, etc.)[52].

En lo que respecta al Derecho Administrativo Marítimo puede observarse la presencia de competencias sancionatorias en diversas normas. Así por ejemplo, en la Ley de Marinas y Actividades Conexas se dispone que sin perjuicio de las sanciones establecidas en el Código Penal y en las demás leyes de la República, el Ejecutivo Nacional por órgano del Instituto Nacional de los Espacios Acuáticos, impondrá las sanciones a que se refiere la ley en el título VI "*De las responsabilidades, penas y procedimientos*", ya sea por conocimiento directo de la acción u omisión, o por notificación debidamente documentada.

Entre las sanciones dispuestas en la Ley de Marinas y Actividades Conexas se encuentra, por ejemplo, la del artículo 81 que establece que el incumplimiento de las normas referentes a la seguridad y navegabilidad del buque establecidas por la Autoridad Acuática ocasionará la imposición de las sanciones pecuniarias correspondientes, incluyendo la suspensión del permiso de zarpe, hasta que sean subsanadas las fallas u omisiones que dieron lugar a la medida.

Asimismo, la Ley de Marinas y Actividades Conexas establece en el artículo 287 una serie de sanciones dirigidas a castigar la comisión de infracciones leves, graves, muy graves y gravísimas, con multas comprendidas entre dos unidades tributarias y mil unidades tributarias.

Entre estas infracciones graves queremos resaltar las contenidas en los apartados "p" y "v", dirigidos a sancionar el incumplimiento de los procedimientos para proteger el medio ambiente marítimo, en los siguientes términos:

> *"p. Las refinerías de petróleo, las factorías químicas y petroquímicas, las instalaciones de almacenamiento y distribución de productos químicos o petroquímicos, las instalaciones para el abastecimiento de combustibles líquidos que posean terminales de carga*

---

[52] Ibidem.

o descarga de hidrocarburos en zonas portuarias y los astilleros e instalaciones de reparación naval, que incumplan las normativas ambientales indicadas en las leyes y reglamentos."
"v. Quienes derramen petróleo o sus derivados, aguas residuales de minerales, productos químicos u otros elementos nocivos o peligrosos, de cualquier especie que ocasionen daños o perjuicios en aguas jurisdiccionales de Venezuela, incluidos los puertos, radas y canales de navegación."

De otra parte, en el artículo 288 la Ley de Marinas y Actividades Conexas sanciona a quienes incumplan las obligaciones relativas a la construcción, modificación, reparación o desguace de buques en diques, astilleros, fábricas de buques, talleres navales, varaderos, industrias navales de apoyo y similares venezolanos; en el artículo 289 sanciona al propietario o Capitán de buque o instalaciones, según el caso, que con dolo o culpa contamine el medio acuático por medio de buques, cualquier instalación costera, puertos, marinas y plataformas costa afuera; el artículo 293 sanciona con la destitución de los cargos que ocupen, a los funcionarios públicos o empleados de los institutos autónomos y empresas del Estado o dependientes de éste, que contravinieren los mandatos establecidos en la Ley de Marinas y Actividades Conexas.

Así también, la Ley de Puertos contiene una serie de infracciones que podrán ser sancionadas por la Autoridad Acuática, conforme al procedimiento establecido en la ley, entre las cuales se encuentran, de conformidad con el artículo 109, las siguientes:

1) Administrar u operar un puerto o construcción portuaria sin haber obtenido previamente la concesión, habilitación o autorización correspondiente.
2) Dar al puerto o construcción portuaria una función distinta a la contenida en la respectiva concesión, habilitación o autorización obtenida para una función determinada.
3) Las administraciones portuarias que no den cumplimiento dentro del plazo establecido, a las órdenes e instrucciones que sean impartidas por la Autoridad Acuática.
4) Las administraciones portuarias que no presenten en el lapso establecido, el Informe de Gestión Anual y el informe sobre

el cumplimiento de metas trazadas en el Plan Maestro de cada puerto.

5) Las administraciones de puertos privados que no presenten los informes establecidos en el contrato respectivo, y las que no remitan la información relativa a los movimientos de carga y buques, presupuestos, planes de inversión, y cualquier información que solicite la Autoridad Acuática.
6) Las administraciones portuarias que cobren tasas no aprobadas por el órgano legislativo respectivo.
7) Las administraciones portuarias que incumplan las normas nacionales e internacionales en materia de seguridad e higiene industrial, prevención y control de incendios así como la protección física de las instalaciones.
8) El concesionario que ceda o traspase la concesión otorgada sin la autorización de la Autoridad Acuática.
9) Los titulares de concesiones, habilitaciones y autorizaciones que se retrasen en el pago de los derechos contractuales.

Resaltamos además que la Ley de Pesca y Acuicultura en el artículo 93 establece sanciones a quienes realicen actividades de pesca, de acuicultura o conexas, sin la correspondiente autorización otorgada por el Instituto Socialista de la Pesca y Acuicultura, o cuando la autorización se encuentre vencida o se realicen actividades distintas para la cual fue otorgada.

De otra parte, la Ley sobre Zonas Costeras establece un régimen dirigido a sancionar la violación de las disposiciones contenidas en dicha ley, y faculta al Ministerio del Ambiente y de los Recursos Naturales a imponer, en proporción a la gravedad de la infracción y del daño causado, alguna o algunas de las siguientes sanciones administrativas:

1) Multas, las cuales serán determinadas en unidades tributarias.
2) Suspensión, revocatoria o rescisión de las autorizaciones y de las concesiones, según sea el caso.
3) Inhabilitación parcial hasta por un período de dos (2) años para obtener las concesiones o las autorizaciones previstas en la ley.
4) Indemnización de los daños irreparables por cuantía igual al valor estimado de los recursos afectados.

4.2. Actividad de servicio público

El servicio público es una modalidad de la acción administrativa que consiste en satisfacer la necesidad pública de una manera directa o indirecta, por órganos de la propia administración creados al efecto, algunas veces con exclusión de los particulares y en otras ocasiones en concurrencia con ellos. En efecto, como hemos señalado anteriormente, el servicio público comprende las actividades prestacionales propias de la administración pública, sometidas a un régimen de derecho público, dirigidas a satisfacer, de forma regular y continua, necesidades generales o colectivas indispensables para la vida de la sociedad y que pueden ser prestadas bien directamente, a través de órganos de la propia administración creados al efecto, o por delegación.

El servicio público es una de las nociones más importantes y tradicionales del derecho administrativo, tanto que algunas definiciones de derecho administrativo se concretan en señalar que el derecho administrativo es el régimen jurídico de los servicios públicos. En efecto, la escuela de Burdeos -que tuvo como mayores exponentes a Duguit y sus discípulos Roger Bonnard y Gastón Jesé- identificaba las principales nociones del derecho administrativo con el servicio público partiendo de la idea de que cada vez que el Estado intervenía o actuaba lo hacía con motivo de la organización o prestación de un servicio público.

Brewer-Carías define el servicio público como *"las actividades prestacionales que debe asumir el Estado, tendientes a satisfacer necesidades generales o colectivas, en cumplimiento de una obligación constitucional o legal y en relación con las cuales, los particulares no tienen derecho a desarrollarlas 'libremente'"*. Precisa Brewer-Carías que "... *La idea clave a los efectos de la conceptualización jurídica del servicio público, es la existencia de una obligación constitucional o legal a cargo del Estado para la realización de la actividad prestacional*".[53]

Por su parte, Gaspar Ariño Ortiz indica que se trata de la "*actividad propia de Estado o de otra Administración pública, de prestación positiva, con la cual, mediante un procedimiento de Derecho público,*

---

[53] Allan Brewer-Carías. *"El régimen constitucional de los servicios públicos". VI Jornadas Internacionales de Derecho Administrativo "Allan Randolph Brewer-Carias"*. Caracas- Venezuela, 2002.

se asegura la ejecución regular y continua, por organización pública o por delegación, de un servicio técnico indispensable para la vida social"[54].

La Ley de Espacios Acuáticos en el artículo 105, y la Ley de Marinas y Actividades Conexas en el artículo 146, establecen que los servicios de pilotaje, remolcadores y lanchaje, son servicios públicos y serán prestados por el Instituto Nacional de los Espacios Acuáticos o por concesión de este ente.

La Ley de Marina y Actividades Conexas, en el artículo 195 establece que el pilotaje, como servicio público, consiste en el asesoramiento y la asistencia que los pilotos prestan a los capitanes de buques, en los parajes marítimos, fluviales y lacustres de las circunscripciones acuáticas de la República. El servicio público de pilotaje está regulado por la Ley de Pilotaje, que establece la obligatoriedad de este servicio para navegar en las zonas de pilotaje, así como también para efectuar en las mismas, cualquier maniobra de fondear, levar, atracar, desatracar, abordar a otro buque, amarrar o desamarrar.

El servicio público de remolcadores portuarios consiste en asistir a los buques en sus maniobras, en los puertos de uso público y de uso privado de las diferentes circunscripciones acuáticas de la República. De acuerdo al artículo 127 de la Ley de Marinas y Actividades Conexas, este servicio público está sujeto al pago de una tarifa que será fijada por el órgano que ejerce la Autoridad Acuática, mediante Resolución dictada al efecto.

Por último, el artículo 222 de la Ley de Marinas y Actividades Conexas establece que el servicio de lanchaje tanto para los puertos de uso público como de uso privado, es un servicio público obligatorio para el traslado del Piloto en el cumplimiento de sus funciones, de conformidad con lo establecido en el reglamento correspondiente. Este servicio igualmente está sujeto al pago de una tarifa que será fijada por el órgano que ejerce la Autoridad Acuática, mediante Resolución dictada al efecto.

---

[54] Gaspar Ariño Ortiz, *Principios de Derecho Público Económico*. Tercera Edición Ampliada. Granada, 2004. p. 348.

De otra parte, el artículo 22 de la Ley General de Puertos define el Sistema Nacional Portuario como la "*prestación de un servicio público eficiente y como medio de generación de riqueza, con la finalidad de integrarlo armónicamente al desarrollo económico y social del país y como elemento esencial para la seguridad estratégica y económica de la Nación*".

La Ley de Faros y Boyas, también declara como servicio público la utilización de los bienes nacionales que constituyen el Sistema Nacional de Señalización Marítima y otras ayudas a la navegación, en los espacios acuáticos sujetos a la soberanía y jurisdicción de la República.

Igualmente, la Ley de Pesca y Acuicultura establece en su artículo 4 que "*Se declaran como servicios públicos esenciales las actividades de producción, fabricación, importación, acopio, transporte, distribución y comercialización de los alimentos o productos derivados de la pesca, acuicultura y sus actividades conexas sometidos a control de precios de conformidad con lo establecido en el ordenamiento jurídico.*"

4.3. La actividad de gestión económica

Son parte también de las actividades de la administración pública aquellas que desempeña el Estado a través de formas empresariales y con finalidad económica. Se trata de una actividad que surge de la iniciativa pública en lo económico que puede proyectarse en las mismas condiciones que la iniciativa privada, es decir, en régimen de concurrencia con los particulares. En Venezuela la doctrina (María Amparo Grau) explica que esta actividad de gestión económica abarca, por tanto, la prestación de servicios e igualmente la gestión directa de actividades de producción y distribución de bienes, es decir, la actividad comercio-industrial, incluyendo aquella en la el Estado se comporta verdaderamente como empresario, en la cual situamos la que deriva de la propiedad pública de los recursos naturales que ciertamente puede favorecer la existencia de un Estado empresario[55].

La gestión económica, según Gaspar Ariño, comprende las "*actividades en que el Estado actúa como un agente más del mercado, sin*

[55] María Amparo Grau, *La inconstitucional actividad empresarial del Estado en Venezuela.* Academia de Ciencias Políticas y Sociales, Editorial Torino, Caracas, 2019. P.46

reserva alguna de titularidad, en la producción o comercialización de bienes, mediante fórmulas organizativas y de actuación generalmente jurídico privada (empresas públicas o mixta). La diferencia fundamental con las actividades de prestaciones, además de la cuestión de la titularidad exclusiva, es que en estas actividades no hay en rigor prestación de un servicio público, sino dación de bienes al mercado."[56]

La administración pública descentralizada funcionalmente podrá intervenir en las actividades y operaciones relativas a los espacios acuáticos, no sólo como órgano de control y vigilancia, o como prestador de servicio público, sino también como un agente más del mercado, en concurrencia con los particulares.

En este sentido, el artículo 76 de la Ley General de Puertos establece que las operaciones portuarias, que comprenden los servicios de atraque, amarre, desamarre, carga, descarga, transferencia, estiba, llenado, consolidación y vaciado de contenedores, la movilización de la carga, la recepción y entrega de mercancías; el pesaje de la carga, el almacenamiento; el suministro de equipos de manipulación de mercancía móviles, el suministro de agua, combustible, víveres y afines a los buques; la seguridad industrial, las reparaciones menores de los buques y equipos, inspecciones y verificación de carga y, en general, otros servicios de naturaleza semejante, también podrán ser prestadas por el ente público descentralizado encargado de la administración del puerto, es decir, aquel constituido por los Estados según lo dispuesto en el ya mencionado artículo 42 de la Ley General de Puertos.

En efecto, como ya hemos señalado, el artículo 42 de la Ley General de Puertos, dispone que los Estados, bajo la rectoría y lineamientos establecidos por el Ejecutivo Nacional, ejercerán esta competencia de conservación, administración y aprovechamiento de puertos públicos de uso público, de conformidad con dicha Ley y con lo que dispongan las leyes sancionadas por los respectivos Consejos Legislativos Estadales, debiendo constituir un ente descentralizado -bien con forma de sociedad mercantil o de instituto autónomo- que se encargue de la administración del puerto u otorgarlo en concesión o habilitación.

---

[56] Gaspar Ariño Ortiz, *Principios de Derecho Público Económico. Modelo de Estado, Gestión Pública, Regulación Económica*, Comares Editorial, Granada, 1999. p. 304.

4.4. Actividad de fomento

La actividad administrativa de fomento es la acción de la administración pública encaminada a ayudar, incentivar, proteger o promover las personas y actividades económicas de los particulares, establecimientos o empresas por razones de interés público. Esa actividad administrativa de fomento se concreta mediante el apoyo económico directo: ayudas públicas, créditos, subvenciones y a través de las ayudas indirectas y con incentivos fiscales: exoneraciones, exenciones.

La doctrina -Garrido Falla- entiende por actividad de fomento "*aquella actividad administrativa que se dirige a satisfacer indirectamente ciertas necesidades consideradas de carácter público protegiendo o promoviendo, sin emplear la coacción, las actividades de los particulares o de otros entes públicos que directamente las satisfacen*"[57]. Actividad de fomento es según Jordana de Pozas "*la acción de la Administración encaminada a proteger o promover aquellas actividades, establecimientos o empresas debidos a los particulares y que satisfacen necesidades públicas o se estiman de utilidad general, sin usar coacción ni crear servicios públicos*" [58].

Ejemplo de esta actividad de fomento en el derecho administrativo marítimo lo podemos encontrar en el artículo 19 de la Ley de Pesca y Acuicultura, el cual establece que el Instituto Socialista de la Pesca y Acuicultura "*promoverá, incentivará y brindará, asistencia técnica y financiamiento a la acuicultura, especialmente las actividades de pequeña escala, como una de las actividades aptas para la producción de proteína de especies acuáticas en armonía con el ambiente. Así mismo, dará prioridad al cultivo de las especies autóctonas y a la aplicación de las tecnologías desarrolladas en el país. Igualmente, dará especial interés a la investigación sobre la reproducción y el cultivo de estas especies y los ensayos piloto para calibrar su viabilidad económica, en cooperación con los demás órganos y entes del Ejecutivo Nacional.*"

---

[57] Fernando Garrido Falla, *Tratado de Derecho Administrativo*. Volumen II (parte general: conclusión). Tercera edición. Instituto de Estudios Políticos. Madrid, 1966. P. 306

[58] Jordana De Pozas, "Ensayo de una teoría del fomento en el Derecho Administrativo". *Revista de Estudios Políticos*, número 48. Madrid, 1949. P 46.

Igualmente la Ley Orgánica de los Espacios Acuáticos contempla entre sus regulaciones la existencia de un fondo especial administrado por el Instituto Nacional de los Espacios Acuáticos, dirigido, entre otros fines, al financiamiento de estudios y proyectos que persigan el desarrollo de la marina nacional, puertos y construcciones portuarias.

En este sentido, el artículo 87 de la Ley Orgánica de los Espacios Acuáticos establece que los programas de financiamiento de estudios, proyectos y adquisición de equipos, estarán orientados por las políticas y planes generales de desarrollo del sector acuático y principalmente atenderán:

1) La construcción, modificación, mantenimiento y reparación de buques en astilleros nacionales.
2) Obras de canalización y mantenimiento de vías navegables.
3) Hidrografía, meteorología, oceanografía y cartografía náutica.
4) Sistemas de seguridad acuática, de búsqueda y salvamento; y de vigilancia y control de tráfico marítimo fluvial y lacustre.
5) Investigación y exploración científica acuática.
6) Adecuación de mejoras, desarrollo y construcción de puertos e infraestructura portuaria.
7) Formación, capacitación y actualización del talento humano del sector acuático.
8) Adquisición de equipos, maquinarias, mejoras y desarrollo de los servicios de remolcadores y lanchaje.
9) Adquisición de equipos, maquinarias e infraestructura de la industria naval.
10) Todas aquellas otras actividades conexas del sector acuático.

Asimismo, el artículo 122 de la Ley Orgánica de los Espacios Acuáticos establece que la Autoridad Acuática promoverá e incorporará la justa y equitativa participación de organizaciones comunitarias locales, redes socio-productivas y cooperativas en los servicios que se presten en todo lo relacionado con el espacio acuático, especialmente en el transporte marítimo nacional e internacional de bienes y personas, puertos, industria naval y en general, todas las actividades conexas, relacionadas con la actividad marítima y naviera nacional.

Por su parte, el artículo 43 de la Ley de Marinas y Actividades Conexas prevé que "*El Estado propiciará mecanismos de financiamiento de pólizas de seguros colectivas o cualquier otro tipo de cobertura, para aquellos buques dedicados a la pesca artesanal y de subsistencia como sustento del pescador y su grupo familiar.*"

4.5. Contratos administrativos

En algunas ocasiones la actividad administrativa marítima se lleva adelante con la ayuda de contratos administrativos. Los contratos administrativos son aquellos que celebra, directa o indirectamente, la administración pública, en cualquiera de sus manifestaciones -central o descentralizada, territorial o funcional- con otro sujeto de derecho -público o privado- para satisfacer una finalidad pública y están regidos fundamentalmente por normas de derecho público, tanto en la etapa previa a su formación (licitación, concurso, subasta, aprobación, autorización), como en la fase de ejecución (cláusulas exorbitantes), y también en la fase de revisión, la cual corresponde a la jurisdicción contencioso administrativa[59].

Conviene recordar ahora que la primera jurisprudencia en Venezuela relativa a esta categoría especial de contratos estuvo referida a un caso de contrato administrativo marítimo. En efecto, la figura de los contratos administrativos se perfiló por primera vez en Venezuela por vía jurisprudencial, a través de la conocida sentencia dictada por la Corte Federal y de Casación en fecha 5 de diciembre de 1944, con ponencia del Magistrado Pedro Arismendi (Caso: *N. V. Aannemersbedrijf*, también conocida como *Puerto La Guaira*), en la cual la Corte resolvió el conflicto planteado a raíz de la ejecución defectuosa de un contrato de obras suscrito por el entonces Ministro de Obras Públicas con la compañía holandesa *N. V. Aannemersbedrijf voorhen T. den Brejen Van den Bout*, para la reconstrucción y mejoras del Puerto de La Guaira.

En su decisión, la Corte consideró ese contrato de obras como administrativo, y por ende, sujeto a un régimen de ejecución preponderante de derecho público, abandonando la vieja postura de aplicar las disposiciones del derecho civil a los contratos de obras públicas, al señalar

59 Véase Rafael Badell Madrid, *Régimen Jurídico del Contrato Administrativo*, Editorial Torino, Caracas-Venezuela, 2001.

que la doctrina y jurisprudencia vigentes para la época, propugnaban ya la diferenciación entre el régimen y ejecución de los contratos de derecho privado y los contratos administrativos, los cuales se encuentran vinculados al interés colectivo o "*de orden público supremo*".

Esa sentencia del caso del Puerto de La Guaira constituyó un gran avance en lo que respecta al desarrollo jurisprudencial de la teoría del contrato administrativo en Venezuela, ya que a partir de esa primera decisión, tal figura contractual fue desarrollándose de manera paulatina por medio de la jurisprudencia (vgr. Caso *Machado* en 1954) hasta llegar a célebres decisiones, como la dictada el 11 de julio de 1983 por la Sala Político-Administrativa de la Corte Suprema de Justicia, con ponencia del Magistrado Luís Henrique Farías Mata, en el caso *Acción Comercial, S.A.*, en la cual se explicó la existencia de contratos administrativos distintos de los de derecho común celebrados por la administración y se ratificó que tales contratos serán identificados como tales, siempre que ellos involucren la satisfacción general del interés público, posición que fue luego ratificada en fallos posteriores de la Corte Suprema de Justicia (vgr. casos *Cervecería de Oriente* 11 de agosto de 1983 y *Hotel Isla de Coche I*, de 1986, entre otras).

Generalmente, es a través de la figura del contrato administrativo, que la administración logra el cometido de los múltiples objetivos que le competen, ya que gran parte de los servicios públicos que deben ser prestados por la administración son ejecutados por los particulares a través de un contrato administrativo de concesión. Sin embargo, no siempre el objeto del contrato administrativo está vinculado strictu sensu con un servicio público concreto, ya que existen contratos administrativos que guardan relación directa con el interés público, más no con un servicio público: tal es el caso cuando la administración autoriza a un particular la ocupación y explotación de un bien de dominio público (contrato de concesión de ocupación y uso de bienes del dominio público); el contrato administrativo se usa también para la realización de obras públicas (contrato administrativo de obras públicas) y, en general, cuando se trate de asuntos de interés público manifiestos que impliquen que el contrato deba regirse por un régimen de derecho público.

En el derecho marítimo administrativo podemos encontrar varios ejemplos de contratos administrativos:

4.5.1. Del contrato de concesión en la Ley General de Puertos

En el derecho administrativo uno de los contratos administrativos más importantes son los denominados contratos de concesión, que podemos definir como el contrato mediante el cual la administración pública, concedente, permite a una persona natural o jurídica, por un tiempo determinado, aprovecharse de los bienes de la dominialidad pública; o lo encarga para ejecutar y administrar una obra pública o para asegurar la prestación de un servicio público; en retribución de los cual puede el concesionario cobrar precio o tasas de los usuarios que se benefician de la explotación de los bienes de la dominialidad pública, de obra pública o del servicio público.[60]

Podemos caracterizar el contrato de concesión como un contrato nominado, bilateral, consensual, formal, oneroso, temporal, de tracto sucesivo, principal, *intuito personae* y de carácter traslativo.[61] El contrato de concesión, como típico contrato administrativo, está obviamente sujeto a normas de derecho público.

En este sentido tengamos en cuenta el artículo 24.8 de la Ley General de Puertos que le da a la Autoridad Acuática en materia portuaria, es decir, el Instituto Nacional de Espacios Acuáticos, la atribución de "*Otorgar las concesiones de funcionamiento, habilitaciones y autorizaciones establecidas en el Capítulo III de este Título.*"

Según el artículo 29 de la Ley General de Puertos se entiende por concesión el acto mediante el cual la Autoridad Acuática faculta a una persona jurídica de carácter privado para construir, mantener, operar o administrar un puerto privado de uso privado. De otra parte, se considera concesión de funcionamiento aquella otorgada por órgano de la Autoridad Acuática para la construcción, operación, administración o mantenimiento de puertos de interés local, de carácter pesqueros, deportivos o de investigación científica (véase el artículo 30 de la ley).

Asimismo, la Ley General de Puertos regula en el artículo 40 las llamadas "*concesiones de interés estratégico*", mediante las cuales "*el*

---

60 Véase Rafael Badell Madrid, *Régimen Jurídico de las concesiones en Venezuela*, Editorial Torino, Caracas-Venezuela, 2002.

61 Ibidem.

Ejecutivo Nacional, por razones de interés estratégico de la República, podrá otorgar en concesión la construcción y operación de nuevos puertos privados de uso público, oída la opinión del Consejo Estadal de Planificación y Coordinación de Políticas Públicas donde se emplace el puerto y la del Consejo Nacional de los Espacios Acuáticos. En todo caso, se establecerá la obligación de garantizar al Estado donde se emplace el puerto, una participación en los ingresos que produzca la concesión."

De esta forma, la actividad de los entes públicos o privados a quienes les hayan sido otorgadas concesiones para la construcción, operación, administración y mantenimiento de puertos o cualquier otra construcción de tipo portuario, mediante contrato de conformidad con lo dispuesto en la Ley General de Puertos, estarán bajo la supervisión de la Autoridad Acuática, de conformidad con el artículo 24.10.

Las concesiones deben ser solicitadas por los interesados ante el Instituto Nacional de los Espacios Acuáticos, de conformidad con el procedimiento establecido en el Reglamento de la Ley General de Puertos, según establece el artículo 33 de dicha Ley. Las concesiones tendrán una duración que no podrá exceder de cincuenta años, prorrogables, de conformidad con lo previsto en el artículo 34 de la Ley General de Puertos.

De otra parte, la Ley General de Puertos prohíbe, debido al carácter *intuito personae* del contrato, el traspaso de las concesiones otorgadas para la construcción de un puerto, muelle, atracadero, embarcadero, sin la autorización de la Autoridad Acuática. En efecto, según lo previsto en el artículo 35 de la Ley General de Puertos, para autorizar la cesión o traspaso, la Autoridad Acuática deberá verificar que quien haya de sustituirse en los derechos del concesionado cumpla los requisitos exigidos por la ley.

La Ley General de Puertos regula además la extinción de las concesiones en el artículo 37 disponiendo que éstas se extinguirán por el vencimiento del lapso por el cual fueron acordadas, así como por las demás causas previstas en la legislación civil y por aquéllas que fueren establecidas en el acto de otorgamiento.

Así también la Ley General de Puertos en el artículo 38 establece como consecuencias inmediata de la extinción de las concesiones, la reversión, que implica que los bienes afectos a la misma revertirán a la República sin pago de indemnización alguna. La Ley dispone que el contenido de dicho artículo 38 deberá estar expresamente establecido en el contrato de concesión.

Además, el artículo 53 de la Ley General de Puertos dispone que cuando un Estado otorgue un puerto público de uso público en concesión, el acto concesionario deberá garantizar las inversiones necesarias que el concesionario debe ejecutar para adecuarlo a los altos niveles de eficiencia y competitividad en su respectiva área de influencia.

De otra parte, el Ejecutivo Nacional está facultado, de conformidad con el artículo 46 de la Ley General de Puertos, para revertir por razones estratégicas, de mérito, oportunidad o conveniencia, la transferencia de las competencias establecidas a través de la concesión, conforme a las disposiciones previstas en el ordenamiento jurídico y el instrumento que dio origen a la transferencia.

4.5.2. El contrato de concesión en la Ley de Marinas y Actividades Conexas

La Ley de Marinas y Actividades Conexas establece las regulaciones relativas al contrato de concesión de los servicios públicos de pilotaje, remolcador y lanchaje, los cuales serán otorgados por el Instituto Nacional de los Espacios Acuáticos, de conformidad con el artículo 146 de la Ley.

Dispone la Ley de Marinas y Actividades Conexas en el artículo 156 que el Instituto Nacional de los Espacios Acuáticos oída la opinión, mediante informe, de la Comisión Local para la Facilitación del Sistema Buque Puerto se pronunciará en un lapso de treinta (30) días hábiles, contados a partir de la recepción de dicho informe. Una vez aprobado el otorgamiento de la concesión, el Instituto Nacional de los Espacios Acuáticos expedirá el respectivo Permiso de Inicio de Operaciones.

La duración de estos contratos de concesión, dispone el artículo 149 de la Ley de Marinas y Actividades Conexas, podrá ser de hasta por un lapso de diez (10) años, prorrogable por el mismo lapso por el que se otorgó.

Al igual que en la Ley General de Puertos, la Ley de Marinas y Actividades Conexas, debido al carácter *intuito personae* del contrato, prohíbe el traspaso de los derechos del concesionado, ni total ni parcialmente, sin la previa autorización de la Autoridad Acuática. Asimismo, para autorizar la cesión la Autoridad Acuática deberá verificar que quien haya de sustituirse en los derechos del concesionado o autorizado, cumpla los requisitos exigidos en la ley, de conformidad con el artículo 150 de la Ley.

Según lo previsto en el artículo 158, las casusas de extinción de los contratos de concesión abarcan el vencimiento del lapso por el cual fueron acordados, así como las demás causas previstas en la legislación que regule la materia de concesiones y por aquéllas que fueren establecidas en el acto de otorgamiento.

Las personas naturales o jurídicas que manifiesten su voluntad de participar en procesos de otorgamiento de concesiones, deberán demostrar su capacidad de obrar y acreditar su solvencia, económica, financiera, y cumplir con los requisitos legales técnicos y profesionales, según el caso, conforme el artículo 152 de la Ley de Marinas y Actividades Conexas.

De otra parte, la Ley de Marinas y Actividades Conexas exige para el otorgamiento de las concesiones que las empresas que aspiren la concesión de un servicio público, tengan como objeto exclusivo la prestación del servicio solicitado (véase artículo 154 de la Ley de Marinas y Actividades Conexas).

La Ley de Marinas y Actividades Conexas establece además en el artículo 154 que en una misma circunscripción acuática se podrán otorgar más de una concesión o autorización sobre un mismo servicio público de los indicados en dicha Ley. En este sentido, "*el pliego licitatorio respectivo deberá indicar cuál es el contenido o parte del servicio concesionado o autorizado y establecer mecanismos de control que garanticen, que en la concurrencia de la concesión o autorización el servicio se preste eficazmente*"

Así también, la Ley de Marinas y Actividades Conexas establece los supuestos en los que se negará la concesión solicitada. En este sentido, dispone el artículo 158 de la Ley de Marinas y Actividades Conexas que "*No se otorgará la concesión solicitada cuando el solicitante esté incurso en alguno de los supuestos siguientes:*

1. Cuando haya sido declarado en estado de atraso o quiebra.
2. Cuando se constate que se ha suministrado datos falsos o inexactos.
3. Cuando de manera sobrevenida el solicitante deje de tener las cualidades técnicas, económicas o legales que le permitieron participar en el proceso.
4. Cuando surjan graves circunstancias atinentes a la seguridad del Estado que a juicio de la Autoridad Acuática haga inconveniente su otorgamiento."

5. EL CONTROL JUDICIAL DE LA ACTIVIDAD ADMINISTRATIVA MARÍTIMA

5.1. Control de los actos y contratos administrativos marítimos

El derecho administrativo marítimo precisa además la existencia de una jurisdicción que se encargue de controlar y vigilar que los actos, omisiones, vías de hecho, y contratos administrativos dictados por los órganos y entes con competencia en la materia marítima. Si bien el ordenamiento jurídico venezolano no contempla una jurisdicción contencioso administrativa especial marítima (como si lo hace, por ejemplo, en materia agraria, tributaria y electoral) y como sí ocurre en otros países como Argentina[62], es lo cierto que la actividad administrativa

[62] Como señala la Asociación Argentina de Derecho Marítimo, la Constitución Nacional argentina en su artículo 116 confiere el conocimiento de las causas de almirantazgo y jurisdicción marítima a los tribunales federales. De esta forma: "*Los casos marítimos pueden ser juzgados por tribunales federales con asiento en cualquier lugar del país, a razón de la competencia por la materia. Sin embargo, la gran mayoría de casos son juzgados por los tribunales federales con asiento en la Ciudad de Buenos Aires, más específicamente por la Justicia Nacional en lo Civil y Comercial Federal. Esto fue así inicialmente porque el puerto de Buenos Aires era el más activo del país y, aunque con el correr de los años otros puertos han incrementado su actividad, los tribunales federales con asiento en la Ciudad de Buenos Aires continuaron atendiendo buena parte de los juicios marítimos ya que no es inusual que las partes prorroguen la competencia territorial de los mencionados jueces. Esto explica la vasta experiencia acumulada por los tribunales federales de la Ciudad de Buenos Aires en materia de Derecho de la Navegación, que han obtenido un buen grado de especialización y un bien ganado prestigio*". Véase Jurisprudencia Marítima de la Cámara Nacional de Apelaciones en lo Civil Y Comercial Federal con Asiento en la Ciudad De Buenos Aires, disponible en: http://www.aadm.org.ar/old_site/documents.php

marítima no escapa del control de la jurisdicción contencioso administrativa, con fundamento en el principio de universalidad de control.

Como sabemos el artículo 259 de la Constitución establece la jurisdicción contencioso administrativa en los siguientes términos: "*Artículo 259. La jurisdicción contencioso administrativa corresponde al Tribunal Supremo de Justicia y a los demás tribunales que determine la ley. Los órganos de la jurisdicción contencioso administrativa son competentes para anular los actos administrativos generales o individuales contrarios a derecho, incluso por desviación de poder; condenar al pago de sumas de dinero y a la reparación de daños y perjuicios originados en responsabilidad de la Administración; conocer de reclamos por la prestación de servicios públicos; y disponer lo necesario para el restablecimiento de las situaciones jurídicas subjetivas lesionadas por la actividad administrativa.*".

En cumplimiento de la disposición constitucional señalada, la LOJCA establece en artículo 8 el principio de universalidad del control de la jurisdicción contencioso-administrativa sobre la actividad administrativa desplegada por los entes u órganos enumerados en el artículo 7, lo cual incluye actos de efectos generales y particulares, actuaciones bilaterales o contratos, vías de hecho, silencio administrativo, prestación de servicios públicos, omisión de cumplimiento de obligaciones y, en general, cualquier situación que pueda afectar los derechos o intereses públicos o privados.

En efecto, este principio de universalidad supone el sometimiento a derecho de todos los órganos del Estado que ejercen funciones administrativas marítimas, independientemente de la forma como se manifieste esa actuación e incluso se extiende a los actos dictados por los particulares en el ejercicio excepcional de funciones públicas que les atribuya una ley, de forma que no hay acto o actuación excluidos del control de legalidad (Véase los casos de la Corte Primera de lo Contencioso Administrativo SACVEN del 18 de febrero de 1986; Criollitos de Venezuela, del 16 de diciembre de 1987; Marino Recio vs. Comisión Nacional de Valores del 24 de marzo de 1988).

De forma que todos los actos administrativos, incluidos los dictados por las administraciones que regulan la actividad marítima, están sujetos al control de la jurisdicción contencioso administrativa a través de la demanda de nulidad por ilegalidad, regulada en la LOJCA, en el Título IV, Capítulo I, artículos 27 al 55 y Capítulo II, Sección tercera, artículos 76 al 86.

Otro medio de impugnación es el contencioso de demandas de contenido patrimonial, por medio del cual se solicita la responsabilidad contractual o extra contractual, de las administraciones que llevan adelante la actividad marítima. Esas demandas se sustancian y deciden de acuerdo a lo establecido en la LOJCA en el Título IV, Capítulos I y II Sección primera, artículos 27 al 64 y que pueden ser iniciadas -legitimación activa- algunas veces por el administrado y otras veces por la administración.

El control contencioso administrativo de los actos y actuaciones administrativas, así como de los contratos administrativos de contenido marítimo ha sido reconocido ampliamente por la jurisprudencia venezolana.

Téngase como referencia en primer lugar, el caso ya mencionado del Puerto la Guaira, en el que la Corte Federal y de Casación en fecha 5 de diciembre de 1944, reconoció como contrato administrativo un contrato de obras suscrito por el entonces Ministro de Obras Públicas con la compañía holandesa *N.V. Aannemersbedrijf voorhen T. den Brejen Van den Bout*, para la reconstrucción y mejoras del Puerto de La Guaira y consideró que estaba sujeto a un régimen de ejecución preponderante de derecho público, abandonando la vieja postura de aplicar las disposiciones del derecho civil a los contratos de obras públicas, al señalar que la doctrina y jurisprudencia vigentes para la época, propugnaban ya la diferenciación entre el régimen y ejecución de los contratos de Derecho Privado y los contratos administrativos, los cuales se encuentran vinculados al interés colectivo o "*de orden público supremo*".

Véase también la sentencia número 1545 del 4 de julio del 2000, mediante la cual la Sala Político Administrativa del Tribunal Supremo de Justicia aceptó la declinatoria de competencia del Juzgado Superior Segundo en lo Civil, Mercantil, del Tránsito y del Trabajo de la Circunscripción Judicial del Estado Carabobo para conocer de la demanda por cobro de bolívares y daños y perjuicios interpuesta por la sociedad mercantil DEMERGEL, C.A. en contra del INSTITUTO PUERTO AUTÓNOMO DE PUERTO CABELLO. En esta ocasión la Sala estableció

> *"Efectivamente, se evidencia de los autos que lo demandado es una acción de cobro de bolívares por concepto de daños y perjuicios, derivados de haber sido rescindidos varios contratos celebrados entre un ente público estadal y uno privado, para la explotación de un cometido público, como lo es el de la operación de los servicios portuarios, los cuales tienen la característica de ser lo que en doctrina se han denominado "contratos administrativos", regidos por normas de derecho público. Al respecto ha sido jurisprudencia reiterada de este Alto Tribunal que, en relación a los contratos administrativos, hay una "universalidad de reserva" a favor de la Sala Político-Administrativa, independientemente de la naturaleza de la pretensión de los accionantes, todo lo cual hace aplicable al presente caso el numeral 14 del artículo 42 de la Ley Orgánica de la Corte Suprema de Justicia, que reza:*
> *"Conocer de las cuestiones de cualquier naturaleza que se susciten con motivo de la interpretación, cumplimiento, caducidad, nulidad, validez o resolución de los contratos administrativos en los cuales sea parte la República, los Estados o las Municipalidades"*
> *El cual en concordancia, con el artículo 43 eiusdem, determina la competencia de esta Sala para conocer del presente asunto. Así se declara."*

Asimismo, obsérvese que en la sentencia número 06521 del 14 de diciembre de 2005, la Sala Político Administrativa, en la decisión de un recurso por conflicto de competencia, otorgó a la Corte de lo Contencioso Administrativo la sustanciación de un recurso de nulidad de un acto administrativo emanado del Instituto Nacional de los Espacios Acuáticos e Insulares, en los siguientes términos:

> *"De esta manera, al ser el instituto accionado una autoridad diferente a las señaladas en los numerales 30 y 31 del artículo 5 de la Ley Orgánica del Tribunal Supremo de Justicia de la República Bolivariana de Venezuela, y no estando el conocimiento de la acción*

atribuido a esta Sala, ni a los Juzgados Superiores en lo Contencioso Administrativo, de acuerdo a las competencias transitorias establecidas por la Sala en sentencia (ponencia conjunta) N° 01900 del 27 de octubre de 2004, ni a los Tribunales con competencia nacional en materia marítima (artículos 111 y 112 de la vigente Ley Orgánica de los Espacios Acuáticos e Insulares), debe esta Sala declarar que el tribunal competente para conocer el presente asunto es la Corte de lo Contencioso Administrativo a quien corresponda, previa distribución del expediente. Así se declara."

De esta forma, ha sido ampliamente reconocido el control de la jurisdicción contencioso administrativa de los actos, actuaciones y contratos administrativo de contenido marítimo.

5.2. Juicio de los hechos ocurridos en alta mar y en puertos

El artículo 89 numeral 11 de la Constitución de 1864 disponía que eran materias de la competencia de la Alta Corte Federal "*conocer de las causas de presa*". Hoy el artículo 23 numeral 22 de la LOJCA establece que es de la competencia de la Sala Político-Administrativa conocer de los juicios sobre hechos ocurridos en alta mar, en el espacio aéreo internacional o en puertos, o territorios extranjeros tramitados en la República, cuando su conocimiento no estuviese atribuido a otro Tribunal.

Estos juicios, conocidos como jurisdicción de presas o "*causas de presa*" tienen su origen en el corso, esto es, aquellas campañas realizadas por una embarcación mercante -comúnmente conocida como corsarios- que, con autorización del gobierno de su país -patente de corso-, atacaban y saqueaban buques de las naciones enemigas.

Recordemos que antes del siglo XII existía el principio de la guerra privada, inclusive en alta mar. A consecuencia de ella los particulares se apropiaban o capturaban libremente embarcaciones y sus propiedades. Con el transcurso del tiempo este derecho comenzó a ser limitado y regulado. Los gobiernos feudales comenzaron a exigir fianza y una expresa autorización para realizar la actividad. Además se creó una jurisdicción especial, la jurisdicción de presas, "*como el medio más eficaz para evitar abusos*", que se encargaba especialmente de dos funciones:

determinar si la tripulación del navío corsario al realizar la captura resultaba culpable por infracción de las leyes nacionales, especialmente de las leyes penales; y determinar si la acción del corsario se había efectuado de forma que pudiera ser respaldada política y jurídicamente por el Estado[63].

Posteriormente, con la evolución del derecho nacional e internacional marítimo, y el crecimiento del nuevo Estado nacional, se suprimió el ejercicio de la captura por los particulares y se encomienda exclusivamente a los órganos estadales[64]. Se eliminó de esta forma las dos funciones principales de la jurisdicción de presas, y se concretó la competencia en decidir si la presa se había efectuado de conformidad con el derecho de presas nacional e internacional, y las consecuencias jurídicas que de ella se derivaban para el barco y la carga[65].

La Ley Orgánica de la Corte Suprema de Justicia[66] (LOCSJ) de 1976, en la sección VII, artículos 155 al 161, disponía un proceso especial, que regulaba estos juicios: en primer lugar, determinaba los tribunales competentes para instruir los sumarios en las causas de presa, que eran los jueces de Hacienda o en su defecto cualquier Tribunal que tuviera jurisdicción en el puerto donde arribe el buque que haya efectuado el apresamiento, así como el tribunal competente para sustanciar y decidir la causa, cual era el Juzgado de Sustanciación y la Sala Político Administrativa de la Corte Suprema de Justicia, respectivamente, de conformidad con los artículos 155 y 156.

De otra parte, la LOCSJ establecía en el artículo 157 cuáles eran las pruebas admisibles en estos juicios y señalaba en este sentido los

---

63 Luis Diez del Corral, "Sobre el procedimiento español de presas marítimas", en *Revista de Estudios Políticos*, año 1941, número 3-4, Centro de Estudios Políticos y Constitucionales, España, 1941. Disponible en: https://dialnet.unirioja.es/ejemplar/143724

64 En Venezuela, por ejemplo, la Ley de Marinas y Actividades Conexas en su artículo 9 le otorga la facultad al órgano que ejerce la Autoridad Acuática, en el espacio acuático de la República Bolivariana de Venezuela, visitar, inspeccionar, condicionar el fondeo, apresar, solicitar el inicio de procedimientos judiciales y en general, adoptar las medidas que se estimen necesarias respecto de los buques que vulneren o puedan vulnerar dichos bienes jurídicos, a los efectos de salvaguardar la seguridad de la navegación y prevenir la contaminación del ambiente. Estas medidas podrán adoptarse sin perjuicio de las que al efecto, puedan decidir otros organismos competentes en materia de preservación del medio acuático.

65 Ibidem.

66 Gaceta Oficial número 1.893 Extraordinario del 30 de julio de 1976.

papeles del buque, las declaraciones de los empleados de la tripulación y marinería y cualesquiera otras que la Corte creyere conveniente evacuar para el esclarecimiento de la verdad. Asimismo, la LOCSJ en el artículo 158 determinaba la legitimidad y regularidad de la presa, haciendo la precisión de que los propietarios o personas interesadas en las naves apresadas o su cargamento podrían reclamar dichos bienes y comprobar su falta de culpabilidad. Igualmente, la LOCSJ señalaba los efectos de la sentencia condenatoria de las causas de presa, cuales eran la transferencia de la propiedad de la nave y de su cargamento a la República o al corsario que la haya apresado, según el caso, según lo dispuesto en el artículo 160. Por último, disponía el artículo 161 de la LOCSJ que la República no será responsable de los gastos ocasionados ni de daños y perjuicios cuando se pronuncie la absolución de un buque que haya sido capturado.

Actualmente, de acuerdo al artículo 23 numeral 22 de la LOTSJ, la Sala Político-Administrativa conoce de los juicios sobre hechos ocurridos en alta mar, en el espacio aéreo internacional o en puertos, o territorios extranjeros tramitados en la República, cuando su conocimiento no estuviese atribuido a otro Tribunal, pero el procedimiento para sustanciar y decidir estas causas no se encuentra regulado de forma expresa. De forma que a falta de previsión expresa en la LOTSJ y en la LOJCA, se aplica el artículo 31 de la LOJCA, que establece que cuando el ordenamiento jurídico no contemple un procedimiento especial, el juez podrá aplicar el que considere más conveniente para la realización de la justicia.

La jurisdicción sobre los hechos ocurridos en alta mar no solo abarca el conocimiento de las llamadas causas de presa antes mencionadas, sino que incluye además la sustanciación y decisión de otros conflictos que se susciten en alta mar, es decir, en "*todos aquellos espacios marinos no incluidos en la zona económica exclusiva, el mar territorial o en las aguas interiores, o en cualquier otra área marina o submarina que pueda ser establecida*" (véase artículo 62 de la Ley Orgánica de Espacios Acuáticos y artículo 1 de la Convención sobre la Alta Mar). De esta forma, esta jurisdicción será competente para conocer, por ejemplo, de los conflictos derivados de la piratería y actividades ilegales como el tráfico de estupefacientes, tráfico de personas, el contrabando, la pesca o caza ilegal, la extracción ilegal de recursos minerales, vertimiento de residuos tóxicos, la acumulación de desechos en la superficie marina, etc.

6. CONSIDERACIÓN FINAL

Existe un concreto y desarrollado Derecho Administrativo Marítimo en Venezuela que se encarga de regular muchos de los hechos de la navegación. Para eso hay diversas organizaciones administrativas marítimas -de diferente naturaleza jurídica- que ejercen funciones administrativas que atañen a la actividad marítima -policía administrativa, prestación de servicio público, gestión económica y fomento- a través de actuaciones, actos administrativos -autorizatorios, ablatorios y sancionatorios- y contratos administrativos. También, dentro de los tribunales que ejercen la jurisdicción contencioso administrativa, se controla toda esa actividad administrativa marítima.

7. BIBLIOGRAFÍA

ARIÑO ORTIZ, Gaspar, *Principios de Derecho Público Económico. Modelo de Estado, Gestión Pública, Regulación Económica,* Comares Editorial, Granada, 1999.

________________, *Principios de Derecho Público Económico.* Tercera Edición Ampliada. Granada, 2004.

ASOCIACIÓN ARGENTINA DE DERECHO MARÍTIMO, "Jurisprudencia Marítima de la Cámara Nacional de Apelaciones en lo Civil Y Comercial Federal con Asiento en la Ciudad De Buenos Aires", disponible en: http://www.aadm.org.ar/old_site/documents.php

ARROYO, Ignacio, *Compendio de Derecho Marítimo.* Tercera edición. Tecnos. Madrid, 2009.

BADELL MADRID, Rafael, *Régimen Jurídico del Contrato Administrativo,* Editorial Torino, Caracas-Venezuela, 2001.

________________. *Régimen Jurídico de las Concesiones en Venezuela,* Editorial Torino, Caracas-Venezuela, 2002.

BREWER-CARÍAS, Allan, "Consideraciones sobre el Régimen de la Actividad de Policía Administrativa". *Revista de Derecho Público* número 48. Octubre -Diciembre 1991. Editorial Jurídica Venezolana. Caracas, 1991.

_______________. *"El régimen constitucional de los servicios públicos"*. VI Jornadas Internacionales de Derecho Administrativo "Allan Randolph Brewer-Carias". Caracas- Venezuela, 2002.

BRUNETTI, Antonio, *Derecho Marítimo Privado*, Tomo I - Parte Histórica – De los buques, Bosch Casa Editorial, Barcelona, 1950.

CHAMI, Diego E., *Manual de Derecho de la Navegación*. Abeledo Perrot, Buenos Aires, 2009.

COVA ARRIA, Luis, "Las compraventas marítimas", *Revista de Derecho Marítimo*, número 9-9, Asociación Venezolana de Derecho Marítimo. Asociada al Comité Marítimo Internacional. Caracas, 1989.

_______________, "Conocimientos de embarque electrónicos", *Revista de Derecho Marítimo*, número extraordinario, Asociación Venezolana de Derecho Marítimo. Asociada al Comité Marítimo Internacional. Caracas, 1992.

_______________, "El estado actual del Derecho Marítimo", *Revista de la Facultad de Ciencias Jurídicas y Políticas*, número 96, Universidad Central de Venezuela, Caracas, 1995.

_______________, "La Ley modelo de la CDUDMI sobre comercio electrónico", *Revista de la Facultad de Ciencias Jurídicas y Políticas*, número 104, Universidad Central de Venezuela, Caracas, 1997.

_______________, "Trabajos realizados en el siglo que finaliza por el Comité Marítimo Internacional de la Organización de las Naciones Unidas y otras organizaciones internacionales", *Revista de la Facultad de Ciencias Jurídicas y Políticas*, número 105, Universidad Central de Venezuela, Caracas, 1997.

_______________, *La responsabilidad civil derivada de los derrames de hidrocarburos*, Academia de Ciencias Políticas y Sociales, Caracas, 2000.

DE POZAS, Jordana, "Ensayo de una teoría del fomento en el Derecho Administrativo". *Revista de Estudios Políticos*, número 48. Madrid, 1949.

DIEZ DEL CORRAL, Luis, "Sobre el procedimiento español de presas marítimas", en *Revista de Estudios Políticos*, año 1941, número 3-4, Centro de Estudios Políticos y Constitucionales, España, 1941. Disponible en: https://dialnet.unirioja.es/ejemplar/143724

DROMI, Roberto, *Derecho administrativo*, Ediciones Ciudad Argentina, Buenos Aires, 1995.

FERNÁNDEZ CONCHESO, Aurelio, *Régimen Administrativo de la Navegación*. Editores Individuales 3. Caracas, 1993.

GARRIDO FALLA, Fernando, "Las transformaciones del concepto jurídico de policía administrativa", conferencia pronunciada por el autor en el Instituto de Estudios Político- el 23 de abril de 1953.

_____, *Tratado de Derecho Administrativo*. Volumen II (parte general: conclusión). Tercera edición. Instituto de Estudios Políticos. Madrid, 1966.

GONZÁLEZ-LEBRERO, Rodolfo, *Manual de derecho de la navegación*, 4a ed., ampl. y actual., Depalma, Buenos Aires, 2000.

GRAU, María A., *La inconstitucional actividad empresarial del Estado en Venezuela*. Academia de Ciencias Políticas y Sociales, Editorial Torino, Caracas, 2019.

GUAITA MARTORELL, Aurelio, *Derecho administrativo. Aguas, Montes, Minas*, Editorial Civitas, Madrid, 1986.

MARTÍNEZ SOUTO, Patricia, "Reforma Legislación Marítima Venezolana 2006", disponible en: http://www.luiscovaa.com/publicaciones.asp

MATILLA ALEGRE, Rafael, *Internacionalidad del Derecho Marítimo y jurisdicción Internacional*, Universidad de Deusto, Bilbao, 1999.

NIETO, Alejandro, *Derecho Administrativo Sancionador*. Segunda Edición Ampliada. Editorial Tecnos. 1994.

PAREJO ALFONSO, Luciano, "La Actividad Administrativa Represiva y el Régimen de las Sanciones Administrativas en el Derecho Español". *Segundas Jornadas Internacionales de Derecho Administrativo. Allan Randolph Brewer-Carías,* 1996.

RAY, José D., *Derecho de la navegación*, Vol. I., Buenos Aires, 1992.

SOHR, Frédéric, *Le droit maritime et son unificaction internationale*, Veuve Ferdinand Larcier, Editeur, Bruxelles, 1914.

SAYAGUÉS LASO, Enrique, *Tratado de Derecho administrativo*, 4ta Edición, Montevideo, 1974.

VEDEL, George, *Derecho Administrativo,* Madrid. Biblioteca Aguilar, 1980. P 40

ZAMBONINO PULITO, María, *Manual de derecho administrativo marítimo*, 2008, disponible en: https://ocw.uca.es/pluginfile.php/195/mod_resource/content/1/Manual%20de%20Derecho%20Administrativo%20Mar%C3%ADtimo.pdf

EL SERVICIO DE PRACTICAJE Y PILOTAJE EN CHILE

MAX GENSKOWSKY MOGGIA*

1. HISTORIA SUCINTA DE LA REGULACIÓN INTERNACIONAL DEL PRACTICAJE

Si bien no existen antecedentes precisos sobre los orígenes de las funciones de asesoría en practicaje y pilotaje, se trata de labores reconocidas desde los primeros intentos de la navegación marítima internacional, motivados por la necesidad de garantizar la seguridad de las naves, sus tripulaciones y cargamentos, al arribar la nave a puertos y lugares ignotos para su tripulación y evitar los peligros de la navegación.

La exigencia de la obligatoriedad del practicaje comienza a establecerse entonces, de hecho, sin la existencia de una normativa oficial

* Abogado titulado en la Pontificia Universidad Católica de Valparaíso, Magister en Ciencia Política, de la Universidad Marítima de Chile, profesor de derecho comercial, y árbitro del Centro de Arbitraje de la Cámara de Comercio de Santiago, Chile, ex Jefe del Departamento Jurídico de la Dirección General del Territorio Marítimo y de Marina Mercante de Chile, especialista en materias de derecho marítimo y portuario.

que la imponga, porque es evidente que ningún capitán o patrón de nave está en condiciones de conocer las características y particularidades de cada puerto, terminal, canal, bahía, cercanías de costa, riada, e incluso las condiciones de tráfico marítimo o fluvial, y la legislación y reglamentación marítima a acatar a su arribo a puerto, cercanías de costa o terminal marítimo.

Con el tiempo, naturalmente, se vio su importancia en la mantención de las rutas marítimas expeditas y seguras, especialmente al arribo de las naves a puertos extranjeros, respeto de los cuales el capitán y la tripulación no tenían conocimiento ni antecedentes de los peligros de la navegación que asechaban a la nave, para con la llegada de la modernidad abarcar su último objetivo en la protección del medio ambiente marino.

Dieciocho siglos antes de la era cristiana, Hammurabi, regente gobernante del imperio babilónico, impone una de las primeras regulaciones del comercio y la navegación, por el cuerpo normativo conocido precisamente como "*Código de Hammurabi*", destinado, según su prólogo, a procurar la seguridad del reino y el bienestar de la gente, el que si bien no contiene disposiciones directas sobre el practicaje, regula a partir de su artículo 234° diversas situaciones relacionadas con la seguridad de la navegación y la relación nave, naviero, fletador, marineros, su carga, y su seguridad, las que naturalmente tienen incidencia en las cuestiones de asesoría de la navegación, no identificadas aun como tales, a través de regulaciones sobre las funciones del capitán o patrón de una nave al arribar a puerto.[1]

---

[1] *Art. 237°. Si un hombre contrata un barquero y un barco, y lo carga de cebada, lana, aceite, dátiles o la carga que sea, y ese marinero es descuidado y hunde el barco o deja que se pierda su contenido, el barquero restituirá el barco que ha hundido y todo el contenido que ha dejado perder.*

Art. 238°. Si un barquero hunde el barco de un hombre y luego consigue reflotarlo, pagará la mitad de su valor en plata.

Art. 239°. Si un hombre contrata un barquero, le pagará 6 kures de cebada por año.

Art. 240°. Si el barco de un patrón de barco de remos aborda el barco de un patrón de barco de vela y lo hunde, que el fletador del barco hundido declare públicamente ante el Dios todo lo que haya perdido, y el patrón del barco a remo que haya hundido el barco de vela le restituirá su barco y todo lo perdido.

En la mayoría de los pueblos más antiguos, como egipcios, fenicios, cartagineses, griegos, romanos, indios, chinos, etc., pueden encontrarse normas aplicables al comercio marítimo, destacando las llamadas leyes Rodias o Leyes de Rodia, constituidas por la recopilación de los usos del comercio marítimo en las islas de Rodas alrededor del año cuatrocientos antes de Cristo; incorporadas posteriormente al sistema jurídico romano.

Muy posteriormente, ya en la baja Edad Media, Leonardo de Aquitania, en el siglo XII de la era cristiana, al volver de su participación en la Segunda Cruzada a los lugares Santos del Medio Oriente, aprueba los "Rholes de Oleron" (*Rholes d'Oleron*) conteniendo jurisprudencia marítima y comercial de la Edad Media vigente en las costas del Atlántico y Mar del Norte principalmente, pero también aplicables más allá, alcanzando las costas del Mar Báltico, que debe su denominación a la Isla del mismo nombre ubicada en el Golfo de Biscaya (o Viscaya). Cuya primera edición sólo vio la luz durante el siglo XV.

En la época, el desarrollo de la navegación marítima ya no era una cuestión de aventureros o de incipiente comercio, sino que se había convertido en un apoyo necesario e imprescindible a la naciente actividad de los comerciantes nor-europeos y mediterráneos, de la Alta Edad Media, por lo que comienzan a imponerse normas destinadas a regular y a resolver los nuevos conflictos y situaciones surgidas frente a la necesidad de una navegación segura, que no afectara negativamente el comercio.

Surgen así, las diversas codificaciones, y en cuanto al interés de este trabajo, las normativas especiales destinadas a regular la actividad y la responsabilidad de los prácticos. La principal de las cuales se encuentra en la ley 24 de los Rholes de Oleron, que impone a los denominados pilotos lemanes[2] la obligación de señalar el lugar de descarga del buque a su cargo, al arribo a la bahía, debiendo el patrón y los marineros poner soga y balizas para asegurar e identificar la ubicación del buque,

2 *La expresión "leman" suele atribuirse en su origen al uso de la expresión en idioma holandés del vocablo "lootman" o, en castellano "hombre de la sonda", porque su principal misión originalmente era evitar a la nave, a su arribo a puerto, los bajos existentes en las zonas costeras, por su conocimiento del fondo marino y el calado de la nave, valiéndose de sondas manuales.*

terminando su responsabilidad al termino de ambas faenas en el lugar señalado para su fondeo, a partir de cuyo momento la seguridad del buque vuelve a estar bajo la responsabilidad de la tripulación.

La misma disposición normativa hace responsable al piloto leman por los daños causados al buque por su impericia durante la entrada a puerto y navegar sin respetar las marcas de seguridad.[3]

Suele identificarse, tres siglos después, entre las primeras exigencias sistemáticas del uso de práctico de puerto a las Ordenanzas de Bilbao, de 1737, que imponen a los capitanes de buques la prohibición de bajar la ría del puerto sin tener a bordo la asesoría del piloto, bajo apercibimiento de sanciones económicas y responsabilidad civil directa por todo daño al buque y a su carga.

2. EL USO DEL VOCABLO IDENTIFICATORIO DE LA ACTIVIDAD

No existe una denominación universal única para estos auxiliares de la navegación, originalmente conocidos como "*pilotos lemanes*" y, hoy indistintamente como "*pilotos*" o "*prácticos*", o simplemente como "*prácticos pilotos*" o "*pilotos prácticos*", en otros casos.

Sin embargo, el término piloto es también utilizado para identificar a personal integrante de la tripulación de una nave, no siempre distinguiéndose, como lo hace nuestro Código de Comercio en su artículo 3°, número 19, del "*piloto leman*", con la expresión de "*piloto de a bordo*".

Sin embargo, con el tiempo, se generalizó el uso simplemente del vocablo "piloto", para designar indistintamente tanto al "piloto leman" como al oficial de a bordo.[4]

A efectos de esta publicación, nosotros utilizaremos la distinción entre "*prácticos*" y "*pilotos*", que reconoce nuestra Ley de Navegación, aprobada por Decreto ley N° 2.222, de 1978, cuyo artículo 34° define al servicio de *practicaje* como todas las maniobras que se ejecutan en una nave en puerto. El *pilotaje*, a su vez, es la conducción de la derrota por canales o entre puertos del litoral.

---

[3] Pedro Andrés Porras Arboledas, *El Derecho Marítimo en el Cantábrico durante la Baja Edad Media, Partidas y Roles D'Oleron*, Universidad Complutense de Madrid, pag.242.

[4] *Artículo 62° del Decreto Ley N° 2.222, de 1978, sobre Ley de Navegación.*

En ambos casos se trata de conceptualizaciones deficientes, que omiten elementos esenciales de los servicios de practicaje y pilotaje, como es *el dirigir o gobernar una nave* o buque *por o con la asesoría de un práctico o piloto,* y la subsistencia de la autoridad de su capitán durante tales maniobra o navegación.

Así, entendemos al practicaje como toda maniobra que ejecute una nave en puerto (en sentido amplio, que incluye a los terminales marítimos y otras instalaciones destinadas a recibir buques) por o con la asesoría de un práctico a bordo, manteniendo en todo momento su capitán la autoridad superior de ella.

En relación al pilotaje, éste es la navegación de la nave por o con la asesoría de un piloto a bordo, manteniendo en todo momento su capitán la autoridad superior de ella.

Por disposición del artículo 4° del Reglamento que regula la actividad de los prácticos y pilotos, la expresión "nave" debe entenderse comprensiva tanto de los buques como de los "artefactos navales", salvo que de manera expresa se excluya a aquéllos de la aplicación de la normativa de practicaje y pilotaje.

3. EL SERVICIO DE PRACTICAJE Y PILOTAJE EN LA LEGISLACIÓN EXTRANJERA

Una de las legislaciones más modernas sobre practicaje y pilotaje se encuentra recogida por la Ley de Navegación Marítima de España, bajo el número 14/2014, con el objetivo específico de adecuar la legislación del país al Derecho Marítimo Internacional y a la práctica actualizada del transporte marítimo, que en su Título V, sobre Contratos Auxiliares de la Navegación, Capítulo III, artículos 325° a 328°, regula este contrato disponiendo que por el *contrato de practicaje* una persona denominada práctico se obliga a cambio de un precio, a asesorar al capitán en la realización de las diversas operaciones y maniobras para la segura navegación del buque por aguas portuarias o adyacentes.

A su turno, la Ley de Puertos del Estado y de la Marina Mercante, texto refundido por Real Decreto Legislativo 2/2011, enumera en su artículo 108° al servicio de practicaje dentro de los servicios portuarios, y por ende llevados a cabo por la iniciativa privada bajo principios de libre concurrencia.

El señalado cuerpo normativo define al practicaje en su artículo 126.1° como el servicio de asesoramiento a capitanes de buques y artefactos flotantes, prestado a bordo de éstos, para facilitar su entrada y salida a puerto y las maniobras náuticas dentro de éste y de los límites geográficos de la zona de practicaje, en condiciones de seguridad y en los términos que se establecen en la ley, en el Reglamento regulador del servicio y en el pliego de prescripciones particulares del mismo.

Agrega el texto legal, que el servicio de practicaje será obligatorio en los puertos cuando así lo determine la Administración Marítima. Debiendo quienes realicen las funciones de practicaje tener la adecuada calificación profesional, debidamente constatada en los términos que reglamentariamente se determine para cada puerto o grupo de puertos por la Administración Marítima. La ley fija en 65 años la edad límite para la prestación de servicios de practicaje de puerto, con carácter general, siempre que se superen los reconocimientos médicos reglamentarios establecidos. Se faculta a la Autoridad Marítima para prorrogar hasta los 70 años dicho límite, a petición del interesado; lo que deberá resolverse previo informe de la Autoridad Portuaria, debiendo establecerse al respecto un sistema de reconocimientos médicos específicos y con frecuencia inferior a un año.

Se faculta, a su vez, a la Administración Marítima española para establecer exenciones a la obligatoriedad de la utilización del servicio de practicaje en cada puerto, con criterios basados en la experiencia local del capitán del buque, las características del buque, la naturaleza de la carga, las peculiaridades del puerto y otras circunstancias que reglamentariamente se prevean, previo informe de la Autoridad Portuaria, oído el órgano que ejerza la representación de los prácticos a nivel nacional.

En todo caso, la ley exime en carácter general, salvo expresa indicación de la Capitanía Marítima por razones de seguridad en la navegación, del uso obligatorio del servicio de practicaje a los buques y embarcaciones al servicio de la Autoridad Portuaria; los destinados a la realización de obras en el dominio público portuario; los destinados al avituallamiento y al aprovisionamiento de buques; los destinados a la prestación de servicios portuarios, con base en el puerto y los que estén al servicio de otras Administraciones Públicas, que tengan su base en el puerto, así como aquellos buques de cualquier otro tipo, cuya tripulación incluya un capitán que haya ejercido, incluso interinamente, como práctico en el puerto de que se trate, o bien haya superado las pruebas de habilitación teóricas y prácticas en dicho puerto.

El artículo 326°, Ley de Navegación Marítima de España, impone recíprocamente al capitán del buque y al práctico la obligación de planificar conjuntamente la maniobra del buque y, a tal efecto, tienen el deber de intercambiar la información necesaria para ello. Asimismo, ambos deberán colaborar recíprocamente durante toda la ejecución de las maniobras de cumplimiento del contrato de asesoría, pero siempre con la preeminencia del capitán, puesto que la presencia del práctico a bordo no exime al oficial encargado de la guardia del buque de los deberes que le incumben en relación con la seguridad de la navegación, ni sustituye la superior autoridad del capitán en todo lo que tiene que ver con el gobierno y dirección náutica, sin perjuicio de que el asesoramiento del práctico pueda manifestarse mediante instrucciones directas de maniobra o incluso la ejecución de ésta por sí mismo, mediando consentimiento expreso o tácito del capitán.[5]

El artículo 328° de la citada ley, por su parte, aborda el tema que suele ignorarse en gran parte de nuestras legislaciones latinoamericanas, como es el de la responsabilidad civil por los daños causados al buque o a terceros durante la ejecución del practicaje, disponiéndose, al respecto, en la primera situación, cuando los daños y accidentes son causados por inexactitud u omisión en el asesoramiento que el práctico debe prestar al capitán que en tal caso serán imputables al prácticos, sin perjuicio de la eventual concurrencia de culpa que pueda existir cuando el capitán haya incurrido en error o negligencia en el seguimiento de las instrucciones recibidas.

Si los daños causados al buque o a terceros son imputables exclusivamente al práctico éste responderá de aquéllos. De los daños causados por culpa compartida responderán ambos solidariamente, con el armador.

---

5 *Artículo 327° de la Ley de Navegación Marítima de España.*

La ley española en comento hace aplicable, en todo caso, en los juicios por responsabilidad civil a causa de la mala o deficiente asesoría del práctico, las reglas de limitación de responsabilidad, tanto en beneficio de armadores y sus dependientes como de los prácticos.

A su turno, el artículo 281° de la Ley de Puertos del Estado y de la Marina Mercante, fija el límite de la responsabilidad civil que pudieren incurrir los prácticos o las autoridades portuarias en la gestión del servicio de practicaje, en caso de siniestro, en 20 euros por unidad de arqueo bruto del buque para que el prestan el servicio, con un tope máximo de 1.000.000 de euros.

Una de las grandes diferencias entre la legislación extranjera sobre los servicios de practicaje o pilotaje, y la normativa nacional chilena, está constituida por las partes del contrato de practicaje o pilotaje. En efecto, mientras en la legislación extranjera, en general, como la española, la mexicana, la argentina, entre otras, son parte del contrato "el armador o naviero", sea personalmente o representado por su agente o el propio capitán de la nave, y "el práctico", personalmente o la entidad societaria o colectiva que les agrupa; constituyendo un contrato netamente de orden privado, más allá de su condición de contrato obligatorio: sometido, por ende, a la legislación común, en el caso de nuestro país las partes del contrato son "el armador" y la Autoridad Marítima, representada por la Dirección General del Territorio Marítimo y de Marina Mercante, destacando nítidamente su carácter público, que relaciona al particular con el Estado; quien presta el servicio obligatorio impuesto por la ley, prohibiendo que particulares presten dicho servicio cuando por mandato de la propia autoridad pública se ha impuesto la obligación de contratar dichos servicios de asesoría a la nave.

Como consecuencia de la situación anterior, en Chile, al no estar regulada expresamente por la ley de Navegación y las regulaciones del comercio marítimo, la cuestión de la responsabilidad civil del práctico, por la mala o deficiente asesoría de éste será el Estado quien asumirá en definitiva la responsabilidad de los daños, al tratarse de una servicio público del Estado, regulado y prestado por la Autoridad Marítima nacional.

4. LA OBLIGACIÓN DEL EMPLEO DE PRÁCTICO O PILOTO EN CHILE

El artículo 35° de la Ley de Navegación, obliga a toda nave extranjera y a las naves nacionales, en los casos que señale el reglamento, a utilizar los servicios de practicaje y pilotaje, cuando corresponda.

Agrega la norma legal que compete al Reglamento señalar las ocasiones en que será obligatorio utilizar los servicios de practicaje y de pilotaje, como también las condiciones en que éstos se prestarán.

A despecho de la poca prolijidad de la redacción del artículo, es evidente que tanto las naves extranjeras como las nacionales deberán utilizar los servicios de practicaje y pilotaje cuando así corresponda por una norma legal, distinta de la Ley de Navegación que no contiene regulación alguna sobre el punto específico. Se incluye en tales normativas a los convenios internacionales de los cuales el país es parte.

La única excepción a lo anterior, se encuentra establecida por lo preceptuado por el inciso 3° del artículo 35°, referida a la navegación por el Estrecho de Magallanes, tratándose de naves que lo utilicen para el tránsito de océano a océano, en cuyo caso la situación debe ser resuelta de conformidad a las normas del derecho internacional vigente para dichos espacios de navegación.

A su turno, el Reglamento General de Orden, Seguridad y Disciplina en las Naves y Litoral de la República, aprobado por Decreto Supremo (M) N° 1340 bis, de 1941, en sus artículos 65° a 69° regula la prestación en los puertos nacionales del servicio de practicaje disponiendo, en el primero de ellos, que las naves que lleguen a los puertos de la República estarán obligadas a tomar prácticos sólo en los casos contemplados en el Reglamento General de Pilotaje y Practicaje, debiendo entenderse dicha referencia, actualmente, al Reglamento de Practicaje y Pilotaje aprobado por Decreto Supremo (M) 397, de 1985.

Para dar cumplimiento a lo anterior, cada puerto de la República tiene asignada una zona de espera de práctico, que corresponde a los límites de la bahía, dentro de la cual los capitanes de naves obligadas a tomar práctico de puerto deberán esperar a aquéllos, conforme lo previsto por el artículo 66° del precitado Reglamento de Orden, Seguridad y Disciplina y artículo 47° del Reglamento de Practicaje y Pilotaje.

El artículo 1° del Reglamento de Practicaje y Pilotaje, por su parte, dispone que toda nave chilena o extranjera que navegue por aguas interiores de la República, por el Estrecho de Magallanes o que efectúe cualquier maniobra en los puertos nacionales, o en sus vecindades deberá utilizar práctico chileno.

De la disposición normativa precedentemente citada destaca la referencia a la obligatoriedad del empleo de práctico *en las vecindades de los puertos* nacionales, lo que no resulta concordante con el resto de la legislación y reglamentación aplicable a tales servicios, ninguna de las cuales contiene referencia a tal situación, por lo que en nuestra opinión ella debe entenderse referida simplemente a las maniobras de la nave entre la zona de espera del práctico y el puerto, con las respectivas instalaciones portuarias o terminal marítimo.

Más específicamente, los artículos 19°, 20° y 31° del Reglamento del ramo regula los casos en que las naves o artefactos navales están obligados al empleo de práctico de puerto o piloto de canales, según el caso.

La primera de las normas citadas, reiterando lo dispuesto por el artículo 1° del Reglamento, dispone que toda nave nacional o extranjera está obligada a utilizar los servicios de practicaje de puerto, con excepción de los casos enumerados por el artículo 20° del cuerpo reglamentario, a saber: Están liberadas del empleo de práctico de puerto las siguientes naves y artefactos navales nacionales:

a) Las naves con pabellón chileno, en maniobras de fondear y levar a la gira;
b) La naves menores de diez mil toneladas de registro grueso, al mando de capitanes de alta mar, oficiales de cubierta o puente y de oficiales de pesca, que se encuentren debidamente habilitados para el efecto, conforme a los requisitos que fije la Dirección General del Territorio Marítimo y de Marina Mercante para cada puerto, de acuerdo a las atribuciones de mando que le corresponda de conformidad con lo previsto por el Reglamento sobre Formación, Titulación y Carrera Profesional del Personal Embarcado, y en el Reglamento de Títulos Profesionales y Permisos de Embarco de Oficiales de la Marina Mercante y de Naves Especiales, para el caso de los oficiales de pesca;
c) Las naves menores de cincuenta toneladas de registro grueso.

Adicionalmente, el inciso final del artículo en comento, libera del uso obligatorio de práctico de puerto, en todos los casos, a todas las naves de pabellón extranjero menores de cincuenta toneladas de registro grueso.

En todo caso, por mandato del artículo 21° del Reglamento de Practicaje y Pilotaje, el Director General podrá dejar sin efecto, para determinados puertos y terminales marítimos, la liberación del empleo de práctico de puerto, mediante resolución fundada en un estudio técnico que concluya en la necesidad del empleo de práctico, para la seguridad de las maniobras que se ejecuten y la ordenación del tráfico dentro del puerto o terminal de que se trate.

La liberación del uso de piloto de canales, por su parte, se encuentra regulada por el artículo 31° del reglamento en comento, disponiéndose que no será obligatorio el empleo de práctico de canales en los siguientes casos:

1) Las naves mercantes y especiales chilenas, de conformidad con lo previsto por el inciso primero del artículo 35° de la Ley de Navegación, al mando de capitanes de alta mar, oficiales de cubierta o puente u oficiales de pesca, que se encuentren debidamente habilitados para el efecto, conforme a los requisitos que fije la Dirección General del Territorio Marítimo y de Marina Mercante para cada ruta, de acuerdo a las atribuciones de mando que le corresponda de conformidad con lo previsto por el Reglamento sobre Formación, Titulación y Carrera Profesional del Personal Embarcado, y en el Reglamento de Títulos Profesionales y permisos de Embarco de Oficiales de la Marina Mercante y de Naves Especiales, para el caso de los oficiales de pesca.

   Para hacer uso de la liberación anterior, por los tramos correspondientes que más adelante se señalan, los interesados deberán acreditar haber navegado por aguas interiores de la República ejerciendo funciones como capitán, patrón o de primer oficial de puente a bordo, cumpliendo las siguientes travesías:

   i) Diez travesías por las siguientes rutas: De la zona de canales desde Cabo Tamar a Isla San Pedro; Del Archipiélago de los Chonos; De los canales interiores de Chiloé, y a Puerto Montt vía Canal Chacao.

ii) Cuatro travesías por las siguientes rutas: A puerto Natales o Bories; A Puerto Williams; Al Cabo de Hornos, Al Canal Beagle Oriental; A los Senos de Otway y Skyring; A Isla Guarello; A Bahía Chacabuco, y a Golfo Elefantes.
Con todo, el Director General del Territorio Marítimo y de Marina Mercante podrá eximir parcialmente del cumplimiento del número de travesías exigidas precedentemente, mediante resolución fundada, siempre y cuando se trate del mando de naves de arqueo bruto no superior a 3.000 toneladas de arqueo bruto que realicen exclusivamente navegación por aguas territoriales e interiores de la República.

2) Las naves con pabellón chileno de hasta 200 toneladas de registro grueso, sin que en este caso deban cumplirse con los requisitos de habilitación del número precedente.
3) Naves especiales, con pabellón extranjero, de hasta 200 toneladas de registro grueso dedicadas al deporte y/o turismo recreativo, sin fines comerciales, siempre que acrediten contar con una póliza de seguro que cubra todos los gastos en que incurra la Autoridad Marítima, en caso de un siniestro marítimo en que se pueda ver involucrada la nave.
4) Las naves chilenas o extranjeras de deporte o turismo recreativo, sin fines de lucro, de entre 200 y 500 toneladas de registro grueso, liberadas del empleo de práctico obligatorio por resolución fundada del Director General, en las condiciones que se le fijen, que a lo menos deben considerar la aprobación del plan de ruta; el contar con los certificados de competencia de la tripulación y de seguridad de la nave vigentes, y mantener un seguro o póliza de garantía en los términos expuestos en el número 3 precedente.

5. NATURALEZA JURÍDICA DEL PRACTICAJE Y PILOTAJE EN CHILE

El denominado servicio de pilotaje o de practicaje, constituyen servicios públicos, regulados, y proporcionados por una entidad pública, como es la Dirección General del Territorio Marítimo y de Marina

Mercante, cuya finalidad, por ende, es pública, como es el resguardo de la seguridad de la nave, su carga y especialmente de su tripulación y pasajeros, y la protección del medio ambiente marino.

Se trata de servicios prestados en virtud de la existencia de un contrato forzado, y que como tal pertenece a la esfera del derecho marítimo público. Servicios prestados a la nave por el Estado, en uso de las atribuciones legales y reglamentarias que regulan tales instituciones. El acuerdo de voluntades de las partes, por lo tanto, aparece fuertemente restringido y vigilado, de acuerdo con la normativa del caso, por la Autoridad Marítima, imponiéndose al capitán la obligación de utilizar los servicios de un práctico o piloto, según el caso, cuando la ley y los reglamentos lo exijan, sin importar la necesidad o decisión del armador de la nave o de su capitán.

En efecto, el Estado impone a la nave la prestación de una asesoría pública como es la que realizan pilotos y prácticos, pero al mismo tiempo resulta obligado a la prestación del servicio de manera eficaz y oportuna, por lo que eventualmente podría ser responsable por falta de servicio en los términos dispuesto por la ley 19.575, sobre Orgánica Constitucional de Bases Generales de la Administración del Estado, cuyo artículo 4° impone al Estado responsabilidad por los daños que causen los órganos de la Administración en el ejercicio de sus funciones, sin perjuicio de las responsabilidades que pudieren afectar al funcionario que los hubiere ocasionado, es este caso los prácticos de puerto o prácticos pilotos. Ello, en concordancia con lo preceptuado por los artículos 6° y 7° de la Constitución Política de la Republica.

Sin embargo, la intervención pública no se agota en esta primera etapa, sino que se extiende a la siguiente, en la cual de manera compulsoria se impone la persona designada por la autoridad marítima para prestar tal asesoría, sin que el armador o el capitán de la nave tenga derecho a elección ni la posibilidad de rechazar tanto el servicio, como el que éste sea prestado por la persona designada por la Autoridad Marítima, por cuenta de quien actúa, ni está autorizado para recurrir a la asesoría en las cuestiones propias del pilotaje o practicaje que personas ajenas a la Autoridad Marítima pudieren prestar.

Lo anterior, al menos respecto de aquellos espacios marítimos de practicaje o pilotaje obligatorio. Distinta es la situación tratándose de la asesoría al capitán en lugares excluidos de la obligación del uso obligatorio del servicio público de practicaje o pilotaje, como ocurre en el caso de la navegación por aguas Antárticas.

Adicionalmente, en tercer lugar, la nave deberá soportar los costos de tales asesorías forzosas, pagando las tarifas que por dichos servicios se determinen por decreto supremo, en virtud de lo previsto por el artículo 169° de la Ley de Navegación, a favor de la Dirección General del Territorio Marítimo y de Marina Mercante, además de los costos adicionales que la prestación de tales servicios involucre, como el desplazamiento del práctico al lugar de embarque, su alojamiento, manutención por los días durante los cuales esté a bordo o a disposición de la nave para su embarco, etc.

El contrato de pilotaje, como se expresó, no lo celebra el práctico o piloto, con el representante de la nave, sino que la Autoridad Marítima, precisamente en su condición de tal, y no como representante de las personas designadas por ella misma para prestar el servicio de asesoría. De este modo, si la autoridad dejara de intervenir o de prestar tales servicios, los mismos pierden el carácter de un pilotaje o practicaje obligatorio, con el agregado que aquéllos no pueden ser prestados por ninguna persona que no dependa de la Autoridad Marítima nacional.

En tal caso, nuestra legislación acepta sólo dos situaciones distintas, a saber: Deja en libertad a los armadores de la nave para decidir entre evitar el uso obligatorio del piloto, al navegar por aguas de la República, si esa navegación es realizada fuera de la zona señalada por la normativa legal y reglamentaria como de pilotaje obligatorio, en virtud de lo autorizado por el artículo 25° del Reglamento de Practicaje y Pilotaje, o bien, entregar su mando a un capitán de alta mar chileno autorizado para navegar con su nave liberado del empleo obligatorio de práctico o piloto, según el caso, si se cumplen los requisitos fijados por los artículos 20° y 31°, respectivamente. En este último caso, sólo tratándose de naves de bandera chilena, al mando de un capitán de la marina mercante nacional debidamente habilitado para operar su nave en puerto y navegar por las rutas autorizadas de navegación, sin la asesoría de una práctico o piloto, en su caso.

En definitiva, entonces, la solicitud de un práctico o piloto, realizada por el agente de la nave o su armador, si este último es chileno, da lugar a una relación contractual entre los representantes de ese armador o capitán y la Autoridad Marítima que debe proporcionar el servicio de asesoría obligatorio por mandato legal, a través de prácticos o pilotos oficiales o autorizados.

Tal condición de contrato público forzoso obliga al Estado a prestar el servicio, por lo que los prácticos o pilotos designados para desempeñar una determinada asesoría de navegación o maniobra, están impedidos de rehusarla, sin causa reglamentaria, según lo señalan los artículos 17° y 43° del Reglamento de Prácticos.

Sin embargo, el inciso final del artículo 8° del Reglamento de Prácticos establece que la Dirección General no será responsable de los accidentes o enfermedades que les puedan ocurrir a los prácticos autorizados mientras dure su comisión, lo que resulta extraño y contradictorio, toda vez que por otra parte el artículo 36°de la Ley de Navegación dispone expresamente que los servicios de practicaje y pilotaje dependen de dicha Dirección General, y los mismos deben ser cumplidos por los prácticos que ella designe, sea como prácticos oficiales o prácticos autorizados, percibiendo por tales servicios directamente del armador o naviero, o de su agente, la remuneración del caso, determinada por el Reglamento de Tarifas y Derechos, que precisamente regula los pagos que obligatoriamente la nave debe realizar por la prestación de los servicios de practicaje y pilotaje.

6. PROHIBICIÓN DE PILOTEAR O PRACTICAR NAVES POR QUIENES NO SE ENCUENTREN HABILITADOS COMO PRÁCTICOS OFICIALES O AUTORIZADOS

El artículo 68° del D.S. (M) N° 1340 bis, de 1941, prohíbe pilotear (o practicar) naves a las personas que no sean prácticos (o pilotos) oficiales o autorizados.

En el mismo sentido se prenuncian los artículos 9° y 1°, inciso segundo, de los D. S. (M) 397 y 398, de 1985, respectivamente, disponiendo el primero de ellos que los prácticos dependientes de la Dirección General del Territorio Marítimo y de Marina Mercante son las únicas personas que pueden cumplir funciones de pilotaje y practicaje, y el segundo, que aquéllos son las únicas personas autorizadas para cumplir legalmente tales funciones de asesoría al capitán.

Quien se desempeñe en tal calidad sin estar autorizado para ello, incurrirá en una sanción de multa de mil pesos oro a cien mil pesos oro[6], siendo además responsable de los daños que causaren, sin perjuicio de aplicársele las demás sanciones legales y reglamentarias previstas por el reglamento de Practicaje y Pilotaje y del pago de las tarifas y derechos que legal y reglamentariamente correspondan.

En las mismas sanciones incurre el capitán de la nave conducida por quien no tiene autorización legal y reglamentaria para desempeñarse a bordo en calidad de asesor del.

Adicionalmente, la nave que navegue sin hacer uno de práctico o piloto, en aquellas aguas en que este servicio es obligatorio, no podrá ser recibida por la Autoridad Marítima y las demás autoridades competentes. (Art. 68°, letras b) y d). Esta prohibición se aplicará con el solo mérito de la comunicación hecha por cualquier Autoridad Naval o Marítima, de la circunstancia de haberse cometido la infracción de que se trate.

Con todo, el Director General del Territorio Marítimo y de Marina Mercante podrá con conocimiento de causa, alzar la prohibición, a menos que se trate de reincidentes o de quienes no hayan pagado las multas o tarifas correspondientes

La prohibición precedente se hará extensiva a todas las naves del mismo armador de la nave infractora, en virtud de lo ordenado por la letra b) del artículo 68°, Letra b), del Reglamento del Orden, Seguridad y Disciplina en las Naves y Litoral de la República.

7. LA PRESTACIÓN DEL SERVICIO DE PRACTICAJE Y PILOTAJE Y SU DEPENDENCIA

Los servicios de practicaje y pilotaje dependerán, en virtud de lo dispuesto por el artículo 36° de la Ley de Navegación, de la Dirección General del Territorio Marítimo y de Marina Mercante.

Independientemente de su condición jurídica, los prácticos y pilotos, comprendidos en la expresión genéricas de "*prácticos*", dependen

[6] *Un peso oro equivale actualmente, aproximadamente, según lo informa la Dirección General del Territorio Marítimo y de Marina Mercante, al equivalente al0,20 dólares.*

de la Dirección General del Territorio Marítimo y de Marina Mercante, conforme lo ordenado por el artículo 9°, del D. S. (M) N° 397, sea directamente de la Dirección General los primeros, y de la Autoridad Marítima competente los últimos.

La designación de la o las personas llamadas a desempeñar un pilotaje específico será cumplida por la Dirección General del Territorio Marítimo y de Marina Mercante y, para el caso del practicaje, por la Autoridad Marítima local de cada puerto, conforme lo dispuesto por el artículo 36° del decreto ley 2.222, de 1978.

Siendo el practicaje y pilotaje un servicio forzoso, la Autoridad Marítima está obligada a prestarlo, en cualquier momento en que tales servicios le sean requeridos por los usuarios, dentro de los plazos reglamentarios, regulados por el D. S. (M) 397, de 1985.

Por su parte, el inciso final del artículo 17° del Reglamento de Prácticos, inhabilita al o a los prácticos designados para una determinada comisión, sea en naves chilenas o extranjeras, para ejercer a bordo funciones distintas a las del practicaje o pilotaje asignado por la Dirección General. Ello resulta perfectamente coherente con las funciones que cumplen los prácticos o pilotos a bordo, como representantes de la autoridad pública.

El práctico, en definitiva, no depende del armador, no tiene la dirección náutica de la nave, ni sus recomendaciones son obligatorias para el capitán, el cual perfectamente puede desoír al consejero náutico y ordenar la navegación o maniobras que su experiencia le aconseje. Tampoco el práctico representa los intereses del armador, ni operacional ni comercialmente, representa a la autoridad marítima chilena a bordo y su obligación es procurar una navegación segura.

8. OBLIGACIONES DE LA AUTORIDAD MARÍTIMA, REFERIDAS A LOS SERVICIOS DE PILOTAJE Y PRACTICAJE

La primera obligación que la ley impone a la Autoridad Marítima nacional es el asegurar la prestación de los servicios de practicaje y pilotaje, a las naves chilenas o extranjeras que lo soliciten, conforme la obligatoriedad de los mismos que establece el artículo 35° de la Ley de Navegación.

Para lo anterior, cuando las necesidades del Servicio Público lo requieran el Director General podrá nombrar prácticos autorizados para atender a un servicio determinado, los que sin ser empleados de la Dirección General del Territorio Marítimo y de Marina Mercante gozarán de los emolumentos que por los servicios que presten determina el Reglamento General de Servicio de Prácticos, hoy sustituido por el Reglamento de Practicaje y Pilotaje y por el Reglamento de Tarifas y Derechos. Así lo exige el artículo 18°, inciso segundo, del Decreto con Fuerza de Ley N° 292, de 1953, que aprobó la Ley Orgánica de la mencionada Dirección General.

9. DE LOS PRÁCTICOS OFICIALES Y AUTORIZADOS

Para la prestación de dichos servicios, existirán "*prácticos oficiales*", que son oficiales de esta especialidad de la Armada, del escalafón de oficiales de los Servicios Marítimos, y "*prácticos autorizados*", que son aquellos designados por la Dirección General del Territorio Marítimo y de Marina Mercante, de entre los Capitanes de Alta Mar o ex oficiales de cubierta de la Armada, de grado no inferior a Capitán de Fragata, al momento de su retiro, que cumplan los demás requisitos que establece el Reglamento de Prácticos. (Art. 36° Ley de Navegación).

Estos últimos, son nombrados en calidad de tales, por el Director General del Territorio Marítimo y de Marina Mercante, para atender un servicio determinado, en reemplazo de los prácticos oficiales, sin tener la calidad de empleados dependientes de la referida Dirección General, y cuyos emolumentos por los servicios que presten se determinan por el reglamento general de servicios de practicaje, sustituido en la actualidad, en lo pertinente al pago de tales remuneraciones, por el Decreto Supremo N° 421, de 1979, que aprobó el Reglamento de Tarifas y Derechos de dicha Dirección General.

En el mismo sentido, se pronuncia el artículo 18° del Decreto Fuerza de Ley N° 292, de 1953, sobre Ley Orgánica de la Dirección General del Territorio Marítimo y de Marina Mercante, que fija el marco institucional de los servicios marítimos del Estado, como Servicio Público dependiente de la Armada Nacional.

A su turno, de conformidad con lo dispuesto por el artículo 69° del Decreto Supremo N° 1340 bis, de 1941, del Ministerio de Defensa Nacional, Subsecretaria de Marina, que aprobó el Reglamento General de Orden, Seguridad y Disciplina, en las Naves y Litoral de la Republica, la designación de los prácticos autorizados (o pilotos) tendrá lugar cuando en razón del excesivo movimiento de naves o por falta momentánea de prácticos (o pilotos) oficiales, las circunstancias así lo aconsejen.

Independientemente de tratarse de prácticos de canales o de puertos, oficiales o autorizados, ambos dependen, en cuanto a la prestación del servicio, de la Dirección General o de la Autoridad Marítima, en su caso, conforme lo dispuesto por el artículo 9° del Reglamento que regula la actividad.

En los puertos donde existan prácticos oficiales, éstos estarán subordinados militar y disciplinariamente al Gobernador Marítimo o Capitán de Puerto, respectivamente, de conformidad con lo preceptuado por el artículo 1.691° de la Ordenanza de la Armada, y en todo orden. Los prácticos autorizados, a su vez, estarán, al igual que los anteriores, subordinados al Capitán de Puerto mientras desempeñen sus funciones. Sin embargo, en el ejercicio de sus funciones profesionales, ambos tendrán absoluta libertad y será de su exclusiva responsabilidad la ejecución de las maniobrar.

10. HABILITACIÓN COMO PRÁCTICO O PILOTO Y REQUISITOS GENERALES

Como se expresó anteriormente, el artículo 36 ° de la Ley de Navegación dispone que para la prestación de los servicios de practicaje y pilotaje, dependientes de la Dirección General, habrá "*prácticos oficiales*", que son oficiales de esta especialidad de la Armada del escalafón de Oficiales de los Servicios Marítimos, y "*prácticos autorizados*", que son aquellos designados por la Dirección General del Territorio Marítimo y de Marina Mercante de entre los Capitanes de Alta mar o ex oficiales de cubierta de la Armada, de grado no inferior al de Capitán de Fragata al momento de su retiro de la Institución, que cumplan los demás requisitos que establezca el Reglamento. Estos últimos, por mandato del artículo 7° del Reglamento del ramo, atenderán los servicios de practicaje y pilotaje cuando no hubiere disponibilidad de prácticos oficiales.

A su turno, el decreto supremo (M) N° 398, de 1985, aprobó el Reglamento de Prácticos, cuyo artículo 6° preceptúa que el ingreso, permanencia y retiro del servicio de los prácticos oficiales, se regirá por las disposiciones establecidas en el Estatuto del Personal de las Fuerzas Armadas, por cuanto forman parte del personal de la Armada chilena, destinados al servicio de pilotaje y/o de practicaje, según lo estime necesario la Dirección General del Territorio Marítimo y de Marina Mercante.

Se dispone, asimismo, que los "*prácticos autorizados*" serán nombrados en tal calidad por el Director General, el que podrá poner término a su nombramiento, conforme a las causales establecidas por el artículo 18° del mismo cuerpo reglamentario. En realidad, no se trata de un nombramiento como "*práctico autorizado*", sino de una habilitación para poder ejercer como práctico de puerto o piloto de canales, según el caso, previo nombramiento posterior de la Autoridad Marítima para ejercer como tales en una determinada nave.

En todo caso, estos "*prácticos autorizados*", no tienen la calidad de empleados de la Dirección General del Territorio Marítimo y de Marina Mercante y sólo tienen derecho a percibir el pago de los servicios prestados en cada caso, los que son de cargo y costo del armador o agente de naves que haya solicitado sus servicios, cancelados por éstos directamente a la Autoridad Marítima, no al práctico.

Pueden postular al nombramiento como práctico autorizados, según lo previsto por el artículo 12° del precitado reglamento, las personas que manifiesten su intención de ingresar como tales, sea en calidad de práctico de puerto o piloto de canales, cumpliendo con las normas de selección psicofísicas establecidas por el Reglamento, que acrediten a satisfacción de la Dirección General, su idoneidad profesional, la aprobación del Curso General de Practicaje y Pilotaje, y reúnan, además, los requisitos específicos fijados al efecto por la normativa reglamentaria.

Para ejercer funciones de practicaje de puerto o *de pilotaje*, como práctico autorizado, pueden optar al nombramiento quienes detenten alguna de las siguientes cualidades: Los ex- prácticos oficiales o autorizados que acrediten el cumplimiento de los requisitos reglamentarios para el efecto; los capitanes de alta mar que en posesión del título de Capitán de alta mar, cumplan requisitos adicionales de experiencia y mando, además de salud compatible, y los oficiales ejecutivos de la Armada, en retiro, que acrediten haber alcanzado el grado de Capitán de Fragata Ejecutivo, y demuestren la experiencia necesaria para desempeñarse como práctico o piloto

11. FACULTADES DEL DIRECTOR GENERAL EN RELACIÓN A LOS SERVICIOS DE PRACTICAJE Y PILOTAJE

El artículo 7° del Reglamento de Practicaje y Pilotaje, entrega al Director General del Territorio Marítimo y de Marina Mercante tres facultades específicas directamente relacionadas con ambos servicios, a saber:

a) En casos calificados, restringir o prohibir el tránsito de naves por las rutas de canales establecidas en el título cuarto del Reglamento del ramo o restringir o prohibir temporalmente su permanencia en otras zonas.

b) Dictar normas tendientes a regular el tráfico marítimo con el objeto de velar por la seguridad de la navegación, de la vida humana en el mar y la protección del medio marino.
Esta facultad se encuentra directamente relacionada con lo previsto por la Regla 10 del Capítulo N° V del Convenio Solas, vigente en el país, que reconoce que los sistemas de organización del tráfico marítimo contribuyen a la seguridad humana en el mar, la seguridad y eficacia de la navegación y la protección del medio marino, al tiempo que recomienda a todos los buques la utilización de los sistemas de organización del tráfico marítimo. Utilización que podrá hacerse obligatorio cuando tales sistemas se hayan adoptado e implantado de conformidad con las directrices y criterios elaborados por la Organización Marítima Internacional.

c) Dictar las resoluciones e impartir las instrucciones que estime conveniente para la mejor aplicación del Reglamento.

En este caso, en uso de la facultad precedentemente reconocida, mediante resolución DGTM YMM ORD. N° 12.100/32 VRS, de 04 de junio de 2009, se aprobó el texto vigente de las actuales "Instrucciones Complementarias al Reglamento de Practicaje y Pilotaje", para la mejor prestación de dichos servicios.

12. OBLIGACIONES RESPECTO DE LA NAVE, SU ARMADOR, AGENTE O CAPITÁN, EN RELACIÓN CON EL SERVICIO DE PRACTICAJE Y PILOTAJE

Todas estas obligaciones, incluyendo aquellas referidas a la nave, deben entenderse exigidas a su armador o representante legal en el puerto de arribo de la nave, y ellas encuentran su justificación práctica en el ser parte de un sistema global cuyo objetivo es la seguridad de la navegación, la necesidad de garantizar la vida humana en el mar y procurar la protección del medio marino.

Obligaciones respecto de la nave.

La primera obligación que tiene toda nave que solicite los servicios de practicaje y pilotaje, es el contar con los certificados de seguridad que le sean exigibles de acuerdo con la legislación nacional de su bandera y los convenios internacionales que le sean aplicables, según lo establece el artículo 5° del Reglamento de Practicaje y Pilotaje.

El artículo 25°, en su letra b), a su vez, dispone que en toda faena de practicaje empleará el número de remolcadores y demás elementos de apoyo a la maniobra, conforme a las disposiciones específicas de la Autoridad Marítima local.

El artículo 42°, por su parte, exige que la nave antes de iniciar la navegación de pilotaje, deba:

a) Estar provista de los equipos y elementos de ayuda a la navegación que le sean exigibles en virtud de lo establecido por el Convenio Internacional para la Seguridad de la Vida Humana en el Mar (Solas) o en el Convenio Internacional para la Seguridad de los Buques Pesqueros (Torremolinos), vigente en el país, según sea el tipo y tonelaje de la nave.

b) Tener en buen estado de funcionamiento todos los elementos de fondeo y su maniobra, máquina principal, auxiliar y de emergencia.
c) Mantener las maniobras de plumas o grúas trincadas en sus respectivos calzos, de manera de no interferir los campos visuales desde el puente de gobierno de la nave.
d) No afectar la visibilidad desde el puente de navegación, por carga, equipo de manipulación de la carga u otras obstrucciones que impidan cumplir con las funciones de pilotaje, conforme lo establezca la reglamentación vigente.
e) Mantener durante la navegación izado el pabellón chileno, en el pico de mesana o, a falta de éste, en el punto más alto de su enarboladura o superestructura, y en puerto, a popa de la nave.

En todo caso, la Autoridad Marítima se encuentra facultada para suspender o interrumpir la navegación de una nave cuando ésta no cumpla con alguna de las exigencias precedentemente señaladas, hasta que se subsanen las observaciones que las motiva y se adopten las medidas para resguardar la seguridad de la vida humana en el mar, la seguridad de la navegación y la protección del medio marino.

Se limita la navegación con práctico a bordo solamente a las rutas autorizadas, debidamente identificadas en el documento de nominación de prácticos para la comisión de que se trate, conforme lo dispuesto por el artículo 38° del decreto supremo (M) N° 397, sin que la nave pueda navegar por otras rutas o aguas interiores nacionales, distintas de las rutas de navegación autorizadas, a menos que, previa petición del capitán de la nave o su agente en el país, se autoricen rutas adicionales de navegación.

Obligaciones del capitán

El artículo 40° Reglamento de Practicaje y Pilotaje, impone al capitán de la nave en que desempeñen sus funciones los prácticos de canales, la obligación de proporcionarles a éstos, sin cargo alguno para ellos, a bordo, lo siguiente:

a) Habitabilidad y alimentación adecuadas al rango de capitán de la marina mercante o equivalente,

b) Las facilidades necesarias para que, mediante la radiocomunicación, u otro medio eficiente y rápido de comunicación, informen las novedades habidas durante la navegación y transmitan toda otra información de atingencia con su comisión, las que serán consideradas oficiales a todos los efectos.
c) Adicionalmente, al iniciar el pilotaje, en conjunto con él o los prácticos, el capitán deberá elaborar el formulario de verificación (check list) dejando estipuladas las condiciones operativas en que se encuentren los sistemas y equipos de la nave.

Por su parte, el artículo 25° del Reglamento exige que antes de iniciar la correspondiente faena en puerto, con práctico a bordo, el capitán de la nave proporcione información completa al práctico a cargo de la misma, acerca del buen estado de funcionamiento de todos los elementos de fondeo y maniobra, como asimismo, de la maquinaria principal, auxiliar y de emergencia y de los elementos de ayuda a la navegación que se emplearán en las respectivas faenas.

Obligaciones del armador o agente de nave

Siendo el agente o consignatario de la nave, el representante del armador, del dueño o del capitán de la misma, para todos los actos y gestiones concernientes a la atención de la nave en el puerto, conforme lo previsto por los artículos 917°, 922° y 923° del Código de Comercio, corresponderá a éste, por regla general, requerir ante la Autoridad Marítima los servicios de practicaje y pilotaje, obligatorios por disposición legal o reglamentaria, o en aquellos casos en que tales servicios son requeridos por decisión del capitán de la nave, sin existir obligación legal de utilizar en la navegación o en las maniobras respectivas su asesoría profesional, en virtud de lo previsto y autorizado por el número 5 del artículo 914° del Código de Comercio.

El artículo 17° del Decreto Supremo (M) 397, de 1985, a su turno, dispone que en cada Capitanía de Puerto habrá un registro de las solicitudes de maniobras de practicaje que requieran los armadores o agentes de naves.

Ello, a menos que se trate de un caso en que la ley autoriza para actuar ante las autoridades, directamente al armador de la nave o a su capitán, en virtud de lo dispuesto por los artículos 45° y 46° de la Ley de Navegación, referido exclusivamente a favor de naves de bandera chilena y operada por un armador nacional.

Adicionalmente, el artículo 11° del D. S. (M) N° 397, impone al agente de la nave (o a su armador) la obligación de proporcionar los medios y elementos necesarios para la transferencia de los prácticos y pilotos, como también aquellos necesarios para el desempeño de sus funciones propios, tales como remolcadores, lanchas motorizadas, personal necesario y otros, incluyendo la movilización del práctico entre la sede de la Capitanía de Puerto y el lugar de embarco.

El capitán, por su parte, junto con sus oficiales y tripulantes de la nave a su mando, está obligado a prestar su colaboración a los prácticos y pilotos, mientras éstos desempeñen sus funciones.

El artículo 40° del D. S. (M) N° 397, a su vez, impone a los armadores y a sus agentes, que soliciten el servicio de pilotaje o practicaje, según el caso, la obligación de contratar un seguro para cubrir la pérdida de vida y todo otro riesgo incluido en el cumplimiento de la respectiva comisión, a favor del o los prácticos que sean designados por la Autoridad Marítima para llevarlo a efecto

El monto mínimo de la cobertura pertinente será el equivalente a treinta y seis meses de sueldo, incluyendo las demás remuneraciones legales que corresponda percibir a un capitán de fragata práctico, perteneciente al escalafón de los servicios marítimos de la Armada.

El artículo 18°, inciso segundo, del decreto con fuerza de ley N° 292, de 1953, dispone que el pago de los servicios prestados por los prácticos autorizados (entiéndase incluidos también a los pilotos) serán de cargo del armador o agente de naves que solicitó tales servicios.

Son también de cargo del armador de la nave o de su agente, que solicitó los pertinentes servicios de practicaje o pilotaje, los costos por pago de viáticos y demás gastos de movilización que le fije el Reglamento de Servicio de Prácticos, hoy Reglamento de Practicaje y Pilotaje, a favor del personal de prácticos de planta y autorizados, incluyendo a los pilotos, los que serán ajustados con intervención de la autoridad marítima que autorizó la prestación del servicio de asesoría. Así lo exige el artículo 35° de la ley orgánica de la Dirección General del Territorio Marítimo y de Marina Mercante.

13. OBLIGACIONES DE LOS PRÁCTICOS Y PILOTOS

Las obligaciones impuestas por la normativa nacional a los prácticos y pilotos, en el cumplimiento de sus deberes profesionales para con la nave, en su calidad de consejeros de navegación o maniobra, como en su calidad de representantes o delegado de la Autoridad Marítima, tienen lugar en tres momentos distintos, a saber:

(a) Antes de iniciarse el pilotaje o practicaje, según el caso;
(b) Durante la navegación, sea en canales o en puerto, y
(c) Después de concluidos sus servicios a bordo.

(a) *Obligaciones antes de iniciarse el practicaje o pilotaje.*

Tratándose de la prestación de un servicio de naturaleza pública, el artículo 17° del Reglamento impone a los prácticos en deber de estar permanentemente a disposición de la Dirección General o de la Autoridad Marítima, según corresponda a pilotos de canales o prácticos de puerto, para atender el servicio dentro de los plazo que se fijen y en las condiciones que el Director General disponga, sin perjuicio de su derecho a solicitar permiso, sin necesidad de expresar causa, hasta por un máximo de 30 días dentro del año calendario, o por un plazo mayor si invocaren motivo fundado, estado facultado el Director General para conceder o denegar el permiso, de acuerdo con las necesidades del servicio.

Sin embargo, el inciso tercero del artículo en comento no autoriza para solicitar tales permisos, sin expresar causa o con motivo fundado, a menos que se trate de razones de fuerza mayor, a los prácticos autorizados de canales que figuren en alguno de los cuatro primeros lugares de la lista o rol de nombramiento que debe elaborar la Oficina de Pilotaje de la Dirección General.

En el caso de los "*prácticos autorizados*", para el cumplimiento de sus funciones estos prácticos o pilotos, según el caso, deberán contar, de su propio cargo y costo, con las cartas de navegación y demás publicaciones necesarias debidamente actualizadas como, asimismo, con los elementos de trabajo, comunicación y de seguridad que establezca la Dirección General. Así lo exige el artículo 8° del Reglamento de Prácticos.

En el caso de los *"prácticos oficiales"*, por su condición de funcionarios de la Autoridad Marítima, corresponde a ésta proporcionar los elementos necesarios para el cumplimiento de sus funciones, conforme a la legislación general aplicable a los servidores del Estado, por lo que cartas y publicaciones necesarias, en este caso, son de cargo Fiscal y, no del práctico.

Los prácticos autorizados, al igual que los prácticos oficiales, conforme lo exigido por el artículo 17° del Reglamento de prestación de los servicios de pilotaje y practicaje, deberán estar permanentemente a disposición de la Dirección General y de la Autoridad Marítima, según corresponda, para atender el servicio dentro de los plazos y en las condiciones que disponga el Director General del Servicio.

Además, como condición de operación de la nave, el artículo 25° del reglamento del ramo exige que antes de iniciar la correspondiente faena, el práctico deba obtener de su capitán una información completa del buen estado de funcionamiento de todos los elementos de fondeo y maniobra, como también de la maquinaria principal, auxiliar y de emergencia y de los elementos de ayuda a la navegación que se emplearán en la respectiva faena.

(b) Obligaciones durante la navegación o maniobra de la nave

De conformidad con lo establecido por los artículos 37° de la Ley de Navegación, 1° del D. S. (M) N° 398, de 1985 y 3° del D. S. (M) N° 397, de 1985, los prácticos (entendiéndose incluidos también los pilotos) durante el desempeño de sus funciones tienen solamente responsabilidades de asesores del capitán, en lo relativo a tres materias distintas, claramente identificadas por la norma legal, según se trata de un practicaje o de un pilotaje, a saber:

a) En la conducción de la navegación y derrota de la nave (pilotaje).
b) En la ejecución de las maniobras que realice la nave en puerto (practicaje).
c) La legislación y reglamentación de la República, que sea aplicable dentro del ámbito de sus funciones (pilotaje y practicaje).

El reglamento del ramo, en su artículo 3°, agrega una cuarta obligación de los prácticos y pilotos, como es el asesoramiento a bordo sobre cualquier otra faena que se solicite o que contemple su intervención.

El artículo 42°, inciso segundo, del decreto supremo (M). 397, de 1985, por su parte, impone a los prácticos al iniciar el pilotaje de la nave y, en conjunto con su capitán, la obligación de elaborar el formulario (*check list*), dejando estipuladas las condiciones operativas en que se encuentran sus sistemas y equipos, las que deberán ser informadas "*de inmediato*" a la Autoridad Marítima local.

Tratándose de faenas de practicaje, el artículo 25° del precitado cuerpo reglamentario, en su letra c), impone al práctico la obligación de fondear la nave con las anclas y cadenas, debiendo disponer el número de amarras que estime necesario, de acuerdo a las circunstancias en que se efectúe la maniobra; teniendo presente las disposiciones especiales que haya dictado para estos efectos la Autoridad Marítima local.

Agrega la norma en comento que, si el capitán de la nave solicitare que se aumente el número de estos elementos para mayor seguridad, el práctico procederá de acuerdo con tal solicitud. No siéndole, en consecuencia, permitido desoír tal requerimiento de quien además es el jefe superior de la misma, y encargado de su gobierno y dirección. Art. 50° Ley de Navegación. Lo anterior, sin perjuicio de informar de ello a la Autoridad Marítima.

El inciso tercero, asimismo, impone a los prácticos, mientras se encuentren desempeñando sus funciones a bordo, la obligación de velar por el cumplimiento de las exigencias que el precitado artículo hace a la nave, y de manera especial, las infracciones al convenio Internacional para Prevenir la Contaminación Proveniente de Buques, Marpol, 73/78 y la reglamentación nacional vigente.

En todo caso, el práctico o piloto, en su caso, es el encargado de cumplir las instrucciones del Capitán de Puerto sobre el fondeadero que la nave debe tomar, de acuerdo con el lugar señalado por éste, (Art. 66° del Reglamento de Orden, Seguridad y Disciplina).

Además, en su calidad de delegado de la autoridad pública, el práctico o piloto tiene la obligación de informar a la Autoridad Marítima sobre todo hecho extraordinario que ocurra a bordo, en relación con sus funciones de asesor, o de cualquier infracción de la ley y reglamentación de la República.

(c) Obligaciones después de concluidos sus servicios a bordo.

Si bien las funciones de asesoría del práctico o piloto de canales al capitán de una nave terminan con el arribo de ésta al lugar o puerto de destino, la comisión o asignación del piloto o práctico de canales, sólo concluye con la entrega del denominado "*parte de viaje*", en las oficinas de la Autoridad Marítima, dando cuenta de los pormenores del viaje de que se trate.

Para el caso de los prácticos de puerto, a su vez, la comisión del práctico sólo se da por concluida al momento en que el práctico de puerto, luego del término material de su asesoría a la nave en las maniobras de puerto, procede a la inscripción de tal circunstancia en el "*Libro Registro de Faenas de Practicaje*" en la respectiva Capitanía de Puerto o Gobernación Marítima.

Por disposición del inciso segundo del artículo 10°, del D. S. (M) 398, el piloto o práctico que haya concluído una determinada comisión, no podrá iniciar una nueva mientras no haya dado cumplimiento a la obligación precedentemente señalada.

Asimismo, una vez concluida su labor, el práctico deberá dejar constancia de la maniobra de practicaje realizada, en el libro de registro de maniobras de practicaje, conforme lo exige el artículo 17° del Reglamento de Practicaje y Pilotaje.

14. LUGAR DE PRESTACIÓN DEL SERVICIO

Los prácticos y pilotos, en su condición de consejeros de navegación o de las maniobras en puerto, según sea el caso, durante el cumplimiento de sus funciones de asesoría deben permanecer y, por ende, prestar la misma, a bordo de la nave que ha requerido de su asesoramiento, aun cuando ello no está explícitamente así señalado de manera general por la normativa legal nacional, a diferencia de los que ocurre en la mayoría de las legislaciones extranjeras más destacadas.

En todo caso, el artículo 16° del D. S., (M) 397, de 1985, así lo exige para el caso del practicaje y se desprende de lo dispuesto por los artículos 35° y 37° de la ley de Navegación, y del artículos 33°, 35°A, 39°, 40°. 42° y 44° del Reglamento, para el caso de los pilotos o prácticos de canales.

En efecto, el artículo 16° del Reglamento de Practicaje y Pilotaje, ordena que, durante el desempeño de su comisión de practicaje, el práctico responsable de la misma deberá permanecer a bordo, durante todo el tiempo que dure la faena de la nave.

Tanto el práctico de puerto como el práctico de canales no son miembros de la tripulación, ni forman parte del personal embarcado, por lo que les está impedido realizar a bordo función alguna ajena a los servicios de asesoría al capitán, ni reemplazar, aun cuando lo sea en forma temporal, a algún oficial o tripulante. Por el contrario, ambos, el práctico de puerto como el de canales, tienen una única razón para permanecer a bordo durante la prestación de los servicios, la de su condición de asesores del capitán, por lo que no entran a formar parte de la tripulación de la nave, bajo ninguna circunstancia, por extraordinaria que ella sea. (Art. 37° Ley de Navegación). Ello, sin perjuicio de actuaciones del práctico más allá de sus funciones propias en caso de accidentes, asistencia o salvamento.

18. LA AUTORIDAD DEL CAPITÁN CON PRÁCTICO O PILOTO A BORDO

La autoridad del capitán, como jefe superior de la nave y encargado, por ende, de su gobierno y decisión, en ninguna circunstancia está subordinada a la del práctico o piloto, en virtud de lo dispuesto por el artículo 909° del Código de Comercio.

De la misma forma, el artículo 58° de la Ley de Navegación hace al capitán directamente responsable de la seguridad de la navegación, de las maniobras y gobierno de la nave a su mando, aun cuando tuviere la obligación de emplear los servicios de practicaje y pilotaje. Agregada la disposición legal, que la autoridad del capitán no estará subordinada a la del práctico o piloto, según el caso, en ninguna circunstancia.

Por su parte, el artículo 3° del decreto supremo (M) N° 397, de 1985, que aprobó el Reglamento de Practicaje y Pilotaje, previene que las funciones de asesoría del práctico (o piloto) a bordo, se cumplen sujetas a la autoridad del capitán de la nave. Asesoría, que en ningún caso afectará las funciones y atribuciones del capitán, quien conservará en todo momento el mando de su nave, como lo reconoce de manera expresa el artículo 1°, inciso tercero, del decreto supremo (M) N° 398, de 1985.

Ratifica lo anterior, lo dispuesto por el artículo 909° antes citado, del Código de Comercio, en cuanto hace responsable directo al capitán de la nave, aun cuando tenga la obligación de emplear los servicios de practicaje y pilotaje, de la navegación, seguridad, maniobra y gobierno de la nave, siendo responsable el práctico o piloto solamente en caso de deficiente asesoramiento, acerca de la navegación o de las maniobras de las naves, según se trate de un pilotaje o de un practicaje.

De manera congruente con la normativa anterior, el artículo 37° del decreto ley N° 2.222, e 1978, sobre Ley de Navegación, dispone que los prácticos durante el desempeño de sus funciones serán asesores del capitán. En tal condición, a los prácticos o pilotos a bordo de la nave en la que prestan sus servicios de asesoría, les corresponde sugerir la ruta de navegación o la maniobra más segura y conveniente, y al capitán, decidir acerca de dichas sugerencias, en su condición de responsable directo de la seguridad, navegación, maniobra y gobierno de la nave a su mando.

En virtud de lo dispuesto por el artículo 58° de la Ley de Navegación, pilotos y prácticos en ningún caso están encargados de conducir la derrota o las maniobras en puerto; tal función es de exclusiva responsabilidad del personal de abordo, encabezado por su capitán.

El práctico, mientras se encuentre a bordo de la nave, prestando servicios de asesoría, no toma parte, ni está obligado a hacerlo, en la dirección náutica de la misma, conservando dicha dirección, en todo momento, su capitán, por si o por intermedio del oficial de guardia como su delegado, el que en ningún momento o circunstancia, por excepcionales que ellas sean, pierde el control y dirección de la nave a su mando.

No se modifica esa condición de asesores, por la circunstancia que durante la conducción de la derrota o de las maniobras en puerto, puedan prácticos y pilotos actuar directamente sobre el gobierno o transmitir instrucciones al personal o tripulación del buque, sean oficiales o tripulantes, de puente o máquina, o llegar incluso a conducir directamente a la nave , sin la intervención del capitán, el cual, en todo caso, podrá siempre intervenir modificando, confirmando o revocando una instrucción o decisión del asesor, precisamente en su calidad de autoridad superior de la nave y único responsable de su seguridad y gobierno, independientemente de haber permitido o tolerado actuaciones de un tercero ajeno a la dotación, en funciones propias del personal embarcado.

En tal caso, el capitán no solo mantiene su responsabilidad, sin subordinarse al práctico, sino que continúa obligado a vigilar en persona el gobierno de la nave, aun cuando esté a bordo el práctico. Así lo dispone el artículo 59° de la Ley de Navegación, en cuanto preceptúa que será obligación preferente del capitán vigilar en persona el gobierno de la nave al arribo o zarpe de los puertos, o durante la navegación en ríos, canales o zonas peligrosas, aunque esté a bordo el práctico.

BIBLIOGRAFÍA

ARROYO MARTÍNEZ, Ignacio- RUEDA MARTÍNEZ, *Comentarios a la Ley 14/2014, de 24 de julio, de Navegación Marítima,* Thomson Reuters,2016.

CORNEJO FULLER, Eugenio, *Derecho Marítimo Chileno, Explicaciones sobre el Libro II del Código de Comercio: De la Navegación y el Comercio Marítimo*. Ediciones Universitarias de Valparaíso, 2003.

FERNANDES GUERRA, Ramón, *El Contrato de Practicaje*, José María Bosch Editor. S.L. Barcelona, 1997.

HUMERES MAGNAN, Luis, *Derecho Marítimo*, Colección Apuntes de Clase N° 7, Editorial Jurídica de Chile, 1952.

ZURUTUZA ARIGITA, Iñaki, *El Practicaje*, Comentarios sobre la Ley de Navegación Marítima, Marcial Pons, Madrid, 2015.

LA INVESTIGACIÓN DE LOS SINIESTROS MARÍTIMOS EN LA REPÚBLICA ARGENTINA

FERNANDO RAMÓN RAY*

SUMARIO

Para nosotros resulta un privilegio y honor el participar en esta obra en homenaje al querido Luis Cova Arria. Conocí a Luis hace más de treinta años, ya que era muy amigo de José Domingo Ray, con quien compartió la pasión por el derecho de la navegación. Luis es un brillante abogado y gran difusor del derecho marítimo en América Latina y en su querida Venezuela. Destaco entre muchas otras contribuciones, su ponencia conjunta con el Dr. José Domingo Ray sobre el Código Marítimo Uniforme para los países de nuestra área[1] . Son innumerables los méritos académicos y profesionales que tiene y nos consta el gran respecto profesional y académico que el Dr. José Domingo Ray le tenía,

---

* Abogado Universidad de Buenos Aires, Diploma de Honor, Miembro del Colegio Público de Abogados de la Ciudad Autónoma de Buenos Aires, República Argentina y Miembro Ejecutivo de la Asociación Argentina de Derecho Marítimo.

1 Jose D. Ray y Luis Cova Arria, "Código Marítimo Uniforme", en *Revista del Comité Marítimo Venezolano*, N° 2, agosto 1982, pp. 399 a 409.

quien seguramente nos acompaña desde Arriba y se complace con el merecido homenaje a su amigo Luis.

I. LA INVESTIGACIÓN DE LOS SINIESTROS MARÍTIMOS

La investigación de los siniestros marítimos es una actividad muy importante a fin de determinar las responsabilidades profesionales y o penales de las personas involucradas, como así también para determinar las causas de los mismos y en lo posible para ayudar a prevenirlos.

En primer lugar, corresponde distinguir el "*objeto de la investigación*" y "*la persona legalmente competente para realizarla*". Esto es muy importante, porque cuando se producen siniestros, no es lo mismo juzgar la responsabilidad profesional, penal y/o civil de las personas involucradas ni la de determinar las causas de los mismo para otros supuestos fines (preventivos o informativos). Se trata de distintos tipos de investigaciones. Resulta muy importante, tener en cuenta esto, para evitar malos entendidos respecto a la razón de ser de cada investigación y evitar – entre otras cosas - quejas respecto a la falta de idoneidad y/o de parcialidad de las personas a cargo de realizarlas.

La mejor garantía que deben tener todos los ciudadanos involucrados en un accidente (y en todo ámbito) es la existencia de un Poder Judicial independiente, honesto, probo y eficiente. Sin esa garantía, cualquier tipo de investigación corre el riesgo de no ser objetiva, imparcial ni adecuada desde el punto de vista técnico. La existencia de un Poder Judicial independiente en la punta de la pirámide de la investigación resulta esencial para evitar excesos por parte de las personas a cargo de cada investigación y para garantizar el derecho de defensa en juicio de las personas investigadas. Los que "*investigan*" redoblarán sus esfuerzos al saber que sus decisiones administrativas serán debidamente controladas por un Juez en el caso que ello fuera necesario y esto indudablemente otorga más seguridad a los ciudadanos involucrados.

Para referirnos al sistema de "investigación de siniestros marítimos" vigente en la República Argentina, distinguiremos dos tipos de investigación. La que se realiza para evaluar la responsabilidad profesional de las personas involucradas que a los efectos de este artículo denominaré "*navegantes*"[2] y la que se enfoca en determinar las causas de los mismos con fines técnicos y preventivos, es decir, sin abordar el análisis de la responsabilidad profesional de los navegantes.

No nos referiremos al régimen penal vigente, ni al eventual régimen aplicable para determinar las responsabilidades civiles.

IA. La responsabilidad profesional de los navegantes.

Las investigaciones realizadas a fin de determinar la "*responsabilidad profesional*" de los navegantes son muy importantes, porque en ellas están en juego derechos fundamentales de los mismos, como el de trabajar, el de propiedad y el de defensa en juicio, todos amparados por nuestra Constitución Nacional.

Esas investigaciones son además relevantes, porque sus resultados constituyen "*elementos de prueba fundamentales*" en los juicios penales y/civiles correspondientes. Las investigaciones administrativas de un siniestro marítimo, no solo afectan al capitán, tripulación o a los prácticos de los buques en forma directa, sino que generalmente tienen consecuencias legales respecto de terceros, como sus propietarios o armadores, que dicho sea de paso no son parte en esas investigaciones administrativas. Por ello deben hacerse de una manera profesional y prudente. No desconocemos que las personas involucradas en un accidente, tienen el derecho de oponer todo tipo de defensas y de ofrecer pruebas en los juicios penales y/o civiles derivados del mismo, pero resulta indudable que el "*sumario administrativo*" realizado por la autoridad de aplicación, si bien no es vinculante para el juez civil, tiene un innegable valor probatorio, que surge del común convencimiento que es producto de una minuciosa y bien fundada investigación del siniestro, lo que lamentablemente no siempre ocurre. Aunque en la República Argentina, en sede civil, se nombrarán peritos navales para la investigación técnica del accidente, será muy difícil para ellos e incluso para los jueces apartarse de las conclusiones del sumario administrativo. Siempre resultará más fácil seguir la línea de la investigación de la autoridad administrativa -independiente de cómo se haya hecho- que

[2] Nos referimos a Capitanes, oficiales, miembros de la tripulación de buques, Prácticos, Baqueanos, etc.

contradecirla. Allí radica también la importancia de realizar las investigaciones administrativas de manera correcta.

Teniendo en cuenta lo expuesto, el Estado debe extremar sus esfuerzos para realizar investigaciones que lleguen a conclusiones justas y técnicamente bien fundadas y de garantizar el derecho de defensa en juicio de los imputados. Además deben realizarse en forma expeditiva y en tiempos razonables. Investigaciones que duran cuatro o cinco años no tienen razón de ser.

Para los navegantes cuya responsabilidad profesional se está evaluando, resulta fundamental el gozar de todas las garantías constitucionales, incluyendo la del "*debido proceso administrativo*", la del "*juez natural*" y la de la "*doble instancia*" judicial que sea efectiva y real, y no meramente "*formal*" como lamentablemente se ha visto en algunas resoluciones judiciales.

En la República Argentina existe un sistema bien diseñado para juzgar la "*responsabilidad profesional*" de los navegantes que sin perjuicio de estar vigente, en los últimos años ha sido desvirtuado. Según ese sistema la conducta de los navegantes debe ser Juzgado por el Tribunal Administrativo de la Navegación y en forma subsidiaria por la Prefectura Naval Argentina. Eso es lo que establecen las leyes vigentes, pero ya veremos que en la práctica el sistema hoy no funciona de esta manera. Por el contrario, hoy en día las investigaciones son realizadas en forma exclusiva por la Prefectura Naval Argentina, cuya actividad está regulada por la ley 18.398 denominada "*Ley General de la Prefectura Naval Argentina*".[3]

a) El rol de la Prefectura Naval Argentina. Normas aplicables.

El poder de policía marítima y fluvial fue otorgado a la Prefectura Naval Argentina (a las que nos referiremos de aquí en adelante como la PNA) a través de la ley 18.398. La PNA es una "*fuerza de seguridad*". El artículo 2 de esa ley establece que "*es la fuerza por la que el Comando en Jefe de la Armada ejerce: el servicio de policía de Seguridad de*

3 República Argentina, Ley 18.398 de la Prefectura Naval Argentina, publicada en el Boletín Oficial el día 28 de octubre de 1969

la navegación y el servicio de policía de seguridad y judicial; parcialmente, la jurisdicción administrativa de la navegación"[4].

El artículo 5 de esta ley establece las facultades que tiene la PNA ya sea como policía de seguridad de la navegación, en ejercicio de la jurisdicción administrativo-policial, como policía de seguridad y como policía judicial[5].

En el ejercicio de la "*policía de navegación*", la PNA está autorizada entre otras cosas a intervenir en todo lo relativo a la navegación haciendo cumplir las leyes que la rigen, y a dictar las ordenanzas relacionadas con las leyes que rigen la navegación y proponer las que establezcan las faltas o contravenciones marítimas y fluviales y, sus sanciones, siendo su autoridad de aplicación.

En el ejercicio de la "*jurisdicción administrativo-policial de la navegación*" la PNA está facultada a "*instruir sumarios por naufragios, colisiones o varaduras y otros acaecimientos de la navegación ocurridos a buques argentinos o extranjeros en aguas jurisdiccionales argentinas, así como también los ocurridos a buques argentinos en aguas extranjeras o en mar libre para su investigación; y deslindar responsabilidades en el orden administrativo, en aquellos casos cuyo juzgamiento no correspondiere al Tribunal Administrativo de la Navegación*[6]" y también a "juzgar la faltas o contravenciones se seguridad náutica". La modificación de la ley, es posterior a la sanción de la ley 18.870 por la que se creó el Tribunal Administrativo de la Navegación (al que nos referiremos de aquí en adelante como el TAN) como se verá más abajo.

Puede apreciarse que del juego de las normas surge que originalmente era la PNA quien estaba facultada en forma exclusiva a evaluar la responsabilidad profesional de los navegantes. A partir de la creación del TAN, la situación cambió ya que a la PNA solo le investiga en "*aquellos casos cuyo juzgamiento no correspondiere al TAN*". En otras palabras, la competencia natural para deslindar responsabilidades en el

---

4 República Argentina, Ley 20325 de modificación de la ley de PNA, publicada en el Boletín Oficial el día 10 de mayo de 1973.

5 Idem nota 5.

6 Idem nota 5.

orden administrativo y profesional la tiene el TAN, y cuando ese Tribunal decide no investigar, lo debe hacer la PNA.

En el ejercicio de la "*policía judicial*", la PNA, está facultada a intervenir en todos los casos de delitos y practicar las diligencias necesarias para comprobar los hechos ocurridos y descubrir y detener a sus autores y partícipes, y está facultada a instruir sumarios por naufragios, colisiones varaduras y demás siniestros que ocurran en aguas de jurisdicción nacional y a los sucedidos en buques de bandera argentina en mar libre, con intervención judicial cuando el hecho *prima facie* configure delito.[7]

Ya vimos el marco legal mediante el cual la PNA está autorizada a investigar los siniestros marítimos. Para realizar estas investigaciones, la PNA utiliza unas "*Normas de Procedimiento y de Instrucción de Sumarios*" que son internas, y en nuestra opinión son antiguas y deberían ser modificadas y actualizadas para que se realicen así mejores "*investigaciones*" y, en lo posible, más expeditivas y fundadas desde el punto de vista técnico y jurídico.

Desde nuestro punto de vista existen objeciones respecto a la forma en que se están investigando los siniestros en la actualidad y ello resulta más grave aún en los casos de accidentes de navegación complejos y de gran repercusión económica. El "*sistema de investigación*" que lleva a cabo la PNA presenta algunos inconvenientes de tipo sustancial es decir respecto al procedimiento que utiliza, como así también de tipo operativo.

Desde el punto de vista del procedimiento, en nuestra opinión, no se garantiza debidamente el derecho de defensa en juicio de los imputados, porque la mayor parte de la investigación es realizada por la PNA en forma unilateral, y sin escuchar debidamente la posición de los navegantes. Dicho de otro modo, el procedimiento de investigación que realiza la PNA no contiene para los marinos involucrados, las garantías previstas en la ley 18.870. Las medidas de instrucción se toman en función del punto de vista preliminar que tenga la PNA sobre el siniestro en cuestión, y esto no es un tema menor, porque en este tipo de accidentes,

---

[7] República Argentina, Ley 18.398 de la Prefectura Naval Argentina, publicada en el Boletín Oficial el día 28 de octubre de 1969 (art. 5 inciso d) 2).

conviene abordar la investigación con un criterio objetivo y escuchando desde el primer momento la posición de todos los involucrados. Además, las partes no pueden ofrecer pruebas en ese primer momento, sino cuando se les notifica la imputación formal, lo que generalmente sucede mucho tiempo después. Y esta cuestión tampoco es menor, porque en este tipo de siniestros, las "*pruebas viajan con el buque*" y naturalmente sería muy relevante para la investigación que todas las partes pudieran producir las pruebas necesarias mientras el buque esté en territorio argentino. En la actualidad cuando ocurre el siniestro, la Prefectura decide las pruebas pertinentes y luego de producir toda la que considere pertinente, previo traslado a la Asesoría Técnica Naval y Jurídica, decide si imputa o no una contravención. La realidad indica que cuando la PNA corre vista de la imputación a los navegantes, en algunas oportunidades ya pasó mucho tiempo desde que ocurrió el siniestro, y como dijimos la PNA ha realizado unilateralmente su "*propia investigación del siniestro*" y generalmente ha llegado a una "*conclusión técnica respecto a las causas del mismo que está ya muy arraigada y fundada en las opiniones de las Asesorías Técnica Naval y Jurídica*". Cuando los navegantes involucrados presentan el descargo y ofrecen sus pruebas, pareciera que su suerte ya está echada. Además, atento el tiempo transcurrido, algunas de las pruebas ofrecidas por los navegantes ya no podrán producirse o será muy dificultoso hacerlo. El problema intrínseco de este procedimiento, es que en términos prácticos, la PNA a veces pareciera estar más interesada en "*defender su acusación*" inicial que en el de buscar la verdad objetiva. Dicho de otro modo, la PNA actúa como juez y parte, y en lugar de evaluar los descargos y ofrecimientos de prueba de los navegantes como lo que son, es decir como la forma de ejercer su derecho de defensa y dar su visión del siniestro, los trata como cuestionamientos a la investigación realizada por ella. Si bien ello no sucede siempre así, la estructura del procedimiento favorece a que ello ocurra. Otro problema que puede advertirse en el procedimiento, es que la resolución final acerca de la responsabilidad profesional de los navegantes, la dicta el Prefecto Naval, y no un tribunal colegiado. Y esto resulta mucho más grave en los casos de accidentes mayores o complejos.

Desde el punto de vista operativo, debemos señalar que algunas veces la aplicación del procedimiento al caso concreto se realiza de una manera deficiente. Por lo pronto, la investigación o instrucción del sumario, se delega en las dependencias locales de la Prefectura donde ocurre el siniestro, y a veces en algunas jurisdicciones las personas que están encargadas de "*instruir los sumarios*" no están capacitadas para hacerlo en forma adecuada. Por ello, las personas que actúan como oficiales instructores, deben estar debidamente preparados para actuar conforme a derecho cuando toman declaraciones y recolectan las pruebas. Deben investigar las causas de los siniestros de una manera responsable y sin partir de ningún tipo de prejuicios. En algunas ocasiones, hemos comprobado también algunas deficiencias operativas al momento de tomar las declaraciones indagatorias a los imputados, ya que no se exponen en forma clara las contravenciones imputadas y los hechos sobre los que se fundan tales imputaciones, o peor aún, se hacen imputaciones vagas y genéricas, que obstaculizan el derecho de defensa de los imputados. Todas estas cuestiones deben ser mejoradas, para garantizar el derecho de defensa en juicio de los navegantes.

Finamente en algún momento se pronunciará la Disposición final dictada por el Prefecto Naval y que en la mayoría de los casos –como dijimos- coincidirá con la acusación inicial. A pesar de que las partes han constituido domicilios especiales en sus presentaciones administrativas, a veces las Disposiciones son notificadas en domicilios distintos a los constituidos, lo que puede generar problemas a los imputados cuando deban presentar sus apelaciones en tiempo y forma.

La Disposición del Prefecto Naval podrá ser apelada ante el Fuero Contencioso Administrativo Federal y allí normalmente la decisión del Prefecto Naval será confirmada, porque al tratarse de sumarios de contenido eminentemente técnico-naval, existe la tendencia de nuestros tribunales a confirmarlos. Los jueces parten de la base que las investigaciones administrativas están bien realizadas y asumen que se han garantizado los derechos constitucionales de los imputados. Así se ha sostenido: "*Que esta sala tiene dicho que en materia de responsabilidad profesional de la navegación se reconoce- por vía de principio- la competencia técnica de quienes tienen a su cargo la instrucción de sumarios, como en el caso del práctico, por no sugerir las maniobras necesarias para la debida y segura conducción del buque, y consiguientemente los dictámenes de los asesores técnicos de la PNA están impregnados de un fuerte carácter pericial, lo que no obsta a su revisión judicial, pero exige la expresión de razones de grave entidad para dejar de lado la prueba técnica (Fallos: 319:469, 320:326, y esta sala, causas "Avalos Alberto c/PNA –Disp.664/09 (Expte.11409/06)", y "Lamiral Fernando Miguel c/PNA- Disp. 188/09 (Expte.7193/06)", pronunciamientos del 30 de noviembre de 2011, "Gomes Javier Francisco y otro c/PNA – Disp. 1236/08 (Expte. 18800/06)", pronunciamiento del 2 de febrero de 2012, "Córdova, Hugo Julio c/PNA – Disp. 646/10 (Expte.20.005/08), pronunciamiento del 3 de abril de 2012, y "Roumec Sergio Rubén c/ PNA- Disp.907/11), pronunciamiento del 12 de diciembre de 2013, entre otros).*[8] Es que el juez contencioso administrativo no conoce el "*arte de navegar*", y por ende asume que la decisión técnica que le viene a revisión es correcta, olvidándose que quizás ese no sea el caso y que además esas resoluciones pueden tener consecuencias profesionales y económicas muy graves para los imputados en forma directa, y para los propietarios o armadores de los buques involucrados de manera indirecta. Como ya hemos visto, en principio la revisión judicial se limitará a controlar la legitimidad del proceder de la Prefectura y de la resolución en cuestión, con exclusión de las cuestiones de hecho, salvo que se alegase que la resolución es irrazonable, que no tiene causa, que adolezca de grave error, falta de fundamentos o arbitrariedad manifiesta, extremos que son evaluados con criterio restrictivo. Por lo tanto, sabiendo que resulta poco probable que la justicia modifique lo resuelto desde el punto de vista técnico- profesional en este tipo de sumarios administrativos, resulta fundamental que el Estado garantice mejor la tramitación de los mismos y que se garantice mejor el derecho de defensa de los imputados.

Párrafo aparte merece el caso de que la propia responsabilidad de la PNA esté involucrada en el siniestro, por distintas razones (como por ejemplo, despacho de buques mal realizados o negligente control del tráfico, etc.). En estos casos resulta evidente que la PNA carece de la

[8] Cámara de Apelación Contencioso Administrativa Federal, Sala I, fallo dictado en la Causa 7145/2012 caratulada "Agencia Marítima Nabsa SA y otro c/PNA- Disp. 902/10 s Recurso Directo a Cámara (Sentencia del 23/12/13 en el Expediente 25807/06).

objetividad necesaria para realizar la investigación. Pero en la actualidad la sigue haciendo. En este sentido, no dejamos de preguntarnos, ¿en qué posición se coloca a los navegantes si en el ejercicio de su propia defensa tienen que imputar negligencia de la entidad que está juzgando su "*conducta profesional*"? Sostenemos la existencia de un claro conflicto de interés y en esos casos la PNA debería abstenerse de realizar la investigación administrativa. Curiosamente, la posibilidad de que la responsabilidad de la PNA pudiera estar involucrada en la ocurrencia de un siniestro, fue una de las razones invocadas para crear el TAN.

En nuestra opinión, las investigaciones marítimas deberían ser realizadas por la PNA únicamente en los casos en que no intervenga el TAN y no haya conflicto de intereses. Además, el procedimiento de investigación que utiliza la PNA debería actualizarse, para darle más eficacia y celeridad y por supuesto mayor seguridad jurídica a las partes involucradas.

b) El rol del Tribunal Administrativo de la Navegación (TAN). Normas aplicables

El Tribunal Administrativo de la Navegación (TAN) fue creado el 17 de diciembre del año 1970 cuando se sancionó y promulgó la 18.870. Vale la pena destacar algunos párrafos de la nota al Poder Ejecutivo que fuera acompañada al proyecto de ley. Entre otras cosas se decía: "*Desde hace ya muchos años, ha sido motivo de preocupación en la Armada y en los círculos de la Marina Mercante Nacional, la estructuración de un procedimiento orgánico tendiente a lograr el pronunciamiento de la autoridad sobre aquellos hechos de la navegación que "prima facie*", comprometen la responsabilidad profesional que interviene en ella. Dicha preocupación fue recogida ya en la ley 3445, del año 1896 de creación de la entonces llamada "*Prefectura General de Puertos*", la que en su art. 3ª incs. 3 y 4 estatuía que "*mientras no fuera sancionado el Código de Policía Fluvial y Marítima*" la Prefectura tendría a su cargo "*instruir sumarios en los casos de naufragio, colisión, varaduras y demás siniestros ocurridos en las aguas*", y dar "*entrada y salida a los buques e intervenir en todo lo relativo a la navegación, para fiscalizar el cumplimiento de las leyes que las rigen*". El entonces anunciado Código de Policía Fluvial y Marítima no ha sido aún dictado, a pesar del largo tiempo transcurrido, y en lo referente a la materia sobre la cual versa el proyecto acompañado, es decir, el juzgamiento y pronunciamiento sobre las causas originadas por los accidentes de navegación y las implicancias que de ellos se derivan respecto de la idoneidad profesional del personal comprometido en los mismos, su reglamentación se halla en el Digesto Marítimo y Fluvial, arts. 1026 bis, 1027 y 1027 bis, y otras disposiciones complementarias. Dichas normas establecen distintos procedimientos, según la gravedad de las infracciones y disponen una serie de sanciones de orden administrativo. En efecto; el art. 1026 bis sanciona con apercibimiento, suspensión hasta seis meses, o cancelación del título o habilitación, los hechos de los capitanes, oficiales o patrones que, sin revestir el carácter de delitos, signifiquen violación de leyes o reglamentos. Las sanciones referidas son impuestas por el prefecto nacional naval, previo sumario de información. El art. 1027 sanciona con la pérdida definitiva de la patente a todo capitán, oficial o patrón que permanezca cuatro años consecutivos sin embarque, o sea condenado por juez competente, por culpa o negligencia, o al que se le pruebe, previo sumario en forma, mala conducta, impericia o inmoralidad. La tercera hipótesis o sea la mala conducta, impericia o inmoralidad, comprobada mediante la instrucción de un sumario es también resuelta por el prefecto nacional naval, quien puede aplicar una sanción tan grave como el retiro definitivo de la patente o habilitación, reservándose el juzgamiento ante un tribunal "*ad hoc*"·, para los casos de "*accidentes graves o de importancia*", a estar a los términos del art. 1027 bis. Las escuetas reglas del Digesto Marítimo o Fluvial no establecen un procedimiento adecuado, dejando a criterio del Tribunal- el que por otra parte es lego- , la determinación de la forma, modo y oportunidad de la prueba, la intervención de los imputados y su misma defensa, ya que el art. 1027 bis, ya citado, se limita a decir que el tribunal no resolverá "*sin antes oír al imputado*". Semejante estado de cosas, motivó, como ya se dijera, la inquietud de todas las partes vinculadas al quehacer de la navegación, y es así como se elaboraron, a lo largo de los años, distintos proyectos tendientes a mejorar el sistema vigente. Entre los mismos, cabe mencionar el que, inspirado en los lineamientos del Tribunal Administrativo Marítimo del Brasil, publicara en Jurisprudencia Argentina, con fecha 20 de agosto de 1947, el señor capitán de navío auditor don Armando Luis Selva. En la nota que acompañaba al proyecto, fundamentaba el autor la necesidad de modificar el sistema imperante en una mejor defensa del acusado, y en la más completa producción y control de las pruebas. En el año 1961, la propia Prefectura Naval Argentina confeccionó otro proyecto sobre la materia, que contiene ciertas novedades sobre procedimiento, estableciendo, entre otras cosas, algunas normas expresas sobre designación de defensor, producción de pruebas, su ofrecimiento previo, y la forma y oportunidad del fallo. Cabe, empero, hacer notar que el tribunal creado en ese proyecto estaba integrado, en su casi totalidad, por personal de la actual Prefectura Naval Argentina, lo que no resulta conveniente, si se tiene en cuenta que dicha repartición es la encargada de realizar actos cuya eventual procedencia o corrección puede ser discutida en al mismo Tribunal de la Navegación. Esta consideración motivó los proyectos de "*Código de Poder Administrativo Marítimo en las aguas de la República Argentina*", de los que ha sido autor el señor capitán de navío (R.E.) don Osvaldo Fernández, los que si bien adolece de cierto casuismo, tienden, efectivamente, al logro de las finalidades ya enunciadas. El Proyecto de ley ahora elaborado ha capitalizado las experiencias mencionadas así como la legislación vigente en la materia de Brasil, Francia, España e Italia, teniéndose en cuenta, también, los proyectos de ley general de navegación, del doctor Atilio Malvagni, y la reciente promulgada ley de la Prefectura Naval Argentina. La ley que se propia tiende a organizar un tribunal de carácter federal, que actuará en el ámbito de lo administrativo, y cuya misión será pronunciarse sobre los accidentes de navegación y las responsabilidades de aquel carácter que de ellos pueden resultar.

Queda así claro que hace 50 años, ya se advertía la inconveniencia de dejar exclusivamente a la PNA la potestad de juzgar las "*responsabilidad profesional*" de los navegantes. Incluso se decía – con toda razón- que le eventual procedencia o corrección de los actos de la PNA podía ser objeto de discusión, y por ende estaba claro que la constitución de un tribunal independiente era una medida razonable y necesaria, y más aún cuando su intervención fuera regulada por una ley que estableciera en forma clara los derechos y deberes del tribunal y de los imputados. Esas razones no han cambiado en la actualidad.

Por ello, si bien no ignoramos las críticas que existen respecto a la ley de creación del TAN, no solo en cuanto a su esencia de naturaleza "*militar*", como así también por el hecho de haber sido creado por un gobierno de facto, lo cierto es que la ley 18.870 fue sancionada para conceder mayores derechos a los navegantes y para crear un tribunal más independiente. En la medida en que una ley es razonable, no debe ser desechada solo porque haya sido dictada por un gobierno de facto. Además resulta fundamental destacar que estamos ante un tribunal que juzga la responsabilidad profesional de los marinos, y no su responsabilidad penal y/o civil.

En la Nota mediante la cual se acompañó el proyecto[9], se decía con toda razón que "*el procedimiento es contradictorio y de gran amplitud, con la ventaja de que la producción de las pruebas se lleva a cabo en presencia del mismo tribunal, quien adquiere así la vivencia de las declaraciones indagatorias y testimoniales de los informes periciales, y de las demás diligencias y procedimientos que se cumplan. Finalmente se contempla que el procurador fiscal y los defensores produzcan sus alegatos finales ante el tribunal, en forma real. La defensa de los imputados goza de las más amplias garantías y posibilidades constituyéndose en un verdadero auxiliar del tribunal para que éste cumpla su verdadero objetivo: el de dictar una sentencia justa. Dado el carácter de las resoluciones que dicta el Tribunal y su alcance legal, se ha previsto la existencia de un recurso de infracción de ley, que se diligencia ante la Cámara Nacional de Apelaciones en lo Federal. La existencia de este recurso no impide, como es natural, el planteamiento de otros recursos generales como el extraordinario o el de arbitrariedad, los cuales no necesitan ser legislados en el proyecto. En muchos casos, se ha efectuado la remisión a normas procesales del Código de Procedimientos en lo Criminal para la Capital Federal y del Código Procesal Civil y Comercial de la Nación, como medio de reducir la extensión del texto de la ley, y lograr además, el aprovechamiento de una experiencia*

[9] Firmada por Pedro A.J.Gnavi – Jose R. Caceres Monie

judicial ya apreciada. Por todo lo expuesto, se considera que el proyecto habrá de posibilitar el ejercicio de la jurisdicción administrativa de la navegación- competencia atribuida al Comando en Jefe de la Armada- sobre bases de eficiencia técnica y jurídica, con justas garantías de defensa para los imputados, y con celeridad procesal imprescindible cuando que quiere que pronunciamientos de este tipo sean verdaderamente efectivos".

El artículo 2 de ley 18870 establece que el TAN tendrá jurisdicción:

a) En todas las aguas navegables de la Nación o de las Provincias que sirvan al tránsito y comercio interjurisdiccional y en sus costas, así como en los puertos sometidos a jurisdicción nacional, respecto de los hechos indicados en el artículo quinto. Ese artículo considera accidentes de navegación (a los efectos de esa ley), a todos los hechos causados o sufridos por buques, embarcaciones o artefactos navales, que produjeron daño o riesgo de daño a sí mismos, o a otros buques, embarcaciones o artefactos navales, o a personas o a cosas, o un perjuicio injustificado a los intereses comprometidos en la expedición marítima.
b) En alta mar respecto de los mismos hechos, cuando sean causados o sufridos por buques de pabellón nacional, u ocurran a bordo de los mismos.

Según el artículo 3° estará sometido a la jurisdicción del TAN el personal de la marina mercante nacional o extranjera, imputado como presunto responsable de la comisión de accidentes de la navegación.

El artículo 4° establece que corresponde al TAN: a) Fijar las responsabilidades de carácter profesional emergentes de la navegación, aplicando las sanciones establecidas por las leyes y reglamentos vigentes en la materia.

El artículo 6 establece que las decisiones del TAN tendrán por objeto determinar la falta de idoneidad profesional, la imprudencia, impericia o negligencia del personal responsable, directa o indirectamente, de un accidente de la navegación, o la inobservancia de las leyes, reglamentos y ordenanzas vigentes y aplicables en cada caso. El Tribunal no considerará ni se pronunciará sobre las responsabilidades penales, ya sea por delitos, faltas o contravenciones, ni las de orden civil que eventualmente surgieren de los hechos investigados.

En virtud del art. 7° de La ley, cuando en una causa que instruya el TAN surgiere "*prima facie*" la comisión de un delito, se efectuará la comunicación del caso al Juez que fuere competente, remitiéndose testimonio de las piezas pertinentes de la causa y demás constancias que hubiere".

La ley regula en detalle la "*Composición del Tribunal*" (que es un tribunal colegiado), la designación de sus miembros y su duración en el cargo. Los imputados tienen la facultad de recusar a todos los miembros del Tribunal, en los supuestos establecidos en los artículos 16 a 19, garantizándose en forma plena su derecho de defensa. La norma regula la actuación de los Auxiliares del Tribunal entre los que están, el "*Procurador Fiscal*", la "*Secretaria*", los "*Cónsules*" y los "*defensores de los imputados*".

El Procurador representa los derechos del Estado Nacional ante el tribunal y le corresponde velar por la defensa de los derechos e intereses del Estado Nacional en las causas que se ventilen ante el tribunal y preparar y llevar adelante la acusación cuando correspondiere, pudiendo asistir a todos los actos de la causa, solicitar las medidas de prueba pertinentes, alegar e interponer recursos, como así también el vigilar la ejecución y cumplimiento de las sentencias dictadas por el TAN.

Los imputados están obligados a nombrar un defensor que deben ser abogados, o personas idóneas en cuestiones de navegación, pero siempre asistidos por abogados. Ante la falta de designación de un abogado, el Presidente del Tribunal nombra un defensor de oficio, sin perjuicio de la facultad del imputado de reemplazarlo en cualquier momento y estado de la causa.

La norma establece también el procedimiento que es "*verbal y actu*ado" y se iniciará de oficio, por prevención o por denuncia (art. 38). El artículo 39 establece que en los casos en que el tribunal tenga conocimiento, directamente, de que se ha producido un hecho de los previstos en el artículo 5, el presidente designará a uno de los vocales para que instruya una información sumaria tendiente a determinar las circunstancias del hecho ocurrido y evitar la pérdida de elementos de prueba. Concluida dicha información y previa vista al procurador fiscal, el tribunal resolverá si procede o no ordenar la instrucción de causa. A su vez el artículo 40 establece que en todos los casos en que la PNA tenga conocimiento de que se ha producido un hecho de los previstos en el artículo 5ª, lo comunicará al tribunal dentro de las 24 horas siguientes y procederá a instruir una información sumaria, tendiente a determinar las circunstancias del hecho ocurrido y evitar la pérdida de elementos de prueba. Concluidas estas actuaciones la PNA las elevará al TAN, el cual, previa vista al procurador fiscal resolverá si procede o no ordenar la instrucción de causa.

Le ley en su Capítulo II, establece la forma de la "*Instrucción*", previa "*corrida de vista*" al procurador fiscal y a cada una de las partes imputadas o legítimamente interesadas, quienes como ya se dijo pueden designar defensores o les son asignados defensores oficiales. Cumplida la vista, se designa una "audiencia preliminar" para que concurran el procurador y a las partes, quienes podrán solicitar la apertura a prueba de la causa, ofrecer pruebas, y oponer las excepciones de incompetencia de jurisdicción o prescripción de la acción (únicas viables ante el TAN) y/o para solicitar autos para sentencia, cuando no se requieran nuevos elementos probatorios o si la causa fuere de puro derecho.

Está bien regulado lo atinente a la "*Declaración Indagatoria*", "*Declaración Testimonial*", "*Peritos*", "*Prueba de informes*" y las "*Disposiciones comunes a todas las pruebas*". Regula también la situación de los imputados, que permanecerán en libertad mientras dure el procedimiento, sin perjuicio de la facultad otorgada al Tribunal para detener a un "imputado" cuando, sin justa causa, no concurriere a los actos del procedimiento, limitándose esa facultad a "*asegurar su comparecencia*". También se regula la intervención de las "*partes interesadas*", dando a estas últimas la posibilidad de presentarse ante el TAN si cree tener derecho a ser tenida en cuenta como tal.

Concluida la producción de las pruebas, el procedimiento otorga a las partes un plazo para preparar sus alegatos y se designa una audiencia a fin de que el procurador fiscal pronuncie su requisitoria de acusación, y los defensores sus alegatos de defensa, dándole el tribunal a las partes el derecho de presentar su descargo, clausurándose así la audiencia.

La ley regula en detalle el procedimiento que debe seguir el tribunal para dictar la sentencia y exige que cada miembro del Tribunal emita su voto con fundamento. Cada voto debe contener necesariamente, la determinación de los hechos probados, la determinación de las responsabilidades emergentes de los mismos, la calificación legal de los hechos y de las responsabilidades emergentes y las sanciones que deben imponerse, debidamente graduadas.

Finalmente la norma admite el "*recurso de infracción de ley*" en los casos en que la sentencia se haya quebrantado la ley aplicable, o cuando no se hayan observado las formas procesales. El recurso se presenta por escrito ante el Tribunal y si el procedente, es elevado a la Cámara Nacional de Apelaciones en lo Federal y Contencioso Administrativo.

Las sentencias definitivas del TAN, en cuanto no fueren susceptibles de recurso alguno tendrán autoridad de cosa juzgada administrativa, y no podrán ser impugnadas por ningún tipo de recurso administrativo.

Como puede apreciarse se establece un minucioso proceso para la investigación de los siniestros otorgándose a los imputados todas los derechos y garantías para asegurar su derecho de defensa en juicio.

La ley 18.870 fue reglamentada mediante el Decreto Nº 6681/71 dictado el 31 de diciembre de 1971 y publicado en el Boletín Oficial el 1 de marzo de 1972 que en lo que a este artículo atañe, dispuso que se considerará personal de la marina mercante no solo a la dotación permanente, sino también a las personas que se embarquen para asesorar al capitán en navegación, maniobras o reglamentación, tal como los prácticos y baqueanos (art. 3º).

El artículo 4º de dicho Reglamento establece que la jurisdicción del TAN es excluyente de la atribuida a la PNA por el art. 5 inc b) apartado 1), de la Ley 13.398, en los casos en que el Tribunal decidiere que existe mérito para iniciar causa ante el mismo. A la PNA corresponderá fijar las responsabilidades de carácter profesional y aplicar las sanciones a que alude el art. 4º1 inc a) de la ley 18.870, en los casos en que dicho Tribunal resuelva que, por menor gravedad o importancia de los mismos, no proceda ordenar la instrucción de causa, en uso de la facultad que le acuerda el art. 40 "*in fine*" de la ley 18.870. Cuando el Tribunal juzgue la actuación del personal integrante de la marina mercante extranjera, su pronunciamiento se limitará a declarar las responsabilidades de carácter profesional emergentes de los hechos investigados, comunicando se pronunciamiento a las autoridades competentes.

El artículo 40 de la reglamentación establece que el TAN intervendrá en los accidentes de navegación de mayor gravedad o importancia por sus consecuencias. Dicho artículo como el 41 y el 42 establecen la manera en que deben diligenciarse los sumarios y facultan a la PNA a proseguir el trámite del sumario en los casos en que el TAN decida no hacerlo.

Como podemos apreciar la creación del TAN, implicó colocar a la PNA en un segundo plano en la "*investigación de los siniestros marítimos*". Las decisiones de la PNA y del TAN son apelables ante la Cámara Contencioso Administrativo Federal. Este procedimiento funcionaba bien en la medida en que el TAN parecía resguardar mejor los derecho y garantías de los administrados, y esto en la práctica se reforzaba por el hecho de que el Tribunal solo se avocaba al estudio de los incidentes mayores. LA PNA mantenía la investigación en los menores.

El sistema normativo funcionaba, pero lamentablemente en los últimos años, hemos visto que a pesar de que la ley está vigente, el TAN no está interviniendo en la investigación de los siniestros, o si lo hace, por lo menos no tenemos constancia de ello. No están claras las razones por la que esto ha sucedido, pero la consecuencia práctica más relevante es que la investigación de todos los siniestros es actualmente realizada en forma exclusiva por la Prefectura Naval Argentina en contradicción con lo dispuesto en la ley 18.870 que está vigente. En consecuencia, hemos retrocedido y hemos vuelto al sistema vigente hace cincuenta años, cuando se advirtió acerca de la necesidad de conformar un Tribunal de la Navegación para mejorar el proceso de investigación. Somos partidarios de mantener el sistema de investigación legal vigente, especialmente en los siniestros marítimos más complejos e importantes.

c) La situación del Tribunal Administrativo de la Navegación en la actualidad.

Ya vimos que en la práctica el TAN no está interviniendo en la investigación de los siniestros marítimos. En la actualidad existe un proyecto de Ley presentada por la Diputada Nilda Garré,[10] en el que se pretende derogar la ley 18.870 y por ende suprimir el Tribunal Administrativo de la Navegación, dejando a la Prefectura Naval Argentina, la potestad exclusiva de juzgar la "*responsabilidad profesional de todo marino*" en cualquier tipo de acaecimiento de la Navegación. La diputada Garre propone que los procedimientos pendientes de sentencia que tramitan ante el TAN al momento de la entrada en vigencia de la, continúen su trámite hasta su conclusión, a cuyo exclusivo fin se mantendrán vigentes las disposiciones pertinentes de la ley N 18.870.

Entre los fundamentos del Proyecto de ley, se menciona la incompatibilidad entre la ley 18.870 y lo dispuesto por el "*Código para la Investigación de los Siniestros y Sucesos Marítimos en el marco el Convenio Internacional para la Seguridad de la Vida Humana en el Mar (SOLAS/1974)*", lo que en nuestra opinión implica una confusión respecto al tipo de investigación involucrada. Además, se argumenta que al ser una ley dictada durante un Gobierno militar, "*porta el resabio de épocas en las que la organización del Estado Nacional y sus funciones específicas se encontraban militarizadas*". Sostiene la Diputada Garre, en su proyecto de ley; "*Así, es fácil advertir que el contexto político nacional en el cual se estableció esta suerte de competencias institucionales afines y alternas para entender en materia de investigación y deslinde de responsabilidades profesionales de los miembros de las marinas mercantes involucrados en siniestros, tenía una lógica entonces vinculada a cuestiones de estrategia castrense, lógica que, desde la recuperación de la Democracia, naturalmente ha desaparecido*". La Diputada continúa argumentando: "*la Ley 18870 mantiene en vigor un organismo del Estado Nacional a través del cual la Armada Argentina continúa poseyendo la facultad para someter a su jurisdicción al personal de la marina mercante nacional e incluso extranjero –es decir, personas civiles actuando en ejercicios de actos de comercio- al que se le reprocha la comisión de accidentes de navegación en aguas argentinas*". Finalmente sostiene que "*en el contexto político internacional actual de la República Argentina resulta cada vez más difícil explicar*

[10] Expediente 4693-D-2018 presentado el 6 de agosto de 2018 en el Congreso de la Nación Argentina.

ante la comunidad naviera internacional la vigencia del TAN que a los ojos del mundo es visto como un organismo merced al cual la Institución Militar posee la facultad potestativa para intervenir en las actividades comerciales que se desarrollan en aguas jurisdiccionales".

Por supuesto que no coincidimos con este proyecto de ley, cuyos fundamentos además de ser inexactos, son puramente ideológicos. Decía Ray, que "*en el terreno legislativo y judicial se debe tratar de desterrar las ideologías que, como lo puso de manifiesto Karl Mannheim, se desvían de la realidad para imponer una expresión ideal y constituir un sistema conceptual falso frente al objeto que se debe conocer*"[11].

Contrariamente a lo sostenido por la Diputada Garre, el TAN y su procedimiento aseguran las garantías constitucionales de los ciudadanos locales y extranjeros. Desconocemos cuáles son los organismos de la comunidad naviera internacional que han pedido explicaciones respecto a la vigencia del TAN, pero el sistema legal vigente puede ser defendido sin problemas. Si bien el Tribunal de la Navegación fue creado durante un gobierno de facto, lo cierto es que siempre actuó con un criterio eminentemente técnico. Estamos hablando de un Tribunal que evalúa responsabilidades profesionales y no penales o civiles y comerciales, y por ende, nadie mejor que los "*especialistas en el arte de navegar*" para juzgar la conducta profesional de los marinos involucrados y más aún cuando sus integrantes no están directa ni indirectamente vinculados a intereses económicos asociados a la actividad marítima comercial, lo que implica mayor imparcialidad.

Si el problema es que está integrado por militares, la misma objeción debería aplicarse a los integrantes de la PNA. Eventualmente podría evaluarse, la modificación de la constitución del tribunal y quizás alguna otra norma de procedimiento menor, pero sin alterar la razón de su existencia. Tampoco vemos incompatibilidad alguna en el doble funcionamiento del TAN y la PNA respecto a la convención SOLAS.

---

[11] José Domingo Ray, "Derecho y Realidad", Exposición en la VIII Reunión Conjunta de las Academias Nacionales de Derecho y Ciencias Sociales de Córdoba y Buenos Aires, realizada los días 4, 5 y 6 de octubre de 1999, (publicadas en la obra del referido autor "Derecho de la Navegación", Apéndice I, Abeledo – Perrot. Buenos Aires, 1992, págs.. 821 a 837), articulo cuya lectura recomendamos por tener en estos momentos una actualidad plena en la República Argentina.

En definitiva el sistema vigente de investigaciones a cargo de la PNA y el TAN es más razonable aunque no se esté aplicando. En lugar de pretender derogar la ley 18.870 y eliminar el TAN, el legislador, debería apuntar a mejorar las investigaciones administrativas, manteniendo lo bueno y mejorando lo que se pueda, siempre con el objeto final de buscar la verdad objetiva, obtener resoluciones justas y técnicamente fundadas, y de garantizar el derecho de defensa en juicio de los ciudadanos.

d) Algunas cuestiones a considerar en el sistema de investigación vigente

Con independencia del procedimiento y de la entidad a cargo de las investigaciones marítimas, existen algunas "*cuestiones*" que vale la pena señalar - sin entrar en un análisis profundo de ellas- a fin de proponer mejoras en los procedimientos administrativos y judiciales.

1) En primer lugar se advierte un uso "*abusivo*" de la clásica fórmula de "*no controlar debidamente la derrota del buque*" para imputar y posteriormente condenar a los capitanes, incluso en caso de maniobras donde son asesoradas por prácticos locales cuya intervención es obligatoria. En reiteradas oportunidades hemos planteado ante la PNA, que los capitanes y especialmente los extranjeros, no conocen las particularidades de los ríos y puertos locales y están prácticamente obligados a confiar en la idoneidad de los prácticos que le imponen las normas argentinas. Si bien la responsabilidad final de la maniobra la tienen los capitanes de los buques – y esto en términos prácticos significa que muchas veces los armadores de los buques deban hacerse cargo de altas indemnizaciones por errores cometidos por los prácticos- no deja de sorprendernos el hecho que en las investigaciones administrativas, generalmente sea "*declarada la responsabilidad de los capitanes*", hagan lo que hagan y con independencia de la conducta de los respectivos prácticos. No importa si siguen o no los consejos de los prácticos: si lo hacen y ocurre el accidente, se los responsabilizará por no controlar debidamente la derrota, y si no lo hacen y ocurre el accidente, obviamente que también, con el agravante de afrontar una responsabilidad profesional mayor y quizás hasta penal. Por ello no creemos que sea prudente ni razonable, la constante declaración de responsabilidad de capitanes

basada en formulas vagas y genéricas, especialmente en casos en los que están siendo asesorados por prácticos. Cuesta entender estas decisiones usuales de la PNA desde el punto de vista ya no náutico sino filosófico. Pareciera, que se quiere promover la desconfianza de los capitanes al consejo de los prácticos, lo que no parece razonable ni prudente.

Desde nuestro punto de vista la imputación a los capitanes tiene que ser concreta, explicándose qué acción u omisión se les reprocha en cada caso teniendo en cuenta las circunstancias de tiempo y lugar en que ocurrió el accidente, para permitir a los navegantes, entre otras cosas, el mejor ejercicio de su derecho de defensa. Ocurrido el accidente, debe evaluarse la conducta profesional de los capitanes con parámetros razonables y teniendo en cuenta los usos y costumbres y lo que haría un "*buen capitán*" ante esa situación. Debería utilizarse por analogía la clásica fórmula del "*buen hombre de negocio*s" utilizada en conflictos privados como criterio de evaluación. No debe exigirse conductas heroicas o irrazonables, ya que ellas no configuran un parámetro justo para juzgar las conductas profesionales o humanas. Por ello, insistimos en la necesidad de exigir a la PNA imputaciones y disposiciones más concretas a fin de evitar injusticias y para crear una "*jurisprudencia administrativa*" correcta, que permita evaluar el criterio de evaluación de la PNA en casos similares, y saber lo que la autoridad espera de esos capitanes. De lo contrario y de mantenerse el criterio actual, se seguirá condenado a capitanes de manera demasiado genérica. Sería como sancionar a los médicos por "*ejercer mal la medicina*" es decir sin enunciar en concreto lo que hicieron o dejaron de hacer.

El servicio de Practicaje está reglamentado por el decreto 2694/91. El anexo I del decreto contiene el Reglamento de los Servicios. Su artículo segundo dispone que el practicaje constituye un "*servicio público*" de interés para la seguridad de la navegación. El artículo 6 de ese decreto establece que la PNA ejercerá la actividad de policía para garantizar la prestación de los servicios de practicaje en todo momento, así como para fijar los estándares operaciones en todos los aspectos vinculados con la seguridad de la navegación[12]. El práctico según el Capítulo II del

[12] Republica Argentina, Decreto 814/2017 (art. 3) publicado en el Boletín Oficial el día 30 de octubre de 2017.

Anexo, es un asesor de ruta y maniobra del capitán. En el ejercicio de sus funciones a bordo de buque extranjero es delegado de la Autoridad Marítima. Asesora al capitán acerca de las reglamentaciones especiales sobre la navegación en la zona y vigila y exige su cumplimiento. En este contexto no resulta fácil ni razonable, apartarse del consejo de estos asesores de ruta y la PNA debería entender la situación en la que muchas veces están esos capitanes. En todo caso, hay que mejorar el nivel profesional de los prácticos, para evitar colocar a los capitanes en situaciones tan difíciles. Insistimos que estamos hablando del análisis de responsabilidades profesionales y no penales o civiles.

2) En segundo lugar, hemos advertido la existencia de una jurisprudencia de la Cámara Contencioso Administrativo Federal de la ciudad de Buenos Aires, que en líneas generales y de forma indirecta priva a las tripulaciones extranjeras del derecho de apelar las disposiciones de la PNA en los casos en que se declara la "*responsabilidad de los capitanes extranjeros y se decide notificar a los Registros donde están matriculados*". Así se ha dicho que "*quedan fuera de conocimiento de la cámara los reproches de tipo profesional a marinos no matriculados en la Argentina y por tanto, no sujetos, en principio, a la jurisdicción administrativa local*".[13] Nos permitimos reproducir parcialmente el fallo dictada el 3 de mayo de 2016 por la Sala IV de la Cámara Contencioso Administrativo Federal, en el Expediente Nº 1477/2016 caratulado "*Alpemar SRL c/ PNA S/ Recurso Directo de Organismo Externo*". Se trata de un caso en que la PNA declaró la responsabilidad profesional de un capitán de ultramar de marina mercante liberiana, en los términos del artículo 599.0101 inc. d) del REGINAVE y arts. 2º y 5º, inc. b) apartado 1, de la ley 18.398, por no "*haber controlado correctamente la derrota del buque a su mando*[14]*, evidenciando un pro-*

[13] Cámara Contencioso Administrativo Federal, Sala IV, causa Kolaitis Konstantinos c/ PNA- Disp. DPSJ JS1796/00 del 25 de noviembre de 2003; Cámara de Apelación Contencioso Administrativa Federal de la ciudad de Buenos Aires, Sala I, fallos dictados en la Causa 449/2013 "Litoral Center SRL c/PNA- Disp. 963/11 (Sentencia del 5/12/13 en el Expediente S02: 54681/10: Causa 7145/2012 "Agencia Marítima Nabsa SA y otro c/PNA- Disp. 902/10 (Sentencia del 23/12/13 en el Expediente 25807/06); "Mediterranean Shipping Company SA c/PNA- Disp 318/12 (27/11/14), "Independent Ship Agents SA C/PNA s/Recurso directo de organismos externo" (8/3/16); "Agencia Maritima Robinson SA c/PNA (7/4/16).

[14] Cuestión ya evaluada en este trabajo.

ceder negligente". Luego de analizar el artículo 702.0026 del REGINAVE, la Cámara sostuvo: "*En concordancia con lo expuesto, el artículo 599.0101 del REGINAVE establece: "Sin perjuicio de las sanciones de multa establecidas, los actos de las personas comprendidas en el presente Título, que tuvieren lugar en el ejercicio de la actividad para la cual están habilitadas, que sin constituir delito o que constituyéndolo tuvieren como sanción en sede judicial pena privativa de la libertad de ejecución condicional, y significaren acciones u omisiones en violación de las leyes, reglamentos u ordenanzas en general y en particular de la navegación y lo que configuren una falta de idoneidad profesional, mala conducta, impericia, imprudencia o negligencia, quedan sujetos a la jurisdicción administrativa de la navegación y a la aplicación de las siguientes sanciones: a) Apercibimiento; b) Suspensión hasta dos (2) años; c) Cancelación de la habilitación. Del texto legal se desprende que la comunicación al organismo competente del Estado de la bandera del buque y del Estado de habilitación, no se encuentra dentro de las sanciones establecidas en los artículos citados, por lo cual la medida adoptada por la PNA no es asimilable a una multa, apercibimiento, suspensión o cancelación de la habilitación y no es pasible de revisión por esta Alzada. Por ello, cabe señalar que "la autoridad administrativa no aplicó sanción alguna al capitán extranjero, no pudiendo por lo tanto endilgársele el incumplimiento de la normativa vigente. El mero hecho de declarar la responsabilidad del capitán en el marco de un sumario legalmente sustanciado no le causa en verdad perjuicio alguno, ni tampoco la realización de la comunicación de rigor a la autoridad extranjera correspondiente, toda vez que tendrá que ser aquella, si correspondiera, la que proceda al efectivo juzgamiento y eventual imposición de una sanción, por lo que el perjuicio alegado es meramente conjetural*". Entendemos que el fundamento de este fallo es erróneo por varias razones.

En primer lugar, no compartimos el criterio de que la "*declaración de responsabilidad*" no sea una "*sanción*" y menos que no le cause perjuicio a un capitán extranjero. A nadie le gusta que le "*declaren la responsabilidad*" en el ejercicio de su actividad profesional. Por lo pronto esa declaración es notificada al Registro Extranjero, y se hace por alguna razón. Por lo tanto, esa "*declaración*" en modo alguna es neutra. Ya se ha discutido en sede judicial la "*naturaleza jurídica*" de la "*atribución de responsabilidad*". En el caso Ojeda, Domingo Antonio del año 1978[15] (donde se analizó una sentencia dictada por el Tribunal Administrativo de la Navegación), la Corte Suprema de Justicia de la Nación determinó que la "*declaración de responsabilidad*" importa, con independencia de otras repercusiones que también tiene, la privación de un bien propio del imputado, cual es su prestigio profesional máxime cuando se la comunica a las autoridades. Sostiene la Corte en cuanto a este tipo de sanción ("*declaración de responsabilidad*"), que la Constitución Nacional no la prohíbe, puesto que su efecto no es de naturaleza diferente al de cualquier sanción –en este caso, el de hacer conocer la mala actuación del castigado-, sin incluir, en cambio; otros efectos más gravosos como el impedimento para trabajar o la privación de la propiedad o de la libertad, etc. Se confirma así que la "*declaración de responsabilidad*" involucra un perjuicio al honor del navegante. Este fallo de la Corte es correcto.

En segundo lugar, el fallo es contradictorio en cuanto sostiene que al no aplicar la PNA sanción alguna al capitán extranjero, no puede endilgársele el incumplimiento de la normativa vigente. Si no se incumplió ninguna norma, por qué razón se le declaró la responsabilidad?

En tercer lugar, y quizás el más importante desde el punto de vista filosófico, es el reconocimiento de la Cámara de su falta de competencia para juzgar el comportamiento de un capitán extranjero y la eventual confirmación o no de esa "*declaración de responsabilidad*" –que como vimos no es neutra- en relación a un siniestro ocurrido en aguas jurisdiccionales. Este fallo es contrario a nuestra Constitución y a las normas vigentes, más allá de carecer de sentido común. Llevando al extremo este argumento, uno podría cuestionar la competencia propia de la Prefectura para juzgar a capitanes extranjeros. Es que si no la tiene la Cámara no la tiene la Prefectura.

En cuarto lugar, el fundamento de este fallo, tiene el grave de efecto de privar a los capitanes extranjeros de la "*segunda instancia*" judicial que es parte fundamental de su derecho de defensa en juicio.

---

[15] Colección de Análisis Jurisprudencial Elems, de Derecho Administrativo- Julio Rodolfo Comadira, 28- CS Fallos 301:1103.

En quinto lugar, la Cámara no tiene en cuenta la importancia que suelen tener las "*investigaciones administrativas*" como prueba documental en los posteriores juicios penales y/o civiles. Por lo tanto, el análisis y evaluación de la conducta profesional de los tripulantes extranjeros involucrados no es un tema menor, y como ya vimos, puede incluso perjudicar a terceros, como a los propietarios de los buques. No es lo mismo en un juicio de naturaleza civil, que el sumario de Prefectura - que normalmente es ofrecido como prueba documental- finalice con una Disposición del Prefecto Naval, o que la misma haya sido evaluada en forma adecuada en sede judicial.

La jurisprudencia del Fuero Contencioso Administrativo Federal que criticamos, parte de la premisa de no considerar esa "*declaración de responsabilidad*" como una sanción, y por lo tanto niega que el capitán extranjero tenga un agravio suficiente para sostener la apelación. Obviamente que en la práctica el recurso de apelación es concedido y formalmente es evaluado y hasta se llega a una sentencia, pero con los resultados ya vistos, por lo que en la práctica, los capitanes extranjeros saben que su "*declaración de responsabilidad*", solo dependerá de la opinión de una sola persona, es decir la del Prefecto Naval, lo que implica mayor arbitrariedad.

3) Mediante el Decreto 770/2019 dictado el 13 de noviembre de 2019 el Presidente Alberto Fernández aprobó el nuevo "*Régimen de la Navegación Marítima Fluvial y Lacustre*" (REGINAVE). En los considerandos de dicho decreto, se sostiene que el mismo "*subsana un vacío normativo del Reginave anterior, consistente en la inexistencia de sanciones al Personal de Marinas Mercantes extranjeras que incurra, en aguas sometidas a la jurisdicción argentina, en el ejercicio negligente de la actividad para la cual están habilitados profesionalmente por otros países*". Por ello se imponen multas de distintos montos contra los capitanes extranjeros. En nuestra opinión, la imposición de multas a capitanes extranjeros no es procedente y menos por vía de decreto. Ya vimos las normas que regulan las investigaciones administrativas y ellas no contemplan la aplicación de multas para los capitanes extranjeros. No existe una ley previa que así lo determine.

IB. La investigación enfocada en determinar las causas de los accidentes y prevenirlos (sin evaluar la responsabilidad de las personas involucradas).

a) El Código de normas internacionales y prácticas recomendadas para la investigación de los aspectos de seguridad de siniestros y sucesos marítimos (Código de Investigación de Siniestros).

La Organización Marítima Internacional (OMI) adoptó el "*Código de Normas Internacionales y Prácticas recomendadas para la investigación de los aspectos de seguridad de Siniestros y Sucesos Marítimos*" (Código de Investigación de Siniestros). Se trata del Código adoptado el 16 de mayo de 2008 e implementado por la Resolución MSC.255(84). Las reglas que entraron en vigencia el 1 de enero de 2010 ampliaron la regla 1/21 del Convenio SOLAS.[16]

Este nuevo código exige realizar una investigación de seguridad marítima en relación con cada siniestro marítimo muy grave, definido como un siniestro marítimo que entraña la pérdida total de un buque, la pérdida de vidas humanas o daños graves en el medio ambiente.

El "*Prólogo*" del Código, establece que su normativa "*incluye y desarrolla*" las prácticas recomendadas en las investigaciones de siniestros y sucesos marítimos recogidas en el "*Código para la investigación de siniestros y sucesos marítimos*" adoptados en noviembre de 1997 por la OMI mediante la resolución A.849(20). La finalidad del nuevo Código es promover la cooperación y la adopción de un enfoque común entre los Estados con respecto a la investigación de siniestros y sucesos marítimos.

El art. 1.1. del Código revela su finalidad: "*establecer un enfoque común para los Estados que debe observarse al realizar investigaciones sobre seguridad marítima de siniestros y sucesos marítimos*". El objetivo de las investigaciones sobre seguridad marítima no es imputar culpabilidad o determinar la responsabilidad. Por el contrario, una investigación sobre seguridad marítima, tal como se define en el código,

---

[16] Entró en vigencia en forma tácita en la Argentina por SOLAS que fue ratificado por la ley 22.079.

es una investigación realizada con el objetivo de prevenir en el futuro la ocurrencia de siniestros y sucesos marítimos.

El art. 1.2 del Código es terminante cuando establece que "*una investigación sobre seguridad marítima debería estar separada y ser independiente de cualquier otra investigación. No obstante, no es el objetivo del código excluir cualquier otra forma de investigación, incluidas las investigaciones en los procedimientos para la adopción de medidas del ámbito civil, penal y administrativo. Asimismo tampoco es el propósito del código que el Estado o Estados que lleven a cabo investigaciones sobre seguridad marítima se abstengan de informar plenamente sobre los factores causales de un siniestro o suceso marítimo porque de las conclusiones pueda inferirse culpabilidad o responsabilidad.*" Queda así claro que el objetivo de esta investigación es totalmente diferente al que realizan la PNA y el TAN. En el caso del Código se apunta a realizar una investigación con el objeto de establecer las causas de los siniestros y en lo posible de prevenirlos en el futuro. No se trata de juzgar las responsabilidades de los marinos involucrados (aunque de hecho muchas veces esa pueda ser la causa del siniestro o suceso).

El Código establece en su artículo 4.1. que el Gobierno de cada Estado proporcionará a la Organización información de contacto detallada con la autoridad o autoridades que lleven a cabo las investigaciones sobre seguridad marítima dentro de su Estado.

En el art. 8.1 se dice que "*Todos los Estados han de velar por que en sus leyes nacionales se prevea que los investigadores que lleven a cabo una investigación sobre seguridad marítima estén facultados para subir a bordo de un buque, hacer preguntas al capitán y a la tripulación, y a cualquier otra persona afectada, y obtener pruebas a los efectos de la investigación sobre seguridad marítima*".

En el Capítulo 16 del Código referido a Principios de Investigación, establece en el punto 16.1 que una investigación sobre seguridad marítima debería ser imparcial a fin de garantizar el libre flujo de información. Para alcanzar ese objetivo, los investigadores a cargo de una investigación sobre seguridad marítima deberían ser funcionalmente independientes de: 1) las partes involucradas en el siniestro o suceso marítimo; 2) cualquiera que pudiera tomar la decisión de adoptar medidas administrativas o disciplinarias contra una persona u organización involucrada en un siniestro o suceso marítimo; y 3) las actuaciones judiciales.

El art. 16.2 se refiere al propósito de seguridad y ratifica que el objetivo de una investigación sobre seguridad marítimo no será determinar responsabilidades ni asignar culpas. No obstante, los investigadores que lleven a cabo una investigación sobre seguridad marítima no deberían abstenerse de dar a conocer en su totalidad los factores causales en razón de que de las conclusiones pudieran derivarse culpas o responsabilidades.

El art. 16.4. al referirse a la "*Prioridad*" establece que las investigaciones sobre seguridad marítima deberían, en la medida de lo posible, tener la misma prioridad que cualquier otra investigación, incluidas las investigaciones de carácter penal que realice el Estado con respecto a un siniestro o suceso marítimo. Por lo tanto no debería impedirse a los investigadores el acceso a las pruebas obtenidas por otra persona u organización que investigue por separado el siniestro o suceso marítimo. Entre la pruebas a las que debería tener acceso inmediato estarían –entre otras- las pruebas que pueden ser facilitadas por los inspectores gubernamentales, los funcionarios de los servicios de guardacostas, los operadores de los servicios de tráfico marítimo, prácticos y otro personal marítimo.

El artículo 23 se refiere y explicita la confidencialidad de la investigación obtenida por los investigadores.

b) Las normas argentinas relacionadas con el Código de Investigación de Siniestros.

Con respecto a la autoridad nacional, que está cargo de este tipo de investigación, debemos señalar que actualmente están en vigencia dos normas que hacen referencia al Convenio OMI. He aquí un ejemplo de las contradicciones vigentes en nuestro sistema normativo. Nos referiremos a la Resolución Conjunta 2/18 abajo mencionada porque no ha sido derogada, pero entendemos que la investigación más relevante es que surge de la ley 27.515 y su reglamentación. Veamos:

b.1. Resolución Conjunta 2/18 de los Ministerios de Transporte y Ministerio de Seguridad, dictada el día 6 de julio de 2018, que creó la "*Comisión Nacional de Investigación de Siniestros Marítimos*", cuya función es investigar los siniestros graves, determinados por la ocurrencia de muertes o extravío de personas, o la colisión o pérdida de buques, o el nivel de daño ambiental. Esa Comisión es competente para investigar los siniestros o sucesos ocurridos en mares, ríos, canales y demás aguas navegables de jurisdicción nacional y en buques de bandera Argentina.

La Comisión Nacional de Investigación de Siniestros Marítimos, está conformada por una "*Comisión Ejecutiva*" presidida por el Ministerio de Transporte e integrada por representantes del Ministerio de Transporte y de Seguridad y un Consejo Consultivo integrado por distintos representantes enumerados en la resolución. Esta Resolución Conjunta no ha sido derogada y en su considerando, refiere expresamente al "*Código de Normas Internacionales y Prácticas Recomendadas para la investigación de los Aspectos de Seguridad de Siniestros y Sucesos Marítimos*" y a la obligación de los estados partes a crear una autoridad encargada de investigar los siniestros marítimos, con el "objetivo de prevenir en el futuro siniestros y sucesos marítimos". En esta Resolución se habla de la prioridad del gobierno no solo de cumplir las obligaciones internacionales, sin que también, y especialmente, la protección de la seguridad de las personas, del medio ambiente y de las actividades marítimas. Se dice también que la naturaleza colegiada de la Comisión y la existencia de un Consejo Consultivo, aseguran tanto la imparcialidad, como la pluralidad de voces, necesarias para lograr sus objetivos. También se hace referencia en esas Resolución a la existencia de organismos de este tipo como la Transportation Safety Board de los Estados Unidos, la Comisión de Investigación de Accidentes e Incidentes Marítimos de España, la Marine Accident Investigacion Branch del Reino Unido, y el Bureau d´e enquetes sur les Evénements de Mer de Francia.

La Resolución deja constancia que las "*funciones de análisis o investigación de la Comisión serán de carácter técnico, no teniendo las mismas por objeto imputar culpabilidad o determinar responsabilidad, sino conocer las causas para efectuar recomendaciones que permitan prevenir su ocurrencia en el futuro*".

b.2. La ley 27.514

El 17 de julio de 2019 se sancionó la Ley 27.514, mediante la cual se "*declaró de interés público nacional y como objetivo de la República Argentina la política de seguridad en el transporte, cuyo fin es brindar movilidad garantizando la protección de las personas, de sus bienes y del ambiente en el territorio nacional*". A tal fin se creó la Junta de Seguridad en el Transporte (en adelante la JST), como organismo descentralizado en la órbita del Ministerio de Transporte de la Nación.

Su misión es contribuir a la seguridad en el transporte a través de la investigación de accidentes y la misión de recomendaciones mediante la determinación de las causas de los accidentes e incidentes de transporte cuya investigación técnica corresponde llevar a cabo y las recomendación de la acciones eficaces dirigidas a evitar la ocurrencia de accidentes e incidentes de transporte en el futuro.

Esa Junta interviene ante la ocurrencia de sucesos aeronáuticos, terrestres (automotor y ferroviario) y en lo que nos ocupa en el art. 6 inc. e) a los accidentes marítimos, fluviales o lacustres cuya investigación resulte obligatoria de acuerdo a los criterios de la Organización Marítima Internacional y los que sea necesario investigar de acuerdo con el criterio que oportunamente determine la Junta de Seguridad en el Transporte, que ocurran en mares, ríos, lagos y además aguas navegables de la Nación o que involucren a buques o artefactos navales de bandera argentina, a excepción de los buques militares y de policía.

El artículo 7 de la ley establece las siguientes funciones de la Junta de Seguridad en el Transporte:

a) Realizar la investigación técnica de los accidentes e incidentes de transporte que se produzcan en el ámbito de su competencia, determinando las causas probables de los accidentes e incidentes investigados;
b) Notificar a los organismos internacionales y nacionales que corresponda sobre los accidentes e incidentes graves;
c) Aprobar los informes parciales y finales de cada una de las investigaciones técnicas de los sucesos de transporte a cargo del organismo;

d) Recomendar a los organismos pertinentes y/o partes involucradas en el suceso las acciones eficaces que prevengan la ocurrencia de futuros accidentes e incidentes similares a los investigados;
e) Realizar el seguimiento del cumplimento o implementación efectiva de las acciones recomendadas vinculadas a la seguridad en el transporte;
f) Integrar cuando la complejidad o las características particulares de la investigación de un accidente así lo requieran, los equipos para la investigación de accidentes e incidentes, con expertos nacionales o internacionales;
g) Publicar y difundir, como contribución a la seguridad operacional, la recopilación de informes y estadísticas relativas a los accidentes e incidentes;
h) Capacitar al personal en las técnicas y procedimientos para la investigación de accidentes e incidentes y promover la realización de estudios especiales y reportes relativos a seguridad operacional;
i) Evaluar y examinar la efectividad de las salvaguardas o medidas de mitigación que otros organismos apliquen en relación con cuestiones vinculadas a la seguridad en el transporte;
j) Realizar la difusión púbica de las recomendaciones de seguridad y los estudios vinculados con la seguridad en el transporte que desarrolle;
k) Conducir investigaciones independientes¨:
l) Dictar su reglamento interno de funcionamiento;
m) Requerir la asistencia de la fuerza pública en cumplimiento de sus funciones de investigación, cuando así correspondiere:
n) Ejercer la facultad del examen directo de todo elemento relacionado con el accidente o incidente, formular pedidos de informes, inspecciones, análisis técnicos y o efectuar entrevistas a personas humanas o representantes de personas jurídicas, pudiendo requerir toda colaboración que considere necesaria para el cumplimiento de sus objetivos investigativos, en coordinación con la autoridades judiciales cuando fuera necesario.

La Junta está integrada por cinco miembros (un presidente y cuatro directores, a cargo cada uno de ellos de la Investigación de Sucesos Aeronáuticos, Automotores, Ferroviarios y Marítimos Fluviales y Lacustres (art. 10).

El artículo 17 limita la intervención de la Junta a la investigación de las causas del accidente o incidente de que se trate y esclarecimiento de las circunstancias con el fin de formular informes y/o recomendaciones destinadas a incrementar la seguridad operacional y favorecer la prevención de accidentes. Los resultados de sus investigaciones no condicionan ni prejuzgan los de cualquier otra investigación de índoles administrativa o judicial que corresponda realizar. Se encuentra prohibida la determinación de responsabilidades civiles o criminales o las asignaciones de culpas a personas concreta.

El art. 18, establece que el objetivo de las investigaciones que lleva adelante la JST es la prevención de futuros accidentes e incidentes de transporte

En el art. 19 se regla que no es admisible el uso en procesos judiciales de: a) las entrevistas obtenidas en el marco de una investigación; b) los ensayos o pruebas realizados.

El art 20 establece que los informes finales de la JST no tienen como objetivo la determinación de la culpa o dolo a nivel penal ni la responsabilidad civil del accidente o incidente. Son independientes de cualquier otra investigación administrativa o judicial, no afectando ningún interés subjetivo, por lo tanto, no son recurribles ni pasibles de impugnación, no pudiendo tampoco ser admitidos con carácter probatorio en proceso judicial alguno.

El artículo 29 le asigna a la JST la facultad de representar a la República Argentina en la negociación con organismos internacionales con competencia en la materia.

Esta ley fue reglamentada el día 9 de junio de 2020 por el Decreto 532/20, que en su considerando ratificó que quedan excluidas a la Junta la determinación de responsabilidades administrativas, civiles o criminales, cuyo ámbito pertenece a la investigación judicial administrativa.

Si bien la Resolución Conjunta 2/18 arriba transcripta sigue en vigencia, lo cierto es que la Ley 27.419 tiene mayor jerarquía y es posterior, por lo que a los efectos del Código de Investigación de Siniestros, pareciera que la "*Junta de Seguridad de Transporte*" es el organismo a cargo de realizar dicha investigación.

Como dato anecdótico, podemos señalar que la primera investigación marítima de este tipo que realizará la JST en el país, es la correspondiente al hundimiento del buque pesquero "*Repunte*" hecho ocurrido el 17 de junio de 2017.

c) Futuro y riesgos involucrados en este tipo de investigación.

Si bien no desconocemos la existencia de "*Juntas de Investigación*" en otros países, tenemos en forma preliminar nuestros reparos en cuanto a la forma en que se realizará este tipo de investigaciones en la República Argentina, y su pretendida "*independencia*" o "*influencia*" respecto de las investigaciones penales y/o administrativas paralelas. ¿La Junta será imparcial e independiente o se moverá por intereses políticos? ¿Qué garantías tienen los involucrados de que las conclusiones de la Junta no influyan en las decisiones penales y/o civiles que tienen la competencia natural para juzgar la responsabilidad profesional, penal y/o civil de todas las partes interesadas en el siniestro? ¿Qué garantías tendrán las personas que serán interrogadas en este tipo de investigaciones, cuando simultáneamente sus responsabilidades administrativas, civiles y/o penales serán investigadas en forma paralela? ¿Cuál será la presión mediática sobre los jueces y autoridades, cuando se conozcan los resultados de estas investigaciones? Son muchos interrogantes que todavía no tienen respuestas.

Compartimos las objeciones del Dr. Rodolfo González Lebrero – si bien él no se refiere a la nueva norma argentina- en relación a las investigaciones realizadas por este tipo de Comisiones o Juntas. Coincidimos en cuanto a que el informe de estas comisiones "*invade con sus inevitables conclusiones el terreno de la responsabilidad, decidiendo o insinuando decisiones respecto del fondo del asunto, de manera que su irrecurribilidad violenta el sistema constitucional de cualquier Estado de derecho*"[17]. Coincidimos también con él, en cuanto a la falta de

[17] Rodolfo A. González Lebrero, "La investigación de los siniestros marítimos", En Jorge M. Radovich (Director), *Estudios Jurídicos sobre Responsabilidad y Seguridad Marítima, Registro de Buques, Sociedades de Clasificación y Riesgos de la Navegación por Agua*, Ed Ad-Hoc, Buenos Aires, p. 217.

garantías respecto de las partes interesadas en relación a los medios de prueba que se toman sin la presencia ni control de las partes interesadas ni sus abogados. Sostiene González Lebrero, que "*esta situación es irregular y contraviene el principio de prohibición de indefensión, el derecho de audiencia y participación de los interesados en los procedimientos administrativos, el derecho a la presunción de inocencia y el principio de publicidad y transparencia. La Administración pública no puede vulnerar los principios constitucionales de legalidad, que le impone el respeto y el sometimiento al ordenamiento jurídico vigente, ni los principios de interdicción de la arbitrariedad, de objetividad, de imparcialidad, ni la prohibición a la indefensión o el derecho a la presunción de inocencia de las partes interesadas*"[18]

El sistema es nuevo y habrá que ver cómo se desenvuelve en el futuro, pero resulta razonable asumir que la independencia entre los diferentes tipos de investigación (e incluso la civil y penal) no está garantizada en la República Argentina, país que no se destaca por su apego a las instituciones ni por su seguridad jurídica y en donde además, hemos comprobado en reiteras oportunidades, la intromisión de la política en temas tan sensibles como el de la administración de la justicia y la investigación de los siniestros.

El sistema republicano de gobierno se basa fundamentalmente en la división e independencia de los tres poderes. La investigación de los siniestros realizada a los efectos de determinar las causas de los mismos –sin ahondar en la responsabilidad de las personas involucradas- y al solo efecto preventivo, es una actividad que debe realizarse de una manera prudente y responsable, porque está en una zona gris y muy en el límite de inmiscuirse en la competencia natural del poder judicial.

Veremos cómo se desenvuelve en el futuro este sistema y si puede cumplirse el espíritu y los objetivos de la ley de una manera razonable. El tiempo lo dirá, y el poder judicial también.

[18] Idem nota 18, página 218.

RIESGOS DE LA NAVEGACIÓN Y CONTAMINACIÓN MARÍTIMA

EL CONVENIO BÚNKER Y SU APLICACIÓN ANTE UN SINIESTRO DE GAS NATURAL LICUADO CUANDO ES UTILIZADO COMO COMBUSTIBLE PARA BUQUES

ERICK ALEJANDRO OMS*

SUMARIO

Previo a desarrollar el presente artículo, quiero expresar mi sincero agradecimiento al Dr. Luis Cova Arria, por el frondoso legado de conocimientos que nos brinda en sus oportunas y pedagógicas disertaciones, siempre acompañadas por su humildad y honestidad, caracteres que ha demostrado a lo largo de su profusa carrera en el buque de la enseñada y las aguas de la doctrina del Derecho de la Navegación.

I. INTRODUCCIÓN

La Contaminación es una de las grandes preocupaciones de la comunidad Marítima Internacional, es un tema que no solo ha mantenido la atención generalizada de la opinión pública por los grandes siniestros, sino que también de los estudiosos del Derecho de la Navegación.

* Abogado Egresado de la Facultad de Ciencias Jurídicas y Sociales de la U.N.L.P - Argentina. Miembro de la firma Lesmi y Moreno - Abogados. Prof. Titular de las Cátedras de Derecho del Transporte de la Universidad del Salvador y de Derecho de Marítimo y Aeronáutico de la Universidad Católica de La Plata.Profesor dePosgrado en el Curso de Comercio Exterior de la Universidad Austral de la Materia Seguros del Transporte. Miembro de la Asociación Argentina de Derecho Marítimo y del Instituto Iberoamericano de Derecho Marítimo.

La doctrina la incluye entre las actividades reguladas por el derecho y señala "*que una de las notas características del derecho marítimo contemporáneo es la tendencia a la protección del medio ambiente aguas y costas*".[1]

Sin embargo, como bien señala la doctrina, en los últimos años se alude muy frecuentemente al derecho ambiental. Numerosas obras jurídicas, artículos doctrinarios y revistas se titulan de derecho ambiental, y existen cursos universitarios y especialidades de posgrado así denominados. Sin embargo ello no necesariamente significa que los aspectos jurídicos referidos a las cuestiones ambientales constituyan una rama autónoma del derecho.

El enfoque del derecho del ambiente que trata de la influencia que el ambiente ejerce sobre las diversas disciplinas jurídicas, hace que en cada una de ellas exista un capítulo destinado a ello[2].

La cuestión ambiental es tan importante como la vida de las personas, de modo que así como no hay una rama del derecho que pueda prescindir de las personas, tampoco hay rama del derecho que pueda prescindir de la cuestión ambiental. Al considerar las influencias del paradigma ambiental sobre el derecho, se ha dicho que no estamos en presencia de una nueva especialidad, sino de un sistema jurídico que incorpora la cuestión ambiental en todos los aspectos, de modo que da una nueva estructura al sistema legal.[3] La legislación ambiental no se conforma siendo una especie del derecho, sino que pretende influir sobre todas las disciplinas. Coincido en señalar junto a la doctrina que la cuestión ambiental es tan trascendente que no se la puede reducir a la existencia de un derecho ambiental. La cuestión ambiental es tan importante como las personas y los diversos aspectos de su vida, de modo que –como toda cuestión que hace a la vida de las personas- está presente en todo el ordenamiento jurídico en todas las ramas del derecho.[4]

El Derecho de la Navegación no es ajeno al mismo y ello se ve reflejado en los convenciones ambientales - tanto preventivas como

---

1 José D. Ray, *Derecho de la Navegación,* T.I, cap. III, 1992. pp.255 y ss.

2 Ricardo Lorenzetti. *Teoría del derecho ambiental.* Ed. La Ley 2008. p. 64

3 Ibidem. p. 28.

4 Alberto C. Cappagli, *La Contaminación del Medio Marino y los Buques Petroleros. Prevención, lucha, responsabilidad civil y seguros.*AbeledoPerrot, Buenos Aires, 2011. pp.15-16.

resarcitorias - que a los largo de los años y como consecuencia de los grandes siniestros la comunidad internacional dio como resultado a los damnificados por la contaminación.

II. LOS SINIESTROS QUE MARCARON EL RUMBO DE LOS CONVENIOS INTERNACIONALES

Los convenios internacionales tuvieron su origen en desastres ambientales y económicos resultantes diferentes casos, como el del buque "*Amoco Cádiz*", el cual fue un petrolero construido en 1974 en los astilleros de Puerto Real (Cádiz), con bandera de Liberia, de 223 000 t, perteneciente a la compañía norteamericana ***Amoco Transport***, filial de la Standard Oil, que provocó una catástrofe ecológica frente a las costas de Bretaña por su accidente del 16 de marzo de 1978, cuando el temporal causó daños considerables en el buque, que terminó por romperse en dos mitades.

El desastre del petrolero **Exxon Valdez** que provocó tras encallar el 24 de marzo de 1989, con una carga de 11 millones de galones / 41 millones de litros de crudo, en Prince William Sound, Alaska, vertiendo 37.000 toneladas de hidrocarburo. Alaska vivió la peor tragedia ecológica de su historia, al encallar el petrolero y verter millones de litros de crudo que se expandieron sobre más de 2.000 kilómetros de costa. Para la limpieza de la marea negra se utilizaron aspiradores, mangueras de agua caliente a presión, y se trasladó el crudo que aún contenía el Exxon Valdez a otro petrolero y los daños a la fauna que se produjeron en esta zona aún se siguen estudiando.

El ***Torrey Canyon*,** fue el primero de los grandes superpetroleros, capaz de transportar una carga de 120 000 tonelañ.das de petróleo, y que se hundió en el sur de la costa de Inglaterra en 1967. Fue construido en los Estados Unidos en 1959, con una capacidad original de 60 000 t, pero aumentada a 120 000 t más tarde en Japón. En el momento del accidente era propiedad de *Barracuda Tanker Corporation*, una subsidiaria de la Union Oil Company de California, bajo control de British Petroleum. Medía casi 300 m de eslora. Su último viaje bajo bandera liberiana partió de Mena Al-Ahmadi, Kuwait, el 19 de febrero de 1967 con una carga completa de petróleo, y alcanzó las Islas Canarias el 14 de marzo. Desde allí, continuó su ruta hacia Milford Haven. El 18 de marzo de 1967, por culpa de un error de navegación.

El ***Torrey Canyon*** que encalló cerca de las Islas Sorlingas, provocando uno de los mayores desastres ambientales en las costas de Inglaterra y Francia. Este fue el primer gran vertido de crudo de la historia, por lo que no había ningún protocolo a seguir. Se acometieron varios intentos sin éxito de reflotar al barco, y un miembro del equipo de salvamento falleció. Los intentos de utilizar productos químicos dispersantes para contener el petróleo tuvieron también poco éxito, debido a su inoperancia en alta mar. En un esfuerzo por incendiar el petróleo del buque y reducir el crudo vertido, el primer ministro Harold Wilson autorizó el bombardeo por la Real Fuerza Aérea británica con napalm y otros explosivos. Alrededor de 180 km de costas inglesas y 80 km de las costas francesas fueron contaminadas, y murieron unas 15.000 aves marinas aproximadamente, junto a una enorme cantidad de organismos marinos en las 380 km en que se dispersó la mancha de petróleo. Mayor aún fue el daño causado por el uso de detergentes para intentar controlar la mancha. Más de 10.000 t de sustancias químicas fueron utilizadas sobre el petróleo para emulsionarlo y recogerlo.

El naufragio del buque ***Erika*** un petrolero también, con bandera de conveniencia maltesa construido en Japón en 1975 y propiedad de la empresa *TevereShipping* y gestionado por *Panship Management* and *ServicesSrl*. En 1999 provocó una marea negra sobre las costas de Bretaña. En el momento del incidente estaba fletado por TTC (Total TransportCorporation). En diciembre de 1999 se encontraba transportando de Dunkerque a Livorno (Italia) 30.000 toneladas de *fuel* pesado adquirido por la compañía eléctrica italiana *Enel* a *Total Bermuda*, que a su vez se lo había comprado a *Total-Fina-Elf.* En plena travesía del Cantábrico y con una mar de fuerza 8 a 10, el barco (que tenía todos los permisos en regla) se partió en dos debido a un defecto estructural y al desgaste normal en un barco de su antigüedad (25 años), provocando una catástrofe ecológica en forma de marea negra sobre las costas de Bretaña.

El enigmático caso del ***Prestige,*** desastre debido al derrame de petróleo en Galicia provocado por su hundimiento en 2002. El accidente afectó a 2000 kilómetros de costa española, francesa y portuguesa. El

13 de noviembre de 2002, el petrolero monocasco *Prestige* se accidentó en una tormenta mientras transitaba cargado con 77 000 toneladas de petróleo frente a la Costa da Morte, en el noroeste de España. Tras varios días de maniobra para su alejamiento de la costa gallega, se acabó hundiendo a unos 250 km de la misma. El vertido de la carga causó una de las catástrofes medioambientales más grandes de la historia de la navegación, tanto por la cantidad de contaminantes liberados como por la extensión del área afectada, una zona comprendida desde el norte de Portugal hasta las Landas de Francia. El episodio tuvo una especial incidencia en Galicia, donde causó además una crisis política y una importante controversia en la opinión pública. El derrame de petróleo del *Prestige* ha sido considerado el tercer accidente más costoso de la historia, pues la limpieza del vertido y el sellado del buque tuvieron un costo de 12 000 millones de dólares según algunas fuentes.

El derrame del ***Hebei Spirit*** en Corea del Sur, que comenzó en la mañana del 7 de diciembre 2007 Hora Local, con efectos ambientales y económicos en curso. Los funcionarios del gobierno lo llamaron el peor derrame de petróleo de Corea del Sur nunca antes visto, superando un derrame que tuvo lugar en el año 1995. Este derrame de petróleo fue de aproximadamente un tercio del tamaño del derrame de petróleo de *Exxon Valdez* . A las 7:30 hora local el 7 de diciembre de 2007 (2230 UTC el 6 de diciembre de 2007), una gabarra grúa propiedad de *Samsung Heavy Industries* siendo remolcado por un remolcador chocó con el anclado de Hong Kong registrados crudecarrier *Hebei Spirit*, llevando a 260.000 toneladas de petróleo crudo. El incidente ocurrió cerca del puerto de Daesan en el Mar Amarillo costa del Condado de Taean. La barcaza estaba flotando libre después el cable que une a la tira bruscamente en los mares agitados. Aunque no hubo víctimas, la colisión se punza tres de los cinco tanques a bordo del *Hebei Spirit* y dio lugar a la filtración de uno¿as 10.800 toneladas (11.900 toneladas cortas) de aceite. El aceite remanente de los tanques dañados se bombeó en los tanques no dañados y los agujeros fueron sellados. El derrame se produjo cerca de la playa de Mallipo, considerada una de las playas más bellas y populares de Corea del Sur. La región afectada por el derrame es el hogar de una de las zonas de humedales más grandes de Asia, utilizado por las aves migratorias, y también contiene un parque marítimo nacional y 445 granjas marinas.

El petrolero-quimiquero **BowJubail** (arqueo bruto de 23196) cuando el 23 de junio de 2018 colisionó con un pantalán propiedad de LBC Tank Terminal en Róterdam (Reino de los Países Bajos). Como resultado de la colisión se produjo una fuga en la zona del tanque de combustible de estribor que derivó en un derrame de *fueloil* en el puerto. La contaminación subsiguiente afectó a buques que se encontraban en las proximidades, a muelles y otros bienes, y a la fauna y flora silvestres. En el momento en que se produjo el siniestro, el BowJubail navegaba en lastre. Los hidrocarburos derramados eran hidrocarburos para combustible. El propietario del buque solicitó al Tribunal de Distrito de Róterdam que se le permitiera limitar su responsabilidad de conformidad con el Convenio sobre limitación de la responsabilidad nacida de reclamaciones de derecho marítimo, 1976, en su forma modificada por el correspondiente Protocolo de 1996 (Convenio de limitación de la responsabilidad 1976/1996) (14.312.384DEG).

El caso del buque tanque **Alfa I**, que el 5 de marzo de 2012, chocó contra un objeto sumergido, el pecio del buque City of Mykonos , cuando cruzaba la bahía de Elefsis, cerca de El Pireo (Grecia). El impacto perforó las planchas del fondo del casco del Alfa I sobre una longitud de unos 30 metros. Poco después del siniestro, el Alfa I se escoró a estribor y se hundió. El Alfa I se sumergió a una profundidad de 18 a 20 metros, quedando la popa en contacto con el fondo marino, mientras que la proa aún era visible sobre la superficie. El siniestro tuvo como consecuencia la trágica pérdida de la vida del capitán. El Alfa I fue construido en 1972 como buque tanque de casco sencillo con 12 tanques de carga y posteriormente se convirtió en un buque tanque de doble casco. En el momento del siniestro se mencionó que el Alfa I transportaba unas 2 070 toneladas de carga, que comprendía 1 500 toneladas de fueloil Nº 2, 300 toneladas de fueloil Nº 1 y 270 toneladas de gasoil. Se desconocen la cantidad exacta y las especificaciones de la carga y el combustible a bordo en el momento del siniestro. Tras el hundimiento del buque, se derramó una cantidad desconocida de hidrocarburos a través de los registros, los orificios de ventilación y los tubos de sonda situados en la cubierta. Los hidrocarburos contaminaron unos 13 kilómetros a lo largo del litoral de la bahía de Elefsis y diversas playas locales de Loutropyrgos, Neraki y Nea Peramos, así como la isla de Salamina (Faneromeni y Batsi). Además, se informa de que los hidrocarburos impactaron en algunas zonas del litoral rocoso menos accesibles.

El **AgiaZoni II**, un petrolero para productos petrolíferos construido hace 45 años, se hundió el domingo 10 de septiembre de 2017 cerca de la isla de Salamina, en la parte norte del fondeadero designado de El Pireo, en Grecia. Llevaba a bordo 2 730 toneladas de hidrocarburos, de los cuales descargó aproximadamente 700 m3. Todavía se desconoce la causa del siniestro. Los hidrocarburos afectaron a la costa de la isla de Salamina y además se depositaron en la tierra firme que rodea a El Pireo y Atenas, una zona densamente poblada. El AgiaZoni II estaba asegurado por Lodestar, un asegurador de prima fija, por una suma máxima de €5 millones, aunque el límite del CRC de 1992 es de €5,4 millones[5].

Los casos de los buques **Sie*rra Nava***, un frigorífico de bandera panameña, que encalló en la zona de Punta San García, en la Bahía de Algeciras (Cádiz) el 7 de enero de 2017 debido al fuerte temporal que azotó la zona. Como consecuencia del impacto, la carga que trasportaba, combustible, se ha vertido al mar, diez minutos después de la varadura se había producido un incendio en la popa del buque, siendo calculada la cantidad derramada 170 toneladas; y el ***New Flame*** fue un barco de transporte de fabricación surcoreana y propiedad griega en el momento de su hundimiento. Chocó con un petrolero a poca distancia de Punta Europa, frente a la bahía de Algeciras, el 12 de agosto de 2007, acabando parcialmente hundido. El barco se partió en dos partes en diciembre de 2007, en medio de numerosos esfuerzos de recuperación. El *MV New Flame* medía 190 m (623,4 pies) de eslora, 30 m (98,4 pies) de manga, 28 m (91,9 pies) de calado aéreo y 16 m (52,5 pies) de los cuales son de calado. Tenía un peso de casi 27 000 t. y produjo un derrame de aproximadamente un kilómetro. Tanto los buques **Sie*rra Nava*** y ***New Flame***se trataron de casos de contaminación cuyo origen fue el combustible para su consumo.

Los casos anunciados son solo algunos de más significativos en materia de contaminación del mar provenientes de los buques.

---

5 https://www.iopcfunds.org/es/

Sin embargo nos falta el caso más enigmático en materia de contaminación vertida por plataformas petroleras, el 20 de abril de 2010, la plataforma que perforaba el pozo de petróleo "Macondo", otorgado a BP y cuya prospección subcontrató a la firma *DeepwaterHorizon*, explotó, muriendo once personas y, posteriormente, se hundió, derramando unos 4,9 millones de barriles de petróleo (210 millones de galones estadounidenses; 780 millones de litros) en las aguas del golfo de México. El vertido de crudo en el golfo de México ha sido, hasta la fecha, el mayor de la historia entre los acaecidos accidentalmente en materia de plataformas petroleras.

III. CONVENIOS INTERNACIONALES

Como vimos, la contaminación marina es una variedad dentro de la agresión al medio ambiente, y tiene su origen en fuentes propias, es decir en la contaminación provocada o derivada de buques, y en fuentes telúricas, es decir que provienen del desarrollo industrial en tierra firme.[6]

El problema de la contaminación del mar, especialmente aquella que tiene su origen en los derrames petroleros provenientes de buques, ha sido objeto de interés mundial[7].

Junto a los principios de Prevención, que propone que las causas y las fuentes de los problemas ambientales se atenderán en forma prioritaria e integrada, tratando de prevenir los efectos negativos que sobre el ambiente pueden producirse[8] y Precautorio, que establece que cuando haya peligro de daño grave o irreversible la ausencia de información o certeza científica no deberá utilizarse como razón para postergar la adopción de medidas eficaces, en función de los costos, para impedir la degradación del medio ambiente[9], ambos consagrados en las legisla-

---

6 Rodolfo A.González Lebrero, *Manual de Derecho de la Navegación.* Ed. Depalma, 2000, pág. 604.

7 Luis Cova Arrias, "Experiencia Latinoamericana en la Aplicación de los Convenios de Responsabilidad Civil y del Fondo" en *Revista de Estudios Marítimos*, Año XXX, Nro. 55, p.39.

8 Néstor Cafferatta. *El Pincipio de Prevención,* 2004. pp. 9 y ss.

9 Ley General del Ambiente nro. 25.675. Argentina.

ciones ambientales, se encuentra el principio de responsabilidad, según el cual "*el generador de efectos degradantes del ambiente, actuales o futuros, es responsable de los costos de las acciones preventivas y correctivas de recomposición, sin perjuicio del sistema de la vigencia de los sistemas de responsabilidad ambiental que correspondan*"[10].

La idea del que "*contamina paga*" es la base de la protección ambiental y el derecho de la navegación no fue ajeno a ello y ha creado un eficaz sistema para la indemnización de los daños. Un claro ejemplo en materia de derrame de hidrocarburos persistentes, es la "*Convención Internacional sobre Responsabilidad Civil por Daños Causados por polución de hidrocarburos de Bruselas*" de 1969 y a la "*Convención Internacional sobre la creación de un Fondo Internacional de Indemnización por daños debidos a polución por hidrocarburos*" de Bruselas de 1971, modificadas ambas por los protocolos de 1976, 1984 y el de 1992[11].

El "*Convenio Internacional de Londres de 1969 sobre Sustancias Peligrosas y Nocivas*", conocido como SNP por sus siglas en castellano y como HNS por sus siglas en inglés, y su protocolo de 2010, el cual refiere a los daños resultantes del vertido de dichas sustancias.

El "*Convenio Internacional sobre Responsabilidad Civil Nacida de Daños Debidos a Contaminación por los Hidrocarburos para Combustible de los Buques*" (conocido como "*Bunker Convention*"), estos últimos no ratificados aún por República Argentina.

Los rasgos básicos del régimen de responsabilidad civil por este tipo de daños, se caracterizan por ser de responsabilidad objetiva, limitados, canalizados y garantizados.

Si bien la caracterización del sistema de responsabilidad *objetiva* en el caso de la doctrina se encuentra dividida, por quienes lo han calificado como de responsabilidad objetiva otros, en cambio sostienen que se trata de una responsabilidad subjetiva.[12] Dicha posición sostiene

---

[10] Alberto C. Cappagli, *Obra ya citada*. Ref.5.

[11] Erick A. Oms, *Buques Metaneros, Medio Ambiente y Responsabilidad Objetiva.* Libro. El Derecho Marítimo en los Albores de la Tercera Década del Siglo XXI. Homenaje al Profesor y Doctor Ignacio Luis Melo Ruiz. Ed. Porrúa-Print. Ciudad de México 2019.p.444.

[12] Luis Romero Basaldúa, *Temas de derecho de la navegación marítima y aérea,* Ed Lerner. 2001. p. 23.

que el propietario se libera demostrando la culpa o dolo de un gobierno o autoridad encargada del mantenimiento de ayudas náuticas. También encontramos una tercera posición, por quienes entienden que es un sistema de gran originalidad, por no encontrarse ante un sistema de responsabilidad objetiva, porque estos no dejan escapatoria al propietario, ni tampoco de una presunción de culpa, sino que se trata de una presunción de responsabilidad. El propietario no se libera demostrando que no fue culpable sino acreditando una de las causales de exoneración enumeradas limitadamente.[13]

En lo relativo a la *limitación* los sistemas establecen montos pecuniarios que benefician a los propietarios, los que dependerán de cada sistema o convenio. Es unánime el criterio de la perdida de tal derecho, si incurrió en una acción temeraria o dolosa en la ocurrencia del siniestro.

La responsabilidad *canalizada,* refiere a la determinación de un sujeto único a quien reclamar (el propietario registral del buque), es decir la identificación previa el sujeto responsable del deber resarcir[14]. Ello facilita la identificación de quien debe responder, por más que no haya tenido el control efectivo del buque, ya sea por haber cedido su utilización.

En cuanto al término *garantizado,* se refiere a la obligación de asegurar, la obligación de contratar una seguro obligatorio para los buques. Dicha cobertura deberá ser de responsabilidad civil hasta un monto que generalmente es el establecido en el convenio. En el mercado asegurador, este tipo de riesgos es cubierto por los Clubes de P&I.

La doctrina ha concluido que en materia de protección del ambiente marítimo el derecho marítimo ha adoptado soluciones jurídicas efectivas y prácticas[15].

La comunidad internacional, no solo adoptó convenciones resarcitorias en torno a los espacios acuáticos por derrame de hidrocarburos. Se puede efectuar una distinción entre aquellas que cumplen una

---

[13] René Didière, *Traité Générale de DroitMaritime, Introducción: "L'Armement.* 1976, p.660.

[14] Diego E. Chami, *Manual de Derecho de la Navegación.* Ed. Abeledo-Perrot. 2010. p. 1025.

[15] Alberto C. Cappagli, "El Derecho Marítimo y la Protección del Ambiente Marino". *Revista de Estudios Marítimos.* Año XL, N° 59. p.109.

función preponderantemente preventiva, y otras, determinantes de la responsabilidad civil y la consecuente reparación de daños[16].

Dentro de las primeras, encontramos el "*Convenio Internacional para Prevenir la Contaminación de las Aguas del Mar por Hidrocarburos*" de Londres de 1954 -conocido como OILPOL-.

El "*Convenio Internacional para Prevenir la Contaminación por los Buques*" de Londres de 1972 -MARPOL- que sustituyó al anterior; ambas no solo se ocupan de la contaminación operativa sino también de la accidental.

El "*Convenio para la Seguridad de la Vida Humana en el Mar*" de 1974 –SOLAS-, que también favorece la prevención de daños al ambiente marino.

El "*Convenio sobre Cooperación, Preparación y Lucha contra la Contaminación de Hidrocarburos*", de Londres de 1990 –OPRC- y el "*Convenio Internacional sobre Salvamento Marítimo*", Londres de 1989.

No podemos dejar de mencionar, también a la "*Convención de las Naciones Unidas sobre el Derecho del Mar*", de Montego Bay de 1982 -CONVEMAR-, cuyo artículo 192 dispone: "*...Los Estados Tienen la obligación de proteger y preservar el medio marino...*"[17].

En armonía con dicha obligación, la Organización Marítima Internacional, a lo largo de su historia acompañó y fomentó la protección del medio ambiente.

Dado que el medio marino sufre más a causa de los residuos sólidos y líquidos que llegan al mar por los ríos, y de los desechos gaseosos que contaminan la atmósfera primero, para caer luego sobre el mar cuando llueve[18], el pasado 19 de mayo de 2005 se comenzó a escribir

---

[16] Edgar Ramón Gigena, "La protección de los espacios acuáticos frente a la contaminación producida por derrame de hidrocarburos y otras sustancias nocivas". *Revista Anales de la Universidad Nacional de La Plata.* Año 4 Nro.37. p.230.

[17] *"Convención de las Naciones Unidas sobre el Derecho del Mar"*, Montego Bay de 1982. https://www.un.org/Depts/los/convention_agreements/texts/unclos/convemar_es.pdf. Parte XII Proteccióny Preservación del Medio Marino. Sección 1. Disposiciones Generales. Artículo 192. Obligación general.

[18] Rodolfo González Lebrero, *Manual de Derecho de la Navegación.* Ed. Depalma, 2000, pág. 605.

un nuevo capítulo en protección al ecosistema marino mediante la incorporación del Anexo VI al convenio MARPOL -ya mencionado- de las "*Reglas para prevenir la contaminación atmosférica ocasionada por los buques*", que establece los límites de las emisiones de óxidos de azufre y de óxidos de nitrógeno de los escapes de los buques y se prohíben las emisiones deliberadas de sustancias que agotan el ozono.

Se establecen, además, medidas técnicas y operacionales obligatorias de eficiencia energética encaminadas a reducir las emisiones de gases de efecto invernadero procedentes de los buques.

Según la OMI, el transporte marítimo solo es responsable del 3 por 100 de las emisiones globales de CO2, aunque también le adjudica el 15 por 100 de las de óxidos de azufre (SOx) y entre el 20y 30 por 100 de las de óxidos de nitrógeno (NOx), amén de otros contaminantes que tienen repercusiones sobre la salud de las personas y el medio ambiente. En el Anexo VI, se restringen los principales contaminantes atmosféricos contenidos en los gases de escape de los buques, en particular los óxidos de azufre (SOx) y los óxidos de nitrógeno (NOx), y se prohíben las emisiones deliberadas de sustancias que agotan la capa de ozono. En dicho Anexo también se regula la incineración a bordo, así como las emisiones de compuestos orgánicos volátiles (COV) procedentes de los buques tanque, al tiempo que se establecen límites de emisiones de SOx y NOxlobales, así como zonas de control de emisiones, conocidas como zonas ECA (anteriormente llamadas SECA porque se centraban principalmente en el control del azufre), en las que se fijan límites de emisiones aún más restrictivos.

Las zonas ECA las componen el mar Báltico, el mar del Norte, el canal de la Mancha y la mayor parte de las costas estadounidenses y canadienses, donde las emisiones SOx están limitadas al 0,1 por 100 (hasta el 1 de enero de 2015 era al 1 por 100). Fuera de las zonas ECA las restricciones globales se sitúan en la actualidad, pero por poco tiempo, en el 3,5 por 100 para el SOx. En cuanto a emisiones de NOx, hasta el momento únicamente existen restricciones en la zona ECA de las costas de Estados Unidos y Canadá. En el marco del Anexo VI, el límite máximo del contenido de azufre a nivel mundial probablemente se reducirá del actual 3,50 por 100 al 0,50, con efectos a partir del 1 de enero de 2020, pero dependiendo de un estudio de viabilidad vinculante que deberá finalizarse antes del 2019, pero que nunca podrá prorrogar la citada reducción más allá de 2025.[19] Dado que es prácticamente imposible que los combustibles derivados del petróleo pesado utilizados en la actualidad estén disponibles en una versión "Sin-Azufre", existen tres opciones para que los propietarios de buques puedan cumplir las nuevas normas: el uso de diesel marino (*Marine Gasoil* MGO), lo que se traducirá en un aumento muy considerado en los costos de operación; la instalación de depuradores de humo a bordo de los buques, opción costosa e insatisfactoria para el medioambiente, y finalmente la utilización del gas natural licuado (GNL) como combustible, tema del que nos ocuparemos en el presente artículo[20].

IV. EL GAS NATURAL LICUADO (GNL) Y SU TRANSPORTE POR MAR

El *G.N.L.* es gas natural que ha sido enfriado hasta el punto de que se condensa a líquido, lo cual ocurre a una temperatura de aproximadamente -161°C y a presión atmosférica. Su volumen es reducido a 600 veces, lo que lo hace más económico su transporte, siendo además por sus características un producto muy amigable para el medio ambiente.[21]

Las etapas más importantes en la cadena del *G.N.L.* son los siguientes:

El primer eslabón, es la exploración de la corteza de la tierra para su extracción y luego, llevarlo a la *"licuefacción"*, proceso donde se lo convierte a líquido para ser transportado.

El segundo es el transporte propiamente dicho y el tercero y último, la *"regasificación"*, para ser nuevamente almacenado en tanques, o bien ser inyectado directamente a la red domiciliaria o almacenado para su uso como búnker.

---

19 Raúl Villa Caro."Buques Impulsados por Gas Natural Licuado entrada en vigor del Código IGF". s/f.https://riull.ull.es/xmlui/handle/915/2519.

20 Chaddi Mahmoud. *"Análisis de la utilización del LNG en los buques de pasaje en España, desde una perspectiva legislativa – ambiental"*. 2014. Proyecto Final de Carrera / Diplomatura en Navegación Marítima Universitat Politécnica de Catalunya. Facultat de Náutica de Barcelona.

21 Ernesto López Anadón, "El Gas Natural Licuado GNL", *Revista Petrotecnia*, Junio de 2012, pág.84.

El transporte marítimo, combinando, la tecnología y la preservación del medio ambiente, mediante buques de alta tecnología denominados *"buques metaneros"* o *"gaseros"* y en la interfaz buque-puerto, a través de los muelles o buques *"regasificadores"* y barcazas *"licuefactoras"* con altos niveles de seguridad y tecnología.

A 60 años del primer viaje del buque "*Methane Pioneer*", se han construido buques con una capacidad de bodega cada vez mayor y, hoy en día, la flota está conformada por más de 1.850 buques metaneros que transportan Gas Natural Licuado por todo el mundo. Actualmente, el "*Mozah Catarí*" junto con el "*Adriano*"; son los buques metaneros más grandes del mundo, con una capacidad de carga –ambos- que asciende a 266.000 metros cúbicos, y de 345 metros de eslora.

Los buques gaseros conforman un subgrupo de lo que se denomina Buques-Tanque. Según el convenio SOLAS (*Safety of Life at Sea*) se entenderá por buque tanque, "*un buque de carga construido o adaptado para el transporte a granel de cargamentos líquidos de naturaleza inflamable*". La primera normativa internacional aplicable específicamente a buques gaseros, y que fuera adoptado por las sociedades de clasificación fue el "*Código para la Construcción y el Equipo de Buques que Transporten Gases Licuados a Granel" (CG),* predecesor del actual *Código CIG.*[22]

El CG, tenía como objetivo establecer estándares de seguridad mediante la adopción de unos mínimos requisitos constructivos y de equipamiento, con la intención de minimizar los riesgos hacia los buques, sus tripulaciones y el medio ambiente.

Por su parte, el actual Código CIG-reeditado en 1993- el cual fue aprobado mediante la resolución MSC.5(48) y dotado de carácter obligatorio mediante la resolución MSC.6(4) en junio de 1983, en virtud del nuevo capítulo VII (parte C, reglas 11, 12 y 13) del Convenio SOLAS 1974[23] tiene como objetivo principal el de establecer unas normas de carácter internacional que regulen el transporte marítimo de gases

[22] www.conveniosmaritimos.blogspot.com, s/f.

[23] Convenio internacional para la seguridad de la vida humana en el mar, 1974 (Convenio SOLAS) Adopción: 1 de noviembre de 1974; entrada en vigor: 25 de mayo de 1980. (http://www.imo.org).

licuados garantizando a la vez la seguridad de la tripulación, del buque y su carga, y del medio ambiente.

Su finalidad es la de minimizar los riesgos, estableciendo criterios de seguridad en el proyecto y la construcción de los buques con relación a la peligrosidad de los productos transportados, considerando la robustez estructural necesaria que debe tener el buque para soportar las características del producto transportado en condiciones normales, y la que debería tener tras un accidente, incluyendo los efectos producidos sobre el buque por la acción directa de un derrame del producto.

En función de ello, este tipo de embarcación, se caracterizan por su doble casco, especialmente diseñados para evitar el goteo o ruptura en un caso de accidente, siendo el G.N.L., además, almacenado a una temperatura de -161C°.

Podemos encontrar dos diseños de tanques para estos buques, "*esféricos" o tipo "Moss"* y los de "*membrana de acero corrugada y expandible"*.

Los esféricos, están construidos en acero inoxidable o aleación de aluminio y son auto-portantes, cuyas esferas sobresalen de la cubierta del buque. En cambio, en los corrugados, la carga se transmite al casco interior a través de membranas. En éstos la estructura sobre cubierta es tipo prismático.

En esta clase de carga, una de sus características, es que durante las singladuras, se permite que una pequeña cantidad de vapor se disipe por ebullición, en un proceso que se denomina "*auto refrigeración"*. Su característica es que el gas evaporado, es utilizado como combustible para impulsar los motores del propio buque.[24]

Con el transcurso de los años, su incremento fue tal, que para el año 2015, ya existían más de 19 países exportadores de gas natural licuado a nivel mundial, entre los que se encontraban Argelia, Australia, Libia, Qatar, Estados Unidos, Noruega, Perú entre otros; y más de 8 países comenzaron a importar, Argentina, China, México, Canadá y Chile entre otros. En total, la capacidad instalada para la producción de

[24] Erick A. Oms, "Buques Metaneros, Medio Ambiente y Responsabilidad Objetiva". En *El Derecho Marítimo en los Albores de la Tercera Década del Siglo XXI. Homenaje al Profesor y Doctor Ignacio Luis Melo Ruiz.* Ed. Porrúa-Print. Ciudad de México 2019. p.447

GNL, al año 2015, alcanzó aproximadamente unos 308,8 millones de toneladas al año y se tiene previsto que, tras la ola de nueva producción especialmente proveniente de Estados Unidos y Australia, la capacidad total aumente al menos unos 140 millones de toneladas adicionales para 2020, alcanzando más de 450 millones de toneladas anuales de GNL.[25]

V. EL GAS NATURAL LICUADO COMO BÚNKER

El transporte de G.N.L., en los últimos años aumentó exponencialmente, no solo por las necesidades de los países por la falta de gas para ser utilizado en las industrias o en su uso doméstico, sino por su aplicación como combustible marino.

Recordemos que el GNL es gas natural que ha sido procesado para ser transportado en forma líquida. Es la mejor alternativa para monetizar reservas en sitios apartados, donde no es económico llevar el gas al mercado directamente por gasoducto o indirectamente, transformado en electricidad. El gas natural es transportado como líquido a presión atmosférica y –160 ºC. La licuación reduce en 600 veces el volumen de gas transportado.

Se dice que el GNL es un líquido criogénico. El término "*criogénico*" significa baja temperatura, generalmente por debajo de -73°C. El GNL es un líquido puro, con una densidad de alrededor del 45% de la densidad del agua.

El gas natural está compuesto principalmente por metano, pero también contienen etano, propano e hidrocarburos más pesados. Pequeñas cantidades de nitrógeno, oxígeno, dióxido de carbono, compuesto de azufre y también pueden ser encontradas en baja proporción de agua.

El G.N.L. ha sido manejado con éxito por muchos años, si bien la industria no está libre de incidentes, ha mantenido un récord de seguridad industrial envidiable, especialmente durante los últimos 40 años.

Su utilización como combustible en vehículos es considerada de casi cero emisiones pues eliminan óxidos de azufre, de nitrógeno, partículas y reducen sustancialmente las emisiones de CO2.

---

[25] GNL GLOBAL. gnlglobal.com, s/f.

En la actualidad la flota propulsada a Gas Natural Licuado creció a nivel mundial de 118 buques en operaciones a finales de 2017 (entre los que encontramos, buques metaneros, ferrys de pasaje, remolcadores y porta contenedores de más de 14.000 Teus); a 143 en el 2018; existiendo más de 135 buques en construcción[26].

Datos actuales de los operadores, indican que se espera un crecimiento del 87% de buques propulsados a GNL, hasta alcanzar un total de 254 en 2020[27].

En materia de prevención, la Asociación Internación del Buques Taques SIGTTO (*Society of International Gas Tanker and Terminal Operators*) (s/f), ha publicado una serie de documentos, entre los que encontramos "*Liquified Gas. HandlingPrinciplesonShips and in Terminals*", que establece los principios que regulan el gas licuado, los equipos y la instrumentación de buques y terminales, de interfaz buque / tierra, operaciones de carga y descarga, el cálculo y la medición de la carga, la seguridad y la protección de la salud del personal y los procedimientos de emergencia[28].

Aseguran los expertos, que el *Gas Natural Licuado* es la única alternativa económicamente rentable a los combustibles convencionales en el transporte pesado y, además, la solución a la contaminación ambiental a corto plazo.

VI. OPERACIONES DE ABASTECIMIENTO –BÚNKER-

Si bien el espíritu del convenio se encuentra inmerso en la contaminación del "*Búnker*", es decir a la producida por el combustible de los buques, la misma puede ser el resultado de un siniestro, un abordaje, una varadura, un incendio, también puede tener como origen una operación de abastecimiento.

En el caso del GNL, dichas operaciones pueden materializarse de varias formas.

---

[26] RMF. rm-forwarding.com, 2019.

[27] https://gasnam.es/numero-buques-propulsados-gnl-aumentara-87-2020/

[28] -(s/f) *Taques SIGTTO (Societyof International Gas Tanker and Terminal Operators)* .Fundada en 1979 por la industria para el intercambio de la información técnica y la experiencia en las terminales de GNL, cuya finalidad es mejorar la seguridad y fiabilidad de las operaciones Desde 1982, tiene el estatus de miembro observador de la OMI.(http://www.sigtto.org).

La primera, a través de un vehículo cisternas, aisladas al vacío, mediante el cual se abastece de gas natural a embarcaciones nuevas o modificadas con motores de GNL denominada "*truck-to-ship*", donde el procedimiento implica la transferencia directa de gas natural licuado desde un camión cisterna al barco o un sistema donde más de un camión cisterna se conectan a una rampa de descarga desde la cual posteriormente se transfiere al barco; la segunda operación "*ship-to-ship*" en la que intervienen un buque que se amadrina y efectúa el trasvase. La tercera consiste en la carga desde una terminal terrestre al buque, denominada "*terminal to shipviapipieline*", la instalación fija suele estar compuesta por una instalación de almacenamiento, un muelle dedicado a la carga de GNL (los brazos de carga o mangueras, los conectores y los sistemas/procedimientos de carga), y una tubería desde los depósitos hasta el muelle y por último, la cuarta que consiste en el abastecimiento de la carga a través de contendores normalizados con GNL a los barcos, "*container to ship*", el concepto reside en la carga de GNL en contenedores estandarizados de 1 o 2 TEUS; es claro que en todos los casos descritos, el GNL se encuentra en estado líquido[29].

Considerando que, como ya mencionamos, el GNL presenta características, propiedades y comportamiento muy diferentes a las de los combustibles líquidos convencionales, las operaciones de suministro a bordo de los barcos necesitarán que todos los elementos de la cadena deban ser analizados considerando cada situación específica. Esto incluye no sólo las operaciones de repostaje sino también lo que ocurre alrededor como por ejemplo las operaciones simultáneas del barco. Por este motivo, con el objeto de garantizar que las operaciones de suministro de GNL se desarrollan en condiciones seguras para las personas involucradas, con el mínimo riesgo de daños para las instalaciones implicadas en la operación y con el menor impacto ambiental posible, todas las operaciones de suministro deberán contar, previa a su realización, con un estudio de riesgos cualitativo y/o cuantitativo que deberá permi-

---

[29] Almazan Ingenieros S.L. y Julio de la Cueva.*"Estudios sobre el suministro de GNL a Buques mediante Camión"*.Septiembre 2014. Gobierno de España. Ministerio de Fomento. España, 2014. p.58.

tir confirmar que los riesgos operacionales se han eliminado o reducido al mínimo razonable, identificando y valorando.

Las operaciones deberán tener en cuenta los posibles accidentales más relevantes y otros peligros durante la operación de suministro de combustible.

El Impacto en las instalaciones de suministro y en el buque receptor. El área circundante a la localización de la operación (instalaciones industriales, núcleos urbanos, etc.); las medidas preventivas y de mitigación de los daños que permitan reducir el riesgo.

Además los peligros con niveles de riesgo inaceptables y cantidad y tipos de medios de extinción, como así también las acciones complementarias que permitan reducir el riesgo por encima de los niveles obtenidos aplicando las medidas convencionales e indicando la persona u organización responsable de ponerlas en práctica y siempre las distancias de seguridad que resulten de una evaluación de la dispersión del combustible en caso de fuga[30].

Claro que estas consideraciones previas deberán confeccionarse siguiendo las directrices y normas de seguridad. Entre las más importantes encontramos la ISO 20519 *Specificationforbunkeringog* LNG *fuelledvessels* 2017.02, norma específica para búnker; la ISO-dts-18683 Transferencia LNG que entiende sobre caracteres generales de la transferencia del producto; la UNE 602.10: Planta satélite de gas natural licuado (GNL) que se utiliza como referencia generales y las recomendaciones de SGMF GASMAN búnker.

Como es sabido la industria marítima, es muy estricta en los reglamentos, por ser cerrados y dejar poca libertad de interpretación. El IGC International CodefortheConstruction and Equipment of ShipsCarryingLiquefied Gases in Bulk, de aplicación también, en el punto 4.2.0 establece que: *"...Se hará una evaluación de riesgos con el fin de que se preste atención a los riesgos que conlleva el consumo de combustible de bajo punto de inflamación, para las personas a bordo, el medio ambiente, la resistencia estructural y la integridad del buque..."*; así

[30] Gasman. "Recomendación técnica del suministro de gas natural licuado como comustible marino". https://gasnam.es/wp-content/uploads/2018/10/Recomendacion-tecnica-GASNAM-suministro-GNL-a-buques-2017.pdf.

mismo el punto 4.2.3 –" *...Los riesgos se analizarán con técnicas de análisis aceptables y reconocidas...*", "*...el análisis deberá garantizar que se eliminen los riesgos siempre que sea posible. Los riesgos que no pueden eliminarse se mitigarán tanto como sea necesario...* ". Claro es que la legislación en materia preventiva de bunker es abierta y dependerá de cada análisis de riesgos que se efectúe.[31]

No debemos olvidar también las directivas de las Sociedades de Clasificación y las generales del puerto de carga, cumpliendo además un estricto control de *vetting* por parte de los armadores de los buques alimentados a gas natural licuado[32].

VII. CONTRATOS DE CONDICIONES DE USO EN TERMINALES GNL

Compartimos nuestra experiencia de asegurar obligaciones bajo un acuerdo de "*Condiciones de uso*", o un COU como es típicamente llamado, en el comercio de GNL.

Un COU es un contrato emitido por un puerto al armador que asigna responsabilidades y obligaciones durante los barcos se quedan en el puerto.

Hay una serie de operaciones involucradas durante dicha estancia, incluyendo practicaje, uso de remolcadores de puerto, carga operaciones, recepción de provisiones y agua dulce, operaciones de *bunkering*, etc., la propensión a un incidente es alta y las potenciales consecuencias pueden ser catastróficos.

Además, una terminal de GNL es parte integral de una cadena de suministro de energía, donde cualquier incidente pone a la terminal fuera de servicio. Un siniestro puede tener un efecto devastador sobre el suministro de energía en tierra, puertos y terminales. Por ello, se ha establecido una práctica por la cual, el puerto requiere al dueño de una embarcación un acuerdo con términos que rija las condiciones para el uso de puerto y asigne responsabilidad al buque por cualquier hecho que puede surgir.

---

[31] José Poblet, "Bunkering GNL. Estado Actual y prespectivas ante el 2020". *Shipping* de GNL.IME. 2019. p.49.

[32] Nuria Paz, "Vetting". *Shipping* de GNL.IME. 2019. p.201

Este tipo de acuerdos no son nuevos y han estado en existencia para otros tipos de comercio durante décadas, especialmente en terminales de petroleros.

Ellos tienden a ser onerosos para el armador, donde es responsable de todas las pérdidas y daños sufridos por el terminal durante la estadía que el buque permanece en el puerto, independientemente de si el armador tuvo la culpa o no. El armador es responsable por las pérdidas de terceros, incluso cuando el buque no estuvo involucrado y no contribuyó a esa pérdida.

Los clubes P&I, como miembro de la Internacional Grupo de P&I Clubs (IG), están sujetos a los términos del "*El Acuerdo de Agrupación IG*".

Estos acuerdos, en general, establecen que un propietario asegurado no debe asumir responsabilidad por pérdidas resultantes de cualquier acto u omisión, para lo cual no lo harían bajo la ley aplicable, o de lo contrario tendría derecho a excluir o limitar su responsabilidad. Por ello, se permiten cláusulas de responsabilidad a pesar de estos criterios, siempre que el propietario asegurado no renuncie a la limitación.

En los contratos de Condiciones de uso de GNL, dada la magnitud del potencial daño, responsabilidad involucrada y los términos onerosos que estos COU a menudo contienen, las indemnizaciones en relación con el uso de terminales de GNL son solo acumulables en la medida en que los pasivos cumplen un conjunto de requisitos establecidos en el Acuerdo de agrupación. No habría surgido -el mismo-, sin un límite y cláusula de limitación a esa indemnización. Dichos acuerdos contienen un límite de US$ 150 millones, por lo menos un límite equivalente a lo establecido en el Convenio de Limitación de 1976 o a cualquier revisión, enmiendas o protocolos aplicables.

Ese límite debe: a) No estar condicionado a la ejecución de seguros u otras obligaciones "*que razonablemente no se espera de un Propietario asegurado, que el P&I cubren y cumplen con los términos y condiciones de su entrada en una asociación en el Grupo internacional* ", y b) Cuando un límite contractual abarcar los pasivos que surgen bajo el COU de un evento.

Destacamos que los LNG COU cubren las indemnizaciones en contratos relacionados para el uso de terminales de GNL y no Buques de GNL. Un petrolero que opere en la misma instalación de carga de GNL, pueden estar expuestas a los mismos requisitos que el de un camión cisterna de GNL.

En ausencia de un COU, la responsabilidad generalmente se asigna según ley local y sería aceptable una perspectiva de agrupación. Algunos puertos y terminales que tienen múltiples operadores, a veces emiten dos COU al barco, uno por el puerto y otro desde la terminal lindera, por el buque que se encuentra amarrado. Mientras los términos de los dos contratos cumplen los requisitos de la agrupación de IG, la cobertura mutua responde a los pasivos incurridos bajo los términos de esos COU.

Las FSRU (*Floating Storage Regasification Unit*[33]) son para todos los propósitos prácticos una terminal. Un COU emitido por la FSRU a un buque, también se encuentra cubierto por las reglas del Club, siempre que COU cumple con los requisitos del Acuerdo de agrupación de IG establecido.

Las condiciones de uso de las terminales GNL, plantean desafíos únicos en su evaluación de riesgos a los fines de asegurar que el operador tenga suficiente cobertura, teniendo presente que dado que se encuentran en zonas geográficamente dispares, en cada caso deberán analizar la estructura y contenido del COU.

En tal sentido los Clubs de P&I, están familiarizados con estos diferentes contratos y poseen profesionales especializados, para proporcionar a sus miembros con una rápida y completa respuesta para garantizar la seguridad de la cobertura, como así también organizar una cobertura adicional donde pueda ser necesario[34].

En el caso de análisis de operaciones de Búnker de GNL, es importante que los puertos que lo suministren comiencen a utilizar los mismos, a fin de responder ante posibles indemnizaciones a terceros frente a un siniestro.

---

33 https://www.industriaquimica.es/articulos/20160919/fsru-unidades-flotantes-almacenamiento-regasificacion.

34 Port Agreements& LNG Conditions of Use. The West of EnglandShipOwners Mutual InsuranceAssociation. 2020. www.westpandi.com

VIII. CONSIDERACIONES SOBRE EL CONVENIO BÚNKER

El "*Convenio Búnker*", a diferencia del sistema de las "*Convenciones CLC/Fondo 1992*" y "*HNS*", cubre la contaminación causada por derrame de hidrocarburos de origen mineral utilizados como combustible y lubricantes de buques incluyendo sus residuos; solo con excepción del caso de los que se encuentren en los depósitos líquidos del buque, cuando sea aplicable la cobertura CLC/Fondo 92.

Antes de continuar, es importante efectuar algunas aclaraciones previas.

El texto del convenio cuando refiere a "*buques*", lo hace en una concepción amplia dado que en su art.1 (definiciones) engloba a toda nave apta para la navegación marítima y todo artefacto flotante en el mar, del tipo que sea. Es decir que no sería aplicable a buques de navegación fluvial ni lacustre.

Los daños son cubiertos debido a la contaminación están integrados por las pérdidas o daños ocasionados fuera del buque por la contaminación resultante de la fuga o la descarga de hidrocarburos para combustible procedentes de ese buque, donde quiera que se produzca tal fuga o descarga, si bien la indemnización por deterioro del medio ambiente, aparte de la pérdida de beneficios resultante de dicho deterioro, estará limitada al costo de las medidas razonables de restauración efectivamente tomadas o que vayan a tomarse, y el costo de las medidas preventivas y las otras pérdidas o daños ocasionados por tales medidas.

Al definir al agente contaminante refiere a los hidrocarburos para combustible; entendiendo como tales a todos los hidrocarburos de origen mineral, incluidos los lubricantes, utilizados o que se vayan a utilizar para la explotación o propulsión del buque y todo residuo de los mismos.

Ahora bien ya efectuadas las consideraciones preliminares, debemos continuar con las generalidades del convenio.

Su ámbito de aplicación se circunscribe a todos los daños por contaminación ocasionados en el territorio de un Estado Parte (incluido su mar territorial y su zona económica exclusiva, art. 2 del Convenio), incluyendo, en su caso, las medidas preventivas.

En lo referente al sistema de responsabilidad civil, continúa las líneas de los convenios resarcitorios, es decir, es objetivo, limitado (sin establecer un sistema propio), de legitimación pasiva solidario y es garantizado (seguro obligatorio).

Debemos tener presente aquí las dos diferencias parciales con los anteriores sistemas, es decir por qué hablar de un carácter limitado sin establecer un sistema propio y un sistema de legitimación pasiva solidario.

En el caso de la limitación el artículo 6 establece que:

> *"..Nada de lo dispuesto en el presente Convenio afectará al derecho del propietario del buque y de la persona o personas que provean un seguro u otra garantía financiera de limitar su responsabilidad en virtud de cualquier régimen nacional o internacional aplicable, como el Convenio sobre limitación de la responsabilidad nacida de reclamaciones de derecho marítimo, 1976, enmendado...".*

Es decir que si bien el Convenio Búnkers 2001 no prevé una limitación especifica de la responsabilidad; respeta el derecho del propietario del buque y/o sus aseguradores, a limitar su responsabilidad en función de cualquier régimen nacional o internacional aplicable; citando en particular, el Convenio sobre limitación de la responsabilidad nacida de reclamaciones de Derecho Marítimo, LLMC1976 (enmendado por su Protocolo de 1996, cuando sea aplicable), lo cual implica una ventaja para aquellos países que -como Argentina- en el caso de daños materiales, no posee un sistema "*forfatario*", como el establecido en la LLMC que vincula el monto indemnizatorio con el tonelaje de arqueo del buque involucrado, y que resulta pagadera aun cuando el buque constituya una pérdida total y su valor al final del viaje sea nulo[35].

En relación al aspecto del sistema de legitimación pasiva solidaria, la denomina de esa forma, dado que a diferencia de la CLC/Fondo, sistema canalizado a través del propietario de buque, en este caso, si bien el art. 3 refiere a "*...la responsabilidad del propietario de buque...*", el

---

[35] Jorge Marcelo Radovich, "Evaluación de la conveniencia de la ratificación de la "*Bunker Convention*" por la República Argentina". *Revista de Estudios Marítimos*. Año XXXVII. Nro.58, AADM. p.50.

art. 1 al establecer la definición de Propietario incluye tanto el propietario inscrito, como el fletador a casco desnudo (*bareboat charterer*), el gestor naval (*manager*) y el armador del buque (*operator*).

Es esta una diferencia fundamental que se debe remarcar, la responsabilidad por los daños se atribuye, no sólo al propietario inscrito (como es el caso de los Convenios CLC y Found), sino que todas las empresas implicadas en la explotación del buque son solidariamente responsables de la compensación económica por los daños por contaminación causados por el combustible y también de las medidas preventivas, dondequiera que se tomen, para evitar o reducir al mínimo posible estos daños.

Además prevé que el propietario puede quedar exonerado de responsabilidad si acredita que los daños se debieron a acto de guerra o fenómeno natural extraordinario; a la acción intencionada de un tercero; a la negligencia de la autoridad responsable del mantenimiento de las luces y otras ayudas a la navegación. También podrá quedar exonerado total o parcialmente en aquellos supuestos en que el perjudicado, dolosa o negligentemente, causó o contribuyó a la causación de los daños.

El convenio, además establece que cuanto se produzca un suceso en el que participen dos o más buques y del que resulten daños debidos a la contaminación, los propietarios serán solidariamente responsables.

En cuanto a la prescripción, la acción opera por el transcurso de tres años a contar desde la producción del daño, siendo competentes para el conocimiento de las reclamaciones los tribunales del Estado Parte donde se hayan ocasionado los daños. Aclara el texto que la acción no se podrá interponer en un plazo mayor de seis años cuando ocurran una series de sucesos pero dicho plazo deberá ser contado desde el primer acaecimiento.

El Convenio establece como novedad, un seguro o garantía financiera, mediante la cual se obliga a la persona inscrita como propietaria de un buque de más de 1.000 GT (propietario inscrito), matriculado en un Estado Parte, o que entre o salga de un puerto situado en el territorio de un Estado Parte, a concertar un seguro o garantía financiera que cubra su responsabilidad por daños por contaminación por una cuantía igual a los de los límites de responsabilidad establecidos por la legislación nacional o internacional aplicable, pero que nunca será superior a la cuantía que resulte del Convenio LLMC-1976 enmendado. Como ya ocurre con los certificados correspondientes al Convenio CLC, normalmente, estas coberturas las facilitarán los Clubes de Protección e Indemnización (P&I Clubs).

El art. 7.2 del Convenio obliga a la expedición a cada buque de un certificado acreditativo de que el seguro o garantía financiera está en vigor. Dicho certificado deberá contener el nombre del buque, puerto de matrícula; nombre y domicilio del propietario inscripto, número IMO, tipo y duración de la garantía, nombre y domicilio del asegurador. Es claro que dicho certificado no podrá tener una validez mayor a la garantía o seguro y deberá ser en el idioma del país que lo extiende, que de no ser en ingles francés o español deberá llevarse a bordo a uno de esos idiomas.[36]

Por último, el Convenio establece la obligatoriedad de reconocer el fallo dictado por un Tribunal de un Estado Parte en otro Estado Parte.

Actualmente el convenio fue ratificado por más de 80 Estados representando aproximadamente el 93% de la flota mundial.

IX. EL GAS NATURAL LICUADO Y EL CONVENIO BÚNKER

Frente a un caso de derrame de Gas Natural Licuado cuando es utilizado como combustible, ¿sería de aplicación el Convenio Búnker?

Como ya mencionamos *ut supra*, el "*Convenio Búnker*", cubre las pérdidas o daños ocasionados fuera del buque por la contaminación resultante de la fuga o la descarga de hidrocarburos para combustible procedentes de ese buque.

La primera pregunta que debemos formularnos es si el Gas Natural Licuado es un hidrocarburo, y además si pertenece a los hidrocarburos de origen mineral.

Aunque en un primer momento se dudó, con el tiempo se confirmó que el gas natural, al igual que el petróleo y el carbón, es un hidrocarburo, es decir, sus integrantes principales son el hidrógeno y el carbono.

[36] https://www.anave.es/images/tribuna_profesional/Trib%20Prof%20ago%2008.pdf

En el caso del gas, el componente más importante es el metano (CH4), constituido por un átomo de carbono y cuatro de hidrógeno; además, en menor proporción, lo componen otros hidrocarburos, como el etanol, butano, propano, etc.

Según la procedencia y los procesos que intervienen en la formación del gas natural, suelen estar asociados otros componentes como ácido sulfhídrico, anhídrido carbónico y nitrógeno.

El origen del gas y del petróleo es semejante, ya que se formaron de la descomposición o degradación de la materia orgánica; en este caso, de organismos vivos minúsculos o de restos de animales que se acumularon en los fondos oceánicos o en áreas ocupadas por agua. Distintos procesos, como altas temperaturas, grandes presiones y la acción de bacterias, contribuyeron a la formación de este gas[37].

En razón de lo expuesto el GNL utilizado como combustible marino, se encuentra dentro de los hidrocarburos de origen mineral, y como tal, el daño que cause se encontrará cubierto por tal convenio siempre que se refiera a su uso como combustible y no como bien a transportar.

Pueden ocurrir serias dudas en el caso de un siniestro con un buque metanero. Recordemos que este tipo de embarcación transporta grandes volúmenes de GNL y a fin de economizar costos de venteo por la pérdida natural por evaporación del producto, es utilizado como combustible del propio barco.

En casos como éste, es donde tendremos que ser muy cautelosos para analizar de donde proviene la pérdida origen del daño o del incendio, para aplicar la ley y/o convenio correspondiente. No olvidemos que un desastre por explosión de un buque metanero, cuyo origen sea en gas que era transportado activaría el sistema de la "*HNS*" o "*SNP*" y su fondo.

En el caso de los daños, a diferencia con la contaminación por derrames de hidrocarburos persistentes, si bien existen emanaciones de gases, la contaminación se da por un producto estado líquido.

En cambio, en el caso del Gas Natural licuado, encontramos una variante. Si bien es un producto amigable con el medio ambiente, por

[37] https://www.aprendeconenergia.cl/origen-y-caracteristicas-del-gas-natural/Ministerio de Energía. Chile.

su cambio de estado líquido a gaseoso al tomar contacto con el aire; también es cierto que se caracteriza por su gran capacidad de "*ignición y deflagración*".

Estudios realizados, han demostrado que los peligros causados por un derrame de Gas Natural Licuado son diversos, pudiendo incluir el daño criogénico causado por el contacto directo o incluso el daño por sobrepresión debido a la transición de fase rápida, que se produce si hay mezcla entre el GNL y el agua.

De los accidentes estudiados, el mayor porcentaje (96%) empieza con una fuga de líquido o vapor inflamable, seguido de un 2.7% que comienza por una explosión y finalmente un 1.1 % se da por un accidente distinto. El escenario más frecuente, con un 63.6 % de los casos, sucede cuando tras la fuga inicial del material inflamable, se forma una nube de vapor que posteriormente se incendia; se origina así un incendio de llamarada, el cual va acompañado generalmente de posteriores incendios que pueden ir de menor a mayor escala.

Un derrame de GNL sobre agua o en tierra forma una balsa que se esparce y simultáneamente se evapora; esta situación puede derivar en un incendio de la balsa si hay ignición inmediata, pero si no se enciende inmediatamente puede ocurrir un incendio de llamarada. Es decir que, si el producto, como consecuencia de haber tomado contacto con una fuente ígnea, produce una repentina explosión y posterior incendio que afecte no solo al buque sino a terceros.

Por otra parte, si la nube de vapor inflamable producida por un derrame accidental de GNL alcanza un área confinada como el propio tanque de almacenamiento del navío, puede producir una explosión con efectos mecánicos[38].

Las experiencias de los antecedentes internacionales de Cleveland (Santander, 2003 / ohiohistorycentral.org, s/f) y Argelia (elterritorio.com, 2004) (puerto de Skikda), han demostrado que la nube de gas se expandió y al entrar en ignición, produjo una onda expansiva de 160

[38] Erick A. Oms, "Buques Metaneros, Medio Ambiente y Responsabilidad Objetiva". En *El Derecho Marítimo en los Albores de la Tercera Década del Siglo XXI. Homenaje al Profesor y Doctor Ignacio Luis Melo Ruiz*. Ed. Porrúa-Print. Ciudad de México 2019. p.450/450.

hectáreas, con la muerte de 131 personas el primero, y el segundo 74 hectáreas y 27 muertos.

Como ya se ha mencionado, si bien la seguridad, es primordial, no se encuentran exentos de siniestros.

Entre los años 1965 a 2010, se han reportado más de 24 siniestros, entre los que encontramos: el del metanero *"BachirChihani"* en el año 1990, donde en se produjeron grietas en un tanque de 130.000 metros cúbicos; la colisión en el año 2002 en Gibraltar, entre el buque GNL *"Norman Lady"* con el *USS Oklahoma City*, un submarino nuclear de la Marina Norteamericana.

En el año 2004 en Noruega, un buque tanque de GNL cargado con una tripulación de 14 hombres, quedó a la deriva al oeste de Fedje, en la costa oeste de Noruega, al norte de Bergen. Los motores del buque se habían detenido, y las anclas fueron inútiles debido a un tiempo tormentoso. Los remolcadores recién llegaron al buque cuando este estaba a sólo 30 metros de golpear contra las rocas. Había viento y dado las malas condiciones meteorológicas en la zona, se iniciaron los preparativos para evacuar a las 800 personas que viven en la isla de Fedje, por temor a que el buque explotara.

El accidente de India en el año 2005, en la terminal de GNL *Ltd. Petronet* en Dahej, cuando los remolcadores de LNG "Disha" golpearon contra el muelle. En el año 2010, el metanero de 90.000 Toneladas de capacidad (TRB) y 289 metros de eslora "*Suez Matthew*" se quedó sin propulsión en la medianoche del sábado 27 de diciembre, cuando se dirigía desde Trinidad hacia el puerto de Boston con un cargamento de gas natural licuado (LNG) o el caso del metanero de bandera española "*Catalunya Spirit*" quedó sin máquinas y a la deriva, publicando la prensa americana que "*la potencia explosiva del cargamento transportado por este buque equivalía a 55 bombas como la arrojada en Hiroshima*".[39]

Hasta aquí, podemos decir que nos encontramos ante un posible daño causado por un hidrocarburo de origen mineral como lo es el GNL en su uso como combustible marino y por lo tanto concluir que dichos daños materiales serán cubiertos por el Convenio Búnker.

---

[39] jaurecologico. blogspot.com, 2011.

Pero, sin embargo dicha cobertura no siempre será de aplicación, es aquí donde debemos dar un paso más.

El instrumento al referirse a los buques, si bien posee una definición amplia, la restringe a ***"…toda nave apta para la navegación marítima y todo artefacto flotante en el mar, del tipo que sea…"***[40].

En principio si se trata de un buque cuyo daño ocurre en navegación marítima, o artefactos navales en el mar, no cabe duda de la aplicación del convenio.

Sin embargo, que ocurre si el daño se produce en un buque de navegación fluvial o a un buque de navegación marítima que opere en una zona fluvial o bien el caso de que navegue en tramos fluviales y marítimos.

En la definición de buque nos encontramos ante dos oraciones unidas por una conjunción copulativa: "*Y*" cuya finalidad u oficio es unir palabras o cláusulas en concepto afirmativo[41].

Es decir dos casos, "*…nave apta para la navegación fluvial….*" y "*…todo artefacto naval en el mar…*"

En relación a los artefactos navales del tipo que sea, no hay duda de que debe encontrarse en el mar.

Sin embargo al referirse a las naves "*aptas*" para la navegación marítimas, entiendo que sin importar donde se encuentre el buque físicamente, si posee la habilitación de la Autoridad Marítima para poder efectuar navegaciones marítimas, y que cumpla con los requisitos de navegabilidad en "*concreto*" y en "*abstracto*" para tales fines, como por ejemplo en el caso de un remolcador que pueda prestar servicios en un puerto fluvial o en un puerto del litoral marítimo, sin importar en que aguas ocurra el hecho, el Convenio Búnker sería de aplicación.

En este entendimiento, no se aplicaría a buques que solo se encuentren autorizados y/o certificados para navegaciones fluviales o lacustres, por no se aptos para la navegación marítima. En el caso del ferry "*Francisco*", perteneciente a la flota de la armadora Buquebus (Los Cipreses S.A.), utiliza como combustible GNL, el cual es abaste-

---

[40] Convenio Internacional sobre Responsabilidad Civil Nacida de Daños Debido a Contaminación por los hidrocarburos para Combustible de los buques. 2001. Art.1 Definiciones. 1).

[41] Gustavo Serrano Bonilla. "Las Implicaciones Jurídicas de la Utilización del Término "Y/O" en los Contratos".https://www.revistajuridicaonline.com.

cido mediante una operación "*truck-to-ship*", realiza el tráfico Argentina-Uruguay, navegando por el Río de la Plata. De existir un siniestro no sería cubierto por este convenio. También, ocurriría lo mismo -de concretarse- el proyecto de un remolcador a GNL cuya navegación se circunscribe al ámbito de la Hidrovía Paraná-Paraguay.[42]

Otro punto para remarcar es que el convenio, establece que cuanto se produzca un suceso en el que participen dos o más buques y del que resulten daños debidos a la contaminación, los propietarios serán solidariamente responsables.

Aquí hay que analizar no solo el caso de que ocurra no solo por un siniestro mayor, ya sea un abordaje o una varadura sino también en la operación propia de búnker, es decir de aprovisionamiento del combustible.

Teniendo en cuenta que el abastecimiento de GNL puede ser a través de operaciones "*truck-to-ship*";"*terminal to shipviapipieline*" y -como ya oportunamente mencionamos-; solo serían responsables solidariamente en las operaciones "*ship-to-ship*", por ser el único caso de abastecimiento desde otro buque, claro que en el caso de "*container to ship*" si el contenedor se encuentra a bordo de otro buque también se entendería que existe la mencionada solidaridad.

Debemos plantearnos que ocurre cuando el daño proviene de una operación de búnker de GNL donde el proveedor no es un buque, sino un camión o una terminal. Dicho de otra forma, cuando el producto es suministrado mediante un sistema que se conecta desde tierra - mediante una manguera - a la toma del buque. Tal vez parezca simple, pero su interpretación delimitará la aplicación del sistema de responsabilidad del convenio o la ley que rija las relaciones jurídicas por agua o bien el derecho común en lo referente a la responsabilidad civil y por ende, si es de aplicación el instituto de la limitación de la responsabilidad.

El Convenio dice en su artículo:

> *"...1. Definiciones. A los efectos del presente Convenio regirán las siguientes definiciones: "...8. Suceso: todo acaecimiento o serie de acaecimientos de origen común, que cause daños debidos a*

---

[42] http://rm-forwarding.com/2019/12/25/proyecto-de-remolcador-a-gnl-en-el-pais/

contaminación o que cree una amenaza grave e inminente de causar tales daños."; ..." 9. Daños debidos a contaminación: a) las pérdidas o daños ocasionados fuera del buque por la contaminación resultante de la fuga o la descarga de hidrocarburos para combustible procedentes de ese buque, donde quiera que se produzca tal fuga o descarga, si bien la indemnización por deterioro del medio ambiente, aparte de la pérdida de beneficios resultante de dicho deterioro, estará limitada al costo de las medidas razonables de restauración efectivamente tomadas o que vayan a tomarse, y...".

Del juego armónico de las definiciones no cabe duda sobre el concepto de "*suceso*" y "*daños cubierto*". En relación a su origen, el texto circunscribe a: "*...la fuga o descarga de hidrocarburos para combustible procedente de ese buque...*", es decir que solo será de aplicación el convenio cuando la fuga o derrame sea del buque abastecido, más puntualmente del sistema de conexión al buque.

Si la fuga se produce en el camión o la terminal y en su caso de la manguera hasta la conexión al buque, regirá el sistema de responsabilidad de integral del país o bien la ley de la navegación del mismo –ya sea que limite o no la responsabilidad- y no el Convenio Búnker. Pero si la fuga es del buque, se aplicará el sistema de limitación del mencionado convenio.

Como podemos apreciar hay diferentes variantes que analizar en cada caso y dependiendo de las legislaciones e interpretaciones de los magistrados antes los casos concretos, más aún que solución operará un caso de contaminación trasnacional.

X. CONCLUSIÓN

En la actualidad la contaminación representa una de las mayores preocupaciones de los Estados. La incorporación el pasado 19 de mayo de 2005, al convenio MARPOL del capítulo en protección al ecosistema marino, mediante el Anexo VI, de las "*Reglas para prevenir la contaminación atmosférica ocasionada por los buques*", estableciendo límites de las emisiones de óxidos de azufre y de óxidos de nitrógeno de los escapes de los buques y la prohibición deliberadas de emisiones de sustancias que agotan el ozono, ha tenido un impacto positivo en la industria del *Shipping*.

Los intereses se encuentra en constante estudio sobre posibles nuevas fuentes de combustión para que la alimentación de los buques reduzca al máximo la contaminación ambiental; la incorporación de depuradores, el hidrógeno, la electricidad, son aparentes soluciones a la demanda de los armadores. Sin embargo, el Gas Natural Licuado parece ser la opción más adoptada por los mismos.

Es evidente que este hidrocarburo, por su proceso y cualidades resulta ser uno de los combustibles más amigable al medio ambiente. Acompañado a la seguridad que hasta el momento ha demostrado su uso. Un caso testigo es el remolcador "*Sakigake*", primera nave impulsada por GNL en Japón y operada por Shin-NipponKaiyosha de NYK, fue cargado con este combustible por vez número 100.

Lo cierto, es que las cifras actuales de la nueva generación de buques propulsados a GNL se encuentran en constante crecimiento.

Por su parte la llamada "*nueva generación de buques de crucero LNG*", representa otro claro ejemplo. Actualmente hay encargados 24 buques de crucero que utilizarán dicho combustible, 14 serán construidos por el astillero alemán Jos L. Meyer en sus factorías de Alemania y Finlandia; cinco lo serán en Chantiers de l'Atlantique; y otros cinco por Fincantieri. Por armadores, Carnival Corp. armará once de ellos; cinco serán para MSC Cruceros; cuatro para el grupo Royal Caribbean; tres por Disney; y uno para Ponant.

De acuerdo con la coalición de abastecimiento de GNL SEA\LNG, los pedidos de buques propulsados por GNL abarcan una variedad de tipos de embarcaciones que incluyen buques cisterna, cruceros, portacontenedores, transportistas de automóviles y grandes buques de transporte de mineral (VLOC)[43].

Containerships recibió su primer portacontenedores de 1.400 Teus propulsado por GNL, el Containerships Nord, y también AG EmsShippingGroup anunció el reequipamiento de un tercer ferry Ro-Ro a GNL, el Munsterland.

43 http://rm-forwarding.com/2019/01/21/buques-propulsados-por-gnl-143-y-270-por-venir/

Esta enumeración demuestra el cumplimiento de la adecuación a los nuevos paradigmas en la industria naviera en el cumplimiento de las medidas de prevención obligatorias emanadas de las disposición OMI en la reducción de los óxidos de azufre y nitrógeno. Sin embargo, también es importante tener presente la solución jurídica aplicable para el caso de que ocurra un siniestro que tenga origen en el búnker u operación de búnker y su consecuente reparación de daños.

No olvidemos que si bien el Gas Natural Licuado, es una sustancia muy amigable al medio ambiente y un escape o derrame, al liberarse solo es capaz de producir una nube que se disipe en el aire; si llega a tomar contacto con una fuente ígnea puede causar un incendio repentino con su consiguiente deflagración y daños de grandes magnitudes.

LA INTERDICCIÓN MARÍTIMA Y SU APLICACIÓN EN ALGUNOS INSTRUMENTOS MARÍTIMOS INTERNACIONALES

Freddy Belisario Capella*

SUMARIO

1. GENERALIDADES

El presente trabajo va dedicado de manera especial al doctor Luis Cova Arria. Su labor encomiable en el estudio, difusión y desarrollo del Derecho Marítimo lo colocan como figura señera de esta importante y especial rama de las ciencias jurídicas. Él abrió los caminos y en ese peregrinar de apostolado sembró huellas para que sus enseñanzas

* Abogado. Universidad Central de Venezuela (UCV). Master of Law in Tulane University (USA). Doctor *Honoris Causa* de la Universidad Marítima del Caribe (UMC). Profesor de Derecho Marítimo y Aeronáutico. Expresidente de la Asociación Venezolana de Derecho Marítimo y del Instituto Iberoamericano Americano de Derecho Marítimo. Miembro Titular del Comité Marítimo Internacional (CMI). Primer Juez Titular Marítimo Superior. Primer Conjuez de la Sala Civil del Tribunal Supremo de Justicia. Corredactor de las Leyes Marítimas. Autor de textos sobre la materia.

perduren en el tiempo. Vaya hasta él mis sentimientos de afecto, de agradecimiento y de inextinguible amistad y que el buen Señor lo siga iluminando en el curso de su fructífera existencia.

La materia que se va a tratar en estas páginas tiene relación con las actividades marítimas transnacionales ilícitas prohibidas por el derecho internacional, tópico sumamente complejo ya que los Estados que conforman la comunidad internacional tratan de detectar, disuadir y reprimir esas acciones fortaleciendo y mejorando los dispositivos jurídicos eficaces de cooperación internacionales para continuar en su afán de erradicar esas actividades marítimas perniciosas.

En armonía con lo antes expresado, es importante reforzar las actividades de vigilancia marítima y de interdicción en cooperación con los demás Estados, para identificar, combatir, prevenir y exterminar las actividades marítimas ilícitas, basándose en los principios del derecho internacional y el respeto de la igualdad soberana de los Estados y de la libertad de navegación.

Las actividades antes señaladas conforman la estructura de lo que en derecho internacional se ha denominado "*interdicción marítima*". Como regla general de derecho y práctica, las operaciones de interdicción marítima solo pueden ser ejecutadas por buques de guerra, otros buques gubernamentales debidamente autorizados y aeronaves militares.

Es lógico suponer que las operaciones de interdicción se deben ejecutar contra buques sospechosos, entendiéndose como tal aquellas construcciones flotantes utilizadas con fines comerciales o privados respecto de los cuales existan motivos razonables para presumir que realizan actividades marítimas transnacionales ilícitas.

Importa advertir que las operaciones de interdicción, no se dejan a la sola discreción de los Estados que intervienen. Esas medidas de lucha contra las actividades marítimas ilícitas, como las operaciones de interdicción marítima, que se aplican en el alta mar son posibles, pero están limitadas por el derecho internacional, y en especial, por el derecho del mar. En realidad, en los espacios marítimos rige el principio de la libertad del alta mar, que comprende entre otras cosas, el derecho a la libertad de navegación. Este derecho, admitido y respetado por el derecho internacional consuetudinario, permite a los buques que enarbolan el pabellón de un Estado entrar en el alta mar y atravesarlo sin sufrir la interferencia de otros Estados.

No se debe olvidar que el principio de la libertad de navegación como su derecho consustancial están restringido por los requisitos de que se ejerzan tomando en consideración los intereses de los demás Estados en el ejercicio de la libertad de la alta mar y que la alta mar se reserve para fines pacíficos. Esta ultimo requerimiento concatenado con el artículo 301 de la Convención de las Naciones Unidas sobre el Derecho del Mar de 1982, que prohíbe en particular toda amenaza o uso de la fuerza "*incompatible con los principios del derecho internacional consagrados en la Carta de las Naciones*", se entiende en general que impide las actividades militares que sean opuestas al *jus contra bellum.* El derecho sobre prevención de la guerra *(jus contra bellum)* procura limitar el recurso de la fuerza entre los Estados.

En la alta mar se busca asegurar el orden mínimo de que todos los buques deben hacer flamear el pabellón exigido por el Estado en el que se encuentran debidamente registrados. El proceder de un buque que hace su travesía por el alta mar debe ser pacifica; y no debe efectuar actos que obstaculicen el curso de otros buques mercantes. Un buque mercante irremisiblemente debe cumplir con el ordenamiento jurídico y las regulaciones concernientes a las aduanas, la salud y la pesca de cualquier Estado por cuyas aguas se desplace.

Las infracciones de estos preceptos generales pueden traer como consecuencia la detención de buques en alta mar por buques de guerra. Todas estas disposiciones correspondiente al alta mar han sido debidamente recogidas en la Convención sobre Alta Mar, Ginebra, 29 de abril de 1958 y la Convención de las Naciones Unidas sobre el Derecho del Mar, Montego Bay, Jamaica, 10 de diciembre de 1982.

A los efectos de desarrollar el presente trabajo es preciso examinar dos aspectos fundamentales: el denominado Principio de la Libertad de Navegación y el Principio de Igualdad de Soberanía de los Estados, ya que ambos aseguran la exclusividad de la jurisdicción del Estado del pabellón sobre los buques de su nacionalidad. Sin embargo, en circunstancias específicas y excepcionales esta exclusividad puede eludirse, y los terceros Estados pueden interferir con los buques de otro Estado, principalmente, en alta mar.

Dado que la seguridad marítima está íntimamente vinculada con los propósitos de la interdicción marítima se harán algunas consideraciones imprescindible sobre el tema en referencia.

Por último, se debe tener presente que la noción de Estado del pabellón apareció gracias al uso consuetudinario de la bandera como herramienta de identificación y símbolo de los Estados nacionales la cual fue utilizada por los buques pertenecientes a un determinado Estado soberano que surcaban los mares y comenzaron a desplazarse en alta mar, espacio marino donde nadie ejerce ningún tipo de soberanía.

2. PRINCIPIO DE LA LIBERTAD DE NAVEGACIÓN Y EL PRINCIPIO DE LA IGUALDAD DE LOS ESTADOS

Sobre el principio de la libertad de navegación se han dado múltiples conceptos. Entre ellos encontramos uno que recoge los lineamientos de la Convención de las Naciones Unidas sobre el Derecho del Mar del 10 de diciembre de 1982, Montego Bay (Jamaica), el cual nos dice que dicho principio reside en el derecho que tienen todos los Estados, con o sin litoral para hacer navegar los buques que enarbolan su pabellón, independientemente de cuales sean sus prototipos y características, por todos los espacios marítimos del planeta que no estén sometidos a la competencia territorial de un Estado determinado.[1]

El buque es toda construcción flotante apta para navegar por agua, cualquiera que sea su clasificación y dimensión que cuente con seguridad, flotabilidad y estabilidad.[2] Todo Estado es libre de establecer los requisitos esenciales para concederles a los buques mercantes su nacionalidad. No obstante, esta circunstancia ha desnaturalizado la finalidad del derecho marítimo, por cuanto lo que se anhelaba en la Convención de Ginebra sobre el Alta Mar (1958) y la Convención General del Mar, Montego Bay, Jamaica (1982) eran vinculaciones reales o genuinas entre los Estados y los buques que enarbolan su pabellón, sin embargo, ante la ausencia de normas que penalicen a quienes incumplan con este precepto, determinados Estados exigen condiciones benévolas que fa-

1 Convención de las Naciones Unidas sobre el Derecho del Mar, 1982. Artículo 90.
2 Ley General de Marinas y Actividades Conexas. Artículo 17.

cilitan a los armadores - propietarios de buques hacer su registros en los países que más los beneficien con la finalidad de eludir las normas tributarias, laborales y sociales de su propio Estado.

La igualdad soberana de los Estados es un término utilizado para significar que con arreglo al derecho internacional actual y bajo la reserva de deberes convencionales que han admitido los Estados, estos tienen la capacidad o facultad por un lado para adquirir y ejercer derechos y por el otro contraer y cumplir obligaciones.

Los Estados son considerados iguales sólo por su condición de Estados en virtud del derecho internacional. La igualdad soberana es, por lo tanto, de naturaleza jurídica en el sentido de que todos los Estados son iguales en virtud del derecho internacional a pesar de las asimetrías de desigualdad en escenarios como la fuerza militar, el tamaño geográfico y de la población, los niveles de industrialización y el desarrollo económico.

El principio de igualdad de los Estados está tan enraizado en el derecho y la práctica internacionales marítimos que ha encontrado frecuente reconocimiento en las decisiones de la Corte Internacional de Justicia, así en la decisión de la extinta Corte Permanente de Justicia Internacional, el juez John Basset Moore, en el célebre caso del S. S. Lotus, al afirmar el principio de igualdad, dedujo de él toda la doctrina importante de la libertad de la alta mar cuando observó:[3]

> *"De conformidad con el principio de la igualdad de los Estados independientes, todas las naciones tienen igual derecho a la utilización interrumpida de las partes no apropiadas del océano para la navegación y ningún Estado está autorizado a interferir en la navegación de otros Estados en alta mar en tiempo de paz, excepto en el caso de piratería por ley de las naciones o en caso extraordinario de defensa propia".*

Se ha sostenido que el principio de la igualdad de los Estados da origen a la doctrina de la igualdad de la bandera que, a su vez, afirma el principio de la libertad de navegación para todas las banderas. En lo que respecta a la marina mercante, la doctrina del mar abierto es tan

[3] Corte Permanente de Justicia Internacional. Caso Lotus. (Francia vs. Turquía) 1927.

importante como el principio aceptado de la igualdad de todos los pabellones y el derecho inherente de libertad de navegación que es la base del funcionamiento del tonelaje mundial, así como el fundamento del derecho internacional marítimo.

La libertad de navegación, junto con el principio de igualdad de los Estados soberanos, garantiza la exclusividad de la jurisdicción del Estado del pabellón sobre los buques que llevan su nacionalidad, lo que significa que sólo el Estado del pabellón tiene derecho a ejercer el control y a hacer cumplir sus leyes. Sin embargo, en circunstancias específicas y de excepción, esta exclusividad puede ser soslayada y terceros Estados pueden interferir con buques de otro Estado, principalmente en alta mar.

El artículo 90 de la Convención de las Naciones Unidas sobre el Derecho del Mar dispone lo siguiente: "*Derecho de Navegación. Todos los Estados, sean ribereños o sin litoral, tienen el derecho de que los buques que enarbolan su pabellón naveguen en alta mar*".

Para que este principio pueda surtir efectos y no ser empleado de manera arbitraria ha sido imprescindible que el Convenio se refiera a los auténticos usuarios del mar que son los buques, y a la vinculación que estos tienen con los Estados en particular. La conexión entre el buque y el Estado, que se manifiesta mediante la bandera, y se precisa o formaliza jurídicamente a través de la nacionalidad del buque.

Otra consecuencia de la igualdad de los Estados es que ningún Estado puede ejercer jurisdicción sobre otro. Se puede citar la regla "*par in parem no habet imperium*".[4] En el ámbito del derecho marítimo, la aplicación de la norma da lugar a la inmunidad que se extiende a los buques de propiedad del Estado, ya sean de guerra o comerciales. La regla no permite entablar acciones contra el Estado soberano a menos que éste acepte la jurisdicción del tribunal del Estado en cuestión.

En el espacio acuático denominado alta mar este derecho se reconoce a todos los buques con independencia de su país de abanderamiento, es decir, el país en el que está matriculado un buque es su Estado de abanderamiento, y ese Estado confiere al buque el derecho a enarbolar

---

4 Principio en virtud del cual un Estado no puede ser sometido a la jurisdicción de otro Estado.

su pabellón. Un buque opera bajo las leyes de su Estado de pabellón, y estas leyes se utilizan si el buque está implicado en un caso marítimo.[5]

El principio de la igualdad de la navegación predominó esencialmente por cuanto los Estados precisaban una entrada sin obstáculos a los mares con propósitos comerciales y como instrumento para que las potencias marítimas garantizaran el acceso a otras áreas de influjo político o castrense o para conservar la conexión con sus colonias de ultramar y, posiblemente, a la ausencia de aptitudes de los Estados para mantener sus pretensiones de supervisión y vigilancia de espacios tan amplios como los océanos.

No se debe olvidar que la libertad de la alta mar involucra no solo la libertad de navegación sino también otras libertades. En este sentido, la Convención de Ginebra de 29 de abril de 1958 sobre Alta Mar dispone lo siguiente:

> *"Estando la alta mar abierta a todas las naciones, ningún Estado podrá pretender legítimamente someter cualquier parte de ella a su soberanía. La libertad de la alta mar se ejercerá en las condiciones fijadas por estos artículos y por las demás normas del derecho internacional. Comprenderá, entre otras, para los Estados con litoral o sin él:*
> *La libertad de navegación.*
> *La libertad de pesca.*
> *La libertad de tender cables y tuberías submarinas.*
> *La libertad de volar sobre el alta mar.*
> *Estas libertades, y otras reconocidas por los principios generales del derecho internacional, serán ejercidas por todos los Estados con la debida consideración para con los intereses de otros Estados en su ejercicio de la libertad de alta mar".*[6]

A las libertades anteriormente señaladas se le han agregado otras dos libertades por parte de la Convención de las Naciones Unidas sobre el Derecho del Mar, a saber:

---

[5] José Luis De Azcarraga, *Derecho del Mar.* Tomo I. Universidad de Alcalá de Henares. Publicaciones del Departamento de Derecho Internacional Público. Madrid – España, 1983. Página 77.

[6] Convención de Ginebra sobre el Alta Mar. Ginebra, 29 de abril de 1958. Artículo 2.

La libertad de construir islas artificiales y otras instalaciones (islas, instalaciones y estructuras artificiales) y,

La libertad de investigación científica.[7]

Es importante tener claro que no se puede agregar una relación cerrada de libertades y otras libertades reconocidas a consecuencia de los principios generales del derecho internacional. Las acciones castrenses, aun cuando no se proclamen abiertamente, se han incorporado entre las libertades habituales de la alta mar. Se ha estimado que la libertad de navegación comprende la libre circulación de los buques de guerra en alta mar.

Ahora bien, existen actividades en alta mar que determinados Estados alegan que constituyen libertades, pero que otros Estados rehúsan. El principio mediante el cual se deben dirimir esas controversias es que toda utilización compatible con la condición de alta mar, es decir, un uso que no involucre ninguna reivindicación de apropiación de los mares debe ser aceptada como una libertad, salvo que esté excluido por alguna disposición legal especial.[8]

3. SEGURIDAD MARÍTIMA

El término *"seguridad"* hace referencia a la exención de peligro o daño, así como las medidas tomadas para estar seguro o protegido.[9] Trasladando esta definición a la materia bajo estudio se podría decir que la seguridad marítima son todas aquellas medidas tomadas por las autoridades respectivas, a nivel nacional e internacional, para proteger o exceptuar de peligros las actividades marítimas en general.

La expresión involucra diversos elementos, uno de ellos se refiere a la seguridad de los buques y las instalaciones marítimas con el propósito principal de proteger a los profesionales del mar y el medio ambiente marino. La seguridad marítima involucra la regulación de la construcción de buques e instalaciones marítimas, el control regular de

[7] Convención de las Naciones Unidas sobre el Derecho del Mar (1982). Artículo 87.

[8] R.R Churchill y A.V. Lowe *The Law of the Sea.* 3 Edition. Juris Publishing, Manchester University press, 1999. Página 206.

[9] ENCICLOPEDIA JURÍDICA OPUS. Tomo VII. Ediciones Libra, C.A. Caracas – Venezuela, 1995. Página 610.

sus procedimientos de seguridad, así como la educación de la gente de mar en el cumplimiento de la normativa.

Sobre la seguridad marítima se ha dicho que es la combinación de medidas preventivas y de respuesta dirigidas a proteger el ámbito marítimo y limitar los efectos de peligros naturales o accidentales, daños personales, daños al medio ambiente, riesgos y pérdidas económicas.[10]

De acuerdo con el especialista español José Luis Gabaldón García[11] la seguridad marítima es *"entendida en un sentido más comprensivo como la seguridad del buque (aspecto endógeno) y de la seguridad de la navegación (peligros exógenos del buque)"*.

La seguridad marítima está estrechamente vinculada a la labor de la Organización Marítima Internacional y su Comité de Seguridad Marítima, que actúa como órgano internacional fundamental para la elaboración de normas y reglamentos. Las inquietudes primordiales de la seguridad marítima se han desplazado gradualmente a los aspectos ambientales y la prevención de las colisiones, los accidentes y los desastres ambientales que éstos pueden causar.

La Organización de las Naciones Unidas (ONU) no reconoce una definición concreta de seguridad marítima, sino que la define en términos de amenazas y actividades ilícitas que plantean un riesgo para la paz y el orden. La ONU se desempeña también como organismo internacional esencial para la elaboración de normas y reglamentos. Entre las actividades que conforman amenazas y actividades ilícitas encontramos las siguientes: [a] Actividades delictivas dirigidas a buques o estructuras marítimas, como la piratería y el robo en el mar. [b] Actividades delictivas que permite el uso de los mares, como el tráfico y el contrabando de personas y mercancías. [c] Actividades criminales que violan la soberanía de los estados costeros, como la pesca ilegal y la entrada no autorizada en las aguas internas de un Estado. [d] Actividades criminales que violan el derecho internacional, como el vertido y la contaminación. La Convención de las Naciones Unidas sobre el De-

---

10 F. Del Pozo, *La Seguridad Marítima hoy: la mar nunca está en calma.* Real Instituto Elcano. Madrid – España, 2014. Página 6.

11 José Luis.Gabaldón García, *Curso de Derecho marítimo Internacional. Derecho Internacional Público y Privado y Contratos Marítimos Internacionales.* Editorial Marcial Pons. Madrid – España, 2012. Página 115.

recho del Mar [1.982] es el instrumento jurídico internacional esencial para considerar la colaboración en materia de protección y vigilancia en el mar. La protección marítima apoya un orden internacional que se conserva a través del imperio de la ley y se cimenta en una regulación diáfana de los principios del derecho internacional consuetudinario, las decisiones judiciales, otros protocolos, las costumbres y la doctrina clásica, así como la adhesión a esos principios.

Al lado de la Convención General del Mar, otros instrumentos jurídicos, tales como el Convenio para la represión de actos ilícitos en el mar (Convenio SUA) y la iniciativa de lucha contra la proliferación (PSI), y organizaciones como la Organización Marítima Internacional (OMI), regulan la actividad sobre el alta mar hasta los puertos costeros. Resulta escabroso afrontar el alcance completo de la actividad ilícita, ya que a menudo sigue al comercio lícito y elige la tecnología, las modalidades y los mecanismos utilizados por la industria marítima para lograr la eficiencia y reducir el riesgo; de ahí el repertorio de regímenes e instituciones legales requeridos para perturbar y degradar la capacidad de las organizaciones para operar con impunidad.

Conforme con la opinión de diversos especialistas marítimos, la seguridad se antoja como un concepto amplio y en ocasiones incomprensible. En verdad, se ha convertido en una gran tarea que involucra a muchas entidades de los sectores internacional, público y privado con el propósito de [a] preservar la libertad de los mares; [b] facilitar y defender el comercio; [c] mantener la buena gobernanza en el mar.

Los elementos que forman parte de la seguridad marítima son: [a] la paz y la seguridad internacionales y nacionales. [b] Soberanía, integridad territorial e independencia política. [c] Seguridad de las Líneas Marítimas de Comunicación. [d] Protección de la seguridad frente a la delincuencia en el mar. [e] Seguridad de los recursos, acceso a los recursos en el mar y a los fondos marinos. f) Seguridad de todos los marinos y pescadores.

La seguridad marítima debe distinguirse de la protección marítima. La "*seguridad marítima*" es la combinación de medidas preventivas y de respuestas para proteger el dominio marítimo de las amenazas y los actos ilícitos intencionales. "*La protección marítima es "la combinación de medidas preventivas y de respuesta destinadas a proteger el dominio marítimo contra el peligro accidental o natural, el daño y el daño al medio ambiente, el riesgo o la pérdida, y a limitar sus efectos".*

Se ha expresado también que la protección (*safety*) es la facultad de disminuir el riesgo de perdidas, lesiones, decesos originados como resultado de los incidentes humanos o motivos naturales. A este respecto, la protección está conformada por normas y procedimientos para garantizar la seguridad del buque en el mar y precaver los peligros naturales, los siniestros causados por la movilización del buque y los riesgos dimanados de la navegación.[12]

Por su parte, la seguridad (*security*) es la aptitud de aminorar el riesgo de perdidas, lesiones o muertes provocadas por efectos de actos urdidos o deliberados. Por ende, la seguridad (*security*) es el cúmulo de medidas destinadas a garantizar la seguridad contra las acciones voluntarias que resquebrajan el derecho marítimo, trastornan y obstaculizan la libertad de navegación o aprovechan la naturaleza confusa de los espacios acuáticos para llevar a cabo actividades ilícitas.[13]

4. DEFINICIÓN DE OPERACIONES DE INTERDICCIÓN MARÍTIMA

El hecho de que la navegación internacional ejerza un cometido fundamental en la conexión de naciones y continentes comercial y políticamente convierte al transporte marítimo en el medio más vulnerable al uso incorrecto o al ataque. A medida que el transporte marítimo ha ido adquiriendo mayor relevancia, se ha transformado en un segmento más apetecido para terroristas, organizaciones delictivas internacionales y grupos armados. Los grupos criminales disfrazan actividades ilícitas en toda la infraestructura de la cadena de transporte marítimo o explotan un sistema mediante acciones muy meditadas, encaminadas contra Estados prósperos y democráticos. Los piratas, los extremistas, los contrabandistas y otros facinerosos infectan el sistema de transporte marítimo con propósitos políticos, económicos y militares.

---

[12] Pedro Alfonso. Elizalde Monteagudo, *La Incidencia de las Normas de Protección Marítima en el Transporte Marítimo.* Universidad Autónoma de Barcelona. Barcelona – España, 2012. Página 18.

[13] Ibid. Página 18.

Utilizando la clandestinidad, el tiempo y la distancia en los espacios acuáticos, la anarquía resultante siembra el desconcierto y perturba a los Estados de la comunidad internacional. Para afrontar estas habituales amenazas, los miembros de la policía marítima, guardacostas y la marina de guerra realizan constantemente operaciones de seguridad marítima. Los Estados hacen uso de buques de guerra y buques de represión, así como submarinos y aeronaves militares para patrullar el patrimonio oceánico, en particular en toda la zona costera. Lo deseable es que las amenazas se puedan deshacer en tierra, antes de que se transforme en un peligro inmediato a lo largo de las áreas costeras en instalaciones portuarias, radas y aguas interiores.

Resulta más práctico, y frecuentemente más factible, darles respuestas a las amenazas en la superficie que, en el espacio marítimo, dado que las autoridades en tierra pueden organizar prontamente y poner en movimiento contra una amenaza una mayor variedad de mecanismos de inteligencia y fuerzas de seguridad. Con esa finalidad, los países que explotan infraestructuras portuarias pueden supeditar la entrada en el puerto de buques de pabellón extranjero al cumplimiento de determinadas medidas de seguridad, protección, ambientales y regímenes de inspección del Estado del puerto. Deviene en imposible registrar un buque de grandes dimensiones en el mar – los contenedores no pueden movilizarse por la cubierta y los tanques no pueden inspeccionarse totalmente a menos que se desocupen.

En determinadas oportunidades, sin embargo, puede ser lógico o imprescindible enfrentar las amenazas más distantes del mar, como en la zona económica exclusiva (ZEE) de 200 millas marinas o más allá de ese límite y en alta mar.

Realizadas las reflexiones anteriores, es preciso destacar que la expresión *Operación de interdicción Marítima* (OIM) comprende una reducida variedad de misiones marítimas que incluyen el control y la protección de la navegación, el desvío de buques fuera de un área o hacia un puerto, la escolta o la protección de buques en peligro, y el mantenimiento de zonas de seguridad marítimo y el acceso limitado a zonas marítimas. La operación de interdicción marítima también incluye la visita, el abordaje, el registro y la incautación de buques, y la correspondiente aprehensión de personas peligrosas o la incautación de buques y sus respectivos cargamentos.

La aparición de múltiples riesgos y la presencia de nuevas amenazas, unido a la pretensión de una mayor seguridad, conlleva la búsqueda de soluciones que posibiliten la neutralización o prevención de determinadas intimidaciones.[14] Esas intimidaciones que se encuadran dentro de acciones ilegales perturban y lesionan la paz que acompañan las buenas actividades que se despliegan en los espacios acuáticos y por lo tanto hay que erigir barreras fuertes para que no cumplan las pretensiones maléficas a que están destinadas.

La interdicción y el abordaje de un buque en tiempo de paz supone la acción física de interceptarlo, que puede incluir la aproximación y la consulta al buque (acercamiento y posiblemente visita), la detención del buque, el envío de un equipo de abordaje al buque (a bordo), la realización de una inspección o registro del buque y su carga (registro), y la probable detención de las personas a bordo y el comiso del buque o la carga (incautación). La interdicción marítima contra buques sospechosos puede llevarse a cabo en contextos consensuales, permisivos o no permisivos, y en una extensa gama de circunstancias.

En sintonía con lo antes planteado, el examen jurídico de la operación de interdicción marítima y la visita, el abordaje, el registro y la incautación de buques, pueden ser sumamente complicadas porque implica abordar dos situaciones de hecho y de derecho mezcladas. En primer lugar, el oficial al mando del buque que realiza la interdicción debe adquirir y mantener un conocimiento de la situación del buque que se va a abordar en relación con las zonas marítimas y los regímenes de responsabilidad reflejados en la Convención de las Naciones Unidas sobre el Derecho del Mar (1982).

De las operaciones de interdicción marítima se han dado diversas definiciones. Una definición sencilla es aquella que expresa que son los "*esfuerzos para vigilar e interrogar a las tripulaciones y abordar los buques mercantes en aguas internacionales para hacer cumplir las*

[14] Alejandro Campos Calvo. "Escenarios de Actualidad Operaciones de Interdicción Marítima en el Contexto de las Operaciones de Paz de las Naciones Unidas". *Revista de Marina* No. 881 (Julio – Agosto 2004). Chile, 2004. Página 1.

sanciones contra otras naciones, como las que apoyan las resoluciones del Consejo de Seguridad de las Naciones Unidas, o impedir el transporte de mercancías restringidas".[15]

Otras nociones la consideran como procedimientos que tienen como objetivo detener y tomar mercancías y efectos ilegales que están siendo transportados a algún lugar en particular. Las labores se concentrarían fundamentalmente en la interdicción de drogas ilegales. También se ha dicho que se refiere al acto de prohibición o restricción, la interceptación e incautación de algo, especialmente de cosas prohibidas.

En realidad, las operaciones de interdicción marítima se traducen en maniobras metódicas y sistemáticas que nada tienen que ver con conflicto armado y que se realizan fundamentalmente empleando los buques de guerra para evitar que el mar sea un escenario propicio para llevar a cabo actividades delictivas y de violencia y quebrantamiento de las normas concernientes a la seguridad y protección de la vida humana en los espacios marítimos.

Se puede decir que la expresión interdicción marítima comprende dos vertientes operativas, a saber:

[a] La primera vertiente hace referencia al proceso de abordaje, inspección y registro de un buque en el mar que se estima sospechoso de comportamiento delictivo.

[b] El segundo proceso alude a las sospechas justificadas que implican la adopción de medidas, incluyendo el arresto del buque, de las personas a bordo o la incautación del cargamento.

5. DEFINICIÓN LEGAL DE INTERDICCIÓN MARÍTIMA

Es de imaginar que los Estados han tenido la oportunidad de interceptar buques en el mar con el propósito de salvaguardar sus intereses de seguridad nacional. Debe tenerse en cuenta que la acción de interceptar buques en el mar es un modo de solicitar al capitán del buque que lo detenga, permita su visita, inspección, registro, e inclusive virtualmente incautar el cargamento del buque. No se debe pasar por alto el principio

[15] Definición del Departamento de Estados Unidos del término de operaciones de interdicción marítima.

general de que los buques que naveguen en aguas internacionales están sometidos a la jurisdicción exclusiva del Estado del pabellón.

En esta materia es indispensable recordar que todos los buques que sean propiedad de un Estado o estén operados por él y que para la oportunidad se empleen únicamente para servicios gubernamentales no comerciales tienen derecho a la inmunidad soberana. Los referidos buques son siempre inmunes de arresto y búsqueda. En el mar territorial y las aguas archipelágicas de un Estado, el Estado ribereño ejerce su soberanía, con sujeción al derecho de paso inocente, de paso en tránsito, de paso por las vías marítima archipelágicas y a otras disposiciones del derecho internacional. A la luz de estos lineamientos esenciales del derecho internacional los comandantes de los buques de guerra deben tener pleno conocimiento de los cimientos jurídicos en que descansa la autorización de la interdicción o intercepción marítima cuando la autoridad competente la ordene.

La Corte Constitucional de la Republica de Colombia define la interdicción marítima de la siguiente manera:

> *"La interdicción marítima es un procedimiento adelantado por la Armada Nacional, que se encuentra intensamente regulado por el derecho interno, además de sus soportes en los compromisos adquiridos en el ámbito internacional. Un procedimiento que en atención a las circunstancias fácticas de cada caso, puede ocurrir tanto en aguas jurisdiccionales o internacionales, sobre naves, buques o en general embarcaciones de origen nacional o extranjero, sobre individuos colombianos o de otras naciones, y autorizar la detención de máquinas, visita, inspección y el desvío a puerto de aquellos, de sus mercancías y ocupantes, para ser puestas a disposición de las autoridades competentes, cuando se encuentren pruebas o indicios de que la misma se dedica al tráfico de estupefacientes o sustancias psicotrópicas o de los productos esenciales para su elaboración, sin contar en este último caso con las autorizaciones requeridas".*[16]

De igual manera la interdicción marítima o interceptación marítima es considerada como "*el conjunto de procedimientos, amparados*

[16] Sala Constitucional de Colombia. Sentencia C2339-212 del 22 de marzo de 2012.

por el ordenamiento jurídico marítimo nacional e internacional, que se llevan a cabo por buques y aeronaves militares u oficiales con propósitos no comerciales de cualquier Estado con el objetivo de establecer ejecución jurisdiccional por vía marítima o aérea y sobre un buque sospechoso de cometer actos ilícitos en el espacio marítimo o con la intención de dañar los intereses de seguridad nacional".

En consecuencia, la interdicción marítima se reputa como una medida de control diferente del ulterior ejercicio de la jurisdicción de ejecución (esto, es la sanción). De tal manera, la incautación inmediata y la detención temporal de un buque, un cargamento y una persona a bordo por el Estado interviniente podría entrar en el concepto de interdicción marítima.

Como se puede observar se han utilizado las frases interdicción e intercepción como si fuesen palabras sinónimas, sin embargo, se ha sostenido desde la óptica terminológica, que el concepto de interdicción marítima y el concepto de interceptación marítima no parecen coincidir perfectamente, aunque los tratadistas y los Estados los emplean en ocasiones sin establecer diferencias. En realidad, esta última parece ser una expresión más genérica, con un significado más extenso y que comprende una variedad de medidas más amplias que la anterior. Encima de medidas tales como detener, abordar, registrar y potencialmente incautar y detener provisoriamente buques, las operaciones de interceptación marítima también comprenden otras acciones tales como la vigilancia y control del tráfico marítimo, la protección de los buques en peligro, y la instauración de zonas de seguridad.

Reconocer los rasgos que encierra el concepto de interdicción marítima – por cierto, figura no tratada en la Convención del Derecho del Mar – se antoja como una actividad bastante compleja. Si bien la detención, la visita y el registro de un buque privado extranjero son todas las fases que estructuran el marco de las operaciones de interdicción marítima, la inclusión de otras medidas como la incautación y el comiso de la carga o el buque, el arresto y la detención de las personas a bordo, e incluso el enjuiciamiento de los infractores, es más cuestionable.

Después de la detención del buque, debido a la sospecha de que se dedica a alguna actividad prohibida, vienen las fases de visita real y posible búsqueda. Con arreglo al artículo 110, numeral 2 de la Convención de las Naciones Unidas sobre el Derecho del Mar, la visita tiene como propósito verificar el derecho a enarbolar su pabellón.

En efecto el mencionado artículo de la Convención señala expresamente: "*En los casos previstos en el párrafo 1, el buque de guerra podrá verificar el derecho del buque a enarbolar su pabellón. Para ello podrá enviar una lancha, al mando de una oficial, al buque sospechoso. Si aún después de examinar los documentos persisten las sospechas, podrá proseguir el examen a bordo del buque, que deberá llevarse a cabo con todas las consideraciones posibles*".

En concreto, el buque de guerra aplica su derecho de investigación del pabellón verificando los documentos del buques, es decir, los documentos expedidos por el Estado del pabellón que concedió al buque el derecho a enarbolar su pabellón. A tal fin, el buque de guerra podrá enviar una embarcación bajo el mando de un oficial al buque sospechoso.

Si con posterioridad al examen de los documentos se disipan las sospechas, el buque de guerra permitirá que el buque siga su itinerario. Sin embargo, si luego del examen de los documentos sigue habiendo sospechas – o ha surgido una nueva sospecha – de que el buque está realizando alguna actividad prohibida, el buque de guerra puede proceder a un nuevo examen a bordo. En este caso, el buque de guerra procede al derecho de registro. Esta fase más invasiva tiene como finalidad descubrir pruebas que confirmen las sospechas del buque de guerra, y debe "*llevarse a cabo con toda la consideración posible*".

En materia de interdicción marítima se ponen en práctica tres derechos esenciales, dimanados fundamentalmente de la Convención de las Naciones Unidas sobre el Derecho del Mar, Montego Bay, Jamaica, 1982, así como de las diferentes normas consuetudinarias.

[a] Derecho de Aproximación. El derecho a aproximarse en alta mar para verificar la identidad del buque fue primero reivindicado en la segunda mitad del siglos XVIII. Los buques de guerra se basaban en el derecho de aproximación en sus esfuerzos para interceptar los flagelos de la piratería y la esclavitud. A principios del siglo XIX, el derecho consuetudinario reconocía el derecho de un buque de guerra a "*acercarse*" en aguas internacionales a un buque extranjero que no sea un

buque que goce de inmunidad soberana, para verificar la nacionalidad del buque la cual se aproxima.[17]

El derecho de acercamiento es la facultad que tiene un buque de guerra para verificar la bandera, lugar de registro u otras marcas de nacionalidad. La práctica actual también involucra el empleo de la radio.

[b] *Derecho de Investigación.* Este derecho involucra el acto de subir al buque; examen de los documentos (opcionalmente se puede ordenar al buque traer sus papeles para la inspección por el buque de guerra), y en el caso de que las sospechas subsistan se debe inspeccionar el buque, la carga, la tripulación y los pasajeros.

Todo lo expuesto anteriormente está contemplado en el artículo 110, numeral 2 de la Convención de las Naciones Unidas sobre el Derecho del Mar que estipula: "*En los casos previstos en el párrafo 1, el buque de guerra procederá a verificar el derecho del buque a enarbolar su pabellón. Para podrá enviar una lancha, al mando de un oficial, al buque sospechoso. Si aun después de examinar los documentos persisten las sospecha, podrá proseguir el examen a bordo del buque, que deberá llevarse a efecto con todas las consideraciones posibles*".

[c] Derecho de incautación (Seizure). Si de los procedimientos anteriores se obtienen evidencias de que el buque realiza actividades ilegales y punibles en alta mar, el buque de guerra tiene derecho a incautar al buque, detener a cualquier sospechoso (y posteriormente enjuiciar o extraditar) y confiscar o enajenar el buque y su cargamento.

El término incautación conlleva la toma de posesión de un buque y su carga en tiempo de paz y de guerra por una violación del derecho público como, por ejemplo, el comercio ilícito. La incautación no es equivalente, pero es menos exigente que la captura, ya que la última palabra implica retener lo que ha sido incautado. Incluye la incautación por funcionarios fiscales de otro Estado y parece abarcar todos los actos de un buque, ya sea por una autoridad legítima o por una fuerza extremadamente fuerte, independientemente de que la ley lo justifique o no, ya sea beligerante o no.

---

[17] John C. Colombos, *Derecho Internacional Marítimo.* Aguilar S.A., Ediciones. Madrid – España, 1961. Página 212.

Se ha expresado que la captura es la acción mediante el cual el comandante de un buque de guerra se arroga la autoridad del capitán del buque enemigo, sujeto a la ulterior sentencia del tribunal que conoce del asunto y que decidirá el destino final del buque y su carga. La incautación es el acto por medio del cual un buque de guerra toma posesión del buque detenido, con o sin el consentimiento de este último. La incautación difiere en cuanto a la captura, ya que el destino final del buque puede no estar implicado como resultado de su condena.[18]

Como se puede inferir, la conducta indebida y el abuso que se haga de los derechos antes mencionados dándoles una apariencia de verdad o razón lleva consigo sus consecuencias; por este motivo, la Convención de las Naciones Unidas sobre el Derecho del Mar ha establecido que: "*Si las sospechas no resultan fundadas y siempre que el buque visitado no haya cometido ningún acto que las justifique, dicho buque será indemnizado por todo perjuicio o daño sufrido*".[19]

6. DERECHO DE VISITA DIMANADA DE LA CONVENCIÓN DE LAS NACIONES UNIDAS SOBRE EL DERECHO DEL MAR

El derecho de visita se estima como la excepción más significativa al principio de la libertad de la alta mar, que se entiende fundamentalmente como de carácter negativo a saber, "*la prohibición de la interferencia en tiempo de paz de los buques que enarbolan una bandera nacional con buques que enarbolan la bandera de otras nacionalidades*". Se ha alegado que esta prohibición se advierte controvertida por la reciente y extensa practica de interceptar buques en alta mar para afrontar amenazas como el terrorismo internacional y la delincuencia organizada que se extiende a través de varias naciones en el mar.

Cabe acotar que los fundamentos del derecho de visita contemporáneo reflejan los arcaicos argumentos el *mare clausum* y que corresponden a tres categorías generales, a saber, el mantenimiento de la paz

[18] Frauke Lachemann y Rudiger Wolfrum. *The Law of Armed Conflict and the Use of Force*. Volume 2. Printed and bound by CPI Group. United Kingdom, 2017. Page 1043.

[19] Convención de las Naciones Unidas sobre el Derecho del Mar. Artículo 110, numeral 3.

y la seguridad internacionales, la protección del uso de los océanos y el sostenimiento del bienestar y el orden público de los Estados y de la comunidad internacional.

Opuesto al irrebatible y acostumbrado derecho de aproximación, una acción muy simple y menos obstructiva, el derecho de visita requiere providencias especiales para ser ejercido. Sobre esta materia hay que destacar que la Convención de las Naciones Unidas sobre el Derecho del Mar posibilita su ejercicio para cinco (5) clases de delitos (aunque se reserva diferentes vías legales de acción, después de que la visita ha tenido lugar, para cada uno de estos), además de que deja una puerta abierta para que los Estados parte regulen entre ellos cualquier circunstancia apropiada si así lo estiman.

Conforme con el artículo 110 numeral 1 de la Convención de las Naciones Unidas sobre el Derecho del Mar el derecho de visita es justificable si existen bases razonables que el buque: [a] dedica a la piratería; [b] se dedica a la trata de esclavos; [c] se utiliza para efectuar transmisiones no autorizadas, siempre que el Estado del pabellón del buque de guerra tenga jurisdicción con arreglo al artículo 109; [d] no tiene nacionalidad; o [e] tiene en realidad la misma nacionalidad que el buque de guerra, aunque enarbole un pabellón extranjero o se niegue a izar su pabellón.

Cuando un buque de guerra visita y registra un buque mercante extranjero en alta mar, actúa de manera incompatible con el principio de que el Estado del pabellón tiene jurisdicción exclusiva sobre sus buques en alta mar (pabellón de buques; jurisdicción marítima). El principio de la jurisdicción exclusiva del Estado del pabellón es concurrente con el principio de larga data de la libertad de alta mar; por consiguiente, todo caso de visita y registro de buques extranjeros en alta mar requiere una justificación jurídica específica.

Como materia general, el procedimiento que se debe proseguir con arreglo al artículo 110 *ut supra* es que se puede enviar un buque bajo el mando de un oficial al buques sospechoso para verificar sus documentos. Evidentemente, esta práctica debe hacerse *"con toda la consideración posible"*, lo que da a entender que debe hacerse con respeto y sin arbitrariedades. En caso de que las sospechas resulten infundadas y no se haya cometido ningún actos que las justifique, el buque que ha sido visitado tendrá derecho a una indemnización *"por cualquier perdida o daño"*.

Como se ha dicho los principios de la Convención de las Naciones Unidas sobre el Derecho del Mar (1982) concernientes al alta mar equilibran esmeradamente los principios de libertad de navegación y jurisdicción exclusiva del Estado del pabellón con el interés común de garantizar la aplicación efectiva de las leyes contra determinados hechos ilícitos graves. El derecho de visita es un compromiso limitado pero inapreciable entre esos intereses antagónicos. Lo que si es cierto es que el derecho de visita no concuerda con las necesidades del presente siglo y por eso se hacer imprescindible realizar enmiendas formales en esta materia.[20]

Tanto en tiempo de paz como en tiempo de guerra se puede ejercer el derecho de visita a los buques mercantes en alta mar, pero existen ciertas diferencias que se deben tener en cuenta, a saber:

[a] El artículo 110 de la Convención de las Naciones Unidas sobre el Derecho del Mar especifica los motivos típicos para ejercer el derecho de visita en tiempo de paz, mientras que en el derecho de la guerra marítima se fundamenta en gran medida en las normas consuetudinarias o costumbres jurídicas que se encuentran en los usos y prácticas de la comunidad internacional.

[b] La segunda distinción hace alusión al buque autorizado para ejercer el derecho. El derecho de visita en tiempo de paz establecido en el artículo 110 de la citada Convención puede ser ejercido por buques de guerra y otros buques gubernamentales especialmente autorizados y facultados de cualquier Estado; mientras que el derecho de visita y registro en materia de guerra marítima se circunscribe a buques de guerra (o aeronaves militares) de un beligerante.

[c] Si se estima que una visita y un registro en el mar pueden ser peligrosos o impracticables, el beligerante puede desviar el buque interceptado a un lugar en que el abordaje pueda llevarse a cabo en condiciones de seguridad. Es preciso destacar que en tiempo de paz ningún

---

20 Craig H. Allen, *The Peacetime Right of Approach and Visit and Effective Security Council Sanctions Enforcement.* International Law Studies. Volume 95 – 2019. Stockton Center for International Law, Washington, 2019. Page 429.

derecho similar al expresado anteriormente no obliga al buque visitado a desviarse, es decir, que no se ha reconocido convencionalmente esa situación.

[d] El derecho de visita en tiempo de paz podría llevar a una afirmación de la jurisdicción y tal vez a la incautación del buque, el arresto de la tripulación y la adjudicación. En materia de guerra marítima, el derecho beligerante del buques lleva a la captura y a un procedimiento en premio o a la liberación del buque.[21]

7. DERECHO DE VISITA DERIVADO DE OTROS TRATADOS INTERNACIONALES

Como ya se ha mencionado, la Convención de las Naciones Unidas sobre del Derecho del Mar, Montego Bay, Jamaica, 1982, proporciona otras bases que garantizan el derecho de visita y, en consecuencia, el ejercicio de la jurisdicción por parte de los buques de guerra. El artículo 110 numeral 1 de dicho instrumento internacional hace referencia "*a los actos de injerencia que se ejecuten en ejercicio de facultades conferidas por un tratado*". Este artículo otorga al Estado de abanderamiento el derecho de conceder una parte de los poderes a un tercer Estado. Huelga decir que estas se aplican únicamente a nivel bilateral y multilateral y no a escala mundial.

Al mismo tiempo, es significativo resaltar que la aplicación y el respeto de estas disposiciones no es suficiente para generar derecho consuetudinario, al menos a escala planetaria. La cooperación internacional en este ámbito se remonta al siglo XX, con la adopción de la legislación bilateral de tratados para la prevención de la importación ilegal de armas. Luego, en la década de los 80, los Estados del continente americano suscribieron un conjunto de convenios contra el tráfico de drogas y últimamente, después de las voladuras de las Torres Gemelas en New York el 11 de septiembre de 2001, una impetuosa corriente tomó en cuenta el problema del terrorismo y la proliferación de las armas de destrucción masiva.

---

[21] Craig H. Allen, *International Law for Seagoing Officers.* 6th Edition. Naval Institute Press. Annapolis – Maryland, 2014. P. 379.

Con respecto al derecho de visita se harán algunas consideraciones a tres regímenes jurídicos, que sobresalen como los más relevantes y elaborados escenarios que prevén la interdicción marítima:

8. RÉGIMEN CONTRA EL TRÁFICO ILÍCITO DE ESTUPEFACIENTES Y SUSTANCIAS PSICOTRÓPICAS

En lo correspondiente a este acápite, se ha sostenido que la expresión estupefaciente se emplea para denominar aquellas sustancias que cuando son consumidas de alguna manera determinada producen un estado de narcosis o estupor, sueño, adormecimiento en la persona. El vocablo es semejante a estúpido o estupefacto, por cuanto suponen un estado de quietud o de falta de reacción ante determinada situación. Los estupefacientes generalmente son estimados ilegales por la mayoría de los Estados de la comunidad internacional debido a las consecuencias nocivas que su consumo puede provocar en la salud. Precisamente, la circunstancias de ser consideradas ilegales, el comercio de estas sustancias, conocido como narcotráfico, se hace de forma clandestina.[22]

Por su parte, el término sustancia psicotrópica ha sido definida el medicamento u otra sustancia que afecta el funcionamiento del encéfalo y provoca cambios en el estado de ánimo, la percepción, los pensamientos, los sentimientos o el comportamiento. Algunos ejemplos de sustancias psicotrópicas son el alcohol, la cafeína, la nicotina, la marihuana y determinadas medicamentos para aliviar el dolor. Múltiples drogas ilegales, como la heroína, el LSD, la cocaína y las anfetaminas son también sustancias psicotrópicas. también se denomina sustancia psicoactiva.[23]

La noción que se ha dado de las drogas en general señala que son sustancias minerales, vegetales o animales, que se emplean en la medicina y en otras actividades. Sustancia o preparado medicamentoso de efecto estimulante, deprimente, narcótico o alucinógeno. Su consumo

---

[22] Definición de Estupefaciente. Concepto en Definición ABC. www.definicionabc.com>ciencia>e...

[23] Definición de Sustancia Psicotrópica. Diccionario de Cáncer. www.cancer.gov>publicaciones>

puede producir un estado de dependencia, estimulación o depresión del sistema nervioso central o que tenga como resultado trastornos de la función motora del juicio, del comportamiento, de la percepción o del estado de ánimo y alucinaciones.[24]

El tráfico de drogas configura una actividad comercial ilícita mundial que comprende el cultivo, la fabricación, la distribución y la venta de sustancias que están sometidas a las leyes de prohibición de drogas. En la Declaración sobre el Estado de Derecho, los Estados Miembros de las Naciones Unidas reconocieron la importancia de fortalecer la cooperación internacional en la lucha contra el problema de las drogas.

La Asamblea General de las Naciones Unidas ha reconocido que a pesar de los esfuerzos cada vez mayores que realizan los Estados, las organizaciones pertinentes, la sociedad civil y las organizaciones no gubernamentales, el problema mundial de las drogas ... socava la estabilidad socioeconómica y política y el desarrollo sustentable.[25]

Por considerar que el narcotráfico es una de las actividades delictivas más rentables del mundo, después del tráfico de armas, la Organización de las Naciones Unidas (ONU) tomó acciones y adoptó las Convención contra el Tráfico Ilícito de Estupefacientes y Sustancias Psicotrópicas, Viena, 20 de diciembre de 1988 (denominada también Convención de las Naciones Unidas sobre Estupefacientes).

La finalidad de esta Convención es promover la cooperación entre las Partes a fin de que puedan hacer frente con mayor eficacia a los diversos aspectos del tráfico ilícito de estupefacientes y sustancias psicotrópicas que tengan una dimensión internacional. En el cumplimiento de las obligaciones que hayan contraído en virtud de esta Convención, las Partes adoptaran las medidas necesarias, comprendidas las de orden legislativo y administrativo, de conformidad con las disposiciones fundamentales de sus respectivos ordenamientos jurídicos.

Las Partes cumplirán sus obligaciones derivadas de la presente Convención de manera que concuerde con los principios de la igualdad soberana y de la integridad territorial de los Estados y de la no inter-

[24] ENCICLOPEDIA JURIDICA OPUS. Tomo III. Ediciones Libra, C.A. Caracas – Venezuela, 1994. Página 398.

[25] Asamblea General de las Naciones Unidas. Cooperación Internacional contra el problema mundial de las drogas. Resolución No. 66/183 del 19 de diciembre de 2011.

vención en los asuntos internos de otros Estados. Una Parte no ejercerá en el territorio de otra Parte competencias ni funciones que hayan sido reservadas exclusivamente a las autoridades de esa otra Parte por su derecho interno.[26]

Concretamente, se ha implantado un ámbito a través del cual los terceros Estados que sospechen la existencia de actividades ilícitas pueden pedir la autorización del Estado del pabellón para emprender actividades de interdicción.

En contraposición al párrafo 2 del artículo 108 de la Convención de las Naciones Unidas sobre el Derecho del Mar, el referido artículo 17 prescribe que se podrá requerir cooperación con relación a la intercepción de buques sin nacionalidad.[27] Sin embargo, la casi totalidad del artículo 17 se ocupa de establecer procedimientos y prácticas para posibilitar la aplicación de la ley por un Estado contra el buque de otro Estado fuera de los límites del mar territorial. Sobre esta materia, los párrafos 3 y 4 del artículo 17 de la Convención de las Naciones Unidas sobre Estupefacientes contienen mandatos esenciales:

> *"3. Toda Parte que tenga motivos razonables para sospechar que una nave que esté haciendo uso de la libertad de navegación con arreglo al derecho internacional y que enarbole el pabellón o lleve matrícula de otra Parte, está siendo utilizada para el tráfico ilícito, podrá notificarlo al Estado del pabellón y pedir que confirme la matrícula; si la confirma, podrá solicitarle autorización para adoptar las medidas adecuadas con respecto a esa nave.*
> *4. De conformidad con el párrafo 3 o con los tratados vigentes entre las Partes, o con cualquier otro acuerdo o arreglo que se haya podido concertar entre ellas, el Estado del pabellón podrá autorizar al Estado requirente, entre otras cosas, a: a) Abordar la nave; b) Inspeccionar la nave; c) Si se descubren pruebas de implicación en el tráfico ilícito, adoptar medidas adecuadas con respecto a la nave, a las personas y a la carga que se encuentren a bordo".*

---

[26] Convención contra el Tráfico ilícito de Estupefacientes y Sustancias Psicotrópicas, 1988. Artículo 2.

[27] Debe tenerse en cuenta que la Convención sobre el Derecho del Mar no estipula en su artículo 110 un derecho general de visitar, abordar e inspeccionar un buque sin nacionalidad. Dicho artículo señala que "En los casos previstos en el párrafo 1, el buque de guerra podrá proceder a verificar el derecho del buque a enarbolar su pabellón".

De esta manera, una parte que sospecha que un buque extranjero se dedica al tráfico de droga más allá de los límites de sus aguas territoriales podrá pedir y obtener la autorización del Estado del pabellón para tomar medidas de interdicción. Interesa enfatizar que cualquier medida coercitiva contra el buque en referencia debe estar sujeta al previo consentimiento expreso del Estado del pabellón, que se podrá dar con condiciones, entre ellas las concernientes a la responsabilidad.[28]

El artículo 17 de la Convención de las Naciones Unidas contra el Tráfico Ilícito de Estupefacientes y Sustancias Psicotrópicas plasma la regla general que obliga a los Estados a respetar la nacionalidad de los buques: en aguas internacionales, un Estado puede interferir con un buque de pabellón extranjero sospechoso de transportar drogas únicamente con la aquiescencia del Estado del pabellón.

La referida norma regula los procedimientos imprescindibles para el intercambio de información entre los Estados Parte, precisa las acciones que pueden efectuarse (controles, incautaciones, etc.), y solicita una comunicación mutua sobre la autoridad responsable de autorizar los controles y permitir que otros Estados adopten las providencias indispensables para los buques nacionales. además, la Convención alienta, promueve la celebración de acuerdos o memorandos de entendimientos entre los Estados Parte con el propósito de posibilitar el consentimiento mutuo para llevar a cabo controles y otros actividades destinadas a frenar el tráfico de drogas.

Interesa resaltar que un *Acuerdo celebrado en el Consejo de Europa el 13 de junio de 1995*, en aplicación del artículo 17 de la Convención contra el Tráfico Ilícito de Estupefacientes y Sustancias Psicotrópicas, Viena, 1988, establece un conjunto de disposiciones pormenorizadas que puede aplicarse a escala regional. Ese acuerdo proporciona procedimientos que deben seguir los buques de guerra o buques al servicio de los Estados en su lucha contra el narcotráfico.

---

[28] Convención contra el Tráfico ilícito de Estupefacientes y Sustancias Psicotrópicas, 1988. Artículo 17, párrafo 6. En este marco, la responsabilidad puede extenderse no solo a la seguridad y la integridad de las personas y los bienes, sino también a los probables daños al buque y a su carga legitima.

Estipula además procedimientos para la intervención marítima de buques de guerra o buques de servicio policial de los Estados implicados en la lucha contra el narcotráfico. Si bien es cierto que se requiere la autorización del Estado del pabellón para realizar comprobaciones y adoptar medidas contra un buque sospechoso, una vez que se producido la intervención se aplica una principio especifico de distribución de la jurisdicción: el Estado del pabellón tiene la facultad de ejercer su jurisdicción, pero si renuncia a ella, la ejerce el Estado interviniente.

El acuerdo prescribe que los Estados Parte indicarán la autoridad responsable de enviar las solicitudes de intervención y de responder a las solicitudes de las demás partes. También establecerán una autoridad central encargada de proporcionar información sobre el ejercicio de la jurisdicción.

Debe dejarse claro que las primeras disposiciones sustanciales aplicable más allá del mar territorial la encontramos en el artículo 108 de la Convención de las Naciones Unidas sobre el Derecho del Mar. Ese artículo hace referencia al "*Tráfico Ilícito de Estupefacientes y Sustancias psicotrópicas*" y su contenido es el siguiente:

> *"Articulo 108.- Tráfico ilícito de estupefacientes y sustancias psicotrópicas. – 1. Todos los Estados cooperarán para reprimir el tráfico ilícito de estupefacientes y sustancias psicotrópicas realizados por buques en la alta mar en violación de las convenciones internacionales.*
> *2.- Todo Estado que tenga motivos razonables para creer que el buque que enarbola su pabellón se dedica al tráfico ilícito de estupefacientes y sustancias psicotrópicas podrá solicitar la cooperación de otros Estados para poner fin a tal tráfico".*

Resulta significativo acotar que conforme con el artículo 58 párrafo 2 de la Convención de las Naciones Unidas sobre el Derecho del Mar, esta obligación se aplica también en la zona económica exclusiva como también en el alta mar.

En efecto, la referida norma señala lo siguiente: "*Los artículos 88 a 115 y otras normas pertinentes de derecho internacional se aplicarán a la zona económica exclusiva en la medida en que no sean incompatibles con esta Parte".*

La Convención de las Naciones Unidas contra el Tráfico Ilícito de Estupefacientes y Sustancias psicotrópicas trata la materia del tráfico ilícito por mar en su artículo 17, como se ha expresado anteriormente.

Siguiendo el contenido del artículo citado anteriormente, los Estados Parte del instrumento internacional cooperarán en todo lo posible para eliminar el tráfico ilícito por mar, de conformidad con el derecho internacional del mar.[29]

Como puede observarse los miembros del instrumento internacional cuando sea indispensable pondrán su acción y esfuerzo de manera extrema para que desaparezca el tráfico ilícito por los espacios marítimos, con arreglo al derecho internacional del mar.

Importa advertir que cuando la Convención citada *ut supra* hace alusión *"al derecho internacional del mar"* establece una relación con la Convención de las Naciones Unidas sobre el Derecho del Mar de 1982, ya que las disposiciones del derecho internacional del mar se evidencian, en gran parte, en esta última Convención.

Señala el párrafo 2 del artículo 17 de la Convención de las Naciones Unidas contra el Tráfico Ilícito de Estupefacientes y Sustancias psicotrópicas que toda Parte que tenga motivos razonables para sospechar que un buque de su pabellón, o que no enarbole ninguno o no lleve matrícula, está siendo utilizado para el tráfico ilícito, podrá solicitar asistencia de otras Partes a fin de poner término a esa utilización. Las Partes a las que se solicite dicha asistencia la prestarán con los medios de que dispongan.[30]

Este párrafo de la Convención bajo consideración y estudio desenvuelve y amplía el artículo 108 numeral 2 de la Convención de las Naciones Unidas sobre el Derecho del Mar en la cual se expresa que: "*Todos los Estados cooperarán para reprimir el tráfico ilícito de estupefacientes y sustancias psicotrópicas realizado por buques en alta mar en violación de las convenciones internacionales"*.

Llama la atención la expresión *"con los medios de que disponga"*. Es decir que el Estado parte cooperará con los medios que tengan y

[29] Convención de las Naciones Unidas contra el Tráfico Ilícito de Estupefacientes y Sustancias Psicotrópicas. Viena, 20 de diciembre de 1988. Articulo 17 párrafo 1.

[30] Convención de las Naciones Unidas contra el Tráfico Ilícito de Estupefacientes y Sustancias Psicotrópicas. Viena, 20 de diciembre de 1988. Articulo 17 párrafo 2.

estén a su alcance. Es posible que no sean suficiente pero como se trata de cooperación los demás Estados ayudarán a resolver la insuficiencia.

El artículo 17 párrafo 3 de la Convención establece que: "*Toda parte que tenga motivos razonables para sospechar que un buque que esté haciendo uso de la libertad de navegación con arreglo al derecho internacional, y que enarbole el pabellón o lleve matricula de otra Parte, está siendo utilizada para el tráfico ilícito podrá notificarlo al Estado del pabellón y pedir que confirme la matricula; si la confirma, podrá solicitarle autorización para adoptar las medidas adecuadas con respecto a ese buque*".

Se infiere que esta situación se presenta cuando se tenga un información que establezca hechos suficientemente articulables que proporcionan a cualquier parte un base sólida y concreta de que el buque ha cometido o va a cometer el tráfico ilícito, ya que las indicaciones o indicios pueden ser insuficientes para determinar la sospecha.

En este párrafo 3 e igualmente en el 4 se menciona la autorización del Estado del pabellón. Este enunciado se introdujo para resaltar la naturaleza positiva de la decisión que el Estado del pabellón, en el ejercicio de su soberanía, toma con relación a su buque. Ninguna parte del artículo afectará de manera alguna los derechos del Estado del pabellón con respecto a su buque y no se impone al Estado del pabellón ninguna obligación de suministrar la autorización solicitada; se deja totalmente a la discreción de ese Estado la decisión de permitir o no a otra parte que tome medidas contra su buque.

El artículo 17 párrafo 4 del dispositivo internacional que se examina señala que: "*De conformidad con el párrafo 3 o con los tratados vigentes entre las Partes, o con cualquier otro acuerdo o arreglo que se haya podido concertar entre ellas, el Estado del pabellón podrá autorizar al Estado requirente, entre otras cosas, a: a) Abordar la nave; b) Inspeccionar la nave; c) Si se descubren pruebas de implicación en el tráfico ilícito, adoptar medidas adecuadas con respecto a la nave, a las personas y a la carga que se encuentren a bordo*".

Como puede colegirse este párrafo detalla las providencias que se pueden tomar. Además, está relacionado con el párrafo 3 por cuanto estatuye las medidas que ameritan autorización en virtud de este párrafo, y asimismo reúne de manera ordenada las prácticas que se pueden autorizar de conformidad con los tratados en vigor entre las partes pertinentes o de conformidad con cualquier arreglo o acuerdo al que puedan llegar esas partes.

El artículo 17 párrafo 5 señala que cuando se adopte una medida de conformidad con el presente artículo, las Partes interesadas tendrán debidamente en cuenta la necesidad de *no poner en peligro* la seguridad de la vida en el mar ni la de la nave y la carga y de no perjudicar los intereses comerciales y jurídicos del Estado del pabellón o de cualquier otro Estado interesado.

La expresión de *"no poner en peligro"* indica que cuando se adopte una determinada medida habrá que percatarse que tal acción no debe hacer correr riesgo a la seguridad de la vida en el mar ni la del buque y la carga y no menoscabar los intereses comerciales y jurídicos del Estado del pabellón o de cualquier otro Estado interesado.

El artículo 17 párrafo 6 dispone que el Estado del pabellón podrá, en consonancia con sus obligaciones previstas en el párrafo 1 del presente artículo, someter su autorización a condiciones que serán convenidas entre dicho Estado y la Parte requirente, sobre todo en lo que concierne a la responsabilidad.

La responsabilidad a la que hace referencia la norma tiene que ver con los daños al buque o a su carga o a terceros, o a las lesiones a los tripulantes, originados durante el abordaje o la inspección del buque, o como consecuencia de ellos, o a la adopción de otras medidas adecuadas. La especificación de la responsabilidad en relación con los daños sufridos estará sujeta a las disposiciones que regulan las reclamaciones en general; este aspecto no es debidamente considerado en la Convención.[31]

Ahora bien, de conformidad con el párrafo 11 del artículo 17 toda medida adoptada de conformidad con el presente artículo tendrá debidamente en cuenta la necesidad de no interferir en los derechos y obligaciones de los Estados ribereños o en el ejercicio de su competencia, que sean conformes con el derecho marítimo internacional, ni de menoscabar esos derechos, obligaciones o competencias.

[31] Comentarios sobre la Convención de las Naciones Unidas contra el Tráfico Ilícito de Estupefacientes y Sustancias Psicotrópicas, Viena, 20 de diciembre de 1988.

A pesar de lo señalado *ut supra,* no en todas las oportunidades será apropiado acogerse a las medidas indicadas en el artículo 17 de la Convención contra el Tráfico Ilícito de Estupefacientes y Sustancias Psicotrópicas. Las dimensiones del buque, la naturaleza de la actividad sospechosa y la factibilidad de efectuar meramente una inspección en el siguiente puerto de escala son elementos que pueden influir contra la solicitud de un permiso de actuar o su concesión. Asimismo, en determinadas ocasiones puede ser saludable acudir a estrategias opcionales para hacer que se respete la ley en casos concretos de presunción de tráfico ilícito por mar. [32]

9. RÉGIMEN DE ORDENACIÓN PESQUERA DE LA CONVENCIÓN DE LAS NACIONES UNIDAS SOBRE EL DERECHO DEL MAR

Antes de tratar a la consideración de esta materia se estima pedagógico dejar claro que la pesca ilegal, no declarada y no reglamentada es una expresión extensa que comprende una vasto abanico de actividades pesqueras. La pesca ilícita no declarada y no reglamentada se encuentra en todas las clases y dimensiones de la pesca; se produce tanto en alta mar como en espacios marítimos de jurisdicción doméstica. Hace alusión a todos los aspectos y etapas de la captura y utilización de los peces, y en ocasiones puede estar relacionada con la *delincuencia organizada*. En el Plan de acción internacional para prevenir, desalentar y eliminar la pesca ilegal, no declarada y no reglamentada (PAI-INDNR)[33] se incluye la siguiente referencia a las actividades generales clasificados como pesca ilegal, no declarada y no reglamentada como sigue:

[a] Pesca ilegal. Es la practicada por buques nacionales o extranjeros en aguas bajo jurisdicción de un Estado, sin autorización de ese

[32] Organización de las Naciones Unidas (ONU). Guia Practica para la aplicación de las autoridades nacionales competentes del artículo 17 de la Convención de las Naciones Unidas contra el Tráfico Ilícito de Estupefacientes y Sustancias Psicotrópicas, 1988.

[33] Plan de Acción Internacional para Prevenir, Desalentar y Eliminar la Pesca Ilegal, no Declarada y no Reglamentada. Organización de las Naciones Unidas para la Agricultura y la Alimentación. Roma (Italia), 2001.

Estado, o en contravención de sus leyes y reglamentos; realizada por buques que enarbolen pabellón de Estado que sean parte en una organización regional de ordenación de pesca pertinente pero que operen en contravención de las medidas de conservación y ordenación adoptadas por dicha organización y que obliguen a los Estados, o las disposiciones correspondientes del derecho internacional aplicable; o en violación de las leyes nacionales o de las obligaciones internacionales, incluidas las contraídas por los Estados cooperante ante una organización regional de ordenación pesquera apropiada.

[b] Pesca no declarada. Se refiere a la pesca que no se ha denunciado o se ha denunciado erróneamente a la autoridad competente, en contravención de las leyes y reglamentos nacionales; o se lleva a cabo en el ámbito de competencia de una organización regional de ordenación pesquera pertinente que no ha sido notificada o ha sido mal comunicada, en contravención de los procedimientos de notificación de dicha organización.

[c] Pesca no regulada: Tiene lugar en la zona de aplicación de una organización de ordenación de la pesca pertinente, efectuado por buques sin nacionalidad, o por buques que enarbolen pabellón de un Estado que no sea parte de dicha organización, o por una entidad pesquera, de manera que no sea compatible con las medidas de conservación y ordenación de esa organización ni contravenga sus disposiciones; o en zonas o poblaciones de peces en relación con los cuales no existan medidas de conservación u ordenación aplicables y en las que dichas actividades pesqueras se lleven a cabo de manera compatible con las responsabilidades de los Estados para la conservación de los recursos marinos vivos con arreglo al derecho internacional.

La pesca ilícita, no declarada y no reglamentada socava los esfuerzos nacionales y regionales de conservación y ordenación de las poblaciones de peces y, en consecuencia, impide que se avance hacia el logro de los objetivos de sostenibilidad y responsabilidad a largo plazo. Además, la pesca ilícita, no declarada y no reglamentada perjudica y discrimina en gran medida a los pescadores que actúan de manera responsable, honesta y conforme a los términos de sus autorizaciones de pesca. Si los pescadores que practican la pesca ilícita, no declarada y no reglamentada se centran en las poblaciones vulnerables que están sujetas a estrictos controles de ordenación o moratorias, no se lograrán esfuerzos para reconstruir esas poblaciones hasta niveles saludables, lo que amenaza la biodiversidad marina, la seguridad alimentaria de las comunidades que dependen de los recursos pesqueros para obtener proteínas y los medios de vida de los que participan en el sector.

10. RÉGIMEN DE ORDENACIÓN DE LA PESCA

En lo concerniente a esta materia se debe expresar que la Convención de las Naciones Unidas sobre el Derecho del Mar de 1982 en su Parte VII, Sección 2 implanta los principios primordiales concernientes a la ordenación y conservación de la pesca en alta mar y en su Parte V en la Zona Económica Exclusiva (ZEE), a saber: Poblaciones que se encuentran en las zonas exclusivas de dos o más Estados ribereños, o tanto dentro de la zona económica exclusiva como en un área más allá de esta y adyacente a ella (art. 63); Especies altamente migratorias (art. 64); Mamíferos marinos (art. 65); Poblaciones anádromas (art. 66); Especies catádromas (ar. 67); Especies sedentarias (art. 68); Derechos de los Estados sin litoral (art. 69); Derechos de los Estados en situación geográfica desventajosa (art. 70); Inaplicabilidad de los artículos 69 y 70 (ar. 71); Restricciones en la transferencia de los derechos (art. 72); y, Ejecución de leyes y reglamentos del Estado ribereño (art. 73). Ahora bien, el escenario de la alta mar se consideró suficientemente general, por lo que varios años después de su adopción se suscribió otro acuerdo dirigido a esclarecer estas normas (a saber, el Acuerdo para la aplicación de las disposiciones de la Convención de las Naciones Unidas sobre el Derecho del Mar relativas a la conservación y ordenación de las poblaciones de peces transzonales y las poblaciones de peces altamente migratorios – Acuerdo de New York de 1995. Dicho acuerdo de fecha 8 de septiembre de 1995 entró en vigor el 11 de diciembre de 2001.

El Acuerdo sobre la aplicación de las disposiciones de la Convención de la Naciones Unidas sobre el Derecho del Mar de 10 de diciembre de 1982 relativas a la conservación y ordenación de las poblaciones de peces transzonales y las poblaciones de peces altamente migratorios [FSA], funciona como una convención que establece las normas para todos los Estados que desean cumplir su obligación de coadyuvar internacionalmente para la conservación y gestión de los *recursos marinos vivos*. Así, la efectiva cooperación se logra fundamentalmente mediante la creación de Organizaciones Regionales de Ordenación (OROP) y sus respectivas instituciones.

El objetivo del Acuerdo es asegurar la conservación a largo plazo y el uso sostenible de las poblaciones de peces transzonales y las poblaciones altamente migratorias mediante la aplicación efectiva de las disposiciones pertinentes de la Convención.[34]

En cuanto al ámbito de aplicación, el Acuerdo se aplicará a la conservación y ordenación de las poblaciones de peces transzonales y las poblaciones de peces altamente migratorios que se encuentren fuera de las zonas sometidas a la jurisdicción nacional, con las salvedades señaladas en el Acuerdo.[35]

Para una mejor comprensión, los recursos marinos vivos han sido definidos como "*Organismos vivos que pueblan un área marina o salobre, de manera temporal o permanente en cualquiera de las fases del ciclo biológico, tanto si son directamente explotados como potencialmente explotables para finalidades diversas, así como las comunidades biológicas constituyentes de la cadena trófica*[36] *de estos recursos y el entorno físico indispensable para que se desarrollen*".

Una organización regional de ordenación pesquera es un organismo internacional integrado por países que comparten un interés práctico y/o financiero en la ordenación y conservación de las poblaciones de peces de una región determinada. Entre ellos figuran los Estados ribereños, cuyas aguas albergan al menos parte de una población de pe-

---

[34] Acuerdo sobre la aplicación de las disposiciones de la Convención de la Naciones Unidas sobre el Derecho del Mar de 10 de diciembre de 1982 relativas a la conservación y ordenación de las poblaciones de peces transzonales y las poblaciones de peces altamente migratorios. Artículo 2.

[35] Acuerdo sobre la aplicación de las disposiciones de la Convención de la Naciones Unidas sobre el Derecho del Mar de 10 de diciembre de 1982 relativas a la conservación y ordenación de las poblaciones de peces transzonales y las poblaciones de peces altamente migratorios. Artículo 3.

[36] Se conoce como cadena trófica, cadena alimenticia o cadena alimentaria al mecanismo de transferencia de materia orgánica (nutrientes) y energía a través de las distintas especies de seres vivos que componen una comunidad biológica o ecosistema. su nombre proviene del griego tropos, "alimentar", "nutrir".

ces identificada, y las "*naciones pesqueras de aguas distantes*", cuyas flotas se desplazan a zonas donde se encuentra una población de peces.

Las organizaciones regionales de ordenación pesquera se establecen en virtud de acuerdos o tratados internacionales y pueden adoptar diferentes formas. Algunas se centran en la regulación de la pesca de una especie o grupo de especies en particular. Otras tienen un mandato más amplio, con la responsabilidad de garantizar que la pesca no afecte negativamente al ecosistema marino más amplio y a las especies que lo componen.

El régimen de ordenación pesquera se examinará en dos escenarios, nacional e internacional.

[A] Régimen de ordenación pesquera nacional. Este régimen de ordenación tiene lugar en la zona económica exclusiva (ZEE) la cual es un área situada más allá del mar territorial y adyacente a este, sujeta al régimen jurídico establecido en la Convención de las Naciones Unidas sobre el Derecho del Mar de 1982, de acuerdo con el cual los derechos y la jurisdicción del Estado ribereño y los derechos y libertades de los demás Estados se rigen por las disposiciones de la Convención.[37]

En cuanto a la zona económica exclusiva (ZEE) dicha área no se extenderá más allá de 200 millas náuticas contadas desde las líneas de base a partir de las cuales se mide la anchura del mar territorial.[38]

En la zona económica exclusiva, el Estado ribereño determinar la captura permisible de los recursos.[39] Promoverá el objetivo de la utilización de los de los recursos vivos.[40] Además determinará su capacidad de capturar los recursos vivos de la zona económica exclusiva.[41]

Cuando el Estado ribereño no tenga capacidad para explotar toda la captura permisibles, dará acceso a otros Estados al excedente de la captura permisible, mediante acuerdos y otros arreglos.[42]

Al dar a otros Estados su acceso a su zona económica exclusiva conforme a lo expresado anteriormente, el Estado ribereño tendrá en

[37] Convención de las Naciones Unidas sobre el Derecho del Mar de 1982. Artículo 55.
[38] Convención de las Naciones Unidas sobre el Derecho del Mar, 1982. Artículo 57.
[39] Convención de las Naciones Unidas sobre el Derecho del Mar, 1982. Artículo 61 párrafo 1.
[40] Convención de las Naciones Unidas sobre el Derecho del Mar, 1982. Artículo 62 párrafo 1.
[41] Convención de las Naciones Unidas sobre el Derecho del Mar, 1982. Artículo 62 párrafo 2.
[42] Convención de las Naciones Unidas sobre el Derecho del Mar, 1982. Artículo 62 párrafo 2.

cuenta todos los factores pertinentes, incluidos entre otros, la importancia de los recursos vivos de la zona para la economía del Estado ribereño interesado y para sus demás intereses nacionales.[43]

Los nacionales de otros Estados que pesquen en la zona económica exclusiva observarán las medidas de conservación y las demás modalidades y condiciones establecidas en las leyes y reglamentos del Estado ribereño. Estas leyes estarán en sintonía con la Convención General del Mar y podrán referirse, entre otras a los siguientes asuntos:

[a] la concesión de licencias a pescadores, buques y equipos de pesca, incluidos el pago de derechos y otras formas de remuneración que, en el caso de los Estados ribereños en desarrollo, podrán consistir en una compensación adecuada con respecto a la financiación, el equipo y la tecnología de la industria pesquera;

[b] la determinación de las especies que puedan capturarse y la fijación de las cuotas de captura, ya sea con relación a determinadas poblaciones o grupos de poblaciones; con la captura por buques durante un cierto periodo o con la captura por nacionales de cualquier Estado durante un periodo determinado;

[c] la reglamentación de las temporadas y áreas de pesca, el tipo, tamaño y cantidad de aparejos y los tipos, tamaño y número de buques pesqueros que puedan utilizarse;

[d] la fijación de la edad y el tamaño de los peces y de otras especies que puedan capturarse;

[e] la determinación y la información que deban proporcionar los buques pesqueros, incluidas estadísticas sobre capturas y esfuerzos de pesca e informes sobre posición de los buques;

[f] la exigencia de que, bajo la autorización y control del Estado ribereño, se realicen determinados programas de investigación pesquera y la reglamentación de la realización tales investigaciones, incluidos el muestreo de las capturas, el destino de las muestras y la comunicación de los datos científicos conexos;

[g] el embarque, por el Estado ribereño de observadores o personal en formación en tales buques;

---

[43] Convención de las Naciones Unidas sobre el Derecho del Mar, 1982. Artículo 62 párrafo 3.

[h] la descarga por todos los buques de la captura, o parte de ella, en los puertos del Estado ribereño; [i] las modalidades y condiciones relativas a las empresas conjuntas o a otros arreglos de cooperación;

[j] los requisitos en cuanto a la formación del personal y la transmisión de tecnología pesquera, incluido el aumento de la capacidad del Estado ribereño para emprender investigaciones pesqueras;

[k] los procedimientos de ejecución.[44]

En cuanto a la ejecución de leyes y reglamentos del Estado ribereño, este en ejercicio de sus derechos de soberanía para la explotación, conservación y administración de los recursos vivos de la zona económica exclusiva, podrá tomar las providencias indispensables para asegurar el cumplimiento de las leyes y reglamentos dictados con arreglo a la Convención General del Mar, incluidas la visita, la inspección, el apresamiento y la iniciación de procedimientos judiciales.[45]

Los buques apresados y sus tripulaciones serán liberados con prontitud, previa constitución de una fianza razonable u otra garantía.[46]

Las sanciones establecidas por el Estado ribereño por violaciones de las leyes y los reglamentos de pesca en la zona económica exclusiva no podrán incluir penas privativas de libertad, salvo acuerdo en contrario entre los Estados interesados, ni ninguna otra forma de castigo corporal.[47]

En los casos de apresamiento o retención de buques extranjeros, el Estado ribereño notificará con prontitud al Estado del pabellón, por los conductos apropiados, las medidas tomadas y cualesquiera sanciones impuestas consiguientemente.[48]

Las facultades de ejecución que tienen los Estados ribereños en la zona económica exclusiva, se ha venido ampliando para aquellos Estados Parte del "*Acuerdo sobre la aplicación de las disposiciones de la Convención de las Naciones Unidas sobre el Derecho del Mar de 10 de diciembre de 1982 relativas a la conservación y ordenación de las poblaciones de peces transzonales y las poblaciones de peces altamente*

[44] Convención de las Naciones Unidas sobre el Derecho del Mar, 1982. Artículo 62 párrafo 4.
[45] Convención de las Naciones Unidas sobre el Derecho del Mar, 1982. Artículo 73 párrafo 1.
[46] Convención de las Naciones Unidas sobre el Derecho del Mar, 1982. Artículo 73 párrafo 2.
[47] Convención de las Naciones Unidas sobre el Derecho del Mar, 1982. Artículo 73 párrafo 3.
[48] Convención de las Naciones Unidas sobre el Derecho del Mar, 1982. Artículo 73 párrafo 4.

migratorios", debido a que si existen bases razonables para creer que un buque ubicado en alta mar se encuentra efectuando pesca ilegal en la zona económica exclusiva (ZEE), el Estado ribereño puede requerir al Estado del pabellón que investigue inmediatamente y este último puede autorizar al Estado ribereño a que aborde e inspeccione el buque en alta mar.[49]

[B] Régimen de ordenación pesquera internacional.

En lo concerniente a este régimen es necesario tener presente que el alta mar está conformado por las aguas marítimas abiertas que no son partes de la zona económica exclusiva, mar territorial o aguas interiores de ningún Estado.

El alta mar es una *res nullius* y escapa por consiguiente a toda soberanía territorial. El orden jurídico que se aplica es normalmente el de las autoridades del pabellón. La competencia de las autoridades es una competencia personal y no una competencia territorial. El buque no puede ser estimado como una parte flotante del territorio.[50]

El alta mar es un espacio acuático en el que también se lleva a cabo la pesca ilegal debido a la inmensa complejidad que supone la conservación y la ordenación de los recursos marinos vivos y en la que la jurisdicción de ejecución corresponde, en principio, al Estado del Pabellón. La competencia del Estado de abanderamiento en este escenario es una competencia personal, cimentada en la nacionalidad. En este contexto, la existencia de Estados con registros abiertos para la concesión de licencias a buques pesqueros favorece la existencia de pabellones de conveniencia.

En el plano internacional, las organizaciones regionales de ordenación pesquera están adoptando regulaciones similares a las empleadas en la esfera nacional, es decir, en el ámbito de la zona económica exclusiva (ZEE).

Desde hace muchos años se reconoce el papel significativo que desempeñan las organizaciones regionales y subregionales de pesca en

---

[49] Natalie Klein, *Maritime Security and the Law of the Sea.* Reino Unido. Imprenta Universidad de Oxford, 2011. Página 92.

[50] Luis Álvarez Londoño, *Manual de Derecho Internacional Público.* Cuarta Edición. Pontificia Universidad Javeriana. Facultad de Ciencias Jurídicas. Fundación Cultural Javeriana de Artes Gráficas. Bogotá – Colombia, 2007. Página 294.

la conservación y ordenación de la pesca en alta mar. Los preceptos de la Convención de las Naciones Unidas sobre el Derecho del Mar concernientes al papel de las organizaciones regionales y subregionales de pesca se recalcan, subrayan y amplían en el Acuerdo de las Naciones Unidas sobre las poblaciones de peces transzonales y las poblaciones de peces altamente migratorios. El corazón del Acuerdo de las Naciones Unidas es que la pesca debe ser gestionada eficazmente a nivel regional o subregional mediante las organizaciones o acuerdos pesqueros existentes o a través del establecimiento de otros nuevos. El consenso de Roma sobre la pesca mundial, aprobado por la Conferencia Ministerial de Pesca de la Organización de las Naciones Unidas para la Agricultura y la Alimentación [FAO], Roma 14-15 de marzo de 1955, instó a los gobiernos y a las organizaciones internacionales a tomar medidas rápidas, entre otras cosa, para "*reducir la pesca a niveles sostenibles en zonas y poblaciones actualmente muy explotadas o sobreexplotadas; reforzar y apoyar las organizaciones y acuerdos regionales, subregionales y nacionales de pesca para la aplicación de medidas de conservación y ordenación*".[51]

Las organizaciones regionales y subregionales de pesca deben ante todo identificarse con la región o la subregión que representan. Deben gestionar y se debe considerar que gestionan los recursos de la región en interés de los Estados ribereños y naciones de pesca distante con legítimo interés en la conservación y ordenación de los recursos de esa región. Para poder responder rápida y eficazmente a las necesidades de conservación y ordenación de una región u subregión es imprescindible que la relación entre las organizaciones pesqueras y sus miembros se convierta más en una asociación que tienda un puente entre las funciones de asesoramiento y de adopción de decisiones.

Ahora bien, en las zonas de alta mar abarcadas por una organización o un arreglo subregional o regional de ordenación pesquera, los inspectores autorizados de una Estado Parte, que sea miembro de la organización o participantes en el arreglo, podrán subir a bordo a inspeccionar los buques pesqueros que enarbolen el pabellón de otro Estado

[51] Conferencia Ministerial de Pesca de la Organización de las Naciones Unidas para la Agricultura y la Alimentación (FAO), Roma 14-15 de marzo de 1955.

Parte en el Acuerdo bajo examen y estudio, sea o no miembro de dicha organización o participante en ese arreglo, a los efectos de asegurar el cumplimiento de las medidas de conservación y ordenación de las poblaciones de peces transzonales y las poblaciones de pesca altamente establecidas por esa organización o arreglo.[52]

Los Estados, por intermedio de organizaciones o arreglos subregionales o regionales de ordenación pesquera, son los que establecen los procedimientos para realizar las visita o inspección y para aplicar otras normas. Dichos procedimientos serán compatibles con la presente norma y con los procedimientos básicos indicados en el artículo 22 del Acuerdo de New York de 1995 y no discriminarán contra no miembros de la organización o no participantes en el arreglo. La visita y la inspección, al igual que las demás medidas de ejecución subsiguientes, se realizarán de conformidad con dichos procedimientos. Los Estados darán la debida publicidad a los procedimientos establecidos de conformidad con el presente párrafo.[53]

Si transcurridos dos años desde la adopción del presente Acuerdo una organización o arreglo no ha establecido dichos procedimientos, la visita e inspección prevista, al igual que las demás medidas de ejecución subsiguientes, se llevarán a cabo de conformidad, en espera del establecimiento de dichos procedimientos, de acuerdo con el artículo 21 y los procedimientos básicos indicados en el artículo 22.[54]

Se debe acotar que antes de iniciar medida alguna, los Estados que realizan la inspección, directamente o por conducto de la organización

[52] Acuerdo sobre la aplicación de las disposiciones de la Convención de las Naciones Unidas sobre el Derecho del Mar de 10 de diciembre de 1982 relativas a la conservación y ordenación de las poblaciones de peces transzonales y las poblaciones de peces altamente migratorios (Acuerdo de las Naciones Unidas sobre poblaciones de peces) entro en vigor el 1 de diciembre de 2001. Artículo 21 párrafo 1.

[53] Acuerdo sobre la aplicación de las disposiciones de la Convención de las Naciones Unidas sobre el Derecho del Mar de 10 de diciembre de 1982 relativas a la conservación y ordenación de las poblaciones de peces transzonales y las poblaciones de peces altamente migratorios (Acuerdo de las Naciones Unidas sobre poblaciones de peces) entro en vigor el 1 de diciembre de 2001. Artículo 21 párrafo 2.

[54] Acuerdo sobre la aplicación de las disposiciones de la Convención de las Naciones Unidas sobre el Derecho del Mar de 10 de diciembre de 1982 relativas a la conservación y ordenación de las poblaciones de peces transzonales y las poblaciones de peces altamente migratorios (Acuerdo de las Naciones Unidas sobre poblaciones de peces) entro en vigor el 1 de diciembre de 2001. Artículo 21 párrafo 3.

o arreglo regional subregional o regional de ordenación pesquera pertinente, informarán a todos los Estados cuyos buques pesquen en alta mar en la subregión o región de que se trate acerca del tipo de identificación expedida a sus inspectores debidamente autorizados. Los buques autorizados para realizar la visita e inspección llevarán los signos claros y serán identificables como buques al servicio de un gobierno. Al hacerse parte en el Acuerdo de New York de 1995, el Estado designará a la autoridad competente para recibir las notificaciones enviadas y dará la debida publicidad a dicha designación por conducto de las organizaciones o arreglos subregionales o regionales de ordenación pesquera pertinentes.[55]

Cuando, después de subir a bordo y realizar una inspección, haya motivos claros para creer que el buque ha incurrido en una actividad contraria a las medidas de conservación y ordenación, el Estado que realiza la inspección reunirá pruebas, cuando proceda, y notificará prontamente la presunta infracción al Estado del pabellón. [56]

El Estado del pabellón responderá a la notificación señalada *ut supra* dentro de los tres días hábiles siguientes a la fecha en que la reciba, o en cualquier otro plazo que pueda fijarse en los procedimientos establecidos a los que se ha hecho referencia con antelación, y:[57]

[a] Cumplirá sin demora sus obligaciones de proceder a una investigación y, si hubiese pruebas que lo justificaran, adoptar las medidas de ejecución con respecto al buque, en cuyo caso comunicará prontamente

[55] Acuerdo sobre la aplicación de las disposiciones de la Convención de las Naciones Unidas sobre el Derecho del Mar de 10 de diciembre de 1982 relativas a la conservación y ordenación de las poblaciones de peces transzonales y las poblaciones de peces altamente migratorios (Acuerdo de las Naciones Unidas sobre poblaciones de peces) entro en vigor el 1 de diciembre de 2001. Artículo 21 párrafo 4.

[56] Acuerdo sobre la aplicación de las disposiciones de la Convención de las Naciones Unidas sobre el Derecho del Mar de 10 de diciembre de 1982 relativas a la conservación y ordenación de las poblaciones de peces transzonales y las poblaciones de peces altamente migratorios (Acuerdo de las Naciones Unidas sobre poblaciones de peces) entro en vigor el 1 de diciembre de 2001. Artículo 21 párrafo 5.

[57] Acuerdo sobre la aplicación de las disposiciones de la Convención de las Naciones Unidas sobre el Derecho del Mar de 10 de diciembre de 1982 relativas a la conservación y ordenación de las poblaciones de peces transzonales y las poblaciones de peces altamente migratorios (Acuerdo de las Naciones Unidas sobre poblaciones de peces) entro en vigor el 1 de diciembre de 2001. Artículo 21 párrafo 6.

al Estado que ha realizado la inspección los resultados de la investigación y las medidas de ejecución; o

[b] Autorizará al Estado que realiza la inspección a llevar a cabo una investigación.

En el caso de que el Estado del pabellón autorice al Estado que realiza la inspección a investigar una presunta infracción, el Estado que realiza la inspección comunicará sin demora al Estado del pabellón los resultados de esa investigación. El Estado del pabellón, si hubiese pruebas que lo justificaran, cumplirá su obligación de adoptar medios de ejecución con respecto al buque. Alternativamente, el Estado del pabellón podrá autorizar al Estado que realiza la inspección a tomar las medidas de ejecución que el Estado del pabellón pueda especificar con respecto al buque, de conformidad con los derechos y obligaciones del Estado en virtud del Acuerdo de New York de 1995.[58]

Cuando, después de subir a bordo a realizar la inspección, haya motivos claros para creer que un buque ha cometido una infracción grave, y el Estado del pabellón no ha enviado su respuesta ni ha adoptado medidas como lo indica el Acuerdo, los inspectores podrán permanecer a bordo y reunir pruebas, y podrán exigir al capitán que ayuda a proseguir la investigación, incluso, cuando proceda, dirigiendo el buque sin demora al puerto más cercano que corresponda, o a cualquier otro puerto que pueda especificarse en los procedimientos establecidos. El Estado que realiza la inspección informará inmediatamente al Estado del pabellón del nombre de puerto al que se dirigirá el buque. El Estado que realiza la inspección y el Estado del pabellón y, cuando proceda, el Estado del puerto tomará todas las medidas necesarias para garantizar el bienestar de la tripulación del buque, independientemente de su nacionalidad.[59]

---

[58] Acuerdo sobre la aplicación de las disposiciones de la Convención de las Naciones Unidas sobre el Derecho del Mar de 10 de diciembre de 1982 relativas a la conservación y ordenación de las poblaciones de peces transzonales y las poblaciones de peces altamente migratorios (Acuerdo de las Naciones Unidas sobre poblaciones de peces) entro en vigor el 1 de diciembre de 2001. Artículo 21 párrafo 7.

[59] Acuerdo sobre la aplicación de las disposiciones de la Convención de las Naciones Unidas sobre el Derecho del Mar de 10 de diciembre de 1982 relativas a la conservación y ordenación de las poblaciones de peces transzonales y las poblaciones de peces altamente migratorios (Acuerdo de las Naciones Unidas sobre poblaciones de peces) entro en vigor el 1 de diciembre de 2001. Artículo 21 párrafo 7.

En resumen, un Estado que es miembro de una organización regional de ordenación pesquera (OROP), pero que no es el Estado del pabellón de un buque pesquero que realiza actividades de pesca en alta mar reguladas por dicha organización, puede tener jurisdicción coercitiva sobre dicho buque que o bien enarbola el pabellón de otro Estado o bien enarbola el pabellón de un Estado que no forma parte de la organización regional de ordenación pesquera.

La actividad de las organizaciones regionales de ordenación pesquera (OROP) puede convertir la alta mar en *mare clausum,* amenazando la afirmación que se da como cierta de la libertad de acceso equitativo de todos los Estados a la alta mar. Esto es debido a que el procedimiento para ser parte en las organizaciones regionales de ordenación pesquera impide a los Estados disfrutar de la libertad de pesca. Además, no se garantiza la igualdad formal y sustantiva en el proceso de adopción de decisiones de las organizaciones regionales de ordenación pesquera. No hay que olvidar que la igualdad formal es aquella que se puede observar en la normativa jurídica, en la legislación; la igualdad sustantiva hace referencia al ejercicio pleno de los derechos universales y a la capacidad de hacerlos efectivos en la vida cotidiana. Sin embargo, para impedir esta amenaza las organizaciones regionales de ordenación pesquera están haciendo algunos esfuerzos más racionales y equitativos para impedir esta amenaza al *mare liberum,*

Se afirma que las disposiciones de la Convención de las Naciones Unidas sobre el Derecho del Mar de 10 de diciembre de 1982 relativas a la Conservación y Ordenación de las Poblaciones de Peces Transzonales y las Poblaciones de Peces altamente migratorios (Acuerdo de New York de 1995), no deben entenderse como un remedio para el problema de la pesca ilícita ya que, a pesar de que este tratado internacional entró en vigor hace varios años, todavía no hay pruebas de que el fenómeno de la pesca ilícita haya disminuido, ni tampoco ha sido ratificado por todos los Estados con intereses en el entorno de la pesca.

Debe recordarse que la expresión *"Mare Clausum"* (mar cerrado) es utilizada en el derecho internacional para hacer referencia a un mar bajo la jurisdicción de un Estado que está cerrado o no accesible a otros Estados. *Mare Clausum* es una excepción a *Mare Liberum* (mar libre), que hace alusión a un mar que está abierto a la navegación a los buques de todas las naciones.

En conclusión, el principio general de que la fuerza puede aplicarse en las actividades de represión en el mar, siempre que sea inevitable, razonable y necesaria, se puede observar claramente en la Convención de las Naciones Unidas sobre el Derecho del Mar de 10 de diciembre de 1982 relativas a la Conservación y Ordenación de las Poblaciones de Peces Transzonales y las Poblaciones de Peces altamente migratorios (Acuerdo de New York, 1995).

Los acuerdos de las Naciones Unidas sobre las poblaciones de peces avanzan más en la dirección de la colaboración en materia de aplicación de la ley al permitir a los Estados parte que aplican la ley a los buques de las organizaciones de ordenación pesquera (OROP) que aborden e inspeccionen no sólo sus propios buques sino también los buques de las zonas de otros pabellones abarcadas por la OROP en cuestión, independientemente de que los Estados del pabellón de esos buques sean o no partes en el Acuerdo de las Naciones Unidas sobre las poblaciones de peces.

Por otra parte, se estima que los artículos 20 a 22 del Acuerdo de New York de 1995 permitirían el uso de la fuerza en las relaciones pesqueras internacionales por parte de Estados que no son Estados del pabellón. Esta situación procedería cuando el Estado del pabellón del buque pesquero no ayuda en la cooperación, como sería el caso, por ejemplo, de los Estados con pabellones de conveniencia, o del Estado que no cumple. Este punto de vista estaría respaldado por los tratados constitutivos de varias organizaciones regionales de ordenación pesquera y sus respectivos marcos jurídicos adoptados en virtud de su competencia en materia de conservación y ordenación, así como por tratados bilaterales, como es el caso de los acuerdos con los armadores.

Debe tenerse en cuenta que, el apartado [f] del párrafo 1 del artículo 22 del Acuerdo de New York de 1995, en relación con los procedimientos básicos para la visita y la inspección con arreglo al artículo 21 del referido instrumento internacional, correspondientes a la cooperación subregional y regional a los fines de la aplicación, estipula que "*El Estado que realiza la inspección velará porque sus inspectores debidamente autorizados: ... [f] Eviten el uso de la fuerza, salvo cuando y en la medida en que ello sea necesario para garantizar la seguridad de los inspectores y cuando se obstaculiza a los inspectores en el cumplimiento de sus funciones. El grado de fuerza empleado no excederá el que razonablemente exijan las circunstancias*".

Es preciso tener presente que, el articulo 49 la Resolución sobre Responsabilidad del Estado por Hechos Internacionalmente Ilícitos, adoptada por la Comisión de Derecho Internacional el 9 de agosto de 2001[60], contempla que en determinadas circunstancias, un Estado puede adoptar contramedidas contra otro responsable de un hecho intencionalmente ilícito que le haya causado daño, a fin de hacer valer sus derechos reconocidos por el derecho internacional, y de inducir a ese Estado a cumplir las obligaciones derivadas de la responsabilidad por el hecho cometido.

11. RÉGIMEN DE LAS ARMAS DE DESTRUCCIÓN MASIVA

La expresión *"armas de destrucción masiva"* ha sido definida como aquellas armas nucleares, biológicas, químicas y radiológicas y sus sistemas vectores capaces de un alto grado de destrucción y/o ser utilizados de manera que destruyan grandes cantidades de personas o causen daños importantes a las infraestructuras.

La proliferación de las armas nucleares, biológicas y químicas sigue siendo un profundo problema para la comunidad internacional. A nivel interestatal, los esfuerzos por adquirir nuevas armas de este tipo alimentan el temor a las intenciones malignas. Estos efectos socavan la posibilidad de la búsqueda cooperativa de intereses regionales y el uso pacífico de las tecnologías nucleares, biológicas y químicas. La posibilidad de que los terroristas adquieran armas de destrucción masiva proporciona una nueva dimensión a la amenaza que representan estas armas.

Las Naciones Unidas están en el centro de los actuales desafíos de proliferación de las armas de destrucción masiva. Como muchos Estados miembros y el propio Secretario General han observado, la ONU ha

[60] Resolución sobre Responsabilidad del Estado por Hechos Internacionalmente Ilícitos, adoptada por la Comisión de Derecho Internacional el 9 de agosto de 2001. Artículo 49.

llegado a una coyuntura crucial. Algunos argumentan que su relevancia - incluso su propia existencia - está en juego. Independientemente de que se comparta o no esta valoración, es innegable que el organismo mundial debe tomar medidas para adaptarse a las amenazas y desafíos actuales en materia de paz y seguridad.

Se considera que la lucha contra la proliferación de materiales de armas de destrucción en masa es uno de los retos futuros más críticos que la comunidad internacional tiene que enfrentar a lo largo del siglo XXI. A pesar de que el comercio de armas de destrucción en masa todavía no se ha tipificado como delito a escala mundial, está en marcha una serie de iniciativas serias para abordar la cuestión.

12. RESOLUCIÓN DEL CONSEJO DE SEGURIDAD DE LAS NACIONES UNIDAS NO. 1540 DEL 28 DE ABRIL DE 2004

Antes de analizar esta Resolución es preciso recordar que el Consejo de Seguridad es una órgano de las Naciones Unidas al cual le corresponde la responsabilidad esencial de mantener la paz y la seguridad internacionales. A este Consejo lo conforman 15 miembros y cada uno de ellos tiene un voto. Con arreglo a la Carta de las Naciones Unidas, todos los Miembros de la organización convienen en aceptar y cumplir las decisiones del Consejo de Seguridad. Las decisiones del Consejo de Seguridad son las únicas que conforme a al documento de creación de la ONU, los Estados miembros están obligados a cumplir.

Se debe enfatizar que, si surge una controversia, la primera medida del Consejo de Seguridad es sugerir a las partes a lograr un acuerdo a través de los mecanismos pacíficos. El Consejo de Seguridad puede imponer embargos o sanciones económicas, o autorizar el uso de la fuerza para hacer cumplir sus decisiones.

Realizadas las consideraciones anteriores, se debe expresar que mediante la Resolución No. 1540 del 28 de abril de 2004, el Consejo de Seguridad dictaminó que todos los Estados se abstendrían de prestar cualquier tipo de apoyo a agentes no estatales que tengan la intención de desarrollar, adquirir, fabricar, poseer, transportar, transferir o utilizar armas nucleares, químicas o biológicas y sus sistemas vectores, en particular con fines terroristas. En ese sentido, la Resolución requiere que todos los Estados adopten y hagan cumplir leyes apropiadas, así como otras medidas efectivas para prevenir la proliferación de estas armas y sus sistemas vectores entre actores no estatales, en particular con fines terroristas. Esta resolución es jurídicamente vinculante para todos los Estados miembros de las Naciones Unidas.

El Consejo de Seguridad de las Naciones Unidas, actuando en virtud del Capítulo VII de la Carta de las Naciones Unidas, exigió a todos los Estados que prohibieran y tipificaran como delito la transferencia de material de armas de destrucción en masa a agentes no estatales, mediante la adopción y aplicación de leyes eficaces. Este es el primer intento serio de penalizar el comercio/transporte de armas de destrucción masiva, entre otros, a través de las rutas marítimas. Lamentablemente, todas las referencias a las operaciones de interceptación marítima se eliminaron de los borradores iniciales, debido a la reacción de China. Sin embargo, esto no hace que la Resolución sea irrelevante, ya que establece el marco principal de la lucha contra la proliferación de las armas de destrucción en masa, mientras que una parte sustancial de ella reescribe los *Principios de Kananaskis* del Grupo de los Ocho. Además, algunos académicos apoyan la opinión de que la Resolución 1540 del Consejo de Seguridad de las Naciones Unidas puede aplicarse a través de los mecanismos de la Convención de las Naciones Unidas sobre el Derecho del Mar.

Importa advertir que, en junio de 2002, los Estados más industrializados del Grupo de los Ocho (G-8) se reunieron en Kananaskis, Alberta, Canadá y adoptaron los *Principios de Kananaskis,* mediante el cual se comprometieron a realizar acciones sostenidas y comprensibles para negar sustento o santuario a terroristas, a someterlos a la justicia, y a reducir la amenaza de ataques terroristas. Acordaron un conjunto de seis principios de no proliferación que buscan prevenir a terroristas- o quienes los alojan- de adquirir o desarrollar armas nucleares, químicas, radiológicas, y biológicas; mísiles; y materiales, equipos o tecnologías relacionadas y reconocieron que la amenaza de adquisición por terroristas se reduce a medida que se reduce la cantidad total de esos artículos.[61]

[61] Douglas Guilfoyle, *Sipping Interdiction and the Law of the Sea.* Cambridge University. United Kingdom, 2009. Página 234.

13. LA CONVENCIÓN DE LAS NACIONES UNIDAS SOBRE EL DERECHO DEL MAR DE 1982 Y LA PROLIFERACIÓN DE ARMAS DE DESTRUCCIÓN MASIVA.

La Convención de las Naciones Unidas sobre el Derecho del Mar prevé el abordaje, pero no exclusivamente en relación con la proliferación de armas de destrucción masiva. En la Parte II, Sección 3 de la Convención de las Naciones Unidas sobre el Derecho del Mar de 1982 se habla del paso inocente por el mar territorial y se señala que con sujeción a las disposiciones de instrumento internacional los buques de todos los Estados, sea ribereños o sin litoral, gozan del derecho de paso inocente a través del mar territorial.[62]

En cuanto al significado el paso lo constituye el hecho de navegar por el mar territorial con el fin de: [a] atravesar dicho mar sin penetrar en las aguas interiores sin hacer escala en una rada o una instalación portuaria fuera de las aguas interiores; o [b] dirigirse hacia las aguas internacionales o salir de ellas, o hacer escala en una de esas radas o instalaciones portuarias o salir de ella.[63]

El paso será rápido e ininterrumpido. No obstante, el paso comprende la detención y el fondeo, pero solo en la medida que constituyan incidentes normales o se realicen con el fin de prestar auxilio a personas, buques o aeronaves en peligro o en dificultad grave.[64]

Es preciso enfatizar que, en el mar territorial, el paso inocente no puede ser interrumpido, es decir, no se puede cortar su continuidad, y se le aplica el ordenamiento jurídico doméstico en dos casos: [a] cuando el paso inocente "*es perjudicial para la paz y la seguridad del Estado ribereño*". El referido paso inocente se efectuará con arreglo a la Convención sobre el Derecho del Mar y otras normas de derecho internacional[65] y [b] si es infringido por buques extranjeros de propulsión nuclear y buques que transporten sustancias nucleares u otras sustancias intrínsecamente peligrosas o nocivas, los cuales deben tener a bordo los

---

[62] Convención de las Naciones Unidas sobre el Derecho del Mar, 1982. Artículo 17.

[63] Convención de las Naciones Unidas sobre el Derecho del Mar, 1982. Artículo 18 párrafo 1.

[64] Convención de las Naciones Unidas sobre el Derecho del Mar, 1982. Artículo 18 párrafo 2.

[65] Convención de las Naciones Unidas sobre el Derecho del Mar, 1982. Artículo 19 párrafo 1.

documentos y observar las medidas especiales de precaución que para tales buques se hayan establecidos en acuerdos internacionales.[66]

Por su parte, en la Zona Contigua, la Convención General del Mar establece: [a] Medidas preventivas (advertencias e inspecciones) contra las leyes y reglamentos aduaneros, fiscales, de inmigración o sanitarios que se cometan en su territorio o su mar territorial. [67]

Se debe tener presente que la zona contigua es colindante con el mar territorial que no podrá extenderse más allá de 24 millas náuticas contadas desde las líneas de base a partir de las cuales se mide la anchura del mar territorial.[68]

14. INICIATIVA DE SEGURIDAD CONTRA LA PROLIFERACIÓN DE LAS ARMAS DE DESTRUCCIÓN MASIVA (ISP)

La Iniciativa de Seguridad contra la Proliferación (ISP) conforma una respuesta multinacional al desafío que suscita la amenaza de la proliferación de las armas de destrucción masiva. Se desvive por coordinar los esfuerzos de los Estados participantes, en sintonía con las autoridades jurídicas nacionales y el derecho internacional correspondiente (Ejemplo: la Resolución No. 1540 del 28 de abril de 2004) y los marcos para detener el comercio de armas de destrucción masiva, materiales conexos y sistemas vectores relacionados con la proliferación.

La ISP trata de unir a todos los Estados, independientemente de su tamaño o ubicación preocupados por la propagación de las armas de destrucción en masa y dispuestos a asumir los compromisos de la Declaración de Principios de interdicción. Los patrocinadores de la ISP también buscan cooperar con cualquier Estado cuyos buques, banderas, puertos, aguas territoriales, espacio aéreo o tierra puedan ser utilizados con fines de proliferación por los Estados y los agentes no estatales interesados en estas actividades.

Lanzada en 2003, más de cien estados han respaldado hasta la fecha la Declaración de Principios de Interdicción de la ISP. Se trata de una iniciativa voluntaria orientada a mejorar la capacidad de las nacio-

[66] Convención de las Naciones Unidas sobre el Derecho del Mar, 1982. Artículo 23.
[67] Convención de las Naciones Unidas sobre el Derecho del Mar, 1982. Artículo 33 párrafo 1.
[68] Convención de las Naciones Unidas sobre el Derecho del Mar, 1982. Artículo 33 párrafo 2.

nes asociadas, tanto a nivel individual como colectivo, para adoptar medidas oportunas y adecuadas para hacer frente a un entorno de amenaza de proliferación en rápida evolución. La ISP proporciona una plataforma para el establecimiento de redes entre los estados y la coordinación de sus actividades para contrarrestar la proliferación. Esta construcción flexible es muy adecuada para combatir las actividades de proliferación que el mundo enfrenta hoy en día.

El principal texto legal de la Iniciativa de Seguridad contra la Proliferación (ISP) es la declaración de Principios de interdicción – 2003, los cuales se sustentan en la conclusión de acuerdos bilaterales que establecen los detalles jurídicos y técnicos atinentes a los servicios de vigilancia de buques que se sospecha que transportan armas de destrucción masiva.

Los Estados cooperantes podrán adoptar medidas contra un buque "*del que se sospeche razonablemente que transporta esos cargamentos en o desde Estados o agentes no estatales que sean motivo de preocupación en materia de proliferación*" (Principios art. 4 - 5), a condición de que el Estado del pabellón dé su consentimiento previo. Secuencialmente, el Estado solicitante tiene derecho a abordar, registrar e incautar esos cargamentos que se identifiquen en las aguas interiores, los mares territoriales o más allá de esas áreas.

Adoptar medidas concretas en apoyo de los esfuerzos de intercepción de cargas de destrucción en masa, sus sistemas vectores o materiales conexos, en la medida en que lo permitan las autoridades jurídicas nacionales y en consonancia con las obligaciones que les incumben en virtud del derecho y los marcos internacionales.

No transportar ni prestar asistencia en el transporte de ninguno de esos cargamentos hacia o desde Estados o agentes no estatales que sean motivo de preocupación en materia de proliferación, y no permitir que ninguna persona sujeta a su jurisdicción lo haga.

Por iniciativa propia, o a petición y por causa justificada de otro Estado, adoptar medidas para abordar y registrar cualquier buque que enarbole su pabellón en sus aguas interiores o mares territoriales, o en zonas situadas más allá de los mares territoriales de cualquier otro Estado, del que se sospeche razonablemente que transporta esos cargamentos hacia o desde Estados o agentes no estatales que sean motivo de preocupación en materia de proliferación, e incautarse de los cargamentos que se identifiquen.

Considerar seriamente dar su consentimiento bajo circunstancias apropiadas para el abordaje y búsqueda de sus propios buques de pabellón por parte de otros y para la incautación de tales armas de destrucción masiva en dichos buques que puedan ser identificados por dichos Estados.

Tomar las medidas apropiadas para [a] detener y buscar en sus aguas internas, mares territoriales o zonas contiguas (cuando se declare) buques de los cuales se sospecha razonablemente que transportan tales cargas hacia o desde Estados o actores no estatales de preocupación por la proliferación y para apoderarse de las cargas identificadas; y [b] para hacer cumplir las condiciones sobre los buques que ingresan o salen de sus puertos, aguas internas o mares territoriales que se sospecha razonablemente que transportan tales cargas, como exigir que dichos buques estén sujetos a embarque, registro e incautación de dichas cargas antes de la entrada.

Uno de los principales aspectos de la ISP es su conformidad con el Derecho del Mar y el Derecho Internacional en general, ya que considera esencial el consentimiento previo y mantiene la primacía de la jurisdicción del Estado del pabellón. Esta es también una de las razones por las que ha ganado un alto nivel de aceptación entre las naciones marítimas.

Por otra parte, los Principios siguen siendo un texto de derecho indicativo (por lo tanto, de relativamente bajo poder vinculante), mientras que sólo se han celebrado unos pocos acuerdos bilaterales de abordaje de buques (textos de derecho imperativo). La variabilidad de las normas, de las últimas, dificulta también la uniformidad de la práctica, haciendo aún más difícil la aparición del derecho consuetudinario.

15. PROTOCOLO PARA LA REPRESIÓN DE ACTOS ILÍCITOS CONTRA LA SEGURIDAD DE LA NAVEGACIÓN MARÍTIMA – 2005

En lo tocante al tema del epígrafe, es preciso señalar que el 14 de octubre de 2005 la Organización marítima Internacional (OMI) aprobó un segundo Protocolo del Convenio de Roma de 1988 para la Represión de actos ilícitos contra la seguridad de la navegación marítima. Cabe mencionar que la Convención de 1988 se había elaborado como respuesta al secuestro del crucero italiano Achille Lauro[69] el 7 de octubre de 1985, por cuatro miembros del Frente de Liberación de Palestina (FLP) frente a la costa egipcia, cuando se dirigía a Port Said para recoger a la mayoría de los pasajeros que habían desembarcado en Alejandría para visitar El Cairo. Los secuestradores tomaron como rehenes a más de 450 personas, turistas y tripulantes, que habían permanecido en el buque, entre ellas tres españoles, y exigieron la liberación de 52 palestinos prisioneros en las cárceles israelíes.

Dicho incidente hizo que en noviembre de 1986 Austria, Egipto e Italia sometieran para su aprobación un tratado bajo el patrocinio de la Organización rectora de las actividades marítimas en el planeta en el que se estipularan requisitos amplios para "*la represión de actos ilícitos cometidos contra la seguridad de la navegación marítima que pongan en peligro vidas humanas inocentes, la seguridad de las personas y los bienes; afecten gravemente el funcionamiento de los servicios marítimos y, por consiguiente, sea motivo de grave preocupación para la comunidad internacional en su conjunto*".

La significación de este tratado en la oportunidad de su aprobación era que describía determinados actos ilícitos contra buques y suministraba los fundamentos para que los Estados pudieran establecer su jurisdicción sobre los responsables de esos actos ilícitos. La Convención de 1988 carece de un medio eficaz para aprender a autores de tales delitos. La incorporación de un procedimiento en el Protocolo de 2005 para posibilitar que los Estados aborden los buques representa un cambio de derrotero, ya que se pasa de suministrar sencillamente cimientos lícitos para establecer la jurisdicción a crear los instrumentos para ejercerla.

El Consejo de Seguridad de la Organización de las Naciones Unidas emitió la Resolución No. 1373 de fecha 28 de septiembre de 2001, la cual se considera como la primera respuesta de la comunidad internacional frente a los ataques terroristas del 11 de septiembre de 2001 en Washington y Nueva York. En dicho documento las Naciones Unidas

[69] Achille Lauro, un secuestro improvisado – La Vanguardia. www.lavanguardia.com

expresaron su compromiso de luchar frontalmente contra todas las modalidades de terrorismo.

Como respuesta a la referida resolución, la Asamblea General de la Organización Marítima Internacional (OMI) adoptó la Resolución A, 924 (22) del 20 de noviembre de 2001 mediante la cual pide al Comité de Seguridad Marítima, al Comité Jurídico y al Comité de Facilitación que, bajo la dirección del Consejo, examinen con carácter prioritario la necesidad de actualizar las disposiciones del Convenio para la represión de actos ilícitos contra la seguridad de la navegación marítima y del Protocolo para la represión de actos ilícitos contra la seguridad de las plataformas fijas y emplazadas en la plataforma continental, así como que, a la luz de las conclusiones de ese examen, adoptar con prontitud las medidas necesarias.

El 10 de marzo de 1988, se aprobó el Convenio para la Represión de Actos Ilícitos contra la Seguridad de la Navegación Marítima, Roma, Italia. El objetivo principal del Convenio era proporcionar una base jurídica para que se adoptaran medidas contra las personas que cometan actos ilícitos contras los buques y las plataformas fijas y emplazadas en la plataforma continental. Esos actos estriban en apoderarse de los buques por la fuerza, actos de violencia contra las personas a bordo, y la colocación de artefactos a bordo que pueden destruirlos o dañarlos.

El Convenio obliga a los Gobiernos Contratantes, bien a extraditar, bien a enjuiciar a los presuntos delincuentes.

En la Conferencia diplomática sobre la revisión de los instrumentos para la represión de actos ilícitos contra la seguridad de la navegación marítima celebrada del 10 al 14 de octubre de 2005 se adoptaron enmiendas importantes al Convenio de 1988 y a su Protocolo conexo.

El 14 de octubre de 2005 se aprobó el Protocolo para la represión de actos ilícitos con la seguridad de la navegación marítima,

Se dice que el Protocolo de 2005 para la represión de actos ilícitos contra la seguridad de la navegación marítima es el primer acuerdo internacional que identifica los delitos de transporte de material de armas de destrucción en masa por mar y prevé su represión mediante operaciones de interceptación marítima. Se trata de un texto patrocinado por la OMI, aprobado en 2005 y que entró en vigor el 28 de junio de 2010, que se ha descrito como un intento de universalizar las actividades de la Iniciativa de Seguridad contra la Proliferación (ISP).

El artículo 8 del Convenio de Roma para la Represión de Actos Ilícitos contra la Seguridad de la Navegación Marítima se refiere a las responsabilidades y funciones del capitán del buque, el Estado de abanderamiento y el Estado receptor con respecto a la entrega a las autoridades de cualquier otro Estado Parte de cualquier persona que considere que ha cometido un delito en virtud del Convenio, incluida la facilitación de pruebas relacionada con el supuesto delito.

En el Protocolo de 2005 se insertó el artículo 8 *bis* que trata todo lo atinente a la cooperación y los procedimientos que deben seguirse en caso de que un Estado Parte quiera subir a bordo de un buque que enarbole el pabellón de otro Estado Parte cuando la Parte solicitante tenga motivos razonables para sospechar que el buque o una persona a bordo de este ha participado, participa o va a participar en la comisión de un delito en virtud del Convenio.

Es imprescindible tener la autorización y cooperación del Estado de abanderamiento antes de llevar a cabo un visita. Un Estado Parte podrá notificar al Secretario General de la Organización Marítima Internacional (OMI) que se concede autorización para visitar y registrar un buque que enarbola su Pabellón, su carga y las personas a bordo, si no hay respuesta del Estado de abanderamiento transcurridas cuatro horas. De igual manera, un Estado Parte podrá notificar que se autoriza a la Parte solicitante a visitar y registrar el buque, su carga y las personas a bordo e interrogar a las personas a bordo a fin de precisar si se ha cometido o se va a cometer un delito.

Se soslayaría el uso de la fuerza excepto cuando sea indispensable para garantizar la seguridad de los funcionarios y de las personas a bordo, o cuando se obstaculice a los funcionarios la puesta en práctica de las medidas autorizadas.

En el artículo 8 *bis* se incorporan importantes cláusulas de salvaguardia cuando un Estado Parte adopta medidas contra un buque, incluida la subida a bordo. Entre cabe nombrar: no poner en peligro la seguridad de la vida humana en el mar, velar porque las personas a bordo sean tratadas de modo que se preserve su dignidad humana, conforme con lo dispuesto en el ordenamiento jurídico sobre derechos humanos; tener debidamente en cuenta la seguridad y la protección del buque y de su carga; velar porque las medidas tomadas sean ecológicamente razonables; y hacer todo lo posible por evitar la demora o retención indebida de un buque.

En suma, un Estado parte que tenga motivos razonables para sospechar que un buque o una persona a bordo del buque está, ha estado o está a punto de estar involucrado en la comisión de un delito en virtud del Convenio bajo estudio… "*podrá solicitar la cooperación del Estado del pabellón y la autorización para embarcar en el buque*". Posteriormente, el Estado del pabellón autorizará a la parte requirente a embarcar y a adoptar las medidas apropiadas; b) realizará el abordaje y registro con sus propias fuerzas del orden u otros funcionarios; o c) realizará el abordaje y registro junto con la parte requirente.

Al ratificar el Protocolo, cada una de las partes puede aceptar la cláusula de "*4 horas consideradas como consentimiento*" u otorgar un permiso completo por adelantado a las otras partes, pero sólo con el propósito de abordar y buscar.

16. CONCLUSIÓN

Como puede observarse las operaciones de interdicción marítima son aquellas destinadas a combatir las actividades ilegales prohibidas por el derecho internacional haciendo uso de los buques de guerra, los buques al servicio del Estado y las aeronaves militares.

El mecanismo de someter a interdicción marítima a un buque normalmente involucra acercarse al buque sospechoso y llamarlo por radio para hacerle preguntas sobre la nacionalidad del buque, la carga, el ultimo puerto de escala y el siguiente, etc., (aproximación y consulta); detener el buque y enviar un equipo o grupo de abordaje al buque para verificar y confirmar sus documentos (abordaje y visita); efectuar una inspección del buque y de su cargamento por el equipo o grupo de abordaje en caso de que persistan las sospechas después de comprobar los documentos (registro); y posiblemente detener el buque y/o incautar su carga e incluso detener a personas a bordo (incautación).

Además, es práctica ordinaria desviar el buque sospechoso a un puerto para su inspección en dicha instalación, cuando el registro en el mar se estima peligroso e impracticable, o cuando se requiere una mayor inspección. En este caso o en caso de que el buque sea detenido, será escoltado al puerto o rada más cercano adecuado para llevar a cabo procedimientos administrativos o judiciales.

Las operaciones de seguridad marítima que se analizan en este trabajo pueden adoptar diferentes formas y se realizan con diversos propósitos. Por ejemplo, pueden ser autorizadas por el Consejo de Seguridad de las Naciones Unidas en respuesta a una amenaza a la paz, un quebrantamiento a la paz o un acto de agresión, pero también pueden realizarse con miras a la supresión de actos ilegales, como la piratería, la proliferación de armas de destrucción masiva por agentes no estatales, el tráfico de estupefacientes y sustancias psicotrópicas, etc. Aunque el fundamento jurídico de las operaciones de interdicción o intercepción difieren según los objetivos que se anhelan, todas tiene en común que solo son licitas si el derecho internacional público establece un tratado o norma consuetudinaria que autorice explícitamente la interdicción de buques o aeronaves extranjeros.

El objeto de las referidas operaciones es reforzar las actividades de vigilancia marítima a fin de identificar, combatir, prevenir e interceptar las acciones marítimas transnacionales ilícitas. Las obligaciones que les incumben a las autoridades encargadas de poner en práctica la interdicción marítima deben estar en concordancia con el derecho internacional aplicable y con los principios de igualdad soberana e integridad territorial de los Estados y de no intervención en los asuntos internos de otros Estados.

Cuando se lleven a cabo acciones de interdicción marítima, se evitará el uso de la fuerza, salvo cuando sea imprescindible para garantizar la seguridad de los oficiales embarcados y de otras personas, o cuando se impida a los oficiales en la ejecución de todas las acciones autorizadas. El empleo de la fuerza no excederá de lo que sea necesario y razonable según las circunstancias. No obstante, lo expresado no se impedirá el ejercicio inherente de legítima defensa por parte de las fuerzas de seguridad u otros funcionarios que actúen en el desarrollo de las operaciones de interdicción.

Se infiere de las consideraciones anteriores que las operaciones de interdicción marítima son esencialmente de carácter policíaco, ya que tienden a prevenir la comisión de acciones delictivas e infracciones en el mar y a servir de apoyo a las autoridades competentes para la ejecución de las decisiones legítimamente adoptadas. Se rige por regímenes jurídicos en tiempo de paz, tales como la Convención de las Naciones Unidas sobre el Derecho del Mara (Montego Bay, Jamaica,1982), Convenio para la represión de actos ilícitos contra la seguridad de la navegación marítima (Roma, 1988) y los Protocolos de 14 de octubre 2005, Convención de las Naciones Unidas sobre el Tráfico Ilícito de Estupefacientes y Sustancias Psicotrópicas (1988), Acuerdo sobre la Aplicación de las Disposiciones de la Convención de las Naciones Unidas sobre el Derecho del Mar de 10 de diciembre de 1982 relativas a la Conservación y Ordenación de las Poblaciones de Pesca Transzonales y la Poblaciones de Peces Altamente Migratorios, denominada también Acuerdo de New York de 1995, etc., y emplean facultades, jurisdicciones y autorizaciones en tiempo de paz (incluso en relación con la utilización de la fuerza). Estas facultades, jurisdicciones y autorización de la aplicación de la ley marítima son amplias, rutinarias y están suficientemente enunciadas en el derecho internacional, y para el punto de vista candoroso e ingenuo puede representar una copia aproximada de muchos aspectos concernientes a la legislación de la guerra marítima; no obstante, debe diferenciarse de esta última en todo momento.

La interdicción marítima muchas veces se utiliza por gobiernos deshonestos para desviar los buques mercantes que hacen su navegación lícitamente por el alta mar con el propósito de conducirlos a puertos en aguas interiores y obtener jugosos dividendos por su liberación, lo que implica, además del precio del rescate del buque, el pago de los servicios auxiliares de la navegación como el pilotaje, muellaje, lanchaje, derechos de puerto, etc., con la aquiescencia de las propias autoridades que olvidan el principio esencial de que "*solo pueden hacer todo aquello para las que están legítimamente autorizadas*".

BIBLIOGRAFÍA

Libros.

ALLEN, Craig H. *International Law for Seagoing Officers*. 6th Edition. Naval Institute Press. Annapolis – Maryland, 2014.

_____. *The Peacetime Right of Approach and Visit and Effective Security Council Sanctions Enforcement*. International Law Studies. Volumen 95 – 2019. Stockton Center for International Law, Washington, 2019.

ÁLVAREZ LONDOÑO, Luis. *Manual de Derecho Internacional Público.* Cuarta Edición. Pontificia Universidad Javeriana. Facultad de Ciencias Jurídicas. Fundación Cultural Javeriana de Artes Gráficas. Bogotá – Colombia, 2007.

CAMPOS CALVO, Alejandro. "Escenarios de Actualidad Operaciones de Interdicción Marítima en el Contexto de las Operaciones de Paz de las Naciones Unidas". *Revista de Marina* No. 881 (Julio – Agosto 2004). Chile, 2004.

COLOMBOS, John C. *Derecho Internacional Marítimo.* Aguilar S.A., Ediciones. Madrid – España, 1961.

CHURCHILL. R.R and LOWE A.V. *The Law of the Sea.* 3 Edition. Juris Publishing. Manchester – United Kingdom, 1999.

DE AZCARRAGA, José Luis. *Derecho del Mar.* Tomo I. Universidad de Alcalá de Henares. Publicaciones del Departamento de Derecho Internacional Público. Madrid – España, 1983.

DEL POZO, F. La *Seguridad Marítima hoy: el mar nunca está en calma.* Real Instituto Elcano. Madrid – España, 2014.

ELIZALDE MONTEAGUDO, Pedro Alfonso. *La Incidencia de las Normas de Protección Marítima en el Transporte Marítimo.* Universidad Autónoma de Barcelona. Barcelona – España, 2012. Página 18.

ENCICLOPEDIA JURÍDICA OPUS. Tomo VII. Ediciones Libra. Caracas – Venezuela, 1995.

GABALDÓN GARCÍA, José Luis. *Curso de Derecho Marítimo Internacional. Derecho Internacional Público y Privado y Contratos Marítimos Internacionales*. Editorial Marcial Pons, Madrid – España, 2012.

GUILFOYLE. Douglas. *Shipping Interdiction and the Law of the Sea.* Cambridge University. United Kingdom, 2009.

KLEIN, Nathalie. *Maritime Security and the Law of the Sea.* Oxford University. United Kingdom, 2011.

LACHEMANN, Frauke and WOLFRUM, Rudiger. *The Law of Armed Conflict and the Use of Force.* Volumen 2. Printed and bound by CPI Group. United Kingdom, 2017.

Legislación.

Austria. Comentarios sobre la Convención de las Naciones Unidas sobre el Tráfico Ilícito de Estupefacientes y Sustancias psicotrópicas, Viena, 20 de diciembre de 1988.

Austria. Convención contra el Tráfico Ilícito de Estupefacientes y Sustancias Psicotrópicas, Viena 20 de diciembre de 1988.

Estados Unidos de América. New York. Acuerdo sobre la aplicación de las disposiciones de la Convención de las Naciones Unidas sobre el Derecho del Mar de 10 de diciembre de 1982 relativas a la conservación y ordenación de las poblaciones de peces transzonales y las poblaciones de peces altamente migratorios. New York. 4 de diciembre de 1995.

Estados Unidos de América. New York. Naciones Unidas. Convención de las Naciones Unidas sobre el Derecho del Mar. Montego Bay (Jamaica), 10 de diciembre de 1982.

Estados Unidos de América. New York. Resolución de la Asamblea de las Naciones Unidas No. 66/183 del 19 de diciembre de 2011. Cooperación Internacional contra el problema mundial de las drogas.

Estados Unidos de América. New York. Organización de las Naciones Unidas (ONU). Guía Práctica para la aplicación de las autoridades nacionales competentes del artículo 17 de la Convención de las Naciones Unidas contra el Tráfico Ilícito de Estupefacientes y Sustancias Psicotrópicas, 1988.

Estados Unidos de América. New York. Resolución de la Asamblea de las Naciones Unidas No. 66/183 del 19 de diciembre de 2011. Cooperación Internacional contra el problema mundial de las drogas.

Estados Unidos de América. New York. Resolución sobre Responsabilidad del Estado por Hechos Internacionalmente Ilícitos, adoptada por la Comisión de Derecho Internacional el 9 de agosto de 2001.

Italia. Plan de Acción Internacional para Prevenir, Desalentar y Eliminar la Pesca Ilegal, no Declarada y no Reglamentada. Organización de las Naciones Unidas para la Agricultura y la Alimentación. Roma (Italia), 2001.

Italia. Conferencia Ministerial de Pesca de la Organización de las Naciones Unidas para la Agricultura y la Alimentación (FAO), Roma 14-15 de marzo de 1995.

Suiza. Convención de Ginebra sobre Alta Mar. 28 de abril de 1958.

Venezuela. Ley General de Marinas y Actividades Conexas. Gaceta Oficial No. 37. 570 del 14 de noviembre de 2.002.

Referencias jurisprudenciales.

Corte Permanente de Justicia Internacional. Caso Lotus (Francia vs. Turquía), 7 de septiembre de 1927. Disponible en: www.dipublico.org>s-s-lotus-1927-... , consultado en fecha 26 de mayo de 2020.

Sala Constitucional de la República de Colombia. Sentencia C2239-212 del 22 de marzo de 2012. www.secretariasenado.gov.co>senado ..., consultado en fecha 26 de mayo de 2020.

Referencias electrónicas.

Achille Lauro, un secuestro improvisado – La Vanguardia. www.lavanguardia.com ... consultado en fecha 26 de mayo de 2020.

Definición de Estupefaciente. Concepto en Definición ABCwww.definicionabc.com>ciencia>e...

consultado en fecha 27 de mayo de 2020.

Definición de Sustancia Psicotrópica. Diccionario de Cáncer. www.cancer.gov>publicaciones> ...consultado en 27 de mayo de 2020.

EL SISTEMA INTERNACIONAL DE INDEMNIZACIÓN DE DAÑOS DEBIDOS A CONTAMINACIÓN POR HIDROCARBUROS

JOSÉ MAURA*

Me complace ser parte de este merecido homenaje al Dr. Luis Cova Arria en reconocimiento de su destacada labor en un área del derecho por la cual ambos compartimos un mismo interés.

Tuve la oportunidad de trabajar con el Dr. Luis Cova Arria en el caso del Nissos Amorgos que se produjo cuando un buque tanque griego que transportaba aproximadamente 75 000 toneladas de petróleo crudo se encalló en el canal de navegación del Lago de Maracaibo y contaminó las aguas del Golfo de Venezuela el 28 de febrero de 1997.

La preparación jurídica y la experiencia profesional del Dr. Luis Cova Arria, junto con su gran capacidad de trabajo y dedicación personal, han constituido un valioso aporte para la resolución de este siniestro que constituyó un verdadero desafío para los FIDAC.

Es bien sabido que el Dr. Luis Cova Arria ha dedicado gran parte de su vida profesional y académica al estudio de la responsabilidad civil derivada de derrames de hidrocarburos, tema en el que se es un

* Licenciado en Derecho, Universidad de Deusto, Bilbao, España. Máster en Derecho Marítimo (LLM.), *University of Bristol*, Bristol, Reino Unido, Máster en Administración de Negocios (MBA), *City University, Business School,* Londres, Reino Unido. Desde 2002, Director del Departamento de Reclamaciones; desde 2010 Director en funciones y desde 2011 hasta 2021 Director Fondos internacionales de indemnización de daños debidos a la contaminación por hidrocarburos.

verdadero experto. Me atrevería a decir, sin vacilar, que hay poco que le quede por conocer sobre esta área del derecho marítimo.

Por eso, esta breve reseña sobre los Fondos Internacionales de Indemnización de Daños debidos a Contaminación por Hidrocarburos (FIDAC) sólo tiene como finalidad recordarle nuestros años de trabajo en común y nuestros esfuerzos por consolidar un sistema de internacional de indemnización, cuya vigencia se ha vuelto con los años más relevante e incuestionable que nunca.

INTRODUCCIÓN

En 1967 el siniestro del buque tanque *Torrey Canyon* impactó las costas de Francia y el Reino Unido y ocasionó daños por contaminación a una escala sin precedente. El daño causado por este siniestro puso de manifiesto la falta de un acuerdo internacional sobre responsabilidad e indemnización en el caso de derrames de hidrocarburos de gran magnitud. Esto motivó a la comunidad internacional a establecer, bajo los auspicios de la Organización Marítima Internacional (OMI), un sistema para indemnizar a las víctimas de la contaminación por hidrocarburos basado en la cooperación de los propietarios de los buques, la industria de hidrocarburos y los gobiernos. Esta iniciativa ha evolucionado a lo largo de los años hasta convertirse en el sistema vigente hoy en día.

MARCO JURÍDICO

En el inicio, el sistema internacional de indemnización se basó en el Convenio de Responsabilidad Civil de 1969 y el Convenio del Fondo de 1971. Con el paso del tiempo, se hizo patente la necesidad de incrementar la cuantía de indemnización disponible para los siniestros importantes y de ampliar el ámbito de aplicación del sistema. Para ello se adoptaron dos nuevos instrumentos: el Convenio internacional sobre responsabilidad civil nacida de daños debidos a contaminación por hidrocarburos, 1992 (Convenio de Responsabilidad Civil de 1992) y el Convenio internacional sobre la constitución de un fondo internacional de indemnización de daños debidos a contaminación por hidrocarburos, 1992 (Convenio del Fondo de 1992).

En 2003, tras los siniestros del *Erika* y del *Prestige*, se adoptó un tercer instrumento, el Protocolo que enmienda el Convenio del Fondo de 1992 (Protocolo relativo al Fondo Complementario). Los Estados que son parte de este Protocolo tienen a su disposición una indemnización adicional a la disponible en virtud del Convenio del Fondo de 1992 por daños debidos a la contaminación.

El Convenio del Fondo de 1971, por su parte, quedó sin efecto el 24 de mayo de 2002 y el Fondo de 1971 se disolvió con efecto a partir del 31 de diciembre de 2014. Asimismo, gran número de Estados ya ha denunciado el Convenio de Responsabilidad Civil de 1969.

LOS CONVENIOS

El Convenio de Responsabilidad Civil de 1992 determina la responsabilidad de los propietarios de buques por daños debidos a contaminación por hidrocarburos. El Convenio establece el principio de la responsabilidad objetiva de los propietarios de buques y crea un sistema de seguro de responsabilidad civil obligatorio. El propietario del buque está normalmente autorizado a limitar su responsabilidad a una cuantía que depende del arqueo de su buque.

El Convenio del Fondo de 1992, concebido para complementar el Convenio de Responsabilidad Civil de 1992, establece un régimen para indemnizar a las víctimas cuando la indemnización pagadera aplicable en virtud del Convenio de Responsabilidad Civil es insuficiente. El Fondo internacional de indemnización de daños debidos a contaminación por hidrocarburos, 1992, por lo general llamado Fondo de 1992, se estableció en virtud del Convenio del Fondo de 1992. El Fondo de 1992 es una organización intergubernamental de ámbito mundial establecida con el objeto de administrar el régimen de indemnización creado por el Convenio del Fondo de 1992. Al constituirse en Parte en el Convenio del Fondo de 1992, un Estado pasa a ser Miembro del Fondo de 1992. Los FIDAC tienen su sede en Londres.

Al 31 de marzo de 2020, 141 Estados habían ratificado el Convenio de Responsabilidad Civil de 1992 o se habían adherido a él y 118 Estados habían ratificado el Convenio del Fondo de 1992 o se habían adherido a él. La lista de los Estados Partes figura en el anexo.

CONVENIO DE RESPONSABILIDAD CIVIL DE 1992

Ámbito de aplicación

El Convenio de Responsabilidad Civil de 1992 se aplica a los daños debidos a contaminación por hidrocarburos resultantes de derrames de hidrocarburos persistentes procedentes de buques tanque.

El Convenio de Responsabilidad Civil de 1992 abarca los daños debidos a contaminación sufridos en el territorio, mar territorial o zona económica exclusiva (ZEE), o zona equivalente, de un Estado Parte en el Convenio. El Estado de abanderamiento del buque tanque y la nacionalidad del propietario del buque son irrelevantes para determinar el ámbito de aplicación.

La expresión 'daños ocasionados por contaminación' se define como pérdidas o daños causados fuera del buque por una contaminación. Por lo que se refiere a daños al medio ambiente (aparte de la pérdida de beneficios resultante del deterioro del medio ambiente) la indemnización está limitada a los costes efectivamente cubiertos o que vayan a cubrirse de las medidas razonables de restauración del medio ambiente contaminado.

El concepto de daños ocasionados por contaminación incluye medidas, dondequiera que se tomen, para prevenir o reducir al mínimo los daños debidos a contaminación en el territorio, mar territorial o ZEE, o zona equivalente, de un Estado Parte en el Convenio ('medidas preventivas'). Los gastos cubiertos por las medidas preventivas son recuperables aun cuando no ocurra derrame de hidrocarburos, siempre y cuando haya una amenaza grave e inminente de daños ocasionados por contaminación.

El Convenio de Responsabilidad Civil de 1992 abarca los derrames de hidrocarburos transportados como carga y/o en los depósitos de combustible procedentes de naves aptas para la navegación marítima cargadas, y en ciertos casos sin carga, construidas o adaptadas para el transporte de hidrocarburos a granel como carga (excluidos los buques de carga seca).

Los daños ocasionados por hidrocarburos no persistentes, tales como gasolina, dieseloil ligero, queroseno, etc., no están cubiertos por el Convenio de Responsabilidad Civil de 1992.

Responsabilidad objetiva

Al propietario de un buque tanque le cabe la responsabilidad objetiva (es decir, es responsable aun en la ausencia de culpa) de los daños ocasionados por la contaminación resultante de un derrame de hidrocarburos procedentes de su buque como consecuencia de un siniestro. El propietario queda exento de responsabilidad en virtud del Convenio de Responsabilidad Civil de 1992 solamente si demuestra que:

Aa) los daños se debieron a un acto de guerra o a un desastre natural grave; o

b) los daños se debieron totalmente al sabotaje de terceros; o

c) los daños se debieron totalmente a la negligencia de las autoridades públicas en el mantenimiento de luces u otras ayudas a la navegación.

Limitación de la responsabilidad

El propietario de un buque tiene derecho normalmente a limitar su responsabilidad en virtud del Convenio de Responsabilidad Civil de 1992. El 1 de noviembre de 2003 los límites se aumentaron en aproximadamente un 50,37 % como se indica a continuación. Los límites aumentados que se aplican a los siniestros ocurridos a partir de esa fecha son:

a) para un buque que no exceda de 5 000 unidades de arqueo bruto: 4 510 000 DEG (USD 6,16 millones);[1]

b) para un buque de un arqueo comprendido entre 5 000 y 140 000 unidades: 4 510 000 DEG (USD 6,16 millones) más 631 DEG (USD 861) por cada unidad de arqueo adicional; y

c) para un buque cuyo arqueo sea igual o superior a 140 000 unidades: 89 770 000 DEG (USD 122,52 millones).

Si se demuestra que los daños por contaminación fueron resultado de la actuación u omisión personales del propietario del buque, cometidas con intención de causar los daños, o temerariamente y a sabiendas

[1] La unidad de cuenta de los Convenios de 1992 es el derecho especial de giro (DEG) como lo define el Fondo Monetario Internacional. En este documento, el DEG se ha convertido a dólares de los EE. UU. al tipo de cambio aplicable el 31 de marzo de 2020, es decir, 1 DEG = USD 1,3648.

de que probablemente se originarían tales daños, el propietario del buque perderá el derecho a limitar su responsabilidad.

Encauzamiento de la responsabilidad

En virtud del Convenio de Responsabilidad Civil de 1992, solo pueden promoverse reclamaciones de daños por contaminación contra la persona inscrita como propietaria del buque tanque en cuestión. Esto no impide que las víctimas puedan reclamar una indemnización al margen del Convenio a personas que no sean las propietarias del buque. No obstante, el Convenio prohíbe las reclamaciones contra los empleados o agentes del propietario, miembros de la tripulación, el práctico, el fletador (incluido el fletador a casco desnudo), el gestor naval o armador del buque o cualquier persona que realice operaciones de salvamento o tome medidas preventivas. El propietario tiene derecho a interponer un recurso contra terceros de conformidad con la legislación nacional.

Seguro obligatorio

El propietario de un buque tanque que transporte como carga más de 2 000 toneladas de hidrocarburos persistentes está obligado a mantener un seguro que cubra su responsabilidad en virtud del Convenio de Responsabilidad Civil de 1992. Los buques tanque deben llevar a bordo un certificado que atestigüe la cobertura del seguro. Este certificado también es obligatorio para los buques que enarbolen el pabellón de un Estado que no sea Parte en el Convenio de Responsabilidad Civil de 1992 cuando entren o salgan de un puerto o instalación terminal de un Estado Parte en dicho Convenio.

Las reclamaciones de daños por contaminación en virtud del Convenio de Responsabilidad Civil de 1992 pueden promoverse directamente contra el asegurador u otra persona que proporcione la garantía financiera para cubrir la responsabilidad del propietario por daños debidos a contaminación.

Competencia de los tribunales

Solo pueden promoverse reclamaciones de indemnización en virtud del Convenio de Responsabilidad Civil de 1992 contra el propietario del buque o su asegurador ante los tribunales del Estado Parte en ese

Convenio en cuyo territorio, mar territorial o ZEE, o zona equivalente, se produjeron los daños.

CONVENIO DEL FONDO DE 1992

El Fondo de 1992 indemniza a quienes sufren daños debidos a contaminación por hidrocarburos en un Estado Parte en el Convenio del Fondo de 1992 que no obtienen indemnización plena en virtud del Convenio de Responsabilidad Civil de 1992 en los siguientes casos:

a) el propietario del buque está exento de responsabilidad en virtud del Convenio porque puede acogerse a una de las exenciones que permite el Convenio; o
b) el propietario del buque es financieramente insolvente para dar pleno cumplimiento a sus obligaciones en virtud del Convenio y su seguro es insuficiente para satisfacer las reclamaciones de indemnización de los daños por contaminación; o
c) la cuantía de los daños rebasa el límite de responsabilidad del propietario del buque en virtud del Convenio.

Para constituirse en Partes en el Convenio del Fondo de 1992 los Estados deben constituirse también en Partes en el Convenio de Responsabilidad Civil de 1992.

El Fondo de 1992 no paga indemnización si:

a) los daños ocurrieron en un Estado que no era Miembro del Fondo de 1992; o
b) los daños por contaminación fueron consecuencia de un acto de guerra u ocasionados por un derrame procedente de un buque de guerra; o
c) el demandante no puede demostrar que los daños fueron consecuencia de un siniestro relacionado con uno o más buques según la definición de 'buque' establecida (es decir, toda nave apta para la navegación marítima y todo artefacto flotante en el mar, del tipo que sea, construido o adaptado para el transporte de hidrocarburos a granel como carga).

Límite de indemnización

La cuantía máxima de indemnización pagadera por el Fondo de 1992 en lo que respecta a un siniestro ocurrido antes del 1 de noviembre de 2003 era de 135 millones de DEG (USD 184,25 millones), incluida la suma efectivamente pagada por el propietario del buque (o por su asegurador) en virtud del Convenio de Responsabilidad Civil de 1992. El límite se aumentó en un 50,37 % a 203 millones de DEG (USD 277,05 millones) el 1 de noviembre de 2003. El límite aumentado se aplica solo a siniestros ocurridos en dicha fecha o después.

Competencia de los tribunales

Las demandas de indemnización en virtud del Convenio del Fondo de 1992 contra el Fondo de 1992 solo pueden interponerse en los tribunales del Estado Parte en el Convenio en cuyo territorio, mar territorial o ZEE, o zona equivalente, se produjeron los daños.

La experiencia derivada de siniestros pasados ha demostrado que la mayor parte de las reclamaciones se liquidan extrajudicialmente.

La organización del Fondo de 1992

El Fondo de 1992 tiene una Asamblea integrada por representantes de todos los Estados Miembros. La Asamblea es el órgano rector supremo del Fondo de 1992, y celebra sesiones ordinarias una vez al año. La Asamblea elige un Comité Ejecutivo, integrado por 15 Estados Miembros. La función principal del Comité es aprobar la liquidación de reclamaciones.

El Fondo de 1992 comparte una Secretaría con el Fondo Complementario. La Secretaría común tiene al frente un Director y en la actualidad está compuesta por 26 funcionarios.

Financiación del Fondo de 1992

El Fondo de 1992 se financia mediante contribuciones recaudadas de toda persona que haya recibido en un año civil más de 150 000 toneladas de crudos y fueloil pesado (hidrocarburos sujetos a contribución) en un Estado Parte en el Convenio del Fondo de 1992.

Base de las contribuciones

La recaudación de contribuciones se calcula a partir de informes sobre hidrocarburos recibidos de cada contribuyente. Los Estados Miembros deben comunicar anualmente al Fondo de 1992 el nombre y la dirección de las personas que en dichos Estados se hallen obligadas a pagar contribuciones, así como la cantidad de hidrocarburos sujetos a contribución recibidos por dichas personas. Este principio se aplica ya sea el receptor de los hidrocarburos una autoridad estatal, una compañía propiedad del Estado o una compañía privada. Excepto en el caso de personas asociadas (filiales y entidades bajo control común), solo se deberá notificar sobre personas que hayan recibido más de 150 000 toneladas de hidrocarburos sujetos a contribución en el año pertinente.

A efectos de la contribución, los hidrocarburos se contabilizan cada vez que se reciben en los puertos o las instalaciones terminales de un Estado Miembro tras haber sido transportados por mar. Por 'se reciben' se entiende la recepción de hidrocarburos en tanques o depósitos inmediatamente después de su transporte por mar. En este contexto el lugar en que se cargaron los hidrocarburos es irrelevante; los hidrocarburos pueden haber sido importados, transportados desde otro puerto del mismo Estado o transportados en un buque desde una plataforma de producción mar adentro. También se tienen en cuenta, a efectos de la contribución, los hidrocarburos recibidos para su transbordo con destino a otro puerto o recibidos para su transporte ulterior a través de un oleoducto.

Pago de contribuciones

El Fondo de 1992 recauda contribuciones anuales para hacer frente a los pagos de indemnización y a los gastos administrativos previstos para el año siguiente. La Asamblea decide cada año la cuantía que se debe recaudar. El Fondo de 1992 cuenta con un Fondo General que cubre los gastos administrativos. El Fondo General cubre también los pagos de indemnización y los gastos relacionados con reclamaciones si la cantidad total pagadera por el Fondo de 1992 no excede de una cantidad dada por siniestro (4 millones de DEG). Si debido a un siniestro el

Fondo de 1992 debe hacer frente a importantes pagos de indemnización y gastos relacionados con reclamaciones, se establece un Fondo de Reclamaciones Importantes a fin de cubrir la cuantía que exceda el monto pagadero con el Fondo General en relación con ese siniestro.

El Director expide una factura a cada contribuyente una vez que la Asamblea adopta una decisión respecto de la recaudación de las contribuciones anuales. Cada contribuyente paga una cantidad específica por tonelada de hidrocarburos sujetos a contribución recibidos. Existe un sistema de facturación diferida mediante el cual la Asamblea fija la cantidad total a recaudar en contribuciones para un año civil determinado, pero decide que solo se facture una cantidad total específica inferior para su pago a más tardar el 1 de marzo del año siguiente; el monto restante, o parte del mismo, se facturará en una fecha posterior en ese mismo año, si fuese necesario.

Las contribuciones son pagaderas por cada contribuyente directamente al Fondo de 1992. Un Estado no es responsable del pago de las contribuciones impuestas a sus contribuyentes, a menos que haya aceptado voluntariamente tal obligación.

Nivel de las contribuciones

Los pagos efectuados por el Fondo de 1992 por reclamaciones de indemnización de daños debidos a contaminación por hidrocarburos pueden variar considerablemente de un año a otro, lo que da como resultado fluctuaciones en el nivel de las contribuciones. En el cuadro a continuación se muestran las contribuciones más recientes recaudadas por el Fondo de 1992 para el Fondo General y para los Fondos de Reclamaciones Importantes durante el periodo de 2013 a 2019. El historial pormenorizado de las contribuciones recaudadas por el Fondo de 1992, así como información adicional, se puede encontrar en el sitio web de los FIDAC.

Contribuciones anuales	Fecha límite de pago	Fondo	Total de contribuciones (£)	Contribución por tonelada de hidrocarburos sujetos a contribución (£)
2013	01.03.2014	Fondo General	3 300 000	0,0021077
		Fondo de Reclamaciones Importantes del *Prestige*	2 500 000	0,0018429
		Fondo de Reclamaciones Importantes del *Volgoneft 139*	7 500 000	0,0048892
2014	01.03.2015	Fondo General	3 800 000	0,0024779
2015	01.03.2016	Fondo General	4 400 000	0,0029061
2016	01.03.2017	Fondo General	9 700 000	0,0062582
		Fondo de Reclamaciones Importantes del *Alfa I*	6 400 000	0,0041634
2017	01.03.2018	Fondo General	1 500 000	0,0009734
		Fondo de Reclamaciones Importantes del *Agia Zoni II*	26 000 000	0,0168720
2018	01.03.2019	Fondo General	5 900 000	0,0037193
		Fondo de Reclamaciones Importantes del *Agia Zoni II*	10 000 000	0,0064666
		Fondo de Reclamaciones Importantes del *Alfa I*	1 675 000	0,0010836
Reembolso		Fondo de Reclamaciones Importantes del *Volgoneft 139*	-3 675 000	-0,0024278
2019	01.03.2020	Fondo General	2 300 000	0,0014586
		Fondo de Reclamaciones Importantes del *Agia Zoni II*	5 000 000	0,0032333
		Fondo de Reclamaciones Importantes del *Nesa R3*	3 600 000	0,0022823

PROTOCOLO RELATIVO AL FONDO COMPLEMENTARIO

El Protocolo relativo al Fondo Complementario entró en vigor el 3 de marzo de 2005 y se creó así un tercer nivel en el régimen de responsabilidad e indemnización que brinda una indemnización adicional a la disponible en virtud del Convenio del Fondo de 1992 para la indemnización de daños debidos a contaminación en los Estados que sean Parte en el Protocolo relativo al Fondo Complementario. En consecuencia, la cuantía total disponible para la indemnización de cada siniestro por daños debidos a contaminación en los Estados que sean Miembros del Fondo Complementario asciende a 750 millones de DEG (USD 1 023,6 millones), incluida la cuantía pagadera en virtud del Convenio de Responsabilidad Civil de 1992 y del Convenio del Fondo de 1992, que asciende a 203 millones de DEG (USD 277,05 millones).

El Fondo Complementario pagará indemnización únicamente por daños debidos a contaminación en el caso de siniestros que ocurran tras la entrada en vigor del Protocolo para el Estado en cuestión.

La afiliación al Fondo Complementario es optativa y todo Estado que sea Miembro del Fondo de 1992 puede adherirse al Fondo Complementario. El Fondo Complementario es administrado por la Secretaría del Fondo de 1992 pero cuenta con su propia Asamblea, integrada por representantes de sus Estados Miembros. A la fecha, 32 Estados han ratificado el Protocolo o se han adherido a él.

Pagará contribuciones anuales al Fondo Complementario toda persona que en cada Estado Miembro haya recibido durante cualquier año civil una cantidad de hidrocarburos superior a 150 000 toneladas tras su transporte marítimo hasta los puertos e instalaciones terminales de ese Estado. Sin embargo, el sistema de contribuciones para el Fondo Complementario difiere del sistema del Fondo de 1992 en que existe un mínimo de un millón de toneladas de hidrocarburos sujetos a contribución recibidos en un año por cada Estado Miembro. En los Estados Miembros en que la cantidad total de hidrocarburos sujetos a contribución recibidos por los contribuyentes sea menor al millón de toneladas, los contribuyentes deberán pagar su parte sobre la base de los hidrocarburos que reciban y el Estado deberá asumir la obligación de pagar la cantidad restante de contribuciones adeudadas al Fondo Complementario.

El Fondo Complementario tiene un Fondo General que solo cubre gastos administrativos. Por esta razón se establecerá un Fondo de Reclamaciones para todo siniestro por el que el Fondo Complementario tenga que pagar indemnización. No se han producido siniestros que hayan afectado al Fondo Complementario.

Las contribuciones más recientes para el Fondo Complementario se recaudaron en 2017, cuando la Asamblea del Fondo Complementario decidió reembolsar £830 000 a contribuyentes de los 19 Estados Miembros que habían pagado contribuciones de 2006 al Fondo General. Decidió también recaudar contribuciones por la suma de £1,5 millones de los contribuyentes de los 31 Estados que al momento de la celebración de la sesión de abril de 2017 de la Asamblea eran Parte en el Protocolo relativo al Fondo Complementario, como se muestra en el siguiente cuadro:

Contribuciones anuales	Año de recepción de hidrocarburos	Fecha límite de pago	Total de contribuciones (£)	Contribución por tonelada de hidrocarburos sujetos a contribución (£)
2017	2016	01.03.2018	1 500 000	0,0014891[2]
		Reembolso		
2006	2005	01.03.2018	-830 000	-0,0010249

GESTIÓN DEL FONDO DE 1992 Y DEL FONDO COMPLEMENTARIO

El Fondo de 1992 y el Fondo Complementario comparten una Secretaría común que tiene al frente un Director y que, en la actualidad, está compuesta por 26 profesionales.

2 En su sesión de abril de 2017, la Asamblea del Fondo Complementario decidió reembolsar £830 000 del Fondo General el 1 de marzo de 2018 a aquellos contribuyentes de los 19 Estados Miembros que habían contribuido a la recaudación de 2006. Se tomó nota de que se había aplicado un límite a la recaudación de contribuciones de 2006, en virtud del artículo 18.1 del Protocolo relativo al Fondo Complementario (Disposiciones transitorias) y que se aplicaría también al reembolso de dichas contribuciones. A continuación se facilita información sobre la deducción por el límite de recaudación y el reembolso adicional:

	Recaudación por tonelada £
Deducción por el límite de recaudación aplicable al reembolso para los contribuyentes del Japón	0,0003794
Reembolso adicional para los contribuyentes de otros Estados	-0,0001765

El objetivo principal de la Secretaría es asegurar el pago rápido de indemnización a los perjudicados. La Secretaría también tiene la responsabilidad de garantizar que el sistema funcione del modo previsto y, con ese fin, se encarga de la recogida de informes sobre la recepción de hidrocarburos, la facturación y la recaudación de contribuciones. Además, la Secretaría lleva a cabo la difusión y promoción del sistema internacional de responsabilidad e indemnización.

STOPIA Y TOPIA

El régimen internacional de responsabilidad e indemnización creado por los Convenios de Responsabilidad Civil y del Fondo de 1992 tenía por objeto lograr una distribución proporcional entre los sectores naviero y petrolero de las consecuencias económicas de los derrames en el mar de hidrocarburos procedentes de buques tanque. A fin de corregir el desequilibrio creado por la constitución del Fondo Complementario, que sería financiado por el sector petrolero, el International Group of P&I Associations (un grupo de 13 mutuas de seguros que entre ellas facilitan seguro de responsabilidad a aproximadamente el 98% de la flota mundial de buques tanque) introdujo dos acuerdos, el Acuerdo de indemnización de la contaminación por hidrocarburos procedentes de pequeños buques tanque (STOPIA) 2006 y el Acuerdo de indemnización de la contaminación por hidrocarburos procedentes de buques tanque (TOPIA) 2006.

Estos acuerdos se conciertan voluntariamente entre los propietarios de buques con el fin de resarcir al Fondo de 1992 y el Fondo Complementario de los pagos de indemnización que hayan hecho con arreglo al Convenio. En virtud del STOPIA 2006, el propietario del buque devolverá al Fondo de 1992 los pagos de indemnización que haya hecho a reclamantes hasta la suma de 20 millones de DEG (USD 27,3 millones). Y en virtud del TOPIA 2006, el propietario del buque reembolsará al Fondo Complementario el 50 % de los pagos de indemnización que haya hecho a reclamantes.

Los acuerdos se revisaron y enmendaron en 2016 sobre la base de los 10 años de experiencia adquirida en la tramitación de reclamaciones desde su entrada en vigor. Las nuevas versiones, el Acuerdo de indemnización de la contaminación por hidrocarburos procedentes de pequeños buques tanque (STOPIA) 2006 (enmendado en 2017) y el Acuerdo de indemnización de la contaminación por hidrocarburos procedentes de buques tanque (TOPIA) 2006 (enmendado en 2017), entraron en vigor el 20 de febrero de 2017.

CONCLUSIONES

El sistema internacional de indemnización se basa en la estrecha cooperación entre los gobiernos y las industrias marítima y petrolera. Gracias a la labor conjunta de los gobiernos y la industria durante estos últimos 50 años, se ha logrado desarrollar un marco normativo, sistemas eficaces de preparación y respuesta a los derrames, y un paquete de indemnización adecuado para las personas afectadas por los siniestros.

El sistema internacional de indemnización ofrece a los Estados un mecanismo sólido y eficaz para responder a los derrames y hacer frente a sus consecuencias financieras.

Si bien en la actualidad la navegación es mucho más segura y el índice de accidentes es sustancialmente menor que en el pasado; el transporte marítimo de unos 1 800 millones de toneladas de hidrocarburos anuales siempre conlleva el riesgo de que ocurra un derrame de gran magnitud y complejidad.

Las ventajas para un Estado de constituirse en Parte en el Convenio de Responsabilidad Civil de 1992 y el Convenio del Fondo de 1992 pueden resumirse del siguiente modo. Si se produce un siniestro de contaminación en el que interviene un buque tanque, se dispone de indemnización para los Gobiernos u otras autoridades que hayan realizado gastos en operaciones de limpieza o en medidas preventivas y para los organismos privados y particulares que hayan sufrido daños como resultado de la contaminación. Por ejemplo, los pescadores cuyas redes hayan quedado impregnadas por hidrocarburos tienen derecho a indemnización, y también se indemnizará por pérdida de ingresos a hoteleros en lugares de veraneo situados en la costa y a pescadores. Se procede así con independencia del pabellón del buque tanque, el dueño de los hidrocarburos o el lugar en que ocurrió el siniestro, siempre que los daños se produzcan en un Estado Parte.

El Convenio de Responsabilidad Civil de 1992 y el Convenio del Fondo de 1992 proporcionan un ámbito de aplicación más amplio respecto de varios puntos y límites de indemnización mucho mayores que los Convenios en sus versiones originales. Por estas razones, se recomienda que los Estados que aún no lo han hecho se adhieran a los Protocolos de 1992 que enmiendan el Convenio de Responsabilidad Civil y el Convenio del Fondo (y no a los Convenios de 1969) y de esta manera se constituyan en Partes en los Convenios en su forma enmendada por los Protocolos (los Convenios de 1992). Los Convenios de 1992 entrarían en vigor para el Estado en cuestión 12 meses después de haber depositado su instrumento o instrumentos de adhesión.

Se aconseja a los Estados que ya son Partes en el Convenio de Responsabilidad Civil de 1969 que denuncien ese Convenio en el momento en que depositen sus instrumentos de los Protocolos de 1992, de modo que la denuncia tenga efecto el mismo día en que los Protocolos de 1992 entren en vigor para ese Estado.

En cuanto al Protocolo relativo al Fondo Complementario, el Estado tendrá que considerar si, en vista de su situación concreta, la ratificación del Protocolo o la adhesión al mismo le resulta de beneficio.

Con relación a estos Convenios, queda todavía mucho trabajo por hacer en América Latina. En 2019 ha quedado de manifiesto el riesgo y el impacto de un siniestro de gran envergadura durante la contaminación por hidrocarburos de fuente desconocida que afectó la costa brasileña. Sin embargo, no todos los países de Latinoamérica, entre ellos Brasil y Chile, son Estados Parte en el Convenio del Fondo de 1992 y ningún país latinoamericano ha adherido al Protocolo relativo al Fondo Complementario.

Se ha logrado mucho en los últimos 50 años, pero gobiernos e industrias deben seguir trabajando juntos para asegurar la correcta implementación de los convenios en países con sistemas jurídicos muy distintos, enfrentar los nuevos desafíos que plantea el transporte de hidrocarburos y satisfacer las necesidades de una sociedad cada vez más consciente de la importancia de velar por el medio ambiente.

* * *

ANEXO

Estados Partes tanto en el Convenio de Responsabilidad Civil de 1992 como en el Convenio del Fondo de 1992

al 31 de marzo de 2020

(y que por lo tanto son Miembros del Fondo de 1992)

116 ESTADOS EN LOS QUE EL CONVENIO DE 1992 ESTÁ EN VIGOR		
Albania	Gabón	Nueva Zelandia
Alemania	Georgia	Omán
Angola	Ghana	Países Bajos
Antigua y Barbuda	Granada	Palau
Argelia	Grecia	Panamá
Argentina	Guinea	Papúa Nueva Guinea
Australia	Guyana	Polonia
Bahamas	Hungría	Portugal
Bahréin	India	Qatar
Barbados	Irán (República Islámica del)	Reino Unido
Bélgica	Irlanda	República Árabe Siria
Belice	Islandia	República de Corea
Benín	Islas Cook	República Dominicana
Brunéi Darussalam	Islas Marshall	República Unida de Tanzania
Bulgaria	Israel	Saint Kitts y Nevis
Cabo Verde	Italia	Samoa
Camboya	Jamaica	San Vicente y las Granadinas
Camerún	Japón	Santa Lucía
Canadá	Kenya	Senegal
China[3]	Kiribati	Serbia
Chipre	Letonia	Seychelles
Colombia	Liberia	Sierra Leona
Comoras	Lituania	Singapur
Congo	Luxemburgo	Sri Lanka
Côte d'Ivoire	Madagascar	Sudáfrica
Croacia	Malasia	Suecia
Dinamarca	Maldivas	Suiza
Djibouti	Malta	

[3] El Convenio del Fondo de 1992 se aplica únicamente a la Región Administrativa Especial de Hong Kong.

Dominica	Marruecos	Tailandia
Ecuador	Mauricio	Tonga
Emiratos Árabes Unidos	Mauritania	Trinidad y Tobago
Eslovaquia	México	Túnez
Eslovenia	Mónaco	Turquía
España	Montenegro	Tuvalu
Estonia	Mozambique	Uruguay
Federación de Rusia	Namibia	Vanuatu
Fiji	Nicaragua	Venezuela (República Bolivariana de)
Filipinas	Nigeria	
Finlandia	Niue	
Francia	Noruega	

Dos Estados que han depositado instrumentos de adhesión, pero para los que el Convenio del Fondo de 1992 no entra en vigor hasta la fecha indicada

Gambia	30 de octubre de 2020
Nauru	23 de marzo de 2020

Estados Partes en el Convenio de Responsabilidad Civil de 1992, pero no en el Convenio del Fondo de 1992

al 31 de marzo de 2020

(y que por lo tanto no son Miembros del Fondo de 1992)

32 ESTADOS PARTES EN EL PROTOCOLO RELATIVO AL FONDO COMPLEMENTARIO		
Alemania	Estonia	Montenegro
Australia	Finlandia	Noruega
Barbados	Francia	Nueva Zelandia
Bélgica	Grecia	Países Bajos[4]
Canadá	Hungría	Polonia
Congo	Irlanda	Portugal
Croacia	Italia	Reino Unido
Dinamarca	Japón	República de Corea
Eslovaquia	Letonia	Suecia
Eslovenia	Lituania	Turquía
España	Marruecos	

[4] Países Bajos, Aruba, Curazao y Sint Maarten son asociados autónomos dentro del Reino de los Países Bajos. El Fondo Complementario no se ha extendido a Aruba, Curazao ni Sint Maarten.

Estados Partes en el Convenio de Responsabilidad Civil de 1992, pero no en el Convenio del Fondo de 1992

al 31 de marzo de 2020

(y que por lo tanto no son Miembros del Fondo de 1992)

23 ESTADOS EN LOS QUE EL CONVENIO DE RESPONSABILIDAD CIVIL DE 1992 ESTÁ EN VIGOR			
Arabia Saudita	Guatemala	Mongolia	Rumania
Azerbaiyán	Indonesia	Myanmar	Togo
Chile	Islas Salomón	Pakistán	Turkmenistán
China	Jordania	Perú	Ucrania
Egipto	Kuwait	República de Moldavia	Viet Nam
El Salvador	Líbano		Yemen

Un Estado que ha depositado un instrumento de adhesión, pero para el que el Convenio de Responsabilidad Civil de 1992 no entra en vigor hasta la fecha indicada

Honduras	26 de junio de 2020

Estados Partes en el Convenio de Responsabilidad Civil de 1969

al 31 de marzo de 2020

32 ESTADOS PARTES EN EL CONVENIO DE RESPONSABILIDAD CIVIL de 1969		
Arabia Saudita	Emiratos Árabes Unidos	Libia
Azerbaiyán	Georgia	Maldivas
Benín	Ghana	Mongolia
Brasil	Guatemala	Perú
Camboya	Guinea Ecuatorial	República Árabe Siria
Chile	Guyana	República Dominicana
Costa Rica	Honduras	Saint Kitts y Nevis
Côte d'Ivoire	Indonesia	Santo Tomé y Príncipe
Ecuador	Kazajstán	Senegal
Egipto	Kuwait	Turkmenistán
El Salvador	Líbano	

Un Estado que ha depositado un instrumento de denuncia y para el que el Convenio de Responsabilidad Civil de 1969 dejará de estar en vigor en la fecha indicada

Gambia	30 de octubre de 2020

CONSIDERACIONES SOBRE LA ACCIÓN JUDICIAL DEL ABORDAJE

JUAN ANTONIO MALPICA LANDER*

INTRODUCCIÓN

Para mí es un honor ser convocado a este homenaje que se rinde al Dr. Luis Cova Arria, de quien después de una carrera de aquilatados logros académicos y profesionales; que más se puede decir que no esté expresado en este libro homenaje. Su aporte al derecho marítimo en Venezuela, está reflejado en la cantidad de artículos y libros que sobre el tema ha sido autor, pero lo más importante es su intento en los años ochenta de modernizar las vetustas normas sobre derecho marítimo que para el momento se encontraban en vigencia en el Código de Comercio; con su proyecto de Ley Orgánica de la Navegación y Comercio por Aguas (PLONCA), el cual incorporaba a Venezuela a la vanguardia del derecho marítimo en el mundo y que por razones políticas éste no logró llegar a ser promulgado como ley, anhelo del homenajeado.

Una de las virtudes de las personas que resaltan en la sociedad es la perseverancia, que sin duda alguna es una de las muchas del Dr. Luis Cova Arria, esta se vio recompensada en los primeros años de este siglo

* Abogado. Especialista en Derecho Procesal, Diplomado en: Gerencia para Abogados, Derecho Tributario, Derecho Laboral y Derecho Médico. Miembro del Comité Ejecutivo de la Asociación Venezolana de Derecho Marítimo. Miembro Fundador del Escritorio Jurídico Malpica Lander & Asociados. Ponente y relator en Jornadas y Conferencias sobre en materias procesal y marítima.

con la promulgación de las leyes relacionadas con esta rama del derecho en Venezuela, como lo son: Ley Orgánica de Espacios Acuáticos, Ley de Comercio Marítimo, Ley General de Marina y Actividades Conexas y Ley de Procedimientos Marítimos. No obstante, estas leyes no se lograron por el procedimiento normal establecido en la Constitución para la promulgación de las leyes; se hizo por la vía de la Ley Habilitante, causando un efecto inmediato y positivo en el ambiente marítimo en Venezuela.

El Doctor Luis Cova Arria, es el padrino de todo este ordenamiento jurídico que hoy regula la navegación en nuestro país, y en esto estarán de acuerdo muchos de mis colegas que ejercen esta rama del derecho. Sin duda alguna, los maritimistas de Venezuela contamos con mucha suerte que el homenajeado se haya interesado en los estudios del derecho marítimo, porque de haberlo hecho en otra rama, los logros y la posición que tiene a nivel mundial al contar con una de las legislaciones marítimas más avanzadas, no sería igual.

Con el Doctor Luis Cova Arria, se puede entablar una conversación de cualquier tema, tratando esto como si conversara con alguien de mi generación o más joven. Como ya referí, se conjugan una serie de virtudes las cuales caracterizan a las personas exitosas, otra de ellas es el valor de la amistad, que en mi caso, a pesar de la diferencia generacional, no tiene ninguna disparidad con la que mantiene desde su juventud con mi padre, Juan Antonio Malpica Marciano y mi suegro José Getulio Salaverría Lander. Que fortuna para mí poder contar con un amigo como Luis.

PREÁMBULO

Es importante antes de entrar en la temática de este trabajo y análisis de las normas procedimentales que regulan un eventual proceso judicial para la reclamación de los daños y perjuicios causados por un abordaje, que definamos y tratemos sus antecedentes a lo largo de la historia. Etimológicamente la palabra [1] abordaje viene del sufijo -aje

[1] Abordaje disponible en: https://www.google.com/search?q=etimologicA+DE+ABORDAJE&oq=etimologicA+DE+ABORDAJE&aqs=chrome..69i57j0.6046j0j15&sourceid=chrome&ie=UTF-8, consultado en fecha 15 de mayo de 2.020.

(acción) sobre la palabra "*bordo*" y este del fráncico *bord* "*lado de la nave*". La definición de abordaje, como todas las instituciones del derecho no tiene una sola conceptualización, por lo cual nos pasearemos por alguna de ellas para tener una noción general.

En la obra del distinguido abogado e historiador,[2] Guillermo Cabanellas, que muchos de los abogados del foro en nuestros primeros años de estudio consultamos para investigar la significación de los términos jurídicos, se define así: "*abordaje de embarcaciones es la colisión entre dos naves, sean mercantes o de guerra, sin propósito de ataque, y a consecuencia de accidentes fortuitos, fuerza mayor, imprudencia o impericia del Capitán y miembros del buque abordador*".

En la legislación patria se define en el Artículo 320 de la Ley de Comercio Marítimo[3], de la siguiente manera: "*el contacto material violento, entre dos o más buques que naveguen o sean susceptibles de navegar en los espacios acuáticos*".

En el concepto comentado por el Doctor Tulio Álvarez Ledo, manifiesta que la definición contenida en la ley se refiere a su concepción estricta, por lo que dice con respecto a esto: "*Para calificar el suceso como abordaje es preciso que el contacto material entre dos buques cuando se maniobra para abordarlos; debe además ser violento y ocasionar daños a unos o a más buques intervinientes*" [4].

Por otra parte el Doctor Freddy Belisario Capella, amplía la definición de abordaje exponiendo que: "*En cuanto al verdadero sentido o significado de la palabra abordaje, se llega al convencimiento de que dicha palabra, en su aspecto jurídico, entraña el concepto de que el abordaje puede acontecer entre dos o más buques, cualquiera que sea su clase y tamaño, por acercamiento, encuentro o golpe más o menos violento de uno y otro buque, siempre sobre las bases de hallarse las dos naves separadas, independientes una de la otra, con libertad de*

---

2 Guillermo Ca"ballenas, *Diccionario Enciclopédico de Derecho Usual*. 15ª Edición. Tomo I. Buenos Aires. Editorial Heliasta S.R.L. 1.981.

3 Venezuela. Decreto con Fuerza de Ley de Comercio Marítimo, publicada en Gaceta Oficial No. 5.551, del 09 de Noviembre del 2.009. Reforma Parcial de la Ley de Comercio Marítimo, Gaceta Oficial N° 38.351, de fecha 05 de enero del 2.006.

4 Tulio Álvarez Ledo, *Derecho Marítimo.* Tomo II. Segunda Edición, Caracas, 2.007.

movimientos, nunca ligadas entre sí y con relación de cierta dependencia de cualquiera de ellas con relación a la otra"[5].

En general, dentro de la concepción del abordaje debemos tener elementos importantes, tales como, que el hecho ocurra entre dos o más embarcaciones, entendiéndose embarcaciones como todo aquel elemento flotante que sea apto para navegar. En muchas legislaciones y la doctrina en general diferencia el abordaje de la colisión precisamente por este elemento, en tal sentido los que apoyan esta diferencia afirman que de ocurrir con elementos fijos como lo son muelles, espigones, Duques de Alba[6], etc., se estaría en presencia de una colisión, criterio acogido por nuestra legislación en el Artículo 334 de la Ley de Comercio Marítimo, cuando denomina este evento con objetos fijos como colisión. Un ejemplo histórico de colisión fue lo ocurrido al Titanic (14 de Abril del año 1.912) con un iceberg, que si bien es cierto éste flota, pero por su constitución y limitada movilidad se puede considerar un elemento fijo, por esta razón fue catalogado como colisión.

Otro elemento es que sea intempestivo, el abordaje no deber ser planificado, aunque en las primeras concepciones de éste se utilizaba como una maniobra bélica en la antigüedad. No obstante, es una condición que éste sea repentino, aunque los capitanes de las embarcaciones en cierto momento puedan preverlo y realizar maniobras para evitarlo, este debe ser un hecho no esperado dentro de la navegación. Sin duda alguna, la violencia es otro elemento que debemos encontrar dentro del abordaje, esto significa que éste debe ser con la fuerza necesaria para que cause un daño, del que nazca la obligación de repararlo; de no ser así, se podría estar en presencia del acercamiento de dos embarcaciones que al ponerse en contacto no se causan daño, no se puede considerar esto un abordaje.

En el contexto histórico del abordaje es ineludible que nos vayamos a las primeras nociones de éste, aparecieron como táctica naval común en el mediterráneo, utilizada en las interminables guerras que

---

[5] Freddy Belisario Capella, *Riesgos de la Navegación.* Anauco Ediciones C.A, Caracas, 2.005.

[6] Duques de Alba son estructuras aisladas que sirven para dar apoyo lateral y amarre a los buques. La construcción de los duques de alba suele hacerse con base de pilotes con una losa en cabeza.

enfrentaron a los atenienses y espartanos contra los persas en el año 480 a.C; como lo era embestir con el espolón que estaban equipadas las embarcaciones en la proa, y abordar la nave enemiga con la infantería, lo que venía a ser una batalla terrestre sobre la cubierta de los barcos.

Como expresamos antes, por varios siglos el abordaje fue utilizado con el fin de causar un daño intencional a otra embarcación, siempre dentro de una actividad bélica o de sometimiento para realizar actos de vandalismo, por esto no fue tratado como tal en las primeras normas que regularon la navegación; pero sin duda alguna este infortunio para cualquier armador de ese período era tratado como una avería dentro de la aventura marítima.

La navegación implica riesgos y por ello muchas de sus instituciones jurídicas nacen de éste. La posibilidad de producirse un evento dañoso durante el curso de la travesía, por los avances en la navegabilidad, como lo es la velocidad de las embarcaciones y el aumento del tráfico marítimo, seguramente motivaron una serie de accidentes que obligó a la legislación marítima a tratar esta institución de forma individual. Por esto, las normas que regulan el abordaje en comparación con la antigüedad de las que regulan el derecho marítimo, son relativamente recientes. Sin duda alguna, las normas marítimas a través de la historia, le dieron a la institución de abordaje un trato diferente a medida que se iban creando. Como consecuencia de la tendencia de unificación de las normas que regulan el derecho marítimo a nivel mundial, se logra en Bruselas en el año 1.910, la "*Convención Internacional para la Unificación de Ciertas Reglas en Materia de Abordajes*", la cual a pesar de haber contado con la representación de muchos países de América, entre ellos no estuvo presente Venezuela, considerando por el momento que atravesaba el país con la dictadura de Juan Vicente Gómez, a quien seguramente el tema, bien sea por ignorancia y falta de visión del mundo, no le interesó, nos quedamos sin representación en tan importante convención. El abordaje como institución fue tratado en el Código de Comercio del año 1.955, y actualizado en el año 2.001, en la Ley de Comercio Marítimo, en su Título IV, Capítulo I, adaptando nuestra legislación sobre el tema a las nuevas tendencia del Derecho Marítimo en el mundo.

NATURALEZA JURÍDICA DE LA ACCIÓN DE ABORDAJE

En relación a esto, en la naturaleza jurídica de la responsabilidad civil derivada del abordaje se siguen los lineamientos de la culpa extracontractual, por cuanto no existe ningún tipo de vinculación que una a las partes que intervienen. En este tipo de acción se hace indispensable probar la culpa del buque[7], para solicitar el resarcimiento de daños y perjuicios. La culpa extracontractual consiste en un error de comportamiento que no habría cometido una persona cuidadosa situada en las mismas circunstancias externas que el causante del daño.

En la legislación patria esta responsabilidad civil extracontractual general está prevista en el artículo 1.185 del Código Civil[8], el cual en su encabezamiento dispone lo siguiente: "*El que con intención o por negligencia, ha causado un daño a otro, está obligado a repararlo...*", este comportamiento genera el denominado hecho ilícito.

Ahondando en el tema de la responsabilidad entendemos que la derivada de los daños causados por el abordaje está dentro de las contenidas en el Artículo 1.193 del Código Civil, cuando expresa en su primer enunciado: "*Toda persona es responsable del daño causado por las cosas que tiene bajo su guarda, a menos que pruebe que el daño ha sido ocasionado por falta de la víctima, por el hecho de un tercero, o por caso fortuito o fuerza mayor*". Profundizando esto, y en materia más específica del abordaje está lo dispuesto en el Artículo 321 de la Ley de Comercio Marítimo que reza lo siguiente: *"Los daños son soportados por quienes los hayan sufrido cuando el abordaje es debido a caso fortuito o fuerza mayor, o si existe duda sobre las causas del abordaje."* Este en su primer párrafo resuelve el caso fortuito y la fuerza mayor de la misma manera que lo hace el Código Civil. En el segundo párrafo *"Si el abordaje se debe a culpa de la tripulación de uno de los buques, la reparación de los daños corresponderá al buque cuya tripulación*

---

[7] En este trabajo se utiliza la denominación de "buque" para definir cualquier construcción flotante apta para navegar que pueda estar involucrada en un abordaje, esto debido a la conceptualización del artículo 2 de la Ley de Comercio Marítimo, que no establece diferencia en cuanto a características específicas.

[8] Venezuela. Código Civil, publicado en Gaceta Oficial No. 2.990 Extraordinaria, del 26 de Julio de 1.982.

la haya cometido."; esto último establece una figura típica del derecho anglosajón, como lo es permitir que la demanda se dirija a un bien que no tiene personalidad jurídica, a ésta se conoce como la acción *in rem*, esto también se pone de manifiesto cuando en el Artículo 15 de la Ley de Comercio Marítimo permite que toda acción sea intentada contra el buque y el capitán, sin que sea necesaria intentarla contra el armador.

En la responsabilidad civil del abordaje la Ley de Comercio Marítimo trata dos casos específicos típicos de este infortunio como lo es, el abordaje en el cual interviene el Piloto, ejerciendo sus respectivas funciones. Es innegable que no se le puede requerir al Capitán un conocimiento de todos los sitios donde arriba y de las maniobras particulares para el atraque, también las que son indispensables para afrontar los inconvenientes de los pasos estrechos, de la influencia en la navegación de las mareas y corrientes, así como de los reglamentos domésticos que la regulan. El Piloto o Práctico, como también se le conoce, es un oficial de la marina mercante que presta servicio a bordo de los buques durante el curso de una arribada o atraque, que tiene a su cargo el timón y la ruta del buque con el propósito de llevarlo a través de la maniobra más segura. Esto nos puede llevar a inferir, que en esta circunstancia el Capitán delega en manos del Piloto, la dirección, mando y gobierno del buque, pero no es así; sobre esto se establece en el Artículo 325 de la Ley de Comercio Marítimo: "*Las responsabilidades establecidas en las disposiciones anteriores, subsistirán en el caso que el abordaje se haya ocasionado por culpa imputable a un piloto*". La norma transcrita es una consecuencia directa de las funciones y obligaciones técnicas del capitán, ya que la navegación, el cuidado y maniobra del buque, son responsabilidad de éste, incluso cuando se encuentre un piloto en funciones a bordo, ello sin perjuicio de la responsabilidad que tiene el piloto por su desacertada asistencia en la maniobra para la que se le requiere.

En un abordaje que suceda por el accionar del piloto, podrá reclamarse tanto al armador como al buque, ya que el armador por medio de su Capitán escoge de una terna dispuesta por la autoridad marítima competente, originando una relación de dependencia que da basamento a la responsabilidad ante la eventualidad. Según las normas venezolanas el piloto es nombrado por la autoridad marítima que impone un piloto del cual el Capitán y el armador no conocen su pericia.

Otro es el caso específico en el que se refiere la ley *in comento,* sobre la responsabilidad en el abordaje de un convoy, éstos se consideran una unidad de navegación y sobre esto, el Artículo 326 de la Ley de Comercio Marítimo preceptúa lo siguiente: "*En caso de abordaje con otro buque, el convoy constituido por el remolcador y el buque o buques remolcados se consideran como un solo buque, a los efectos de la responsabilidad hacia terceros, cuando la dirección la tenga el remolcador; sin perjuicio del derecho de repetición entre sí, de acuerdo con la culpa de cada uno*". Es de entender que en este caso, todo el tren de remolque es considerado como uno solo, a pesar de que lo conforman varios, uno solo lo gobierna, el buque remolcador es el que dirige la derrota, realiza la maniobra y toma las previsiones a que hubiere lugar, con el fin de evitar el abordaje; se responsabiliza a todos los armadores del tren frente a los terceros perjudicados, aunque hubiese sido un solo buque de los que conforman el convoy el causante de los daños, bien sea el remolcador o remolcados. En este mismo Artículo hizo la salvedad del derecho de repetición que tienen los buques del tren de remolque entre sí.

Ahora bien, los otros dos casos a que se refiere la Ley de Comercio Marítimo es el consagrado en el Artículo 328, el cual establece: "*Las disposiciones de este Capítulo se extienden a la reparación de los daños y perjuicios que un buque cause a otro u otros buques, o a los bienes o personas que se encuentren a bordo de éstos, aunque no haya habido abordaje, ya sea por ejecución u omisión de una maniobra o por inobservancia de la ley*"; por su similitud al intentar la acción judicial por el reclamo, considero adecuado incluirlas en este tema, el primero es la reclamación de los daños y perjuicios causados por un buque a otro, bien sea al casco, a los bienes que transporta o a personas, en razón de una maniobra, en el caso de inobservancia de la ley, sin que esto implique que exista un contacto físico, como ejemplo de estos tenemos los daños que causa la estela generada por la velocidad de un buque en áreas no permitidas, este caso es el de la inobservancia de la ley; o que el buque reclamante para prevenir el abordaje con otro deba encallar o vararse a fin de evitar daños mayores.

Otro supuesto es el de colisión con objetos fijos o asistentes de navegación, entre ellos están los muelles, boyas y Duques de Alba, en realidad estos no son abordajes, como lo expliqué anteriormente en el punto del concepto de abordaje, en estos casos hay una presunción que el culpable es el buque, ya que el otro elemento está fijo, por ello a fin de evitar un juicio para determinar la culpa, es que los redactores de la Ley previeron que la reclamación se puede hacer de manera extrajudicial tal y como lo establece le Ley de Comercio Marítimo en su Artículo 335.

JURISDICCIÓN

En el derecho marítimo la jurisdicción de un Estado sobre las controversias que se susciten, siempre entran varios supuestos, los cuales pueden llevar de una a otra dependiendo de ciertos factores, tales como ubicación, bandera y puerto de arribe. Entrando en materia de jurisdicción, primeramente, por lo establecido en el Artículo 40 de la Ley de Derecho Internacional Privado[9], los tribunales de la República tienen la potestad para dirimir conflictos de contenido patrimonial relativos a las obligaciones que se originen en el territorio, es indudable que los redactores de este Artículo reservaron la jurisdicción a los jueces venezolanos para conocer de los reclamos provenientes de hechos ilícitos a fin establecer las responsabilidades a que hubiere lugar.

De la lectura de los Artículos 10, 11 y 12 de la Ley de Comercio Marítimo y del Artículo 5 de la Ley de Procedimiento Marítimo[10], se infiere que contienen los supuestos de la jurisdicción marítima en Venezuela, las acciones que se intenten con motivo al transporte de mercancías y pasajeros que ingresen al territorio de la República; las acciones que se intenten con motivo a las disposiciones que regulan el comercio marítimo y, sobre todos los asuntos que involucren a los buques extranjeros que se encuentren en aguas en las cuales la República ejerza su soberanía y jurisdicción. En tal sentido y entrando en materia

---

[9] Venezuela. Ley de Derecho Internacional Privado, publicada en Gaceta Oficial No. 36.511, del 06 agosto de 1.998.

[10] Venezuela. Ley de Procedimiento Marítimo, publicada en Gaceta Oficial No. 5.554 Extraordinario, del 13 de noviembre de 2.001.

específica del abordaje el Artículo 332 de la Ley de Comercio Marítimo se refiere a que "*Además de la jurisdicción que les asigna la ley, los tribunales venezolanos conocerán de los casos de abordajes ocurridos en aguas jurisdiccionales venezolanas y en las no jurisdiccionales...*", para esto último existen tres supuestos, en el caso que el buque sea de bandera venezolana; que uno de los buques sea embargado en puerto venezolano con motivo del abordaje o se otorgue la fianza que establece la misma ley; o que después del hecho, éste haga su primera escala como itinerario en el viaje y arribe eventual por motivo del abordaje a puerto venezolano.

Es importante resaltar sobre este tema la existencia de otra figura del derecho anglosajón acogida por la jurisdicción venezolana como lo es el "*fórum non coveniens*" que otorga a los tribunales la facultad discrecional a declinar jurisdicción cuando existan elementos que hagan más adecuados ventilar el asunto en otra jurisdicción. Según el trato que da la Ley de Comercio Marítimo, esto no es violación a la Constitución ni se contrapone a lo dispuesto sobre jurisdicción en el Código de Procedimiento Civil. Este tema de la competencia de los tribunales marítimos nacionales para conocer de un asunto y su declinación a la de otro Estado, genera interminables discusiones que podríamos extendernos en tantas explicaciones que nos desviaríamos del tema central de este trabajo, por lo que nos limitaremos a realizarlo sobre el supuesto que la controversia se dirima en tribunales marítimos venezolanos sin poner en duda su jurisdicción.

PRINCIPIOS DEL PROCEDIMIENTO MARÍTIMO

Con la promulgación de la Ley de Procedimiento Marítimo, en Noviembre de 2.001, en ese esfuerzo realizado por los abogados maritimistas que participaron en ella, no sólo por redactar en tiempo récord una serie de normas que llevara a Venezuela a la vanguardia de la legislación marítima mundial, si no la de convencer a las autoridades del momento dentro de la coyuntura política que vivía el país lo que significaba esto para el sector. En estas leyes se logró amalgamar el tratamiento procesal que se debe dar a los conflictos sobre la materia marítima y las características específicas que tiene el derecho marítimo ante otras ramas del derecho.

Dentro de los principios del derecho procesal, la brevedad es preponderante en el derecho procesal marítimo, motivado a que el tiempo en las relaciones marítimas es vital, en comparación con otras ramas del derecho y esto se pone de manifiesto en diversas previsiones de la Ley de Procedimiento Marítimo, como por ejemplo en el Artículo 4, dispone que a los efectos de presentación de la demanda, decretos, práctica y levantamiento de medidas, así como todas las diligencias que sean urgentes, son hábiles todos los días y horas. En este mismo orden de ideas se prevé que los lapsos se pueden acortar, esto se evidencia en el Artículo 14 *ejusdem,* que permite a las partes abreviar ciertos lapsos en la medida en que así lo decidan.

Otra manifestación de esto es que la citación personal en ciertas acciones se puede realizar llevando la compulsa y la orden de comparecencia a bordo del buque, entregándola a cualquier tripulante que se encuentre allí con la presencia de dos testigos, tal como lo dispone el Artículo 17 de la misma ley, dando esta prerrogativa antes de entrar en el engorroso y largo proceso de hacerla de la manera cuando no se logra la citación personal de los demandados.

Relacionado con el principio de la brevedad, tenemos el de la concentración, esto significa realizar el proceso con la menor cantidad de actos y actuaciones cumpliendo con la mayor cantidad de trámites sin afectar el derecho de las partes al debido proceso, esto queda en evidencia cuando el demandado en la contestación de la demanda debe oponer de manera simultánea las defensas previas y perentorias, así como las de fondo.

Otra es el desarrollo de la audiencia oral, en la cual se evacuan pruebas y se lleva cabo un debate entre las partes para convencer al Juez de su razón, suprimiendo los informes del juicio ordinario y también la oportunidad de la propia sentencia, que si bien es cierto, su redacción es diferida, el Juez está obligado a pronunciarse dentro de la misma audiencia oral, con solo treinta minutos luego de haber terminado el debate. Esta concentración de actos ocurre en una línea muy delgada que nunca debe menoscabar el derecho a la defensa y equilibrio de las partes, la tutela efectiva y el debido proceso.

El principio de inmediación, está íntimamente ligado con el procedimiento oral, y por ser éste la base del procedimiento marítimo lo consagra también. La forma escrita del procedimiento ordinario indudablemente mantiene al Juez separado del conocimiento directo de los hechos, su conocimiento de los argumentos de las partes se realiza a través de actas procesales, al igual que los elementos probatorios los percibe de esta forma. Este principio también se pone de manifiesto en el procedimiento oral cuando el Juez tiene contacto directo con las partes, en las dos audiencias en primera instancia, además cuando percibe con sus sentidos de forma directa las pruebas y los alegatos de las partes.

Entre los principios del derecho procesal marítimo que quedan intactos con respecto al ordinario, está el de la publicidad, que todos los actos que en ellos se realizan son públicos dentro de las limitaciones de espacio y tiempo, y además siempre las actas procesales están a la orden de cualquier interesado para su revisión, inclusive para la obtención de copia y reproducciones de cualquier acto, a menos que por vía de excepción, al igual que en el ordinario, por la moral y las buenas costumbres se mantenga su reserva. Otro es el principio de la congruencia, en el cual el Juez debe decidir con lo alegado y probado por las partes en los autos, ya que de traer elemento de convicción fuera de estos implicaría lo que en doctrina se conoce como sentencia ultrapetitas. Muy importante pero de simple comprensión y entendimiento son los principios de probidad y lealtad, consagrados en el derecho procesal.

Debemos recordar que el derecho marítimo a través de su desarrollo ha puesto en controversia a los dos sistemas de derecho, el románico y el anglosajón. Motivado a la movilidad de sus principales sujetos que al pasar de un estado a otro deben adoptar normas de cada uno de estos, cambiando el criterio y conductas dependiendo bajo cual legislación se encuentre. Es indudable la influencia del derecho anglosajón dentro de las instituciones de esta rama del derecho en la legislación venezolana, por ello tenemos en esta ley adjetiva marcada influencia de este sistema, como lo veremos más adelante en el desarrollo del proceso.

Como antecedente continental a los procedimientos marítimos, es referencia Panamá con el Tribunal Marítimo de Panamá y su antecesor el Tribunal Federal para la Zona del Canal de Panamá, sin duda alguna éste en su creación tuvo marcada influencia del sistema anglosajón, ello motivado a la dominación de los Estados Unidos de América sobre el canal, era lógico que este país permeara con su sistema legal las instituciones panameñas aprovechando el carácter internacional del derecho marítimo.

En Venezuela los redactores de la Ley de Procedimiento Marítimo, no obviaron la influencia del sistema anglosajón con la inclusión de figuras denominadas en el *Common Law* como *discovery*, pero la base del procedimiento marítimo está cimentada en nuestras normas adjetivas, específicamente por el procedimiento oral, contenido en el Libro Cuarto, Título XI de nuestro Código de Procedimiento Civil, tal como lo dispone el Artículo 8 de la Ley de Procedimiento Marítimo.

Es importante resaltar que esta incorporación del procedimiento oral, para dirimir conflictos en ciertas materias, no ha sido la única vez que se ha hecho, como ejemplo de esto, podemos observar que este fue tomado en cuenta en la Ley de Transporte Terrestre[11], para resolución de conflictos en determinar la responsabilidad civil derivada de accidentes de tránsito; y los procedimientos de desalojo en materia inquilinaria en la *Ley de Regulación del Arrendamiento Inmobiliario para el uso Comercial*[12].

ACCIONES PRELIMINARES A LA DEMANDA

El abordaje indudablemente es un hecho grave en la navegación dentro de su normalidad e implica que los involucrados alteren los trámites típicos en una arribada o atraque, además de todas las acciones que se deben tomar para minimizar los daños, inclusive para evitar la zozobra del buque; existen acciones de índole legal, que se le exige al Capitán, según lo dispuesto en el Ordinal 3 del Artículo 19 de la Ley de Comercio Marítimo, se debe poner en conocimiento al armador sobre los acontecimientos de la expedición marítima, para que el Capitán reci-

11 Venezuela. Ley de Transporte Terrestre, publicada en Gaceta Oficial No. 38.985, del 01 de agosto de 2.008.

12 Venezuela. Ley de Regulación del Arrendamiento Inmobiliario para el uso Comercial, publicada en Gaceta Oficial No. 40.418, del 23 de mayo de 2.014.

ba las instrucciones en los casos que sean necesarias. Se debe informar a las autoridades marítimas de tal acontecimiento, esto lo encontramos en la Ley General de Marinas y Actividades Conexas[13], que dispone en su Artículo 87: "*En caso de pérdida, naufragio, incendio, abordaje, varadura o averías de buques, el capitán está obligado, con el jefe de Máquinas, el Primer Oficial y otro miembro de la tripulación, a presentar por escrito un informe sobre el suceso, dentro de las veinticuatro (24) horas de su llegada a un puerto cualquiera, al Capitán de Puerto de la circunscripción, si arribare a puerto venezolano, o al Cónsul de Venezuela y, en su defecto, a la autoridad competente consular del lugar, si arribare a puerto extranjero. En uno y otro caso, este informe será presentado por ante el Tribunal Marítimo de la jurisdicción, del primer puerto venezolano donde llegare el Capitán del buque y los oficiales o tripulantes*". Aunque este artículo se refiere a un informe con requisitos especiales, esto constituye una verdadera Protesta de Mar a la que se menciona en el Artículo 5 de la Ley de Comercio Marítimo, este criterio no es acogido de forma unánime, pero en la tradición marítima es así.

Es de suponer que en el lapso de las primeras horas de ocurrido el abordaje entre en acción el abogado con conocimiento en derecho marítimo, lo recomendable es que asista al Capitán en la redacción de la Protesta de Mar o informe, con el fin de aclarar y explicar los hechos, no solo los que sucedieron al momento de la acción, si no con anterioridad a ésta, haciendo énfasis en los que acontecieron desde el avistamiento del buque o los buques involucrados en el abordaje. Es importante dejar por sentada todas las previsiones que se tomaron para evitar el abordaje, tales como los cambios de rumbo o derrota, así como señales radioeléctricas o físicas, en especial las emitidas por la corneta de la embarcación que advierten al Capitán del otro buque el cambio de rumbo, con la finalidad de evitar el abordaje.

Hay que tomar en cuenta en la redacción de la protesta que coincida con el Libro de Navegación, el cual está obligado a llevar el Capitán según lo establecido en el Artículo 30 de la Ley General de Marina y Actividades Conexas, ya que la divergencia en lo que en ellos se es-

[13] Venezuela. Ley General de Marinas y Actividades Conexas, publicada en Gaceta Oficial No. 37.570, noviembre de 2.002.

criba, sin duda alguna afectará el criterio del Juez en la valoración de estas pruebas. Otra táctica que se utiliza en relación a esto, es que no se presente la Protesta de Mar, hasta tanto no se tenga clara la situación real de los hechos, esto no afectará el desarrollo del proceso judicial, ya que no hay sanción alguna al Capitán que no la haga, siendo tratado específicamente en la Ley de Comercio Marítimo en su Artículo 329, estableciendo que de no presentarla no implica presunción de culpa en el hecho.

Otro aspecto importante en las normas que regulan la navegación lo encontramos en que se tiende a simplificar trámites y acelerar procesos a fin de darle la agilidad necesaria que requiere la actividad marítima, en las normas procesales lo observamos en la citación con sus formas alternas de realizarla. La potestad de las partes de suprimir ciertos actos para minimizar el tiempo que deba tomar la decisión y el mismo procedimiento oral que utilizaron los redactores de la leyes como base, reduce lapsos y concentra actos, todo ello cimentado en el criterio que la pérdida de tiempo o retraso en la actividad marítima es pérdida de dinero, que en la actividad comercial es relevante y va contra ella en sí misma.

El buque no puede perder tiempo en todo lo que involucre acciones legales, en tal sentido el redactor de la leyes marítimas estipuló una fórmula para evacuar pruebas de manera anticipada, que encontramos específicamente en la contenida en el Artículo 17 de la Ley de Comercio Marítimo, que reza lo siguiente: *"Cualquier interesado puede solicitar ante un tribunal de la Jurisdicción Especial Acuática una inspección judicial antes de intentada la demanda, para hacer constar los daños causados o sufridos por buques, bienes o personas. El tribunal procederá a designar inspectores navales o peritos especializados en otras disciplinas quienes asistirán a la evacuación de esta prueba, con citación de aquellos a quienes se pretenda oponer. Si existiere temor fundado de la desaparición de alguna prueba y en virtud de la urgencia del caso, no se pudiere practicar la citación de los interesados, se procederá a designar de inmediato un defensor judicial. El Juez dictará las medidas conducentes a los fines de evacuar esta prueba.*" Podemos deducir que este artículo se refiere a la inspección judicial en la que el

Juez deja constancia de lo que capta con sus sentidos, aunque permite el asesoramiento de expertos navales siempre en el entendido que éstos asistan al Juez en su desconocimiento práctico sobre los buques, ilustrándolo sobre las denominaciones particulares que se utilizan para cada una de las piezas, aparatos, accesorios, a las distintas bodegas, compartimientos de una embarcación.

Por lo tanto, siempre debemos tener en cuenta cuando proponemos este tipo de inspección, que aunque se esté en presencia de la futura contraparte, ya que se requiere su citación para la evacuación y de resultar infructuosa a ésta se le nombrará un defensor judicial que velará por sus derechos; por lo tanto los pedimentos nunca deben ir dirigidos al Juez para que este emita juicios de valoración, porque esto, indudablemente podría viciar la inspección menoscabando nuestro asidero probatorio para el futuro juicio.

Otro asunto que hay que tomar en cuenta para la evacuación y promoción es la constatación de daños bajo la línea de flotación u otro lugar de difícil acceso, que sin duda alguna para ello el Juez requiere apoyarse en buzos o personal especializado, quienes operando algún sistema de trasmisión visual le permitan al Juez hacer sus apreciaciones en el lugar donde se constituyó el tribunal, y a las partes a su vez, las observaciones que creyeran pertinentes. De igual manera, todos estos medios que ayuden al Juez a documentar de lo que se pretende dejar constancia, tales como: reproducciones fotográficas, videos y audiciones, se deben incluir en los autos en el momento de la evacuación para obtener mayor garantía de la veracidad de la prueba.

Del mismo modo, otras acciones preliminares que debemos tomar en cuenta, especiales del derecho marítimo dirigidas tanto a minimizar los contratiempos que pueda causar las eventuales acciones que tome el futuro demandante contra el buque que considere le ha causado un daño. En esto nos limitaremos a mencionarlas, sin ahondar en ellas, debido a que, de hacerlo desvirtuaríamos el objetivo de este trabajo. La Ley de Comercio Marítimo trata en el Artículo 41 y siguientes, las normas relacionadas con la limitación de la responsabilidad del armador, que conceden a éste ante alguna reclamación de índole marítima. Seguidamente se establecen las normas aplicables a la constitución del fondo de limitación, la verificación de los créditos y su distribución.

Por otra parte, el armador que considere que se la ha causado daño puede en un accionar judicial solicitar medidas cautelares, después de un análisis del Juez de los supuestos como lo son la inmovilización y restricción de la salida del buque, de conformidad con lo establecido en el Artículo 92 de la Ley de Comercio Marítimo.

LA DEMANDA

Podemos definir la demanda por abordaje como la controversia jurídica en la cual una de las partes pretende, por solicitud a un Juez, que se le reconozca titular de un derecho derivado de la culpa extracontractual y que se le satisfaga su pretensión con la reparación de daños y resarcimiento de perjuicios causados por el incidente.

Para criterio de algunos autores es contradictorio la denominación de juicio oral, puesto que la demanda y la sentencia por exigencia de la ley, deben ser de manera escrita, pero entendiendo que en el momento en que se redactó el actual Código de Procedimiento Civil, esto no debió ser de otra forma, ya que después de tantos años encuadrado en un procedimiento escrito, entrar en uno puramente oral, era romper con los paradigmas que existían en ese momento, por esto es de entender que muchos de los redactores y legisladores que intervinieron en su promulgación, lo concibieran como transitorio, esta concepción quedó relegada, ya que después de más de treinta años todavía conserva su vigencia, a pesar del accionar de muchos procesalistas por una reforma más que necesaria, que agilice los procedimientos y nos conduzca a la vanguardia del derechos procesal. Otros autores, contradictorios a esta crítica establecen que la oralidad queda en evidencia al incorporar los principios de la concentración y la inmediación, rectores de éste. Además que en la celebración del debate en la audiencia oral, las partes exponen sus alegatos de esta manera, inclusive se les prohíbe la lectura de escritos así como a la incorporación de estos a los autos.

La demanda por daños y perjuicios es una acción compleja, esto lo concluimos por cuanto se deben alegar y probar tres cosas esenciales, primero lo que implica el nacimiento de la obligación, como lo es el hecho de acción violenta entre dos buques; segundo, que esta fue por culpa o negligencia de uno de los involucrados y que esto causó el daño.

Por último, se debe probar el daño causado y los perjuicios que se generarán en razón al hecho.

Como abogados del demandado, debemos hacer valer el contenido del Artículo 1.354 del Código Civil, que establece que todo el que alegue o afirme un hecho debe probarlo, de lo contrario sucumbirá en sus pretensiones. En consecuencia, si la demandante no logra demostrar en el juicio cada uno de sus dichos y el demandado a su vez, hace contraprueba de los hechos expresados en la demanda, el segundo triunfará. Como en todo juicio, cada parte tiene sobre sus hombros la carga de probar sus alegatos.

Como hemos referido anteriormente, el pilar del procedimiento marítimo es el procedimiento oral, esto de conformidad con lo previsto en el artículo 8 de la Ley de Procedimiento Marítimo, por lo que le serán aplicables las normas establecidas en el artículo 859 y siguientes del Código de Procedimiento Civil, con influencias especiales previstas en la propia Ley de Procedimiento Marítimo, Ley de Comercio Marítimo y demás leyes marítimas aplicables en cada caso.

La demanda se introduce indiferentemente de la cuantía ante los tribunales de la jurisdicción acuática, consagrada en el título XIII de la[14] Ley Orgánica de Espacios Acuáticos. Es indudable que la demanda debe cumplir con los requisitos que se disponen en el procedimiento ordinario, como lo ordena el artículo 864 del Código de Procedimiento Civil, pero además este artículo obliga que el demandante debe acompañar en este acto los instrumentos en los cuales base su acervo probatorio, que en el caso del abordaje son de relevancia todos aquellos instrumentos con los que pretendamos probar el hecho que causó el daño como tal, el daño mismo y el perjuicio.

Es importante entender que uno de estos instrumentos a los que nos referimos, es el Libro de Navegación, el cual está obligado por ley a llevar el Capitán del buque, y la Protesta de Mar, de esto nos referimos en el Título de las Acciones Preliminares. Además de estos instrumentos, que están íntimamente ligados con el propio hecho en el cual nace la obligación de reparación, debemos tomar en cuenta que se debe

[14] Venezuela. Ley Orgánica de Espacios Acuáticos, publicada en Gaceta Oficial No. 6.153 Extraordinario, del 18 de noviembre de 2.014.

probar el perjuicio y que esta probanza se basa principalmente en documentos ligados a la explotación del buque, como pueden ser el contrato de fletamento, el cual comprueba que no se podrá cumplir por motivo del retaso en la reparación de los daños causados por el abordaje. En fin, todos aquellos que puedan servir de probanza por nuestros alegatos.

Otra prueba que debemos adelantar su promoción con el libelo de la demanda, es la de los testigos, que según el propio artículo 864 del Código de Procedimiento Civil, se debe mencionar, al igual que en el procedimiento ordinario, nombre, apellido y domicilio de estos. Es importante tener en cuenta que para la comprobación de la acción violenta que generó este daño, los testigos juegan un papel preponderante en la comprobación del hecho y en quien recae la responsabilidad, por lo que no podemos omitir la promoción de los mismos en el libelo de la demanda.

Debemos tener en cuenta que la especialidad del derecho marítimo, motivado a su agilidad, tiene instituciones propias que buscan en todo momento proteger los derechos de alguna de las partes, imprimiéndole la agilidad que exige. Esto lo vemos fielmente plasmado en el artículo 18 de la Ley de Procedimiento Marítimo, que establece que para los efectos de la presentación y admisión de la demanda, el apoderado de la actora podrá demostrar su mandato judicial por cualquier medio escrito o electrónico, conjuntamente con una garantía de 10.000 unidades de cuenta. Esta representación tendrá los efectos para el resto del procedimiento, siempre y cuando, dentro de los diez días siguientes a la admisión de la demanda, se consigne ante el tribunal el poder, debidamente autenticado que se exige para la consignación del libelo, según las normas comunes del Código de Procedimiento Civil, no importando que este se otorgue con posterioridad a la consignación inicial de la demanda y el instrumento que se acompañó con esta para la comprobación del mandato. Esta figura es especialísima en el procedimiento marítimo, porque permite el inicio de la acción sin el requisito formal de la autenticación del mandato, que así lo requiere el Código de Procedimiento Civil.

CUESTIONES PREVIAS.

En virtud de la agilidad en el procedimiento oral, observamos el principio de la concentración de actos para un mismo fin. Como manifestación de esto lo identificamos en el Artículo 865 del Código de Procedimiento Civil, el cual establece que en la contestación se planteará tanto las defensas previas como las de fondo.

Por consiguiente, la proposición de alguna cuestión previa por parte del demandado de conformidad con los Artículos 866 y 867 del Código Procedimiento Civil, que regulan lo relativo a la proposición de las cuestiones previas en el procedimiento oral, es idéntico a lo establecido para el juicio ordinario, a excepción de las opuestas en el ordinal 7 y 8 del Artículo 346 *ejusdem*.

En caso de no subsanar alguna de las contempladas en los ordinales 2°, 3°,4°,5° y 6° del Artículo 346 del Código de Procedimiento Civil, que lo hiciere también incorrectamente cuando se lo ordenare el Tribunal, o de hacerlo en forma extemporánea, obviamente no se abrirá el lapso indicado en el Artículo 9 de la Ley de Procedimiento Marítimo, por extinción del procedimiento, motivado a la aplicación del Artículo 341 del citado Código. Si la subsanación fuere correcta, se abrirá el lapso de cinco días para que se promuevan las diligencias a que se refiere el citado Artículo 9; si las cuestiones previas promovidas son las previstas en los ordinales 9°, 10° y 11° del Artículo 346 del Código de Procedimiento Civil y se declaren procedentes, no se abrirá el lapso por quedar extinguido el proceso, tal como lo establece el Artículo 356 ejusdem. Si se declaran improcedentes, una vez quede firme la respectiva decisión, se abrirá el lapso de cinco días para que los litigantes promuevan las diligencias que estimen oportunas; y si las cuestiones previas propuestas son las previstas en los ordinales 7° y 8° del Artículo 346 de esta misma ley, y fueran declaradas improcedentes se abrirá el lapso, ya que continuará la causa, pero, si fueran declaradas procedentes, se suspendería el curso del juicio hasta que el plazo o la condición pendientes se cumplan, o se resuelva la cuestión prejudicial que debe influir en la decisión de mérito, por lo que el lapso se abrirá una vez se cumpla la primera o se resuelva la segunda.

DISCOVERY

Como hemos comentado en los primeros puntos del trabajo, podemos encontrar dentro del derecho marítimo figuras típicas del derecho anglosajón que han sido llevadas a nuestro proceso con ciertas modificaciones. La doctrina ha denominado a una de estas como la prueba de acceso a la información, de ello se han dedicado diferentes autores a su tratamiento y explicación por lo que, en esto me permito citar al Dr. Aurelio Fernández-Concheso[15] "*Esta incidencia especial de instrucción preliminar del juicio oral se equipara a la solicitud de exhibición de documentos propia del lapso probatorio en los juicios en ordinarios pero con la particularidad de que se determina por el legislador como previa a la etapa de pruebas, pues posteriormente las partes tienen la posibilidad de reformar tanto la demanda como la contestación, con lo cual se busca que cada parte tenga una mejor apreciación de los elementos de prueba que tiene la otra con la relación a la controversia. La disposición encuentra su similar en el procedimiento anglosajón en lo que se llama el "Discovery" (o en su traducción literal, el "descubrimiento") el cual persigue la finalidad que cada parte tenga la posibilidad de establecer con la mayor certeza posible los elementos de prueba que se encuentren en poder de la otra y que serán traídos a juicio...* ".

Por otra parte el profesor Bernardo Bentata[16] sostiene que "*.... en asuntos que requiere de, muchísima información está podía ser llevada al proceso de manera ideal a través del mecanismo del Discovery, consistentes en que las partes formularán a las otras interrogatorios, solicitudes de documentos e incluso admisiones de hechos. Con ello, por ejemplo, lograba el demandante por lesiones personales a bordo, conocer el régimen de mantenimiento y seguridad del buque, con miras a alegar que lesión o muerte ocurrió como resultado de una condición de innavegabilidad, con las consecuencias que ello representa; el buque demandado podía acceder al historial médico de la víctima para determinar si lo reclamado era una condición preexistente al accidente por el cual reclama; el demandado por daños a las mercancías*

[15] Aurelio Fernández Concheso, *El Procedimiento Marítimo Venezolano*, Caracas, 2.006.

[16] Bernardo Bentata, Ob. Cit. p. 132.

transportadas obtenía información sobre el origen de las mismas, condiciones antes de embarcarlas, tratamientos, entre otros, que le permiten establecer la culpabilidad del transportista; el demandado en lucro cesante podía evaluar con propiedad los fundamentos del reclamo que enfrentaba; y como éstos, tantas instancias en las que, haciendo uno de los mecanismos, las partes podían cumplir su carga de probar apoyándose en las evidencias que obtenían de sus contrapartes."

El *Discovery* está regulado en los Artículos 9, 10 y 13 de la Ley de Procedimiento Marítimo. El Artículo 9 *ejusdem*, abre la posibilidad que las partes haciendo uso de su igualdad probatoria puedan promover pruebas, tales como la exhibición de documentos, registros, inspecciones a la nave o buque, mercancías, área portuaria y cualquier otro objeto o documento de interés en el proceso, al igual que permite su medición, registro fotográficos y reproducciones, sea el caso. Es importante resaltar que en caso de los documentos a diferencia de la exhibición consagrada en el Código de Procedimiento Civil, que exige al promovente que conjuntamente con la promoción consigne prueba del texto cuya exhibición se pretende, o justifique que éste se encuentre en poder del adversario. En el caso del *Discovery* la única carga que tiene el promovente de la prueba es además de solicitar su exhibición en tiempo hábil, identificar el lugar en el cual se encuentra y la persona que lo tiene en su poder, sea parte o no en el proceso.

Continuando con la sustanciación de la prueba, el Juez intimará a la parte para que dentro de los veinte días de despacho siguientes a la intimación traiga el documento o, bien de acceso a los lugares donde este se encuentre o el lugar donde se deba inspeccionar. La única acción de defensa que tiene la contraparte ante este requerimiento, es que ésta haga oposición dentro de los cinco días siguientes a su intimación, únicamente por motivo de impertinencia o ilegalidad que afecte el orden público. Con respecto a la impertinencia es entendible que, aunque no se exige, ni en la Ley de Procedimiento Marítimo o en el Código de Procedimiento Civil, que el promovente de cualquier prueba debe justificar su promoción; pero en las nuevas corrientes del derecho procesal y por la jurisprudencia sobre el asunto, se ha instaurado la figura de la apostilla, que no es otra cosa que una breve explicación que justifique la prueba promovida, para así, hacer menos engorrosa la eventual oposición a la admisión de la prueba por impertinencia.

Ahora bien, el Juez con la premura que exigen las acciones marítimas, dentro de los tres días siguientes decidirá con respecto a la oposición solicitada, la cual suspenderá el término de la intimación. Una vez decidida la oposición favorable o no, continuará el lapso con respecto a aquellos elementos probatorios solicitados que hayan sido admitidos o solicitada la oposición esta sea declarada sin lugar.

Otra diferencia del procedimiento ordinario es que la falta de exhibición da lugar a que el Juez de pleno valor probatorio, bien sea, a la copia presentada por el promovente o a las afirmaciones sobre el contenido del documento, mientras que en el *Discovery* el Juez solamente extraerá, tanto de la negativa de exhibición como de darle acceso al lugar donde se deban realizar las inspecciones, las presunciones que su prudente arbitrio le aconsejen, todo ello de conformidad con lo dispuesto en el Artículo 13 de la Ley de Comercio Marítimo.

A pesar de que hemos explicado someramente la evacuación de esta prueba tan especial, es importante hacer énfasis que la ley contiene una regulación completa en cuanto a la admisión, evacuación y valoración de esta prueba.

LA AUDIENCIA PRELIMINAR

Como lo vemos a lo largo de este trabajo, la remisión constante, primeramente del Artículo 8 de la Ley de Procedimiento Marítimo, el cual impone que los juicios de esta materia se desarrollarán de forma oral y por cuanto esta ley no dispone norma alguna que regule la audiencia preliminar, tomamos lo dispuesto en el Artículo 3 de la misma ley, que ampliamente impone al proceso marítimo la supletoriedad del Código de Procedimiento Civil, por esto nos remitimos al Artículo 864, para fijar éste como norma rectora para la realización de esta audiencia. Es el criterio de algunos abogados maritimitas del foro que la audiencia preliminar no cumple función alguna para dirimir el conflicto. Si bien es cierto, que podría originar un retraso en la agilidad del proceso, no es menos cierto, que en esta audiencia concreta la aproximación del Juez a las partes, realizando un intercambio directo de ideas del magistrado con los interlocutores con respecto a la futura pugna; contribuye a que se produzca un acercamiento de las partes con respecto a los hechos, inquiriendo a que estos convengan o consideren admitidos los alegados hasta el momento, y además desechen las pruebas que consideren impertinentes y las que tengan a fin probar hechos ya admitidos, lo cual sin duda alguna, ayuda a minimizar el tiempo y contribuye a la conducción de la causa a un momento crucial en este procedimiento, como lo es la audiencia oral, en la que los litigantes enfrentados entre sí, con sus alegatos y probanza de los hechos, deben conducir a la convicción del Juez en una sola audiencia a solucionar del asunto de la controversia.

Una vez estando a derecho las partes, sustanciadas las cuestiones previas, evacuado la institución del acceso a la prueba (*Discovery*), este último normado en el Artículo 9° y siguientes en la Ley de Procedimiento Marítimo, que a pesar de la divergencia de criterios sobre si la sustanciación de esta prueba suspenda la causa o se trate como incidencia en cuaderno separado; el Juez dentro de los cinco días siguientes fijará hora y día para que tenga lugar la audiencia preliminar; como se mencionó anteriormente, convidará a las partes al saneamiento con la intención que esto contribuya a la fijación de los límites de la controversia.

De la audiencia se levantará un acta y se agregarán a ella los escritos que hayan presentado las partes, pudiéndose entender que esto contradice el principio de oralidad, que en la audiencia o debate oral se respeta, tan es así, que en el artículo 872 del Código de Procedimiento Civil, que regula el proceder de esa audiencia, prohibiendo expresamente la lectura y la presentación de escritos, estableciendo como excepción, en el caso de la lectura de instrumentos que contengan información de difícil memorización para los intervinientes en esa oportunidad.

Uno de los motivos que dan algunos litigantes para no darle la importancia que merece esta audiencia, es que el mismo Artículo 868, no establece sanción alguna en caso de la inasistencia a ésta de cualquiera de las partes. De igual manera, asistiendo o no las partes, se fijarán los hechos y límites de la controversia dentro de los tres días siguientes por un auto razonado, el cual a su vez abre el lapso probatorio de cinco días para promover pruebas sobre el mérito de la causa. En este mismo auto el Tribunal fijará un plazo para la evacuación de las pruebas, tomando en cuenta su complejidad, y éste no debe ser mayor al establecido en el juicio ordinario.

Es importante resaltar que a pesar de que no es dinámica de la realización de esta audiencia, en el último párrafo del mencionado Artículo, regula la forma de cómo se evacuarán las declaraciones de testigos y posiciones juradas, prohibiendo que estas sean depuestas mediante comisión a otro Tribunal. Además, impone en el caso de los testigos al promovente, de presentarlo en el debate oral para la evacuación de la prueba sin necesidad de citación, pero no así, al absolvente de las posiciones juradas.

PRUEBAS EN EL JUICIO DE RECLAMACIÓN POR ABORDAJE

Antes de tratar a este punto primordial y complejo debemos aclarar que en todo juicio de reclamación de daños y perjuicios, es importante la comprobación de los hechos alegados, que en primer orden significa demostrar la culpabilidad de la acción causante del daño, continuando con la relación del hecho con el daño en sí y tercero el perjuicio que se ocasionará en función al hecho.

Debemos tomar en cuenta que la especialidad del derecho marítimo tiene formas novísimas para la probanza de los alegatos, tanto en sus medios, sistema de valoración, así como en la oportunidad en que las mismas deben promoverse y evacuarse.

Sobre la oportunidad podemos identificar, primeramente, la prueba anticipada al juicio, ya que sin existir acción judicial se puede evacuar la dispuesta en el Artículo 17 de la Ley de Comercio Marítimo, que no es otra cosa que una inspección judicial con la asistencia de solicitante y de la otra parte. Cualquier interesado, podrá solicitar al Juez la evacuación de esta inspección judicial anticipada con la participación directa de la parte a quien se le pretenda oponer en la eventual acción que se intente. También, dentro de las pruebas anticipadas, pero esta vez al lapso probatorio previsto en el Artículo 868 del Código de Procedimiento Civil, está el acceso a la información o *Discovery*, normada en los Artículos 9, 10 y 13 de la Ley de Procedimiento Marítimo, desarrollada en un punto específico de este trabajo.

Como se ha explicado, según lo establecido en el Artículo 8 de la Ley de Comercio Marítimo, el proceso se desarrolla de forma oral, de acuerdo con las disposiciones contenida en el Código de Procedimiento Civil, salvo las reglas especiales de la Ley de Procedimiento Marítimo, en los términos de la promoción, admisión y evacuación de las pruebas. Por tal motivo tenemos que los Artículos 864 y 865 establecen que de forma perentoria se deben presentar tanto las pruebas documentales, sean fundamentales o no, al igual que los testigos de cuyas testimoniales se pretenda hacer valer en el juicio.

Es importante hacer la acotación que en dicho procedimiento oral no existe oportunidad para que el Juez se pronuncie sobre la admisión de las pruebas, ya que en el Artículo 868 del Código de Procedimiento Civil, únicamente establece la oportunidad para la promoción, por lo que el Juez de conformidad con lo dispuesto en el Artículo 860 *ejusdem*, que preceptúa la supletoriedad del juicio ordinario ante lo no previsto en el procedimiento oral. Siguiendo esto, se aplicará el Artículo 398 de la misma ley, el cual establece que el Juez deberá providenciar dentro de los tres días siguientes al vencimiento del lapso de promoción de pruebas.

En el Procedimiento Ordinario, según dispuesto en el Artículo 401 y 514 del código adjetivo, consagra la figura del auto de mejor proveer, que con mucha similitud se consagra el Artículo 15 de la Ley de Procedimiento Marítimo, cuando se faculta al Juez para que ordene evacuar las pruebas que éste considere pertinentes, siempre que respete el principio de igualdad de las partes. Con esta iniciativa probatoria por parte del Juez, si bien es cierto, que la ley la denomina providencia, por su fin y forma, esta se trata de pruebas propiamente dichas, teniendo la finalidad de lograr el mejor esclarecimiento de la verdad. No se establece cual es la oportunidad en la que el Juez promueva su iniciativa, ni lapso para la evacuación de la prueba. Pudiendo concluir, como en el auto de mejor proveer, que esto se haga una vez vencido el lapso probatorio; una vez promovidas las pruebas es cuando el Juez puede determinar cuáles de estas deben ser evacuadas. Es importante resaltar, la diferencia entre la figura del auto de mejor proveer, de los antes citados Artículos 401 y 514 del Código de Procedimiento Civil y esta iniciativa del Juez marítimo de evacuar pruebas, que no tiene limitación alguna, mas no así, en el auto de mejor proveer, en el cual el accionar del Juez está supeditado a ciertas actuaciones con el fin de aclarar hechos con las pruebas ya promovidas.

En lo que respecta a los documentos, o a otros hechos susceptibles de comprobación de esta forma, bien sea la impresión de telefax o mensajes de datos en materia marítima tendrán la misma eficacia probatoria que los documentos escritos, siendo su promoción, control, contradicción y evacuación como prueba está supeditado a lo previsto en el Artículo 4 de la Ley Sobre Mensajes de Datos y Firmas Electrónicas y su promoción, control, contradicción y evacuación como medio de prueba, se realizará conforme a lo previsto para las pruebas libres en el Código de Procedimiento Civil.

La inspección judicial promovida dentro del lapso probatorio, deberá instruirse previa a la audiencia oral, el Juez debe pronunciarse sobre la veracidad y alcance de la misma, una vez haya concluido la audiencia. Ahora bien, la forma de cómo se levanta el acta que la contiene, la intervención de los peritos y reproducciones fotográficas y auditivas está regulada, además de las normativas marítimas antes citadas, por los Artículos 502 y 503 del Código de Procedimiento Civil. En referencia a esto, las copias y reproducciones, deben realizarse antes de la audiencia oral, a menos que los objetos puedan ser trasladados al tribunal, entonces su reconocimiento se hace dentro de la sala, al igual que aquellas reproducciones de los hechos que se pretenden comprobar.

En el caso de la experticia, por su complejidad debe sustanciarse antes de la audiencia oral, pero los pasos previos a su consignación, como lo son la designación de expertos, su juramentación, las diligencias necesarias para el cumplimiento de lo requerido, y la realización del informe pericial, indudablemente deben efectuarse antes de la audiencia.

Sobre la ampliación de las conclusiones hechas por los expertos que se disponen para el mejor esclarecimiento de la experticia, estos pueden ser interrogados en el debate oral, entonces la parte promovente que pretenda hacerse de esta prueba está en la obligación de presentarlos en caso de que se soliciten mayores explicaciones sobre su intervención, tanto por el Juez como de la contraparte, para mantener el equilibrio probatorio.

En el caso de la prueba de informe su evacuación, se refiere el Artículo 433 del Código de Procedimiento Civil, una vez promovida, la subsiguiente admisión y emisión de respectivos oficios con la solicitud de la información al requerido, pudiendo éste o el interesado en la prueba pedir razonadamente prórroga para la consignación de la respuesta al tribunal. Es indudable que en la audiencia oral esta información debe ser leída, a objeto que se lleve a la apreciación del Juez, y de igual manera las partes hagan las observaciones que consideren oportunas, esto consagrado en el Artículo 873 del Código de Procedimiento Civil.

En el caso de las posiciones juradas por su importancia para el proceso y el principio de mediación del Juez, es indudable que las mismas deban evacuarse en la audiencia oral. Claro es, que para su promoción y admisión deban observarse las regulaciones establecidas en el Artículo 406 del Código de Procedimiento Civil, el cual dispone el requisito de reciprocidad para su admisión, en su evacuación deben observarse los Artículos 406 y siguientes *ejusdem*. Sin embargo, es importante resaltar con respecto a esto, por disposición del Artículo 411 del Código de Procedimiento Civil, se limita el número de posiciones juradas que deban formularse a veinte, dando la posibilidad de ampliarse a diez más, en aplicación del Artículo 14 de la Ley de Procedimiento Marítimo, el Juez queda facultado para dar por concluido esto cuando él considere pertinente sin que ello menoscabe algún derecho de las partes. Claro está, que en virtud de la obligación de la oralidad impuesto en el Artículo 872 del Código de Procedimiento Civil, estas posiciones no serán transcritas en un acta, tal como lo prevé el Artículo 413 de la misma ley, sino que se procederá a su grabación por medios audiovisuales de conformidad con el Artículo 872 *ejusdem* concatenado con el Artículo 189.

Al igual que las posiciones juradas, la sustanciación de las pruebas de testigos y por excepción los peritos, deben ser realizadas en la audiencia oral y de la misma forma no se transcribirán a un acta, tal como lo establece el Artículo 485 del Código de Procedimiento Civil, sino que al igual que lo anterior que se procederá a su grabación por medios audiovisuales de conformidad con el mismo Artículo 872 *ejusdem* concatenado con el Artículo 189.

Como hemos expresado, la Ley de Procedimiento Marítimo y la Ley de Comercio Marítimo contienen algunas regulaciones especiales, y de ello no escapan los medios probatorios, que tanto en su evacuación como en su valoración existen diferencias basadas en la especialidad del derecho marítimo. Además de los antes nombrados, encontramos lo referente a la protesta de mar, regulada en los Artículos 5, 6 y 21 de la Ley de Procedimiento Marítimo y el informe, que si bien es cierto no lo definen como una protesta de mar, sino como un "informe circunstanciado de los hechos", son medios de prueba autónomos. Es de hacer notar que una de las diferencias que existe entre ellos es la motivación por la cual se presenta, en la protesta de mar, de la Ley de Procedimiento Marítimo, es de cualquier evento u hecho que compromete la responsabilidad de los involucrados como el armador, Capitán, etc. En el informe regulado por el Artículo 87 de la Ley General de Marinas y Actividades Conexas, se limita a los infortunios marítimos tales como pérdida, naufragio, incendio, abordaje del buque. En este mismo orden de idea, para que cumpla sus efectos probatorios y sea valorado por el Juez según lo determina el Artículo 21 de la Ley de Comercio Marítimo, debe llenar los requisitos del artículo 5 de la misma ley, como lo son, presentarse dentro de las 24 horas de la llegada a puerto y además de haber cumplido lo que exige el artículo 87 antes mencionado, por lo que lo recomendable es que tanto en una como en la otra se entrelacen sus requisitos.

De conformidad con lo dispuesto en el Artículo 30 de la Ley General de Marinas y Actividades Conexas, los Capitanes de buque mayor a 150 toneladas de arqueo bruto tienen la obligación de llevar a bordo un Diario de Navegación y Puerto, y un Diario de Máquinas, que deben ser aprobados por el Instituto Nacional de Espacios Acuáticos (INEA), en ellos se deben anotar minuciosamente todos los acontecimientos y movimientos ejecutados en el barco con precisión de día y hora, así como la transmisión de órdenes recibidas del armador y autoridades portuarias. Estos dos son documentos de máxima importancia en la vida a bordo, ellos son su historial y su texto bajo la firma del Capitán constituye un elemento de prueba reconocido universalmente respecto a todos los acontecimientos ocurridos en el barco, pero para ello debe cumplir con los requisitos de validez de las leyes, y así tenga fuerza de documento público. En el caso del abordaje se debe tomar en cuenta, primero, que el Capitán quien está obligado a hacer las anotaciones debidas, en esta oportunidad de abordaje casi siempre es parte en el juicio; segundo, existe una relación de subordinación entre el Capitán y el armador, lo que indudablemente puede sesgar su anotación. Por esta razón, es recomendable que tanto el Libro de Navegación se lleve en forma precisa y minuciosa, sin enmendaduras y correcciones, en todo su texto y desde mucho antes del abordaje, ya que de ello depende mucho la credibilidad de estas anotaciones con respecto a los hechos que contengan y sean de mayor eficacia probatoria ante el Juez.

En los dos casos anteriores, debemos señalar que con base a la forma de valoración de las pruebas en el derecho marítimo, como lo es la sana crítica, y ésta, deja al arbitrio del Juez la apreciación de las pruebas, debiendo fundamentarse en la lógica y su experiencia, pero no le otorga una libertad para la valoración.

Otra figura probatoria del procedimiento marítimo es la contemplada en el Artículo 20 de la Ley de Procedimiento Marítimo, que por vía de excepción, podrían las partes durante el juicio, con autorización del Juez, evacuar las pruebas de mutuo acuerdo. Esta manera de evacuación de la prueba es común en otros sistemas de derecho y es una muestra más de la influencia de estos en nuestro ordenamiento normativo marítimo y tienen como fin facilitar la acción probatoria.

AUDIENCIA ORAL

A pesar de ser tan importante la audiencia oral, la fijación de la oportunidad en la que se deba llevar a cabo, no se desarrolla en un Artículo específico, sino que en el último párrafo del Artículo 869 del Código de Procedimiento Civil, el cual se refiere al proceder en caso de reconvención, se dispone que una vez culminada la tramitación para la evacuación de las pruebas, el tribunal fijará dentro de los treinta días siguientes calendarios la hora en la cual tenga lugar la audiencia oral.

Todas las actuaciones anteriores a la audiencia oral van dirigidas, bien sea, a sanear o preparar este momento crucial cuando el Juez tomará la decisión que da fin a la controversia. En esta audiencia también se sentencia, esto lo podemos inferir a partir de la prohibición que tienen las partes de retirarse de la sala en la que se lleva a cabo, aunado a los treinta minutos que se le da al Juez para su pronunciamiento en la misma sala, según lo dispuesto en el Artículo 875 del Código de Procedimiento Civil; esto nos lleva a concluir que todo ocurre en la misma audiencia oral.

Cabe mencionar que el título del Capítulo referente a esta audiencia le da dualidad de nombres como lo son "*audiencia o debate*", esto es entendible, por cuanto en ella las partes exponen sus alegatos basados en sus pruebas, lo que constituye un verdadero debate. Según lo dispuesto en el Artículo 872 del Código de Procedimiento Civil, primeramente las partes harán una pequeña exposición de lo que solicitan, que no es más que una síntesis de los pedimentos de la demanda, luego se sustanciarán las pruebas, deposiciones de testigos y todas aquellas que requieran su evacuación en este acto y posterior a ello expondrán los alegatos cada una de las partes. En función a preservar la oralidad, no se permite la lectura de documentos, salvo que se tomen de pruebas instrumentales promovidas por las partes que sean de difícil memorización, del cumplimiento de esto debe ser garante el Juez y en caso de incumplimiento deberá echar mano de sus facultades disciplinarias que le da este mismo Artículo para el mejor desarrollo de la audiencia oral.

Una vez culminada la primera etapa de sustanciación de las pruebas, el Juez concederá a las partes un tiempo con el fin de aclarar, invalidar o desechar mediante las observaciones que consideren oportunas sobre las pruebas promovidas, que en el caso de los testigos se hará con la repregunta, en el caso del peritaje ahondando por medio de preguntas y observaciones que se le formulen a los expertos que intervinieron. El Juez de la jurisdicción marítima con cierta intromisión en el proceder probatorio podrá cesar o interrumpir la intervención de las partes cuando considere suficientemente debatido cada punto controvertido.

Por ser crucial este acto procesal, debido que en su desarrollo se concentran probanzas, alegatos y decisión, en él se respeta más que en cualquier otro, la característica esencial de este proceso, como lo es la oralidad, esto lo podemos notar en el Artículo 860 del Código de Procedimiento Civil, que sólo se permitirá, por vía de excepción, la forma escrita de los actos cuando expresamente se establezca así. El Artículo 860 *ejusdem*, regula la forma de cómo se van a evacuar las pruebas que son típicamente escritas en el juicio oral. En el último párrafo del Artículo 872, se establece una prohibición expresa de no redactar acta escrita para cada prueba, pero, si se dejará un registro de ésta por medio de una grabación de audio o video, lo cual también está autorizado en este mismo código adjetivo en su artículo 189. Esta grabación, será consignada a los autos, y ella puede servir para ilustrar al Juez de alzada sobre algún punto específico en caso de una eventual apelación.

Luego de la evacuación de las pruebas, las partes, fundamentándose en estas, realizarán una breve exposición de sus alegatos, esto podría equipararse, sin la relación de la causa, a los Informes antes de la sentencia del juicio ordinario. Es la única oportunidad que tienen las partes para manifestar sus razones a fin de erguirse con el triunfo de su pretensión. En esta fase el Juez tiene la facultad, cuando el acto lo justifique, bien sea, por la complejidad del asunto o por la cantidad de pruebas, de prolongar la audiencia a petición de las partes. No obstante, el Juez no está obligado a esto, por interpretación de la norma, es una potestad discrecional, extender o no el debate. Este proceder del Juez, no es más que ampliar la facultad consagrada en el Artículo 14 de la Ley de Procedimiento Marítimo.

LA SENTENCIA

Como expresamos anteriormente dentro del marco de la audiencia o debate oral, el Juez se retirará de la sala por un tiempo que no sea mayor a treinta minutos, el lapso más corto consagrado en nuestro código adjetivo, y en ello está la razón por la que nos referimos a que todo se desarrolla dentro de la audiencia oral, por cuanto, el mismo Artículo 875 del Código de Procedimiento Civil, obliga a las partes a permanecer en la misma sala de audiencia sin que esto signifique el cierre del acto.

Culminados los treinta minutos, el Juez se pronunciará y hará una breve exposición en la cual exprese de forma sintetizada los motivos de hecho y de derecho en que fundamenta su decisión. En la peculiaridad de la sentencia de abordaje con reclamación de daños y perjuicios, se entiende que en este estado el Juez se referirá a la culpabilidad en los hechos y el grado de responsabilidad de cada una de las partes, bien sea, por inobservancia de normas que debió seguir, por negligencia o impericia en las maniobras que debió realizar con el fin de evitarlo. Por la complejidad que implica esta sentencia, es razonable que el pronunciamiento sobre los daños y perjuicios, así como su cuantificación, se deje para la oportunidad en que se deba extender por escrito el fallo completo de conformidad con el Artículo 877 del Código de Procedimiento Civil y posterior experticia complementaria del fallo.

La publicación de la sentencia se llevará a cabo dentro de los diez días siguientes a la audiencia oral. El fallo no tiene que narrar los términos en que ha sido trabada la controversia, ni analizar las deposiciones de los testigos y declarantes. Lo que si debe tener son las argumentaciones de hecho y de derecho sobre las pruebas valoradas, y el dispositivo de la sentencia con especial pronunciamiento sobre los daños y perjuicios.

De esta sentencia, por ser definitiva, se oirá apelación en ambos efectos. Al igual que en el procedimiento ordinario, el lapso para la apelación será de cinco días de despacho, y comenzará a correr al día siguiente de la consignación del fallo completo en el expediente según lo dispuesto en el Artículo 878 del Código de Procedimiento Civil.

En el procedimiento oral no existen normas que regulen la sustanciación de la alzada, por lo tanto, por remisión al Artículo 879 del Código de Procedimiento Civil, se seguirán las normas para el procedimiento ordinario consagradas en los Artículos 516 y siguientes *ejusdem*, así como, en caso de recurso de casación se rige por las reglas ordinarias de admisibilidad previstas en el Artículo 312 del mismo Código.

CONCLUSIONES

Hemos podido observar en el desarrollo de este trabajo que el procedimiento marítimo es complejo, puesto que en él se trata de satisfacer dos sistemas legales, el romano, el cual es la base fundamental de nuestro derecho, y el anglosajón, que sus instituciones que tienen gran influencia dentro del derecho marítimo, y esto lo podemos observar en las figuras del *Forum non conveniens* y del *Discovery,* instituciones útiles y reconocidas en el derecho marítimo venezolano.

Motivado a la forma apresurada que se utilizó para la aprobación de las leyes marítimas en su oportunidad, quedaron lagunas y partes oscuras. No se creó un proceso propio que contemplara la influencia anglosajona en esta rama del derecho, sino que los redactores se adminicularon al procedimiento oral, establecido en nuestro ya obsoleto Código de Procedimiento Civil.

Es aconsejable una próxima reforma de la Ley de Procedimiento Marítimo, en la cual se produzca una normativa que mejore y se adecúe a la realidad de todos los medios de prueba, y con más claridad de inclusión a las figuras del derecho anglosajón dentro del procedimiento marítimo venezolano.

BIBLIOGRAFÍA

ÁLVAREZ LEDO, Tulio, *Derecho marítimo,* 3era edición, Universidad Católica Andrés Bello, Caracas, 2.011.

FERNÁNDEZ- CONCHESO, Aurelio, *El procedimiento marítimo venezolano,* Caracas, 2.006.

GUZMÁN Q., Pedro J., y PELGRÓN G., Juan Guillermo, *Manual sobre abordaje,* Gremeica Editores, C.A., Caracas, 1.979.

HENRÍQUEZ LA ROCHE, Ricardo, *Código de Procedimiento Civil,* Centro de Estudios Jurídicos del Zulia, 1.996.

__________________, *Instituciones del derecho procesal,* 3era edición, Centro de Estudios Jurídicos de Venezuela, Caracas, 2.013.

Obra colectiva, *El nuevo derecho marítimo venezolano,* Asociación Venezolana de Derecho Marítimo, Caracas, 2.004.

Obra colectiva, *Análisis de 10 años de vigencia de las leyes marítimas venezolanas,* Academia de Ciencias Políticas y Sociales, Universidad Central de Venezuela, Editorial Torinoco, Caracas, 2.012.

Obra colectiva, *Primeras jornadas de derecho procesal marítimo,* Academia de Ciencias Políticas y Sociales, Caracas, 2.015.

PALACIOS HERRERA, Oscar, *Apuntes de Obligaciones,* Ediciones Nuevo Mundo, Caracas, 2.000.

RENGEL ROMBERG, Arístides, *Tratado de Derecho Procesal Civil Venezolano: (Según el nuevo Código de 1987),* Caracas, 1.995.

VILLARROEL, Francisco, *Tratado general de derecho marítimo*, Caracas, 2003.

LA SEGURIDAD EN LA NAVEGACIÓN Y EL MARCO LEGAL: CASO SISTEMA SIA

MSC. MARÍA DEL CIELO SÁNCHEZ FROILÁN*

SUMARIO
• Introducción. • Sistema SIA. • Medidas unilaterales adicionales.

INTRODUCCIÓN

Siempre que realizo alguna investigación en relación con la seguridad marítima me encuentro con procedimientos fraudulentos que atentan contra la misma en pro de algún beneficio personal. El problema real no es el beneficio que pueda alguien obtener, sino los posibles daños intencionales o colaterales producto de esa violación a la seguridad.

Es así como se han establecido a lo largo de la historia de la navegación marítima mecanismos para garantizar la seguridad a bordo, algunos ejemplos vienen rápido a mi mente, como son las líneas de francobordo y la creación del Disco de Plimsoll para evitar que los armadores inescrupulosos cargaran los buques hasta un punto en donde la estabilidad del mismo estuviera comprometida, más aún con mal tiempo, en perjuicio de la carga, de los pasajeros y de la propia tripulación. El uso de equipos personales adicionales a los botes salvavidas, los equipos contraincendios y detectores de incendios, las comunicaciones vía telégrafo y luego por radio y por satélite, etc. También se tomó en cuenta la última tecnología para la segura navegación como, por ejemplo, la obligación de uso de equipos y artefactos para el posicionamiento,

* Abogada (Universidad Central de Venezuela). Especialista en Comercio Marítimo Internacional, Mención Derecho Marítimo (Escuela de Estudios Superiores de la Marina Mercante). *Magister Scientiarum* en Transporte Marítimo (Universidad Nacional Experimental Marítima del Caribe – UMC), Investigadora y Docente en las áreas de Derecho Marítimo y Seguridad Marítima (UMC). Autora de los libros "Estudio de la Legislación Acuática Nacional (2004) y "Análisis de los Convenios de la Organización Marítima Internacional" (2009 y 2015), así como de varios artículos de revista.

iniciándose con los mapas, el compás, el sextante, el astrolabio... pasando más modernamente al radar y a equipos satelitales. También los gobiernos se abocaron a la aprobación de los sistemas de vigilancia de sus costas y mares para evitar violaciones a sus normas...los ejemplos no acaban.

Paralelamente, los legisladores y gobernantes de la época se dieron a la tarea de regular las buenas prácticas marinera y castigar dichas conductas fraudulentas. Desde los inicios de la historia escrita se pueden observar distintas normas, tales como: el Código de Hammurabi escrito aproximadamente en el año 1.760 a. C, es decir, hace más de dos mil años, en donde se encuentran antiguos vestigios de figuras jurídicas, incluidas las de marina, como es el caso del pago por servicio de transporte marítimo o el pago por la pérdida de buque debido a un abordaje. Posteriormente, aparecen normas locales, luego regionales y por último internacionales. Entre los casos más famosos se encuentran la *Lex Rhodia* (475-479 a.C) que es incorporada en parte por el derecho romano, en el Digesto, libro XIV, bajo el título *De Lege Rhodia de Jactu*; el Consulado del Mar (cuya primera edición fue en 1370); el *Guidón de la Mer* (siglo XVI); los Roles de Olerón (siglos XI y XII); Ordenanzas de Bilbao, etc.

No es tema de este artículo mencionar cada una de esas normas, las cuales de una u otra forma fueron recogidas a nivel internacional. Las más importantes son las aprobadas por la Organización Marítima Internacional (OMI[1]), la cual es la agencia de la Naciones Unidas creada en 1948 encargada de los asuntos marítimos, en especial lo relativo a la seguridad de la vida humana en el mar, tal como consta en el artículo 1 de la Convención constitutiva de la Organización Consultiva Marítima Intergubernamental[2] (OCMI, actual OMI):

---

[1] La OMI fue fundada en 1948 en la Conferencia de las Naciones Unidas celebrada en Ginebra, en donde se adoptó el convenio constitutivo fundacional, llamada en aquel tiempo Organización Consultiva Marítima Intergubernamental (OCMI), entrando en vigor en 1958 y cambiando su denominación a OMI en 1982.

[2] Venezuela: *Ley Aprobatoria de la Convención relativa a la Organización Consultiva Marítima Intergubernamental*, publicada en Gaceta Oficial Número 30.768, del 14 de agosto de 1975.

"Artículo 1
Las Finalidades de la Organización son:
Establecer un sistema de colaboración entre los gobiernos en materia de reglamentación y prácticas gubernamentales relativas a cuestiones técnicas de toda índole concernientes a la navegación comercial internacional, fomentar la adopción general de normas para alcanzar los más altos niveles posibles en lo referente a seguridad marítima y a eficiencia de la navegación.
(...)
c) Tomar medidas para la consideración por la Organización de cuestiones relativas a las prácticas restrictivas desleales de empresas de navegación marítima (...)". (Subrayado de la autora).

La OMI tiene una estructura permanente conformada por la Asamblea (constituida por todos los Estados Miembros, entre los que se encuentra Venezuela desde 1975[3]), el Consejo (integrado por 40 Estados Miembros elegidos por la Asamblea) y los comités de trabajo, destacándose el Comité de Seguridad Marítima[4] (CSM) creado en 1948. Uno de los mayores logros de este comité fue la actualización en, 1974, del Convenio Internacional para la Seguridad de la Vida Humana en el Mar[5] (SOLAS). Digo actualización, pues en 1914 se elaboró el primer convenio SOLAS siendo el Reino Unido el país anfitrión de la conferencia internacional en la que se adoptó este Convenio por ser líder en flota marítima mercante en ese momento. Asimismo, fue el país anfitrión de las versiones de 1929 y 1948. Una vez que la OMI entró en vigor, este organismo actualizó el convenio en 1960 y 1974, siendo su última versión, la cual ha sido modificada en innumerables ocasiones bajo el mecanismo de aceptación tácita de sus enmiendas, de conformidad con el artículo 8. Este mecanismo de aprobación es mucho más expedito que el procedimiento formal, lo cual garantiza la actualización casi inmediata de sus normas a nivel internacional.

---

3 Venezuela se hizo Estado Parte mediante la Gaceta Oficial número 30.768 de fecha 14 de agosto de 1975.

4 *Maritime Safety Committee* (*MSC*).

5 *International Convention for the Safety of Life at Sea (SOLAS).*

El Convenio SOLAS[6] tiene una estructura que consta de un convenio (con artículos), el cual sigue el procedimiento de aceptación expresa para sus modificaciones. Esta parte ha sido enmendada en 1978 y 1988[7] mediante Protocolos. En el Protocolo de 1988 se actualizan principalmente los modelos de certificados emitidos, así como el texto del Capítulo I del Anexo.

Adicionalmente, el SOLAS cuenta con un Anexo dividido en varios capítulos divididos en reglas, dependiendo de la materia a tratar, los cuales, a excepción del Capítulo I, los demás se crean, modifican o extinguen mediante el mecanismo de aceptación tácita.

Otro punto importante de este convenio es su ámbito de aplicación. Según el artículo II, el SOLAS será aplicable "*a todos los buques que tengan derecho a enarbolar el pabellón de los Estados cuyos Gobiernos sean Gobiernos Contratantes*"[8]. Ahora bien, la Regla 1 del Capítulo I (en lo sucesivo se determina de la siguiente manera: Regla I/1), establece que "*a) Salvo disposición expresa en otro sentido, las presentes reglas son aplicables solamente a buques dedicados a viajes internacionales. b) En cada Capítulo se definen con mayor precisión las clases de buques a las que el mismo es aplicable y se indica el alcance de su aplicación*".

Lo anterior debe ser complementado con el contenido de la Regla I/3, en cuanto a las excepciones del ámbito de aplicación, es decir, las disposiciones no se aplican a los buques de guerra y buques para el transporte de tropas; buques de carga de arqueo bruto inferior a 500; buques carentes de propulsión mecánica; buques de madera; yates de recreo no dedicados al tráfico comercial; y a los buques pesqueros.

---

[6] Venezuela se hizo Estado Parte mediante la Gaceta Oficial número 32.597 de fecha 08 de noviembre de 1982, entrando en vigor el 29 de junio de 1983.

[7] El Protocolo de 1988 sustituye al Protocolo de 1978. Por tal motivo el SOLAS es 1974-88. Venezuela se hizo Estado Parte de este Protocolo mediante la Gaceta Oficial Extraordinaria número 5.187 de fecha 05 de diciembre de 1997, entrando en vigor el 03 de febrero de 2000.

[8] Es importante diferenciar algunos términos establecidos en la Convención de Viena sobre el Derecho de los Tratados, de 1969: 1) Estado o Gobierno Negociador: Es un Estado que ha participado en la elaboración y adopción del texto del Tratado. 2) Estado o Gobierno Contratante: Es un Estado que ha consentido en obligarse por el tratado, haya o no entrado en vigor el tratado. 3) Estado o Gobierno Parte: Es un Estado que ha consentido en obligarse por el tratado, y con respecto al cual el tratado está en vigor.

En otras palabras, el SOLAS se aplica, en principio a menos que el convenio exprese otro sentido, a los buques de carga y pasaje con fines comerciales y civiles, a excepción de los de pesca, que realicen viajes internaciones que tengan derecho a enarbolar el pabellón del Estado Parte.

SISTEMA SIA

Como mencioné anteriormente, uno de los aspectos más importantes dentro de la navegación marítima es la seguridad. El término "*seguridad*" conlleva innumerables aristas, siendo una la posibilidad de identificación del buque no solo como "*punto en el radar*" sino con su nombre y número OMI[9], tipo de buque, su posición, rumbo, velocidad, estado de la navegación y otra información relacionada con la seguridad, para las estaciones o autoridades en tierra, otros buques y aeronaves.

Esta posibilidad de identificación viene dada por la obligación impuesta por el Convenio SOLAS a los Estados Parte para que los buques que enarbolen su pabellón posean a bordo y operativo el Sistema de Identificación Automática[10] (SIA).

Para que el sistema funcione, los buques deben facilitar todos esos datos, como requisito indispensable para la monitorización del tráfico marítimo, pero, el principio de libertad de los mares y de paso inocente tan arraigados en el transporte marítimo, así como el navegar en zonas peligrosas o con cargas valiosas hacen necesario replantearse la total identificación. En otras palabras, existe el dilema entre libertad o seguridad. A nivel de la OMI se resolvió a favor de la segunda opción, es decir, tener las ventajas de un tráfico más seguro y una respuesta a las emergencias más eficaz.

El SIA, por decirlo de alguna manera, es un aparato evolucionado del radar, aunque no lo sustituye, pues este equipo sigue siendo obliga-

---

[9] Número OMI, es el número de siete dígitos asignados por la Organización Marítima Internacional (OMI) el cual es el único IUB (Identificador Único del Buque) reconocido globalmente que es específico para cada buque, nunca es reutilizado, y permanece con el buque por todo su periodo de vida útil, inclusive si el nombre del buque, su bandera y su propietario cambian.

[10] *Automatic Identification Systems (AIS).*

torio a bordo de los buques. El SIA, aparte de mostrar la posición de la embarcación y demás datos, permite registrarlos como una especie de "caja negra" para facilitar las investigaciones posteriores a un accidente marítimo usando frecuencias de radio VHF.

Existen dos tipos de AIS: los Clase A, los cuales son un sistema pesado y costoso con varios emisores y receptores VHF; y los Clase B, que son más ligeros y menos costosos, siendo los que principalmente se usan en la navegación de recreo. En el 2002 el convenio SOLAS aprobó que todos los buques con un arqueo igual o superior a 300 deberían estar equipados con un sistema SIA de Clase A y en el 2006 aprobó un protocolo más ligero (SIA Clase B) que permite a buques y embarcaciones más ligeras la instalación de un sistema SIA.

Este Sistema está establecido en la Regla 19 (prescripciones relativas a los sistemas y aparatos náuticos que se han de llevar a bordo) del Capítulo V relativo a la Seguridad de la Navegación. En esta regla se indica lo siguiente:

> *"2.4 Todos los buques de arqueo bruto igual o superior a 300 que efectúen viajes internacionales, los buques de carga de arqueo bruto igual o superior a 500 que no efectúen viajes internacionales y los buques de pasaje, independientemente de su tamaño, estarán equipados con un sistema de identificación automática (SIA) según se indica a continuación:*
> *.1 si han sido construidos el 1 de julio de 2002, o posteriormente;*
> *.2 si efectúan viajes internacionales y han sido construidos antes del 1 de julio de 2002:*
> *2.1 cuando se trate de buques de pasaje, a más tardar el 1 de julio de 2003;*
> *2.2 cuando se trate de buques tanque, a más tardar en la fecha en que se efectúe el primer reconocimiento de seguridad del equipo a partir del 1 de julio de 2003;*
> *2.3 cuando se trate de buques de arqueo bruto igual o superior a 50.000 que no sean buques de pasaje o buques tanque, a más tardar el 1 de julio de 2004;*
> *2.4 cuando se trate de buques de arqueo bruto igual o superior a 300 pero inferior a 50.000 que no sean buques de pasaje ni buques tanque, a más tardar en la fecha del primer reconocimiento del equipo de seguridad que se efectué después del 1 de julio de 2004, o el 31 de diciembre de 2004, si esta última fecha es anterior; y*

.3 Si no efectúan viajes internacionales y han sido construidos antes del 1 de julio de 2002, a más tardar el 1 de julio de 2008;
.4 la Administración podrá eximir a los buques del cumplimiento de lo prescrito en el presente párrafo cuando dichos buques vayan a ser retirados definitivamente del servicio en los dos años siguientes a la fecha en que hubiera sido obligatorio instalar el equipo que se indica en los apartados .2 y .3."

En este sentido, a partir del 1 de julio de 2008, todos los buques a los cuales se aplica el Convenio SOLAS deben estar equipados con el Sistema SIA y éste debe estar en funcionamiento en todo momento, salvo en los casos en los que los acuerdos, reglas o normas internacionales estipulen la protección de la información náutica. Es decir, estén apagados. En este sentido, se debe tomar en cuenta lo establecido en la Resolución de la Asamblea de la OMI A.1106(29), adoptada el 2 de diciembre de 2015, relativas a las Directrices Revisadas relativas a la Utilización en el Buque del Sistema de Identificación Automática (SIA) de a Bordo[11].

En pocas palabras, la resolución advierte que es posible que la información proporcionada por el SIA no refleje de manera completa o correcta el tráfico marítimo existente en un momento dado en las inmediaciones, por ello se debe tener en cuenta las limitaciones propias del SIA y de su utilización en situaciones en las que ha de evitarse un abordaje, las cuales están establecidas en los párrafos 40 a 44 de esta Resolución, indicando en pocas palabras que el SIA se puede utilizar para facilitar la toma de decisiones encaminadas a evitar los abordajes, pero no sustituye sino que complementa a los otros sistemas de navegación, como por ejemplo: el de seguimiento de blancos por radar, además, por ninguna circunstancia se debe dejar de cumplir con lo previsto en el Reglamento de abordajes[12], en concreto la regla 7, al determinar si existe riesgo de abordaje.

[11] La Resolución A.1106(29) deroga expresamente a la Resolución A.917(22) de 2001, enmendada por la resolución A.956(23) de 2003.

[12] Convenio sobre el Reglamento Internacional para prevenir los Abordajes, 1972, en su forma enmendada. Venezuela es Parte de este convenio desde 1983.

Ahora bien, como el SIA es un sistema abierto, es decir, que cualquiera con un receptor de radio de VHF puede captar toda la información del tráfico marítimo de la zona en la que tenga cobertura con cualquiera de las muchas aplicaciones que se han elaborado para el seguimiento y monitorización de tráfico, y que están al alcance de cualquiera, esta eficaz herramienta para el ordenamiento del tráfico puede convertirse en una fuente de información valiosísima para quienes quieran atentar contra un buque o apresarlo, como viene ocurriendo en las costas somalíes si bien, los capitanes de las embarcaciones pueden, bajo su responsabilidad, apagar su SIA cuando naveguen por zonas especialmente peligrosas, para ello han de concurrir razones de peso que los capitanes han de evaluar y justificar en las anotaciones que a tal fin realicen en el cuaderno de bitácora o Diario de Navegación.

El problema que se está presentando actualmente es que algunos capitanes, al poder desactivar fácilmente el mecanismo actual de seguimiento ocultan su ubicación convirtiéndose de esta manera en "*buques-fantasma*" y así poder cometer fraude a las leyes, actos ilícitos, incluidos los secuestros, el contrabando y la piratería.

A este respecto se han observado a nivel mundial como buques pesqueros (que por su legislación interna obliga a tener el SIA a bordo) lo desconectan y pescan en aguas de otros Estados o, como lo ha reportado el Departamento de Estado de los Estados Unidos de Norteamérica, buques que han manipulado el SIA para indicar que un buque está en algún lugar que no lo está, introduciendo manualmente coordenadas o puertos incorrectos para realizar tráfico comercial con países sancionados por su Gobierno o con el propósito de realizar movimientos de navegación en áreas de acceso restringido o realizar transferencias entre buques sospechosos, que pueden llevar al incumplimiento de resoluciones y reglamentos que son obligatorios para los buques, así como las emitidas que representen una violación de las sanciones del Consejo de Seguridad de las Naciones Unidas.

MEDIDAS UNILATERALES ADICIONALES

A pesar del ámbito de aplicación y las excepciones al mismo indicadas en el Convenio SOLAS, muchos Estados Parte han dictado medidas en las cuales no solo aplican, sino que amplían su ámbito, tal es el caso del Reino de España, en donde mediante el Real Decreto 210/2004, del 6 de febrero de 2004 dictó las normas que establecen un sistema de seguimiento y de información sobre el tráfico marítimo, mencionando en su artículo 6 que cualquier buque que haga escala en un puerto español deberá ir equipado con un sistema SIA que cumpla los requisitos establecidos por la OMI y que estos se mantendrán en funcionamiento en todo momento, salvo en los casos en los que los acuerdos, reglas o normas internacionales estipulen la protección de la información náutica.

Adicionalmente, este mismo Real Decreto, en su artículo 6 *bis*, determina el uso de los sistemas de identificación automática (SIA) por los buques pesqueros, en el entendido de que

> *"(...) los buques pesqueros con una eslora total superior a 15 metros abanderados y registrados en un Estado miembro de la Unión Europea, o que faenen en aguas interiores o en el mar territorial español, o desembarquen sus capturas en un puerto español, deberán ir equipados (...) con un sistema de identificación automática SIA (clase A) que cumpla las normas de rendimiento establecidas por la OMI.*
> *Los buques pesqueros equipados con un sistema SIA lo mantendrán en funcionamiento en todo momento. En circunstancias excepcionales, el citado sistema podrá ser desconectado si el capitán lo considera necesario para la seguridad del buque."*

Por otra parte, el Parlamento Europeo, mediante la Directiva 2002/59/CE aprobó establecer un sistema más completo e integrado de seguimiento y de información del tráfico marítimo, y a través de la Directiva 2014/100/UE de la Comisión la modificó con el objeto de mejorar el conocimiento de la situación en el mar y ofrecer soluciones adaptadas a las autoridades. También la Unión Europea, obliga a la utilización de avances tecnológicos fundamentales para la seguridad marítima, como, por ejemplo, los que permiten una identificación automática de los buques (Sistema SIA) para facilitar las investigaciones posteriores a un accidente marítimo. La citada directiva implanta la utilización del sistema comunitario de intercambio de información marítima denominado SafeSeaNet, creado por la Comisión de acuerdo con los Estados miembros, a partir de la información suministrada por el SIA.

Adicionalmente, la Unión Europea establece que los buques pesqueros deben incorporar gradualmente el Sistema para seguimiento y control, según el siguiente cronograma:

A partir del 31 de mayo de 2012: todos los buques de más de 24 m

A partir del 31 de mayo de 2013: todos los buques de más de 18 m

31 de mayo de 2014: todos los buques de más de 15 m.

En el caso de Venezuela, el Instituto Nacional de los Espacios Acuáticos (INEA), ejerciendo funciones de Autoridad Acuática, dictó la Providencia 056 del 22 de agosto de 2017 relativa a las Normas relativas al equipamiento obligatorio básico de seguridad para buques de bandera nacional no regulados por el Convenio SOLAS en su forma enmendada. Dicha Providencia se aplica a:

Buques de carga y buques de servicio menores de quinientas unidades de arqueo bruto (500 AB).

Buques de pesca mayores a cinco unidades de arqueo bruto (5 AB).

Buques deportivos y de recreo.

Buques dedicados al transporte de menos de doce (12) personas en calidad de pasajeros.

Unidades de perforación mar adentro de cualquier naturaleza, clase y porte de arqueo bruto, fijadas al lecho marino o flotantes y/o móviles.

Estos buques y unidades de perforación deben estar provistos de varios equipos y elementos de seguridad, entre los que se encuentran un Sistema Transponder de Identificación Automática, debidamente configurado, que proporcione automáticamente a las estaciones costeras, buques y aeronaves que cuenten con aparatos adecuados, la información de la nave, la cual debe incluir la identificación, el tipo, la situación, el rumbo, la velocidad y las condiciones de navegación del buque, así como otros datos relativos a la seguridad de éste.

Cada Estado está en la capacidad de exigir no solo el cumplimiento de los convenios de los cuales sea Parte, sino ampliar el ámbito de aplicación de ellos a su espacio geográfico. En este sentido, el porte y uso del Sistema SIA en Venezuela es de obligatorio cumplimiento a todos los buques y unidades de perforación (excluidos los buques de las

Fuerzas Armadas Nacionales), unos en virtud del Convenio y otros por disposición de la Providencia 056.

Ahora bien, las convenciones internacionales, tales como las de la OMI, no contienen sanciones a su incumplimiento. Estas deben ser determinadas y ejecutadas por la Autoridad Marítima de cada Estado, respetando el espíritu, propósito y razón del convenio además de la legislación interna de cada país. Caso similar ocurre con algunas normas nacionales como, por ejemplo, la Providencia 056 del INEA o la Resolución No 106-129-GDMM de Panamá, de fecha 14 de diciembre de 2017, en donde se resolvió sancionar a todos aquellos buques detenidos en aguas jurisdiccionales de la República de Panamá que desactiven el SIA. Otra norma de Panamá es la Resolución No 106-048-GDMM de fecha 19 de agosto de 2019, en la cual se sanciona a los capitanes, armadores, persona designada a bordo (DPA), operadores, agentes residentes y/o propietarios de los buques del Registro panameño, que están obligados a notificar inmediatamente con claridad y sobre un informe de mal funcionamiento del equipo y/o un informe de reparaciones del equipo, a la Autoridad Marítima de Panamá, o cualquier circunstancia que condicione el funcionamiento del Sistema Automático de Identificación (AIS), pero sin indicar expresamente cual es la sanción.

En el caso de Venezuela, la Autoridad Marítima (INEA), a través de las capitanías de puerto, puede prohibir el zarpe de la embarcación, iniciar una investigación, etc., de conformidad con el artículo 286 y siguientes del Decreto con Rango, Valor y Fuerza de Ley de Marinas y Actividades Conexas[13] (LMAC), el cual menciona:

> *"Las acciones y omisiones que constituyan delito o falta y tengan lugar con ocasión de la navegación, serán sancionados de acuerdo con el Código Penal o la ley aplicable. Salvo acciones intencionales, en caso de abordaje o de cualquier otro accidente de navegación concerniente a un buque de navegación acuática y de tal naturaleza que comprometa la responsabilidad penal o disciplinaria del Capitán o de cualquiera otra persona al servicio del buque, no podrá iniciarse ningún procedimiento penal sino ante las*

[13] Venezuela. *Decreto con Rango, Valor y Fuerza de Ley de Marinas y Actividades Conexas*, publicado en Gaceta Oficial Extraordinario N° 6.153, del 18 de noviembre de 2014.

autoridades judiciales o administrativas del Estado cuyo pabellón enarbolaba el buque en el momento del abordaje o del accidente de navegación."

Ahora bien, cuando uno hace revisión del Código Penal[14], solo se ubican artículos que establecen delitos, tales como incendios, naufragios, etc. En este sentido, si la manipulación del Sistema SIA conlleva algún accidente marítimo, al responsable se le aplicará el delito determinado, por ejemplo, el artículo 357 del Código Penal:

"El que por haber obrado con imprudencia o negligencia, o bien con impericia en su profesión, arte o industria, o por inobservancia de los reglamentos, órdenes o disposiciones disciplinarias, haya ocasionado algún incendio, explosión, inundación, sumersión o naufragio, algún hundimiento o cualquier otro desastre de peligro común, será castigado con prisión de tres a quince meses. Si el delito resulta un peligro para la vida de las personas, la prisión será de tres a treinta meses, y si resultare la muerte de alguna, la prisión será de uno a diez años."

Por otro lado, el artículo 485 del Código Penal (relativo a las faltas) es uno que se pudiera aplicar en el entendido de que el desobedecer una norma (como lo es el SOLAS o la Providencia 056) dictada por la autoridad competente (el Gobierno al hacerse Parte del Convenio o del INEA, respectivamente) en interés de la seguridad conlleva un castigo con pena corporal (privativa de libertad) o pena no corporal (multa), permitiendo la conversión de penas de conformidad con los artículos 50 y 51. El artículo 485 del Código Penal establece que:

"El que hubiere desobedecido una orden legalmente expedida por la autoridad competente o no haya observado alguna medida legalmente dictada por dicha autoridad en interés de la justicia o de la seguridad o salubridad públicas, será castigado con arresto de cinco a treinta días, o multa de veinte a ciento cincuenta bolívares".

---

[14] Venezuela. *Código Penal*, publicado en Gaceta Oficial Extraordinario N° 5.494, del 20 de octubre de 2000.

En este artículo la penalidad por la desobediencia de una orden dictada por la autoridad competente es un arresto de cinco a treinta días o una multa cuyos montos son una burla por la devaluación sufrida por la moneda nacional. Más aun cuando el artículo 50 del Código Penal conmuta las penas en las faltas, indicando que la proporción será de diez bolívares por cada día de arresto, es decir, hasta trescientos bolívares[15].

No está claro si la conducta por apagar un equipo puede ser considerado un delito (para lo cual debe haber un daño mayor, tal como un hundimiento, inundación, incendio etc.), o una falta. Pareciera que por el simple hecho de apagarlo (sin que hubiese ningún accidente marítimo, incluida lesión o muerte), debería ser considerado una falta. Se requiere entonces de una investigación penal para su determinación.

De no existir un accidente marítimo por la manipulación del equipo hace pensar en solo sanciones administrativas, tales como multas, inhabilitación al cargo mediante la suspensión del título (de marina mercante respectivo), etc. Al seguir revisando las sanciones previstas en la LMAC, la misma las clasifica en Infracciones leves (de 2 a 50 Unidades Tributarias[16] – UT); Infracciones graves (de 51 a 150 UT); Infracciones muy graves (de 151 a 500 UT); infracciones gravísimas (varían entre 500 a 2.000 UT). Adicionalmente, se contemplan sanciones que contemplan suspensión de funciones (artículo 292), como es el caso de quienes por negligencia, impericia o inobservancia de las leyes y reglamentos causaren accidentes en perjuicio de terceros (suspensión por un lapso de dos a diez años) o los que causen daño en forma intencional en el ejercicio de sus funciones (la suspensión será de 10 a 30 años). Es decir, no se contempla expresamente la sanción a la que puede ser objeto una persona que intencionalmente manipule o apague

[15] En 2008 la reconversión monetaria eliminó tres ceros convirtiendo el bolívar en bolívar fuerte, es decir, la máxima pena sería de 0,3 bolívares fuertes

[16] UT: Unidad Tributaria: es una medida que normaliza y mantiene actualizados, año tras año, los montos especificados en las normas tributarias de Venezuela. La Asamblea Nacional Constituyente mediante la Gaceta Oficial Número 41.305 de fecha 21 de diciembre de 2017, aprobó la *Ley Constitucional sobre la creación de la Unidad Tributaria Sancionatoria* que será utilizada para determinar el monto de las multas y sanciones pecuniarias cuya base de cálculo esté prevista en Unidades Tributarias, que ahora pasa a denominarse *Unidad Tributaria Ordinaria* y para ser derogada deberá ser emitida otra Ley Constitucional (igual rango legal).

el Sistema SIA en contravención con las disposiciones del SOLAS que mencionan que "*lo mantendrán en funcionamiento en todo momento*" (Regla V/19, párrafo 2.4.5.7) o peor aún, cuando la Providencia 56 del INEA menciona que el buque debe estar provisto del Sistema SIA, pero no indica que debe estar operativo siempre.

Por otro lado, se debe indicar si la sanción es personal (al responsable directo) o al buque. Pareciera que lo más lógico es la sanción administrativa al buque infractor tanto para buques nacionales como extranjeros que se encuentren en aguas nacionales siempre que no haya ocurrido un accidente marítimo. En caso de existir uno, además de la sanción administrativa puede existir la sanción penal personal del responsable en caso de muerte, lesiones o daños a terceros, incluidos los daños medioambientales de existir.

No se estipula que tipo de sanción se aplicaría al buque, si es la pérdida de vigencia del Certificado de Seguridad del Equipo para buque de Carga (emitido en virtud del SOLAS), por ejemplo, lo cual conllevaría a una inspección y su consecuente renovación, o con la prohibición de zarpe, o con una multa, etc.

El problema es que, hasta el presente, en Venezuela no existe una disposición clara al respecto ni en el Código Penal, en la LGMA ni en la Providencia 056, ni en ninguna otra. Se requiere de normas claras perfectas, es decir, aquellas que poseen no solo el supuesto de hecho sino también la consecuencia jurídica por su incumplimiento, más cuando existe la reserva legal para la determinación de delitos y faltas.

EL ROBO A MANO ARMADA PERPETRADO CONTRA LOS BUQUES: UNA AMENAZA PARA LA PROTECCIÓN MARÍTIMA

NALLIVER FLORES SUÁREZ*

SUMARIO

La Protección Marítima tiene su génesis en los atentados del 11 de septiembre de 2001. En respuesta a estos ataques la Organización Marítima Internacional (OMI) tomando en cuenta las Resoluciones emanadas de la Asamblea y el Consejo de Seguridad de las Naciones Unidas, donde se condenaban los ataques terroristas ocurridos en los Estados Unidos de América y considerando la vulnerabilidad de los buques frente a los actos terroristas, adopta la Resolución A.924 (22) del 20 de noviembre de 2001, que da inicio a los trabajos preparatorios para la elaboración de un instrumento jurídico que permitiese establecer medidas de protección marítima, a fin de prevenir y reprimir los actos terroristas dirigidos contra los puertos y el personal que trabaja en los mismos, así como contra los buques en los puertos, los pasajeros y las tripulaciones. Es precisamente en esta Resolución donde surge el

* Abogada de la Universidad Central de Venezuela (UCV). Magister Scientiarum en Transporte Marítimo de la Universidad Marítima del Caribe (UMC). Especialista en Derecho de la Navegación y Comercio por Aguas (UCV). Miembro de la Asociación Venezolana de Derecho Marítimo (AVDM). Profesora de Maestría, Especialización y de los Cursos de Capitán de Altura y Jefe de Máquina y Primeros Oficiales de la Escuela de Estudios Superiores de la Marina Mercante (EESMM).

concepto de protección marítima dotado de características propias que lo diferencian del concepto de seguridad marítima.

Cabe destacar, que el marco normativo en materia de seguridad marítima antes de la ocurrencia de los hechos del 11 de septiembre, estaba basado en el concepto de "*safety*", es decir, estándares referidos a la seguridad en los buques por su actividad navegatoria y protección del medio marítimo. Considerando que los sectores marítimo y portuario revisten una vital importancia económica y estratégica para los Estados, siendo el transporte marítimo una pieza clave para el comercio internacional y un motor fundamental para la globalización, era necesario la aprobación de una norma que regulase los estándares de protección a fin de garantizar la seguridad de los buques e instalaciones portuarias frente a los actos ilícitos. Es por ello, que en el año 2004, entra en vigor el Código Internacional para la Protección de los Buques y de las Instalaciones Portuarias (Código PBIP) contenido en el Capítulo XI-2 del Convenio para la Seguridad de la Vida Humana en el Mar (SOLAS), sobre Medidas especiales para incrementar la protección marítima.

Con la adopción de la versión en castellano del Código PBIP en los países de habla hispana surgió un conflicto con los términos anglosajones "*maritime safety*" y " *maritime security*" debido a que en las normas basadas en el idioma inglés no existe distinción entre ambos, sin embargo, en español los términos tienen connotaciones diferentes; referido el primero a la seguridad marítima, ya que se trata de un conjunto de medidas y actuaciones orientadas a reducir los riesgos en el buque, provenientes de las actividades realizadas con ocasión de la navegación del mismo tales como: accidentes de la navegación, naufragios, varaduras, incendio etc.; así como, los peligros naturales a los que se encuentra expuesta esta actividad (tormentas, inundaciones, actos de Dios, etc.); y el segundo término referido a la protección marítima, porque establece un conjunto de medidas y actuaciones orientadas a enfrentar las amenazas provenientes de actividades humanas de carácter ilícito tales como: terrorismo, robo a mano armada contra buques, piratería, polizones, narcotráfico marítimo, tráfico de armas, migración ilegal en condiciones peligrosas por mar, contrabando de extracción, trata de personas, entre otras.

De esta manera, el concepto de protección marítima puede entenderse como un conjunto de medidas preventivas dirigidas a los buques e instalaciones portuarias a fin de protegerlos contra la amenaza que representan los actos ilícitos intencionales. Para Gabaldón y Ruiz (2006) "*la protección marítima a través de la Resolución A.924 (22) del 20 de noviembre de 2001 obtiene una identidad propia frente al concepto tradicional de seguridad marítima*"[1]. Por su parte Sobrino (2007) considera que "*la protección marítima y la seguridad marítima son cercanas pero distintas, siendo el principal punto de conexión entre ambos conceptos la seguridad, sin embargo, estos dos conceptos son difíciles de separar en algunos casos*"[2]. Por esto es importante destacar que el concepto de seguridad marítima en un sentido amplio se encuentra integrado por seguridad marítima (*maritime safety*) y protección marítima (*maritime security*).

Tal como se mencionó anteriormente, las amenazas a la protección marítima constituyen una serie de actos ilícitos de carácter violento que atentan contra la seguridad de los buques, su tripulación, pasajeros y carga así como de las instalaciones portuarias; estas amenazas se han venido gestando desde la década de los ochenta, prueba de ello es el atentado terrorista del que fue objeto en 1985, el buque de crucero *Achille Lauro,* que conllevó a la adopción por parte de la Asamblea de la OMI de la Resolución A.584(14), Medidas para prevenir los actos ilícitos que amenazan la seguridad del buque y la salvaguardia de su pasaje y tripulación, y posteriormente en 1986 el Comité de Seguridad Marítima (CSM) publicó una circular (MSC/Circ.443), Medidas para prevenir actos ilícitos contra pasajeros y tripulantes a bordo de los buques. Finalmente en 1988 la OMI adoptó el "*Convenio para la Represión de Actos Ilícitos contra la Seguridad de la Navegación Marítima*", seguido de un Protocolo para la Represión de Actos Ilícitos contra la Seguridad de las Plataformas Fijas Emplazadas en la Plataforma Continental.

1 José Luis Gabaldón, y José María Ruiz Soroa. *Manual de derecho de la navegación marítima*. Marcial Pons, Madrid. 2006. p. 117.g

2 José Manuel Sobrino Heredia. "La protección marítima, nueva dimensión de la política". *Revista de Derecho Comunitario Europeo*, núm. 27, mayo/agosto, 2007. p. 420.

Para la década de los noventa el problema del aumento de los actos de piratería y robos a mano armada perpetrados contra los buques se puso de relieve de manera contundente; algunos factores condicionantes como: la globalización y una mayor facilidad de acceso a los espacios marítimos que debido a su extensión cuentan con poca vigilancia por parte de los Estados, coadyuvaron para que los mares del mundo se convirtieran en un ambiente donde las organizaciones criminales pueden consolidarse, desarrollar sus actividades y adquirir el carácter de trasnacional. En el mismo sentido, Münkler (citado por Piedrahita, 2020) diferenció entre la globalización de los mercados como fenómeno positivo para el desarrollo, de lo que denomina la "*globalización en la sombra*", que es la utilizada por grupos armados ilegales en el mundo, para vincularse a los beneficios de la economía legal y así extraer los recursos necesarios para su mantenimiento.[3]

Estas amenazas marítimas (también llamadas emergentes) se caracterizan por su constante dinamismo y capacidad de mutación lo que las hace difíciles de identificar, combatir y erradicar, razón por la cual los Estados deben actualizar frecuentemente sus estrategias en la lucha y prevención contra ellas. Las amenazas a la protección marítima no solo se limitan a las acciones terroristas, ya que las organizaciones criminales también se dedican a cometer otros delitos como lo son : narcotráfico marítimo, piratería, robo a mano armada en buques y puertos, la intervención y robo de la carga en contenedores tráfico de armas, de polizones e inmigrantes, de combustible, pesca ilegal entre otros delitos, siendo estos los más activos.

DEFINICIÓN

De las diferentes amenazas a la protección marítima el robo a mano armada perpetrado contra los buques (RACB), será el objeto de nuestro estudio, iniciando su análisis con algunas consideraciones necesarias para lograr una mejor y adecuada comprensión del tema. De acuerdo al Diccionario de la Real Academia Española (2001) el significado de la

[3] Pedro Piedrahita Bustamante. Local y global. "El Estado frente al delito transnacional". *Revista Derecho del Estado* n.º 46, mayo-agosto de 2020 p.144

palabra Robo es: "*Delito que se comete apoderarse con ánimo de lucro de una cosa mueble ajena, empleándose violencia, o intimidación sobre las personas o fuerza en las cosas*"[4].

Por su parte, la palabra arma según Carrasco (2008) puede definirse como "*todo objeto, elemento o sustancia que habiendo sido o no diseñada con ese propósito, puede ser utilizada para atacar o defenderse*"[5].

Cabe destacar, que el robo a mano armada exige en cuanto a su tipicidad objetiva la concurrencia de varios elementos tales como: i) sustracción del bien de la esfera de custodia de su dueño o; ii) apoderamiento ilegítimo del bien por parte del sujeto activo; iii) que el bien mueble sea ajeno y posea un valor patrimonial; iv) que el agente haga uso de la violencia física contra la persona o medie amenaza contra la victima sobre un peligro inminente para su vida o integridad física. Siendo esta una característica fundamental del robo que lo distingue del hurto y, v) que realice la conducta haciendo uso de un arma. Respecto a la tipicidad subjetiva este delito requiere que el agente actué con dolo, y tenga el *animus furandi* o intención de robar o aprovecharse del bien.

Dentro del campo marítimo, la definición de robo a mano armada realizada por la OMI se encuentra contenida en el Código de prácticas para la investigación de los delitos de piratería y robos a mano armada perpetrado contra los buques, adoptado a través de la Resolución A.1025(26) de fecha 02 de diciembre de 2009, en la cual se incorporaron las enmiendas realizadas al Código de prácticas para la investigación de los delitos de piratería y robos a mano armada perpetrados contra los buques, elaboradas por el (CSM) y en el (Anexo, párrafo 2.2) se determina que los robos a mano armada perpetrado contra los buques son cualquiera de los actos siguientes:

> "*todo acto ilícito de violencia o de detención, o cualesquiera actos de depredación o de amenaza de depredación, que no sean actos de piratería, cometidos con un propósito personal y dirigidos contra un buque o contra personas o bienes a bordo de éste, dentro de*

---

4 Real Academia Española. *Diccionario de la lengua española*. Vigésima Segunda edición. Madrid, España, 2001. p. 1980.

5 Jaime Carrasco, *Armas y delito*. Editorial Librotecnia, Chile. 2008 p. 17.

las aguas interiores, aguas archipelágicas y mar territorial de un Estado; todo acto que tenga por objeto incitar a los actos definidos anteriormente o facilitarlos intencionalmente".[6]

Esta definición le otorga al RACB un espacio geográfico definido, bajo la soberanía de un Estado; como el mar territorial, aguas archipielágicas, puertos y demás aguas interiores, para diferenciarlo del delito de piratería que tiene como espacio geográfico a las aguas internacionales: Alta Mar, Zona Económica Exclusiva (ZEE) y Zona Contigua de acuerdo, con lo establecido en el artículo 101 de la Convención de las Naciones Unidas sobre el Derecho del Mar (CONVEMAR). El lugar de comisión de ambos delitos constituye una importante distinción ya que el RACB y la piratería tipifican los mismos supuestos.

Aunado a éste concepto es necesario definir lo que se entiende por amenaza, riesgo y vulnerabilidad ya que son esenciales al tema de la protección marítima. La amenaza de acuerdo con Cabanellas, significa "*dicho o hecho con que se da a entender el propósito más o menos inmediato de causar un mal. Indicio o anuncio de un perjuicio cercano*"[7]. La OMI considera que el riesgo es la combinación de la frecuencia con la gravedad de la consecuencia. La diferencia fundamental entre amenaza y riesgo consiste en que la amenaza se refiere a lo que puede ocurrir, mientras que el riesgo indica en qué medida existe la posibilidad que se concrete la amenaza en relación con otras amenazas; para ello es fundamental la evaluación del riesgo, es decir, la cuantificación de esa probabilidad de ocurrencia de la amenaza. Y la vulnerabilidad en un buque está referida a la probabilidad de que realmente se produzca la amenaza. Se consideran cinco graduaciones: muy reducida (1), reducida (2), normal (3), elevada (4), muy elevada (5). Por lo cual, tanto el análisis de las amenazas como la evaluación del riesgo son aspectos fundamentales a considerar en el diseño de estrategias para la elaboración de un plan de protección a un buque, con la finalidad de prevenir

---

6 OMI. Resolución A.1025(26) Código de Prácticas para la Investigación de los Delitos de Piratería y Robo a Mano Armada Perpetrados contra los Buques. Adoptada el 2 de diciembre de 2009. p. 3.

7 Guillermo Cabanellas de Torres, *Diccionario Enciclopédico de Derecho Usual*. Tomo VII. 21° Edición. Editorial Heliasta S.R.L. Buenos Aires. Argentina. 1989. p. 24.

y contrarrestar la ocurrencia de RACB entre otros sucesos que afectan al transporte marítimo.

LA COMISIÓN DEL DELITO

Si bien es cierto, que los RACB perpetrados contra los buques no son actos que pertenezcan de manera exclusiva a nuestro tiempo, no cabe duda de que el entorno cambiante que envuelve al sector marítimo ha incidido significativamente en el aumento del número de ataques, convirtiéndolos en una amenaza creciente que no solo está dirigida contra el buque, también apunta hacia la tripulación y la carga. Estos RACB pueden presentarse en formas diversas, bien sea durante la navegación en aguas bajo la soberanía de un Estado o en el puerto mientras el buque se encuentra atracado o fondeado.

Para la comisión de este delito los delincuentes usan armas de fuego, suelen atacar en horas de la noche y la madrugada, acceden al buque escalando por una amarra o de alguna otra forma con el objetivo principal de obtener el dinero en efectivo que se encuentra en la caja fuerte del mismo, las pertenencias de la tripulación y cualquier equipo desmontable del buque, para escapar en un bote que los espera al costado del buque. Cuando se trata de robos oportunistas de bajo nivel, los ladrones al ser descubiertos evitan un enfrentamiento directo con la tripulación, los amenazan con armas de fuego para que no den el aviso correspondiente y así escapar rápidamente; generalmente los ladrones no suelen utilizar la violencia contra los miembros de la tripulación durante la perpetración del robo, sin embargo, esta modalidad ha empezada a cambiar y es motivo de gran preocupación, ya que existe un incremento en los casos reportados, en los cuales los tripulantes han sido amarrados, golpeados y amenazados de muerte. Respectos a los casos donde se ha producido un crimen, estos ocupan un índice menor en los registros llevados por la OMI y otras organizaciones dedicadas al tema.

ZONAS PROPENSAS

Diferentes organizaciones internacionales han tomado iniciativas en la lucha contra los RACB, entre esas tenemos la Oficina Marítima

Internacional (IMB) fundada en 1981 es una división especializada de la Cámara de Comercio Internacional (ICC) con sede en Londres, que lucha contra todos los tipos de delincuencia y malas prácticas en el sector marítimo. La (ICC IMB) creó en 1992 el centro de reportes para denunciar los delitos de piratería y robo a mano armada (RPC), con la finalidad de dar respuesta a la creciente amenaza. Este centro funciona las 24 horas del día desde Kuala Lumpur, Malasia, y de manera gratuita brinda ayuda a los buques bajo un ataque; tan pronto es recibida una denuncia IMB PRC realiza un enlace con las agencias de respuesta, efectuando sus transmisiones a través de los Servicios de Red de Seguridad (GMDSS) y las alertas por correo electrónico a los Oficiales de Seguridad de la Compañía (CSO) de los buques, ofreciendo así seguridad a la gente de mar. Este centro a su vez, proporciona a los Estados datos transparentes recibidos directamente del Capitán del buque o de sus propietarios a través de la emisión de alertas y partes diarios.

En su informe 2019 la IMB señala que se registraron 162 casos relacionados con piratería y robo a mano armada en contra de buques, que existe un 20% menos respecto al año 2018. Siendo África el continente que registró la mayor cantidad de incidentes con 71 casos, seguido por el sur de Asia con 53 casos y América Latina ocupando un tercer lugar con 29. El estrecho de Singapur es otra de las zonas en las que aumentó el número de ataques, sin embargo, IMB considera que los ataques de esta zona son "*de baja intensidad*" y se limitan exclusivamente a robos a mano armada.

En el caso del sur de Asia y el subcontinente indio, los países con mayores advertencias son: Bangladesh, Indonesia, el Estrecho de Malaca, Malasia, Filipinas, el Estrecho de Singapur y el mar del sur de China. Mientras que Benín, Camerún, Guinea Ecuatorial, Ghana, Guinea, Costa de Marfil, Nigeria, Togo, El Congo, Golfo de Adén, Somalia, el mar Arábigo y el Océano Índico son los lugares más proclives a incidentes en África y el Mar Rojo. Cabe destacar, que el informe indica, que no hubo incidentes de piratería y robo a mano armada en Somalia; sin embargo, la RPC de la IMB advierte que los buques y las tripulaciones deben ser cautelosos cuando viajan por la región ya que los riesgos persisten; en particular, el informe advierte que "*los piratas somalíes siguen teniendo la capacidad de llevar a cabo ataques en la cuenca somalí y en el Océano Índico*".

También destaca el informe, que Haití, Perú y Venezuela son los países más propensos a sufrir ataques de piratería y robo a mano armada en América del Sur, América Central y el Caribe. Respecto a los tipos de buques con mayor registro de ataques a nivel mundial se encuentran: los graneleros (46 incidentes), los buques cisterna (38 incidentes), los tanqueros (19 incidentes) y los buques portacontenedores (14 incidentes). En menor medida se encuentran los buques de carga general (7 incidentes), los buques quimiqueros (7 incidentes), los tanqueros de GLP (6 incidentes) y finalmente los remolcadores (5) incidentes. En cuanto al pabellón de los buques más atacados, destacan las Islas Marshall (28 incidentes), Singapur (22 incidentes) y Liberia con (19) incidentes.[8]

Por su parte, la OMI desde 1982 ha venido publicando informes sobre estos actos ilícitos, los cuales se realizan en base a los datos presentados por los Gobiernos Miembros, por el Centro de Notificación de Actos de Piratería de la (IMB) y por parte del Centro de Intercambio de Información (ISC) que forma parte del Acuerdo de Cooperación Regional para Combatir la Piratería y el Robo a Mano Armada Contra Buques en Asia (RECAAP), en el cual participan 16 países asiáticos; este centro inició sus operaciones en el año 2006 tiene su sede en Singapur y los incidentes son clasificados del nivel 1 al 4, según la gravedad.

A pesar que el CSM, en mayo de 2018, acordó suspender las circulares mensuales que contienen informes sobre incidentes de piratería y robo a mano armada contra buques, manteniendo solo los informes anuales como parte de la serie de circulares MSC.4 la Secretaria continúa elaborando informes mensuales que se encuentran disponibles a través del Sistema Mundial Integrado de Información Marítima (GISIS) en su módulo dedicado a la piratería y los robos a mano armada, al que se puede tener acceso (previo registro). Allí se encuentran clasificados por separados los actos de robos a mano armada perpetrados contra los buques de los actos de piratería, así como las tentativas.

Los informes contienen los datos del buque, lugar del suceso indicando, fecha y hora, una breve descripción del ataque, las consecuen-

8 ICC IMB Piracy and Armed Robbery Against Ship_ 2019 Annual Report. p1-62

cias para la tripulación, el buque o la carga así como las medidas adoptadas por la tripulación y las autoridades del Estado ribereño. De igual manera, en el módulo se encuentran orientaciones destinadas a ayudar a los usuarios a elaborar informes personalizados atendiendo a ciertas especificaciones, como puede ser una determinada zona geográfica. La OMI publica anualmente un detallado informe sobre estos actos ilícitos, el cual se da a conocer en el primer trimestre del año siguiente.

El informe anual de la OMI correspondiente al año 2019, revela que se registraron 193 incidentes sobre piratería y robo a mano armada perpetrados a los buques alrededor del mundo, considerando que en el 2018, se informaron 223 incidentes, estamos viendo una disminución de alrededor del 14% a nivel global, y el menor número de incidentes reportados a nivel mundial desde 1996.

Específicamente por RACB las zonas más afectadas fueron: el Estrecho de Malaca y Singapur con (39 incidentes) ocurridos en aguas territoriales y (9 incidentes) en puerto, seguidos por África Occidental (26 incidentes) ocurridos en aguas territoriales y (18 incidentes) en puerto, el Mar del Sur de China (12 incidentes) ocurridos en aguas territoriales y (16 incidentes) en puerto, seguidos por Sudamérica región del Pacífico (7) incidentes ocurridos en aguas territoriales y (6 incidentes) en puerto, Sudamérica región del Caribe (9 incidentes) ocurridos en aguas territoriales y (3 incidentes) en puerto y el Océano Índico (2 incidentes) ocurridos en aguas territoriales y (7 incidentes) en puerto.

Los datos revelan que el número total de tripulantes reportados que fueron tomados como rehenes / secuestrados o desaparecidos en 2019 es el más alto en los últimos cinco años con 173 miembros de la tripulación, de los cuales más del 87% fueron secuestrados en África occidental, seguidos por el mar de China meridional y las regiones latinoamericanas. Finalmente el informe destaca que el número total de incidentes de piratería y robo a mano armada contra buques reportados a la Organización como cometidos o en tentativa desde 1984 hasta el final de Diciembre de 2019 ha aumentado a 8,186.[9]

---

9 OMI. Informes sobre actos de piratería y robo a mano armada contra buques Informe anual – 2019. MSC.4/Circ.264 27 Abril de 2020.

LA PROTECCIÓN DE LOS BUQUES CON PERSONAL ARMADO

El vertiginoso aumento de la piratería marítima y los RACB por consiguiente, la violencia generada, las lesiones ocasionadas a los tripulantes así como las pérdidas económicas, se ha convertido en una de las principales fuentes de preocupación para la industria del transporte marítimo, ante la imperiosa necesidad de brindar protección a los buques mercantes y sus tripulaciones que navegan por el mundo, especialmente en las zonas donde la incidencia de estos delitos es mayor, la industria naviera ha promovido diversas medidas de autoprotección, siendo una de ellas la contratación de personal armado.

Este escenario permitió el surgimiento de las Compañías Privadas de Protección Marítima (CPPM) o como también son llamadas, empresas de seguridad privada, las cuales son producto de la evolución de las empresas de seguridad privada dedicadas a proporcionar servicios de vigilancia sobre los bienes; estas se han especializado en el ámbito marítimo y ofrecen servicios para la contratación de personal privado de protección armada a bordo (PPPA). Sin embargo, la utilización de estas compañías por parte de muchas empresas navieras, propietarios y armadores, ha generado controversia en algunos sectores de la industria marítima. Así encontramos, un grupo que se muestra en desacuerdo con el funcionamiento de estas empresas y sostienen que llevar personal armado a bordo de un buque generaría más violencia debido a que no existen mecanismos suficientes ni apropiados de regulación, supervisión y control tanto para el funcionamiento de estas CPPM, como para el embarco de personal privado de protección armada, razón por la cual éstos podrían excederse en el uso de la fuerza.

Otro aspecto relevante que consideran quienes apoyan esta posición, está referido a la jurisdicción en la Alta Mar, la cual corresponde al Estado del pabellón que enarbole el buque, de conformidad con lo establecido en la Convemar, por lo que concierne a los Estados ejercer la persecución y apresamiento de los involucrados en estos actos ilícitos, haciendo uso de los buques de guerra o aeronaves militares, u otros buques o aeronaves que lleven signos claros e identificables como buques o aeronaves al servicio de un gobierno y estén autorizados a tal fin, a tenor de lo dispuesto en el artículo 107 de la mencionada norma. Bajo estas premisas es evidente, que los buques privados no gozan del derecho de persecución, ni pueden hacer uso de estas medidas coercitivas; por lo cual la contratación de PPPA como un mecanismo de defensa para repeler un ataque armado, puede tener como corolario una serie de problemas con graves implicaciones jurídicas cuando ocurran incidentes en los que sea necesario hacer uso de la fuerza con resultados de muertos, heridos y hasta el hundimiento de embarcaciones.

El uso de la fuerza es otro punto de gran importancia, si tenemos en cuenta que la Convemar no contiene ninguna disposición específica referida al uso de la fuerza ni sus limitaciones, entonces, cuando se presenta un incidente de RACB o piratería donde se involucran aspectos tales como: el uso de la fuerza, jurisdicción e inmunidad, la situación legal se vuelve confusa para los Estados, tal como ocurrió en el incidente acaecido el 15 de febrero de 2012 en cual se vio envuelto el buque tanque de bandera italiana *Enrica Lexie*, cuando navegaba en la cercanía de la costa de Kerala (India) y dos marines pertenecientes a la Armada italiana que cumplían funciones de protección y escolta del buque, dieron muerte a dos pescadores indios que se encontraban a bordo del buque pesquero St. Antony, al confundirlos con piratas.

Por este hecho, las autoridades indias, detuvieron a la MV *Enrica Lexie* y arrestaron a los infantes de Marina; mientras las autoridades italianas alegaban que éstos se encontraban cumpliendo una misión antipiratería respaldada por la ONU, que los disparos se produjeron en aguas internacionales, por lo que correspondía a la jurisdicción italiana la investigación del hecho, basados en que Italia era el Estado del pabellón que enarbolaba el buque y de la nacionalidad de los marines involucrados, también sostenían que los marines gozaban de inmunidad de acuerdo a su legislación y a las resoluciones antipiratería de la ONU. Por su parte, India argumentó que el incidente ocurrió en su Zona Contigua y les correspondía ejercer la jurisdicción penal sobre el buque y los Marines basados en que el BT *Enrica Lexie* no cumplió con su obligación de informar a la Autoridad Marítima India que llevaba personal armado a bordo, por lo que quedaba inhabilitado para navegar por su Zona Contigua[10], afirmando que los supuestos no se encontraban cubiertos por las disposiciones de la CONVEMAR. Este caso originó

[10] Francisco Romero Iraguen. "El Incidente del BT Enrica Lexie a la Luz del Derecho Internacional". *Revismar* 4 2014. pp. 354-363.

gran tensión entre ambos Estados, teniendo que ser sometido ante un Tribunal Arbitral, y puso de relieve la necesidad que existe de ejercer un control sobre el creciente fenómeno de la privatización de la seguridad en el ámbito marítimo por parte de los Estados, demostrando la importancia de establecer un marco normativo uniforme que permita regular el uso de personal armado a bordo de los buques, bien sea que éste pertenezca a las Fuerzas Armadas de un Estado o forme parte del personal de una CPPM.

Por su parte, quienes apoyan la postura a favor de la existencia y contratación de las CPPM, alegan que ante las deficiencias en la capacidad de muchos Estados para proporcionar seguridad física a los buques, las tripulaciones y sus bienes a través de la fuerza pública y considerando que estos se dificulta en gran medida debido a la extensión del mar, resulta indispensable que la industria naviera adopte medidas de autoprotección. A su vez, señalan que la disminución de los actos de piratería y RACB que registran los informes de IBM y la OMI en los últimos años obedece precisamente al uso de personal armado a bordo de los buques, tal como lo demuestra el éxito alcanzado con esta medida en Somalia. Por tal razón, consideran irrefutable la significativa contribución que estas compañías de seguridad representan en el combate de los actos ilícitos, a su vez, indican que la seguridad privada en el ámbito marítimo ofrece a los Estados un recurso que, debidamente regulado, puede contribuir de manera apreciable a la reducción de estas amenazas a la protección marítima y al refuerzo de la seguridad.

En este contexto es necesario destacar que las tripulaciones de buques que lleven PPPA a bordo, deben ser previamente informadas sobre la presencia de éstos, teniendo el derecho de negarse a realizar el embarque, sin que ello represente perjuicio alguno en su aspecto laboral, correspondiéndole al armador sufragar los gastos que acarree tal decisión.

LA POSTURA DE LA OMI FRENTE AL USO DE PERSONAL PRIVADO ARMADO

Al respecto, la posición de la OMI ha evolucionado a través del tiempo. Así tenemos que el primer pronunciamiento sobre el tema ocurre en el año de 1983 cuando Suecia denunció ante el CSM de la organización el aumento de la piratería y robos a mano armada en las rutas marítimas; en respuesta la Asamblea adopta en noviembre de ese año la resolución A. 545(13) en la cual se reconocen estos actos ilícitos, se invita a los gobiernos y organizaciones a tomar medidas preventivas e informativas respecto a estos actos; pero desaconseja enfáticamente el uso de armas de fuego para la protección personal y del buque por parte de los tripulantes o gente de mar. A cambio recomienda el empleo de medidas defensivas pasivas y no letales (redes, alambrado, barreras eléctricas y dispositivos acústicos) para desincentivar o atrasar el abordaje.[11] En el año 2009 sostiene su postura y a través de la MSC.1/ Circ.1333 párrafo 5 expresa:

> *"Por motivos jurídicos y de seguridad, los Estados de abanderamiento deberían desaconsejar vivamente la posesión y el uso de armas de fuego por los miembros de la tripulación para la protección personal o para la protección de un buque. La gente de mar es personal civil y la utilización de armas de fuego requiere formación y aptitudes especiales, y el riesgo de que se produzcan accidentes con armas de fuego a bordo es alto. La presencia de armas a bordo podría alentar a los atacantes a llevar armas de fuego o incluso otras más peligrosas, lo que podría agravar una situación ya de por sí peligrosa. Toda arma de fuego a bordo podría convertirse por sí misma en un objetivo atractivo para un atacante. Respecto al uso de personal armado contratado de manera privada la OMI en la mencionada circular sostiene que la decisión sobre la autorización de las mismas está sujeta a la legislación y políticas del Estado de abanderamiento del buque y corresponde a este decidir su autorización o no"*[12].

En septiembre de 2011 la OMI reconoce esta realidad, es decir, que la contratación de personal de protección armado a bordo ya es una

---

[11] OMI. Resolución A.545(13) Medidas para Prevenir Actos de Piratería y Robos a Mano Armada contra los buques. Adoptada el 17 Noviembre de 1983. pp 1-4.

[12] OMI. MSC.1/Circ.1333 26. Actos de piratería y robos a mano armada perpetrados contra los buques recomendaciones a los gobiernos para prevenir y reprimir los actos de piratería y robos a mano armada contra los buques. junio 2009Anexo p. 2.

práctica aceptada en el sector marítimo ante el aumento significativo de armadores que hacen uso de este servicio, y en consecuencia elabora su MSC.1/Circ.1408 sobre Recomendaciones Provisionales para los Estados Rectores de Puertos y los Estados Ribereños con respecto al Empleo de Personal Privado de Protección Armada a Bordo en la Zona de Alto Riesgo. En ella se abordan aspectos relacionados con el embarque, desembarque y transporte del PPPA, y de las armas de fuego y el equipo relacionado con la protección utilizados por el PPPA. Cabe destacar que dichas recomendaciones no hacen referencia a las cuestiones jurídicas que podrían estar relacionadas con el movimiento del PPPA o de las armas de fuego o el equipo que vaya a utilizar dicho personal.

En esta circular todas las referencias respecto a las armas de fuego incluyen la munición, los productos consumibles, las piezas de repuesto y el equipo de mantenimiento utilizado por el PPPA, y todas las referencias al equipo relacionado con la protección incluyen el equipo protector y de comunicaciones utilizado por el PPPA[13]. Para el año 2012 el CMS, en su 89° periodo de sesiones elabora la circular MSC.1/Circ.1405/Rev.2 sobre Orientaciones Provisionales Revisadas para Propietarios, Armadores y Capitanes de Buques con Respecto al Empleo de Personal Privado de Protección Armada a Bordo en la Zona de Alto Riesgo. En ella la OMI reconoce que la decisión de contratar PPPA por parte de los propietarios de buques es compleja, que la falta de reglas aplicables y de autorregulación del sector, junto con las complejas prescripciones jurídicas que rigen el porte, el transporte y el uso legítimos de armas de fuego, son motivo de preocupación.

Esta complejidad se ve exacerbada por la rápida proliferación de compañías privadas de protección marítima (CPPM) y por las dudas existentes acerca de las capacidades y la madurez de algunas de estas compañías. En esta orientaciones, al igual que en otras, se reconoce que a los buques se les aplica la jurisdicción del Estado de abanderamiento y, por tanto, toda ley y regla impuesta por el Estado de abanderamiento en cuanto al empleo de CPPM y PPPA. Asimismo, es importante seña-

[13] OMI. MSC.1/Circ.1408. Recomendaciones Provisionales para los Estados Rectores de Puertos y los Estados Ribereños con Respecto al Empleo de Personal Privado de Protección Armada a Bordo en la Zona de Alto Riesgo. 16 septiembre 2012. pp. 1 y 2.

lar que también puede aplicarse a dichos buques la legislación de los Estados rectores de puertos y de los Estados ribereños.

En general, en estas orientaciones se establecen los criterios de selección que debe tomar en cuenta un propietario o armador de un buque a la hora de contratar una CPPM. Entre los aspectos que revisten mayor importancia dentro del marco de las orientaciones, se encuentran el mando y control y el uso de la fuerza. Respecto al primero se establece la necesaria obligación sobre definir y documentar claramente la estructura de mando y control que vincula al armador del buque, al capitán, a los oficiales del buque y al jefe del equipo PPPA. Se requiere que en la estructura documentada sobre mando y control se establezca una declaración clara de que en todo momento el capitán sigue asumiendo el mando y retiene la autoridad absoluta a bordo; un procedimiento acordado para el caso de que el capitán no esté disponible; una serie claramente documentada de procedimientos de gobierno específicos del buque y de la travesía que, entre otras cosas, incluya los procedimientos para la realización de ejercicios y para sucesos reales; una lista documentada de cometidos, comportamiento previsto y documentación de las medidas adoptadas a bordo por el PPPA; y un flujo de información transparente en ambos sentidos y una coordinación y cooperación reconocibles entre el propietario del buque, el fletador, el PPPA, la CPPM y el capitán, los oficiales y la tripulación del buque durante el tiempo que se preste servicio.

Para lograr el cometido expuesto anteriormente las orientaciones establecen como factores condicionantes, el facilitar periódicamente evaluaciones actualizadas de las amenazas durante todo el periodo de servicio a bordo; vigilar las actividades diarias del equipo PPPA a bordo; disponer de un plan de contingencias y respuesta para casos de emergencia las 24 horas del día que abarque todas las medidas previsibles. Respecto a la regla sobre el uso de la fuerza, se indica que la CPPM debería exigir que su personal adopte todas las medidas razonables para evitar el uso de la fuerza. Este supuesto tiene importantes implicaciones, ya que si se utiliza la fuerza, debería hacerse de manera coherente con la legislación aplicable, de igual manera, habrá de respetarse los principios y normas internacionales; el uso de la fuerza no debería sobrepasar en ningún caso lo estrictamente necesario y razonable en las circunstancias correspondientes; y a su vez deben adoptarse precauciones para reducir al mínimo los daños y lesiones a fin de proteger la vida humana. Finalmente se establece que la CPPM debería exigir que su personal no utilice armas de fuego contra las personas, salvo en casos de defensa propia o para defender a otros[14].

En el mismo año 2012 la OMI aprueba la MSC.1/Circ.1443 sobre Orientaciones Provisionales para las Compañías Privadas de Protección Marítima que Facilitan Personal Privado de Protección Armada a Bordo en la Zona de alto Riesgo, en la cual se describen los requerimientos para poder prestar sus servicios a los buques de los Estados firmantes y poder asesorar en materia de seguridad a los armadores que lo soliciten. Las compañías de seguridad deberán seguir los procedimientos indicados en la guía contenida dentro del anexo de la circular, debiendo adoptar las medidas de control necesarias para asegurar su cumplimiento y conocer las responsabilidades legales derivadas de la prestación de servicios. Se establece que la CPPM debería reconocer la posible existencia de responsabilidades jurídicas con respecto al despliegue de PPPA. Esto debería incluir que la CPPM tratara de obtener la aprobación pertinente, según proceda y antes de embarcar PPPA a bordo, de las autoridades competentes en: los Estados de abanderamiento; los países en los que la CPPM se haya registrado; y en los países en los que se realicen o gestionen operaciones, incluidos aquéllos por los que el PPA pueda transitar.

Para la certificación profesional de la CPPM la circular reconoce que si bien no resultan totalmente pertinentes para la situación de la piratería y los robos a mano armada en el ámbito marítimo, el Documento de Montreux sobre las obligaciones jurídicas internacionales y las buenas prácticas de los Estados en lo que respecta a las operaciones de las empresas militares y de seguridad privadas durante los conflictos armados, y el Código de conducta internacional para proveedores de servicios de seguridad privada (ICoC), que determina un conjunto de principios y procedimientos para los proveedores de servicios de pro-

---

[14] OMI. MSC.1/Circ.1405/Rev.2. Orientaciones Provisionales Revisadas para Propietarios, Armadores y Capitanes de Buques con Respecto al empleo de Personal Privado de Protección Armada a Bordo en la Zona de Alto Riesgo. 25 mayo 2012. pp. 1-9.

tección privada en cuanto al apoyo del imperio de la ley y al respeto de los derechos humanos, pero está formulado en el contexto de la autorregulación y sólo para compañías de protección terrestres. Sin embargo, son puntos de referencia útiles para las CPPM.[15]

A su vez, en dicha circular se requirió dotar a la industria de una herramienta que asegurará el cumplimiento de los estándares mediante la certificación de directrices de seguridad de acuerdo a la Organización Internacional de Normalización (ISO) con la norma ISO 28007 la cual es estándar para sistemas de gestión de seguridad para la industria privada de seguridad marítima, instituido a raíz de la proliferación de los servicios armados de seguridad privada a bordo de buques comerciales y privados. En ella se encuentran procedimientos, protocolos y mecanismos de seguridad implantados que reúnen un alto estándar de calidad.[16]

Por otra parte, el *Baltic and International Maritime Council* (BIMCO) asociación naviera, privada e internacional, que cuenta entre sus miembros con propietarios, gestores navales, agentes de buques y otras partes interesadas en el sector marítimo, consciente de la proliferación de compañías privadas de seguridad marítima que ofrecen PPPA, de la inexistencia de una normativa de carácter internacional y de la poca regulación que existe sobre la actividad que realizan; desarrolló un Contrato Estándar para el Empleo de Guardias de Seguridad en Embarcaciones (*GUARDCON*) con la finalidad de armonizar y estandarizar las condiciones de contratación, incluyendo un conjunto de cláusulas que estipulan los términos exigidos en la prestación del servicio y de esa manera ayudar a los propietarios, armadores y sus P&I clubs entre otros miembros de la industria del transporte marítimo. Si bien es cierto, que este acuerdo está dirigido principalmente al empleo de guardias armados a bordo de los buques, nada impide que pueda ser usado en la contratación de guardias desarmados.

GUARDCON enfatiza que los propietarios de los buques no deben tratar de reducir costos empleando menos de los números de guardias

---

[15] OMI. MSC.1/Circ.1443.Orientaciones Provisionales para las Compañías Privadas de Protección Marítima que Facilitan Personal Privado de Protección Armada a Bordo en la Zona de alto Riesgo. 25 mayo 2012Anexo. p.2

[16] International Standard. ISO 28007-1 2015. First Edition. pp (3-5)

recomendados; el análisis de riesgos ha demostrado que en la mayoría de los casos el número mínimo recomendado será de cuatro guardias. Este número ha sido probado para darle mejor protección contra ataques, porque todos los cuartos del buque pueden estar cubiertos y no se puede mantener un sistema de reloj adecuado durante todo el día[17]. Paralelamente BIMCO desarrolló unas Orientaciones sobre Reglas para el uso de la fuerza (RUF) por personal de seguridad armado contratado de forma privada (PSACP) en defensa de un buque mercante. El objetivo de esta guía es ayudar a los armadores y al PMSC a revisar el RUF, relacionado para el tipo, transporte y uso de armas de fuego y equipos, con el fin de proporcionar un nivel graduado de respuesta para el empleo por parte de PCASP que sea razonable y proporcionado.

PAÍSES QUE REGULAN LAS COMPAÑÍAS PRIVADAS DE PROTECCIÓN MARÍTIMA

Ante el fenómeno de las CPPM y su proliferación así como la cada vez más frecuente contratación de sus servicios por parte de propietarios de buques, armadores y empresas navieras, y tomando en cuenta que la OMI en su circular MSC.1/Circ.1333 sostiene que la decisión sobre la autorización de las CPPM está sujeta a la legislación y políticas del Estado de abanderamiento del buque, algunos Estados han elaborado marcos legales para regular adecuadamente el funcionamiento de las mismas, para que operen en su territorio y presten servicio con PPPA a bordo de sus buques. Para cumplir con el cometido propuesto algunos países han requerido la modificación de algunas de sus normas o han procedido a la creación de un nuevo marco jurídico que permita regular el funcionamiento de dichas compañías. A continuación se hará un breve repaso de las disposiciones establecidas al respecto por algunos de estos países.

España: Para regular estos servicios se hizo necesario realizar una reforma a ciertos Reglamentos tales como el de Seguridad Privada y el Reglamento de Armas de Guerra. Posteriormente, en 2011 se aprobaron

[17] BIMCO. GUARDCON. CONTRACT FOR THE EMPLOYMENT OF SECURITY GUARDS ON VESSELS. 2015 pp. (1- 3)

las Normas para la Colaboración del Ministerio de Defensa en la Formación de los Vigilantes de Seguridad Privada Encargados de la Prestación del Servicio de Seguridad en Buques que Naveguen Bajo bandera Española y para el Apoyo Logístico en el Transporte del Material Imprescindible Empleado en su Servicio. Estas normas tienen por finalidad la colaboración del Ministerio de Defensa en la formación de los vigilantes de seguridad privada encargados de la prestación de servicios de seguridad con armas de guerra en buques mercantes y pesqueros que naveguen bajo bandera española en aguas en las que exista grave riesgo para la seguridad de las personas o de los bienes, o para ambos.

Las compañías de seguridad privada españolas no solo pueden ofrecer sus servicios a buques españoles, también pueden ser contratadas por buques extranjeros que se encuentren atracados en puertos españoles, siempre que cumplan con las disposiciones de la Ley y el Reglamento de Seguridad Privada, y de acuerdo con las instrucciones recibidas por parte del Capitán como máxima autoridad del buque. En el año 2009 el Gobierno Español autorizó por primera vez a una compañía de seguridad privada española a prestar servicios de vigilancia y protección a un buque fuera de sus fronteras. Se trató del buque cablero Teneo, propiedad de la empresa de telecomunicaciones Tyco Marineteseo, con bandera y tripulación española, el cual llevaba a bordo un cable de fibra óptica de gran valor.

Grecia: En este país las compañías privadas de protección marítima están regidas por la Ley No.4058/2012 para poder operar en el país. Deben cumplir con varias formalidades, siendo necesario que obtengan una autorización de la Dirección de Seguridad del Estado de la sede de la Guardia Costera Helénica, en la que se estipulará el tiempo de duración del servicio y las condiciones del mismo; a su vez, para poder prestar sus servicios en buques, es necesario estar inscritas en el registro de empresas de seguridad griego, a fin de cumplir con las disposiciones establecidas en la Ley 2518/1997 A 164 sobre proveedores de seguridad.

Liberia: La República de Liberia no dispone de una normativa específica para regular las compañías privadas de protección marítima que presten servicios de PPPA a los buques en su territorio; sin embargo, reconoce el derecho que tienen los armadores para contratar estos servicios en buques liberianos, siempre que la compañía cumpla con lo dispuesto en la circular MSC.1/Circ.1443 de la OMI sobre el entrenamiento del personal, siendo indispensable la demostración mediante documentos de la pericia y destreza en el uso del armamento y equipos de protección, conocimiento demostrable del Código Internacional para la Protección de Buques e Instalaciones Portuarias Código PBIP, Código Internacional de Gestión de la Seguridad (IGS) y Mejores Prácticas de Gestión (BMP4) y formación en primeros auxilios, lucha contra incendios y supervivencia en el mar.

La CPPM debe garantizar un óptimo estado físico y perfil psicológico del personal así como, verificar que no tenga antecedentes penales. Otra de la obligaciones impuestas por el Estado liberiano consiste en la demostración por parte de la compañía que posee un seguro de cobertura de responsabilidad civil y un seguro médico, de accidentes, hospitalización y repatriación para su personal embarcado durante la prestación del servicio. Por su parte el armador que requiera de estos servicios debe realizar un análisis de riesgo, y deberá incluir en el Plan de protección del buque un apéndice que contenga de manera específica todos los supuestos y procedimientos que se llevaran a cabo para alcanzar de manera eficaz la protección del buque.

Panamá: Las disposiciones para la regulación de las Compañía de Seguridad Marítima Privada se encuentran contenidas en la Resolución . N°. 106-13-DGMM, de fecha 8 de marzo de 2012. En ella se establecen los requisitos para que estas empresas, que pueden ser nacionales o extranjeras, sean acreditadas por la Autoridad Marítima de Panamá.

Las empresas de seguridad, deberán disponer de una póliza de seguro de daños y perjuicios a terceros, procedimientos establecidos para el transporte y manejo de armas, procedimientos de evaluación de riesgos, calidad y disponer de recursos adecuados para realizar trabajos de protección a buques. La resolución contempla que las empresas pueden ofrecer servicios de personal privado armado o desarmado; sin embargo, señala que el uso de seguridad privada a bordo de los buques panameños es de carácter voluntario y excepcional, y solo está permitido cuando éstos transiten exclusivamente por zonas de alto riesgo de ataques piratas y robos a mano armada.

A su vez, el Estado panameño impone a estas empresas la obligación de demostrar que el personal contratado para ejercer las funciones de protección a bordo del buque cuente con experiencia en el uso de armas de fuego y equipos de protección, demostrar su formación en materia de protección marítima a través de sus conocimientos sobre normas de seguridad protección marítima como lo son: Código Internacional de Gestión de la Seguridad (IGS) el Código PBIB, y las 15 Mejores Prácticas de Gestión (BMP4) y formación en primeros auxilios, lucha contra incendios y supervivencia en el mar.

LA INVESTIGACIÓN DEL RACB

En el combate contra las amenazas a la protección marítima incluidos los RACB la prevención sin duda juega un rol importante, es por ello que la OMI y otros organismos dedicados al tema han ofrecido en reiteradas ocasiones directrices y recomendaciones dirigidas a los propietarios, armadores y capitanes de buques para que adopten medidas destinadas a prevenir los RACB. Sin embargo, el pilar fundamental que garantiza el éxito para alcanzar la reducción de éste delito se basa en la investigación de los mismos, ya que ello permitirá el apresamiento de los implicados. Como se dijo anteriormente, los RACB ocurren en las aguas sujetas a la soberanía de un Estado, por lo cual están sometidos a su jurisdicción conforme a su legislación interna, pero ocurre que no todos los Estados poseen un marco legal apropiado para realizar la investigación sobre los hechos conducente a la detención de los responsables y al establecimiento de su respectiva condena.

Por tal razón, la OMI consciente de que la lucha contra la piratería y los RACB perpetrados contra los buques se ve con frecuencia obstaculizada por la falta de legislación eficaz en algunos países que permita investigar los casos denunciados de piratería y RACB, adoptó el ya mencionado Código de Prácticas para la Investigación de los Delitos de Piratería y Robo a Mano Armada Perpetrados Contra los Buques[18], el cual contiene una serie de disposiciones que constituyen una guía para que los Estados adopten las medidas allí establecidas o procedan a la adecuación de su legislación si fuere necesario, con la finalidad de investigar todos los actos de piratería y RACB que estén dentro de su

[18] OMI. Resolución A.1025(26) ob.cit., pp. 5-10.

jurisdicción, debiendo informar a la Organización de toda investigación y procesamiento que se realicen en relación con esos actos.

El Código en su anexo incluye las definiciones de ambos actos ilícitos, el de RACB mencionado con anterioridad, respecto de la piratería refiere que el concepto es el establecido en el artículo 101[19] de la Convención de las Naciones Unidas sobre el Derecho del Mar, 1982. Y por último define "Investigadores" como las personas designadas por el Estado o Estados pertinentes para intervenir en un acto de piratería o robo a mano armada perpetrado contra un buque, durante y/o después del suceso.

Respecto a la Formación de los investigadores, el código indica que esta debe abarcar:

En los casos en que se haya producido el secuestro de personas a bordo o en que se hayan tomado rehenes, el rescate de tales personas deberá prevalecer sobre cualquier otra consideración.

Detención de los delincuentes.

Obtención de pruebas, especialmente si es necesario un examen pericial.

Difusión de la información que pueda ayudar a evitar otros delitos.

Recuperación de los bienes robados.

Colaboración con las autoridades responsables de esclarecer los hechos.

Establece que los investigadores deberán contar con formación y experiencia en técnicas de investigación, así como estar familiarizados con los buques y su entorno; reconociendo la ventaja que significa po-

[19] "Constituye piratería cualquiera de los actos siguientes:

a) Todo acto ilegal de violencia o de detención o todo acto de depredación cometidos con un propósito personal por la tripulación o los pasajeros de un buque privado o de una aeronave privada y dirigidos:
    i) Contra un buque o una aeronave en alta mar o contra personas o bienes a bordo de ellos;
    ii) Contra un buque o una aeronave, personas o bienes que se encuentren en un lugar no sometido a la jurisdicción de ningún Estado;
b) Todo acto de participación voluntaria en la utilización de un buque o de una aeronave, cuando el que lo realice tenga conocimiento de hechos que den a dicho buque o aeronave el carácter de buque o aeronave pirata;
c) Todo acto que tenga por objeto incitar a los actos definidos en el apartado a) o el apartado b) o facilitarlos intencionalmente." p.68.

seer conocimientos marítimos, sin embargo, su pericia como investigadores será lo más importante; siendo un aspecto fundamental que los miembros de un cuerpo de seguridad, encargados de una investigación de RACB hayan demostrado tener la pericia y competencia requeridas, además de experiencia y conocimientos marítimos. El código señala que se debe determinar el organismo o persona que llevara a cabo la investigación, porque la confusión o el retraso en las etapas iniciales podría mermar las oportunidades de esclarecimiento, la pérdida de pruebas y, en el peor de los casos un aumento del peligro para los miembros de la tripulación detenidos por los delincuentes, e incluso a lesiones y pérdida de vidas que podrían haberse evitado.

Respecto a la dirección general, actividades de coordinación y cooperación, se indica que deben reconocerse los distintos intereses nacionales que pueda existir en cada caso, de igual manera, deberá admitirse que otros Estados tendrán intereses legítimos, por lo que, es fundamental para el éxito de las investigaciones, que exista coordinación y cooperación entre ellos, aunque este aspecto está dirigido esencialmente al delito de piratería, no obsta su aplicación en los RACB tomando en cuenta que estos pueden ser dirigidos por la delincuencia organizada transnacional, en cuyo caso deberán intervenir las organizaciones pertinente tales como: la Interpol o la Oficina Marítima Internacional de la ICC. Finalmente señala que en el supuesto que los investigadores sean reemplazados deberán rendir cuentas sobre la labor realizada hasta ese momento.

En cuanto al trámite del informe inicial, se requiere que tras recibir la denuncia sobre un ataque a un buque, los investigadores que logren llegar al lugar de la comisión de delito tengan entre sus principales responsabilidades; asistir a los heridos, proporcionándoles tratamiento médico; apresar a los delincuentes; dar aviso a otros buques que se encuentren en la zona y puedan estar expuestos a un ataque; proteger el lugar del delito a fin de evitar que la llegada de otros cuerpos de seguridad así como del personal de emergencia, los miembros de la tripulación, el capitán del buque y cualquier personal marítimo altere las evidencias que serán cruciales para la realización de la investigación. De igual manera, se ofrecen indicaciones a los investigadores sobre sus actuaciones para la obtención de pruebas, a través de un interrogatorio a los involucrados que permita identificar a los delincuentes en el supuesto que esto hayan escapado, transmitir la información a los Cuerpos de Seguridad a fin de dar captura a los mismos y recuperar los bienes robados que pueden ser usados como pruebas en el juicio.

En todo lo referente a la investigación en su párrafo 7 el código instituye que las medidas que se adopten deberán ser proporcionales a la gravedad del delito cometido que puede ir desde robo de bienes hasta pérdida de vidas y las mismas deben estar en consonancia con las leyes infringidas. Y erige como puntos comunes a todas las investigaciones de actos de piratería y robos a mano armada perpetrados contra los buques los siguientes:

Establecimiento y registro de todos los hechos pertinentes; deberán registrarse de manera sistemática todos los datos pertinentes, los funcionarios encargados de las investigaciones sobre delitos cometidos en el mar deberán cerciorarse de que incluyen información adicional como las condiciones meteorológicas, el estado de la mar, la situación, el rumbo y la velocidad del buque, una descripción detallada de éste y otros datos similares; las fotografías tomadas y las cintas de vídeo grabadas a bordo del buque, y del propio buque, ayudarán a los investigadores y testigos a explicar posteriormente lo ocurrido; las investigaciones deberán ser lo suficientemente completas y detalladas en cada aspecto, a fin de explicar lo ocurrido a tribunales distintos de los del país donde trabajen los investigadores en el supuesto que se requiera. En el informe de la investigación se describirán los métodos utilizados por los investigadores.

Respecto a la consignación de las declaraciones de los testigos, deberán consignarse de manera oficial y aceptable para su uso posterior en procedimientos judiciales, teniendo en cuenta que tales declaraciones formarán la base de cualquier proceso, esta importante labor no deberá dejarse en manos de personal que carezca de la formación requerida; las declaraciones de los testigos deberán anotarse cuanto antes, ya que los recuerdos se desvanecen y esas declaraciones pueden verse influidas por factores posteriores; cuando el idioma de los testigos sea distinto del de los investigadores, la consignación de las declaraciones deberá realizarse en el idioma del testigo y recurriendo a los servicios de intérpretes debidamente cualificados, atendiendo a los requisitos legales para la validez de los testimonios, lo cual es de suma importancia en el caso que el testimonio se use como prueba en procedimientos judiciales realizados en otros Estados; los investigadores deberán tener en cuenta el estado de angustia de los testigos que han sido sometidos a una experiencia penosa y más en los casos donde haya existido peligro de muerte, aunado al hecho de que el testigo puede encontrarse lejos de casa, por lo que deben tratar a los testigos con comprensión y paciencia, a fin de poder sacar a la luz todos los hechos pertinentes al caso; se debe procurar entrevistar a cada testigo por separado; los investigadores deberán centrar sus esfuerzos en obtener descripciones concretas de los individuos que participaron en el suceso y no quedar satisfechos con afirmaciones generales sobre lo que ladrones, secuestradores o los piratas hicieron en el buque.

Otro de los aspectos tratados en el código se refiere al examen forense detallado del lugar del delito, ya que es el mejor medio para obtener información y prueba de crucial importancia que, en última instancia, podrían llevar a la resolución del caso. Por lo tanto, los investigadores deben mantener aislados los objetos o lugares del buque en los que los delincuentes puedan haber dejado huellas dactilares u otras marcas ocultas que pudieran ser de utilidad; a su vez, deben tener en cuenta la conveniencia de no retener a los buques ni entorpecer el trabajo a bordo más de lo estrictamente necesario, ya que tal conducta podría ocasionar un retraso excesivo que a su vez represente gastos adicionales que tengan que soportar los buques. En cuanto a la búsqueda de información en bases de datos, se aconseja a los investigadores no tratar de manera aislados los casos, ya que podrían estar relacionados, por lo cual se puede considerar acudir a la base de datos de Interpol a fin de obtener información sobre los delincuentes. El código reconoce que la utilización de bases de datos privadas debe ser compatible con la legislación por la que se rija la investigación los servicios.

Finalmente el código establece la importancia que tiene la difusión de la información a todas las partes interesadas como lo son los cuerpos de seguridad, las autoridades navales, los servicios de guardacostas, los capitanes de puerto y demás entidades y personas que pudieran necesitarla y valerse de ella con arreglo a su legislación nacional.

EL RACB EN LOS ESPACIOS ACUÁTICOS VENEZOLANOS

El escalamiento de los RACB en América Latina y el Caribe en las últimas décadas y su incidencia en la actividad marítima de los Estados genera gran preocupación en la actualidad. Las organizaciones internacionales dedicada al tema, desde hace algunos años incluyen a Venezuela, como uno de los países donde estos actos ilícitos ocurren; así tenemos que de acuerdo al informe de la fundación *One Earth Future* en su programa *Oceans Beyond Piracy* (OBP) durante el año 2017 sobre el "*Estado de la piratería marítima*" destaca que "*los puntos críticos donde se han registrado incidentes de piratería se encuentran identificados en aguas territoriales de: Venezuela, San Vicente y las Granadinas, Colombia y Santa Lucía* ."p.1.[20] Si tomamos en cuenta que estos actos ocurren dentro de las aguas territoriales venezolanas y atendiendo a la definición ya señalada, que sobre RACB ofrece la Resolución A.1025(26) de la OMI, consideramos que estamos frente a delitos de robo a mano armada contra buques y no de piratería marítima.

Ante esta realidad, la Red Operativa de Cooperación Regional de Autoridades Marítimas de las Américas (ROCRAM)[21] en sus Conclusiones del Grupo de Trabajo sobre Piratería y Robo a Mano Armada a Bordo de Buques[22] señalo un revelamiento de los casos publicados en el Módulo de Piratería y Robo a Mano Armada del GISIS, durante el periodo 2017 y 2018, en el área geográfica que alcanza a Argentina, Bolivia, Brasil, Chile, Colombia, Cuba, Ecuador, México, Panamá, Paraguay, Perú, Uruguay y Venezuela, reveló que el 100% de los casos

---

20 *Oceans Beyond Piracy* (OBP) es un programa de la Fundación *One Earth Future*, organización no gubernamental sin ánimo de lucro localizada en Colorado (EE.UU.). Este programa se lanzó en 2010 con el propósito de desarrollar una respuesta a la piratería a través de la movilización de las partes interesadas, el desarrollo de acuerdos entre entidades privadas y públicas para proporcionar respuestas a largo plazo en el mar y en tierra, y lograr una disuasión sostenible basada en el estado de derecho. *Oceans Beyond Piracy*. El Estado de la piratería marítima *2017*.

21 Organización inter-institucional de carácter regional, a través del cual sus miembros actúan en distintos planos para colaborar entre sí en cuestiones de injerencia profesional de interés común.

22 ROCRAM XII R.E. XII Reunión Extraordinaria de Autoridades Marítimas punto n° 5.1. del temario tentativo conclusiones del grupo de trabajo sobre piratería y robo a mano armada a bordo de buques. Londres – Reino Unido del 25 al 27 de noviembre de 2019.

se corresponden a robos a mano armada, cometidos o en tentativa; casi el 90% se trató de atracos en puerto; mientras que el porcentaje menor respondió a hechos ocurridos en aguas territoriales, el 67% de los casos tuvieron lugar a la altura del Caribe, 15% a la altura del Atlántico y 19% a la altura del Pacífico.

Ante estos datos, los miembros de ROCRAM conscientes que los Estados soberanos son los únicos con potestad de asegurar que los datos ofrecidos son correctos, exactos y armonizados sobre los sucesos que afectan a la región de Sudamérica; solicitan al Comité que apoye la instrumentación de un mecanismo que permita a los Estados involucrados en un hecho denunciado como de piratería o robo a mano armada a constatar si la información está conteste con sus propias bases de datos y si responde a los tipos descriptos en el art.101 CONVEMAR y la Resol.A.1025 (26), como exigencia previa para su publicidad.

LOS INCIDENTES DE RABC REPORTADOS EN EL PAÍS

Antes de iniciar el desarrollo de este aspecto, es necesario mencionar la imposibilidad de obtener las estadísticas que sobre RACB debe llevar el Instituto Nacional de los Espacios Acuáticos (INEA) como la Autoridad Acuática Nacional, a fin de cotejarlos con los presentados por el GISIS. A la luz de los resultados generales sobre incidentes de RACB presentados por estas organizaciones, conviene realizar una revisión más específica del GISIS, a fin de visibilizar la ocurrencia de este acto ilícito en los espacios acuáticos venezolanos conformados por: los espacios lacustres, fluviales, áreas marinas y submarinas ubicadas en el territorio nacional, donde el Estado tiene derechos de soberanía y jurisdicción.

Los datos arrojados por GISIS durante el periodo 2017 a 2019 revelan que los estados venezolanos con mayor índice de ocurrencias de RACB son: Zulia Anzoátegui y Sucre. Respecto a los puertos que presentan mayor índice de ocurrencias de RACB, los terminales privados pertenecientes a la Empresa Petróleos de Venezuela, S.A (PDVSA) ocupan el primer lugar con el mayor número de reportes realizados por Capitanes de buques extranjeros; dentro de estos el terminal de Puerto

Miranda ocupa el primer lugar con el mayor número de reportes, seguido por el terminal de José, ubicado en el estado Anzoátegui.

De los periodos anuales analizado encontramos que en el año 2017 tuvo lugar el mayor número de reportes; se denunciaron 36 incidentes de RABC en comparación con los años 2018 y 2019 con cifras muy inferiores; lo que indica que esta actividad ilegal ha descendido en nuestro país. Sin embargo, la situación no deja de ser alarmante ya que en marzo del presente año 2020, se registró un incidente de robo a mano a armada en el buque tanque San Román fondeado en la Bahía de Pozuelos del estado Anzoátegui, donde resulto asesinado de bala su Capitán y herido un Sargento de Guardacostas que custodiaba la embarcación debido a que la misma se encontraba bajo una investigación por presunto tráfico de combustible. Los miembros de tripulación fueron amordazados y despojados de sus pertenencias.

Por este hecho fueron imputados y se encuentran bajo investigación 4 oficiales de la Guardia Nacional Bolivariana (GNB) y 3 militares miembros de la Armada Bolivariana (AB). Este dato resulta muy revelador e indica un grave problema de deterioro y corrupción en las Fuerzas Armadas que ha penetrado el ámbito marítimo, lo que a su vez, erosiona la credibilidad tanto a nivel nacional como internacional sobre los encargados de la seguridad pública, siendo el transporte marítimo una actividad internacional las repercusiones tienen mayores dimensiones ante la proyección de una imagen negativa del país, producto de la peligrosidad en sus puertos.

Otra de las aristas del problema, consiste en la existencia de subregistros en los datos sobre los RACB cometidos, es decir, la denominada "*cifra negra*"; existe la presunción que las estadísticas se levantan en base a la mitad de los RACB reportados y no la cantidad de ellos realmente ocurridos. Esto se debe básicamente a que no todas las tripulaciones que han sido víctimas de estas acciones violentas, hacen las denuncias correspondientes ante la autoridad competente, en otros casos son los propietarios o armadores, quienes no reportan ya que temen que el procedimiento no sea expedito, lo que podría derivar en retrasos innecesarios al buque que puedan ocasionar pagos de obligaciones, o por temor a represalias ante una posible connivencia entre la policía y los criminales.

ALGUNOS RESULTADOS DE LA ENTREVISTA REALIZADA A UN GRUPO DE MARINOS MERCANTES VENEZOLANOS

En este sentido cabe destacar, que la información que a continuación se presenta forma parte de una investigación intitulada "*Las Amenazas a la Protección Marítima en los Espacios Acuáticos Venezolanos*"[23] realizada de manera conjunta con otro investigador.

En el marco de este artículo se hará una breve exposición de algunos de los resultados obtenidos en la realización de la investigación elaborada bajo el diseño del paradigma mixto, donde se aplicó un instrumento de recolección de datos, que consistió en una entrevista semiestructurada abierta a fin de permitir la aparición de temas emergentes, la cual fue realizada sobre una población de 30 marinos mercantes, compuesta por Capitanes de Altura, Jefes de Máquinas y Primeros Oficiales sobre la ocurrencia de los RACB en los espacios acuáticos venezolanos.

Más de la mitad de los entrevistados admitieron haber experimentado un RACB en aguas territoriales, especialmente durante la estancia del buque en el puerto; aquellos que manifestaron no haber vivido un incidente de RACB, conocían al menos un marino que si lo hubiese sido; el 90% de los entrevistados manifestó su desconfianza hacia las autoridades policiales y militares encargadas de algunos procedimientos marítimos, la GNB en sus labores de patrullaje marítimo, policía administrativa e investigación penal alcanzó el mayor índice de desconfianza.

Ante la pregunta de cuáles considera que son los factores condicionantes que contribuyen a la ocurrencia de los RACB en nuestros espacios acuáticos, dos factores estuvieron presentes en una gran cantidad de respuestas; siendo el primero la falta de control por parte de las autoridades sobre los pescadores artesanales en los puertos espe-

[23] Las Amenazas a la Protección Marítima en los Espacios Acuáticos Venezolanos. Realizada por los profesores de la EEMM. Capitán de Altura. Alfredo Viso. Coordinador de la línea de investigación de Seguridad Marítima y Msc. Nalliver Flores. Profesora en las Cátedras de Protección Marítima y Seguridad Marítima. De la investigación realizada en el periodo comprendido entre enero de 2018 y julio de 2019 serán publicados resultados parciales por la Universidad Nacional Experimental del Táchira (UNET).

cialmente en el terminal de Puerto Miranda y en la Bahía de Pozuelos, lo que incide de gran manera en la ocurrencia de los RACB, debido a que éstos pescadores se colocan al costado del buque y en muchos casos ejercen labores de vigilancia sobre el mismo y su tripulación, para posteriormente enviar la información a pequeñas bandas dedicadas a realizar los robos.

Mientras que el segundo lugar correspondió a la falta de patrullaje nocturno en los puertos así como la inexistencia de un modelo común de respuesta oportuna y eficiente por parte de las autoridades en el momento en que la tripulación reporta la ocurrencia de un incidente de robo a mano armada. Para finalizar este aspecto, cabe destacar otra arista del problema manifestada por parte de un pequeño número de entrevistados durante el desarrollo libre del tema en el transcurso de la entrevista y que merece ser objeto de una investigación por parte de la comunidad marítima nacional a fin de verificar su veracidad, se encuentra referido a sucesos de hurto de equipos dentro del buque, o de tambores de pintura, por lo cual algunas empresax navieras ante la imposibilidad inicial de ubicar a los responsables, optan por descontar el costo del equipo hurtado del salario de todos los miembros de la tripulación, correspondiéndole a cada uno su alícuota, lo cual de ser cierto sería una práctica que atenta contra el principio de Presunción de Inocencia, el cual es uno de los principios rectores del proceso penal venezolano y en este caso reviste mayor gravedad, ya que no se ha incoado un proceso por parte de las autoridades competentes a los miembros de la tripulación.

CONSIDERACIONES SOBRE LOS RACB EN EL ESCENARIO NACIONAL

En nuestro país el delito de robo se encuentra tipificado en el artículo 455 del Código Penal[24] venezolano:

> *"Quien por medio de violencia o amenazas de graves daños inminentes contra personas o cosas, haya constreñido al detentor o a otra persona presente en el lugar del delito a que le entregue un*

[24] Código Penal Venezolano. Artículos. 455 y 458.

objeto mueble o a tolerar que se apodere de éste, será castigado con prisión de seis años a doce años."

Sobre el particular, es preciso comentar que el delito de robo es pluriofensivo, es decir, que afecta diferentes bienes jurídicos, como lo son la propiedad que es el bien jurídico tutelado en sentido penal, la integridad física y la libertad; por lo que se consuma cuando el derecho a la propiedad y a la libertad son lesionados.

De esta manera quienes se encuentren incursos en RACB en nuestro país serán imputados por el delito de robo agravado estipulado en el artículo 458 *ejusdem* referido al robo cometido por medio de amenazas a la vida, a mano armada o por varias personas, una de las cuales hubiere estado manifiestamente armada, por lo cual la pena será de diez a diecisiete años; sin perjuicio a la persona o personas acusadas, de la pena correspondiente al delito de porte ilícito de armas. Tampoco tendrán derecho a gozar de los beneficios procesales de ley ni a la aplicación de medidas alternativas del cumplimiento de la pena.

Uno de los aspectos que llama la atención sobre los robos a mano armada perpetrado contra los buques, es la percepción que sobre este delito existe en nuestro país. Si bien es cierto que los RACB últimamente han adquirido cierta notoriedad por su proliferación dentro de los espacios acuáticos nacionales, son calificados ante la prensa como actos de piratería. Cuando se hace una revisión exhaustiva de las estadísticas sobre tipos de delitos que son presentados por los cuerpos policiales del Estado tales como: la Policía Nacional Bolivariana, el CICPC, la GNB entre otros, no aparece el delito de RACB, sin embargo, no sucede lo mismo con delitos como robo de vehículo, de motos, la estafa etc. Cabe destacar que en el caso de la PNB resulta bastante incomprensible que no se incluyan esos datos de manera específica dentro de las estadísticas, considerando que de conformidad con el artículo 34 numeral 4 de la Ley Orgánica del Servicio de Policía y del Cuerpo de Policía Nacional, entre sus atribuciones les corresponde ejecutar las políticas emanadas del Órgano Rector (Ministerio del Poder Popular con competencia en materia de seguridad ciudadana) en materia marítima. La misma situación se observa en los informes de Organizaciones no Gubernamentales (ONG) en sus informes sobre violencia y delitos a la propiedad.

El RACB a pesar de estar en auge y ser motivo de gran preocupación por los organismos internacionales y la industria del transporte marítimo, así como los sectores que hacen vida en ella, es un delito prácticamente invisible en nuestro país a la hora de iniciar un estudio sobre el mismo, dado que es bastante difícil tener acceso a estadísticas confiables que permitan estimar la verdadera dimensión del mismo. El problema inicia desde la denuncia, las víctimas de este delito por lo general son tripulaciones de un buque, éstos no suelen permanecer mucho tiempo en un puerto, razón que imposibilita seguir el proceso una vez formulada la denuncia. Por lo que se requiere la implantación de un sistema que permita a los marinos reportar estos delitos ante las autoridades policiales, y posteriormente el mismo se presente ante el Ministerio Publico a fin de dar continuidad del proceso sin que se requiera la presencia física de estos.

A su vez, este sistema debe ser integral es decir, con la participación de los cuerpos de seguridad del Estado y la autoridad acuática, debe ser confiable, y generar estadísticas que permitan documentar e investigar los RACB, las causas que los originan, su evolución, el perfil de los sujetos dedicados a los robos en buques, a fin de poder diseñar políticas que contribuyan tanto en la prevención como en la represión este delito. La tarea reviste mayor importancia en estos momentos, considerando que la grave crisis tanto económica como social que atraviesa el país, incide en la conformación de bandas delictivas que ven en los buques una oportunidad de lucro.

Así se requiere la formación de la gente de mar, el personal portuario y el personal de vigilancia en la prevención, del personal destinado a investigar y combatir este delito; asimismo requieren formación en materia de protección marítima desde una dimensión jurídica, tomando en cuenta que una de las características del Derecho Marítimo es el particularismo, referido a que la peculiaridad de sus instituciones lo convierte en un derecho especial con normas que difieren en algunos aspectos respecto a los normas de Derecho común, hasta un adiestramiento operativo que les permite enfrentar los RACB.

En el marco de las estrategias que se deben desarrollar en el país para combatir los RACB y todas las amenazas que afecten a la protección marítima, la creación de un instrumento jurídico de rango legal que permita la implantación de las medidas de protección marítima establecidas en el Código PBIP, ocupa un lugar importante, tal como lo ha señalado la MSC.1/Circ.1525[25] de la OMI. En este instrumento se deben especificar las facultades con las que han de contar los funcionarios gubernamentales a fin de poder desarrollar sus cometidos, incluida la inspección y puesta a prueba de las medidas y procedimientos de protección en los buques e instalaciones portuarias, así como la aplicación de medidas coercitivas para corregir los casos de incumplimiento, que permita establecer la resolución de cuestiones jurisdiccionales entre organismos gubernamentales.

Son muchos los países que ya han procedido a dictar una ley referida a las normas de protección marítima tomando en consideración la especialidad e importancia de estas normas, para contrarrestar las amenazas que afectan al transporte marítimo, por lo cual es necesario que en Venezuela se inicien los pasos que permitan la aprobación de esta ley a la brevedad.

Para finalizar, es necesario comprender que en el ámbito marítimo solo mediante una estrecha cooperación internacional a todos los niveles que incluya actividades de inteligencia, actuaciones policiales y capacidades militares, se podrá garantizar un éxito duradero contra cualquier amenaza a la protección marítima.

REFERENCIAS BIBLIOGRÁFICAS

BIMCO. GUARDCON. "Contract for the Employment of Security Guards on Vessels". 2015 Disponible en: https://www.bimco.org/-/media/bimco/news-and-trends/news/priority-news/2017/guardcon-explanatory-notes-v14--2017-update.ashx

CABANELLAS DE TORRES, Guillermo. *Diccionario Enciclopédico de Derecho Usual*. Tomo VII. 21° Edición. Editorial Heliasta S.R.L. Buenos Aires. Argentina. 1989.

CARRASCO MOLINA, Jaime. *Armas y delito*. Primera Edición Editorial Librotecnia, Chile, 2008.

[25] OMI. MSC.1/CIRC.1525. Orientaciones para la Elaboración de Legislación Nacional en Materia de Protección Marítima (2016) p.1-4.

Convención de las Naciones Unidas sobre el Derecho del Mar, 1982. Disponible en: https://www.un.org/Depts/los/convention_agreements/texts/unclos/convemar_es.pdf

GABALDÓN GARCIA, José Luis y RUIZ SOROA José María. *Manual de derecho de la navegación marítima.* Segunda Edición. Editorial Marcial Pons, Madrid, 2006.

HEREDIA SOBRINO, José Manuel. "La protección marítima, nueva dimensión de la política". *Revista de Derecho Comunitario Europeo* , núm. 27, mayo/agosto (2007), Madrid, 2007. Disponible en: https://dialnet.unirioja.es/descarga/articulo/2369028.pdf

International Standard. ISO 28007-1. First Edition 2015. Disponible en: www.iso.org.obp/ui/#iso:std:iso:28007:-1:ed-1:v1:, consultado en fecha 15 de mayo de 2020.

Oceans Beyond Piracy (OBP). "El Estado de la Piratería Marítima 2017". Disponible en: http://www.oceansbeyondpiracy.org, Consultado en fecha21 de marzo de 2020.

Oficina Marítima Internacional. "Piratería y Robo a Mano Armada contra Buques". Reporte sobre el periodo 01 de enero 30 de septiembre de 2019. Disponible en: https://www.icc-ccs.org/reports/2019_Annual_Piracy_Report.pdf

____________________. "MSC.1/CIRC.1525. Orientaciones para la Elaboración de Legislación Nacional en Materia de Protección Marítima", 2016.g Disponible en: http://www.imo.org/es/MediaCentre/Documents/MSC.1Circ.1525.pdf

____________________. MSC. 1/Circ. 1333. Actos de Piratería y Robos a Mano Armada Perpetrados Contra los Buques Recomendaciones a los Gobiernos Para Prevenir y Reprimir los Actos de Piratería y Robos a Mano Armada Contra los Buques . Junio de 2009. Disponible en: http://www.imo.org/es/OurWork/Security/PiracyArmedRobbery/Documents/1333.pdf

____________________. Resolución A.1025(26) Código de Prácticas para la Investigación de los Delitos de Piratería y Robo a Mano Armada Perpetrados contra los Buques Adoptada el 2 de diciembre de 2009. Disponible en: http://www.imo.org/es/OurWork/Security/PiracyArmedRobbery/Paginas/Default.aspx

_____. MSC.4/Circ.264. Informes sobre actos de piratería y robo a mano armada contra buques. Informe anual 2019. 27 Abril de 2020. Disponible en: http://www.imo.org/en/OurWork/Security/PiracyArmedRobbery/Reports/Pages/Default.aspx

__________________. Resolución A.545(13) Medidas para Prevenir Actos de Piratería y Robos a Mano Armada contra los buques. Adoptada el 17 Noviembre de 1983. Disponible en: www.imo.org.AssemblyDocumentsA545(13)

__________________. MSC.1/Circ.1408. Recomendaciones Provisionales para los Estados Rectores de Puertos y los Estados Ribereños con Respecto al Empleo de Personal Privado de Protección Armada a Bordo en la Zona de Alto Riesgo. 16 septiembre de 2012. Disponible en:http://www.imo.org/es/OurWork/Security/PiracyArmedRobbery/Documents/MSC.1Circ.1408.pdf

__________________. MSC.1/Circ.1443.Orientaciones Provisionales para las Compañías Privadas de Protección Marítima que Facilitan Personal Privado de Protección Armada a Bordo en la Zona de alto Riesgo. 25 mayo 2012. Disponible en: http://www.imo.org/es/OurWork/Security/PiracyArmedRobbery/Documents/MSC%201443.pdf

__________________. MSC.1/Circ.1405/Rev.2. Orientaciones Provisionales Revisadas para Propietarios, Armadores y Capitanes de Buques con Respecto al empleo de Personal Privado de Protección Armada a Bordo en la Zona de Alto Riesgo. 25 mayo 2012. Disponible en: http://www.imo.org/es/OurWork/Security/PiracyArmedRobbery/Documents/MSC.1-Circ.1405-Rev.2.pdf

PIEDRAHITA BUSTAMANTE, Pedro. Local y global: "El Estado frente al delito transnacional".. *Revista Derecho del Estado* n.° 46, mayo-agosto de 2020. Disponible en: https://revistas.uexternado.edu.co/index.php/derest/article/view/6503 c

REAL ACADEMIA ESPAÑOLA. *Diccionario de la lengua española*, 22 edición. Madrid, España. 2001.

ROCRAM XII R.E. XII Reunión Extraordinaria de Autoridades Marítimas Conclusiones del grupo de Trabajo sobre Piratería y Robo a Mano Armada a Bordo de Buques. Londres – Reino Unido del 25 al 27 de noviembre de 2019. Disponible en: http://www.rocram.net/prontus_rocram/site/artic/20190826/asocfile/20190826181303/5_1__gtc_pirateria_y_robo_a_mano_armada__argentina_.pdf

ROMERO IRAGUEN, Francisco. El Incidente del BT "Enrica Lexie a la Luz del Derecho Internacional". *Revism*ar 4 2014 pp. 354-363. Disponible en: https://revistamarina.cl/revistas/2014/4/romero.pdf

Venezuela. Código Penal. Publicado en la Gaceta Oficial N° 5768 Extraordinario, del 13 de abril de 2005 Disponible en: http://escueladefiscales.mp.gob.ve/userfiles/file/Leyes/Codigo%20Penal.pdf

SEGURIDAD MARÍTIMA Y SEGURIDAD AÉREA

RODOLFO A. GONZÁLEZ-LEBRERO*

I

La noción de responsabilidad, como vínculo que constriñe a las personas a asumir las consecuencias de sus conductas y a cumplir con sus obligaciones legales, contractuales o morales, implica generalmente la toma de conciencia de sus propios actos, de su sentido y de su alcance.

En su libro "*Tierra de hombres*", Antoine de Saint-Exupéry amplió considerablemente este concepto al escribir: "*Ser hombre es precisamente ser responsable. Es conocer la vergüenza frente a una miseria que no parece depender de él. Es sentirse orgulloso de una victoria que los camaradas han logrado. Es sentir, al colocar su piedra, que se contribuye a construir el mundo*"[1].

Compartimos la posición de dicho autor en cuanto rechaza la impotencia como excusa para no obrar frente al sufrimiento ajeno, y la indiferencia de quienes continúan viviendo apaciblemente mientras otros seres humanos sufren, lloran o agonizan, sancionando a quienes obren de esa manera con la confrontación con su propia vergüenza. La participación o la contribución al progreso y al bienestar de la humanidad no es una competición deportiva; es un acto de solidaridad social y por ello Saint-Exupéry premia con la satisfacción del orgullo causado por la acción exitosa realizada, no necesariamente por uno mismo, sino por "*camaradas*", es decir, por quienes integran un grupo social cuyos miembros comparten de la misma emoción de ideal.

---

* Doctor en Derecho. Abogado.

1 Saint-Exupéry dedicó este libro a su compañero y amigo, el piloto Henri Guillaumet, de la sociedad Aeroposta Argentina, S.A., filial de la sociedad francesa "*Compagnie Générale Aéropostale*", después que logró sobrevivir a un accidente de aviación sufrido el 13 de Junio de 1930 en la Cordillera de los Andes.

En toda actividad humana creadora de riesgos, como ocurre con el ejercicio de la navegación por agua y de la navegación aérea, el camino de la seguridad parecería ser, necesariamente, la ruta indiscutida, y su utilización la práctica más frecuente y extendida.

Pero los hechos no revelan una adhesión incondicional y permanente a ese camino ni a su utilización.

Las industrias marítima y aeronáutica libran combates dramáticos para sobrevivir dentro del marco de la competencia político-económico-financiera intensa y permanente en que se mueven, lo que afecta, frecuentemente, a las conductas éticas en la toma de ciertas decisiones, olvidando o dejando de lado principios de solidaridad, tanto en su dimensión humana como en la racional y la emocional.

La mar, el espacio aéreo y la situación meteorológica como factores naturales, y el ejercicio de la navegación tanto marítima como aérea, plantean al hombre problemas permanentes de inseguridad; a los riesgos naturales hay que añadir los resultantes de la creación humana, que incluyen la conducta del hombre ante su propia creación.

La sociedad humana está en peligro y, obviamente, también lo está el hombre como individuo; sólo la valentía en prever, afrontar y guiar el ineluctable e irreversible desarrollo en curso con sentido de responsabilidad y con una clara y plena renuncia a posiciones involutivas, podrán ahorrar los daños derivados de destrucciones incontroladas e imprevisibles. Es ésta una acción que requiere de iniciativas individuales, pero particularmente colectivas y de proyección internacional.

Los adelantos tecnológicos aplicados a la navegación marítima y a la aérea han reducido riesgos y han creado otros.

Los buques están mejor construidos que hace varias décadas, pero su mantenimiento no siempre es el adecuado; el cumplimiento por parte de algunos propietarios, armadores u operadores en cuanto a las disposiciones y exigencias de los convenios internacionales en materia de seguridad de la vida humana en el mar, de líneas de carga, de contaminación marina, etc., no siempre es el adecuado; la capacitación de los miembros de las dotaciones de los buques ha mejorado alcanzando niveles altos en algunos países, pero los errores humanos continúan repitiéndose.

Las aeronaves, por su parte, han ido evolucionando positivamente de forma paralela a la evolución de la tecnología, y cabe recordar que en materia aeronáutica, la seguridad ha sido una preocupación constante del ser humano en general, de los Estados y de las organizaciones y personas vinculadas a dicha materia desde su comienzo como actividad y desde los albores de su regulación jurídica. Este concepto de seguridad en aviación implica que las actividades aeronáuticas deben llevarse a cabo libres de todo peligro, daño o riesgo.

II

A pesar de la riqueza de la lengua española, la voz "seguridad" cubre igualmente lo que la lengua inglesa identifica como "*safety*", y como "*security*".

"***Safety***" es la condición o calidad de estar o de sentirse seguro, y podemos decir que se trata básicamente de la seguridad física frente a cualquier actividad productora de riesgos. El convenio SOLAS es el acuerdo internacional conocido como "*Safety of Life at Sea*", al que se ha incorporado el "*International Safety Management Code*" o ISM. En la Unión Europea ha sido creada la "*European Aviation Safety Agency*". Estos son dos ejemplos de "seguridad" como "*safety*" pero, obviamente, hay muchos más.

"***Security***" es también la condición de estar o de sentirse seguro, pero a través de una vigilancia o protección frente a posibles ataques externos. En materia aeronáutica hay normativas nacionales e internacionales denominadas "*Aviation Security Regulations*" o "*Security Plans*", que contienen requerimientos legales en materia de control de personas y cosas, identificación y control de áreas restringidas, etc. En este mismo sentido se emplea la voz "seguridad" en la política europea de seguridad y defensa o PESD, que define las amenazas a que está expuesta la Unión Europea, y que ésta ha concretado en el terrorismo, la proliferación de las armas de destrucción masiva, los conflictos regionales, la delincuencia organizada y los Estados en descomposición. Son posibles agresiones externas a la Unión Europea, sus habitantes e intereses, que exigen vigilancia y protección.

La vocación por la seguridad marítima y la aérea, tiene sus raíces en la voluntad individual de supervivencia y de creación que tiene el ser humano, dentro de un marco de responsabilidad social, que le sugiere y le impone la necesidad de mantener la continuidad de la actividad marítima y aeronáutica, como factor decisivo para la realización de progresos tecnológicos, de ventajas económicas y políticas, y de realización personal.

La solidaridad es una obligación moral[2] que crea una dependencia recíproca entre los seres humanos, pero es también un sentimiento que empuja a los hombres a ayudarse mutuamente como expresión de su realidad biológica y existencial. Es una manifestación inequívoca de su propia condición humana mediante la cual el hombre encara con optimismo y firmeza la indiferencia y el egoísmo que bajo la influencia de posiciones individualistas extremas le habían, en gran medida, opacado, y hasta hecho olvidar, el contenido ético que debe acompañar las acciones humanas. Frente a la afirmación básica de tales posiciones en el sentido de que el hombre constituye la única realidad, se levantan las estructuras sociales que ese mismo hombre ha percibido, sentido, necesitado y pensado, y que luego ha creado mediante interacciones desarrolladas a lo largo de su Historia. Y es dentro de esas estructuras que el ser humano toma conciencia de su destino como individuo y como miembro de ellas; su capacidad intelectual le permite mirar al pasado e imaginar el futuro, percibir las relaciones causales y el impacto de sus acciones a través de las que da fijeza a sus finalidades y continuidad a su propia vida y a la de la estructura social.

El siglo XX puso en jaque los fundamentos de la sociedad tradicional, cuyos valores fueron repetidamente atacados y abandonados en la búsqueda de bases más próximas a la evolución del pensamiento humano, debido a los altibajos socio-económicos y a los espectaculares avances científicos y tecnológicos, y esto generó un cierto vacío ético en la sociedad contemporánea. Sin embargo, las últimas décadas

[2] En algunas situaciones la solidaridad entra dentro del marco de las obligaciones legales cuando, por ejemplo, una persona omita o deniegue socorrer o asistir a otra que se halle desamparada y en peligro manifiesto y grave, caso en que aquella puede ver comprometida su responsabilidad penal.

parecen indicar una recuperación, por el camino de una solidaridad basada en un humanismo pragmático, que se manifiesta en la creciente ayuda a pueblos afectados por guerras, por la pobreza, por el hambre, por conflictos raciales, por enfermedades epidémicas o por infortunios provocados por fenómenos naturales, lo que implica la progresiva recuperación de una ética social.

También en las últimas décadas, el ejercicio de la navegación por agua, y de la aeronavegación, han puesto en grave peligro a la vida humana, a la vida animal, al medio-ambiente y a los intereses de los astilleros, de las fábricas de aeronaves, de los armadores, de los fletadores, de las compañías de transporte aéreo, de los Estados y de quienes son propietarios o usuarios de zonas costeras y de sus territorios.

Los accidentes de todo tipo y los vertidos contaminantes se han convertido en una fuente de espectaculares consecuencias dañosas, morigeradas por ayudas financieras pre-establecidas o "*ad-hoc*", pero que no alcanzan a cubrir esas consecuencias. Los instrumentos nacionales e internacionales no son suficientes para evitar los hechos, y la solución debe necesariamente pasar por una reflexión rigurosa de la realidad y por la adopción de esquemas que definan una cultura de la seguridad marítima y aérea, y que la divulguen y controlen, y de normativas adecuadas de prevención, pero que también eliminen la impunidad de quienes resulten ser los responsables de los daños y perjuicios.

El objetivo de una cultura de la seguridad, tanto marítima como aeronáutica, deber ser el de eliminar los accidentes productores de daños al medio ambiente y a personas y bienes, comenzando con la reducción de tales accidentes y, en todo caso, mitigar en el mayor grado posible el impacto medio-ambiental y las consecuencias dañosas respecto de las personas, los bienes y los intereses relacionados con las industrias naviera y aeronáutica, con el turismo y con las actividades lúdicas o lucrativas de las zonas costeras y próximas a los aeropuertos. Se trata de un objetivo prioritario que requiere la concurrencia armónica de las voluntades de todos los actores de las escenas marítima y aeronáutica, que deben pensar constantemente en términos de seguridad, partiendo del principio de que la práctica totalidad de los accidentes marítimos y aéreos son, en cierta medida, previsibles y ocurren por el olvido en ejecutar en tiempo oportuno los procedimientos establecidos o adecuados, o por llevar a cabo acciones erróneas e inseguras.

La implantación de una cultura de la seguridad marítima y aeronáutica constituye un proceso que, aunque ya está en marcha, es largo y complejo, y exige la participación de los organismos internacionales, de los Estados, de los astilleros, de las fábricas de aeronaves, de los armadores, de los fletadores, de las compañías de transporte aéreo, de las Sociedades de Clasificación y de los aseguradores marítimos y aéreos.

El concepto de seguridad en aviación implica que las actividades aeronáuticas deben llevarse a cabo libres de todo peligro, daño o riesgo.

Desde los albores de la aviación, los accidentes de aviación constituyen una realidad que se repite periódicamente. Sin embargo, tales accidentes no alteran otra realidad: el transporte aéreo es el medio más seguro del mundo en función del número de pasajeros transportados y de kilómetros recorridos, pero ello no impide que lo impactante sea que un accidente de aviación puede producir decenas y hasta cientos de muertos.

III

En cuanto a la seguridad como *security,* tanto la navegación marítima como la aérea, están expuestas a los efectos crueles y dañosos de quienes atentan contra ella.

La competencia es un elemento que ha acompañado siempre a la situación del hombre y que, a lo largo de su evolución ha supuesto antagonismos y conflictos inevitables en la lucha por la vida. Los conflictos, cualquiera sea su naturaleza y alcance, forman parte de la vida de ese hombre, y ellos encierran un cierto grado de violencia.

Los hombres han tratado siempre de modificar la vida de los demás por no existir un ajuste claro y aceptable entre los fines y los medios de su existencia, y sus acciones han estado, y están ligadas al cuadro social en el que ellas se llevan a cabo.

El terrorismo es un instrumento específico de situaciones de conflicto, muchas veces interrelacionado y hasta superpuesto a otros instrumentos de tales situaciones, que invierte la relación de las fuerzas adversarias mediante una maniobra de aproximación indirecta para crear una situación favorable, ante el estrecho margen de libertad de acción de que dispone. La acción terrorista se desenvuelve en torno a una dialéctica entre la ganancia y la pérdida posibles; una suerte de equilibrio entre la esperanza y el fracaso.

Los conflictos no quedan reducidos a la guerra convencional; hay guerra política, guerra económica, guerra revolucionaria, guerra psicológica, guerra ideológico-religiosa. El objetivo es semejante, no obstante la diversa naturaleza de cada uno de esos hechos: debilitar la voluntad y la capacidad de resistencia del enemigo y fortalecer la voluntad propia y la capacidad para vencer.

El terrorismo, como manifestación conflictiva responde a esos parámetros, y también utiliza los factores militares clásicos, es decir: estrategia, táctica, logística, inteligencia y comunicaciones, todo ello dentro de las posibilidades y limitaciones que imponen las características específicas de sus acciones y de su estructura.

Es un fenómeno que presenta varios aspectos que requieren un tratamiento individual. Hay un aspecto político, un aspecto sociológico, otro psicológico, otro ético, y un aspecto jurídico importante, toda vez que aunque sea un método de acción, todo acto terrorista implica una violación de alguna norma jurídica, nacional o internacional.

El Diccionario de la Real Academia Española, al definir al terrorismo lo hace refiriéndose a la "*dominación por el terror*" y a la "*sucesión de actos de violencia ejecutados para infundir terror*", es decir, "*miedo o pavor de un mal que amenaza o de un peligro que se teme*", concepto que si bien da algunas notas características de este problema, no es completo ya que no incluye la motivación ni la finalidad de dichos actos.

La tarea no es fácil, y buena prueba de ello la dan las innumerables tentativas de quienes han procurado dar una definición del terrorismo, algunos con fórmulas sencillas y otros con fórmulas demasiado complejas. Lo mismo cabe decir de los esfuerzos legislativos, nacionales e internacionales.

La formulación de un concepto que recoja con exactitud y precisión la naturaleza del terrorismo y cuanto hay en él de permanente e invariable, presenta muchas dificultades, a tal punto que se puede caer en la tentación de abandonar todo intento o, al menos, de no exceder el límite de una mera definición nominal.

Se trata de la comisión o preparación de actos racionales violentos contrarios al orden jurídico-social, o de las amenazas de su realización, utilizados instrumentalmente para causar perturbaciones angustiosas o recelos en las personas, respecto de un peligro real, potencial o posible, con el objetivo de poner en evidencia ante la opinión pública una idea, usualmente bien determinada, e intentar que ésta sea alcanzada.

Sin embargo, como en otros órdenes de la vida, los conceptos son relativos, ya que algunos actos que tienen las características de actos terroristas y que son llevados a cabo por algunos Estados, pueden ser considerados como tales o no, dependiendo de la óptica a través de la que aquellos sean observados y juzgados, e igualmente, esos mismos actos, ejecutados por grupos que se enfrentan a algunos Estados luchando por la libertad, pueden igualmente ser calificados de actos terroristas o no. La Historia nos recuerda algunas situaciones de este tipo, como los bombardeos aéreos de *Coventry* o de *Dresde*, la actuación de los "*contra*" en la Nicaragua comunista, la de los independentistas kosovares y muchos casos semejantes.

Es posible también que los terroristas sean portadores de graves perturbaciones mentales, que carezcan de sentimientos morales sólidos y normales, que sean portadores de obsesiones criminales irreversibles, pero no debemos excluir, sin que esto implique justificación o elogio alguno, que ello no sea así, que sean personas relativamente normales aunque fanatizadas por motivos políticos, religiosos o de otro tipo, que irremediablemente les impulsan a realizar graves actos anti-sociales, como muchas civilizaciones lo han hecho a lo largo de los siglos. Lo que probablemente ocurra es que, partiendo de valores morales inferiores a los del hombre-medio, y de una concepción despectiva de la vida humana, el terrorista ve potenciados esos valores y esa concepción al actuar en el seno de un grupo.

En cuando a la tipología del terrorismo, la variedad es tal que su consideración y desarrollo excede los límites de esta conferencia.

Se habla de terrorismo de Estado y contra el Estado, o de un Estado contra otro Estado, de terrorismo nacional e internacional, de terrorismo revolucionario, de terrorismo colonialista, de terrorismo estratégico y táctico, y así sucesivamente, en un muestrario multicolor y casi interminable.

IV

En el marco de la vieja Sociedad de las Naciones, el tema del terrorismo ocupó espacio y tiempo, desde 1934, y hasta llegó a redactar un proyecto de convenio para la prevención y el castigo del terrorismo que se aprobó 1937, pero que nunca entró en vigor.

En las Naciones Unidas, en cambio, varios instrumentos jurídicos fueron discutidos, aprobados y puesto en marcha, como, por ejemplo:

El Convenio sobre las infracciones y ciertos otros actos cometidos a bordo de las aeronaves, de Tokio, de 13 de septiembre de 1963.

El Convenio para la represión del apoderamiento ilícito de aeronaves, de La Haya, de 16 de diciembre de 1970, y su Protocolo Complementario de 2010.

El Convenio para la represión de actos ilícitos contra la seguridad de la aviación civil, de Montreal, de 23 de septiembre de 1971.

La Convención sobre la prevención y el castigo de delitos contra personas internacionalmente protegidas, inclusive los agentes diplomáticos, de Nueva York, de 14 de diciembre de 1973.

La Convención internacional contra la toma de rehenes, de Nueva York, de 17 de diciembre de 1979.

La Convención sobre la protección física de los materiales nucleares, de Viena, de 1980.

El Protocolo para la represión de actos ilícitos de violencia en los aeropuertos que presten servicio a la aviación civil internacional, de Montreal, de 24 de febrero de 1988.

El Convenio para la represión de actos ilícitos contra la seguridad de la navegación marítima, de Roma, 10 de marzo de 1988.

El Protocolo para la represión de actos ilícitos contra la seguridad de las plataformas fijas emplazadas en la plataforma continental, de Roma, de 10 de marzo de 1988.

El Convenio sobre la marcación de explosivos plásticos para los fines de detección, de Montreal, de 1 de marzo de 1991.

El Convenio para la represión de los atentados terroristas cometidos con bombas, de Nueva York, de 15 de diciembre de 1997.

El Convenio Internacional para la represión de la financiación del terrorismo, de Nueva York, de 9 de diciembre de 1999.

El Convenio Internacional para la represión de los actos de terrorismo nuclear, de Nueva York, de 13 de abril de 2005.

El Convenio para la represión de actos ilícitos relacionados con la aviación civil internacional, de Beijing, de 10 de septiembre de 2010.

El Protocolo de Beijing Complementario al Convenio de La Haya de 1970 para la represión del apoderamiento ilícito de aeronaves, de 10 de septiembre de 2010.

V

En cuanto a la seguridad como *safety,* tanto la navegación marítima como la aérea, están sujetas a diversos convenios internacionales, bien conocidos por este auditorio tan ilustrado en la materia.

Y dado el hecho que este importante acontecimiento ha estado centrado en la seguridad marítima, quiero hacer unas referencias a la seguridad aeronáutica que, conceptualmente, no difiere de aquella, pero que el hecho técnico y económico de la aeronavegación colorea con tintes particulares.

El Convenio de Chicago de 7 de diciembre de 1944, sobre la Aviación Civil Internacional revela la importancia del desarrollo seguro de los servicios internacionales de transporte aéreo, y representa el trampolín normativo, el punto de partida de una política de seguridad, apoyada en regulaciones internacionales, regionales y nacionales.

Dicho Convenio dio vida a varios Anexos que, tratando de materias aeronáuticas diversas, revelan el trasfondo de seguridad, en materia de licencias al personal, en la operación de las aeronaves y su aeronavegabilidad, en la investigación de los accidentes de aviación, en el diseño y construcción de los aeropuertos, etc.

En la Unión Europea, el Reglamento (CEE) nº 3922/91 impuso la obligación de los Estados Miembros de ajustarse a las normas JAR (*joint aviation requirements*), aprobadas por las Autoridades Aeronáuticas Conjuntas (*Joint Aviation Authorities*), que son el órgano técnico de la Conferencia Europea de Aviación Civil (CEAC). Las normativas europeas complementan las dictadas por la OACI a escala mundial.

En 1996 se puso en marcha en Europa el Programa SAFA (*Safety Assesment of Foreign Aircraft*), propuesto y estructurado por la antes mencionada Conferencia Europea de Aviación Civil (CEAC), y que consiste en la inspección, no regular, de las aeronaves extranjeras que aterrizan en aeropuertos europeos, a fin de verificar si se ajustan o no a las exigencias de las reglas internacionales en materia de seguridad. A nivel mundial, existe el programa de la OACI denominado USOAP (Auditoría de la Vigilancia de la Seguridad Operacional), por el cual, de forma obligatoria, sistemática y armonizada se vigila, por los Estados parte, la seguridad de las compañías aéreas de éstos.

Por el Reglamento (CE) nº 1592/2002, se creó la Agencia Europea de Seguridad Aérea (AESA), que asesora y apoya a la Comisión Europea en la inspección e investigación, y en la representación de los Estados miembros en temas de seguridad aérea.

En 2003, IATA puso en marcha el Programa de Auditoría de Seguridad Operacional (IOSA), con el objeto de llevar a cabo el reconocimiento de las compañías aéreas y el cumplimiento por éstas de las normas de seguridad necesarias para poder contar con la calificación de "*Operador IOSA*", sin la cual no pueden ser parte de aquella organización.

En todo caso, existe en la Unión Europea una nutrida legislación relativa a la seguridad aeronáutica, tanto en su concepto de "*safety*", como de "*security*", incluyendo la publicación periódica de la llamada "Lista Comunitaria", donde aparecen las compañías aéreas a las que está prohibido operar dentro del territorio comunitario. Sorprendentemente, el número de compañías detalladas en dicha lista negra, es enorme.

VI

Para concluir, diré que la cultura de la seguridad, tanto marítima como aeronáutica, debe ser una realidad por la que hay que luchar sin descanso, y que hay que alcanzar a corto plazo, más que por la imposición de reglas de comportamiento, por la convicción y la auto regulación de todos los agentes económicos relacionados con las industrias naviera y aeronáutica y, desde luego, también por los organismos internacionales y los Estados.

La norma sancionadora debe permanecer atenta y vigilante en salvaguarda del ser humano y de los intereses que deben ser protegidos, y ello, a pesar del ser humano.

JURISDICCIÓN MARÍTIMA, PROCEDIMIENTOS MARÍTIMOS, PRIVILEGIOS Y EMBARGO DE BUQUES

PROPUESTA DE PROCEDIMIENTO PARA EL EJERCICIO DE LA LIMITACIÓN DE RESPONSABILIDAD EN DERECHO MARÍTIMO

DRA. ANA LUISA MELO GRAF*

SUMARIO

CAPÍTULO I: GENERALIDADES

Resulta inconcuso, que la figura de la "*fortuna de mar*" que más adelante nos lleva a la limitación global de responsabilidad es, y ha sido siempre, una de las figuras de rancio abolengo en el Derecho Marítimo, que forman parte de lo que en su momento el gran tratadista francés Jean Marie de Pardessus dio en llamar el "*particularismo del Derecho Marítimo.*"

A través de los siglos, esta figura ha continuado siempre como uno de los ejemplos típicos de ese particularismo, situación ésta que debemos mantener siempre presente en el desarrollo del presente trabajo puesto que, a una legislación sumamente particular como aquella a la que nos estamos refiriendo, debe recaer también una legislación

* Abogada egresada con mención honorífica de la Facultad de Derecho de la Universidad Anahuac México (1994). Obtuvo Maestria en Derecho Marítimo y más adelante el grado de Doctor en Derecho. Trabajó en la Dirección General de Marina Mercante y representó al Gobierno Mexicano en la ROCRAM (1994). Socia del despacho Melo y Melo Abogados. Miembro de la Asociación Mexicana de Derecho Marítimo. Catedrática de la Universidad Iberoamericana (2002 a la fecha) impartiendo las materias de Legislación Marítima, Derecho Internacional Privado, Organismos Internacionales y Derecho Comparado.

adjetiva que permita el ejercicio de acciones, por parte de los titulares de los derechos derivados de esta figura, mediante procedimientos que reúnan los requisitos mínimos procesales para el ejercicio de las acciones que correspondan, siendo este el propósito principal del presente trabajo.

Solo a manera de información, debemos dejar muy claro que, el trabajo que sigue, está basado y se refiere únicamente a lo que se ha dado en llamar "*limitación de responsabilidad global de reclamaciones derivadas de Derecho Marítimo*", sin que ello implique referencia alguna a la limitación de responsabilidad por paquete o por pasajero, por lo que las Convenciones Internacionales (legislación sustantiva), que debemos tener presentes y sobre las que hablaremos de una posible o potencial legislación adjetiva son las siguientes:

Convención Internacional para la Limitación de Responsabilidad en Reclamos Marítimos de Londres 1976 (LLMC).

La Convención Internacional en Responsabilidad Civil por daños debidos a la Contaminación por Petróleo 1969 y esa Convención enmendada mediante el Protocolo de 1992 (CLC) 1969 y 1992; y

Fondo Internacional de Indemnización de Daños debidos a la Contaminación por Hidrocarburos de 1971 (Fondo).

La Convención Internacional por Responsabilidad y Compensación debido a daños en Conexión con el Transporte Marítimo de Sustancias Peligrosas y Nocivas, 1996 (Convención HNS).

Convenio de Atenas relativo al transporte de pasajeros y sus equipajes por Mar, 1974 y sus protocolos.

Las convenciones antes relatadas, constituyen la legislación sustantiva y de fondo que regula el derecho a limitar la responsabilidad con las restricciones en cuanto a materia, en cuanto a su ámbito de aplicación, en cuanto a sus modalidades y exclusiones en cuanto a su aplicación.

Pues bien, el objeto del presente trabajo, lo es precisamente el crear una legislación adjetiva, que permita una ágil aplicación de los derechos derivados de esta figura jurídica, contenida básicamente en las Convenciones Internacionales relatadas.

México solo ha suscrito y ratificado las Convenciones Internacionales a que se refieren los párrafos (a), (b) y (c), no así aquellas a las que se refieren los párrafos (d) y (e) anteriores, razón por la cual, el presente trabajo se refiere a una propuesta de legislación adjetiva, para aquellas convenciones que están en vigor en México, no así respecto de aquellas que no hemos ratificado.

Así mismo, tenemos que hacer referencia a las razones y motivaciones que nos han llevado a adoptar una u otra postura respecto al problema de limitación de responsabilidad, y una vez estudiado este problema y explicada la razón de nuestra posición respecto de este tema se podrá entrar al estudio y recomendaciones de la posible referencia a una legislación adjetiva en la materia, lo cual ya ha sido esbozado con anterioridad primero en los trabajos preparatorios de nuestra Ley de Navegación de 1994, que en su proyecto original planteaba un capítulo de normas procesales y con posterioridad en nuestra Ley de Navegación y Comercio Marítimos de 2006, en donde también se repite ese intento, que aunque con resultados pobres, debemos reconocer que puede ser un punto de partida en cuanto a la legislación adjetiva marítima, muy especialmente en lo que se refiere a las instituciones particularísimas.

Como consecuencia de lo anterior, el orden que se pretende seguir en el presente trabajo, lo es en primer término, el establecimiento de una clara distinción entre las normas sustantivas y las normas adjetivas que se refieren a la limitación de responsabilidad, para más adelante explicar y exponer la posición de México respecto a esta figura, tanto en el pasado como en la legislación vigente y por último acceder a la parte medular de este trabajo que la constituye la creación de normas adjetivas respecto de este tema.

Para todo lo anterior y para una mejor comprensión de las tesis que se sostienen, aquí recomendamos un conocimiento profundo de las Convenciones Internacionales antes relatadas así como de la trayectoria histórica de las cuales han derivado, ya que de ello se llevará al mejor entendimiento de la problemática procesal que enfrentamos y

---

1 L. Cova Arria, (n.d.). *La Responsabilidad Civil Derivada de derrames de Hidrocarburos*, 1st ed., Vol. 1.

obviamente con base en todo ello debemos tener presentes también los principios básicos y las reglas esenciales del derecho procesal.

Sobre este mismo tema encuentro de vital importancia mencionar el trabajo realizado por el Doctor Luis Cova Arria "*La Responsabilidad Civil Derivada de derrames de Hidrocarburos*"[1] en donde se hace un extraordinario análisis sobre tema, debiendo señalar que este trabajo resulta más profundo en su análisis en razón a que trata de la limitación de responsabilidad no solo en las reclamaciones de derecho marítimo en general sino que además analiza la limitación de responsabilidad en el CLC y en el FONDO así como el procedimiento aplicable en todos los casos y en el presente trabajo únicamente hago referencia a una propuesta de procedimiento en la aplicación y en las acciones que se ejerciten respecto de la limitación de responsabilidad general contenida en el LLMC de Londres, 1976. Independientemente de lo anterior debo señalar que he seguido muy de cerca la técnica jurídica empleada por el Doctor Cova Arias en el trabajo que mencione anteriormente.

Zarpemos pues a profundizar a nuestro tema.

CAPÍTULO II: CONVENCIONES INTERNACIONALES QUE CONSTITUYEN LA LEGISLACIÓN SUSTANTIVA DE LIMITACIÓN DE RESPONSABILIDAD EN DERECHO MARÍTIMO.

Como se dijo con anterioridad, la figura de la limitación de responsabilidad, conocida como fortuna de Mar en las legislaciones latinas, es ancestral y data de muchos siglos de anterioridad, sin que venga al caso relatar la historia detallada de ella, sin embargo bástenos con señalar que la misma se adoptó en México a través de las legislaciones latinas, pasando de las Ordenanzas de Colbert a las Ordenanzas de Bilbao y posteriormente a nuestros Códigos de Comercio, siguiendo los lineamientos de las legislaciones latinas, al igual que en los demás países de Iberoamérica y pasa más adelante a nuestra Ley de Navegación y Comercio Marítimos de 1963, a la Ley de Navegación de 1994 y por último a la de 2006 actualmente en vigor.

Con objeto de poder establecer una legislación adjetiva, que permita una aplicación ágil de este derecho de limitación de responsabilidad en materia marítima, requerimos de una breve referencia a las Convenciones Internacionales sobre esta materia, en virtud de que lo que originalmente era aplicado en forma general en el ámbito marítimo, más adelante pasa a tener excepciones sumamente importantes en las que se señalan esquemas diferentes y en todo caso para situaciones especiales se establecen diversas formas de limitar la responsabilidad, tales como el caso de los hidrocarburos, el caso de las substancias nucleares, etcétera.

La primera ocasión que se da es el caso de los hidrocarburos, que con motivo originalmente del accidente del *Torrey Canyon* y el monto de los daños causados en esa catástrofe, obliga a que se estudien los esquemas tradicionales para desmembrar la limitación de responsabilidad en el caso de hidrocarburos de la limitación de responsabilidad tradicional.

Este tipo de accidentes desembocó en el estudio de un nuevo tipo de limitación de responsabilidad pero referido a los casos de daños producidos en el transporte de hidrocarburos, Convención ésta que se firmó en Bruselas el 29 de Noviembre de 1969, con el nombre de Convención Internacional sobre Responsabilidad Civil por daños por Contaminación por Hidrocarburos, también conocida con las siglas CLC 1969 y como en la misma se preveía la creación de un fondo para la indemnización de ese tipo de daños, dos años después 18 de Diciembre de 1971, se firmó la Convención conocida como Fondo Internacional de Indemnización de daños causados por la Contaminación de Hidrocarburos. Ambas cambiaron radicalmente la estructura de la limitación global de responsabilidad por reclamaciones derivadas del Derecho Marítimo y forzaron al estudio de una nueva convención, para ser congruente tanto la limitación de responsabilidad en carga normal como en la creación de un nuevo esquema dirigido a la limitación de responsabilidad cuando se involucraba daños por contaminación por hidrocarburos y más adelante por sustancias nucleares y posteriormente, por sustancias nocivas y peligrosas, Convenciones éstas a las que nos referiremos más adelante.

En este orden de ideas, son estas las Convenciones que la comunidad de naciones ha adoptado para regular un nuevo esquema de limitación de responsabilidad y sobre las cuales debemos enfocar nuestro estudio para establecer las reglas procesales que al final de cuentas hagan posible el ejercicio de los derechos derivados de éstas Convenciones.

Antes de continuar con este tema, requerimos dejar en forma clara la posición de México respecto de estas Convenciones. Cuando se estudió la reforma de nuestra legislación marítima, en 1994, México no había ratificado ninguna de las tres Convenciones signadas hasta esa época: CLC 1969, Fondo 1971 y LLMC 1976, por lo que se procedió al estudio de la conveniencia o no de que dichos instrumentos internacionales fueren adoptados por nuestro país, habiéndose llegado a la conclusión de que México debería adoptar las tres y ello sucedió con la correspondiente ratificación de esas Convenciones, depósito del instrumento de dicha ratificación y por último, se publicaron en el Diario Oficial del 9 de agosto de 1994, entrando en vigor desde entonces para nuestro país.

Las principales cuestiones planteadas, por el desastre del *Torrey Canyon* fueron las siguientes: ¿quién ha de hacerse responsable de los daños debidos a contaminación por hidrocarburos?, ¿de qué base ha de partirse para determinar la responsabilidad? y ¿cuál debe ser la cuantía de la indemnización por tales daños?

Existían ya procedimientos bien establecidos para liquidar, por ejemplo, reclamaciones derivadas de un abordaje entre dos buques. En términos generales, son ellos los únicos responsables; la carga y quienes se encuentren a bordo sufrirán probablemente daño o lesión. Pero un gran desastre de contaminación, como el del *Torrey Canyon*, afecta a terceras partes, y los daños causados pueden ser enormes. Por ello, era importante establecer un sistema que sirviera para determinar quién era el responsable y para garantizar que toda indemnización debida se hiciera efectiva.

En 1969, la Conferencia convocada por la OMI, adoptó un Convenio sobre la responsabilidad civil del propietario del buque o de la carga por los daños causados por la contaminación resultante de un siniestro. La finalidad del **Convenio internacional sobre responsabilidad**

civil por daños causados por la contaminación de las aguas del mar por hidrocarburos era garantizar una indemnización adecuada para las víctimas, y hacía recaer la responsabilidad en el propietario del buque, así como la finalidad nuestra es la de dar una legislación adjetiva adecuada para la aplicación de ese tratado.

Según algunos delegados, los límites de responsabilidad fijados por la concurrencia eran demasiado bajos y, por consiguiente, cabía la posibilidad de que la indemnización pagadera, fuera insuficiente en algunos casos.

Este sentir, impulsó a la OMI a celebrar en 1971, una nueva conferencia, que culminó en la adopción de un Convenio por el que se constituyó el **Fondo internacional de indemnización de daños debidos a la contaminación por hidrocarburos**. El Convenio entró en vigor en 1978 y el Fondo tiene su sede en Londres.

A diferencia del Convenio de Responsabilidad Civil, que hace recaer en el armador la obligación de pagar la indemnización, el Fondo se constituye con las contribuciones de los importadores de hidrocarburos. El propósito del Fondo es que si un accidente en el mar produce contaminación, cuyos daños rebasan la cuantía de indemnización disponible en virtud del Convenio de Responsabilidad Civil, el Fondo pagará un monto adicional haciéndose de esta manera un reparto más equitativo del gravamen de la indemnización, entre el armador y el importador. Los límites de responsabilidad que figuran en los dos Convenios fueron objeto de un incremento sustancial mediante enmiendas aprobadas por una conferencia celebrada en 1992, todo lo cual trae como consecuencia que se justifique plenamente nuestra inquietud de crear una legislación adjetiva a dichas Convenciones.

La fructífera labor realizada por la OMI con respecto a la indemnización por daños debidos a la contaminación, animó a los Estados Miembros a remitir a la Organización otras cuestiones jurídicas. En 1971 la OMI, en asociación con el Organismo Internacional de Energía Atómica y con la Agencia Europea de Energía Nuclear de la Organización de Cooperación y Desarrollo Económicos, convocó una conferencia en la que se adoptó el Convenio relativo a la Responsabilidad Civil en la esfera del Transporte Marítimo de Materiales Nucleares, que regula la responsabilidad derivada de daños resultantes del transporte marítimo de sustancias nucleares.

El problema general de la responsabilidad nacida de reclamaciones de Derecho Marítimo, había sido tratado en un Convenio adoptado en 1924, antes de que se constituyera la OMI. Con el transcurso del tiempo, sin embargo, se puso de manifiesto que los límites establecidos para determinar la responsabilidad eran demasiado bajos y, en 1976, la OMI aprobó un nuevo convenio que elevó los límites fijados anteriormente, en algunos casos en un 300%. **El Convenio sobre limitación de la responsabilidad nacida de reclamaciones de Derecho Marítimo,** establece límites para dos tipos de reclamaciones: las que se derivan de muerte o de lesiones corporales y las relacionadas con cosas tales, como daños causados a buques, bienes u obras portuarias. Dichos límites fueron aumentados mediante un protocolo adoptado en 1996.

En 1984, la OMI convocó una conferencia para estudiar la adopción de un nuevo instrumento que tratara de la indemnización por los accidentes ocurridos en el transporte de sustancias nocivas y potencialmente peligrosas (SNP), pero el tema se reveló de una complejidad tal que el intento tuvo que ser abandonado. Debido al gran volumen de trabajo del Comité Jurídico, tuvo que esperarse hasta 1996, para examinar nuevamente el asunto, pero esta vez el intento tuvo éxito. **El Convenio internacional sobre responsabilidad e indemnización de daños en relación con el transporte marítimo de sustancias nocivas y potencialmente peligrosas** (Convenio SNP), permite indemnizar a las víctimas de tales siniestros con un equivalente de hasta 250 millones de Derechos Especiales de Giro ("*DEG*") (unos 335 millones de dólares para las víctimas de desastres relacionados con SNP, por ejemplo productos químicos).

Esta última Convención, no ha sido ratificada por México y no se espera una ratificación próxima, por razones de diversa índole, pero al no formar parte de nuestro sistema jurídico, este trabajo no se refiere a los postulados de dicha Convención.

Por lo que respecta al CLC y al Fondo a continuación se presenta un resumen de dichos Convenios.

Convenio de Responsabilidad Civil, 1969 Convenio del Fondo, 1971	Protocolo de 1992 relativo al Convenio de Responsabilidad Civil Protocolo de 1992 relativo al Convenio del Fondo
Los Convenios se aplican a los daños ocasionados por contaminación en el territorio (incluido el mar territorial) de un Estado Parte.	Se amplía el ámbito de aplicación a los daños ocasionados por contaminación en la zona económica exclusiva (EEZ) o zona equivalente a un Estado Parte.
Los Convenios cubren los daños ocasionados por contaminación, definidos como la pérdida o los daños causados por la contaminación.	Los protocolos cubren los mismos daños ocasionados por contaminación que los convenios pero la indemnización por deterioro del medio ambiente (aparte de la pérdida de beneficios resultante de dicho deterioro) queda limitada al costo de las medidas razonables de restauración del medio ambiente contaminado.
Los convenios se aplican a los daños causados o a las medidas tomadas después de haberse producido un escape o descarga de hidrocarburos. No se aplican a las medidas preventivas que son tan eficaces que impiden que se produzca un derrame.	Los gastos realizados en medidas preventivas se resarcibles incluso cuando no se produzca ningún derrame de hidrocarburos, siempre y cuando hubiera una amenaza grave e inminente de daño por contaminación.
Los convenios se aplican a los buques que transporten efectivamente hidrocarburos a granel como carga, es decir, en general, a los buques tanque cargados. Los derrames procedentes de buques tanque en lastre o los derrames de combustible líquido de buques que no sean buques tanque no están cubiertos por los convenios.	Los protocolos se aplican a los derrames procedentes de buques de navegación marítima construidos o adaptados para transportar hidrocarburos a granel como carga; es decir, se aplican a los buques tanque tanto cargados con o sin carga y también a los derrames de combustible líquido de tales buques.
Según el Convenio de Responsabilidad Civil de 1969, el propietario del buque no puede limitar su responsabilidad si el siniestro ha sido causado por una falta concreta o culpa suya.	Según el Protocolo de 1992 relativo al Convenio de Responsabilidad Civil, el propietario del buque no puede limitar su responsabilidad si se prueba que los daños ocasionados por contaminación se debieron a una acción o a una omisión suyas, y que actuó así con la intención de causar esos daños o bien temerariamente y a sabiendas de que probablemente se originarían tales daños.

Convenio de Responsabilidad Civil, 1969 **Convenio del Fondo, 1971**	**Protocolo de 1992 relativo al Convenio de Responsabilidad Civil** **Protocolo de 1992 relativo al Convenio del Fondo**
Límites de la responsabilidad del propietario del buque en virtud del Convenio de Responsabilidad Civil, 1969: por cada tonelada de arqueo del buque: 133 DEG (unos 179 dólares) Máximo: 14 millones de DEG (unos 18,9 millones de dólares).	Límites de la responsabilidad del propietario del buque en virtud del Convenio de Responsabilidad Civil, 1992: Buques de arqueo bruto no superior a 5 000 toneladas: 3 millones de DEG (unos 4.1 millones de dólares); Buques de arqueo bruto comprendido entre 5,000 y 140000 toneladas: 3 millones de DEG más 420 DEG (unos 567 dólares) por cada unidad de arqueo adicional; Buques de arqueo bruto superior a 140000 toneladas: 59,7 millones de DEG (unos 80 millones de dólares) .
Indemnización máxima disponible por suceso: Fondo 1971 (que incluye la indemnización pagadera en virtud del Convenio de Responsabilidad Civil de 1969): 60 millones de DEG (unos 81 millones de dólares).	Indemnización máxima disponible por suceso: Fondo 1992 (que incluye la indemnización pagadera en virtud del Convenio de Responsabilidad Civil de 1992): 135 millones de DEG (unos 182 millones de dólares).

En mayo de 2003, se aprobó un Protocolo que enmienda el Convenio del Fondo de 1992 (Protocolo relativo al Fondo Complementario) que brinda un tercer nivel de indemnización estableciendo un Fondo complementario internacional de indemnización de daños debidos a contaminación por hidrocarburos (Fondo Complementario). La afiliación al Fondo Complementario es optativa y está abierta a todo Estado que sea Miembro del Fondo de 1992. La cuantía máxima pagadera por cualquier siniestro es 750 millones de DEG, incluida la cuantía pagadera en virtud de los Convenios de 1992. El Fondo Complementario se financia de modo similar al Fondo de 1992. El Protocolo relativo al Fondo Complementario entró en vigor el 3 de marzo de 2005 y se aplica a siniestros que ocurran en esa fecha o después.[2]

---

2 Fondos internacionales de indemnización de daños debidos a contaminación por hidrocarburos. (2018). Responsabilidad e indemnización de daños debidos a contaminación por

El Convenio SNP y los Convenios de Responsabilidad Civil y del Fondo

El Convenio SNP excluye los **daños ocasionados por contaminación** definidos en el Convenio Internacional sobre Responsabilidad Civil nacida de daños debidos a Contaminación por Hidrocarburos y en el Convenio Internacional sobre la Constitución de un Fondo Internacional de Indemnización de daños debidos a Contaminación por Hidrocarburos, para evitar una duplicación con respecto a esos convenios. Sin embargo, incluye otros daños (entre ellos, los casos de muerte o lesión corporal) y los daños ocasionados por incendio o explosión cuando se transportan hidrocarburos.

De los convenios anteriores, podemos concluir que en el devenir histórico la figura de la limitación de responsabilidad no puede conservarse más como una unidad, y que los diferentes tráficos marítimos han llevado a la imperiosa necesidad de crear esquemas jurídicos de la limitación de responsabilidad en ciertos casos especiales que el comercio marítimo nos ha indicado.

Así el Convenio de Limitación de Responsabilidad sobre Reclamaciones derivadas de Derecho Marítimo, ha quedado como un esquema general de limitación de responsabilidad haciendo varias excepciones y excluyendo explícitamente la aplicación de ese Convenio en los casos que lo han ameritado y que a continuación me refiero, quedando cada uno de ellos rigiendo una limitación de responsabilidad específica.

El primer Convenio que sale de los lineamientos generales de la limitación de responsabilidad, lo es el CLC de 1969 que por razones obvias establece un límite de responsabilidad mucho más alto que el que establece el Convenio General de 1976. Este Convenio por razones obvias crea un marco especial para la limitación de responsabilidad en material de hidrocarburos.

Más adelante el Convenio de Atenas hace lo propio respecto a la limitación de responsabilidad sobre pasajeros y sus equipajes por mar.

---

hidrocarburos: Textos del Convenio de Responsabilidad Civil, 1992; el Convenio del Fondo, 1992 y el Protocolo relativo al Fondo Complementario. Londres, Reino Unido: Fondos internacionales de indemnización de daños debidos a contaminación por hidrocarburos.

En la material de energía atómica se deja la regulación de la limitación de responsabilidad al Organismo Internacional de Energía Atómica y a la Agencia Europea de Energía Nuclear de la OECD y evidentemente también se excluye de la limitación de responsabilidad general.

Por último, en el año de 1996 se crea el Convenio Internacional sobre responsabilidad e Indemnización de Daños en Relación con el Transporte Marítimo de Sustancias Nocivas y Potencialmente Peligrosas, convenio éste, que le da un marco jurídico de limitación de responsabilidad especial a todas aquellas sustancias nocivas y potencialmente peligrosas, el cual tiene un protocolo de enmiendas en 2010.

En términos generales, la limitación de responsabilidad en Derecho Marítimo que data de hace 40 siglos se ha visto en el último siglo sujeto a una regulación especial a base de tratados internacionales específicos para cada caso particular, al cual se le quiere dar un tratamiento especial y el procedimiento o legislación adjetiva es el tema de este trabajo.

CAPÍTULO III: CONCLUSIONES Y PROPUESTA SOBRE UN PROCEDIMIENTO DE LIMITACIÓN DE RESPONSABILIDAD.

Nuestra legislación actual es sumamente deficiente, especialmente por lo que respecta al Título de Procedimientos Especiales Marítimos, por lo que debemos referirnos específicamente al procedimiento de limitación de responsabilidad con la intención de mejorar su contenido en diversos aspectos.

El procedimiento de limitación de responsabilidad que señalan los artículos 304 y siguientes de la Ley de Navegación y Comercio Marítimo es también uno de los más defectuosos de la Ley en vigor y más aún, el propio Comité Marítimo Internacional contiene, a la fecha, estudios para establecer un procedimiento a nivel internacional sobre este tema, el cual debió y debe ser aprovechado por nosotros para una regulación procesal de este tema. El Comité para el estudio de este procedimiento, después de encuestas a nivel internacional, en la Conferencia de Atenas de 2008 presentó un proyecto de redacción para este procedimiento y a la fecha se continúa su estudio en el seno del citado Comité y se espera muy pronto tener un texto definitivo, sin embargo, debemos concluir que la redacción de la Ley en vigor de 2006 dista mucho de atacar los puntos que han generado este estudio en el multicitado Comité.

Concluyendo, sostenemos el punto de vista de que no sólo es necesaria sino además urgente una capitulo actualizado sobre el procedimiento de limitación de responsabilidad en nuestra Ley de Navegación y Comercio Marítimo que supere todos los errores que encontramos en la actualidad y que esté a la altura de las más avanzadas del mundo.

Teniendo en cuenta las consideraciones anteriores, así como los principios generales en materia procesal que rigen en nuestro país, nos permitimos proponer el procedimiento que a continuación se indica para el efecto de que en una próxima revisión a la actual Ley de Navegación y Comercio Marítimo se incorpore a la misma y pueda servir en el futuro como legislación adjetiva en esta materia.

ARTÍCULO ___. El Juez de Distrito en Materia Civil del puerto de matrícula de la embarcación que haya generado los créditos de que se traten será competente para conocer del procedimiento para limitar la responsabilidad por créditos marítimos de dicha embarcación.

En el supuesto que se pretenda plantear un procedimiento para limitar la responsabilidad de embarcaciones de bandera extranjera o nacionales que se encuentren fuera de su puerto de matrícula, será competente el Juzgado de Distrito en Materia Civil del primer puerto de arribo de la embarcación que generó los créditos que se pretenden limitar.

ARTÍCULO ___. En cuanto al fondo, serán aplicables los Convenios Internacionales siguientes:

El Convenio sobre Limitación de Responsabilidad Civil nacida de Reclamaciones de Derecho Marítimo firmado en Londres en 1976, también conocida como LLMC;

La Convención sobre Responsabilidad Civil por Daños Derivados de Hidrocarburos firmada en Londres en 1969, también conocida como CLC;

La Convención para la Creación de un Fondo para la Indemnización de Daños Producidos por Hidrocarburos firmada en Londres en 1971, también conocida como FUND; y

Las disposiciones contenidas en esta Ley.

Será válido cualquier pacto para limitar la responsabilidad si las cantidades pactadas son superiores a las que se menciona en los Convenios anteriores, pero serán nulos de pleno derecho cualquier pacto que limite la responsabilidad en forma inferior a la establecida en los Tratados antes mencionados.

ARTÍCULO __. La solicitud de declaración de limitación de responsabilidad deberá ser presentada dentro del año siguiente contado a partir de que el propietario, naviero o sujeto legitimado tengan conocimiento de la primera reclamación instaurada en su contra con motivo de alguna reclamación sujeta a limitación. Asimismo, el propietario, naviero o sujeto legitimado podrá solicitar la declaración de limitación dentro del año siguiente al acontecimiento que dio origen a la misma.

ARTÍCULO ___. La solicitud de declaración de limitación de responsabilidad deberá contener:

Nombre, denominación o razón social del actor, así como el nombre de la embarcación respectiva;

Una narración sucinta de las circunstancias descriptivas del viaje durante el cual se hubieran producido los hechos o causas generadoras de la probable responsabilidad de que se trate, con mención la fecha y lugar de terminación de aquél;

El monto a que se pretende limitar la responsabilidad del actor y la fórmula para el cálculo del mismo; y

Una relación de los probables reclamantes del fondo, que indique sus nombres y domicilios, así como las causas que pudiesen originar sus créditos contra el fondo y un estimado de la cuantía de los mismos.

ARTÍCULO ___. A la solicitud deberán acompañarse todos los documentos que el actor tenga en su poder y que deban servir como pruebas de su parte. En todo caso, el Juez que conozca del asunto sólo podrá admitir la demanda a trámite cuando el actor acompañe el título de propiedad de la embarcación, copia certificada de su arqueo y del folio de inscripción en el Registro Público Marítimo Nacional para el caso que sea mexicana, así como el billete de depósito por la cantidad que el actor pretenda limitar su responsabilidad o garantía suficiente para ello.

ARTÍCULO ___. De ninguna manera se dará trámite para limitar responsabilidad en los casos expresamente excluidos en el Convenio sobre Limitación de Responsabilidad Civil Nacida de Reclamaciones de Derecho Marítimo firmado en Londres en 1976, también conocida como LLMC, en los artículos 3, 4, y 15 apartado 5, pero podrá seguirse el procedimiento de limitación respecto de las demás reclamaciones, con exclusión expresa de aquéllas a las que no aplica este Convenio.

ARTÍCULO ___. El fondo de limitación constituirá un patrimonio de afectación para el pago de los créditos reconocidos en el procedimiento de limitación de responsabilidad, aún y cuando el actor haya sido declarado en concurso mercantil, a menos que sea declarado improcedente el procedimiento de limitación de responsabilidad o el actor se desista del mismo.

ARTÍCULO ___. El auto que admita a trámite el procedimiento de limitación de responsabilidad deberá contener:

Nombre, denominación o razón social de la persona presuntamente responsable, así como el nombre de la embarcación;

El lugar y la fecha del acontecimiento;

El monto por el cual fue constituido el fondo de limitación y qué créditos podrán ser incluidos dentro de este fondo y qué créditos deberán excluirse expresamente porque no les sea aplicable el Convenio de 1976;

La orden para el actor de suspender el pago de cualquier crédito imputable al fondo de limitación de responsabilidad;

La orden de suspender todo mandamiento de embargo o ejecución contra bienes propiedad del actor derivado de créditos imputables al fondo de limitación de responsabilidad;

La orden al actor de inscribir dicha resolución en el Registro Público Marítimo Nacional, en caso de tratarse de embarcaciones mexicanas; y

La citación a los presuntos acreedores a efecto de que presenten sus créditos para examen dentro del término de treinta días hábiles, con el apercibimiento que de no presentar su reclamación en tiempo y forma estarán impedidos para ejercitar derecho alguno relacionado con tal reclamación en contra del propietario, naviero o sujeto legitimado.

ARTÍCULO ___. El auto por el cual se admita a trámite el procedimiento de limitación de responsabilidad, deberá notificarse personalmente al actor, así como a los presuntos acreedores con domicilio conocido. Cuando deba notificarse a presuntos acreedores que residan en el extranjero, la apertura del procedimiento de limitación se hará a través del Diario Oficial de la Federación y en un periódico en el lugar de radicación del juicio, por tres veces, debiendo mediar entre una y otra publicación diez días hábiles y también se fijará en los estrados del Juzgado esta notificación.

ARTÍCULO ___. Las partes posiblemente afectadas podrán impugnar el derecho de limitar responsabilidad ante el Tribunal que conozca de este procedimiento. Esta impugnación se tramitará en la vía incidental y conforme al Código Federal de Procedimientos Civiles y a la resolución que se dicte en este incidente le serán aplicables todos los recursos previstos en el Código de referencia.

ARTÍCULO ___. Una vez que se resuelva qué créditos quedan sujetos a la limitación de responsabilidad, los posibles afectados deberán presentar sus reclamaciones dentro del término de un año a partir de que les surta efectos la notificación de los créditos que se hayan admitido como limitables.

ARTÍCULO ___. Las resoluciones que se dicten en procedimientos de limitación tramitados en otro país serán aplicables en México de acuerdo a lo establecido en el artículo *308* de esta Ley y a los Tratados Internacionales suscritos por México en esta materia.

ARTÍCULO ___. Una vez concluidos los trámites anteriores, el Juez citará a las partes para oír sentencia definitiva, en donde determinará la procedencia o improcedencia de los créditos y el monto que le corresponde a cada uno de los créditos reconocidos, la cual podrá ser impugnada de acuerdo a los recursos establecidos en el Código Federal de Procedimientos Civiles.

ARTÍCULO ___. La sentencia que haya causado ejecutoria y que declare procedente o procedente en parte o improcedente el procedimiento de limitación de responsabilidad, deberá inscribirse en el Registro Público Marítimo Nacional, tratándose de embarcaciones mexicanas.

Si bien es cierto que el articulado propuesto es perfectible, también lo es que se trata de mejorar un articulado de procedimiento a esta materia que es a todas luces deficiente, por lo que el intento anterior debe considerarse como punto de partida para mejorar el procedimiento de limitación de responsabilidad en materia marítima

BIBLIOGRAFÍA

ARROYO MARTINEZ, Ignacio. *Curso de Derecho Marítimo*, Editorial Thompton, Barcelona, 2005.

BRUNETTI, Antonio. *Derecho Marítimo Mexicano*. Editorial Bosch, Traducción Española por Gay de Montellá, Barcelona, 1960.

CHAMI, Diego, *Derecho de la Navegación*, Editorial Abeledo Perrot, Buenos Aires, 2010.

CONTRERAS STRAUCH, Osvaldo. *Derecho Marítimo*, Editorial Lexis-Nexis, Santiago de Chile, 2006.

Convenciones Internacionales LCL 1969 , Fondo 1971, LLMC Londres 1976 y su protocolo de 1996, Sustancias Nocivas y Peligrosas 1996.

COVA ARIAS, L. (n.d.). *La Responsabilidad Civil Derivada de derrames de Hidrocarburos* (1st ed., Vol. 1). Luis Cova Arias.

DANJON, Daniel. *Traite de Droit Maritime*. Editorial Recueil Sirey. París, 1926.

Documentos de trabajo preparatorios de las conferencias preparatorias del Comité Marítimo Internacional.

Documentos de trabajo preparatorios de la Organización Marítima Internacional.

FARIÑA, Francisco. *Derecho y Legislación Marítima*, Editorial Luis Pamies. Madrid, 1951.

Fondos internacionales de indemnización de daños debidos a contaminación por hidrocarburos. Londres, Reino Unido, 2018.

GIERKE VON, Julius. *Derecho Comercial y de la Navegación*. Editorial Argentina, S.A. Buenos Aires, 1957.

LEFEBURE D'OVIDIO, Antonio. *Studi per il Codice della Navigazione*. Dott a Giuffre Editore, Milano 1951.

Ley de Navegación y Comercio Marítimo, publicada el 1 de Junio 2006 (Artículos 304 a 322), México.

LORD CHORLEY. *Derecho Marítimo*. Editorial Bosch, Barcelona, 1962.

MANCA, Plinio. *Studi di Diritto della Navigazione*. Dott a Guffre Editore, Milano, 1959.

México, Código de Comercio, Texto Vigente publicado el 7 de Octubre de 1889.

México, Código Civil Federal, Texto Vigente publicado el 26 de Mayo de 1928.

México, Código Federal de Procedimientos Civiles, Texto Vigente publicado el 24 de Febrero de 1943.

PARDESUS, J. M., *Collection de Lois Maritimes Anterieurs Au XVIII Siecle*. Editorial Neve Libraire de la Cour de Cassation, París, 1841.

RAY José D., *Derecho de la Navegación*, Buenos Aires, 1992.

ROJINA VILLEGAS, Rafael. *Derecho Civil Mexicano*, Editorial Porrúa, s.a. México, 1976.

VALIN, Rene-Josué. *Nouveau Commentaire Sur L'Ordonnance de la Marine*, Du Mois D'Aour 1691, Editorial Rochelle, París, 1740.

CONSIDERACIONES SOBRE EL EMBARGO Y PROHIBICIÓN DE ZARPE DE BUQUES ANTE CAUSAM EN EL PROCEDIMIENTO MARÍTIMO VENEZOLANO

AURELIO FERNÁNDEZ-CONCHESO*

SUMARIO

1. LA ACCESORIEDAD DEL PROCEDIMIENTO CAUTELAR

La acción cautelar en la ley adjetiva venezolana y en la práctica forense, han sido tradicionalmente consideradas incidencias dentro del proceso de mérito como un todo. En efecto, a diferencia de lo que sucede en otras legislaciones, en las que el procedimiento cautelar independiente, es decir, aquel que tiene por objeto exclusivo la obtención de una medida preventiva existe en forma autónoma, en el venezolano no se desdobla del proceso principal sino que por el contrario es parte de él.

La determinación de la existencia o creación por el legislador de un procedimiento cautelar independiente, gravita sin duda sobre la filosofía del derecho y la visión teleológica del mismo en determinada sociedad, como una expresión concreta de las características del ordenamiento jurídico de determinado país.

Pero más en lo específico, en el caso de la ley adjetiva venezolana existen disposiciones cuya interpretación textual y análisis exegético,

* Abogado UCAB, Master en Derecho Marítimo Universidad Tulane. Ex Pdte. Asociación Venezolana de Derecho Marítimo. Ex Sec. del Instituto Iberoamericano de Derecho Marítimo. Miembro del Comité Ejecutivo del Comité Marítimo Internacional. Prof. Universidad Marítima del Caribe. Socio Clyde & Co Venezuela.

hacen evidente la necesaria adhesión del procedimiento cautelar al proceso general o de mérito como un todo.

El procedimiento cautelar en el derecho procesal común venezolano está regulado en el Libro Tercero del Código del Procedimiento Civil titulado "*Del Procedimiento Cautelar y otras Incidencias*", cuyo Título I prescribe las medidas preventivas y el Capítulo I contiene las disposiciones generales. Es allí mismo donde encontramos esa condición de accesoriedad necesaria al proceso de las medidas preventivas, cuando el artículo 586 establece lo siguiente:

> *"Artículo 586: El juez limitará las medidas de que trata este título a los bienes que sean estrictamente necesarios para garantizar la resulta del juicio [...] omissis."*

Se prescribe una relación directa entre la cautelar que el juez está facultado para decretar y su condición de medida garante de la conclusión del proceso, entendido por supuesto como el proceso mismo en el cual la medida se decreta.

Es evidente que esa era la intención del legislador del Código de Procedimiento Civil en 1987, pues si el legislador hubiese querido que las medidas preventivas pudiesen garantizar una sentencia en un proceso distinto, no hubiese utilizado el texto en cuestión sino uno como por ejemplo el siguiente: "*el juez limitará las medidas de que trata este título a los bienes que sean estrictamente necesarios para garantizar la decisión de aquel proceso cuya resulta se busca garantizar con la medida"*.

Por otra parte, refuerza la tesis de la accesoriedad, el texto del artículo 588, el cual determina:

> *"Artículo 588: En conformidad con el artículo 585, el tribunal puede decretar, en cualquier estado y grado de la causa las siguientes medidas..." omissis*

La norma citada alude a que la medida cautelar debe ser decretada dentro de los límites de la causa (*intra processu)*, pues aun cuando autoriza el juez para hacerlo en cualquier momento o en cualquier punto del proceso, no le da libertad para decretar la medida fuera de él.

Esta dependencia y falta de autonomía del procedimiento cautelar en el derecho adjetivo venezolano es tan ostensible, que su existencia como principio inveterado ha requerido de poca actividad en la doctrina judicial a través del tiempo.

2. LA ACCIÓN CAUTELAR DEL DERECHO INTERNACIONAL PRIVADO

Once años después de sancionarse el Código de Procedimiento Civil Venezolano, aparece en la legislación venezolana una disposición que abre una pequeña brecha en la rigidez del principio de accesoriedad de la acción cautelar, a saber, el artículo 43 de la Ley de Derecho Internacional Privado[1], cuyo texto es del tenor siguiente:

> *"Artículo 43. Los tribunales venezolanos tendrán jurisdicción para dictar medidas provisionales de protección de las personas que se encuentren en el territorio de la República, aunque carezcan de jurisdicción para conocer del fondo del litigio."*

Por supuesto que, de la simple lectura de la norma, no puede deducirse la creación por en este instrumento normativo de una acción cautelar completamente autosuficiente, aislada o autónoma del proceso de fondo. La norma no lo menciona, pero además su redacción se presta a interpretaciones divergentes. En este sentido, es argumentable que si la intención del legislador de la Ley de Derecho Internacional Privado hubiese sido crear una *iurisdictio ad cautelam* para los tribunales venezolanos, lo hubiese prescrito de forma más clara.

En su lugar, el texto de la norma determina a que los tribunales podrán tomar "*las medidas provisionales de protección con relación a las personas que se encuentren en el territorio*".

En una interpretación stricto *sensu* del texto, podría pensarse que atribución de jurisdicción cautelar a los órganos jurisdiccionales venezolanos está limitada a situaciones en las cuales haga falta tomar una determinación judicial que otorgue protección a una persona natural

[1] Gaceta Oficial N° 36.511 del 6 de agosto de 1998.

que se encuentra en el territorio venezolano. Podríamos pensar, por ejemplo, en la protección a un menor de edad con relación al cual los tribunales competentes para el fondo del litigio han atribuido la patria potestad a la mujer y que está en peligro de ser sustraído del ejercicio de esa patria potestad que el tribunal de mérito, en otra jurisdicción, le ha conferido a la madre por un padre abusivo.

También podría entenderse que la norma atribuye jurisdicción cautelar cuando quien pide protección es una persona que considera estar en peligro inminente de ser agredida en su integridad, incluso en su integridad moral, a través de un acto de difamación o injuria, en cuyo caso, el tribunal podría, por ejemplo, prohibir a un órgano de divulgación que publique determinada información sobre la persona aun cuando el juicio de mérito que haya decidido sobre el derecho del solicitante a ser protegido en su honor y reputación se ventile en un país distinto.

En sentido contrario, una interpretación *latu sensu* del término 'persona' contenido en el artículo 43 de la Ley de Derecho Internacional Privado obviamente debe incluir a la persona jurídica. En consecuencia, si se concluye que la facultad cautelar excepcional a que se contrae el artículo 43 de la Ley de Derecho Internacional Privado debe interpretarse en forma amplia, entonces cabrían, además de las medidas de protección de personas naturales, que normalmente atienden a lo físico o moral, las medidas de protección de personas jurídicas. En este caso, las medidas preventivas tradicionales del derecho procesal como lo son el embargo de bienes, la prohibición de enajenar y gravar, el secuestro y las innominadas podrían considerarse como incluidas dentro de la jurisdicción cautelar derivada de la norma.

El ejemplo típico es en el que una persona jurídica con presencia en el territorio nacional por tener, por ejemplo una sucursal, que sigue un procedimiento arbitral ante la Cámara de Comercio Internacional en París contra una empresa venezolana, solicite su prohibición de enajenar y gravar los bienes de la contraparte venezolana ante el temor que ella se insolvente.

Una interpretación en sentido amplio del contenido de la norma, hace perfectamente factible que el tribunal venezolano tome dicha determinación en protección de esa persona jurídica que se encuentra en el territorio nacional por vía de una sucursal, contra otra que se encuentra en el territorio nacional por ser de nacionalidad venezolana.

Para nosotros, el balance de los derechos que emanan de la garantía constitucional de acceso a la justicia y el debido proceso, incluyendo por supuesto el derecho a la defensa, se ve mejor servido si prevalece la tesis de la interpretación *latu sensu* del término 'persona' en el artículo 43 de la Ley de Derecho Internacional Privado. En ese caso, se le da por una parte seguridad jurídica al solicitante que ha iniciado un procedimiento de fondo en otra jurisdicción, sin que se afecte se lesione de la persona, natural o jurídica, afectada por la medida cautelar, de oponerse a ella y lograr su suspensión a través de los distintos métodos que la ley adjetiva establece para ello.

3. LA ACCIÓN CAUTELAR *ANTE CAUSAM* EN EL PROCEDIMIENTO MARÍTIMO VENEZOLANO

La realidad es que el estreno en el derecho venezolano de una verdadera acción cautelar, independiente, autónoma y pura, se da en la legislación marítima que surgió a principios de la década del 2000.

Esta innovación en nuestro derecho procesal, se dio como efecto de la promulgación a partir de 2001 de un conjunto de leyes especializadas del sector marítimo. Ello se produjo como resultado de una confluencia de propuestas e ideas de los distintos actores del sector, pero encuentran su origen como idea en las primeras propuestas de reforma de la legislación marítima venezolana que impulsó y concretó en el denominado proyecto de Ley Orgánica de la Navegación a quien honramos con esta obra hoy, mi distinguido amigo Luis Cova Arria.

El embargo de buques es sin duda una especie del género de la medida cautelar de embargo. Pero cuando se ausculta el embargo de bienes como categoría general del derecho adjetivo y se compara con el embargo de buques, se identifican ciertas diferencias de indiscutible profundidad.

Ciertamente, el criterio de determinación de ambas medidas es el *periculum in mora*, es decir, el peligro de que resulte ilusoria la ejecución de un fallo de tipo judicial o bien arbitral. Pero el embargo de tipo general y más aún otras medidas cautelares como el secuestro, se agotan en sí mismas toda vez que buscan asegurar el bien en particular, sin un significativo énfasis en la medida sea sustituida por una garantía de tipo real o personal para asegurar la efectividad del fallo de mérito.

Esta característica del embargo en el derecho común, se hace evidente de lo riguroso y excesivamente formal del método de sustitución de la medida de embargo general por una garantía. En efecto, la forma en que está planteada en el derecho procesal venezolano ese derecho y la experiencia de la práctica forense, determinan la posibilidad de que se produzca una tediosa, dilatada y extensa en la sola determinación de la garantía sustitutiva, la cual puede durar años en ventilarse, manteniéndose mientras tanto la medida de embargo. En cambio, en el embargo de buques el levantamiento de la medida puede verificarse con una garantía simple, aún suscrita privadamente, cuando proviene de un seguro de protección e indemnización, esto es la denominada carta de garantía, que difícilmente el juez rechazará.

En el embargo del buque lo prioritario no es la medida en sí. La necesidad de embargar puede existir como emergencia sin cuya concreción podría ubicar o arraigar posteriormente al buque generándose una lesión irreparable a la posibilidad que el fallo preferido en el juicio de fondo sea efectivamente cumplido. Pero su objeto, en realidad, es su sustitución por una garantía y no el aseguramiento del bien en sí.

El embargo de buques constituye una de las figuras más decantadas en el derecho marítimo. Es así que en el proceso de unificación internacional del derecho marítimo que adelantó el Comité Marítimo Internacional, del cual fue consejero del Comité Ejecutivo Luis Cova Arria, se reguló el tema del embargo de naves como una figura jurídica de especial importancia, en el objetivo de darle uniformidad global y connotación especial, diferenciándola de otras medidas cautelares cuyo objeto es el aseguramiento del bien mismo (cuál es el caso del secuestro o la prohibición de enajenar y gravar) en contraste una cuyo objeto fundamental es la obtención de una garantía[2].

En Venezuela, el embargo del buque a través de toda nuestra historia procesal hasta el año 2001 fue una medida de derecho común con

---

2 Convención de Bruselas sobre Embargo de Naves, 1952.

las mismas características de las demás y por ende, de necesaria realización dentro de un proceso de fondo.

La acción cautelar independiente *ante causam* de embargo del buque surge en nuestro derecho por primera vez con lo promulgación del Decreto con Fuerza de ley de Comercio Marítimo en el año 2001 y se consagra al lado de otra innovación significativa cuál es la de la posibilidad de pre-constitución *ante causam* de otras pruebas, procedimiento consagrado en el artículo 17 de la Ley de Comercio Marítimo así como en el artículo 16 de la Ley de Procedimiento Marítimo, una forma de retardo perjudicial especial a la materia.

La acción deviene del texto de los artículos 13, 14 y 100 de la Ley de Comercio Marítimo, que establecen:

> *Artículo 13: Los Tribunales de la Jurisdicción Especial Acuática son competentes para conocer en todo juicio en que sea parte un propietario o armador de un buque de bandera extranjera, en los casos en que según esta Ley el buque pueda ser embargado preventivamente, salvo que hubiere un acuerdo arbitral o de atribución de competencia a otra jurisdicción. En este caso, la medida preventiva o cautelar se decretará, a los solos efectos de obtener una garantía para ejecutar el eventual laudo arbitral o sentencia judicial que se dicte. (Subrayado nuestro)*
>
> *Artículo 14: Se suspenderá toda medida cautelar anticipada que se hubiere dictado y hecho efectiva antes del proceso, de conformidad con esta Ley, si dentro de diez (10) días continuos contados desde el momento en que se hubiere practicado la medida, no se hubiere intentado la demanda respectiva. (Subrayado nuestro)*
>
> *Artículo 100: El Tribunal que decrete el embargo o hubiere recibido caución o garantía a los efectos de ordenar la liberación del buque, será competente para resolver sobre el fondo del litigio, a menos que válidamente las partes acuerden o hayan acordado someter el litigio a arbitraje o a la jurisdicción de otro Estado. (Subrayado nuestro)*
>
> *Si el Tribunal resultare competente para resolver el fondo del litigio, de acuerdo al párrafo anterior, tramitará la sustanciación del procedimiento relativo a la responsabilidad del demandante, en cuaderno separado y la decisión se hará conjuntamente con la que recaiga sobre el fondo del litigio.*

Con las normas precedentes de trasfondo, descifremos cual es la anatomía y las condiciones y requisitos de la acción cautelar independiente *ante causam* en el derecho venezolano:

El crédito por el cual se iniciará la acción de fondo y que da lugar a la solicitud de cautelar debe tratarse de un crédito marítimo en los términos del artículo 93 de la Ley de Comercio Marítimo, es decir, un crédito directamente relacionado a la explotación del buque. La enumeración del artículo 93 es taxativa. No puede tratarse de un crédito de derecho ordinario sino uno de los especificados en el mismo.

El objeto de la medida solicitada debe ser la obtención de una garantía a efectos de asegurar las resultas de un proceso de mérito. A tal efecto, es requisito previsto por el artículo 104 la Ley de Comercio Marítimo que el solicitante indique que tipo de garantía y por qué cuantía estaría dispuesto a aceptar para que se verifique la suspensión de la medida.

La solicitud de cautelar anticipada como procedimiento independiente puede serlo tanto para el embargo de un buque como para su prohibición de zarpe, medida análoga.

La diferencia entre ambas, es que el embargo se debe practicar mediante la presencia física del tribunal a bordo del buque, mientras que, a tenor de lo previsto en el artículo 103 de la Ley de Comercio Marítimo, la prohibición de zarpe puede comunicarla el tribunal a la autoridad marítima incluso por vía electrónica y con ello queda practicada.

Siendo que el efecto de ambas cautelares es exactamente el mismo, es decir, la de la inmovilización del buque, se viene optando con más frecuencia por la prohibición de zarpe, la cual elimina la necesidad de trasladarse al buque y es, por ende, mucho más dinámica y susceptible de inmediato efecto real.

De hecho lejos, de tratarse de una medida diferenciable, la prohibición de zarpe constituye en realidad un embargo del buque pero que materializa sin necesidad de la presencia de tribunal a bordo, sino que se puede ejecutar remotamente o a distancia, mecanismo más acorde con las realidades de hoy.

El proceso cautelar independiente *ante causam* en caso de buques que se encuentren fondeados sin contacto físico con el puerto correspondiente, es competencia del tribunal marítimo de la ciudad de Caracas. Ello, pues si el buque esta fondeado sin contacto físico con tierra o con un muelle o estructura, se encuentra en aguas territoriales de la República y es el tribunal marítimo de Caracas el que tiene competencia en aguas de la Republica de forma indistinta.

En ese caso los tribunales marítimos de los estados no tienen competencia pues las aguas (el mar territorial) en las que el buque estará fondeado no son de ese estado sino de la Republica.

Para que el tribunal competente en alguna de las jurisdicciones distintas a Caracas tenga competencia a los efectos del procedimiento cautelar, es necesario que exista un contacto físico entre el buque y el territorio del estado donde se encuentra el tribunal. Si se trata de una embarcación deportiva ello puede darse cuando esta puesta en seco en una marina. Si es un buque mercante, si está en un astillero del territorio de ese estado o en aquellos casos en los que tenga otro contacto, como por ejemplo la situación en la cual este atracado y los cabos del buque estén en contacto físico con dispositivos en el muelle, las denominadas bitars de amarre, o en la situación en la cual la escala real del buque o escalera que lo conecta con el muelle este en contacto físico con tierra firme.

El tribunal marítimo venezolano ante el cual se inicia el procedimiento cautelar ante causam, debe carecer de jurisdicción para conocer del fondo del litigio. Así se desprende con claridad del artículo 13 de la Ley de Comercio Marítimo.

Si el tribunal tiene competencia para conocer del fondo del litigio lo que corresponde, a efectos de la solicitud de embargo es el inicio de una acción de fondo, es decir, incoar una demanda de mérito y el contexto de ella hacer la solicitud correspondiente.

Si se trata del crédito cuya existencia debe ventilarse mediante arbitraje por virtud de una cláusula compromisoria, el sitio del arbitraje puede ser indistintamente tanto Venezuela como el exterior. Si por el contrario, no existe cláusula compromisoria y la jurisdicción para la acción de mérito corresponde a un tribunal, debe tratarse de un tribunal extranjero, pues, como quedó dicho, para que proceda la medida mediante el procedimiento cautelar independiente *ante causam* es esencial que exista falta de jurisdicción del tribunal venezolano para conocer del fondo del litigio.

Debe existir tanto el *fumus bonus iuris* como el *periculum in mora*. Así como en el caso de las cautelares de derecho común, de no existir el *periculum in mora* o el fumus *bonus iuris* el tribunal podrá exigir la constitución de una contra garantía.

El solicitante de la medida cautelar anticipada debe indicar la acción de fondo pretende desplegar.

El solicitante de la medida *ante causam* queda obligado a iniciar la acción de mérito dentro de los diez (10) días continuos siguientes al decreto de la medida, tal como lo exige el artículo 14 de la Ley de Comercio Marítimo y ha sido reiterado por la jurisprudencia de los tribunales en forma inveterada.

El tribunal marítimo tendrá competencia para conocer de la incidencia que surja de la oposición del solicitante o a la garantía que la parte afectada por la medida produzca para su levantamiento, a los efectos de lo cual podrá seguir el procedimiento de las incidencias de las medidas preventivas previsto en los artículos 601 y siguientes del Código de Procedimiento Civil. Igual tendrá competencia para la acción de daños y perjuicios si la medida resultaba infundada.

4. CONCLUSIÓN

El procedimiento autónomo cautelar *ante causam* para el embargo y prohibición de zarpe constituye una innovación traída al derecho procesal venezolano por la legislación marítima a partir del año 2001, que no encuentra comparación en el derecho, venezolano. La posibilidad de tomar medidas a las que se refiere el artículo 43 de la Ley de Derecho Internacional Privado se presta a interpretaciones divergentes en cuanto a su alcance, cuestión que no sucede en este especialísimo proceso que el derecho marítimo venezolano ha aportado a nuestra legislación adjetiva, en parte gracias a quien merecidamente homenajeamos con esta obra, el gran marítimista venezolano Luis Cova Arria.

Caracas, julio de 2020.

NORMAS PROCESALES DEL DERECHO DE LA NAVEGACIÓN (A PROPÓSITO DEL ABORDAJE)

DIEGO ESTEBAN CHAMI*

1. INTRODUCCIÓN

Es un honor poder participar en el libro de homenaje al Dr. Luis Cova Arria con quien me une una larga amistad y una relación de respeto y afecto que me lleva a escribir estas líneas con cariño y emoción en este muy justificado tributo a quien ha desarrollado y desarrolla tan destacada y reconocida labor académica.

Me propuse analizar un tema no demasiado transitado en general por la doctrina, quizás más dedicada, con justa razón, a cuestiones novedosas como los buques sin tripulación o al análisis de temas de gran sensibilidad como las cuestiones ambientales de la navegación, y ahora

* Doctor en Derecho; Profesor Titular de Derecho de la Navegación y Codirector del Curso de Posgrado en Derecho Marítimo, y Aeronáutico", todo ello de la Facultad de Derecho (UBA). Autor del "Manual de Derecho de la Navegación", de "Régimen Jurídico del Transporte Multimodal" y de otras obras en coautoría; Secretario de la Asociación Argentina de Derecho Marítimo, Socio de Chami Di Menna y Asociados.

a los efectos del COVID 19, cuestiones que también me han ocupado y me siguen ocupando. En este caso voy a analizar -en lo que me permite la extensión sugerida y la prudencia- un tema que considero de mucha importancia práctica y también de gran interés teórico como son las normas procesales en el Derecho de la Navegación. Las normas procesales son el instrumento por medio del cual los derechos se ejercen en la comunidad para la satisfacción de los intereses de quienes se vieran afectados por conductas perjudiciales que hayan implicado un daño que deba ser resarcido o un derecho que deba ser reestablecido. Pero llegar al análisis de tales figuras procesales y en especial una de ellas, las particulares soluciones que la Ley de la Navegación brinda al abordaje, será una excusa para recorrer temas epistemológicos de interés como la relación del Derecho de la Navegación con otras ramas del derecho y la existencia de normas propias de esas otras ramas del derecho en nuestra propia materia, pasando también por la clasificación de sus figuras e instituciones y la razón de ser del Derecho de la Navegación.

2. EL DERECHO DE LA NAVEGACIÓN Y OTRAS RAMAS DEL DERECHO

El derecho es único y la existencia de ramas es una división destinada a una mejor sistematización que en muchos casos permite fijar fronteras claras entre una rama y otra y en algunos casos solo se alcanza a delinear fronteras porosas. La división del derecho en ramas busca dar una mejor respuesta a los conflictos que deben ser resueltos estableciendo principios propios y brindando soluciones particulares a cuestiones que necesitan una especial respuesta, como el principio *in dubio pro operario* del derecho laboral, el principio precautorio del derecho ambiental, la bilateralidad y el principio dispositivo del derecho procesal, el *solve et repete* del derecho fiscal o el principio *nullum crimen nulla poena sine praevia legem* del derecho penal, entre tantos otros.

Pero la división del derecho en ramas y el particularismo y más aún la autonomía de cada una de ellas no implica que éstas no compartan un tronco común, ni que dejen de tener vasos comunicantes con las demás ramas del derecho con relaciones diversas según las características de cada disciplina. En el caso del Derecho de la Navegación encontramos esa relación con otras ramas tanto de manera extrínseca como intrínseca. La primera, la relación extrínseca, es la referencia a las reglas del derecho en general contenidas en otras ramas y más aún la aplicación a casos de Derecho de la Navegación de normas y principios de otras ramas. La segunda, la relación intrínseca, es la incorporación de normas de otras ramas del derecho (civil, administrativo, laboral, internacional público, internacional privado, penal, procesal, etc) a la normativa propia del Derecho de la Navegación.

2.1. Relación extrínseca: el Derecho de la Navegación y su relación con otras ramas del derecho

Hay dos formas de relación extrínseca. Una directa y otra supletoria. Comenzando con la aplicación directa, es insoslayable la íntima relación que el Derecho de la Navegación tiene con el derecho común. Para analizarlo vamos a ejemplificar con el derecho civil, cuyos principios generales, figuras e instituciones se aplican constantemente en nuestra especialidad, esto sin perjuicio de las particularidades y de la autonomía indiscutible de nuestra materia. El régimen general de obligaciones del Libro Tercero, Título I, del Código Civil y Comercial argentino, la formación del consentimiento en los contratos, la incapacidad para contratar, las exigencias de forma y de prueba de los contratos son de aplicación directa en el Derecho de la Navegación. De igual manera, se aplican directamente en nuestra materia los factores que imponen responsabilidad civil contractual en nuestro ámbito que no son otros que aquellos que nos enseña el derecho civil como el incumplimiento del deudor, la imputabilidad, el daño resarcible y la relación causal. Dominio, posesión, tenencia, hipoteca, privilegios, cosa registrable, pacto comisorio, cláusula penal, *exceptio non adimpleti contractus,* son todos conceptos que nos brinda el derecho civil y que están presentes en el Derecho de la Navegación. Ahora, el COVID 19 nos ha traído al Derecho de la Navegación la vieja noción del *casus* y también la teoría de la imprevisión y la frustración del contrato, todas instituciones civiles.

Incluso, en algunos casos, la aplicación directa de normas de derecho común es producto de una expresa remisión. Así, el art. 593 de la

Ley de la Navegación establece que la venta judicial de un buque debe hacerse con las mismas formalidades que las establecidas para los inmuebles. Se dispone así la aplicación directa y no supletoria de normas de Derecho Procesal a un caso de Derecho de la Navegación -la venta judicial de un buque-. Es un ejemplo de aplicación extrínseca directa. Similar solución establece el art. 591 de la Ley de la Navegación que dispone la aplicación directa de normas procesales comunes a los interdictos para adquirir, retener o recobrar la posesión o tenencia de un buque.

A todo lo antedicho debemos agregar la aplicación supletoria, que es la otra forma de relación extrínseca del del Derecho de la Navegación y otras ramas del derecho. Un ejemplo de relación extrínseca, pero de aplicación supletoria lo encontramos en el artículo 516 de la Ley de la Navegación que establece que las disposiciones del Código Procesal Civil y Comercial de la Nación serán aplicables a procedimientos de casos de Derecho de la Navegación en cuanto no estuvieren modificadas por la propia Ley de la Navegación. Es una norma que establece de manera expresa la aplicación supletoria de normas de otra rama del derecho, en este caso del Derecho Procesal. Reitero, es un ejemplo de relación extrínseca de aplicación supletoria. Igual solución encontramos en el art. 513 de la Ley de la Navegación según el cual a la hipoteca naval se le aplican subsidiariamente las disposiciones de derecho común que rigen la hipoteca, siempre y cuando no contradigan las dispuestas por la Ley de la Navegación.

Además, esa relación extrínseca está marcada por la autonomía del Derecho de la Navegación que tanto en el Código Italiano de la Navegación de 1942 -art.1- como en las normas que en este aspecto la han tomado de fuente como son la Ley de Navegación Marítima *N° 14/2014 de España* -art. 2- y la Ley de la Navegación en Argentina -art. 1-, han dispuesto que antes de recurrir al derecho común deben aplicarse analógicamente las normas del propio sistema del Derecho de la Navegación. Es decir que cuando no encontremos una solución en las normas de Derecho de la Navegación y no resulte posible su aplicación analógica, recurriremos al derecho común de manera supletoria.

2.2. Relación intrínseca: normas de otras ramas del derecho en el Derecho de la Navegación

La relación intrínseca requiere una breve introducción. Podemos clasificar a los hechos, instituciones y relaciones jurídicas de nuestra materia en: a) típicas, que son las que derivan del ejercicio de la navegación por agua y b) particularistas, que son las instituciones del derecho común modificadas por la navegación por agua.

Las instituciones típicas son aquellas que han nacido en el ámbito del derecho de la navegación y que son la solución jurídica que brinda nuestra materia a las necesidades de la navegación asediada por la confluencia, por un lado, del medio que constituyen los espacios acuáticos y por el otro, con el buque, confluencia que genera el riesgo propio de la actividad de la navegación. Diversas instituciones que no es el caso ahora rastrear en la historia nacieron producto de las necesidades de la navegación y carecen de parangón en otras ramas del derecho. La asistencia y salvamento destinada a incentivar la solidaridad en el mar e incrementar la seguridad que con nueva concepción tiende también a preservar el ambiente marino, como la avería gruesa que también tiene por finalidad la seguridad de la navegación y una equitativa distribución de los riesgos entre los diferentes intereses de la aventura marítima, como finalmente una figura con rasgos exorbitantes como lo es el capitán, terminan de configurar un mural de situaciones que solo pueden encontrarse en nuestra materia. Son las instituciones típicas.

Mientras las figuras típicas nacieron en el mar, las instituciones particularistas, que son las que hoy nos interesan a propósito de este artículo, son instituciones del derecho común, civil o comercial o laboral o procesal, o administrativo etc. que han nacido en el ámbito de esas otras ramas del derecho para luego ser incorporadas al Derecho de la Navegación. Pero a la par que fueron adoptadas, las necesidades de la navegación las han modificado dándoles un tinte especial con sabor a mar. Esas modificaciones son solo detalles que se encuentran acá y allá en esas instituciones particularistas que conservan la naturaleza que les dio el derecho común, pero presentan una solución, una regla, o una solución excepcional para adaptarlas a las necesidades de la navegación. En síntesis, primero fueron, provenientes de otras ramas del derecho, adoptadas por el Derecho de la Navegación y una vez allí fueron adaptadas a las necesidades de la navegación. Veamos algunos ejemplos.

Así la hipoteca naval debió adaptarse a las características del bien sobre el cual recae y prevé la hipoteca del buque en viaje (art. 505 de la Ley de la Navegación) o del buque en puerto extranjero (art. 506 de la Ley de la Navegación). La responsabilidad del propietario armador de buques es el mismo sistema de responsabilidad del derecho civil pero con la nota distintiva que da la limitación de responsabilidad (art. 175 de la Ley de la Navegación) y se convierte así en un sistema particularista. El abordaje es un hecho ilícito del derecho civil pero al cual el derecho de la navegación le brinda una impronta especial porque dispone un sistema de responsabilidad de naturaleza subjetiva (arts. 358, 359 y 360 de la Ley de la Navegación) cuando la responsabilidad de naturaleza subjetiva está en retroceso desde hace tiempo. Pero quizás donde el particularismo se encuentre más acentuado sea en el régimen de privilegios que también es una adaptación de los privilegios del derecho común a las necesidades de la navegación. La adaptación más destacable es aquella por la cual, con la finalidad de incentivar el auxilio en el mar y de esta forma afianzar la seguridad de la navegación, el crédito del último servicio de asistencia y salvamento es preferido a todos los créditos anteriores en el tiempo (art. 480 de la Ley de la Navegación). La finalidad de dar prioridad al último en el tiempo se justifica porque el último asistente es el que ha salvado la garantía de todos los demás acreedores, último asistente que no habría concurrido a realizar los servicios de auxilio si no tuviera prioridad en el cobro, lo que además habría afectado no sólo la navegación, sino también a los demás acreedores que habrían perdido el asiento del privilegio.

La existencia de estas instituciones particularistas del Derecho de la Navegación hizo que muchos autores hayan visto divisiones del Derecho de la Navegación y al hacerlo se han referido al puente que existe entre nuestra materia y otras ramas del derecho.

Atilio Malvagni, autor en Argentina del Anteproyecto de Ley General de la Navegación que luego con modificaciones se convirtió en la Ley de la Navegación, consideraba que el Derecho de la Navegación se dividía en derecho comercial de la navegación abarcando las relaciones entre particulares, como los fletamentos, los seguros, el abordaje, la asistencia y el salvamento, las averías, en derecho laboral de la navegación incluyendo, según el citado autor, las normas que regulan el trabajo que se presta a bordo de buques que no son de guerra, en derecho administrativo de la navegación que abarcaría las relaciones entre el Estado y los particulares y que se originan con motivo de la navegación, como los requisitos para que un buque pueda navegar o para que una persona pueda ajustarse a bordo como capitán, oficial o tripulante o para el cambio de bandera de un buque, en derecho penal de la navegación, en derecho internacional público de la navegación, para regir las relaciones entre los Estados con motivo de la navegación, como la extensión de los mares territoriales, etc. y en derecho internacional privado de la navegación, rama que incluiría las reglas destinadas a solucionar los conflictos que surgen entre las leyes de distintos países que rigen la navegación[1].

Para Antonio Brunetti existe un derecho privado marítimo que comprende un conjunto de instituciones civiles, como los modos de la adquisición de la propiedad naval, el dominio marítimo, la copropiedad, la hipoteca, el usufructo, el secuestro y la venta judicial como también la navegación comercial[2]. En el derecho público de la navegación ubica al derecho de la navegación administrativo, el derecho de la navegación penal, el derecho de la navegación procesal -el tema que interesa a este trabajo- y el derecho financiero marítimo[3].

Antonio Scialoja considera que el derecho de la navegación regula la actividad mercantil como la de placer, tanto la marítima como la fluvial e interna[4]. Podríamos seguir citando autores que han hecho su clasificación de las normas como Diez Mieres[5], Carlomagno[6] y Lena Paz[7].

---

1 Atilio Malvagni, *Curso de derecho de la Navegación,* 2ª ed. ampl. y actual., Depalma, Buenos Aires, 1950, ps. 5/6.

2 Antonio Brunetti, *Derecho Marítimo Privado,* Tomo I - Parte Histórica – De los buques, Bosch Casa Editorial, Barcelona, 1950, p. 23/25.

3 Idem.

4 Antonio Scialoja, *Sistema del derecho de la Navegación*, Ediciones Jurídicas Europa – América Bosch y Cia Editores, Buenos Aires, 1950, p. 6.

5 Alberto Diez Mieres, *Derecho de la navegación*, Librería Ciencias Económicas, Buenos Aires, 1954, t. I, nro. 2, p. 22.

6 Juan C. Carlomagno, *Manual de derecho de la navegación*, 2ª ed., Restoy & Doeste, Buenos Aires, 1927, nro. 2, p. 2.

7 Juan A. Lena Paz, *Ley de la Navegación (20.094) comentada*, Plus Ultra, Buenos Aires, 1985, nro. 6, p. 10.

Para González-Lebrero, el derecho de la navegación es uno e indivisible, aun cuando esté integrado por normas originariamente de carácter mercantil, penal, internacional, las que, al sistematizase en torno al hecho náutico, pierden su individualidad y se incorporan al sistema[8]. Romero Basaldúa es de similar criterio[9].

Sobre esta cuestión, cabe resaltar que un conjunto de hechos de la navegación son regidos por normas de neto carácter civil, comercial, administrativo, laboral, internacional público o internacional privado, penal o procesal. Muchas de esas normas se encuentran en la propia Ley de la Navegación y es entonces allí donde encontramos la relación intrínseca entre el Derecho de la Navegación y esas otras ramas del derecho mencionadas en el párrafo anterior. Así, el título II de la Ley de la Navegación, "De las normas administrativas", contiene cinco capítulos destinados a regular justamente aspectos administrativos desde el registro hasta la habilitación del personal embarcado. En su Título V incluye las normas de derecho internacional privado cuyo Capítulo I dedica a los conflictos de leyes mientras que en el Capítulo II regula los conflictos de competencia. A su vez, la Ley de la Navegación incluye normas procesales en su Título IV y dividido en siete capítulos regula diversos procedimientos para el ejercicio de acciones del Derecho de la Navegación.

Ahora bien, nos preguntamos si esas normas de carácter administrativo, de derecho internacional privado o de derecho procesal, etc., son parte del Derecho de la Navegación o si, por el contrario, integran otras ramas como el derecho administrativo, internacional privado o procesal a las que corresponden por sus características. Dejamos abierto el interrogante para aquellos que desde aquí puedan profundizar el análisis.

Pero lo transcendente es que muchas instituciones del Derecho de la Navegación provienen de otras ramas del derecho y para satisfacer las necesidades de la navegación fueron incorporadas sistemáticamente siendo además adaptadas por el Derecho de la Navegación. Esta es la relación intrínseca.

---

8 Rodolfo González - Lebrero, *Manual de derecho de la navegación*, 4ª ed., ampl. y actual., Depalma, Buenos Aires, 2000, p. 3.

9 Luis C. Romero Basaldúa, *Derecho Marítimo,* Marcos Lernes, Córdoba, 1996, T I, p 56 .

3. EL DERECHO DE LA NAVEGACIÓN: SU RAZÓN DE SER

Hay quien menciona que cada uno de los institutos del derecho de la navegación podría ser regulado válidamente por normas de derecho común y que, si ello no es así, debe haber alguna razón para apartarse de tales soluciones y para derogar normas de derecho común[10]. Simone -el autor argentino que formula esta idea- aclara que el motivo debe buscarse en la necesidad de eliminar tanto la inseguridad física como la jurídica. Precisa que, a pesar de los adelantos en materia de seguridad naviera, las crónicas de los periódicos nos revelan que ello aún está lejos de alcanzarse pero que, en cambio, al menos se aspira a alcanzar seguridad jurídica basada en la solidaridad e interdependencia[11].

Simone, luego de repasar diversas hipótesis expuestas por la doctrina, menciona que la *ratio iuris* de todas esas soluciones que se apartan del derecho común debe buscarse en posibilitar la efectiva realización de la navegación. Este objeto-fin, para Simone, debe constituirse en noción o idea preferente que rige todo el ordenamiento del derecho de la navegación. Acompañamos esta concepción que considera que el objeto-fin del Derecho de la Navegación es que la expedición pueda cumplirse.

En nuestra materia encontramos múltiples institutos y normas destinados a que la aventura marítima llegue a buen puerto. A manera de ejemplo, más allá de la importancia central de institutos típicos ya mencionados como el capitán, la avería gruesa y la asistencia y el salvamento, numerosas soluciones específicas denotan la presencia de alcanzar el fin de la expedición. Así, por ejemplo, los créditos de asistencia y salvamento y contribución de avería gruesa prevalecen sobre todo otro anterior en el tiempo (art. 480), para incentivar los servicios de asistencia y los gastos o daños en avería gruesa, todo lo cual tiende justamente a que la expedición pueda llegar a su destino. A su vez, el buque cargado y listo para zarpar no puede ser embargado (art. 541 inciso c), justamente para no entorpecer la navegación ni perjudicar los intereses

[10] Osvaldo B. Simone, *Compendio de derecho de la navegación*, 2ª ed. actual. y aum. Ábaco de Rodolfo Depalma, Buenos Aires, 1987, nro. 1, p. 31.

[11] Osvaldo B. Simone, *Compendio de derecho...*, cit., nro. 1, ps. 31/32.

concentrados a bordo y facilitar la navegación. Como paradoja, las dos excepciones a esa norma —que el crédito haya sido contraído para reparar, aprestar y aprovisionar el buque para ese viaje o que sea posterior a la carga del buque (art. 541 inciso c, último párrafo)— también contribuyen a obtener crédito para la expedición y de tal manera fortalecen la concreción de la expedición. Las facultades extraordinarias del capitán para incluso, en caso de necesidad extrema, hipotecar el buque (art. 213), vender o gravar la carga (art. 213), también están destinadas a permitir la continuación del viaje. Todas estas soluciones, entre muchas otras, prueban la existencia del objeto-fin destacado por Simone.

4. NORMAS PROCESALES DEL DERECHO DE LA NAVEGACIÓN: RELACIÓN INTRÍNSECA; INSTITUCIONES PARTICULARISTAS

Como ya mencionamos, la Ley de la Navegación incluye normas procesales en su título IV y dividido en siete capítulos bajo los siguientes títulos: "Disposiciones Generales (capítulo I), "De la verificación de la mercadería al tiempo de la descarga" (capítulo II), "Del embargo de buques" (capítulo III), "Del embargo y del depósito judicial de los efectos" (capítulo IV), "Del procedimiento del juicio de abordaje" (capítulo V), "Del concurso especial de los acreedores privilegiados sobre un buque" (capítulo VI), "Del juicio de limitación de responsabilidad del armador" (capítulo VII) y "De los procedimientos especiales" (capítulo VIII). La importancia de las normas procesales ha sido destacada en obras especializadas[12].

La Ley Marítima Española N° 14/2014 cuenta también con normas de Derecho de la Navegación según la siguiente sistemática de títulos y capítulos: TÍTULO IX Especialidades procesales, CAPÍTULO I De las especialidades e jurisdicción y competencia, Cláusulas de jurisdicción y arbitraje, Criterios de atribución de competencia, CAPÍTULO II Del embargo preventivo de buques, CAPÍTULO III De la venta forzosa de buques, CAPÍTULO IV Del procedimiento para limitar la responsabilidad por créditos marítimos, TÍTULO X Certificación pública de

[12] Emilia Marta Krom, "El Derecho Procesal de la Navegación", archivo de la Biblioteca de la Facultad de Derecho, Universidad de Buenos Aires.

determinados expedientes de derecho marítimo, CAPÍTULO II De la protesta de mar por incidencias del viaje, CAPÍTULO III De la liquidación de avería gruesa, CAPÍTULO IV Del depósito y venta de mercancías y equipajes en el transporte marítimo, CAPÍTULO V Del expediente sobre extravío, sustracción o destrucción del conocimiento de embarque, CAPÍTULO VI De la enajenación de efectos mercantiles alterados o averiados. De igual manera, el Libro Cuarto del Código Italiano de la Navegación contiene disposiciones procesales en cinco títulos.

La relación entre el Derecho de la Navegación y esas disposiciones procesales de la Ley de la Navegación es intrínseca, porque las encontramos en el cuerpo orgánico y sistemático de normas del Derecho de la Navegación. Podríamos también distinguir su naturaleza ontológica que podría corresponder a normas procesales y su naturaleza sistemática que correspondería a normas de Derecho de la Navegación. Además, esas normas son particularistas, porque son indudablemente normas procesales vinculadas a cuestiones de prueba ("De la verificación de la mercadería al tiempo de la descarga" capítulo II), a medidas precautorias ("Del embargo de buques", capítulo III y "Del embargo y del depósito judicial de los efectos", capítulo IV) y a diversos temas de índole netamente procesal. Pero mientras se trata de normas adoptadas por el Derecho de la Navegación y tomadas del derecho procesal, el Derecho de la Navegación les ha dado un tinte especial, las ha adaptado a las necesidades de la navegación por lo cual son figuras de naturaleza particularista.

5. NORMAS PROCESALES DEL ABORDAJE

El art. 1268 del Libro III del antiguo Código de Comercio argentino ya reemplazado por la Ley de la Navegación, sometía el abordaje a juicio de peritos para determinar la responsabilidad y la extensión del resarcimiento. Sin embargo, la Corte Suprema de Justicia de la Nación consideró que no existían motivos para sustraer a los jueces de la constitución del conocimiento de las causas de abordaje, considerando además que la jurisdicción arbitral es de excepción y de interpretación restrictiva y que dichas causas de almirantazgo y jurisdicción marítima correspondía fueran conocidas por la Corte Suprema y demás tribunales inferiores de la Nación[13]. A continuación, analizaremos las normas de la Ley de la Navegación sobre abordaje del Título IV (Normas Procesales), Capítulo V (Del procedimiento en el juicio de abordaje).

5.1. Prueba anticipada (art. 548)

El artículo 548 de la Ley de la Navegación dispone la realización de una prueba anticipada de los daños producidos por el abordaje. Establece que en casos de abordaje, cualquiera de los buques que hayan intervenido en el mismo pueden pedir al otro u otros, judicial o extrajudicialmente, que designen de peritos para acreditar los daños sufridos a raíz del abordaje; incluso pueden estimar el monto de las reparaciones y el tiempo que insumirían.

Se trata de una prueba anticipada es decir que se lleva a cabo inmediatamente después de los hechos para constar hechos -daños en este caso- que luego el paso del tiempo alterará -los buques sufrirán otros daños o serán reparados-. El elemento importante que se amolda a la necesidad de la navegación es la inmediatez de la producción de esta prueba. Las partes podrán llevarla a cabo de manera amigable, es decir designando los peritos que intervendrán y labrando un acta que deje constancia de la diligencia que se lleve a cabo. En caso de que una de las partes no designe su perito o si designado este no concurriera, se podrá requerir que esta prueba se produzca judicialmente.

La prueba incluirá la determinación: i) de los daños materiales; ii) de la extensión del lucro cesante y iii) del tiempo de duración de las reparaciones.

Otro elemento que demuestra la adaptación a la esta medida procesal de prueba a las necesidades de la navegación es que el último párrafo del artículo 548 establece que, si la pericia pedida judicialmente pueda demorar la salida del buque, el tribunal debe ordenar que se haga de manera inmediata y el solicitante -si fuera la otra parte- deberá dar fianza por un importe equivalente a los perjuicios que pudiera causar la demora.

---

[13] Ver, 29/3/1967, "Bussio Hnos. Empresa de Navegación y Astilleros v. Capitán y otros buque 'Del Oro' y otros", ED 18-511, con nota de Bidart Campos, Germán J., "La jurisdicción federal".

Además, esta prueba anticipada de daños está vinculada con la determinación de la responsabilidad en la producción del abordaje, porque la forma que hayan adoptado los daños materiales acreditará cuál fue el ángulo de colisión, y la determinación del ángulo de colisión permitirá probar los rumbos de navegación previos al abordaje y éstos contribuirán a conocer cuáles fueron las maniobras realizadas y finalmente la culpabilidad en la producción del abordaje.

Esto es así sin perjuicio que en esta etapa preliminar los peritos no se expedirán sobre la culpabilidad, excepto por supuesto que las partes acordaran otra solución.

5.2. Asesoramiento por peritos (art. 549)

El art. 549 de la Ley de la Navegación establece que los juicios por daños y perjuicios que derivan de un abordaje son de naturaleza especial. Esta mera calificación nada aporta, pero las disposiciones que le siguen revelan lo que significa que el juicio de abordaje sea de naturaleza especial porque a renglón seguido la norma dispone que el juez debe ser asesorado en los aspectos técnicos por peritos propuestos por las partes o, si estas no lo hicieran designados por el juez de oficio[14]. Luego agrega que el juez debe ser asesorado por peritos siempre que la índole de las cuestiones lo exija y en general la índole de las cuestiones de un abordaje (culpabilidad y daños) lo requiere. Entonces las partes designarán cada una un perito, que no serán peritos consultores sino peritos y el juez normalmente designará un perito tercero.

El fundamento de esta disposición que exige el asesoramiento del juez por parte de peritos es que se trata de cuestiones técnicas vinculadas de navegación e ingeniería naval que escapan al conocimiento técnico de un juez, versado en cuestiones jurídicas y no técnicas. Por igual motivo la jurisprudencia sostiene que cuando una pericia cuenta con elementos claros y de peso, el magistrado no deberá apartarse de la

[14] Cfr. C. Nac. Fed., sala 1ª, 28/12/2000, "Rebollo, Roberto v. Gatta Castel, Mario s/abordaje", causa 3712/1993; C. Nac. Fed., sala 3ª, 19/2/2002, "Cavagna, Adrián C. y otro v. Estado nacional - Prefectura Naval argentina y otro s/daños y perjuicios", causa 28.565/1995; "Mapfre Aconcagua Cía. de Seguros SA v. Armador y propietario buque 'Frío Naruto' y otro s/abordaje y acumuladas", causa 14.998/1994 y C. Nac. Fed., sala 2ª, 6/3/2007, "Esamar SA v. Cap. y otros buque 'Frío Naruto' s/abordaje", causa 15.174/1994.

descripción de los hechos técnicos que formule el perito, no obstante lo cual, según las reglas de la sana crítica, el juez puede llegar a un enfoque jurídico diferente respecto de las conclusiones del perito naval[15] .

5.3. Facultades de los peritos (art. 550)

El carácter especial de los juicios de abordaje y consecuentemente una nota particularista en este proceso, está anticipada por el art. 549 de la Ley de la Navegación que califica al juicio de abordaje como un proceso especial y es confirmada por el art. 550 del mismo cuerpo legal. Este establece que los peritos: i) pueden asistir a los actos probatorios del procedimiento[16], ii) tienen facultades para practicar todas las investigaciones que consideren necesarias y iii) deben informar al juzgado sobre la culpabilidad o culpabilidades en la producción del abordaje y sobre el monto de los daños. La posibilidad de expedirse sobre culpabilidad es excepcional considerando que en otras materias es una atribución exclusiva de los jueces quienes tienen potestades jurisdiccionales exclusivas y no de los peritos. Otra marca más del Derecho de la Navegación.

5.4. Efecto de cosa juzgada (arts. 551 y 552)

5.4.1. Juicio de abordaje y proceso penal y administrativo

El art. 551 establece la independencia del juicio de abordaje respecto de tanto los procedimientos administrativos que se hubieran iniciado contra los capitanes, prácticos o miembros de las tripulaciones tanto de los procedimientos administrativos[17] como penales emergentes

[15] Cfr. C. Nac. Fed., sala 1ª, 28/12/2000, "Rebollo, Roberto v. Gatta Castel, Mario s/abordaje", causa 3712/1993 y "Mapfre Aconcagua Cía. de Seguros SA v. Armador y propietario buque 'Frío Naruto' y otro s/abordaje y acumuladas", causa 14.998/1994 y C. Nac. Fed., sala 2ª, 6/3/2007, "Esamar SA v. Cap. y otros buque 'Frío Naruto' s/abordaje", causa 15.174/1994.

[16] Ídem.

[17] Se ha dicho respecto del sumario instruido por la Prefectura Naval argentina que "...si bien es cierto que la calificación de la Prefectura respecto de la existencia o no de fallas náuticas no es de por sí desechable, puesto que proviene de autoridades cuyas bases técnicas cabe reconocer, no lo es menos que se ha relativizado la eficacia probatoria de esas resoluciones administrativas, sobre la base de una apreciación integral de las pruebas incorporadas a la causa y, en particular, del peritaje naval producido en el juicio, con audiencia de las partes y con todas las garantías del debido proceso; se puede añadir que la Ley de la Navegación

del abordaje. La existencia de tales procedimientos no impide ni el inicio, ni la sustanciación, ni el dictado de la sentencia definitiva en el juicio de abordaje.

El artículo 551 también establece que las conclusiones de tales procedimientos, la condena o absolución de los procesados en el juicio penal, carecen de influencia en la sentencia que se dicte en el juicio de indemnización por abordaje.

Tengamos en cuenta que esto modifica la relación entre la condena penal y el proceso civil, porque la regla general es que la sentencia penal produce efecto de cosa juzgada en el proceso civil respecto de la existencia o inexistencia del hecho principal del delito y de la culpa del condenado o su falta de participación (art. 1776 y 1777 del Código Civil y Comercial de la Nación).

5.4.2. Juicio de abordaje y reclamos de terceros (art. 552)

El abordaje es un proceso "universal" que atrae a los demás procesos iniciados con el mismo hecho y tiene efecto de cosa juzgada. Efectivamente, según el art. 552, la sentencia del proceso de abordaje hace cosa juzgada respecto de la culpabilidad contra todos los interesados en el hecho. El buque o sus armadores, al ser demandados por cargadores, pasajeros o tripulantes, en una enumeración no taxativa, deben denunciar el tribunal donde tramita el juicio de abordaje, debiendo el juicio continuar tramitando ante dicho tribunal en incidentes por separado. Si no lo denunciaran, no podrán oponer la sentencia dictada en el proceso de abordaje que los liberara de responsabilidad.

Para que tal efecto de cosa juzgada se cumpla, deben publicarse edictos durante tres días en el Boletín Oficial y en otro diario de la localidad haciendo saber la existencia del proceso. La publicación debe efectuarse antes de la apertura a prueba.

---

ha consagrado al respecto un criterio más riguroso, según se desprende de lo dispuesto en el párr. 2° del art. 551, con relación al juicio por abordaje". Cfr. C. Civ. y Com. Fed., sala 1ª, 10/10/1995, "Marimex SRL v. Capitán y otros buques 'Vikara' s/daños y perjuicios", causa 35.550/1995. Incluso se sostuvo que la no iniciación de sumario administrativo por parte de la Prefectura Naval argentina no es óbice para imputar responsabilidad en el juicio civil por abordaje. Cfr. C. Nac. Fed., sala 1ª, 24/4/1995, "La Buenos Aires Cía. Argentina de Seguros v. Buque 'Ciudad de Paraná' s/abordaje", causa 6085/1995.

5.5. Abordaje y embargo (art. 536)

En caso de abordaje o de otros accidentes de la navegación, de acuerdo a lo previsto en el art. 536 es posible embargar el buque con la presentación de la protesta levantada ante notario o cónsul argentino, o de la exposición del capitán, práctico o agente del buque, labrada ante la autoridad marítima[18].

6. CONCLUSIÓN

Hemos desempolvado este tema poco frecuentado pero que tiene significativa importancia. El derecho es único y la existencia de ramas es una división destinada a dotar de la mejor solución a los conflictos al establecer principios propios que satisfacen las necesidades de una determinada actividad social. Pero mientras las ramas del derecho son como los continentes, el derecho es como el mar que los baña a todos.

El Derecho de la Navegación se relaciona con otras ramas del derecho tanto de manera extrínseca -aplicación de normas y principios de otras ramas a los casos de Derecho de la Navegación- como de forma intrínseca -incorporación de normas de otras ramas del derecho (civil, administrativo, laboral, internacional público, internacional privado, penal, procesal, etc) a la normativa propia del Derecho de la Navegación.

La relación entre el Derecho de la Navegación y las disposiciones procesales tanto las de la Ley de la Navegación que nos interesó destacar en este comentario es intrínseca, porque en el caso de Italia, España y Argentina, las encontramos en el cuerpo orgánico y sistemático del

---

[18] En la causa de la C. Nac. Fed., sala 3ª, 16/3/1998, "Cantera La Elisa SA s/embargo de buque/interdicción de navegar Bq. 'Las Boliñas'", causa 811/1998, se sostuvo que, en caso de abordaje, el embargo del buque será procedente con la simple presentación de la exposición labrada ante la autoridad marítima por el agente de la nave accidentada (conf. art. 536 de la Ley de la Navegación), circunstancia verificada con las exposiciones labradas, mientras que para la verosimilitud del crédito bastaba con un mero principio de prueba sobre la materialidad del suceso y, tratándose de un abordaje, el crédito sería privilegiado en virtud de lo establecido por el art. 476, inc. e), de la ley 20.094 y, consecuentemente, la procedencia del embargo y la interdicción de navegar del buque resultaba de una interpretación armónica de las normas contenidas en los art. 476, inc. e), y 536, ambos de la ley 20.094.

Derecho de la Navegación. Pero el Derecho de la Navegación brinda un tinte, una coloración y una nota especial a todas aquellas normas que, del gran tronco del derecho común, adopta para luego adaptar a las necesidades de la navegación.

En nuestro específico caso, la especialidad del Derecho de la Navegación ya había sido advertida el emperador romano Antonino al afirmar: "*Yo ciertamente soy señor del mundo, pero la ley lo es del mar; júzguese esto por la ley Rhodia, que se estableció sobre cosas marítimas....*"[19].

---

[19] Cfr. *Lege Rhodia de Iactu*, *Cuerpo del derecho civil romano*, parte 1ª, trad. D. Ildefonso L. García del Corral, Instituta-Digesto, Jaime Molinas, Consejo de Ciento, Barcelona, 1889, nro. 287, p. 765.

LIABILITY FOR WRONGFUL ARREST OF SHIPS: THE EFFORTS TOWARDS POSSIBLE UNIFORM RULES*

GIORGIO BERLINGIERI**

ABSTRACT

The question whether uniform rules on liability for wrongful arrest of ships should be established is debated since the origins of unification of the law on arrest of ships.

In fact conflicting views immediately emerged and continued to be expressed.

This did no allow to give full regulation to the subject matter in an international convention. Recently the issue has been considered again by the Comitè Maritime International. A Working Group was formed, whose activities are summarized together with what is being discussed since the outset, and the possible way ahead.

THE FIRST DRAFT CONVENTION AND THE 1930 CMI CONFERENCE

The initiative to seek uniformity on arrest of ships dates back to 1930 when, in preparing the Conference of the Comité Maritime International (CMI), to take place on that year in Antwerp, the National

* It is a revised version of the text to be published in the Journal Poredbeno Pomorsko Pravo = Comparative maritime Law, Vol. 59, No. 174, 2020.

** Senior Partner Berlingieri Maresca Studio Legale Associato, Genova, President Italian Maritime Law Association, Titulary Member of Comitè Maritime International, Member of its Executive Council from 2009 to 2011 and First Vice President from 2012 to 2019. Vice President for Italy of Instituto Ibero Americano del Derecho Maritimo, Editor in Chief of Il Diritto Marittimo, member of the Contributory Board of Droit Maritime Français, member of the Scientific Committee of Rivista del Diritto della Navigazione.

Maritime Law Associations members of the CMI, were asked to suggest new subjects to be studied by the CMI.

The French, German and Italian Associations proposed arrest of ships[1], as this matter was closely linked with collision, maritime liens and hypothecs, which were already given uniform regulation with the relating Brussels Conventions of 1910 and 1926.

The proposal was accepted and, at the CMI 1930 Antwerp Conference, arrest of ships was therefore considered, with issues relating to wrongful arrest immediately emerging[2].

In compliance with the traditional CMI way of working a Questionnaire was subsequently prepared.

Replies were received from the National Associations of Belgium, France, Germany, Italy, Netherlands, Norway, Portugal, Sweden, United Kingdom, United States of America and Yugoslavia[3].

A preliminary text of Convention was drafted[4], which in its art. 2 stated that the arrest of a ship was to be granted upon the Court simply checking that the claim was likely.

---

1 Antwerp Conference 1930, CMI Bullettin n. 91, 1931 p. 507. See also F. Berlingieri, *On arrest of ships*, LLP, 1992, 1-12; G. Berlingieri, *Arrest of ships in the International Conventions, in Italian Law and in Spanish Law*, Libro Conmemorativo de los Doscientos Años de creación de la Corte de Almirantazgo en Venezuela, Caracas, 2019, p. 247 and in Dir. Mar., 2019, p. 245.

2 As reported in CMI Bullettin n. 91 p. 514, F. Berlingieri sr. pointed out that "*There is an important difference in the consequences of arrest in various countries. In England and in America the arrest is only the subject of further investigation and complaint where a real culpable fault almost amounting to fraud has been committed in order to secure the arrest, but in Italy and in some continental countries this question of demanding an arrest and obtaining bail for the arrest gives rise to the question of compensation in quite another way. Wherever the arrest has been demanded, lightly or frivolously, or an excess of bail has been insisted upon, that question is reserved for further examination and compensation can be claimed and obtained. That is an important difference which merits further examination*". And A. Bagge of the Swedish MLA noted (p. 515) that among the points of interest there was the issue of security to be lodged by the arrestor for the eventual payment of damages awarded to the owner in the event of the arrest being found to be unjustifiable and vexatious.

3 Oslo Conference 1933, CMI Bullettin n. 96, 1934, respectively at pages 86, 127, 21, 39, 29, 60, 94, 54, 202, 68 and 49. For a review of the debate on wrongful arrest, starting from the 1933 CMI Oslo Conference: F. Berlingieri, *On arrest of ships,* VI ed., Vol. I, Informa Law from Routledge, 2017, p. 602.

4 CMI Bullettin n. 96 p. 157.

However the Court could require the arrestor to supply security, as deemed reasonable, to cover damages in the event the arrest proved to be wrongful.

In an effort to obtain broad consensus art. 7 of the draft provided that, in case of release of the ship from an arrest which was considered unjustified, the arresting party had only to pay the costs of the security which was put up to release the ship. It then provided that if the unjustified arrest was performed in bad faith, the arresting party could be condemned to pay also the damages caused by the arrest[5]. However this wording was not sufficient to get the approval of the British Association.

Art. 8 finally contemplated that the procedural rules relating to the arrest were those of the law of the place of the arrest.

The draft text was discussed among National Associations, with amendments being made, to be considered at the 1933 CMI Conference in Oslo.

Whilst art. 3 stated again that the Court had to release the ship from arrest if evidence was offered that it was unjustified, or if satisfactory security was furnished, new art. 5 repeated[6] what was provided in art. 7 of the previous text referred to above.

THE SUBSEQUENT DEBATE AND THE CMI CONFERENCES FROM 1933 TO 1949

At the Oslo Conference, the provision under art. 5 continued to be opposed by the British Association, which was against the adoption

---

[5] From the report of M. Léopold Dor (CMI Bullettin n. 96 at p. 155) it appears that the provision was strongly opposed by the British Association: "*L'article 7 soulève une question delicate, celle de la responsabilité encourue par le saisissant au cas de saisie injustifiée. Nous sommes convaineu que, si la projet de Convention prévoit des sanctions trop rigoureuses, il se heurtera à l'opposition irréductible des milieu britanniques, qui feront échouer la future Convention. Nous avons donc rédigé l'article 7 de façon à limiter la responsabilité du saisissant de bonne foi au remboursement des frais de la caution fournie par le propriétaire pour obtenir main-levée de la saisie. Par contre, il est tout naturel que, lorsque la saisie a été effectuée de mauvaise foi, le créancier soit entièrement responsible de toutes les consequences dommageables de son acte illicite et qu'il répare le prejudice ainsi cause, non seulement aux intéressés sur corps, mais également à ceux sur cargaison*".

[6] CMI Bullettin n. 96 p. 182.

of sanctions, even if limited to the case of bad faith. It was therefore agreed to have the issue adjourned until the next Conference[7].

During discussions it appeared that there were clear differences between common law and civil law systems[8]: under common law, arrest was only permitted when the claimant was entitled to enforce its claim by proceeding *in rem*; under the civil law systems, which are not uniform, the arrest was allowed as security for any claim, whether of a maritime nature or not, with some jurisdictions granting the possibility to hold the arresting party liable for damages in case of wrongful arrest.

Subsequently to the Conference in Oslo, the CMI Sub Committee on arrest of ships met in Paris the 2 June 1936. In an effort to find a solution agreeable to as many National Associations as possible, the scope of application of the Convention was restricted to certain claims secured by a maritime lien under the 1926 Brussels Convention on maritime liens and hypothecs, i.e. to claims for salvage and collision[9].

---

7 CMI Bullettin n. 96 p. 472: "*The President, summing up the debate, says that there are serious differences of opinion on various important matters in this draft Convention: further, a very important group of our members, the British members, are not in a position to consider it, nor to give their opinion as to the merits of the proposals made. Under these circumstances, the President suggests that it would not be wise to go into a reading of this draft as such, but that it is better to keep it before the Conference, leaving it to the Permanent Bureau to consult again the sub-Committee and bring the matter back before the next Conference when all these first ideas on a new subject, which had not been considered up to date, will have ripened, and we may probably arrive at an unanimous conclusion*".

8 The quite interesting debate is published in CMI Bullettin n. 96 at p. 440-484. There at p. 442 the rapporteur Léopold Dor stated: "*There is no doubt that in article 1 we differ from the English practice. If I am not right I know that Sir Leslie Scott will correct me. In the English procedure* in rem *you can arrest only the ship upon which the debt has been incurred, while in the system under article 1, which is the Continental system, you can arrest another ship. In most countries on the Continent you can arrest one ship of the shipowner because of a collision with another ship or because he has supplied coal to another ship and has not paid his bill. Another point which gave rise to considerable discussion was the question of the damages in the case of an arrest which is unjustified. On the whole of the Continent, it is settled law that the man who arrests, if he is held to have had no claim and his action* (is adjudged) *to be unjustified, is condemned to pay the whole of the damages incurred by the arrest. If a ship has been lying there for two or three weeks, that may mount up, especially when freights are high. In England, on the contrary, he is only condemned to pay the amount of the bail fees.*".

9 Paris Conference 1937, CMI Bullettin n. 102, p. 85. The text of art. 1 (at p. 80) red as follows: "*Art. 1 – Any creditor of the owner of a ship, by reason of a collision, or damage caused by such ship or of salvage services, may operate the provisional arrest of such ship or of any other ship belonging to the same owner, even when ready to sail*".

At the 1937 CMI Conference in Paris, whilst the British and the U.S. Associations refrained from making comments, other National Associations including the Italian one regretted the restricted scope of application of the Convention[10].

However, upon suggestion of the German Association, the scope was even more restricted to the case of collision[11].

The Conference finally approved a suggestion to leave to the Court of the arrest the issue of damages for wrongful arrest, and it was agreed that the arresting party was to refund the cost of the security to release the ship in case of wrongful arrest.

At the 1947 CMI Conference in Antwerp, and at the following of 1949 in Amsterdam, it was considered that the scope of the draft agreed at the 1937 Conference was too narrow. Another Questionnaire was circulated, to collect additional information on national laws[12]. The an-

---

[10] CMI Bullettin n. 102, p. 134: "*The Italian Association of Maritime Law observe that article 1 of the draft elaborated by the Paris Sub-Committee has limited the right of provisional arrest to certain classes of creditors protected by a lien and excludes amongst others, the creditors in respect of repairs to the ship, whereas the former drafts contemplated provisional arrest generally, without establishing a distinction according to the nature of the claims. Apart from the fact that in their view there can be no justification for such restriction to the class of creditors having the benefit of a lien, the Italian Association are of opinion, that the co-existence, which would ensue, of the rules embodied in the international convention – even if they were extended to all creditors having the benefit of a lien, - and of different rules contained in the national legislations as regards the right of effecting provisional arrest where no distinction is made as to the nature of the claims, would bring about a most peculiar and unjust condition of things. The Italian Association therefore are of opinion that it would be preferable to consider a draft which, like those who preceded that submitted to the Paris Conference, regulates in a general way and without any such distinction, the provisional arrest of ships, starting from the principle that all the property of the debtor are to constitute the common security of his creditors*".

[11] CMI Bullettin n. 102, p. 340: "*Art.1 – Any creditor of the Owner of a ship, by reason of a collision, may operate the provisional arrest of such ship, even when ready to sail*".

[12] The Questionnaire was drafted by J.T. Asser of the Netherlands delegation and by Cyril Miller of the British delegation. In his report on the new Questionnaire, published in CMI Bullettin n.104, on the Amsterdam Conference 1947, at p. 530 J.T. Asser stated: "*Article I of the first draft provided that each creditor of the owner of a ship may arrest her. According to the report presented by Maitre Dor on that occasion, this article was intended to mean that any ship might be arrested in respect of any debt of her owner whether maritime or non-maritime. In other words, this first draft reproduced what is called the Continental system of the law of arrest. This draft met with a great deal of opposition on the part of the British delegates, who stated that they were reluctant to abandon, in favour of the Continental system the British system of a very restricted possibility of arrest. As a result of this*

swers outlined the differences between the English and the continental systems[13].

THE COMPROMISE IN THE 1952 AND 1999 ARREST CONVENTIONS

A new draft was prepared, which was considered at the 1951 CMI Conference in Naples[14]. A wording was agreed, notwithstanding different opinions continued to be
expressed by the National Associations regarding the provisions on wrongful arrest[15].

---

opposition, article I was redrafted several times; the article was gradually amputated more and the text finally adopted at the Paris Conference stated no more than that: «Any creditor of an owner of a ship, by reason of a collision, might operate the arrest of such ship». *Consequently, whilst the first draft had incorporated the continental notion of the widest scope of arrest, providing for the arrest in respect of all claims, the final draft was based on the English conception of the action* in rem, *dealing merely with collision claims, the question of arrest in respect of all other claims being left to the respective municipal laws. So what was intended to be international uniformity became merely a reproduction of the law of England. If I may be permitted to say so, this was a rather meagre result. Anyhow, the Permanent Bureau felt that it was a result hardly worthy of the dignity of being put before the Diplomatic Conference, and it was therefore decided that a new effort should be made towards international uniformity in the whole field of the arrest of ships, whereupon Mr. Miller and I were entrusted by the Bureau Permanent with the task of drafting a questionnaire. In view of what had happened in the past, Mr. Miller and I felt that if any success were to be expected from this new attempt, it would be inexpedient to follow up the work which so fart had been done, that is to say to start wording on the basis of the draft convention of 1937. On the contrary, we believed that the problem should be made the subject matter of an entirely new study. In view thereof, we called upon friends in various countries to send us memoranda on their national legislation on the subject or arrest of ships.*".

13 The history of the discussions on the scope of a convention on arrest of ships and on liability for wrongful arrest is summarized by F. Berlingieri, *On arrest of ships*, VI ed., Vol. I, cited, p. 1.

14 The Preparatory Works of the 1952 Arrest Convention are published in F. Berlingieri *On arrest of ships*, VI ed., Vol. I, cited, p. 490. The Preparatory Works are also published by the Comité Maritime International in a Volume edited in 1977 by F. Berlingieri. Those relating to art. 6 on wrongful arrest are then uploaded in the CMI website →*Work* → *Arrest/Attachment of Ships*.

15 The following was argued by Mr Kaj Pineus of the Swedish Association at the Plenary Session 25 September 1951 of the Naples Conference, The Preparatory Works, in F. Berlingieri, *On Arrest of Ships*, VI ed., Vol. I, p. 615:

"*Mr President and gentlemen, I propose this amendment on behalf of Finland, Norway and Sweden. It was handed in yesterday. It contains four sentences, and I should like to read them to you just to make sure that we all know what we are talking about. The first is:* "Should an arrest be found unjustified the claimant shall be liable to pay all costs and damages of whatsoever kind which have arisen on account of the arrest". *The second is:* "Before the arrest of a ship is authorized the claimant shall ordinarily be bound to furnish a guarantee sufficient to cover the damages and all costs for which the claimant may be liable if it appears that his claim is unjustified". *The third is*: "In exceptional cases the Court or other appropriate authority may permit arrest without such security provided that the claim is considered likely to succeed and if the condition of security will cause undue hardship". *The fourth is*: "The nature and the amount of such security shall be determined by the court or authority who permits the arrest to be made".

However M. J. de Grandmaison of the French Association objected (p. 619):

"*On the second point, which is the point of the compulsory furnishing of bail imposed by the judge upon the claimant, I should like to say this. It is an obligation, say the Scandinavian countries, upon the judge. We do not agree. The actual position is this. The judge is at liberty. He has full liberty to decide if he will impose such a bail upon the claimant. He takes into consideration all the facts put before him and decides if the claim is reasonable or feasible. He takes all those matters into consideration. But he must take into consideration, too, the personality of the claimant and his financial position and possibilities. I gave an example. Take a collision case. On the day following somebody in a foreign country might want to arrest a foreign ship which was ready to sail and which will never come back. Is the judge bound and tied to impose a guarantee to cover expenses and damages following an arrest if it is unjustified? It is impossible for anyone to know at the date of the arrest whether it will be justified or not. That cannot be a solution for such cases as where people have no money and no possibility of getting any, because they will not be able to arrest that ship. That seems to us undemocratic, and we think that our Parliament would not accept such a thing. We think that it is better to rely entirely upon the wisdom and experience of the judge, who will give, in certain exceptional cases, permission to arrest a ship without any bail, or who will, on the contrary, order the furnishing of bail or a bank guarantee if he thinks it advisable. That is why I suggest that we should heartily support the commission's text.*".

This latter view was supported by Mr G. Berlingieri of the Italian Association (p. 620):

"*We heartily support what has been said by Maítre de Grandmaison, and we really cannot see that a judge could be compelled to make the arrest of a vessel subject to the payment of a guarantee which in some cases the claimant could not supply. We find that in the Scandinavian text the mention of exceptional cases is too restricted as far as the freedom of the judge to act is concerned. Therefore, we cannot support the test of our Scandinavian colleagues, and we give all our support to the text submitted to us by the International Commission.*".

The debate was concluded by President Albert Lilar who, after supporting the views of the delegates having expressed opinions against security being compulsory in order to be granted with an arrest, stated (p. 620):

"*It seems that after what Mr. Houston* (also the U.S. delegate, Mr. Oscar R. Houdson, supported the adoption of the language put forward by the International Commission), *Mr de Grandmaison and Mr. Berlingieri have said, I have nothing to add in order to show how right they all are; but on behalf of the Belgian delegation I should like to make a remark to our Norwegian, Finnish and Swedish friends. We will not deny that their opinion has a*

The text was submitted to a Diplomatic Conference held in Brussels from 2 to 10 May 1952. During this conference, the more debated issues were related to: the liability for wrongful arrest; the requirement for the claimant to provide security; and the jurisdiction of the Court of the arrest to decide on the merits.

What was approved by the Diplomatic Conference[16] was to agree – by way of a compromise - to solve the differences on liability for wrongful arrest which were existing between civil law and common law countries; the latter, however, were even against the mention of the word '*security*' in the Convention. Therefore, by a rule of private international law, the reference to security, as had been approved at the CMI Conference in Naples, was deleted and, instead the matter was left to be decided according to the law of the place of the arrest[17].

The Scandinavian delegates made objections to that, insisting for the arresting party to provide security before the arrest[18], whilst the del-

sound basis, but the only thing we ask is that they consider our feelings in the same way. We must come to a decision and bear in mind that our principal aim is to achieve unification in maritime law. We should like our colleague Mr. Pineus to recognize that the committee went as far as possible and has reached the point beyond which it is really impossible to achieve any agreement between all the countries concerned. It seems to me that our commission went as far as possible and reached the maximum point after which no agreement will be achieved, and that the text of the commission is the utmost to which we can gain the approval of the countries and the ratification of the governments. Therefore, I must ask our Scandinavian friends to recognize that we are right in asserting what we do and that the text of the commission is the unique and sole basis on which the agreement of all countries can be achieved. Therefore, on behalf of the Belgian delegation, I give my full and hearty approval to the text submitted to us by the International Commission".

The following text was therefore approved by the Naples Conference with the Norwegian, Finnish and Swedish Associations voting against (p. 623):

"*Article 6. All questions whether in any case the claimant is liable in damages for the arrest of a ship or for the costs of the bail or other security furnished to release or prevent the arrest of a ship, or whether he shall be required himself to furnish guarantee to secure the payment of such damages or costs, shall be determined by the law of the Contracting State in whose jurisdiction the arrest is made or applied for.*".

For the full debate at the Plenary Session on 25 September 1951, F. Berlingieri, *On Arrest of Ships*, VI ed., Vol. I, cited, p. 615–623. See also p. 482–485.

16 The text of the Convention may be found in https://treaties.un.org.

17 F. Berlingieri, *On arrest of ships*, VI ed., Vol. I, cited, p. 371.

18 This is what it was stated by the Danish delegate at the tenth Plenary Session on 9 May 1952: "*M. Boeg (Denmark) estime l'article 6 particulièrement important. La question a*

egates from a number of continental States, including Italy and France, expressed their disagreement.

To possibly obtain consensus over different views, it was suggested by the President of the Diplomatic Conference Albert Lilar and by the French delegate Georges Ripert, to state that the Court of the arrest may require the claimant to provide security[19]. But a strong opposition came from the British delegates, who insisted that all questions relating to liability for wrongful arrest and security were to be determined by the law of the State of the arrest[20].

---

déjàètè discutée longuement lors de conferences antèrieures, et lors des rèunions du comité de redaction. Pourtant, le texte actuel ne satisfait pas les pays scandinaves, Danemark, Finland et Suéde. Aussi ont-ils présenté un autre texte, qui a été distribué aux members de l'assemblée. Ce texte permet d'obtenir, en principe, des dommages-intérêts pour toute saise injustifiée qui a causè un dommage ou des frais, et oblige à fournir une caution pour assurer le paiement de ceux-ci. Il est toutefois possible que le demandeur se soit trouvé dans l'impossibilité de savoir que sa saise était injustifiée; l'amendment admet que, dans ce cas, le demandeut n'est pas responsable. De méme, le nouveau texte admet que, exceptionnellement, le dépôt d'une caution n'est pas necessaire si la saisie est suffissamment justfiée ou si le demandeur a des difficultrées trees sérieures pour fournir caution. Mais dans les cas normaux, M. Boeg considére le dépôt d'une caution comme une condition primordiale de la saisie, et le Danemark ne pourrait signer la convention s'il n'était pas donné suite, de l'une ou de l'autre maniere, au voeu des pays scandinaves".

19 By adding a second paragraph to state as follows: "*The Court or other appropriate judicial authority of the country in which the arrest was made or applied for may require the claimant to furnish sufficient bail or other security for such liability as he may ultimately incur under the domestic law.*".

20 "*Sir Gonne St. Clair Pilcher (United Kingdom) remercie M. le Président Lilar et M. Ripert de leurs remarques et suggestions. Mais la délégation britannique doit soumettre à l'assemblée un amendement qui devrait être discuté au préalable. Comme M. Miller l'a dit ce matin, le projet de la conférence du Comité Maritime International de Naples était acceptable. Le texte actuel ne l'est plus. Les instructions du gouvernement de Sa Majesté ne permettent pas d'accepter le paragraphe 2 qui laisse à l'appréciation du juge le soin de décider s'il faut fournir une caution. La délégation britannique propose donc la suppression pure et simple du paragraphe 2. Le Royaume-Uni possède une des plus grandes flottes du monde, et les pays scandinaves ont également de trés grandes flottes. En Grande-Bretagne, il n'y a jamais eu de plaintes à ce sujet et si les pays scandinaves insistent tellement sur la question de la caution à fournir, c'est surtout à cause d'expériences que ces pays ont faites aux Etats-Unis. Cette question pourrait, semble-t il, se régler plutôt aux Etats-Unis qu'ici. Le Royaume-Uni a fait de concessions, notamment en admettant la saise d'un sister-ship et en acceptant la limitation des créances maritimes selon l'article 1er. Les pays continentaux ont fait également des concessions. Il serait dommage que cette convention très importante échoue par la volonté des pays scandinaves de conformer cette convention à leurs legislations nationales.*

The opposition was accepted[21] and this is the reason why the Scandinavian countries ratified the Convention[22] only after ratification became necessary for the members of the European Union.

The question whether uniform rules were to be provided in respect of the obligation of the arrestor to provide security, and of his liability in the event of wrongful arrest, continued to be studied by the CMI together with other issues pertaining to arrest of ships.

The draft of a new Convention was thus approved by the CMI at the 1985 CMI Conference in Lisbon[23]. However, as to liability for wrongful arrest, the differences which prevented the incorporation of any rule regarding wrongful arrest in the 1952 Convention continued to exist.

Noting that some countries were requiring security as a condition of the arrest, with other countries leaving the issue to the discretion of the Court, the Conference discussed a draft text of art. 6 containing two alternative proposals. The first was to vest the Court with complete discretion, the second to consider security as the main rule, with the Court determining otherwise in exceptional cases[24]. The Conference

---

Ne pourrait-on plutôt essayer de faire adopter par les Etais-Unis la ligne de conduite que nous indiquons dans cette convention?".

For the full debate on wrongful arrest at the Diplomatic Conference, F. Berlingieri, *On Arrest of Ships*, VI ed., Vol. I, cited, p. 623-627. See also p. 485-487.

21 Put to vote the amendment of the Scandinavian countries to make security compulsory was rejected by fifteen votes: Germany, Austria, Belgium, Brasil, Egypt, Spain, France, Greece, Italy, Lebanon, Monaco, Netherlands, United Kingdom, Holy Seat, Thailand. There were five votes in favour: Denmark, Finland, Norway, Sweden, Yugoslavia, and the abstention of Japan. As to the amendment by the United Kingdom, it was adopted by thirteen votes: Germany, Austria, Belgium, Brasil, Egypt, Spain, France, Greece, Lebanon, Monaco, Netherlands, United Kingdom, Holy Seat, with six votes against: Denmark, Finland, Norway, Sweden, Thailand, Yugoslavia, and two abstentions: Italy and Japan.

22 Denmark: 2 May 1989, Sweden: 30 April 1993, Norway: 1 November 1994, Finland: 21 December 1995.

23 CMI 1985 – Lisboa II, p. 118; CMI News Letter, Summer 1985, p. 1. S. La China, *La Conferenza di Lisbona del CMI - Revisione della Convenzione di Bruxelles del 1952 sul sequestro conservativo di navi*, Dir. Mar., 1985, p. 617.

24 Draft of the CMI International Sub-Committee at the 1985 Lisbon Conference:
"*(1) The Court may as a condition of the arrest of a ship, or of permitting an arrest already made to be continued, impose upon the claimant who seeks an arrest or who has arrested the ship the obligation to provide security of a kind and for an amount, and upon such terms, as may be determined by that Court for any loss which may be incurred by the defendant,*

chose the first alternative and it was thus agreed to continue in avoiding to dictate specific rules and to simply say that the Court, as a condition of the arrest, may impose upon the claimant the obligation to provide security for any losses which may be incurred by the arrested party as a consequence of the arrest, including but not restricted to damages for wrongful or unjustified arrest, or for excessive security having been demanded and provided[25]. This is the gist of what art. 6 of the text of the draft Convention, which was approved by the CMI at Lisbon, states.

Such draft of art. 6, with the draft of the other articles containing revisions to the 1952 Arrest Convention was submitted to IMO and UNCTAD together with the draft, similarly approved by the CMI at Lisbon, containing revisions to the 1967 Convention on maritime liens and hypotecs.

A Joint International Group of Experts (JIGE) was then established by IMO and UNCTAD, which first considered the revision of the Convention on maritime liens and hypothecs and, after a relating new Convention was adopted in 1993, the JIGE started with a review of the 1952 Arrest Convention[26].

The CMI Lisbon draft was taken as a basis of the work and it was considered whether to keep the wording of art. 6 of the Arrest Convention without mention of the Court having the discretion to make the arrest conditional to the providing of security. However certain

---

and for which the claimant may be found liable, as a result of the arrest, including but no restricted to such loss or damage as may be incurred by that defendant in consequence of:
(i) the arrest having been wrongful or unjustified, or
(ii) excessive security having been demanded and obtained.
[Alternative text for Article 6(1)
(1) Unless the Court determines otherwise in exceptional cases, arrest shall only be made if the claimant
[(A) shows a good arguable case, or
(B) provides security of a kind and for an amount, and upon such terms, as may be determined by the defendant, and for which the claimant may be found liable, as a result of the arrest, including but not restricted to such loss or damage as may be incurred by that defendant in consequence of:
(i) the arrest having been wrongful or unjustified, or
(ii) excessive security having been demanded and obtained.]".

25 F. Berlingieri, *On arrest of ships*, VI ed., Vol. II, cited, p. 120.

26 F. Berlingieri, *On arrest of ships*, VI ed., Vol. II, cited, p. 3; F. Berlingieri, *International Maritime Conventions*, Vol. 2, Informa Law by Routledge, 2015, p. 275.

delegations observed that if the wording of the Lisbon draft was to be retained, crew members were to be exempted from providing security when claiming payment of their wages.

Security was to be mandatory for the International Chamber of Shipping, with the consequent amendment of the Lisbon draft to read: '*The Court shall as a condition of the arrest of a ship*... instead of *The Court may*....'.

An opposite view was expressed by the United Kingdom: keep what is provided in the 1952 Arrest Convention, or at least have the word '*unjustified*', as found in the Lisbon draft, deleted. The British delegation actually felt that a claimant should not be penalized if the arrest action failed on the merits, provided the arrest was not wrongful.

The wording of the Convention prepared by the JIGE (and which the IMO and UNCTAD Secretariats submitted to the Diplomatic Conference) was that of the CMI Lisbon draft, with the word '*unjustified*' in square brackets. In fact it was considered that even if not wrongful, an arrest could be unjustified, for example when there are no doubts about the solvency of the owner or when the arrest is not required to prevent the extinction of a maritime lien[27].

The debate which took place at the Diplomatic Conference convened at Geneva from 1 to 12 March 1999 saw Belgium making the point of the meaning of '*wrongful*' and '*unjustified*'[28]. The International Chamber of Commerce expressed the view that the word '*unjustified*' should remain and observed that without it there was an inbalance, in that whilst, on the one hand, the defendant was compelled to post

---

[27] For an abstract of the Session on art. 6, F. Berlingieri, *On Arrest of ships*, VI ed., Vol. II, cited, p. 320.

[28] The Belgian delegate observed as follows: "*Wrongful" must be translated, this is important, in usual French, as "unjuste" and in more legal language as "illegal", "injustifié". Therefore the difficulty arises when one adds the words "abusive", that refers more to the abuse of law,* abus de droit, *but it is not necessary since under civil law the abusive use of right is illegal in any case and I quote a famous Author who said "la formule 'usage abusive de droit' est une logomachie, car si j'use de mon droit mon acte est licite et quant il est illicite, ce que je dépasse mon droit et d'agis sans droit selon loi aquilienne".... the Belgian delegation suggests in English to delete "wrongful" and to keep "unjustified" and in French to delete "abusive" and keep "unjustifié*".

For an abstract of the comments and proposals at the Diplomatic Conference, F. Berlingieri, *On Arrest of ships*, VI ed., Vol. II, cited, p. 323.

security to obtain release of the ship from arrest, this was not, on the other hand, the case regarding the claimant, who was not obliged to pay damages, if the arrest proved to be wrongful.

It was, therefore, proposed by the International Chamber of Shipping, joined by Spain, that the word '*may*' be replaced with '*shall*', while Denmark suggested for an exception to apply to cases where it would be unreasonable for security to be provided, so that, by way of a compromise, the obligatory meaning of the word '*shall*' would be mitigated in such cases.

Germany noted that counter security was necessary, whilst the United Kingdom, supported by the United States, insisted for the deletion of '*unjustified*', pointing out that the relating notion was novel and ambiguous.

Norway, confirming the position taken during the discussion regarding the 1952 Arrest Convention in Naples and later at the Diplomatic Conference in Bruxelles, asked for both words '*wrongful*' and '*unjustified*' to be maintained in the draft, but accepted to have '*unjustified*' deleted if the principle of providing security was agreed.

Italy appeared to be in favor of keeping both terms, but approved the Belgian proposal to keep '*unjustified*' and to delete '*wrongful*'.

After consultation among the various delegations, the United Kingdom agreed with the word '*unjustified*', which was therefore accepted, with the square brackets being consequently deleted.

The Diplomatic Conference therefore adopted the text of art. 6 as it was approved by the CMI Conference in Lisbon[29].

---

[29] The Convention entered into force the 14 September 2011 after the tenth accession of Albania. The State parties total 12. In addition to Albania: Algeria, Congo, Benin, Bulgaria, Ecuador, Estonia, Latvia, Liberia, Spain, Syrian Arab Republic, Turkey. However other States have enacted many of its provisions in their national law, or have adopted the list of the maritime claims provided therein. For relating details: F. Berlingieri, *International Maritime Conventions*, Vol. 2, cited, p. 278. The Preparatory Works of the 1999 Arrest Convention are published in F. Berlingieri, *On arrest of ships*, Vol. II, VI ed., cited, p. 175. The Preparatory Works relating to art. 6 are also uploaded in the CMI website→*Work*→arrest/attachment of ships. Generally, on the revision of the 1952 Arrest Convention, F. Berlingieri *La revisione della Convenzione del 1952 sul sequestro conservativo di navi*, Dir. Mar. 1995, p. 276; F. Berlingieri – L. Rovelli *La nuova Convenzione sul sequestro di navi*, Dir. Mar. 2000, p. 1; F. Berlingieri *The 1952 Arrest Convention revisited*, LMCLQ 2005, p. 327.
The text of the Convention may be found in https://unctad.org.

2014 – 2016: NEW ATTEMPTS TO PROVIDE UNIFORM RULES. THE CMI QUESTIONNAIRE AND THE PLEA FOR A REFORM AT INTERNATIONAL LEVEL

The idea to review again wrongful arrest issues was considered by the CMI after a presentation by Dr Aleka Mandaraka Sheppard on the subject at the CMI Conference of 2014 in Hamburg titled '*Wrongful arrest of ships: a case for reform*'[30].

There the position on wrongful arrest in English law was outlined and compared with that in other common law and in some civil law jurisdictions.

The presentation concluded with a plea for a reform generally, not just of English law[31] but for a reform of the law on liability for wrongful arrest at an international level and it was emphasized that the 1999 Arrest Convention was a significant landmark.

A campaign to proceed with a reform of English law had started quite some time ago[32].

---

30 In CMI Yearbook 2014, p. 283, and published also in *Journal of International Maritime* Law, 2013, p. 41.

31 The test for wrongful arrest in English law is based on the decision of the Privy Council of 1858 in the "Evangelismos". That related to a casualty at night in the Thames, when a ship navigating in the river collided with a ship at anchor but continued her course. Boats from the ship at anchor, the "Hind", made searches of the other ship and the following day found a ship in a dock, the "Evangelismos", which was assumed to be the ship which had collided with the "*Hind*" as she had damages to her bow. The "*Evangelismos*" was arrested but it was discovered that she was not the ship which collided with the "*Hind*". Thereafter the owners of the "Evangelismos" claimed damages for wrongful arrest over a period of nearly three months. However the claim for wrongful arrest was dismissed on the basis that the arrest was made in the *bona fide* belief that the "Evangelismos" was the colliding ship. This was confirmed on appeal by the Privy Council, which held that the identity of the colliding ship was not proved but there were grounds to believe that the "*Evangelismos*" was the one which collided with the "*Hind*". In order to be entitled to damages the owners of the "*Evangelismos*" had the burden of proving that the arresting party acted with *mala fides* or *crassa negligentia*. For a discussion of the requirements for wrongful arrest in English law, A. Mandaraka Sheppard *Modern Maritime Law*, Vol. 1, Informa Law from Routledge, 2013, p. 158. See also F. Berlingieri *On Arrest of Ships,* VI ed., Vol. I, cited, p. 384.

32 The promotor of this campaign, Sir Bernard Eder, in explaining why English law needs a reform, being considered too favourable to the arresting party, lists quite a number of reasons in his article *Liability for wrongful arrest – Introductory remarks*, CMI Yearbook 2016, New York II, p. 328. Of the same Author *Wrongful arrest of ships: a time for change*, Tulane

Much of the criticism stems from the fact that the claimant is not required to give security to cover damages if the arrest is to be found wrongful[33]. The idea brought forward is that the position with regard to the granting of an injunction should be followed. In fact in English Law it is a standard requirement, when issuing a freezing order, that the claimant is to give a cross-undertaking in damages, which should be fortified with appropriate security[34].

The proposal made at the 2014 CMI conference at Hamburg for a revision of the law on liability for wrongful arrest of ships, and the emphasis drawn to the existence of an unified approach to wrongful arrest among the various jurisdictions, gave the opportunity to consider again the issue and in 2015 the CMI constituted a Working Group[35] to study the subject. The mandate was to find out how the legal issues regarding liability for wrongful arrest are dealt with by the national laws of the CMI Member States, aiming at obtaining suggestions or recommendations for a possible amendment of the provisions contained in the International Conventions. With a further step probably consisting with the drafting of proposals[36]. A Questionnaire was therefore circulated among the National Associations, whose broad questions were:

what is the applicable law in respect of ship arrest and liability for wrongful arrest

whether countersecurity is required

what is the legal test and the required proof to succeed in a wrongful ship arrest claim

Maritime Law Journal, 2013, p. 115. A contrasting view was expressed by Martin Davis, the Director of the Tulane Maritime Law Center, in his article "*A reply to Sir Bernard Eder*", who in turn made a reply in his subsequent article "*Rejoinder by the Honourable M. Justice Eder*". These articles are similarly published in Tulane Maritime Law Journal, 2013, p. 137 and 143.

33 However history tells that this is the position which was always taken by the British Maritime Law Association since the CMI 1930 Antwerp Conference: see foot notes n.5, 7, 20.

34 B. Eder *Arresting ships. The need for change*, Institute of International Shipping and Trade Law, Swansea University, 15th Annual Colloquium – September 2019.

35 Made up by Giorgio Berlingieri, chair, Aleka Mandaraka Sheppard, rapporteur, Christopher O. Davis, Ann Fenech, Karl Johan Gombrii, then joined by Sir Bernard Eder.

36 G. Berlingieri, *Liability for wrongful arrest, a report on this study and on the activities of the IWG,* CMI Yearbook 2015, p. 296.

The responses[37] included those from Italy and the United Kingdom, which are party to the 1952 Arrest Convention[38] but not to the 1999 one.

As far as countersecurity is concerned, the United Kingdom does not require it, whilst in Italian law it is discretional on the Court.

With regard to damages for wrongful arrest, in the United Kingdom proof of gross negligence or bad faith by the claimant is required and in Italy proof that the claimant acted without normal prudence must be offered[39].

---

[37] In the CMI website, under *Work → Arrest/Attachment of Ships*.

[38] Italy, a signatory party, enacted the Convention with Law 25 October 1977 n. 880. Enactment was made conditional to ratification and the relating instrument was deposited the 9 November 1979, with the Convention entering into force the 9 May 1980. Italy availed itself of the reservation permitted by article 10(a) and (b) of the Convention which provides:
"*The Hight Contracting Parties may at the time of signature, deposit of ratification or accession, reserve: the right not to apply this Convention to the arrest of a ship for any of the claims enumerated in paragraphs (o) and (p) of Article 1, but to apply their domestic laws to such claims; the right not to apply the first paragraph of Article 3 to the arrest of a ship within their jurisdiction for claims set out in Article 1, paragraph (q)*".
The reservation under letter (a) is motivated by the fact that, in addition to the conservative arrest, Italian law contemplates also the judicial arrest which is the appropriate preventive measure whenever the dispute does not relate to the payment of a debt but to the ownership or possession of a certain asset. As to the reservation under letter (b) it was felt that in maritime claims relating to mortgage or hypothecation of a ship the claimant may arrest only that particular ship but no other ship of the debtor as contemplated by art. 3 (i) of the Convention.
Among the literature on the entry into force: F. Berlingieri, *On Arrest of ships*, VI ed., Vol. I. cited, p. 21; F. Berlingieri, *Ratification of the Brussels Conventions 10 May 1952 on civil and penal competence relating to collision and on conservative arrest of ships*, Dir. Mar. 1978, p. 148; G. Franchi, *On the Brussels Convention relating to conservative arrest of ships and to civil and penal competence in the matter of collision, a commentary*, Nuove leggi civili commentate, 1978, p. 1800; A. Mordiglia, *The Brussels Convention of 10 May 1952 on Conservative arrest of ships and its recent entry into force in Italy*, Dir. Mar. 1981, p. 133; S. La China, *Two novelties (of old date!) in the field of international procedural civil maritime law: the Brussels Conventions of 10 May 1952*, Il Foro It., 1978, p. 253.
The United Kingdom, a signatory party, ratified the Convention the 18 March 1959. The text has not been enacted in English law, and some of its provisions are reproduced in sections 20 and 21 of the Senior Courts Act 1981. Section 20 (1) deals with the Admiralty jurisdiction of the High Court, whilst section 20 (2) lists the maritime claims, with a wording different from that of art. 1.1 of the Convention. Section 21 relates to the mode of exercise of Admiralty jurisdiction. It therefore seems that quite a number of provisions, or articles, of the Convention are not reproduced in English law.
For an analysis of the implementation of the Convention in England, F. Berlingieri, *On Arrest of ships*, VI ed., Vol. I, cited, p. 28.

[39] All the answers are summarized in CMI Yearbook 2015, p. 300.

THE POSITION IN THE IBEROAMERICAN COUNTRIES

The 1952 Arrest Convention was ratified by Spain the 8 December 1953 and by Portugal the 4 May 1957. It was acceded by Costa Rica the 13 July 1955, by Cuba the 21 November 1983, by the Republic of Dominica the 12 April 1965, by Paraguay the 22 November 1967. Subsequently Spain became party to the 1999 Arrest Convention by way of accession on 28 March 2002, published in the Boletin Oficial de Estado of 2 May 2011. As a consequence, on 28 March 2011 Spain denounced the 1952 Arrest Convention.

Also Ecuador, one of the six signatory States, is a party to the 1999 Arrest Convention, by way of ratification which took place the 15 October 2010.

A brief review is made of the provisions relating to liability for wrongful arrest in a number of Iberoamerican countries.

Argentina. The Argentinian Navigation Act of 1973 incorporates certain provisions contained in the 1952 Arrest Convention. Section 538 of the Act states that security may be requested prior to executing the arrest.

It could be provided by a local insurer and it is usually requested in an amount between 20% and 30% of the claim.

Damages may be claimed in tort if the arrestor acted with bad faith or malice and the affected party should prove the wrongful behaviour, the size of the damages and that they occurred as a consequence of the arrest.

Brazil. It is a signatory party of the 1952 Arrest Convention, however no ratification or accession followed. The law sources are the code of civil procedure and the commercial code and the civil code. Security is not mandatory and is discretional on the Court either before issuing an *ex parte* warrant or to secure a possible claim for wrongful arrest.

Security to guarantee the payment of Court costs and legal fees may be asked to foreign arrestors in a sum usually between 10% and 30% of the claim. There are no specific provisions regarding wrongful arrest, and the general rules on liability set out in the civil code would apply.

A claim for wrongful arrest may be filed in the arrest proceeding or in a separate proceeding, and the damaged party should prove that the arrestor acted with bad faith, gross negligence or malice.

Chile. The rules on arrest of ships are contained in the commercial code and are generally based on the provisions of the 1952 Arrest Convention.

Security is discretional as well as its amount and may be requested if the evidence supporting the petition of arrest is not considered sufficient.

Similarly to what provided in other jurisdictions, the rules on liability for wrongful arrest are those for the claims in tort and the bad faith or the negligence of the arrestor need to be proved.

Colombia. Together with Bolivia, a land locked country, Ecuador and Perù, is a party to the Pacto Andino, formed in 1969 with the Treaty of Cartagena.

It aims at the harmonic development of the member States, which originally included also Chile and Venezuela, through integration and economic and social cooperation.

Such objectives are achieved *inter alia* with the issuance of standardized regulations at regional level though the so called Decisions which are issued by the Commission of the Andean Community.

A decision of particular importance in the maritime sector is Decision n.487/2000, which regulates and harmonizes maritime liens and hypothecs and ship's arrest[40].

Decision n.487 partly incorporates the 1993 Convention on maritime liens and hypothecs and almost all the provisions of the 1999 Arrest Convention.

As to security in the matter of arrest of ships, art. 50 of the Decision gives discretion to demand it in a kind and for an amount to be decided by the Court, to cover possible damages arising from an unjustified or illegal arrest.

In Colombian law (art.513 of the code of civil procedure) security is compulsory and is to be given for the 10% of the claimed amount.

[40] For comprehensive information on the Pacto Andino and on Decision n. 487, J. M. Apolo, *Arrest of ships in the Andean Community*, Scritti in Onore di Francesco Berlingieri, Il Diritto Marittimo, 2010, p. 108.

As to wrongful arrest, there is no specific test. However art. 80 of the code of civil procedure states for the liability of the parties acting recklessly or in bad faith, whilst art. 51 of Decision 487 vests the Courts of the arrest with powers to decide whether the arrest was illegal or unjustified, or if the security requested and obtained by the arrestor was excessive.

Costa Rica. Is a party to the 1952 Arrest Convention by way of accession on 13 July 1955. Security is required for an amount equal to 25% of the claim if posted in cash or to 50% if by way of letter of credit or bank guarantee.

A claim for wrongful arrest can be filed for all costs and damages if the arrest is rejected or a judgment on the merits holds against the arrestor.

Ecuador. Is a party to the 1999 Arrest Convention and applies Decision 487 of the Pacto Andino. Its art. 50 reflects the provisions of art 6.1 of the 1999 Arrest Convention and the Courts may therefore impose security to the arrestor as a condition of the arrest.

Under art. 51 of the Decision the arrestor would be liable for the damages caused by a wrongful or unjustified arrest or for excessive guarantee having been requested and obtained, this also being the position with the 1999 Arrest Convention.

Mexico. It incorporates the provisions of art. 6 of the 1952 Arrest Convention and requires the arrestor to put up security, in an amount to the discretion of the Court, save for specific cases when there is entitlement to retain the ship as in salvages cases or when the claim is based on a document of title.

If the claim is rejected the arrestor would be liable for the damages, which will be increased if the arrest was made with negligence or bad faith.

Panama. The relevant Statute is Law n. 8 of 1982 constituting the code of civil procedure.

If the arrest is to secure a claim in *personam* to prevent the arrested party to dispose of the ship before a decision on the merits is delivered, security is to be posted in an amount between 20% and 30%. However if the arrest serves the purpose of conferring jurisdiction to the

Panamanian maritime Courts, or to enforce a claim secured with a maritime lien, security is required only for an amount of USD 1.000,00.

Generally damages for wrongful arrest may be claimed if they are proved together with the existence of an act of negligence or bad faith of the arrestor.

Paraguay. Is a party to the 1952 Arrest Convention. The rules governing arrest of ships are contained in the code of commerce and in the code of civil procedure. Security is required to meet the costs and the damages which may result if it is found that the arrest is deprived of grounds. The test of wrongful arrest is contained in art. 702 of the code of civil procedure, namely abuse or excess of right by the arrestor.

Perú. Like the other States party of the Pacto Andino, its law incorporates the 1999 Arrest Convention. Security may be required, as contemplated by art. 50 of Decision 487, in an amount to be established by the Court and in a form allowed by the Peruvian code of civil procedure, which includes bank guarantees. Reportedly[41] security is a condition to obtain the arrest, as provided by art. 613 of the code of civil procedure.

There seem to be no specific test for wrongful arrest. However, as for any wrongful claim, the damaged party may file a claim for the losses suffered.

Portugal. Is a party to the 1952 Arrest Convention. The request of security to have the arrest granted is discretional on the Court. Under art. 390,12 of the code of civil procedure and art. 621 of the civil code the arrestor will be held liable for the damages proving that the arrestor acted without the normal prudence.

Spain. Is a party to the 1999 Arrest Convention. Security is compulsory and art. 472,2 of the Ley de Navegación Maritima 14/2014 requires its posting in the minimum amount of 15% of the alleged maritime claim[42].

---

[41] J.M. Apolo, *Arrest of ships in the Andean Community*, Scritti in Onore di Francesco Berlingieri, cited, 2010, p. 108.

[42] For a review and a comparison of the rules on arrest of ships in Spanish law and in Italian law, G. Berlingieri, *Arrest of ships in the International Conventions, in Italian law and in Spanish law*, Libro Conmemorativo de los Doscientos Años de creación de la Corte de Almirantazgo en Venezuela, cited, p. 247 and in Dir. Mar., 2019, p. 245.

Liability of the arrestor is strict and if the arrest is deprived of grounds and is lifted, the arrestor would be liable to pay all damages arising from the consequences of the arrest.

Uruguay. The new Ship's Arrest Act n. 18.803 provides for security to be posted in an amount which may be equal to the estimated costs of the ship's stay whilst under arrest, with a maximum of ten days.

Wrongful arrest is acknowledged and the arrestor may be held liable to pay all damages suffered as a consequence thereof.

Venezuela. The Law on Maritime Commerce (Official Gazzette n. 38351 of 5 January 2006) incorporates the provisions of the 1999 Arrest Convention. If sufficient evidence proving the existence of a maritime claim as listed in art. 93 of the Law is not offered, the arrestor may be asked to post security in the amount and subject to the conditions determined by the Court, as provided by art. 97 of the Law, which may consist of the 30% of the claimed amount.

Damages for wrongful arrest are dealt with by art. 99 of the Law, according to which the Court having granted the arrest is also to determine the extent of liability of the arrestor for any loss suffered as a consequence of the arrest being wrongful, or of excessive security having been demanded and provided.

THE 2018 CMI CONFERENCE IN LONDON AND THE FOLLOW-UP QUESTIONNAIRE

The issue of liability for wrongful arrest was debated again in 2018 at a meeting in London[43], in the occasion of the CMI Assembly, which was attended also by representatives of P&I Clubs and of the Industry[44].

[43] The 9 November 2018, at Thomas Miller & Co. Reference is made to the relating Discussion Paper, proposed by Dr Aleka Mandaraka Sheppard, who substituted the Author of this article in chairing the International Working Group of the CMI, with Edmund Sweetman and George Theocharidis rapporteurs. The Discussion Paper, which was circulated among the National Associations members of the CMI together with the follow-up Questionnaire, contains a useful abstract of the answers of the National Associations to the first Questionnaire.

[44] The transcript of the debate is published in CMI Yearbook 2017-2018, p. 449.

It was decided to circulate a follow-up Questionnaire,[45] containing specific questions regarding wrongful arrest precedents and the test for wrongful arrest. Asking also whether there is support for the provision of countersecurity, inquiring on the remedy in the event of a finding on wrongful arrest and demanding if higher uniformity is desired.

The answers are being received by the Working Group and a report will be made to the CMI, which is then to evaluate whether the study is worth of being continued. if the decision is affirmative, the Working Group is likely to be turned into an International Sub-Committee, open to all National Associations and Consultative Members, to consider the way ahead, possibly including the drafting of revisions to the uniform rules already existing.

THE DECISION IN THE "*ALKYON*"

A few months before the meeting organized by the Working Group of the CMI in London, the 31 July 2018, a judgment of the High Court of Justice was published[46], in the matter of the arrest of a ship. The arrestor was asked to provide a cross-undertaking in damages, in the form usually given in the context of freezing orders, for compensation of the damages caused by the arrest, with release of the ship from arrest if the requested undertaking was not provided.

In delivering judgment Teare J. fully reviewed the facts and the admiralty action *in rem*, and considered which is the purpose of an arrest, namely to enforce an admiralty action *in rem* and to establish the jurisdiction of the Admiralty Court.

---

[45] It was sent by the CMI to the National Associations the 7th July 2019.

[46] The "*Alkyon*", [2018] 2 Lloyd's Rep. p. 601. Natwest Markets plc, formerly the Royal Bank of Scotland, made a loan to defendants, Stallion Eight Shipping Co. Ltd, the owners of the "Alkyon". The loan was secured, *inter alia,* by a first preferred mortgage on the ship. Among the events of default, which were entitling the bank to accelerate the loan and to declare it immediately due and payable, there was the percentage ratio between the value of the ship and that of the loan, (VTL ratio) which was required to be 125%. The bank claimed that the market value of the ship was 112% of the aggregate amount of the loan then outstanding, thus less than the 125% VTL ratio. It therefore required the owners of the "Alkyon" to put up security additional to that constituted by the ship. The owners disputed the valuation and the shortfall, however a notice of acceleration was eventually given by the bank, whereby the loan was declared immediately due and payable and the ship was arrested.

Then, after analyzing the requirements pertaining to the issue of a warrant of arrest and the action for wrongful arrest, discussion concentrated on the exercise of discretion by the Court and on the providing of security[47].

The conclusion, at [57], of Teare J. was the following: "*The court is unable to accede to the application that the vessel be released in the event that the bank fails to provide a cross-undertaking in damages. To exercise the court's discretion to release in that way would: (i) run counter to the principle that a claimant in rem may arrest of right; (ii) be inconsistent with the court's long-standing practice that such a cross-undertaking is not required: and (iii) be country to the decision of the Court of Appeal in* Bazias 3 and Bazias 4[48] *and to the dicta of Lord Clarke in* Willers v. Joyce[49] *which I, as a first instance judge, must re-*

[47] It was noted [41 and 42] that although the Court has a discretion to release a ship from arrest, the discretion must be exercised in a "principled" manner, one of the principles being that a claimant *in rem* may obtain a warrant of arrest as of right. The observation followed that if the Court, in exercising its discretion, orders the release from arrest unless a cross-undertaking in damages is provided, this would appear to be "*an unprincipled exercise of its discretion or, at any rate, an exercise of discretion which pays insufficient regard to the principle underlying the issue of a warrant of arrest*". And it was also noted [53] that although a cross-undertaking in damages would serve to avoid injustice and put the parties on an equal footing, such a change in practice "*should be a matter either for Parliament to consider..... or for the Rules Committee to consider ...... having consulted with the Admiralty and Commercial Court users' Committee and the shipping and marine insurance industry*". And, significantly: "*In this regard it is to be noted that when the 1952 Arrest Convention (which is the foundation of the present statute conferring jurisdiction in rem) was under consideration the UK delegate to the diplomatic conference was opposed to a suggestion that arresting courts be empowered to order security and in the event the proposal was defeated. The UK delegate said that actions for wrongful arrest are very rare in England and that he has never heard of any complaint in that respect* (see *Berlingieri on Arrest of Ships* Vol. 1 p.373 paragraph 18.05). *The 1999 Arrest Convention does contain such a provision but the UK has not ratified that Convention* (see *Berlingieri on Arrest of Ships* Vol. 2 p. 120 paragraph 11.01)".

[48] [1993] 1 Lloyd's Rep. 101 Lloyd L. J. said: "*this* (a cross undertaking in damages in case the arrest turned out to be unjustified) *has never been the practice in Admiralty actions and I do not regard this case as being one in which we can introduce so far reaching a change in the practice for the first time*".

[49] [2016] 3 WLR 477. There at [68], Lord Clarke of Stone-cum-Ebony states:
"*A person who arrest a ship does not have to provide security to the defendant in respect of any loss which he might incur. It is thus not helpful (as I see it) to note that it is now commonplace for claimants to be required to give undertakings as a condition of obtaining a freezing order. I recognize that there are those who favour the introduction of such an approach in the case of the arrest of ships: see for example Sir Bernard Eder in a lecture given on 12*

spect. Finally any change in Admiralty law and practice, given that the present position has prevailed for so long, is not a matter for the court to change overnight (even assuming it could do so) but for Parliament or the Rules Committee to consider after proper consultation".

On appeal[50], after an introduction and a factual background, a framework of the Statutory, CPR and Practice Direction, is given. Detailed reference to the judgment of Teare J. is then made, together with a review of the precedents, of domestic law and practice, as well as to the literature[51], the case law and the position internationally[52].

In the discussion a number of considerations are listed, [85-92] supporting the *status quo* or telling against departing from existing law and practice. However it is observed that to alter from the present position there is no need of legislation or of the intervention of Parliament or the Rules Committee.

In fact and making reference [95] to the judgment of the Singapore Court of Appeal in the "*Vasily Golovnin*"[53] the Court of Appeal noted that the usual practice and the law would be capable of being changed, with the Court being open to reconsider the position, "*but it should only do so if properly informed as to the views of the maritime community, including the practical ramifications of any proposed changes and the preferred route to be adopted if any such changes are decided upon. Moreover, the Court would wish to be informed of the likely conse-*

December 1996 under the auspices of the London shipping law Centre entitled Wrongful Arrest of Ships ... . However, so far as I am aware, no such approach has been adopted in any decided case."

50 [2019] 1 Lloyd's Rep. 406. Judgment delivered the 11 December 2018.

51 A description is made of what Sir Bernard Eder exchanged with Prof. Martin Davies, supra foot note n. 27 and of his earlier lecture in 1996: *Wrongful arrest of ships (The London Shipping Law Centre, Public Lecture Papers)*. Reference is also made to the contributions of Steward Boyd QC *Shipping Lawyers: Land Rats or Water Rats*, the tenth Donald O'May Lecture in Maritime Law, [1993] LMCLQ 317, of Shane Nossal *Damages for the wrongful arrest of a vessel* [1996] LMCLQ 368, of Michael Woodford *Damages for Wrongful Arrest: section 34, Admiralty Act 1988* (2005) 19 MLAANZ Journal 115, of D.J. Cremean *Mala Fides or Crassa Negligentia*, [1998] LMCLQ 9 and of the paper *on Wrongful Arrest of Ships – A case for Reform* of Dr Aleka Mandaraka Shepard cited above, foot note n. 30.

52 Including [70-76] a detailed account of the works of the CMI on Liability for Wrongful Arrest, of the Questionnaire, of the summary of the responses and of the comments by Dr Aleka Mandaraka Sheppard.

53 [2008] SGCA 39; [2008] 4 SLR(R) 994.

quences for this jurisdiction internationally if the status quo *was to be altered. In short, the Court would wish and need to have a clear understanding of the industry implications of any proposed change before acceding to it. It is unnecessary to be prescriptive as to how the views of the maritime community should be obtained (whether by way of consultation or otherwise) or whether a consensus would need to be apparent – but, plainly, a case for change would be much strengthened if it could rely on significant support from the maritime community, extending much wider than the views of (even eminent) legal commentators. Additionally, it would be for the Court entertaining such a challenge to consider the impact on the rule in The Evangelismos of a departure from the existing practice".*

This is quite a significant statement, which seems to suggest open-mindedness of the Court to potential changes in the practice of the Admiralty Court Rules.

To proceed, possibly, in this direction, it is observed that more consensus is required and that proposals by academic writers are not being considered sufficient.

In fact, as previously noted the Court of Appeal considers [91] that: "*... there is no, or no significant, pressure from the maritime industry for a change in the balance struck for so long between shipowners, on the one hand, and potential maritime claimants, on the other. It is further clear (from Dr. Sheppard's survey) that there is no consensus internationally on the approach to be adopted; it is noteworthy that the 1999 Arrest Convention has not been ratified by the UK or more widely internationally. Still further, as appears from literature, the debate amongst the commentators does not disclose a consensus, nor is it all one way".*

However, it is worth mentioning the praise of the CMI project by the Court of Appeal and its encouragement for it to continue. When referring to the open meeting of the IWG of the CMI in November 2018 in London, the Court of Appeal noted the value of the survey, stating: [70] "*The upshot was ... a most helpful survey ("the survey") of the applicable laws and legal test in this area internationally*".

Let us look at the facts with regard to the point made by the Court of Appeal that we need to know the views from the maritime industry.

It has been previously mentioned that either during the revision works of the CMI Lisbon Draft by the Joint International Group of Experts established by IMO and UNCTAD and at the subsequent Diplomatic Conference, the International Chamber of Commerce expressed firm favour to security being compulsory[54].

Among other Non-Governmental Organizations which were represented at the Diplomatic Conference[55] there was the Instituto Iberoamericano de Derecho Maritimo[56], whose delegate, at the debate

---

[54] F. Berlingieri *On arrest of Ships*, VI ed., Vol. II, cited, 2017, Appendix IX, The Travaux Préparatoires of the International Convention on Arrest of Ships 1999, p. 321, JIGE Seventh Session 5-9 December 1994: "Submission by the International Chamber of Shipping *ICS believes that there should be an obligation on the part of the claimant to provide security for any loss incurred by the defendant for which the claimant may be found liable. This obligation should be mandatory rather than discretionary. ICS therefore proposes that the opening words of Article 6(1) be amended to read:* "The Court shall as a condition of the arrest of a ship…".
p. 324 – Diplomatic Conference, Comments and Proposals: "*ICS Document 188/3 ..... 125. ICS believes that at present the draft Convention is unbalanced because a defendant has to furnish security in order to obtain the release of the vessel whereas claimants are not compelled to provide security for losses incurred by the defendant for which the claimant may be found liable. ICS therefore strongly believes that the word* "may" *in the first line of Article 6, paragraph 1 should be deleted and replaced with* "shall". *Concerns has been expressed about the ability of certain claimants to provide security (e.g. crew members). However, that concern is addressed in the remainder of the paragraph which provides flexibility to deal with such situations. If the claimant's obligation to provide security was mandatory rather than discretionary, the court would remain responsible for determining the kind, amount and the terms of the security. In the situation which aroused concern, such security could in fact be nominal.*".
At [52] of his judgment Teare J. refers to the suggestion in Maritime Law, IV ed., by Y. Baaz, Informa Law from Routlegde, 2017 not to extend the requirement for a cross undertaking to claims by master and crew, which however Teare J. does not believe to assist with a possible change in practice.

[55] F. Berlingieri *On the arrest of ships*, VI ed., Vol. II, cited, p. 174.

[56] The Ibero American Institute of Maritime Law (www.iidmaritimo.org) is an International Organization established the 24 May 1985 with the Statement of Lisbon in the occasion of the 1985 CMI Lisbon Conference.
The States party are all the Ibero American Countries: Argentina, Bolivia, Brasil, Chile, Colombia, Costa Rica, Cuba, Equador, Spain, Guatemala, Honduras, Mexico, Nicaragua, Panama, Paraguay, Perù, Portugal, Puerto Rico, Dominican Republic, Uruguay and Venezuela. Other States belong to IIDM as affiliate members: USA, Canada, UK, France, Germany and Italy.
IIDM is a consultative member to IMO, UNCTAD, UNCITRAL, CAN – the Andean Community of Nations, COCATRAN - the Commission of Central America for Maritime Transport, CIP - the Inter American Commission of Ports and CMI.

which took place the 4 March 1999 in the occasion of the first reading stated: '*Security should be obligatory*'[57].

A voice from the Industry comes from the UK Freight Demurrage and Defence Association which expressed its concerns to the IWG of the CMI in a letter 29 August 2019 Re: '*Cross undertaking in wrongful arrest claims*'[58].

Coming to the first Questionnaire of the CMI, there were responses of thirty one National Maritime Law Associations to Question II, which was: '*To what extent is a claimant required under your national law to provide security in order to obtain an order for arrest or, subsequently, to maintain an arrest?*'.

---

[57] F. Berlingieri *On Arrest of Ships*, IV ed., Vol. II, cited, p. 326.

[58] There it is said: "*The UK Freight Demurrage and Defence Association Ltd is a legal costs insurer and represents the owners and charterers of approximately 4,000 ships of some 192.4 million grt. ..... In terms of arrests these are mostly viewed from the viewpoint of an unpaid third party who requires security for a claim. Both common law and civil law recognise that such a claimant may well be entitled to security if there is a risk that the only asset departs from a jurisdiction before payment is made. The argument goes that requiring counter security to be provided, would be unfair to the claimant.There is in our view, however, a clear difference between claims by an unpaid supplier in a remote port, and a fundamental dispute between two parties with a particular agenda. What about cases involving corporate malfeasance? What if it involves unfair steps taken by the claimant in order to obtain control of an asset? In those circumstances should normal arrest rules apply? Our view is no. In this instance, a wholly different set of circumstances is in play and the normal approach should not apply. The validity of the valuation of an asset is crucial. In this case* (the "Alkyon") *the valuation triggered a default under the loan agreement, which was in all other respects a fully compliant loan, leading to the ship's arrest and its subsequent sale. In such a circumstance, why would a cross undertaking in damages not be appropriate? The bargaining position of the proponents is entirely different and in those circumstances, shouldn't the wrongful party be protected in some way? Not all shipowners have fleets of ships trading internationally. If the company truly is a one ship owning company (in the same way as a sole trader) and a dispute develops what is there to protect the shipowner against an arrest which proves to be wrongful? If the dispute is not of a P&I nature, security for such a claim has to come directly from the shipowner. That may not be straightforward, particularly if that ship produces the shipowner's sole revenue stream. Depending on the circumstances of the dispute and the depths of its pocket, the claimant is potentially able to extinguish a legitimate wrongful arrest claim without any exposure to itself. Can that be right or just? Cases relating to the arrest of assets can be difficult but the parties involved should be treated in an even handed manner. If an asset can be arrested without counter security being required in appropriate cases, how can justice be seen to be done. The UK Defence Club would respectfully request that the concerns set out above are discussed and taken into account in the future deliberations of the CMI in relation to liabilities for wrongful arrest.*".

With regard to security being required as a condition of the arrest or, at least, with the relating decision being left to the full discretion of the Court, the results[59] seem to be that this is the case in twenty two national laws, applying civil law systems.

The position in France ought to be mentioned. When the 1952 Arrest Convention applies, the mere allegation of a maritime claim among those as listed in art. 1.1 of the Convention is sufficient for the claimant to be granted with the arrest of a ship by the French Courts[60].

This has made the leading French literature to concur with the decision of the English Court of Appeal in the "Alkyon", observing that a claimant has the '*veritable*' right to arrest of ship, subject only to the claim called upon being a maritime one[61].

No countersecurity is instead required under the common law systems of Australia, New Zealand, Hong Kong, the UK and the USA; with Ireland and Nigeria requesting security for costs, Canada contemplating that a claimant might be called upon to provide security at any stage in the procedure and with security not being usually required in Israel.

Among the responses there are six from Ibero American countries, whose position is considered in this article together with that of other Ibero American countries. In all these fourtheen jurisdictions it appears that security is either required or left to the discretion of the Judge.

As to the 1999 Arrest Convention, it would have deserved a wider number of ratifications or accessions, as it certainly constitutes an im-

59 in CMI website, under "work→Liability for wrongful arrest" and in CMI Yearbook 2015, p. 300.

60 Cour de Cassation 5 October 2010, n. 09-13092 the "Blue Shadow C", D.M.F., 2010, p. 917; Cour de Cassation 8 March 2017, n.15-24571, the "Enigma", D.M.F. p. 721.

61 P. Bonassies: "*L'armateur don't le navire fait l'objet d'une saisie conservatoire ne peut demander la mise en place d'une contre-garantie par le saisissant*", D.M.F., 2020, 64. Professor BONASSIES concludes his remarks noting: "*Dès lors, marquer quelque limite à son droit, par exemple en lui imposant la constitution d'une contre-garantie, aboutirait à la négation de ce droit. Le droit français, par des voies différentes et plus simples, rejoint donc bien les conclusions du droit anglaise, tells qu'exprimées dans l'arrêt* Alcyon".
In Italy the allegation of a maritime claim must be supported with documents offering *prima facie* evidence regarding the ground and size of the claim. For a review of Italian law on arrest of ships and on the preconditions to an arrest: G. Berlingieri, *Arrest of Vessels, Italy – Part I*, Maritime Law Handbook 2019, Kluwer Law International.

provement to that of 1952[62]; the reference is made to its art. 3.3 which, as stated by Professor Francesco Berlingieri[63] , '*eliminates the abuses of article 3 (4) of the 1952 Arrest Convention, and in particular of the unfortunate addition to the text of the last sentence, that are continuously taking place'*.

Perhaps what prevents additional acceptance, at least among the UE Member States, lies in the exclusive external competence of the European Union in the matter of jurisdiction. In fact, as provided by art. 71 of EU Regulation 1215/2012 it is not possible for Member States to become parties to a Convention containing rules on jurisdiction as it is the case with art. 7 of the 1999 Arrest Convention[64].

Finally and with regard to literature, among that cited[65] [50-56] the Court of Appeal, claiming that there is no consensus, quotes passages of Professor Martin Davies when responding[66] to Sir Bernard Eder, and of D. J. Cremean[67].

---

62 For a table of comparison between the 1952 and 1999 Conventions, F. Berlingieri *On Arrest if ships*, VI ed., Vol. I, cited, p. 405; F. Berlingieri "*The 1952 and 1999 Arrest conventions. A comparison*", Dir. Mar, 2012, p. 367.
A Conference was organized by the Italian Maritime Law Association the 27 June 2011 in Genoa, on the occasion of the coming entry into force of the 1999 Arrest Convention, titled "*Arrest of ships: a comparison between the 1952 and 1999 Conventions*". The conference proceedings are published in Dir. Mar., 2011, p. 1141.
Among the speakers, Sergio La China, Professor Emeritus of civil procedural law at the University of Genoa, with a presentation titled: "*Arrest of ships, a risky precautionary procedure: beware of damages*".

63 F. Berlingieri *On Arrest of Ships*, Vol. II, VI ed., cited, p. 102.

64 To possibly overcome the issue of jurisdiction, Spain, at the time of its accession on 28 March 2002, reserved the right to exclude the application of the Convention in the case of ships not flying the flag of a State party, in accordance with art. 10, paragraph I (b) of the Convention. For an analysis R. Espinosa Calabuig, *¿ Podía Espãna ratificar el Convenio de Ginebra 12 de mazzo de 1999 Sobre embargo preventivo de buques ?* Anuario de Derecho Maritimo, Vol. XXX Barcelona p. 275. And also G. Berlingieri, *Recognition of Foreign Judicial Sales of Ships – Study relating to Liability for Wrongful Arrest,* 2015, Christmas Conference of the Spanish Maritime Law Association, website of the Italian M.L.A. www.aidim.org → Documents; C.E. Tuo, *Jurisdiction and effectiveness of decisions on conservative arrest: between Regulation Brussels I and International Conventions*, Dir. Mar., 2011, p. 1220; S. M. Carbone (edited by), *Brussels 1A and Conventions on particular matters*, Aracne, 2017, p. 242.

65 foot notes n. 27 and 44.

66 Tulane Maritime Law Journal (2013) p. 137.

67 "*... there is nothing inherently wrong in that test [i.e., that in* The Evangelismos]..." [1998] LMCLQ, p. 9.

The literature has been recently enriched by Professor A. M. Tettenborn, with his article "*Ship Arrest and undertaking in damages*"[68]. And let us also add Professor Francesco Berlingieri[69].

PROSPECTS OF HIGHER UNIFORMITY

The drafting of rules on liability for wrongful arrest capable of ample international acceptance has always proved to be quite an exercise.

No much surprise anyway: behind every article of a Convention there is invariably a history of lively and passionate discussions.

The peculiarity with liability for wrongful arrest is that it continues to be at the center of the attention.

What is argued in England turns around a number of issues, ten according to Sir Bernard Eder[70]. However it seems that much concentrates on the question whether the Court has power or discretion to require security from the arrestor to have the arrest of a ship granted or maintained.

Eight considerations are made by the Court of Appeal in the 'Alkyon' to support the *status quo*.

---

[68] [2019] LMCLQ, p. 167. There it is said: "*It is respectfully submitted that the result in* The Alkyon *is actually correct and welcome*". After offering there reasons, Professor Tettenborn concludes: "*In short, any hardship caused by the denial of protection to an arrest victim is largely theoretical rather than practical, and more than balanced by the need to ensure efficient enforcement of maritime liabilities. One reason for the attractiveness of England as an arrest-friendly jurisdiction has always been its refusal to demand security or an undertaking in damages. In so far as this can be done without causing serious injustice, there is no reason whatever not to continue the practice*".
An imposing response came from Sir Bernard Eder in "*Arresting Ships: The Need for Change*", cited, p. 12 - who notes: "*However, I would respectfully suggest that the fact a bad law is not causing much harm or injustice in practice is not, one might think, much of a reason for maintaining it still saying that the continuance of such bad law is welcome*".

[69] B. Eder, "Arresting Ships: The need for Change", cited, p. 8: "*If I might add, it is perhaps of some interest to note that Prof. Francesco Berlingieri, surely one of the greatest international shipping lawyers in recent times, changed his mind on this topic as a result of reading my article: see his book, International Maritime Conventions, Vol 2 footnote 129*". There: "*The author of this book expressed a different opinion in Arrest of Ships, p. 441, paras 18.85-18.86, but after reading the article by Sir Bernard Eder, "Wrongful Arrest of ships: a time for change", Tulane Maritime Law Journal (2013) 115, he has reconsidered the position and came to a different conclusion*". It is noted that the opinion of Professor Berlingieri was expressed when talking about the jurisdiction on the merits.

[70] In *Arresting ships. The need for change*, cited, p. 1. See also: B. Eder, *Liability for wrongful arrest of ships - Introductory remarks*, cited, p. 328.

It would certainly be of no benefit to examine what has been observed by the Court of Appeal in relation to the meaning or to the aim of arrest of ships in common law.

It is therefore just noted that it may perhaps be difficult to accept what in the second consideration[71], about security likely to becoming a routine if owners' appeal were successful.

In fact it is thought that there is no much habituality in the law, which is one of its fascinating aspects. Arrest of ships should be considered on a case by case basis, with the Court having the amplest discretion in ordering the arrestor to post security, either when granting the arrest or at a subsequent stage.

I really find it difficult to understand that security may be considered not easy to reconcile with the possibility to proceed only *in rem*.

Coming to the eighth consideration[72] and refraining from entering into the issue of the system of caution in CPR, it sounds inconceivable that the granting of security may disturb the routine of P&I Clubs to provide letters of undertakings. If the cover extends to the arrest claim, there seem to be no reason why P&I Clubs should change their routine, which stay indifferent to the possibility of security being ordered to the arrestor in other jurisdictions.

---

71 "*Secondly, should Owners' appeal succeed in this case, it is overwhelmingly likely that the requirement of a cross-undertaking would become routine; as Teare J. explained (at [48] – [52] of the judgment), there is nothing unusual about the present case. If the requirement of a cross-undertaking in damages did routinely become the price of arresting or maintaining a maritime arrest,* ".... the stakes in any in rem action would become vertiginously high"*: Prof. Davies,* "A Reply to Sir Bernard Eder", supra. *That is bound to have a* "chilling effect" *(in the words of Prof. Davies) and to constitute a deterrent to the use or threatened use of the right of arrest, even in apparently meritorious cases. That damages would not necessarily be payable pursuant to the cross-undertaking, is to miss the point; it is the risk that the undertaking will be enforced that counts*". *Moreover, there would be an obvious and particular need to address the position of arrest (for example) at the behest of the crew of a vessel or suppliers of necessaries (as underlined by Teare J., at [52])*".

72 : "*Eighthly, so far as the maritime industry and the CPR are concerned, arrangements and systems are in place - without as remarked, any apparent significant discontent – premised on the settled, existing state of the law and practice. As explained by Teare J. (at [52]), P&I Clubs and hull underwriters routinely give undertakings either to avoid arrest or to secure release from arrest. Any disturbance of these practical, commercial arrangements should not lightly be embarked upon. Additionally, the current system of cautions contained in CPR r. 61.7 (dating back ultimately to the* caveat *procedure in the 1855 Rules, noted by Teare J (at [45]), provides a means by which arrest can be avoided by shipowners, over and above the giving of private undertakings*".

In any case security imposed on the arrestor does not mean that a letter of undertaking by the P&I Club of the shipowner is not required any further. In fact it would be needed to have the arrest lifted if the security by the arrestor is provided.

The seventh consideration is also worth of being considered, and in fact it was reviewed in the preceding § 7, and it was not shared.

Concluding, either generally on security with arrest of ships and with particular reference to this seventh consideration, it is believed that pressure for a change does exist indeed. Time has therefore come for the common law Countries to put to an end their isolation, thus allowing their Courts to take decisions with no constraints and without being bound to follow precedents dating back in time.

Although this change will possibly assist the process of unification, we are really debating about a domestic issue which pertains to common law Countries. It is interesting, however, in fact of great importance, to note that the English Court of Appeal suggested that the attitude of the Industry is important to take into account in addition to the literature and to other law systems.

Talking now in terms of possible improvement in the wording existing in the International Conventions, this is really not an easy exercise.

I am personally not that much enthusiastic with the wording in art. 6 of the 1999 Arrest Convention and I concur with those who considered the term '*unjustified*' ambiguous.

The debate at the 1952 CMI Conference in Naples and at the subsequent Diplomatic Conference was quite interesting.

Everything being considered, I would favour what was approved at the Conference in Naples, which includes the word '*security*', which was subsequently deleted at the Diplomatic Conference: "*Article 6. All questions whether in any case the claimant is liable in damages for the arrest of a ship or for the costs of the bail or other security furnished to release or prevent the arrest of a ship, or whether he shall be required himself to furnish guarantee to secure the payment of such damages or costs, shall be determined by the law of the Contracting State in whose jurisdiction the arrest is made or applied for*".

However something ought to be added with regard to the degree of liability.

It is believed that the arrestor should be liable in damages if it is proved that he did not use a standard due diligence or, using similar words, a normal, or reasonable diligence. Personally I find the wording in art. 96.2 of the Italian code of civil procedure, qualifying the behaviour capable of considering the arrestor liable in damages, to be appealing, namely the acting without the 'normal prudence'. That is equivalent to reasonable diligence, which is simple negligence, but I would rather have all the civil systems, at least, use the same term.

The rule in the "Evangelismos" is in any event too much in favour of the arrestor, (it is so wrong and unjust to hold that those of the "Hind" acted in good faith) whilst strict liability seems to be really too rigid and unbalanced in favour of the party against which the arrest is sought.

It is said that a compromise leaves no one happy. However good compromises are the key to unification of maritime law.

ANÁLISIS DEL ARTÍCULO 11 DE LA LEY DE COMERCIO MARÍTIMO UNA NORMA SOBRE DETERMINACIÓN DE COMPETENCIA PROCESAL INTERNACIONAL

GUSTAVO ADOLFO OMAÑA PARÉS*

SUMARIO

En 1999 la Escuela de Estudios Superiores de la Marina Mercante publicó un libro en homenaje a Luis Cova Arria, en 2016, en el marco de las VII Jornadas Aníbal Dominici, coordinadas por ese gentilhombre llamado José Getulio Salaverría y con el concurso, entre otras instituciones de la Asociación Civil Juan Manuel Cajigal, la Academia de

* Gustavo Adolfo Omaña Parés: Abogado, graduado en la Universidad Católica Andrés Bello, especialista en Comercio Marítimo Internacional, mención Derecho Marítimo, egresado de la Escuela de Estudios Superiores de la Marina Mercante, Profesor de Derecho Marítimo Internacional Privado en la Escuela de Estudios Superiores de la Universidad Marítima del Caribe, Presidente del Comité Marítimo Administrativo de la Comisión Presidencial para la redacción de la Ley Orgánica de los Espacios Acuáticos e Insulares y la adaptación de la Legislación Marítima a la Constitución de 1999, agremiado en el Colegio de Abogados de Caracas, Miembro Titular del Instituto Iberoamericano de Derecho Marítimo y del Comité Marítimo Internacional y Vicepresidente de la Asociación Venezolana de Derecho Marítimo. Ha publicado 3 libros y otros 33 trabajos jurídicos especializados en Venezuela y en el extranjero. gomana@giranlaw.com

**Quiero agradecer al Profesor Víctor Hugo Guerra, compañero de promoción y amigo, por la gentileza que me ha dispensado al leer y criticar el borrador de este trabajo. Sus observaciones, algunas compartidas y otras no, han ayudado a enriquecer este trabajo y a ampliar su perspectiva.

Ciencias Políticas y Sociales, la Universidad Católica Andrés Bello, la Universidad Monteávila, la Asociación Venezolana de Derecho Marítimo, la Asociación Venezolana de Derecho Portuario y la Asociación Venezolana de Derecho Privado se bautizó un segundo libro en honor al profesor Cova. Hoy la Academia de Ciencias Políticas y Sociales ha promovido un tercer libro con el propósito de resaltar la figura del académico y también la del docente, fundador de la especialización de Derecho de la Navegación y Comercio Exterior en la Universidad Central de Venezuela. En mi carácter de vicepresidente de la Asociación Venezolana de Derecho Marítimo, y en reconocimiento a la trayectoria y aportes que al Derecho marítimo venezolano ha dado el homenajeado, he considerado justo y apropiado adherirme a este tributo, contribuyendo a él con la redacción de estas líneas.

I. SITUACIONES JURÍDICAS CON ELEMENTOS EXTRANJEROS.

Conde y Luque, citando a Fernández Prida, expone que: "*Toda relación jurídica está constituida por factores o elementos, que pueden reducirse en último análisis al sujeto (pretensor u obligado) y al objeto (inmediato o mediato), sujeto y objeto que aparecen mutuamente enlazados mediante un hecho, causa ocasional de que la relación exista. Ahora bien; los elementos integrantes de la relación jurídica y el hecho que determina su aparición pueden estar sometidos totalmente a la soberanía de un solo Estado, siendo entonces la relación meramente nacional o interna; pero pueden también estar dispersos y colocados bajo el imperio de diversas soberanías, caso en el que la relación jurídica es internacional, porque sale de la esfera de acción de una comunidad política e implica el contacto y aproximación de dos o más colectividades soberanas.*"[1]

Complementando las consideraciones precedentes, Maekelt plantea que la existencia de casos con elementos extraños se relaciona con la comunidad internacional en la cual vivimos y que jurídicamente su

[1] Rafael Conde y Luque, *Derecho Internacional Privado*, Establecimiento Tipográfico Fortanet, Madrid, 1910, p 3.

supuesto consiste en la vigencia simultánea de dos o más ordenamientos jurídicos diferentes frente a una relación con elementos extraños.[2]

Como consecuencia de lo anterior, el juez, a quien se le plantea un asunto con elementos de extranjería, tiene que determinar, si su ordenamiento jurídico tiene o no interés en el conocerlo, de ser la respuesta es afirmativa, si le corresponde la competencia procesal internacional (jurisdicción), y, una realizado esto, establecer cual o cuales son los derechos aplicables al fondo de la controversia.

Este tipo de situaciones son tratados por una disciplina jurídica denominada Derecho Internacional Privado.

II. EL DERECHO INTERNACIONAL PRIVADO VENEZOLANO

Bonnemaison cree que: "*La precisión del Derecho Internacional Privado ha constituido siempre un tema de estudio arduo y controvertido que ha puesto en evidencia las dificultades que existen para construir una definición comprensiva de los diversos elementos que deben componerla.*"[3] A su vez, Parra explica que la determinación del objeto del Derecho Internacional Privado impone establecer la diferencia entre los supuestos de hecho conectados con una única legislación y aquellos que tienen vínculos con varios ordenamientos jurídicos.[4] Por esta razón, a fin de evitar desviarnos del propósito de este estudio y a los solos efectos del mismo, asumimos como suficiente el criterio establecido en la Enciclopedia Jurídica Opus que propugna que el Derecho Internacional Privado es la disciplina de ordenación jurídica que tiene por objeto determinar cuál es la Ley que debe regular o la jurisdicción a que debe someterse un supuesto de hecho vinculado a diversos sistemas jurídicos simultáneamente vigentes.[5]

En Venezuela, ha existido una interesante evolución de esta disciplina, pero, ciertamente la promulgación en 1998 de la Ley de

---

2 Tatiana de Maekelt, *Teoría General de Derecho Internacional Privado*, 2da edición actualizada y ampliada, Academia de Ciencias Políticas y Sociales, Caracas, 2010, pp. 6 y 7.

3 José Luis Bonnemaison Winkel-Joham, *Derecho Internacional Privado*, Vadell Editores, Caracas 1986, p. 25.

4 Gonzalo Parra Aranguren, *Curso General de Derecho Internacional Privado. Problemas selectos*, tercera edición revisada. Facultad de Ciencias Jurídicas y Políticas. Universidad Central de Venezuela. Caracas, 1985, Página 25.

5 *Enciclopedia Jurídica Opus*, Ediciones Libra, Caracas, 1994, p. 166.

Derecho Internacional Privado constituye un momento de cambio radical,[6] pues, al entrar en vigor, esta asignatura logra su autonomía legislativa y al Derecho Internacional Privado venezolano se le da una estructura y coherencia que no tenía, superando así diversos problemas, como, por ejemplo, el hibridismo antagónico advertido por Lorenzo Herrera Mendoza, o, como señala Maekelt, las contradicciones existentes entre personalismo y territorialismo, por su carácter estatutario, la dispersión de sus disposiciones en los códigos y en leyes especiales y el inadecuado factor de conexión personal: nacionalidad.[7]

Posteriormente, en 1999, se produce un cambio constitucional en Venezuela y, con este, queda definida la estructura del Derecho Internacional Privado venezolano. Esta, se fundamenta en la Constitución de 1999 - la cual, como sostiene Guerra: "*....consagra de manera expresa la idea de la jurisdicción como un atributo de la soberanía del Estado (art. 5) y en tal sentido, la jurisdicción como emanación de la soberanía venezolana corresponde, fundamentalmente, a las autoridades gubernamentales venezolanas, específicamente al Poder Judicial (art. 253)*"[8] - se vertebra, pero no se agota, en torno a la Ley de Derecho Internacional Privado - en la que se encuentran establecidas las definiciones fundamentales y los principios que rigen esta materia - y se complementa, con leyes especiales promulgadas con posterioridad a la entrada en vigor de la LDIPr. [9] En esta última categoría se encuentra la Ley de Comercio Marítimo.[10]

---

[6] Para profundizar sobre este tema ver: Juan María Rouvier, "El Sistema de Derecho Internacional Privado", en: *Libro Homenaje a Haroldo Valladao. Temas de Derecho Internacional Privado,* Facultad de Ciencias Jurídicas y Políticas de la Universidad Central de Venezuela, Caracas, 1997, pp. 275 a 322.

[7] Tatiana de Maekelt, "Ley venezolana de Derecho Internacional Privado. Comentarios Generales". *Revista de la Facultad de Ciencias Jurídicas y Políticas* N° 117. Universidad Central de Venezuela. Caracas, 2000, pp. 150.

[8] Víctor Hugo Guerra Hernández. "¿Es inderogable la jurisdicción venezolana en los contratos de transporte marítimo? Reflexiones sobre el Artículo 10 de la Ley de Comercio Marítimo". En *Revista de la Asociación Venezolana de Derecho Marítimo.* N° 13-2. Caracas. Asociación Venezolana de Derecho Marítimo. Pp. 77 y 78.

[9] Ley de Derecho Internacional Privado publicada en Gaceta Oficial N° 36.511 de 06 de agosto de 1998. De aquí en adelante y a los únicos efectos de este trabajo también identificada como LDIPr.

[10] Ley de Comercio Marítimo, publicada en Gaceta Oficial N° 38.351 del 05 de enero de 2006. De aquí en adelante y a los únicos efectos de este trabajo también identificada como LCM.

La existencia de textos que regulan aspectos especializados en el área privada, que, como la Ley de Comercio Marítimo, contemplan normas de conflicto, fue prevista y justificada en la Exposición de Motivos de la Ley de Derecho Internacional Privado, se prevé que en leyes especiales se puedan establecer normas de conflicto. Así, esta norma dispone:

> *"Al redactar la ley se ha partido del concepto de que las normas de Derecho Internacional Privado eran, en sentido estricto, las relativas al Derecho Privado sustantivo -esencialmente Derecho Civil y Derecho Mercantil- y al Derecho Procesal Civil y que sólo ellas debían, por lo tanto, formar parte de su articulado.*
> *Omisis...*
> *En el caso del Derecho Mercantil Internacional, se ha preferido no establecer una regulación especial independiente. Ello confluye, de un lado, en esta materia, con las orientaciones tendientes a la unificación del Derecho Privado, pero se justifica, sobre todo, porque las normas de conflicto fundamentales, que son las únicas que hubieran tenido cabida en la ley, son las mismas normas de Derecho Civil Internacional o se derivan lógicamente de ellas. Por otra parte, se ha juzgado que las normas relativas a temas muy especiales, como las referentes a Derecho Cambiario, Seguros, Quiebras o Compañías de Comercio o bien escapaban a las características generales de esta ley, o bien -como sucede señaladamente en el caso de las Sociedades Mercantiles- debían desarrollarse en el seno de la propia ley mercantil dentro de los principios generales que la ley de Derecho Internacional Privado señala. Los proyectos del 2° Libro del Código de Comercio y de la ley General de Títulos de Valores y Operaciones Bancarias comprenden, en efecto, tales disposiciones."*[11]

Al examinar estos párrafos, se evidencia, que al momento de redactar la Ley de Derecho Internacional Privado, el legislador lo hizo consciente de estar reglando la materia desde una perspectiva general, asumiendo que mediante otras regulaciones, *i.e.*: las relacionadas con el Derecho Cambiario, Seguros, Quiebras o Compañías de Comercio,

[11] Exposición de Motivos de la Ley de Derecho Internacional Privado. (Ver cita 11).

debían desarrollarse dentro de la misma normatividad comercial los principios que la Ley de Derecho internacional Privado señala.[12] Este mismo criterio es aplicable a la disciplina del transporte y la navegación por agua en la Ley de Comercio Marítimo.

III. EL DERECHO MARÍTIMO VENEZOLANO

Pasando a otro punto ¿qué se entiende como Derecho Marítimo?

Chami, al iniciar su *magnum opus*, expresa que nuestra disciplina se denomina indistintamente "*derecho de la navegación*" y "*derecho marítimo*".[13] No obstante, este autor resalta que ambas denominaciones son imprecisas. Lo es la de derecho de la navegación, porque puede generar el equívoco de sugerir que incluye tanto la navegación por agua y también lo es la denominación derecho marítimo, porque nuestra materia no regula sólo la actividad que se desarrolla en el mar, sino también la que se lleva a cabo en ríos y lagos.[14] Cavilando sobre el tema, Gabaldón, indica que el término "Derecho marítimo" no es univoco, sino que tiene en realidad, diversas acepciones tales como: "*Derecho de la navegación marítima*", "*Derecho marítimo internacional*", "*Derecho comercial marítimo*", "*Derecho del mar*", etc.[15] A su vez, Sullivan,

[12] Es conveniente advertir que, el legislador, cuando se refiere a propia la ley mercantil, lo hace en un sentido lato, no refiriéndose únicamente, de *lege lata*, al Código de Comercio, si no, de *lege ferenda*, cualquier disposición que pueda regular alguna materia inherente al Derecho Privado. En tal sentido, en la Exposición de Motivos se advierte con claridad que los enunciados y principios contenidos en la Ley de derecho Internacional Privado informan legislaciones especiales que puedan crearse con posterioridad de la entrada en vigor de la ley. De esta manera, se dota al Derecho Internacional Privado de un dinamismo particular. La En este orden de ideas, la Ley de Comercio Marítimo, como se verá más tarde, se incardina en esta estructura, de manera tal que la LDIPr pasa a ser la norma general en materia de Derecho Internacional Privado y la LCM la norma especial, lo cual pasa a tener una especial relevancia práctica a la hora de interpretar pues cualquier laguna, por exceso, debe resolverse acudiendo primero a la ley especial pero fundamentando el análisis en las definiciones y principios contenidos en la ley general.

[13] Diego Esteban Chami, *Manual de Derecho de la Navegación*. Abeledo Perrot, Buenos Aires, 2009, p 2.

[14] Ibidem, p. 2.

[15] José Luis Gabaldón García. *Curso de Derecho Marítimo Internacional. Derecho Marítimo Internacional Público y Privado y Contratos Marítimos Internacionales*. Marcial Pons. Ediciones Jurídicas y Sociales. Madrid, 2012. p. 38.

expone que esta área del derecho comprende la legislación relacionada con los puertos, buques y gente de mar, pero esta apreciación puede entenderse como insuficiente o excesiva, dependiendo del punto de vista que se asuma.[16] Arroyo, por su parte, plantea que el Derecho Marítimo, es el conjunto de relaciones jurídicas que nacen o se desarrollan con el mar, constituyendo el mar y lo marítimo los criterios delimitadores de la materia.[17]

Una vez expuesto lo anterior y constatada la complejidad que existe al intentar determinar al Derecho Marítimo, por practicidad y en aras de procurar claridad en la exposición, a los únicos efectos de este estudio se asume como suficiente la definición que aporta Matilla: "*la parte del Derecho privado que regula y protege la actividad empresarial de navegación marítima con el naviero como sujeto, el buque como objeto y el fletamento como el acto jurídico central.*" [18]

IV. RELACIÓN ENTRE EL DERECHO INTERNACIONAL PRIVADO Y EL DERECHO MARÍTIMO EN VENEZUELA

Chami enseña que: "*En la actividad navegatoria encontramos tanto casos absolutamente internacionales -aquellos que desde el principio presentan elementos extranjeros- como casos relativamente internacionales- casos que nacen sin elementos extranjeros pero que en su desarrollo lo adquieren- como también con casos nacionales – casos sin elementos extranjeros*".[19] En el universo del transporte marítimo y la navegación por agua, debido al carácter mobiliario de los buques, que pueden desplazarse por aguas sometidas a la soberanía de diferentes estados y por la diversidad de nacionalidades y domicilios de quienes trabajan a bordo, los supuestos de hecho en los que están presentes elementos de extranjería son más frecuentes que en otras áreas.

---

16 Sullivan, Eric, *The Marine Encyclopedic Dictionary.* Second Edition. Lloyd´s of London Press Ltd. London, 1988, Pág. 279.

17 Ignacio Arroyo, *Compendio de Derecho Marítimo.* Tercera edición. Tecnos. Madrid, 2009, p. 25.

18 Rafael Matilla Alegre, *Internacionalidad del Derecho Marítimo y jurisdicción Internacional*, Universidad de Deusto, Bilbao, 1999, p. 37.

19 Chami. Manual, p.84.

Atendiendo a esta realidad, a los efectos de esta investigación, se hace imprescindible comprender los mecanismos que relacionan las normas de Derecho Internacional Privado y de Derecho Marítimo en Venezuela.

Al ubicar el transporte marítimo en un ámbito internacional, Matilla entiende que esto implica diversos problemas jurídicos: "*La navegación marítima, y la del transporte en particular, son una realidad preferentemente internacional no regulada expresamente en cuanto tal en los distintos Ordenamientos Jurídicos estatales, en los que hay más bien normas y principios aplicables a las relaciones internas y sistemas e instituciones diferentes. Y son también realidades que se desarrollan en gran medida en espacios internacionales no sujetos a la jurisdicción de ningún Estado, la alta mar (y la zona económica exclusiva).*"[20] En un entorno como este, es imprescindible contar con mecanismos para resolver las disputas que se puedan presentar.

En este contexto, considero que el Derecho Marítimo Internacional Privado, tiene por objeto solucionar los problemas de elección del foro y determinación de la ley aplicable que se presenten con ocasión a la navegación y el transporte por agua de personas y bienes. Éste abarca todos los supuestos de hecho, subjetivos u objetivos, en los que estén involucrados elementos de extranjería y que impliquen la determinación de la competencia judicial internacional y los conflictos de leyes en casos específicamente marítimos, verbigracia: transportes marítimos, abordajes, embargos preventivos de buques, contratos de utilización de la nave, contratación de administración de buques, contratos de construcción, modificación o desguace de embarcaciones, contratación de la gente de mar, hipotecas y privilegios navales, salvamento, seguros y transporte, tanto de personas como de mercancías, entre otros.[21]

Así, es conveniente reflexionar sobre la perspectiva que debe asumir el Derecho Internacional Privado con relación al Derecho Marítimo. Sobre este particular, Arjona manifiesta: "*En Derecho Internacional Privado se acepta la autonomía y universalidad del Derecho*

[20] Matilla. Internacionalidad .... p. 50.

[21] Gustavo Adolfo Omaña Parés, "Análisis del Artículo 10 de la Ley de Comercio Marítimo. Regulación de Jurisdicción en Venezuela del transporte Marítimo Internacional", en *Libro Conmemorativo de los Doscientos Años de creación de la Corte de Almirantazgo en Venezuela,* coordinado por Gustavo Omaña, Asociación Venezolana de Derecho Marítimo, Caracas, 2019, Pp. 579 y 580.

marítimo para no incurrir en el error de asimilaciones artificiales, ni aceptar ficciones que necesariamente habrían de producirse si se estimasen aplicables sin más a las instituciones de Derecho marítimo, las normas de conexión del Derecho Civil."[22] Esta apreciación permite comprender la causa de la existencia de normas de Derecho Internacional Privado especiales destinadas a regular la realidad marítima y su función en un ordenamiento jurídico. En el nuestro, las disposiciones de conflicto instituidas en la Ley de Comercio Marítimo acogen, justifican y desarrollan el concepto de la creación de normas de DIPr especiales para regular realidades marítimas. Lo cual no podía ser de otra manera, en tanto en el transporte marítimo están presentes con frecuencia situaciones específicas en los que se conectan elementos internacionales que requieren soluciones prácticas y específicas. Sin embargo, esta característica no implica, en modo alguno, autonomía teórica o académica, al contrario, las normas de conflicto que se encuentran en la Ley de Comercio Marítimo se rigen por los principios y se encuadran dentro de la metodología propia del Derecho Internacional Privado, recogidos y desarrollados en la Ley de Derecho Internacional Privado.

Igualmente, es relevante mencionar que la legislación acuática venezolana contiene tanto un catálogo de fuentes y un conjunto de regulaciones de DIPr que sistematizan la determinación del orden jurídico que debe conocer el asunto en presencia, la determinación del foro y la ley aplicable en los supuestos contractuales y extracontractuales relacionados al comercio y a la navegación por agua. En síntesis, la Ley de Comercio Marítimo, normativa especial cuyo propósito es el de regular las relaciones jurídicas que se presentan con ocasión del transporte marítimo y la navegación por agua, contiene disposiciones en materia conflictual, una de las cuales, el Artículo 11, es aquí objeto de estudio.

Ahora bien ¿cómo se interrelacionan en el ordenamiento venezolano la Ley de Comercio Marítimo y la Ley de Derecho Internacional Privado?

Ya se ha explicado, la Ley de Derecho Internacional Privado constituye la columna vertebral del sistema de Derecho Internacional

---

[22] Miguel Arjona Colombo, *Derecho Internacional Privado, parte especial,* Bosch, Casa editorial, Barcelona, 1954, p. 441.

Privado venezolano, más ésta no comprende ni regula la totalidad de la materia. La Ley de Comercio Marítimo, por ejemplo, contiene una serie de artículos que regulan supuestos de conflicto. Empero, en el entendido que la LCM es una normativa especial en materia marítima. es indefectible precisar que las disposiciones de Derecho Internacional Privado contenidas en la Ley de Comercio Marítimo deben interpretarse acorde con los principios contenidos en la LDIPr.

Así, con el propósito de armonizar las disposiciones bajo estudio, es necesario explicar que el nexo entre ambos textos normativos se construye al concatenar los artículos 1, 3, 2 y 12 de la Ley de Comercio Marítimo con los artículos 39 y 40 de la Ley de Derecho Internacional Privado:

Los artículos 39 y 40 de la Ley de Derecho Internacional Privado establecen cuando los tribunales venezolanos tendrán jurisdicción para conocer de los juicios originados por el ejercicio de acciones de contenido patrimonial intentados contra personas domiciliadas en el exterior.

Por su parte:

Art. 1 LCM: Esta Ley tiene por objeto regular las relaciones jurídicas que se originan en el comercio marítimo y en la navegación por agua.

Este precepto, fija el ámbito de aplicación de la Ley de Comercio Marítimo, lo cual comprende de suyo, tanto a las normas sustantivas como los aspectos conflictuales atinentes al área marítima. Así, los problemas de Derecho Internacional Privado concernientes al comercio marítimo y la navegación por agua, son los vinculados a las relaciones jurídicas previstas en esta disposición.

Art. 3 LCM: Las materias objeto de esta Ley que tengan relación con ordenamientos jurídicos extranjeros, se regularán por las normas del Derecho Internacional Público sobre la materia, en particular, las establecidas en los tratados internacionales vigentes en Venezuela; en su defecto se aplicarán las normas de Derecho Internacional Privado venezolano; a falta de ellas, se utilizará la analogía y, finalmente, se regirán por los principios de Derecho Internacional Privado generalmente aceptados.

Esta regulación reproduce y asume la solución, que a la hora de determinar las fuentes en materia de Derecho Internacional Privado da el Artículo 1 de la LDIPr.

Artículo 1° LDIPr: Los supuestos de hecho relacionados con los ordenamientos jurídicos extranjeros se regularán, por las normas de Derecho Internacional Público sobre la materia, en particular, las establecidas en los tratados internacionales vigentes en Venezuela; en su defecto, se aplicarán las normas de Derecho Internacional Privado venezolano; a falta de ellas, se utilizará la analogía y, finalmente, se regirán por los principios de Derecho Internacional Privado generalmente aceptados.

Sin duda, el Artículo 3 de la LCM, encuentra en el Artículo 1 de la LDIPr su inspiración y antecedente inmediato. Por su similitud, creo que hubiera sido del todo prescindible. Pero, como ambas disposiciones existen en el universo de las normas positivas, es, tanto conveniente como necesario, establecer como coexisten dentro de nuestro ordenamiento.

En este contexto, hay que insistir en lo dicho anteriormente, el Artículo 3 de la Ley de Comercio Marítimo debe estudiarse siguiendo los mismos principios interpretativos previstos en el Artículo 1 de la Ley de Derecho Internacional Privado.[23] Pero, la función práctica de esta norma se evidencia cuando se presenta una acción judicial cuyo origen tenga que ver con alguno de los asuntos contenidos en el Artículo 1 de la Ley de Comercio Marítimo y en los que estén presentes elementos de extranjería. En este supuesto, el accionante deberá fundamentar su solicitud en el Artículo 3 de la LCM y no en el 1 de la LDIPr.

En el Artículo 3 de la LCM se reproduce el catálogo de fuentes previsto en el Artículo 1 de la LDIPr. En este, se establece un sistema de prelación, que permite determinar con claridad como ha de establecerse el orden jurídico competente para gobernar los casos de conflicto. Esta distribución comienza con las disposiciones de Derecho Internacional Público vigentes en Venezuela, cuyo instrumento más relevante, en la esfera jurídica nacional, es el Código de Bustamante cuyo Capítulo I, Título Tercero del Libro Segundo trata sobre el Comercio Marítimo.[24]

---

[23] Para profundizar sobre este tema, ver: Víctor Hugo Guerra Hernández, *Análisis de las fuentes en el sistema venezolano de Derecho Internacional Privado. Artículos 8 del Código de Procedimiento Civil y 1 de la Ley de Derecho Internacional Privado.* Universidad Central de Venezuela, Caracas, 2000.

[24] Convención de Derecho Internacional Privado. Código Bustamante en Gaceta Oficial número extraordinario de 9 de abril de 1932. De aquí en adelante y a los únicos efectos de este trabajo también identificada como CB.

Si la respuesta no se encuentra en un convenio internacional, la determinación corresponderá a lo que establezca la Ley de Comercio Marítimo o, supletoriamente, en la Ley de Derecho Internacional Privado, o, lo que es lo mismo, cuando la Ley de Comercio Marítimo no regle de manera concreta un supuesto de hecho con elementos de extranjería propio del sector, se puede solucionar el problema utilizando los artículos 39 y 40 de la Ley de Derecho Internacional Privado - como en los supuestos vinculados al trabajo internacional de la Gente de Mar o a los aspectos privados relacionados con la contaminación transfronteriza originada en plataformas Costa Afuera - a falta de ellas, se utilizará la analogía y, finalmente, se regirán por los principios de Derecho Internacional Privado generalmente aceptados.

A mayor abundamiento, cabe citar a Madrid, quien refiriéndose a la forma como se atribuye la jurisdicción en la Ley de Derecho Internacional Privado, explica que, en nuestro ordenamiento: "*conviven normas sobre jurisdicción contenidas en tratados internacionales, que son la minoría, y en fuentes de origen interno, de manera que el criterio atributivo de jurisdicción a aplicar dependerá de la fuente de la cual provenga la norma competente para regular el caso. De esa fuente dependerá también la función distributiva o atributiva de ese criterio de jurisdicción.*"[25]

Como colofón, cuando haya de dilucidarse un problema con elementos foráneos relacionado con asuntos marítimos, cualquier acción deberá proponerse con base a lo dispuesto en el Artículo 3 de la LCM y no por lo contenido en el Artículo 1 de la LDIPr.

En otro orden de ideas, el artículo 2 de la Ley de Comercio Marítimo precisa el ámbito material de aplicación de la LCM de lo que debe considerarse como asuntos marítimos.

Artículo 2: Las disposiciones de esta Ley se aplican a los buques y a los hidroaviones nacionales o extranjeros que se encuentren en aguas jurisdiccionales de la República; a los buques nacionales que se encuentren en alta mar o aguas jurisdiccionales de otro país; a cualquier construcción flotante apta para navegar, carente de propulsión propia,

[25] Claudia Madrid Martínez. "Constitución y Derecho Internacional Privado" en *Revista Venezolana de Jurisdicción y Jurisprudencia* N° 10, Editorial Revista Venezolana de Legislación y Jurisprudencia, Caracas, 2018, p. 231.

que opere en el medio acuático o auxiliar de la navegación destinada o no a ella; a las islas artificiales, instalaciones y estructuras situadas en el espacio acuático Nacional, salvo disposición expresa en contrario establecida en la ley.

En tanto que, el 12, establece los supuestos de jurisdicción en los casos en los cuales existen elementos de extranjería de la siguiente forma:

Art. 12: Además de la jurisdicción que atribuye la Ley de Derecho Internacional Privado en sus artículos 39 y 40, deberán someterse al conocimiento de la Jurisdicción Especial Acuática, las acciones que se intenten con motivo de las disposiciones que regulan el comercio marítimo, la navegación por agua, la exploración y explotación de recursos ubicados en el espacio acuático nacional, así como las acciones sobre buques inscritos en el Registro Naval Venezolano, independientemente de la jurisdicción de las aguas donde se encuentran y sobre los buques extranjeros que se encuentren en aguas en las que la República ejerza derechos exclusivos de soberanía y jurisdicción, las operaciones que tengan lugar en las zonas portuarias y cualquier otra actividad que se desarrolle en el espacio acuático nacional.

V. LA ADMINISTRACIÓN DE JUSTICIA EN CASOS MARÍTIMOS CON ELEMENTOS EXTRANJEROS EN VENEZUELA

Hernández-Bretón sostiene que: "*Los tribunales venezolanos tendrán jurisdicción para conocer de los temas del comercio marítimo y de la navegación por agua en la medida y en los casos en que estén dados los criterios atributivos de jurisdicción establecidos en la normativa venezolana aplicable.*" [26]

Villarroel señala que: "*La Ley Orgánica de los Espacios Acuáticos creó la jurisdicción marítima tomando en consideración dos elementos fundamentales, por una parte, el lugar geográfico, que abarcaría la jurisdicción en el espacio nacional, y, por otra parte, el buque como*

[26] Eugenio Hernández-Bretón, "El arbitraje internacional y la jurisdicción de los tribunales venezolanos en la Ley de Comercio Marítimo", en: *Análisis de 10 años de vigencia de las leyes marítimas venezolanas*. Academia de Ciencias Políticas y Sociales y Universidad Central de Venezuela, Caracas, 2011, p. 298.

elemento para determinar la jurisdicción del juez venezolano, independientemente del factor geográfico antes mencionado, ya que los tribunales de la república tendrían jurisdicción sobre los buques inscritos en el Registro Naval Venezolano independientemente de la jurisdicción de las aguas donde se encuentren."[27] En desarrollo de lo anterior, vale decir, que los artículos 125 y 128 de la Ley Orgánica de los Espacios Acuáticos prescriben que a los jueces superiores y de instancia con competencia marítima corresponde el conocimiento de las causas marítimas.[28]

Hernández-Bretón, al examinar la forma en la cual ha de determinarse la jurisdicción en el área acuática señala: "*Para los tribunales venezolanos son, entonces las normas procesales internas las que sirven para fijar los límites del ejercicio de la jurisdicción nacional, la cual habrá de ejercerse para los casos identificados a priori por el legislador nacional y dentro de los supuestos especialmente establecidos al efecto (principio de autolimitación de la propia jurisdicción). Se trata entonces de la llamada jurisdicción directa. En el caso venezolano, ya lo hemos señalado con anterioridad, los límites de la jurisdicción directa vienen establecidos de manera general en la Ley de Derecho Internacional Privado ("LDIP) y, en particular, para el comercio marítimo en la Ley de Comercio Marítimo.*"[29]

VI. ANÁLISIS DEL ARTÍCULO 11 DE LA LEY DE COMERCIO MARÍTIMO

Para iniciar el análisis de la norma bajo escrutinio, es conveniente explicar que esta disposición se refiere a la determinación de la competencia judicial internacional de los jueces venezolanos cuando deban conocer casos marítimos. En tal sentido, es conveniente es conveniente

---

[27] Francisco Villarroel Rodríguez, Jurisdicción marítima venezolana, tribunales marítimos venezolanos, competencia marítima, procedimientos marítimos, en: A*nálisis de 10 años de vigencia de las leyes marítimas venezolanas.* Academia de Ciencias Políticas y Sociales y Universidad Central de Venezuela, Caracas, 2011, p. 143.

[28] Ley Orgánica de los Espacios Acuáticos, publicada en Gaceta Oficial N° 5890 extraordinario de 31 de julio de 2008.

[29] Eugenio Hernández-Bretón, "Los asuntos del mar y la jurisdicción de los tribunales venezolanos", en *Primeras jornadas de Derecho Procesal Marítimo*, Academia de Ciencias Políticas y Sociales. Caracas, 2015, p. 147.

seguir a Álvarez cuando explica: "*A partir de la noción de jurisdicción, en cuanto presupuesto del proceso, se analizará la competencia judicial, que supone la concreción de tal potestad jurisdiccional, para indagar de modo específico en la relevancia de la autonomía de la voluntad en cuanto foro competencial, mediante acuerdos atributivos de jurisdicción...*"[30]

Como punto previo al examen de esta regulación cómo se entenderán en el devenir de este estudio algunos términos fundamentales y hacer algunas apreciaciones preliminares sobre la validez de la norma examinada:

Jurisdicción: Capitant entiende que jurisdicción es la extensión y límites del poder de juzgar.[31] En tal sentido, todos los jueces, como expone Cabanellas, tienen la potestad de conocer y de fallar en asuntos civiles, criminales o de otra naturaleza, según las disposiciones legales o el arbitrio concedido.[32] Empero, cuando en un mismo hecho tienen interés de conocer dos o más estados se presenta un conflicto de jurisdicción, que, según Boutin, es la búsqueda o localización de aquel tribunal competente para conocer de un litigio de carácter internacional[33] y que obliga al juzgador, de acuerdo a sus leyes, a decidir si le corresponde o no ejercer su jurisdicción en un caso concreto.

Una vez determinada la jurisdicción (competencia procesal internacional) de los jueces venezolanos, la competencia (competencia interna) corresponde a los jueces marítimos (jurisdicción especial marítima).

Admitir: significa aceptar o permitir.[34] La norma que se está examinando, se refiere a consentir la declinatoria de la jurisdicción venezolana a favor de tribunales extranjeros o arbitrales. Lo que implica,

---

30 Juan José Álvarez Rubio, "Competencia Judicial Internacional. Especial referencia al Transporte Marítimo", en José M de Eizaguirre (Coordinador), *El Derecho del Transporte Marítimo Internacional*, Escuela de Administración Marítima. Gobierno Vasco. San Sebastián, 1993, p. 107.

31 Henri Capitant, director, *Vocabulario Jurídico,* Depalma, Buenos Aires, 1961, p. 336.

32 Guillermo Cabanellas, *Diccionario Enciclopédico de Derecho usual,* 18ª edición, Tomo V, Editorial Heliasta, Buenos Aires, 1981, p. 49.

33 Gilberto Boutin, *Derecho Internacional Privado,* Segunda edición, Edition Maitre Boutin, Panamá, 2006, p. 152.

34 Real Academia Española, *Diccionario de la Lengua Española,* volumen 1, vigésima segunda edición, Espasa, España, 2002, p. 32.

desde una perspectiva lógica, que el legislador asume, a los efectos del artículo que vamos a estudiar, por una parte, que el juez es competente para conocer de un asunto pero que, aun reconociendo esta circunstancia, crea una excepción y, por tanto, si se dan las condiciones que él establece en la ley, el juzgador, aun teniendo dicha competencia puede abstenerse de decidir sin vulnerar su obligación de administrar justicia.

Ahora bien, a tenor de lo prescrito en el Artículo 1 del Código de Procedimiento Civil, los jueces tienen la obligación de administrar justicia tanto a venezolanos como extranjeros en la medida en la medida en que las leyes determinen su competencia para conocer del respectivo asunto.[35] En este punto, si un juez se abstiene de conocer un caso que le compete está violando esta disposición salvo que, en los casos en los que existan jurisdicciones concurrentes, la ley establezca una excepción. Esto es así porque el propósito del Artículo 1 del Código de Procedimiento Civil es el asegurar, por una parte, la administración de justicia por parte del estado venezolano y, por la otra, el acceso de los particulares a esta. Como se explicará *infra*, el legislador al permitirle al juez que decida, una vez cumplidos los requisitos establecidos en la ley, si el ordenamiento venezolano tiene o no interés en conocer sobre un asunto que le corresponde, no deja de administrar justicia, por el contrario, este examen lo que hace es permitir, *in gratiam processus*, que las partes acudan a un foro que les sea más accesible o favorable.

Declinar: Es un término con un contenido procesal preciso. Pallarés dice que es la resolución de un juez, por la cual se declara incompetente para conocer de un determinado juicio.[36] En tanto que, Capitant asume que es la acción de presentar una declinatoria, especialmente una declinatoria de competencia. Rouvier entiende que la declinatoria es el derecho que corresponde al demandado de solicitar al juez que le ha citado que se abstenga de seguir conociendo del proceso por ser incompetente.[37] Y Boutin, asevera que la declinación de competencia es

[35] Código de Procedimiento Civil, publicado en Gaceta Oficial N° 4209 extraordinario de 18 de septiembre de 1990.

[36] Eduardo Pallares, *Diccionario de Derecho Procesal Civil,* Editorial Porrua S.A., México, 1970, p. 220.

[37] Juan María Rouvier, *Derecho Internacional Privado, parte especial*. Librería Roberto Borrero, Maracaibo, 1988, p. 388.

simplemente la hipótesis por medio de la cual el tribunal de un estado no es competente de acuerdo con sus propias normas de competencia judicial internacional o convencional que le exigen desvincularse de un negocio jurídico.[38]

Cova, al comentar el Proyecto de Ley Orgánica de la Navegación y el Comercio por Agua (PLONCA) explica que: "*En el Proyecto no se desconocen las reglas de competencia procesal internacional, pues no hay una prohibición absoluta de derogatoria de la jurisdicción venezolana. Esta se admitiría con posterioridad al hecho generador de la acción, dando cabida al principio de la autonomía de la voluntad en la contratación internacional, ya que permitiría que, una vez surgido el hecho generador de la acción y según convenga a los derechos e intereses de los interesados, estos podrían convenir en la "sumisión de un juez o arbitro en el extranjero.*"[39]

Matheus señala que la Comisión Marítima Mercantil, designada por el Ministerio de Infraestructura con el propósito de elaborar la Ley de Comercio Marítimo, propuso, inspirado en la Ley de Navegación argentina, que se estableciera la nulidad de la cláusula de jurisdicción extranjera en los contratos de transporte de mercancías o personas, pero dando la posibilidad de escoger otra jurisdicción distinta a la nacional, posteriormente al hecho generador del reclamo.[40]

Ley de Navegación argentina: Prórroga de la jurisdicción: Art. 621 - Producido un hecho generador de una causa cuyo conocimiento corresponda a los tribunales nacionales, los residentes en el país pueden convenir, con posterioridad al mismo, someterlo a juicio de árbitros o de tribunales extranjeros, si así les resultare conveniente.[41]

En el contexto de la creación de la legislación acuática, la Asociación Venezolana de Derecho Marítimo presentó el Proyecto de Ley de

---

[38] Boutin, Derecho, p., 163.

[39] Luis Cova Arría, "La Unificación del Derecho Marítimo y el Proyecto de ley Orgánica de Navegación y Comercio por agua", Conferencia dictada en la Academia de Ciencias Políticas y Sociales, Caracas, 1991, p. 200. Recuperado el 13 de junio de 2020 en http://acienpol.msinfo.info/bases/biblo/texto/boletin/1991/BolACPS_1991_67_123_173-209.pdf

[40] Carlos Matheus, "La derogatoria de la jurisdicción en el Derecho Marítimo Venezolano". En: *Derecho Marítimo Iberoamericano.* Volumen I. Rama Venezolana del Instituto Iberoamericano de Derecho. Caracas, 2005, p. 266.

[41] Chami, Manual. Explica que la legislación argentina admite que lo que denomina "acuerdos de elección de foro", que comúnmente se conoce como prórroga de jurisdicción., p. 652.

Comercio Marítimo al Comité Comercial de la Comisión Presidencial para la redacción de la Ley Orgánica de los Espacios Acuáticos e Insulares y la adaptación de la Legislación Marítima a la Constitución de la República Bolivariana de Venezuela, un conjunto de normas de Derecho Internacional Privado. Entre estas el Artículo 13

Artículo 13 del Proyecto de Ley de Comercio Marítimo: Producido un hecho generador de una acción cuando su conocimiento conforme a este Decreto-Ley corresponda en forma inderogable a los tribunales nacionales, las partes pueden convenir, con posterioridad al hecho, someter la cuestión que se suscite a un procedimiento arbitral, o de tribunales extranjeros.

Esta disposición, va a constituir el antecedente directo del Artículo 11 de la Ley de Comercio Marítimo. La norma argentina que sirvió de base a la disposición del Anteproyecto de Ley de Comercio Marítimo establece que las partes pueden convenir, de mutuo acuerdo, si así lo consideran conveniente, someter una causa a tribunales arbitrales o extranjeros, una vez ocurrido el hecho que origina la acción. Se permite así que las partes expresen libremente su voluntad. Pero esta regulación se refiere a asuntos que pueden que ser conocidos por los tribunales argentinos, pero no de forma exclusiva, pues, la misma ley permite la elección de un foro alterno. La redacción del Artículo 13 del Proyecto de Ley de Comercio Marítimo, varió el concepto de manera tal que se hizo a esta norma inaplicable por contradictoria, ya que, es obvio que, independientemente que se haya producido el hecho generador de la acción, las partes no pueden derogar lo inderogable. Por tanto, es absolutamente comprensible que el texto haya sido modificado.

La versión del Artículo 11 de la Ley de Comercio Marítimo de 2001 fue la siguiente:

Artículo 11: En los casos en los que se admita, la jurisdicción que corresponda a los tribunales venezolanos podrá ser derogada a favor de tribunales extranjeros, o someter el asunto que se suscite a un procedimiento arbitral, solo una vez producido el hecho generador de la acción.[42]

---

[42] Ley de Comercio Marítimo, publicada en Gaceta Oficial N° 5.551 extraordinario de 09 de noviembre de 2001 (Derogada).

Esta norma, no es de fácil comprensión, pues fue redactada en un lenguaje enrevesado, por tanto, para interpretar su significado es menester analizar cada una de sus oraciones por separado. En tal sentido:

1. ¿Qué es lo que se admite? La derogatoria de la jurisdicción, siempre y cuando esta sea concurrente, que corresponde a los tribunales venezolanos a favor de tribunales extranjeros o arbitrales.
2. Luego, lo anterior implica que si se puede derogar la jurisdicción de los tribunales venezolanos a favor de tribunales extranjeros o arbitrales es porque existen casos en los cuales un compromiso de esta naturaleza no sea válido.
3. Entiéndese, asimismo, que esta disposición acoge el principio de la autonomía de la voluntad de las partes de una relación.
4. Por tanto, las partes pueden, de acuerdo con los supuestos contenidos en la norma, elegir el foro de su conveniencia sin más limitaciones que las contempladas en la ley y, siempre y cuando, no se vulnere el orden público venezolano.
5. Ahora bien ¿quién admite las partes o el juez? La farragosa escritura de este mandato hace que esta respuesta no sea simple, pues, si se consiente que sea el juez quien pueda a su arbitrio resignar el conocimiento de un caso en el cual tiene competencia, estaríamos configurando un *forum non conveniens,* figura está prevista de manera excepcionalísima en el ordenamiento jurídico venezolano, únicamente en el Artículo 333 de la LCM y que solo es aplicable de manera estricta a ciertos casos de abordaje, o, en su defecto, un supuesto en el que se consentiría la absolución de la instancia. Cualquiera de estas dos soluciones es incongruente e inaceptable, primero, porque la Ley de Comercio Marítimo al desarrollar el abordaje, si bien acoge en nuestro ordenamiento al foro inconveniente, una institución hasta ese momento desconocida en nuestro ordenamiento, lo hace a conciencia estableciéndola como una institución excepcional y precisando detalladamente los aspectos subjetivos y adjetivos de la misma, lo que evidentemente no sucede en el contexto del Articulo 11 LCM y porque la absolución de la instancia es u resultado absolutamente inadmisible en el orden jurídico

venezolano. Lamentablemente la frase "la jurisdicción que corresponda a los tribunales venezolanos" es confusa por imprecisa.

6. Tampoco, la derogatoria puede corresponder a una sola de las partes, pues, esto sería injusto para la parte contraria. En la práctica si el demandado considera que el hecho en cuestión no tiene relación con el ordenamiento venezolano, tiene la oportunidad de oponer al accionante la cuestión previa de falta de jurisdicción, pero no imponer unilateralmente a la contraparte y al juez una jurisdicción extranjera o arbitral.
7. Siendo así, es evidente que, la derogatoria únicamente puede producirse como consecuencia de una manifestación de voluntad de las partes y bajo la óptica de la excepcionalidad de la norma, antes explicada.
8. Finalmente, cómo debe entenderse la oración: "solo una vez producido el hecho generador de la acción". Sin duda, como una referencia a hechos que dan pie al surgimiento de obligaciones contractuales y extracontractuales o, como me sugirió al leer este párrafo el profesor Víctor Hugo Guerra: "Otra lectura es que producido el hecho generador de la acción quiere decir que se den las circunstancias que dan origen a un conflicto/controversia que puede ser resuelto por jueces."

El Artículo 11 fue modificado, en los siguientes términos, cuando se reformó la Ley de Comercio Marítimo:

Artículo 11: En los casos en los que se admita, una vez producido el hecho generador de la acción, la jurisdicción que corresponda a los tribunales venezolanos, podrá declinarse a favor de tribunales o al procedimiento de arbitraje.

Observamos que la versión de la ley vigente varía de la anterior en los siguientes aspectos:

1. Originalmente se establecía que la jurisdicción venezolana podía ser derogada, en tanto que, en ahora se dispone que podrá declinarse la jurisdicción.

Si se asume que derogar significa dejar sin efecto o cambiar parte de una norma jurídica y declinar la acción de proponer ante un juez la falta de jurisdicción o competencia del tribunal, evidentemente, estamos en presencia de dos enunciados contenidos diferentes. El primero ya fue tratado, por tanto, es necesario explicar el segundo. Entonces, el sentido que se da en esta norma al término "*declinar*" no puede entenderse en un contexto en el cual el juez no tiene jurisdicción porque la expresión "*la jurisdicción que corresponda a los tribunales venezolanos*" indubitablemente. indica que si la tiene. Por tanto, el sentido que el legislador da a esta expresión en el marco del Artículo 11 solo puede ser la renuncia de las partes al derecho de acudir a la jurisdicción venezolana competente. Lo que es coherente, por cierto, con la disposición de la Ley de Navegación argentina que sirve de antecedente a la norma que aquí se está examinando. Adicionalmente, de lo anterior se originan otro par de problemas: a) Siendo que las partes pueden elegir no acudir al foro venezolano competente ¿deben estas manifestar su voluntad ante un tribunal? La respuesta es negativa, considero que basta que las partes propongan la resolución de su asunto ante un tribunal extranjero o arbitral renunciando así tácitamente a la jurisdicción venezolana. Pero, si se demanda en Venezuela, el demandado, unilateralmente, no podrá obtener de parte del juez venezolano una renuncia o declinatoria, ya que como se advirtió previamente, lo único que puede hacer es promover la cuestión previa de falta de jurisdicción y, en tal caso, el juez solo puede declarar su procedencia o improcedencia y, b) El juez no tiene la potestad de declinar unilateralmente la jurisdicción venezolana, porque, en esta oportunidad el juzgador no puede apreciar la inconveniencia de su foro sin violar su deber de administrar justicia.

En nuestro país, la declinatoria ha sido admitida como una excepción, o sea, como un medio de defensa con la que el demandado pretende excluir o enervar la acción o demanda del actor. En tal sentido, explica Rouvier, la excepción por declinatoria está contemplada en el artículo 397 del Código de Bustamante, el cual dispone: "*En todos los casos de relaciones jurídicas sometidas a este Código, podrán promoverse cuestiones de competencia por declinación fundada en sus preceptos*".[43] Pero, la redacción harto imprecisa del Artículo 11, impide interpretar el contenido de la palabra en los términos del derecho usual, o sea, a la declinatoria como un medio de defensa, ante tal confusión, hay que darle un sentido particular, exclusivo a la hora de interpretar esta disposición. Como ya se indicó, en ese precepto no se plantea una

---

[43] Rouvier, Derecho, p.389.

acción declinatoria, ya la misma correspondería en exclusiva al demandado, lo cual es inaceptable para el orden público venezolano, salvo que la ley estableciera una excepción, pues implicaría privar al demandante de su derecho a solicitar que los jueces venezolanos conozcan de un asunto que les compete y dar al demandado el poder exorbitante de elegir el foro más conveniente para sus intereses, lo cual conllevaría al final del camino a dos resultados inadmisibles: la denegación de justicia y la desigualdad de las partes ante la administración de justicia. Por tanto, la única conclusión lógica y tolerable para el orden jurídico venezolano, es que la declinatoria, a los efectos del Artículo 11 de la Ley de Comercio Marítimo, se entienda, si y solo si, como una manifestación de la voluntad de ambas partes que puede válidamente concretarse estableciendo entre ellas un acuerdo *ad hoc* (renuncia expresa a la jurisdicción venezolana, siempre que esta sea concurrente) o haciéndose partes en proceso en el extranjero o ante una sede arbitral (renuncia tácita a la jurisdicción venezolana).

En otro orden de ideas, en este supuesto, no se está en presencia de una declinatoria por incompetencia, pues el juez, de suyo, es competente para conocer del asunto, pero se acepta que un juez extranjero o arbitral asuma el conocimiento de una causa que en principio le corresponde a los tribunales venezolanos porque así se lo han pedido las partes, no en una cláusula de jurisdicción o arbitral contenida en un contrato, sino en un pacto que los interesados pueden hacer una vez ocurrido el hecho generador de la acción judicial.

Así las cosas, debe entenderse que, en el marco de lo dispuesto en el Artículo 11 de la Ley de Comercio Marítimo, el término declinar es asumido como la decisión que toman las partes en virtud del principio de la autonomía de la voluntad, de elegir, tácita o expresamente, tribunales extranjeros o arbitrales para dirimir una causa en la que los jueces venezolanos tienen competencia internacional.

2. Igualmente, en la LCM de 2001, el legislador estableció que la derogatoria podría hacerse a favor de tribunales extranjeros, en tanto que en la modificación solo hace referencia a los tribunales, sin especificar si son extranjeros o no. La alteración no tiene mayor relevancia práctica ya que es obvio que, si el juez, considera que no tiene jurisdicción en un asunto o que, si

teniéndola puede renunciar a ella, lo hace a favor de tribunales extranjeros o arbitrales. Pero, si es provechoso subrayar que los jueces deben ejercer su jurisdicción, en la medida de lo dispuesto en la ley, por tanto, no tienen la libertad para declinar, derogar o renunciar a la jurisdicción que corresponde a los tribunales venezolanos o a su competencia, salvo que sea la ley la que, de manera taxativa, se los permita.

Por otra parte, en el Artículo 11 de la Ley de Comercio Marítimo se prevé la concurrencia de jurisdicciones, pero para que ocurra una prórroga de jurisdicción, debe cumplirse la condición de la ocurrencia del hecho generador de la acción. Siendo así, ¿qué se pretende con esta disposición? Evidentemente, dar a los integrantes de un vínculo obligacional la posibilidad de acudir a tribunales extranjeros o arbitrales cuyo conocimiento, corresponde a los juzgados venezolanos y permitir a nuestros jueces renunciar a ejercer su jurisdicción, sin que esto implique una abdicación a la obligación de administrar justicia que les impone la ley.

Antes de proceder a precisar las materias en la cuales se admite que las partes elijan una jurisdicción extranjera o arbitral, es forzoso determinar aquellos supuestos en lo que esto no es posible, es decir, en los que la competencia judicial internacional de los tribunales venezolanos es excluyente.

En materia marítima, el Artículo 10 de la Ley de Comercio Marítimo, constituye el supuesto por antonomasia en el cual no es posible renunciar a la jurisdicción nacional.

Artículo 10 LCM: "*Corresponde a la jurisdicción venezolana conocer en forma inderogable de las acciones en materia de contratos de transporte de bienes o de personas que ingresan al territorio venezolano*".

Así, pues, los asuntos que se subsuman en esta regulación, no pueden ser resueltos de acuerdo a lo contemplado en el Artículo 11. La prohibición contenida en el Artículo 10 es imperativa, no pudiendo relajarse en modo alguno, por tanto, en los casos de contratos de bienes y personas que ingresen a territorio nacional, los tribunales venezolanos no podrán, en ninguna circunstancia, declinar su competencia a favor de tribunales extranjeros o arbitrales.

Con relación a este tema, Sabatino sostiene que, el Artículo 10 de la Ley de Comercio Marítimo establece la inderogabilidad de la jurisdicción para el conocimiento en materia de contratos de bienes y personas que ingresan al territorio nacional. [44] Álvarez Ledo, en un sentido similar, asume que lo allí establecido tiene carácter absoluto y, que, de suyo, es de la mayor importancia, por cuanto pone fin a la injusta situación que ha venido representando la inserción, en los conocimientos de embarque, de cláusulas de jurisdicción.[45] Matheus, por su parte, al referirse al Artículo 10 dice: "*De una interpretación literal de esta normativa se podría sostener que si las partes llegaran a un acuerdo expreso de prórroga de jurisdicción, sometiendo el asunto a una jurisdicción extranjera después de producido el reclamo, este acuerdo sería nulo. Igualmente pasaría si la parte demandante se sometiera tácitamente a la jurisdicción extranjera, interponiendo su demanda ante un tribunal extranjero.*"[46]

En contraposición, tanto Hetcht como Ponce, sostienen otra posición:

> *"No obstante, tal criterio atributivo de jurisdicción tiene una excepción conforme lo establece el artículo 11 de la citada Ley, habida cuenta que, según sea el caso, se permite el arbitramento una vez producido el hecho generador de la acción, pudiendo declinarse la jurisdicción a favor de tribunales extranjeros o el arbitraje."*[47]
>
> *"Ahora bien, el criterio atributivo de jurisdicción tiene una excepción de acuerdo a lo establecido en el artículo 11 ibidem, habida cuenta que, según sea el caso, se permite el arbitraje una vez producido el hecho generador de la acción, pudiendo declinarse incluso la jurisdicción a favor de tribunales extranjeros o arbitraje."*[48]

---

[44] Iván Sabatino Pizzolante, *La Jurisdicción Acuática, en: Primeras Jornadas de Derecho Procesal Marítimo.* Academia de Ciencias Políticas y Sociales. Caracas, 2015, p. 314.

[45] Tulio Álvarez Ledo, *Derecho Marítimo*, segunda edición, adaptada a la nueva legislación marítima. SENPRESS. C.A. Caracas, 2007, p. 93.

[46] Matheus, La derogatoria .... 269.

[47] José Hetcht, "Jurisdicción arbitral en materia de contrato de transporte marítimo de mercancías", en: *Primeras Jornadas de Derecho Procesal Marítimo*. Academia de Ciencias Políticas y Sociales. Caracas, 2015, p. 174.

[48] Gerardo Javier Ponce Reyes, "La validez de las cláusulas compromisorias en los contratos de transporte de mercancías y pasajeros que ingresan a territorio nacional", en María Grazia Blanco (Coordinadora). *Derecho Marítimo Iberoamericano*, volumen II. Editorial Jurídica Venezolana, Caracas, 2006, p. 296.

Este último razonamiento constituye un paralogismo pues: a) Los artículos 10 y 11 de la Ley de Comercio Marítimo son consecutivos mas no consecuenciales, es decir, uno sigue al otro en el articulado de la ley, pero el artículo 11 no deriva del artículo 10 ya que son de naturaleza diferentes - el Artículo 10 establece una jurisdicción exclusiva y el 11, por el contrario, admite que otras jurisdicciones pueden concurrir con la venezolana-. b) De acuerdo a lo establecido en el Artículo 4 del Código Civil, a la Ley debe atribuírsele el sentido que aparece evidente del significado propio de las palabras, según la conexión de ellas entre sí y la intención del legislador. Por tanto, la prohibición de declinar la jurisdicción contemplada en el artículo 10 que es, a todo evento, absoluta, no se puede morigerar por lo establecido en el 11, c) Los supuestos previstos en el Artículo 11 son de naturaleza diferente a los establecidos en el Artículo 10; y d) La doctrina ha determinado que los tribunales venezolanos no pueden decidir casos de Derecho Internacional Privado que no estén establecidos expresamente por el legislador.[49]

De ahí que, como ya se ha señalado, a la hora de fijar su jurisdicción, en caso de conflicto el juez está expresamente limitado por la ley y, por tanto, solo puede tener jurisdicción en acatamiento o desarrollo de una norma específica, aquí concordamos con Guerra quien sostiene: "*resulta también una práctica sana y aconsejable aceptar la idea que los criterios de la jurisdicción venezolana son sólo aquellos que se encuentran expresamente establecidos en un dispositivo normativo –internacional o interno- siempre y cuando no perdamos el norte que impone permitir el acceso a una adecuada administración de justicia y a la eficacia de las sentencias.*"[50]

Lo dispuesto en el artículo 11 de la LCM, lo que hace es señalar el momento en el cual, en caso de que se admita, el juez podrá declinar su jurisdicción, pero, y así lo contempla de manera absolutamente clara la regla bajo análisis, si la ley no lo prevé, el juez no podrá declinar su competencia. De esta manera, no es posible que se establezca dispensa alguna que contraríe lo previsto en al artículo 10 *ibidem*.

---

[49] Eugenio Hernández-Bretón, "Algunas cuestiones de derecho procesal civil en la Ley de Derecho Internacional Privado". En: *Libro Homenaje a Gonzalo Parra Aranguren.* Tribunal Supremo de Justicia, Caracas, 2001, p. 394.

[50] Guerra, ¿Es inderogable... ......? p. 79

A modo de conclusión de esta parte, vale citar a Matheus, quien al analizar el Artículo 11 de la LCM expresó: "*Se observa que, de acuerdo con este precepto, en otros asuntos distintos al transporte marítimo de mercancías o personas que ingresen a Venezuela la jurisdicción venezolana puede ser derogada, designando convencionalmente o a árbitros que resuelvan también en el exterior.*"[51]

VII. EL ARTÍCULO 11 DE LA LEY DE COMERCIO MARÍTIMO Y EL ARBITRAJE

Pereznieto y Silva explican que: "*Las leyes internas y los tratados auspician la autonomía de la voluntad, pues no sólo permiten que las partes designen el derecho aplicable; además, con la cláusula arbitral prorrogan la jurisdicción y se someten a las reglas conforme a las cuales deben resolverse las controversias que surjan en sus relaciones jurídicas. Incluso, dichas leyes y tratados pueden integrar, y de hecho integran, el tribunal que conocerá del litigio correspondiente.*"[52]

Los arbitrajes pueden ser nacionales o internacionales. El Artículo 11 de la Ley de Comercio Marítimo contempla ambos supuestos. Precisar esta diferencia es importante pues, como sostiene Sánquiz: "*Dado que en el arbitraje comercial internacional encontraremos más de un ordenamiento jurídico vinculado al caso concreto, surgen problemas de derecho internacional privado tales como el derecho aplicable a la cláusula arbitral, al fono de la controversia y al proceso arbitral.*"[53] Problemas estos que van a tener deben ser revisados por el juez venezolano a la hora de determinar si el foro arbitral elegido por las partes viola el orden público internacional venezolano.

El examen de estos problemas, explica también Sánquiz, el orden de prelación de fuentes de Derecho Internacional Privado consagrado

[51] Carlos Matheus, "La Jurisdicción Marítima Venezolana en la Nueva Legislación Marítima", en *III Congreso de Derecho Marítimo. El Nuevo Derecho Marítimo,* Asociación Venezolana de Derecho Marítimo, Caracas, 2004, p. 119.

[52] Leonel Pereznieto Castro y José Alberto Silva Silva, *Derecho Internacional Privado.* Parte Especial, Segunda Edición. Oxford University Press, México, 2002, p. 625.

[53] Shirley Sánquiz Palencia, *El Derecho aplicable al Arbitraje Comercial Internacional en el Derecho Venezolano*, Fundación Roberto Goldschmidt, Universidad Católica Andrés Bellos, Caracas, 2005, p. 41.

en el sistema jurídico venezolano.[54] Que, en los arbitrajes marítimos, se hará armonizando lo establecido en el Artículo 3 de la Ley de Comercio Marítimo con el Artículo 1 de la Ley de Arbitraje Comercial.[55]

Por otra parte, el Artículo 11 de la Ley de Comercio Marítimo permite someter el conocimiento de una controversia ante tribunales arbitrales extranjeros. Pero esta sumisión ha de cumplir una serie de condiciones, establecidas en la norma bajo examen y las previstas en el Artículo 6 de la Ley de Arbitraje Comercial.[56]

Artículo 6 de la Ley de Arbitraje Comercial: Artículo 6. El acuerdo de arbitraje deberá constar por escrito en cualquier documento o conjunto de documentos que dejen constancia de la voluntad de las partes de someterse a arbitraje. La referencia hecha en un contrato a un documento que contenga una cláusula arbitral, constituirá un acuerdo de arbitraje siempre que dicho contrato conste por escrito y la referencia implique que esa cláusula forma parte del contrato.

En los contratos de adhesión y en los contratos normalizados, la manifestación de voluntad de someter el contrato a arbitraje deberá hacerse en forma expresa e independiente.

Estas condiciones son las siguientes:

1. Que, en el caso concreto, se admita la prórroga de jurisdicción,
2. Que se haya producido el hecho generador de la acción,
3. El acuerdo arbitral debe constar por escrito,
4. En los contratos de adhesión y en los contratos normalizados, la manifestación de voluntad de someter el contrato a arbitraje deberá hacerse en forma expresa e independiente

En estas circunstancias, es imperativo, tal y como lo han señalado tanto la Sala Político Administrativa del Tribunal Supremo de Justicia en la Sentencia Corporación El Gran Blanco y el Tribunal Marítimo de Primera Instancia en la Sentencia Artigracht, acatar lo establecido en el Artículo 6 de la LAC - "*Esta norma consagra la necesidad de hacer constar por escrito el acuerdo de las partes de someterse a arbitraje,*

[54] Íbidem.

[55] Para profundizar sobre esta materia ver: Víctor Hugo Guerra Hernández, *Análisis de las fuentes en el sistema venezolano de Derecho Internacional Privado.* Universidad Central de Venezuela, Caracas, 2000.

[56] Ley de Arbitraje Comercial, publicada en Gaceta Oficial N° 36.430 del 07 de abril de 1998.

con la especial e insoslayable indicación de que en los contratos de adhesión la cláusula de arbitraje sea producto de la voluntad de los contratantes "en forma expresa e independiente". En este fallo se precisa que - aun cuando el legislador internacional privatista no hace mención especial a la derogación convencional de la jurisdicción en los contratos de adhesión, ésta sólo es permisible mediante un acuerdo de voluntades que podrá expresarse en forma independiente al conjunto de las normas pre-redactadas, pero que evidencie ser el producto de la voluntad de todos los contratantes y no tan sólo de uno de ellos.[57] y, - "*Esta norma consagra la necesidad de hacer constar por escrito el acuerdo de las partes de someterse a arbitraje, con la especial e insoslayable indicación de que en los contratos de adhesión la cláusula de arbitraje sea producto de la voluntad de los contratantes "en forma expresa e independiente*".[58]

Así, cuando se esté en presencia de un acuerdo arbitral, la correcta interpretación del Artículo 11 de la Ley de Comercio Marítimo, implica también, el cumplimiento de lo establecido en el Artículo 6 de la Ley de Arbitraje Comercial.

VIII. APLICABILIDAD DEL ARTÍCULO 11 DE LA LEY DE COMERCIO MARÍTIMO A LOS CONTRATOS MARÍTIMOS

Rodríguez, al considerar la expresión "*casos en los que se admita*", y después de indicar que la jurisprudencia no se ha pronunciado al respecto, expresa: "*Podría admitirse que el artículo en cuestión aplica solo a los contratos distintos al de transporte de mercancías y pasajeros por agua. Pero el inconveniente de admitir esta interpretación es que haría inaplicables las cláusulas de jurisdicción insertas en estos contratos, puesto que para declinar la jurisdicción venezolana habría que esperar a que una de las partes ocasione un daño a la otra. Esto*

[57] Sala Político Administrativa del Tribunal Supremo de Justicia.

[58] Tribunal de Primera Instancia Marítimo, Expediente N° 2006-000133, de 23 de octubre de 2006. Disponible https://vlexvenezuela.com/vid/petroquimicade-stephanus-benedictus-302087498, consultado el 12 de junio de 2020.

constituye una limitación poco razonable al principio de autonomía de la voluntad de las partes, ya que, en este tipo de contratos, las partes se encuentran en igualdad de condiciones, por lo que no existe ninguna justificación para limitar la autonomía de la voluntad de las partes, como sí la hay en los contratos de transporte por agua, en el que el porteador impone sus cláusulas y el cargador se limita a aceptarlas o rechazarlas. Al no haber débil jurídico en contratos como el fletamento o el arrendamiento a casco desnudo, por ejemplo, no hay necesidad de que la ley limite la autonomía que poseen las partes para acordar las cláusulas contractuales, porque ninguna de ellas necesita protección frente a la otra, más que aquella que puede dar el poder judicial en caso de daño contractual o extracontractual."[59].

En afirmación de lo previamente expuesto, el Artículo 150 de la Ley de Comercio Marítimo instituye que las disposiciones relativas a los contratos de arrendamiento a casco desnudo y de fletamentos son supletorias de la voluntad de las partes, salvo que la ley disponga lo contrario. Siendo así, está claro que la voluntad expresada en los contratos de utilización del buque priva por sobre cualquier otra consideración y, por tanto, es absurdo exigir la ocurrencia de un hecho para que las cláusulas de jurisdicción o arbitraje previstas en este tipo de acuerdos pueda activarse.

Luego, es incuestionable que la prórroga de jurisdicción diseñada para los supuestos previstos en el Artículo 11 de la LCM no aplica ni para los contratos de transporte de mercancías o pasajeros por agua que ingresan al territorio nacional ni para los contratos en los cuales se hayan redactado cláusulas de jurisdicción o arbitraje, pues estas se bastan a sí mismas sin necesidad de que ocurra un hecho para que se hagan efectivas, en cambio, si se permite en los casos de contratos de bienes y personas que egresen del territorio nacional.

Continuando con la lectura ¿qué significa la locución: "*Una vez producido el hecho generador de la acción*". Para responder esta interrogante, es necesario hacer algunas apreciaciones. Antes que nada,

---

[59] Argenis Rodríguez, "De la Jurisdicción venezolana en los contratos marítimos", disponible en https://derechomaritimovenezolano.wordpress.com/2017/04/01/derogatoria-de-la-jurisdiccion-venezolana-en-los-contratos-maritimos/ recuperado el 20 de febrero de 2020.

tenemos que fijar que el tipo de acción indicada en este artículo es la judicial, por tanto, el hecho generador es aquel que permite impulsarla.

La acción, como se explica en la Enciclopedia Jurídica Opus, se ejercita al imponer la demanda, debiendo expresarse en ésta (la demanda) la fundamentación suficiente para legitimar la pretensión que es lo que viene a completar aquella (la acción).[60] La acción es un derecho subjetivo y depende solo de quien la ejerce. El derecho a accionar, constituye una manifestación de libertad personal, ya que, corresponde a quien la detenta ejercerla o no y, por tanto, cualquier limitación debe constar en la ley de manera expresa. Cualquier limitación a la libertad de ejercer la acción debe ser tanto clara como razonable. Ahora bien, en este orden de cosas ¿en qué medida es claro y razonable lo establecido en el Artículo 11 de la Ley de Comercio Marítimo?

Para explicar esto, hay que puntualizar que el derecho subjetivo implícito en la capacidad de accionar está vinculado al principio de la autonomía privada y, en el campo marítimo, como sostiene Álvarez Rubio: "*el análisis de la autonomía de la voluntad de las partes como criterio atributivo de la competencia judicial internacional y como conexión en el ámbito conflictual vinculado a la determinación de la ley aplicable, posee especial interés*".[61]

El principio que rige las relaciones privadas en Venezuela es el de la autonomía de la voluntad, en su desarrollo, quienes deciden vincularse a través de una relación contractual de naturaleza mercantil, concretamente en estos casos de naturaleza comercial marítima, pueden pactar todo aquello que deseen, siempre que no esté expresamente prohibido por la ley o vulnere el orden público.

La Ley de Derecho Internacional Privado, ha indicado la Sala Político Administrativa del Tribunal Supremo de Justicia, admite como regla la posibilidad de la derogación convencional de la jurisdicción venezolana a favor de Tribunales extranjeros o de árbitros que resuelvan en el extranjero con excepción de los bienes inmuebles, materias

---

60 Oscar Pierre Tapia – Editor- *Enciclopedia Jurídica OPUS*, Ediciones Libra, Caracas, 1994, p. 61.

61 Juan José Álvarez Rubio, *Derecho Marítimo y Derecho Internacional Privado*. Servicio Central de Publicaciones del Gobierno Vasco. Vitoria, 2006, p. 174.

respecto de las cuales no cabe transacción o que afecten los principios esenciales del orden público venezolano.[62]

Lo anterior amerita establecer una noción de orden público. En materia de Derecho Internacional Privado, el orden público internacional es un mecanismo de exclusión del derecho extranjero, el cual sería aplicable de acuerdo a la ley. Lamentablemente, como reflexiona Yanes, es imposible de precisar, todo lo que puede decirse de más exacto y menos vago, es que estas son aquellas establecidas de una manera imperativa por el legislador.[63]

Por otra parte, Messineo dice: la institución jurídica del contrato es un reflejo de la institución jurídica de la propiedad privada. Con el reconocimiento de la propiedad privada se enlaza idealmente el principio de libertad contractual, expresión a su vez del principio de la autonomía de los particulares, el cual, si bien limitado, constituye la piedra angular de la disciplina general del contrato.[64] En desarrollo de esta disciplina, las partes en un contrato de naturaleza privada pueden, salvo disposición legal en contrario o que se vulnere el orden público, redactar *a priori* una cláusula fijando la jurisdicción competente y la ley aplicable. Siendo así, no tiene sentido aceptar que un contrato en el cual se haya establecido una cláusula jurisdiccional esté sometido a la regla impuesta en el Artículo 11 de la Ley de Comercio Marítimo porque en principio el derecho a accionar surge de lo dispuesto en el contrato y no de la ocurrencia de un hecho futuro e incierto. Esto es así, salvo que las partes, no hayan acordado una cláusula de jurisdicción, supuesto en el cual si sería necesario que ocurriera un hecho para que se generara el derecho a accionar y, consecuentemente, las partes pudieran determinar la jurisdicción competente.

Para una mejor comprensión de lo anterior, en el contexto del estudio del Artículo 11 de la LCM y del 10 que lo precede, es conveniente

---

62 Sala Político Administrativa del Tribunal Supremo de Justicia, sentencia N° 1252 de 30 de mayo de 2000. Disponible en http://www.venezuelaprocesal.net/juris_juriscomp.htm#_Toc62983846, recuperado el 20 de febrero de 2020.

63 Francisco Gerardo Yanes, *Memorándum de Derecho Internacional Privado*, Academia de Ciencias Políticas y Sociales. Caracas, 2007, p. 96.

64 Francesco Messineo, *Doctrina general del contrato*. Editorial Jurídica Europa América. Buenos Aires, 1952, p.15.

razonar sobre este último con base la perspectiva adoptada por la doctrina al estudiar el artículo 47 de la Ley de Derecho Internacional Privado.

> *"Artículo 47 LDIPr: La jurisdicción que corresponde a los tribunales venezolanos, según las disposiciones anteriores, no podrá ser derogada convencionalmente en favor de tribunales extranjeros, o árbitros que resuelvan en el extranjero, en aquellos casos en que el asunto se refiera a controversias relativas a derechos reales sobre bienes inmuebles situados en el territorio de la República, o se trate de materias respecto de las cuales no cabe transacción o que afecten los principios esenciales del orden público venezolano."*

Al interpretar esta disposición, Maekelt, expone:

> *"Un comentario especial amerita el artículo 47 que sustituye el confuso artículo 2 del Código de Procedimiento Civil. La disposición prohíbe que se derogue convencionalmente la jurisdicción de los Tribunales venezolanos solamente en tres casos: a) cuando se trate de controversias relativas a derechos reales sobre bienes inmuebles situados en Venezuela o; b) materias sobre las cuales no cabe transacción o, c) que afecten los principios esenciales del orden público venezolano. De esta manera se admite la derogación de la jurisdicción venezolana mediante sumisión a tribunales extranjeros o a árbitros que resuelvan en el extranjero, sin que se requiera vinculación alguna con el Estado donde tengan su asiento los tribunales o los árbitros……"*[65]

De igual manera, es indefectible destacar que el Artículo 11 de la Ley de Comercio Marítimo tiene sentido en la medida que se le ubique en el ámbito del principio de la autonomía privada, que, entre otras cosas, propugna que las partes en un contrato pueden elegir la jurisdicción competente y la ley aplicable. Siendo así, como ya se dijo, las condiciones del derecho a accionar pueden ser establecidas por los contratantes y solo, si estos no disponen nada, es que tendría que verificarse un hecho específico para que se pudiera generar la acción, es decir, en materia convencional las partes, *ex ante*, al establecer una cláusula arbitral o

---

[65] Maekelt pp. 114 y 115.

jurisdiccional, tienen derecho a obviar la jurisdicción que le corresponde a los tribunales venezolanos pero si no lo hacen, *ex post*, pueden resolver sus controversias ante una jurisdicción extranjera o arbitral, pero solo una vez acaecido el hecho que origina la acción siempre, claro está, que no exista un impedimento de ley o una afectación al orden público.

En conclusión ¿es aplicable esta norma a los contratos marítimos? Si existe una cláusula jurisdiccional o arbitral en el contrato o se incorpora a este con posterioridad una disposición adicional que regule este asunto (*rider clause*) la respuesta es definitivamente negativa, por tanto, el único supuesto contractual donde es posible aplicar lo dispuesto en el Artículo 11 de la Ley de Comercio Marítimo es ante la ausencia de una cláusula válida.

IX. APLICABILIDAD DEL ARTÍCULO 11 DE LA LEY DE COMERCIO MARÍTIMO A LOS SUPUESTOS EXTRACONTRACTUALES

A los efectos del Derecho Internacional Privado, el Comité Europeo de Cooperación Jurídica del Consejo de Europa ha definido la responsabilidad extracontractual como la obligación de reparar un daño derivado de un hecho distinto a la inejecución o ejecución forzosa de una obligación contractual.[66] De acuerdo con lo esto, las obligaciones extracontractuales son todas aquellas que se originan sin que medie un contrato.

Tomando en cuenta que la legislación marítima prevé tanto la responsabilidad contractual como extracontractual y, que, con relación a esta última, establece una categoría de hechos, que denominada Riesgos de la Navegación que son identificados en la Ley de Comercio Marítimo como abordaje y otros accidentes, salvamento y averías corresponden ahora analizar si lo dispuesto en el Artículo 11 de la Ley de Comercio Marítimo se aplica o no a este tipo de sucesos.

---

66 Comité Europeo de Cooperación Jurídica del Consejo de Europa, Concepto de obligaciones extracontractuales, en: https://derechouned.com/libro/internacional-privado/4877-concepto-de-obligaciones-extracontractuales recuperado el 02 de marzo de 2020.

Para determinar si la norma en estudio es aplicable en los casos de abordaje hay que repasar los artículos 332 y 333 de la Ley de Comercio Marítimo.

Artículo 332 LCM: Además de la jurisdicción que les asigna la ley, los tribunales venezolanos conocerán de los casos de abordajes ocurridos en aguas jurisdiccionales venezolanas, y en las no jurisdiccionales, cuando:

1. Uno de los buques sea de matrícula nacional.
2. Uno de los buques sea embargado en puerto venezolano con motivo del abordaje o se otorgue en dicho lugar fianza sustitutiva.
3. Después del abordaje uno de los buques haga su primera escala o arribe eventualmente a puerto venezolano.

Artículo 333. Solamente en los casos establecidos en los numerales 2 y 3 del artículo anterior y en el caso que la jurisdicción venezolana corresponda cuando el demandado haya sido citado personalmente en el territorio de la República, los tribunales venezolanos podrán discrecionalmente declinar su jurisdicción, a solicitud del demandado, en favor de los tribunales de otro país en el cual se hubiere intentado una acción por los mismos hechos y causas, siempre que le otorgasen al demandante iguales garantías para responder de las resultas de dicha acción intentada por ante ese otro Estado.

Los tribunales venezolanos tomarán en cuenta la vinculación que las partes, buques, aseguradores y tripulantes puedan tener con la jurisdicción extranjera con el fin de tomar su decisión.

La solicitud se propondrá y tramitará en la forma de una cuestión previa de declinatoria de jurisdicción.

En el supuesto del abordaje, el legislador establece, como una institución excepcional, la figura del *forum non convenienes*. Siendo así, si se admite que el juez, respondiendo a una solicitud del demandado, pueda determinar de acuerdo a su propio criterio si el ordenamiento venezolano está o no interesado en conocer sobre un abordaje, no puede haber objeción para que acepte que ambas partes decidan someter su controversia a una jurisdicción extranjera o arbitral. Por tanto, las partes tienen derecho a disponer libremente si quieren dilucidar su controversia ante la jurisdicción venezolana o, en su defecto, acudir ante jueces extranjeros o árbitros, claro, deberán esperar que ocurra el hecho generador de la acción para que esta posibilidad se materialice.

A modo de conclusión, los casos de una colisión que ocurra en los espacios acuáticos venezolanos, el juez venezolano tiene jurisdicción, pero no consideramos que sea exclusiva y excluyente. Siendo así, una vez ocurrido el hecho generador de la acción las partes podrán determinar acudir a una jurisdicción extranjera o arbitral.

En materia de salvamento, hay que precisar si la obligación deriva de un contrato o no. En el primer caso, salvo que se afecte el orden público, vg.: materias relacionadas con contaminación, de acuerdo a lo previsto en el Artículo 341 LCM, nada obsta para que las partes puedan acudir a un foro extranjero o arbitral. De hecho, el legislador acepta que estos asuntos pertenecen a la esfera de lo disponible cuando permite que las partes puedan resolver un eventual litigio aplicando una ley de otro país, tal y como se evidencia en el artículo 364 de la Ley de Comercio Marítimo. Luego, conforme con este razonamiento, lo coherente es reconocer que, si no existe un contrato, las partes, pueden, una vez ocurrido el hecho generador de la acción, manifestar su voluntad de no someter sus controversias a la jurisdicción venezolana.

Con relación a las averías, las partes pueden, en un compromiso de avería gruesa o común, elegir la jurisdicción foránea o el arbitraje, y, en los casos en los cuales tales convenios no existan, las partes, una vez abierto el proceso de liquidación podrán determinar la sede en la cual resolverán sus diferencias.

Cualquier otra situación contractual o extracontractual que pueda subsumirse en los previsto en el Artículo 11 de la Ley de Comercio Marítimo, deberá interpretarse respetando el principio de la autonomía de la voluntad. Lo cual implica que, cualquier limitación a este debe estar claramente prevista en la Ley o implique la vulneración del orden público. En tal sentido, el juez no está en libertad de extender la aplicación de la norma si no que debe sujetarse a lo previsto en ella.

Santiago de León de Caracas, 02 de junio de 2020

DERECHOS REALES, PRIVILEGIOS Y DERECHO DE RETENCIÓN EN MATERIA MARÍTIMA

IGNACIO LUIS MELO RUIZ*

SUMARIO

INTRODUCCIÓN

Antes de abordar el tema de este trabajo, debemos tener en consideración que se va a enfocar desde el punto de vista mexicano y la legislación vigente, en México, desde el punto de vista del autor, que esa legislación pertenece al grupo de legislaciones latinas y por lo mismo en sus conceptos básicos es muy similar a las legislaciones de Francia, España, Italia, Portugal y Latinoamérica, y por todo ello los conceptos básicos suelen ser muy semejantes en estas áreas.

Por otra parte, tampoco podemos perder de vista que las figuras de que se trata, gravámenes reales, créditos privilegiados y derechos de retención son figuras que guardan semejanzas en cuanto a su estructura y por lo mismo pueden tender a confundirse en su aplicación y en el ejercicio de estos derechos, donde resulta necesario tratar de establecer puntos de distinción que tiendan a dejar más clara las características de cada una de estas figuras y su correcta aplicación.

Además, resulta indispensable determinar la naturaleza jurídica de estas figuras que son propias del derecho sustantivo para determinar la

* Ignacio Luis Melo Ruiz es socio director de Melo Abogados, firma de abogados especializada en asuntos marítimos. El Sr. Melo es Presidente de la Asociación Mexicana de Derecho Marítimo, vicepresidente por México en el Instituto Iberoamericano de Derecho Marítimo, miembro activo del Ilustre y Nacional Colegio de Abogados de México. Es un orador frecuente en institutos y seminarios marítimos. El Dr. Melo obtuvo la licencia para practicar derecho en 1956 en la Universidad Nacional Autónoma de México y su Doctorado en 1957 en la Universidad Complutense de Madrid, también ha sido profesor en las más prestigiadas universidades del país.

forma en que se plantean las acciones derivadas y tendientes a la aplicación de la misma, que son conceptos propios del derecho adjetivo.

Por último, el desarrollo del tema se concreta a la materia marítima en si misma considerada con la exclusión de cualquier otra referencia a otra ramas del derecho.

Teniendo esos conceptos presentes en todo momento pasamos a darle el enfoque correspondiente dentro del área marítima.

MARCO JURÍDICO

México regula en términos generales los gravámenes reales, los privilegios y el derecho de retención en diversos ordenamientos principalmente en el Código Civil Federal el cual aplica, en forma supletoria, a la Legislación Marítima , por lo que los conceptos generales están referidos principalmente a la forma en que son contemplados en ese Código y en forma particular a los mismos conceptos aplicado a instituciones propias del Derecho Marítimo, a la Ley de Navegación y Comercio Marítimos y su Reglamento.

Afecta a la materia marítima principalmente, en los capítulos de Propiedad y Copropiedad Marítima de buques, artefactos navales y en general de cualquier bien destinado a la navegación o a la explotación de recursos marítimos, teniendo especial importancia el derecho real de copropiedad marítima por las características especiales que dentro de las ramas del Derecho guarda esta figura de copropiedad y a las que más adelante se hace alusión .

Además tienen especial importancia la interrelación de estas figuras jurídicas con los llamados privilegios marítimos, que tienen un tratamiento diferente y muy especial en nuestra Legislación Marítima, así como a los diversos casos en los cuales nuestra legislación otorga el derecho de retención.

En consecuencia debemos comenzar por determinar con la mayor claridad posible la naturaleza, alcance y efectos de cada una de estas figuras, el derecho real, el privilegio marítimo y el derecho de retención sobre buques, carga de los buques y artefactos navales.

Tradicionalmente se ha definido el derecho real como el poder directo que ejerce una persona sobre un bien para su aprovechamiento, oponible a los terceros , definición esta que toma en cuenta únicamente el aspecto económico (aprovechamiento) y no jurídico, por lo que preferiríamos caracterizarlos como la posibilidad normativa de ejecutar determinados actos para disponer y gozar respecto de una cosa, facultad que tendrá que ser oponible a todo el mundo, es decir que tiene un sujeto pasivo universal, *"erga omnes"* , de donde obtenemos la libre disposición de un bien determinado respecto de un sujeto titular de este derecho, lo cual contempla no solo el aspecto económico, sino también el aspecto jurídico en el ejercicio de esa disponibilidad de la cosa tutelado por la ley. También en este concepto se encuentra la posibilidad normativa de impedir que cualquier otro sujeto pudiera interferir en su esfera jurídica, todo lo cual es acorde a los artículos 830 y siguientes del Código Civil Federal. Prescindiendo de una clasificación de derechos reales más detallada , y concretándonos al tema en desarrollo, debemos señalar que para nosotros la propiedad es un derecho real tutelado en el Código Civil Federal catalogado como derecho real absoluto para distinguirlo de aquellos derechos reales que se otorgan en función a conceder una garantía respecto del cumplimiento de una obligación y en consecuencia, los dos temas a tratar se relacionan el primero con el derecho real absoluto de propiedad y copropiedad de los buques y el segundo tema se relaciona con el derecho que constituye un gravamen real para otorgar una garantía y que por lo mismo es un derecho real de garantía.

Expresamente la posesión se excluye de este tema porque nuestro derecho no está considerado como derecho real sino que para nosotros se trata de un hecho que produce consecuencias de derecho y así queda plasmado en los artículos 790 y siguientes de nuestro Código Civil Federal, por lo cual la posesión en si misma considerada, de ninguna forma puede producir en México un derecho real ni absoluto ni de ninguna otra índole.

Con las consideraciones anteriores debemos ahora referirnos al derecho real absoluto de propiedad de las embarcaciones, artefactos navales y otros objetos utilizados en el mar, independientemente de su denominación, y desde luego de la copropiedad marítima respectiva.

Ciertamente el derecho real de propiedad es el que implica una menor complejidad, por su extensión de carácter universal, en donde se da el titular de este derecho y la oponibilidad a una universalidad de sujetos pasivos, con excepción del citado titular del derecho, de donde tenemos que derivar que cuando se dan los presupuestos para adquirir la propiedad previstos en los artículos 78 a 83 de la Ley de Navegación y Comercio Marítimos, se está frente a el derecho real absoluto de propiedad que opera en los términos de los artículos antes citados y respecto de ese derecho, su titular adquiere en forma simultánea las obligaciones inherentes a la propiedad de los buques a que se refiere la propia ley y su reglamento.

Por lo que toca a la copropiedad marítima México ha adoptado, como mucho países en el mundo, el sistema de dividir la misma "*en quirates*" y a diferencia de otros países la cifra de esta división en México es de 100 "*quirates*" los cuales sin perder ni su unidad ni su proporcionalidad pueden ser a su vez objeto de copropiedad.

Estamos conscientes de que esta figura propia del derecho marítimo tiene semejanzas a la copropiedad civil, a la sociedades por acciones y al régimen de condominio, los cuales tienen que ser relacionados teniendo en consideración que aun con las modalidades de la copropiedad marítima por "*quirates*" no pierden su naturaleza jurídica de una copropiedad "*alícuota*" y pro indiviso.

Como consecuencia de lo anterior resulta que el derecho real de copropiedad queda circunscrito y limitado por la regulación que la legislación marítima impone a los buques, limitaciones estas que son principalmente de carácter administrativo , pero que afectan muy poco el ejercicio de este derecho real absoluto, considerado como tal.

DERECHO REAL DE GARANTÍA O GRAVAMEN REAL

Más frecuente es el uso del derecho real de garantía en el ámbito del derecho marítimo, dado que existen dos figuras muy próximas en su concepción, con efectos jurídicos de cierta semejanza y que nuestra legislación vigente son indefinidos e imprecisos. Me refiero a los privilegios marítimos y a la hipoteca naval.

La discusión ha sido larga y estéril y hasta la fecha debemos reconocer que no existe en nuestra legislación vigente una precisión que determine si el llamado privilegio marítimo constituye o no un gravamen real , aun cuando en el caso de la hipoteca naval si existe normatividad clara y concisa para considerarlo como un gravamen real de garantía.

En el caso de México la Ley de Navegación y Comercio Marítimos cuando trata de la hipoteca naval o marítima como le llama, en su artículo 102 textualmente dice:

> Artículo 102 "...***El gravamen real de hipoteca*** *pasará inmediatamente después de los privilegios marítimos enumerados en el artículo 91 de esta ley y tendrá preferencia sobre cualquier otro crédito que pudiera gravar la embarcación."* .

Nótese que expresamente y en forma clara y determinante, el artículo antes citado le da el carácter de gravamen real a la hipoteca, de donde no queda duda alguna que estamos frente al derecho real de garantía al que nos venimos refiriendo.

Sin embargo el texto mismo del artículo 91 de la misma Ley señala textualmente que:

> Artículo 91 " *..los privilegios marítimos otorgan al acreedor privilegiado,* ***el derecho de ser preferido en el pago frente a otros acreedores,*** *de conformidad con lo dispuesto por la presente ley según el orden siguiente...".*

Además el segundo párrafo del artículo 100 del mismo ordenamiento textualmente dice:

> Artículo 100 "*.....los créditos privilegiados marítimos darán lugar a la ejecución por su importe total, sobre la embarcación, fletes o cargas afectos al pago de los mismos. Por lo cual, a petición del actor se decretara el embargo o se confirmará la retención de estos al admitir la demanda.."*

El párrafo antes transcrito clara y expresamente otorga al acreedor el derecho de ejecución del bien que es propio de los gravámenes reales, pero sin mencionar que se trata de un gravamen real.

Si tenemos en consideración que las principales características de los derechos reales de garantía son el de persecución del bien, ejecución del mismo y pago privilegiado al acreedor, tenemos que realmente nuestra legislación ha tratado ese tema con absoluta confusión y no solo ello respecto de las características anteriores sino que además, a pesar de que el gravamen real debe recaer sobre un bien clara y previamente identificado, encontramos que también en esa parte es omisa nuestra legislación pese a que el propio Código Civil Federal señala con claridad meridiana que los gravámenes reales deben recaer sobre bienes determinados, dicho en otros términos, si la intención es de que exista un gravamen real generado por los privilegios marítimos, debe especificarse no solo que recae sobre una embarcación, sino específicamente en la embarcación que generó el crédito identificando esta con los elementos de identidad de los buques o con elementos suficientes que no permitan ambigüedad alguna.

Los artículos antes citados considerados entre sí, crean la duda de si al privilegio marítimo debe considerársele como una simple preferencia en el pago o tiene este el carácter de gravamen real. Sobre este particular en diversas decisiones el Poder Judicial federal ha sido ambiguo y obscuro en determinar este punto, razón por la cual creo que debemos entrar al fondo del problema y determinar, a la luz de estos textos, la naturaleza jurídica de estas figuras, puesto que si se trata de un gravamen real debe de ejercitarse para su cumplimiento una acción "*in rem* " y si solo es una simple preferencia la acción procedente sería una acción "*in personam*". En ambos casos e independientemente de las opiniones que a continuación emito, creo que debe plasmarse en una reforma a la Ley un texto claro, preciso y diáfano respecto de la naturaleza jurídica de que se trata, proposición que también se hace más adelante.

Sin embargo la lectura de los artículos antes transcritos adolecen de una mala y confusa redacción, lo cual hace que antes de entrar al fondo del problema planteado debe hacerse un análisis detallado del texto de nuestra Ley de 2006 y que es la que está actualmente en vigor.

El texto del artículo 91 otorga en términos generales que se refiera a un bien determinado, el privilegio de ser preferido en el pago, característica, entre otras muchas del gravamen real y el artículo 100 también transcrito hace referencia al derecho de ejecución del bien afecto, que es otra de las muchas características de los bienes en los que puede recaer un gravamen real, pero es omiso en todas y cada una de las demás características de los gravámenes reales de garantía, por lo que las demás características o son objeto de una suposición o simplemente no se quiso dar el carácter de gravamen real a los privilegios marítimos, como si se hizo en el artículo 102 transcrito respecto de la hipoteca naval y de ahí las opiniones encontradas en nuestros Tribunales.

El hecho de que en el artículo relativo a la hipoteca sí determina en forma clara , rotunda y categórica que la hipoteca es un gravamen real de garantía, pero sin embargo el hecho de que en el texto relativo al artículo sobre privilegios marítimos no se haga referencia alguna al carácter real de este derecho y se circunscriba a mencionar únicamente el derecho a ser preferido en el pago nos lleva a pensar a primera vista que la intención del legislador no fue darle ese carácter, lo cual además se agrava porque en el texto en comento, inexplicablemente no se hace referencia al objeto al cual va dirigido el privilegio de que se trata, lo cual nos lleva a hablar de derechos no sobre una cosa o un bien determinado si no de supuestos privilegios sobre cosas indeterminadas, lo cual hace más compleja la interpretación de la naturaleza jurídica que tratamos de desentrañar, máxime que más adelante expresamente se otorga el derecho de ejecutar la embarcación afectada al privilegio marítimo.

En efecto en el texto que se comenta habla que los privilegios marítimos otorgan al acreedor privilegiado un derecho preferencial en el pago frente a otros acreedores, pero sin determinar en forma clara cuál es el bien afecto a esa preferencia en el pago, suponiendo que solo se trate de la preferencia en el pago y no es sino hasta el artículo 93 de la propia ley en el que se señala que los privilegios marítimos corresponden a las embarcaciones, debiendo insistir en que aunque parezca una simple verdad de perogrullo, debe quedar en forma clara que los privilegios a que se refiere tanto la convención de la materia como nuestra ley son situaciones que recaen precisamente sobre la embarcación que las origina, sin que sea válido presuponer el concepto mismo pues ello solo sirve para alimentar controversias.

Así las cosas, lo primero que debería hacer nuestra legislación es establecer con toda precisión en una reforma los puntos que se comentan en el párrafo anterior señalando y definiendo que es un privilegio marítimo y cuál es su naturaleza.

Superando esta situación debemos entrar a determinar si lo que en nuestra Legislación se señala como el simple derecho de ser preferido en el pago, debe detenerse en esa situación o señalarse como un derecho real de garantía, de carácter netamente sustantivo en contraposición de quienes le dan a este derecho un carácter meramente adjetivo que solo puede explicarse en razón a que si este únicamente tiene carácter adjetivo se conserva y aplica la "*lex fori*", lo cual en nuestro concepto no estimamos correcto, pues consideramos que nuestra legislación es clara respecto de considerar este derecho como de carácter sustantivo

Por otra parte debemos determinar si se trata del mismo alcance el derecho real de garantía que recae en un buque o en su defecto se trata de alcances diferentes en el ejercicio de este derecho.

Llama la atención que en otras legislaciones, en donde se catalogó como privilegio real el de los acreedores marítimos nosotros no hayamos establecido una conceptualización semejante y en lugar de ello hayamos dejado una redacción ambigua, sin mantener una posición determinada sobre este particular y en consecuencia hoy en día tengamos que hacer una exégesis de este problema para saber si en el desarrollo de este capítulo lo que se quiso fue darle un efecto real o no a este tipo de derechos y como operaría junto al derecho real de garantía que crean tanto la prenda como la hipoteca.

La importancia práctica de determinar la problemática planteada radica en que de los derechos reales de garantía derivan una serie de consecuencias jurídicas que no están presentes ni pueden considerarse como tales en un simple derecho de preferencia.

En primer término el derecho real de garantía que se genera a través de la hipoteca o de la prenda, otorga al acreedor un derecho de persecución sobre la cosa, en este caso el buque, que no podría reconocerse como tal si estamos frente a un simple derecho de ser preferido en el pago pues en tanto ese derecho se otorgue sobre la cosa nos lleva a la conclusión de que se trata de un derecho de persecución que seguirá gravando al buque aunque su propiedad se transmita a terceros y, por otra parte el simple derecho de preferencia no crea ningún derecho sobre la cosa y mucho menos un derecho de persecución que pueda tener como sujeto pasivo de la obligación el ser opuesto a una universalidad de personas, es decir, no se trata de un derecho "*propter rem*".

Sobre el particular expresaremos nuestra opinión más adelante.

Más aún los privilegios marítimos, están pensados como un derecho de crédito sobre el buque cuya operación los origina, como protección a los presuntos acreedores como en las acciones *"in rem scripta"* lo cual le daría una naturaleza real semejante a la hipoteca o a la prenda, dependiendo de que exista esa protección a través de un derecho real pues el derecho a ser pagado preferentemente una determinada obligación, no tiene el alcance y sí limita éste, que tendría si fuese considerado como derecho real.

El hecho de considerar al privilegio marítimo como obligación real crea la posibilidad de que este derecho marítimo siga a la cosa aun cuando la propiedad de la misma siga circulando, es decir, que no importa las posteriores traslaciones de dominio que afecten a un buque, para poder perseguir al buque en sí mismo considerado en virtud del crédito que el propio buque haya generado y tenga la categoría de un privilegio reconocido por la propia ley.

En cambio, en cuanto al derecho de ejecución del bien afectado el artículo 100 antes transcrito sí otorga el derecho de ejecución sobre el mismo, que es propio de los gravámenes reales, aumentando la confusión respecto de la naturaleza jurídica de estas figuras.

Después del análisis anterior debemos considerar que aunque no se exprese en forma explícita este carácter de los privilegios marítimos en nuestra ley y si en cambio se limite a la infortunada y limitada frase de que los acreedores con privilegio marítimo "*podrán ser preferidos en el pago*", porque este no es la "*ratio legis*" de los privilegios marítimos que en teoría deben recaer sobre el buque cuya operación los genera y con los derechos de persecución y ejecución y preferencia en el pago.

Por último para los efectos de hacer efectiva la garantía que llevan implícitos los privilegios marítimos, en el caso de una ejecución del bien gravado en la hipoteca se ejecuta una acción sobre el mismo buque y en el privilegio marítimo o se le da el carácter de derecho real de garantía o en su defecto únicamente se limita al hacer preferido en el pago lo cual está muy lejos de ser la intención que se tuvo al establecer los privilegios marítimos.

DERECHO DE RETENCIÓN

En materia marítima nuestra ley solo otorga derechos de retención a:

A) Al constructor que no se le haya pagado el importe devengado.
B) Al reparador de un buque a quien tampoco se le haya cubierto el adeudo de la reparación y
C) Sobre la carga y a favor del buque se otorga el derecho de retención a quien adeude cantidad alguna derivada de su transporte.

De lo anterior debemos estimar que el derecho de retención si bien afecta a determinados bienes, su ejercicio no pasa de ser una acción "*in personam*" que no establece gravamen real sobre la cosa de ninguna forma y únicamente autoriza a su titular a mantener la posesión originaria o precaria del bien de que se trate, pero el derecho en sí, para efectos adjetivos debe estimarse como un derecho otorgado "*in personam*" a quien detenta el bien, de donde resulta claro que no existe confusión alguna ni con los privilegios marítimos, ni con la hipoteca naval.

CONCLUSIÓN

Expresado todo lo anterior es nuestra opinión que independientemente de llevar a cabo una modificación sustancial en la redacción de nuestra legislación sobre privilegios marítimos declarando expresamente a quien y a que cosa esta dirigida el crédito de que se trate debe también tomarse una postura clara, rotunda y terminante respecto de si los consideramos o no como un gravamen real, para lo cual proponemos una reforma legislativa que tome en consideración los siguientes puntos:

A) Que los privilegios marítimos recaen exclusivamente en el buque que los genera y el cual deberá ser debidamente identificado, para cumplir el requisito de hipoteca sobre bienes determinados.
B) Considerar el privilegio marítimo como un gravamen real de hipoteca legal, impuesta por la propia ley, la cual nacería al

momento mismo de que se diera el presupuesto del privilegio de que se trata, o considerar un nuevo grupo de gravámenes reales de garantía en el derecho marítimo que sería constituido por el propio listado de estos derechos.

C) Otorgar al gravamen real de privilegio marítimo, todos los derechos inherentes a los gravámenes reales, entre otros los derechos de persecución, ejecución y privilegio en el pago de la venta del buque afecto a esos privilegios.

D) El capítulo respectivo de privilegios marítimos e hipotecas navales, adecuarlo a la Convención Internacional de Ginebra 1993 sobre este tema, adhiriéndonos a la misma como parte contratante.

EL EMBARGO PREVENTIVO DE BUQUE EN DERECHO ESPAÑOL. ESPECIAL REFERENCIA A LA LEY 14/2014, DE 24 DE JULIO, DE NAVEGACIÓN MARÍTIMA

LUIS DE SAN SIMÓN CORTABITARTE*
DIEGO DE SAN SIMÓN PALACIOS**

I. INTRODUCCIÓN

El embargo preventivo de buques es la medida cautelar -al menos en España- por excelencia en el ámbito del Derecho marítimo. Muy probablemente no haya un día en algún lugar del mundo en la que no

* Licenciado en Derecho por la Universidad Autónoma de Madrid. Abogado en ejercicio, dedicado al Derecho marítimo, de transportes y del seguro desde 1978. Miembro Titular del Comité Marítimo Internacional (CMI). Letrado del Ilustre Colegio de Abogados de Madrid. Miembro de la Asociación Española de Derecho Marítimo. Miembro del Instituto Iberoamericano de Derecho Marítimo. Miembro de la International Bar Association (IBA) y ex presidente del Sub-Comité A1. Ex Asesor del Reino de España en International Maritime Organization (IMO). Miembro Honorario del Centro para Estudios Legales de Salzburgo. Ex miembro del Comité Asesor del Latin Law Institute de Tulane Law School. Fundador del International Maritime Law Seminar. Ex Presidente de la Sección de Derecho Marítimo y Transporte del Ilustre Colegio de Abogados de Madrid. Arbitro. Profesor en diversos Masters en Derecho marítimo.

** Licenciado en Derecho & ADE, y Máster en Liderazgo Humano y Profesional por la Universidad Francisco de Vitoria. Máster en Negocio y Derecho Marítimo impartido por el Instituto Marítimo Español (IME) e ICADE Business School de la Universidad Pontificia de Comillas, Abogado en ejercicio desde 2008. Letrado del Ilustre Colegio de Abogados de Madrid, miembro de la Asociación Española de Derecho Marítimo y de la International Association of Young Lawyers (AIJA). Profesor en diversos Masters en Derecho marítimo.

se trabe un embargo preventivo (entendido por regla general como la detención y prohibición de navegar) sobre un buque en aseguramiento de la efectividad de una tutela judicial esperada por el acreedor y que pudiera otorgarse en una eventual sentencia estimatoria.

El embargo preventivo de buques, en tanto que medida cautelar[1] especial goza -en la mayoría de los ordenamientos jurídicos del globo, como es en el caso español- de una serie de «*prerrogativas presupuestarias procesales*» en comparación con las demás medidas cautelares que se rigen por el derecho procesal común[2], cuya respuesta no es otra que la especialidad en sí misma de la propia materia en la que nos encontramos, y la especialidad del bien objeto de embargo, esto es, el buque que navega, que -relativamente- pocas veces se encuentra en puerto, y que, aun cuando recala en uno de ellos su estancia suele ser poco duradera, por lo que, de no contar con esas especialidades procesales, y tener que atender a todos los presupuestos materiales y procesales de la norma común, el embargo preventivo de buques resultaría (en la mayoría de las ocasiones) una medida cautelar vacua.

A su vez, el embargo preventivo de buques en tanto que medida universal plantea el reto de la búsqueda de la mayor uniformidad posible, en aras a garantizar la mayor seguridad jurídica posible. En sentido, como decimos, raro es el ordenamiento jurídico que no dispone de normas especiales en materia de embargo preventivo de buques[3].

En Derecho español, su régimen se encuentra actualmente regulado en la Ley 14/2014, de 24 de julio, de la Navegación Marítima[4] (en adelante «*LNM*» o la «*Ley*»), cuya entrada en vigor data del 25 septiembre de 2014. Dicha Ley supuso un soplo de aire fresco en el

---

1 Sobre la distinción entre embargo ejecutivo y embargo preventivo, *ver*, J. L. Pulido Begines, *Curso de Derecho de la Navegación Marítima*, Tecnos, Madrid, 2015, p. 503.

2 Existen otros embargos preventivos especiales, como son el embargo preventivo en el juicio cambiario o embargo preventivo por deudas derivadas de gastos comunes en el régimen de propiedad horizontal, pero que nada tiene que ver con la materia objeto del presente trabajo.

3 E. Albors, y J. Portales, «Embargo preventivo de buques», en A. Emparanza Sobejano, y J. M. Martín Osante, 8 (dirs), *Comentarios prácticos al régimen de la Ley de Navegación Marítima*», Ley de Navegación Marítima: Balance de su aplicación práctica, Marcial Pons, Madrid, Barcelona, Buenos Aires, Sao Paolo, p. 659.

4 «BOE» núm. 180, de 25 de julio de 2014, páginas 59193 a 59311, referencia: BOE-A-2014-7877

Derecho marítimo español, en tanto que vino a unificar, simplificar y «*superar las contradicciones existentes entre los distintos convenios internacionales vigentes en España y la dispersa normativa que regula esta materia*»[5], así como a modernizar una norma cuya cabecera se encontraba «*todavía constituida por el Libro III del Código de Comercio de 1885*»[6], y adecuarlo así a la práctica actual del Derecho marítimo en el Siglo XXI.

En materia de Derecho marítimo internacional y uniforme, las novedades introducidas por la LNM han sido quizás de menor relevancia en la medida en que en España se encontraban en vigor la mayoría de los Convenios Internacionales marítimos aún antes de la propia entrada en vigor de la Ley. Dicho esto, la labor de la LNM ha consistido fundamentalmente en ratificar y remitir a los Convenios Internacionales marítimos de los que España ya era Estado parte, pero introduciendo ciertas disposiciones que vienen a completar y complementar los regímenes de las distintas materias reguladas por los diferentes Convenios Internacionales

En lo que respecta al embargo preventivo de buques, la LNM no iba a ser menos. Así pues, la Ley -con el propósito y el criterio de no reiterar en su texto aquello que ya está previsto en los Convenios Internacionales[7]- se remite al Convenio Internacional sobre el embargo preventivo de buques, hecho en Ginebra el 12 de marzo de 1999 (en adelante «*Convenio de Ginebra de 1999*»), cuyas disposiciones ha venido a completar, y cuyo Preámbulo -el de la LNM-, destaca que «*queda asegurada la detención efectiva del buque (por conducto de la Capitanía Marítima), sin necesidad de acreditar el crédito marítimo ni el peligro por mora procesal y la urgencia (que se presume), remitiendo en todo lo no específico a la Ley de Enjuiciamiento Civil*», así como que «la jurisdicción competente para decretar el embargo será, a elección del actor, la del puerto de estadía del buque, aquel donde se espera su arribada o el juzgado que lo sea para conocer de la pretensión principal», y finalmente que se fijan unos criterios para determinar la cuantía

[5] Preámbulo de Ley 14/2014, de 24 de julio, de la Navegación Marítima.
[6] *Id.* Preámbulo de Ley 14/2014, de 24 de julio, de la Navegación Marítima.
[7] *Id.* Preámbulo de Ley 14/2014, de 24 de julio, de la Navegación Marítima.

de la garantía como condición para la adopción del embargo preventivo de un buque, y que ya adelantamos será como mínimo de un 15 por ciento del crédito en disputa.

II. RÉGIMEN JURÍDICO Y FUENTES

El embargo preventivo de buques se encuentra regulado en el Capítulo II (artículos 470 a 479) del Título IX («especialidades procesales») de la LNM. Su sistema de fuentes viene recogido en el artículo 470, que dispone que «*la medida cautelar de embargo preventivo de buques, tanto nacionales como extranjeros, se regulará por el Convenio Internacional de Embargo Preventivo de Buques, hecho en Ginebra el 12 de marzo de 1999, por lo dispuesto en esta ley y, supletoriamente, por lo establecido en la Ley 1/2000 de 7 enero, de Enjuiciamiento Civil*».

Es decir, la LNM -a través de la técnica legislativa de remisión- se refiere en primer término al Convenio de Ginebra de 1999[8], que como hemos adelantado, se encontraba ya en vigor en España antes de la entrada en vigor de la LNM, en segundo lugar, a la propia LNM, que completa el régimen de dicho Convenio, y en un último término, y de forma supletoria, a Ley de Enjuiciamiento Civil; resultando pues de aplicación en España un régimen jurídico único para todo embargo preventivo de buques con independencia de que el buque sobre el que se solicita la medida cautelar de embargo enarbole pabellón de un Estado que sea o no parte del Convenio de Ginebra de 1999, pero del que caben destacar ciertos supuestos y diferencias en función precisamente de la nacionalidad del buque a embargar y/o la del propio solicitante del embargo.

Así es, el art. 473 de la LNM contempla distintos escenarios posibles de embargo en función precisamente de si el buque a embargar pertenece a un Estado que sea o no parte del Convenio de Ginebra de 1999, o en función de la residencia habitual o el establecimiento principal del embargante. Concretamente, la LNM distingue tres distintos escenarios:

---

8 Instrumento de Adhesión de España en BOE de 2 de mayo de 2011; en vigor desde el 14 de septiembre de 2011.

1. Buques de pabellón perteneciente a un Estado que sea parte del Convenio de Ginebra de 1999: En estos casos, el embargo podrá trabarse única y exclusivamente por razón de uno de los créditos marítimos definidos en el art. 1 del Convenio de Ginebra[9].
2. Buques de pabellón perteneciente a un Estado que no sea parte del Convenio de Ginebra de 1999: En estos casos, el Convenio de Ginebra será igualmente de aplicación, sin embargo, el buque podrá embargarse tanto por créditos marítimos como por créditos no marítimos[10]. A este respecto, recordemos que el artículo 8.1 del Convenio de Ginebra de 1999 extiende su ámbito de aplicación *«a todo buque que navegue dentro de la jurisdicción de un Estado Parte, enarbole o no el pabellón de un Estado Parte»*[11], por lo que la LNM ha extendido asimismo dicho ámbito a los créditos no marítimos.
3. Buques españoles, cuando la persona solicitante del embargo tenga su residencia habitual o su establecimiento principal en España, o de quien hubiere adquirido el crédito que se ventila por cesión o subrogación de ellas: En dichos casos, el embargo podrá ser trabado tanto por créditos marítimos como por cualesquiera otros derechos o créditos contra el deudor al que pertenezca el buque. Sin perjuicio de lo anterior, la inmovilización del buque podrá ser sustituida, a juicio del órgano jurisdiccional o administrativo competente, por la anotación en el Registro de

---

[9] No podría ser de otra manera en este caso, pues el propio Convenio de Ginebra de 1999, en cuanto a la potestad de embargar, y en aras de la uniformidad y la seguridad jurídica entre los países Parte, establece en su art. 2.2 que *«sólo se podrá embargar un buque en virtud de un crédito marítimo, pero no en virtud de otro crédito»*.

[10] Alguna doctrina ha resaltado las dudas que podrían suscitar el hecho de que la LNM posibilite el embargo de buques de pabellón de un Estado no parte del Convenio de Ginebra por créditos no marítimos, dada la restricción del art. 2.2 del Convenio, sin embargo, como bien indican, esta es una cuestión «de Derecho internacional público que entendemos no interfieren con la claridad del mandato que para los Tribunales contiene el art. 473 LNM». *Op. cit* E. Albors, y J. Portales, «Embargo preventivo de buques», (…) p. 664.

[11] Si bien inicialmente España hizo uso de la reserva del artículo 10 del Convenio de Ginebra de 1999 por la que se excluía de su ámbito de aplicación a los buques que no enarbolen el pabellón de un Estado Parte, nuestra LNM ha querido hacer aplicable el Convenio a todo buque que se encuentre bajo jurisdicción española, con independencia de que enarbolen el pabellón de un Estado Parte o no.

Bienes Muebles de la medida y, en su caso, de la prohibición de enajenar. Huelga decir que, cuando no se cumpla el requisito de residencia o establecimiento indicado, el buque sólo podrá ser embargado por créditos marítimos, sin que pueda acudirse a la anotación sustitutiva.

III. PRESUPUESTOS PARA LA OBTENCIÓN DEL EMBARGO PREVENTIVO

Bajo derecho español, atendiendo a la Ley de Enjuiciamiento Civil, los presupuestos para la adopción de una medida cautelar común estriban fundamentalmente en la necesidad de que el solicitante del embargo reúna una serie de requisitos, por un lado el *fumus boni iuris*, esto es, la apariencia de buen derecho, entendida como la necesidad de «*presentar los datos, argumentos y justificaciones documentales que conduzcan a fundar, por parte del Tribunal, sin prejuzgar el fondo del asunto, un juicio provisional e indiciario favorable al fundamento de su pretensión*»[12], en otras palabras que se aporte prueba *prima facie* de la situación jurídica cautelable[13]; por otro lado el *periculum in mora*, es decir, que «de no adoptarse las medidas cautelares solicitadas, podrían producirse durante la pendencia del proceso principal, situaciones que impidieren o dificultaren la efectividad de la tutela que pudiere otorgarse en una eventual sentencia estimatoria»[14]; y por último, la prestación de caución suficiente para responder, de manera rápida y efectiva, de los daños y perjuicios que la adopción de la medida cautelar pudiera causar al patrimonio del demandado[15].

Ya hemos indicado que el embargo preventivo de buques, en tanto que medida cautelar especial goza de una serie de «prerrogativas presupuestarias procesales», que se materializa en que en contra del régimen general común arriba señalado, los presupuestos de prueba *prima facie* de la apariencia de buen derecho y el peligro de mora de procesal no serán necesarios al presumirse que concurren el *periculum in mora* y

[12] Artículo 728.2 LEC.

[13] I. Díez-Picazo Giménez, *Comentarios a la Ley de Enjuiciamiento Civil*, Civitas, Madrid, 2001, p. 1232.

[14] Artículo 728.1 LEC.

[15] Artículo 728.3 LEC.

la urgencia (art. 476 LNM), bastando la mera alegación del crédito y la embargabilidad del buque -en los términos que a continuación repasamos-, así como la prestación de una garantía que responda a los posibles daños y perjuicios que se le pudieran ocasionar al deudor como consecuencia del embargo del buque.

A. La alegación del crédito marítimo y otros créditos

Según se ha adelantado, el Convenio de Ginebra, en su artículo 2.2, restringe los créditos que dan derecho a embargo a aquellos créditos que son identificados como «*crédito marítimo*». Por lo que, atendiendo a la dicción del Convenio de Ginebra, el derecho a embargo quedaría en principio limitado a aquellos supuestos en que se pretenda garantizar un crédito marítimo. Sin embargo, igualmente hemos indicado que, como novedad, la LNM añade en su art. 470 la posibilidad de que un buque sea embargado por otros créditos distintos a los marítimos en determinados casos (que el buque a embargar enarbole pabellón perteneciente a un Estado no parte del Convenio de Ginebra o que el buque tenga nacionalidad española cuando el solicitante del embargo cumpla asimismo el requisito de residencia o establecimiento en España).

Nuestra doctrina ha entendido acertadamente que «*el sistema de fuentes del art. 470 LNM unifica el régimen procesal para todos los supuestos, con independencia de que se trate o no de buques pertenecientes a Estados contratantes del citado Convenio, o de buques españoles*»[16], ello se traduce en que los presupuestos y reglas al respecto de la alegación del crédito que a continuación veremos serán de aplicación tanto si el crédito que se reclama es marítimo como no marítimo, no pudiéndose considerar de aplicación para este último caso la regla general común de la Ley de Enjuiciamiento Civil antes vista sobre la acreditación de *fumus boni iuris* y el *periculum in mora* .

Dicho esto, el primero de los presupuestos indicados en el art. 472.1 de la LNM es el de la mera alegación del crédito que se reclama y la causa que lo motive. En este sentido, establece la Ley que «*para decretar el embargo preventivo de un buque por un crédito marítimo que se define en el artículo 1 del Convenio de Ginebra bastará que se alegue el derecho o créditos reclamados y la causa que los motive*».

[16] *Op. cit* E. Albors, y J. Portales, J., «Embargo preventivo de buques», (...) p. 671.

Es decir, al solicitante del embargo le será suficiente (sin necesidad de aportar prueba alguna) la mera alegación del crédito, esto es el *quantum* de la reclamación, que servirá además para fijar la cuantía de la fianza de la que hablaremos a continuación, y la causa que trae dicho crédito, que permitirá, entre otras cosas, delimitar si estamos ante un crédito marítimo[17] u otro distinto.

Atendiendo a la lista cerrada (*numerus clausus*) del art. 1 del Convenio de Ginebra, los créditos marítimos que dan derecho a embargo son:

1. Pérdidas o daños causados por la explotación del buque;
2. Muerte o lesiones corporales sobrevenidas, en tierra o en el agua, en relación directa con la explotación del buque;
3. Operaciones de asistencia o salvamento o todo contrato de salvamento, incluida, si corresponde, la compensación especial relativa a operaciones de asistencia o salvamento respecto de un buque que, por sí mismo o por su carga, amenace causar daño al medio ambiente;
4. Daño o amenaza de daño causados por el buque al medio ambiente, el litoral o intereses conexos; medidas adoptadas para prevenir, minimizar o eliminar ese daño; indemnización por ese daño; los costos de las medidas razonables de restauración del medio ambiente efectivamente tomadas o que vayan a tomarse; pérdidas en que hayan incurrido o puedan incurrir terceros en relación con ese daño, y el daño, costos o pérdidas de carácter similar a los indicados en este apartado d);
5. Gastos y desembolsos relativos a la puesta a flote, la remoción, la recuperación, la destrucción o la eliminación de la peligrosidad que presente un buque hundido, naufragado, embarrancado o abandonado, incluido todo lo que esté o haya estado a bordo de un buque, y los costos y desembolsos relacionados con la conservación de un buque abandonado y el mantenimiento de su tripulación;

[17] I. Arroyo Martínez, *Comentarios a la Ley 14/2014, de 24 de julio, de Navegación Marítima*, Thomson Reuters – Aranzadi, Pamplona, 2015, p. 1426.

6. Todo contrato relativo a la utilización o al arrendamiento del buque formalizado en póliza de fletamento o de otro modo;
7. Todo contrato relativo al transporte de mercancías o de pasajeros en el buque formalizado en póliza de fletamento o de otro modo;
8. Las pérdidas o los daños causados a las mercancías (incluidos los equipajes) transportadas a bordo del buque;
9. La avería gruesa;
10. El remolque;
11. El practicaje;
12. Las mercancías, materiales, provisiones, combustibles, equipo (incluidos los contenedores) suministrados o servicios prestados al buque para su explotación, gestión, conservación o mantenimiento;
13. La construcción, reconstrucción, reparación, transformación o equipamiento del buque;
14. Los derechos y gravámenes de puertos, canales, muelles, radas y otras vías navegables;
15. Los sueldos y otras cantidades debidas al capitán, los oficiales y demás miembros de la dotación en virtud de su enrolamiento a bordo del buque, incluidos los gastos de repatriación y las cuotas de la seguridad social pagaderas en su nombre;
16. Los desembolsos hechos por cuenta del buque o de sus propietarios;
17. Las primas de seguro (incluidas las cotizaciones de seguro mutuo), pagaderas por el propietario del buque o el arrendatario a casco desnudo, o por su cuenta, en relación con el buque;
18. Las comisiones, corretajes u honorarios de agencias pagaderos por el propietario del buque o el arrendatario a casco desnudo, o por su cuenta, en relación con el buque;
19. Toda controversia relativa a la propiedad o a la posesión del buque;
20 Toda controversia entre los copropietarios del buque acerca de su utilización o del producto de su explotación;

21. Una hipoteca, «mortgage» o gravamen de la misma naturaleza sobre el buque;
22. Toda controversia resultante de un contrato de compraventa del buque

La lista anterior es de tal amplitud que abarca prácticamente todos los créditos nacidos con ocasión de la navegación y la explotación del buque, siendo que en la práctica los créditos marítimos serán la regla, mientras que los créditos no marítimos tendrán un protagonismo más residual[18]. En cualquier caso, no podemos perder de vista la posibilidad de embargar por cualquier otro crédito cuando el *offending ship* enarbole pabellón de un Estado que no sea parte del Convenio de Ginebra, o enarbole pabellón español y el solicitante del embargo tengan su residencia habitual o su establecimiento principal en España.

Otra de las cuestiones que conviene destacar en lo que respecta a los créditos marítimos, es la importante diferencia entre los créditos marítimos y los créditos marítimos privilegiados o privilegios marítimos (*maritime lien*), pues no todos ellos son coincidentes unos de otros, y no todos los créditos marítimos son privilegiados. En este sentido, mientras que los créditos marítimos se encuentran definidos en el art. 1 del Convenio de Ginebra, los privilegios marítimos se encuentran regulados en el Convenio Internacional sobre los privilegios marítimos y la hipoteca naval, hecho en Ginebra el 6 de mayo de 1993 (en adelante «*Convenio de Privilegios de 1993*»). En concreto en su art. 4, que establece lo siguiente:

> *«1. Los siguientes créditos contra el propietario, el arrendatario a casco desnudo, el gestor o el naviero del buque estarán garantizados con un privilegio marítimo sobre el buque:*
> *a) los créditos por los sueldos y otras cantidades debidos al capitán, los oficiales y demás miembros de la dotación del buque en virtud de su enrolamiento a bordo del buque, incluidos los gastos de repatriación y las cuotas de la seguridad social pagaderas en su nombre;*

[18] *Op. cit.* I. Arroyo Martínez, *Comentarios (...)*, p. 1428; y E. Zarza, «Embargo preventivo de buques» en *Procedimientos marítimos, Apuntes de Derecho Marítimo*, Instituto de Marítimo Español, Madrid, 2015, p.7.

b) los créditos por causa de muerte o lesiones corporales sobrevenidas, en tierra o en el agua, en relación directa con la explotación del buque;
c) los créditos por la recompensa pagadera por el salvamento del buque;
d) los créditos por derechos de puerto, de canal y de otras vías navegables y practicaje;
e) los créditos nacidos de culpa extracontractual por razón de la pérdida o el daño materiales causados por la explotación del buque distintos de la pérdida o el daño ocasionados al cargamento, los contenedores y los efectos del pasaje transportados a bordo del buque»[19].

Asimismo, las hipotecas, «*mortgages*», y demás gravámenes reales inscribibles del mismo género que cumplan los presupuestos del art. 1 del Convenio de Privilegios de 1993[20] estarán igualmente garan-

---

[19] El apartado 2 del mismo art. 4 establece que «ningún privilegio marítimo gravará un buque en garantía de los créditos a que se refieren los apartados b) y e) del párrafo 1 que nazcan o resulten:
a) de daños relacionados con el transporte marítimo de hidrocarburos u otras sustancias nocivas o peligrosas, por los que sea pagadera una indemnización a los acreedores con arreglo a los convenios internacionales o las leyes nacionales que establezcan un régimen de responsabilidad objetiva y un seguro obligatorio u otros medios de garantía de los créditos; o
b) de las propiedades radiactivas o de su combinación con las propiedades tóxicas, explosivas u otras propiedades peligrosas del combustible nuclear o de los productos o desechos radiactivos.»

[20] Artículo 1. Reconocimiento y ejecución de hipotecas, mortgages y gravámenes.
Las hipotecas y mortgages, y los gravámenes reales inscribibles del mismo género, que en lo sucesivo se denominarán «gravámenes», constituidos sobre buques de navegación marítima, serán reconocidos y ejecutables en los Estados Partes, a condición de que:
a) tales hipotecas, mortgages y gravámenes hayan sido constituidos e inscritos en un registro, de conformidad con la legislación del Estado en que esté matriculado el buque;
b) el registro y los documentos que se hayan de presentar al registrador, de conformidad con las leyes del Estado en que esté matriculado el buque puedan ser libremente consultados por el público y de que se pueda solicitar al registrador el libramiento de extractos del registro y copias de esos documentos; y
c) el registro o alguno de los documentos mencionados en el apartado b) especifique, por lo menos, el nombre y la dirección de la persona a favor de la cual se haya constituido la hipoteca, el mortgage o el gravamen, o el hecho de que esa garantía ha sido constituida al portador, el importe máximo garantizado, si la legislación del Estado de matrícula estableciere ese requisito o si ese importe se especificare en el documento de

tizados como auténticos derechos reales de garantía, bajo el rango y orden de prelación establecido por el Convenio de Privilegios de 1993[21].

Se observa pues, que sólo algunos créditos marítimos que dan derecho a embargo tienen a su vez carácter de crédito marítimo privilegiado (derecho real de garantía), lo que se traduce, como veremos a continuación, en restringir la posibilidad de embargo, cuando el crédito no sea privilegiado o esté garantizado con una hipoteca, «*mortgage*» o gravamen real inscribible de la misma naturaleza, y salvo alguna excepción, a los supuestos en que el titular del crédito alegado sea a su vez propietario del buque (sin perjuicio de la regla del *sister ship)* al que se refiere dicho crédito en el momento de practicarse el embargo[22]. A este respecto, cabe señalar que el Convenio de Ginebra de 1999 se elaboró en consonancia con el Convenio de Privilegios de 1993[23], siendo

---

constitución de la hipoteca, el mortgage o el gravamen, y la fecha y otras circunstancias que, de conformidad con la legislación del Estado de matrícula, determinen su rango respecto de otras hipotecas, mortgages y gravámenes inscritos.

[21] Sobre la prelación de los privilegios marítimos, establece el artículo 5 lo siguiente:

1. Los privilegios marítimos enumerados en el artículo 4 tendrán preferencia sobre las hipotecas, mortgages y gravámenes inscritos y ningún otro crédito tendrá preferencia sobre tales privilegios marítimos ni sobre tales hipotecas, mortgages o gravámenes que se ajusten a lo prevenido en el artículo 1, sin perjuicio de lo dispuesto en los párrafos 3 y 4 del artículo 12.
2. Los privilegios marítimos tendrán prelación por el orden en que se enumeran en el artículo 4; no obstante, los privilegios marítimos que garanticen créditos por la recompensa pagadera por el salvamento del buque tendrán preferencia sobre todos los demás privilegios marítimos a que se halle afecto el buque antes de efectuarse las operaciones que dieron origen a aquellos privilegios.
3. Los privilegios marítimos enumerados en cada uno de los apartados a), b), d) y e) del párrafo 1 del artículo 4 concurrirán entre ellos a prorrata.
4. Los privilegios marítimos que garanticen los créditos por la recompensa pagadera por el salvamento del buque tendrán prelación entre sí por el orden inverso al de la fecha de nacimiento de los créditos garantizados con esos privilegios. Esos créditos se tendrán por nacidos en la fecha en que concluyó cada operación de salvamento.

En cuanto al rango y efectos de hipotecas, mortgages y gravámenes, indica el artículo 2:
La prelación de las hipotecas, mortgages o gravámenes inscritos entre sí y, sin perjuicio de lo dispuesto en el presente Convenio, sus efectos respecto de terceros serán los que determine la legislación del Estado de matrícula; no obstante, sin perjuicio de lo dispuesto en el presente Convenio, todas las cuestiones relativas al procedimiento de ejecución se regirán por la legislación del Estado donde esta tenga lugar.

[22] Así se ha pronunciado entro otros, el Auto de la Audiencia Provincial de Pontevedra de 27 de noviembre de 2017.

[23] Sobre la historia de la redacción del Convenio de Ginebra de 1999, *Op. cit* E. Albors, y J. Portales, «Embargo preventivo de buques», (…) p. 662-663.

uno de sus principales objetivos del Convenio de Ginebra de 1999 el de separarse del anterior Convenio internacional para la unificación de ciertas reglas relativas al embargo preventivo de buques de navegación marítima, hecho en Bruselas el 10 de mayo de 1952 (en adelante «*Convenio de Bruselas de 1952*») en lo que se refiere a los buques objeto de embargo, al permitir este el embargo de un buque por deudas contraídas por el fletador por tiempo o por viaje -y no por su propietario-, aun cuando el crédito no tuviera carácter privilegiado. En cualquier caso, entraremos más en detalle a continuación.

B. La alegación de la embargabilidad del buque.

Como segundo de los presupuestos para la obtención del embargo, y en línea con el Convenio de Ginebra de 1999, establece el art. 472.1 LNM que bastará que se alegue la embargabilidad del buque. Por tanto, al igual que sucede con el anterior presupuesto, para obtener el embargo de un buque, al solicitante de la medida de embargo le bastará con la mera alegación de embargabilidad, sin necesidad de aportar prueba alguna, cuya carga probatoria queda diferida en su caso al trámite de oposición.

Sin embargo, la alegación de embargabilidad debe ser entendida en igual sentido que el presupuesto anterior, es decir, que el solicitante de la medida de embargo debe exponer las razones por las que entiende que el buque del que solicita la traba es embargable. Para ello, la LNM en su art. 475 LNM dispone que todo buque respecto al cual se alegue un crédito marítimo podrá ser embargado en los términos y con el alcance del Convenio de Ginebra de 1999. De esta manera, la LNM se remite directamente al Convenio de Ginebra de 1999 para saber si un buque es o no embargable, y cuyo artículo 3.1 (*ejercicio del derecho de embargo*), establece:

> *«1. El embargo de todo buque con respecto al cual se alegue un crédito marítimo procederá:*
> *a) Si la persona que era propietaria del buque en el momento en que nació el crédito marítimo está obligada en virtud de ese crédito y es propietaria del buque al practicarse el embargo; o*

b) Si el arrendatario a casco desnudo del buque en el momento en que nació el crédito marítimo está obligado en virtud de ese crédito y es arrendatario a casco desnudo o propietario del buque al practicarse el embargo; o
c) Si el crédito se basa en una hipoteca, «mortgage» o gravamen de la misma naturaleza sobre el buque; o
d) Si el crédito se refiere a la propiedad o la posesión del buque; o
e) Si el crédito es contra el propietario, el arrendatario a casco desnudo, el gestor o el naviero del buque y está garantizado por un privilegio marítimo concedido por la legislación del Estado en que se solicita el embargo o en virtud de esa legislación».

Es decir, tal y como hemos adelantado, el art. 3 del Convenio de Ginebra, limita el ejercicio del derecho de embargo, cuando el crédito no sea privilegiado, a los supuestos en que el titular del crédito alegado sea a su vez propietario del buque al que se refiere dicho crédito tanto en el momento en que nació el crédito como al momento de practicarse el embargo; o cuando no siendo el propietario del buque al momento de contraer el crédito, fuera el arrendatario a casco desnudo de dicho buque y sea arrendatario a casco desnudo o propietario del buque al practicarse el embargo[24]. Procederá igualmente el embargo si el crédito se basa en una hipoteca, «*mortgage*» o gravamen de la misma naturaleza sobre el buque; o se refiere a la propiedad o la posesión del buque.

En cuanto a los créditos marítimos privilegiados, se establece expresamente que estos sean contra el propietario, el arrendatario a casco desnudo, el gestor o el naviero del buque.

Lo indicado hasta ahora es en relación con el buque generador del crédito o dicho de otra manera, el buque respecto al cual se alegue dicho crédito, el llamado *offending ship*. Sin embargo, el mismo art. 3, apartado 2, establece igualmente la posibilidad de embargo de otros buques propiedad de la persona que esté obligada en virtud del crédito marítimo, el llamado *sister ship*, y siempre que esta cumpla la condición de propietaria, arrendataria a casco desnudo, fletador por tiempo o fletador

[24] Surge aquí la duda de si puede practicarse el embargo aun cuando no era el propietario ni arrendatario a casco desnudo al momento de contraer el crédito. Sobre el particular, o*p. cit* E. Albors, y J. Portales, «Embargo preventivo de buques», (…) p. 669.

por viaje del buque con respecto al cual haya nacido el crédito marítimo (*offending ship*):

> *«Procederá también el embargo de cualquier otro buque o buques que, al practicarse el embargo, fueren propiedad de la persona que esté obligada en virtud del crédito marítimo y que, en el momento en que nació el crédito, era:*
> *a) Propietaria del buque con respecto al cual haya nacido el crédito marítimo; o*
> *b) Arrendataria a casco desnudo, fletador por tiempo o fletador por viaje de ese buque.*
> *La presente disposición no se aplica a los créditos relativos a la propiedad o la posesión de un buque».*

Se observa que, a diferencia de lo que sucede en el apartado 1 del art. 3, que sólo permite el embargo del buque respecto al cual se alegue el crédito cuando este hubiera sido contraído por su propietario o por el arrendatario a casco desnudo, el apartado 2 del art. 3 permite el embargo de otro buque cuando el crédito haya sido contraído no sólo por el propietario y el arrendataria a casco desnudo, sino también por el fletador por tiempo o fletador por viaje del *offending ship*. A nuestro juicio esta diferenciación tiene su lógica, entre otros motivos, por garantizar tanto a los propietarios y/o arrendatarios a casco desnudo como a los demás acreedores la posibilidad de proteger sus créditos frente al fletador por tiempo o fletador por viaje por medio del embargo de un buque de su propiedad, pues de lo contrario (atendiendo a lo dispuesto en el apartado 3 del mismo artículo 3, que a continuación veremos) no se podría ejercitar el derecho de embargo -de buque- frente a estos últimos. Por otro lado, gracias a la regla del *sister ship* se protege igualmente a los propietarios de un buque ante los créditos contraídos, por ejemplo, por el arrendatario a casco desnudo de dicho buque, los cuales, de no existir dicha regla se verían ante la disyuntiva de tener que embargar su propio buque para poder garantizar su propio crédito, medida que a priori suena bastante absurda.

No obstante, lo dispuesto en los apartados 1 y 2 al respecto de la embargabilidad del *offending ship* y la regla del *sister ship,* el apartado 3 del mismo artículo 3 establece que «el embargo de un buque que no sea propiedad de la persona obligada en virtud del crédito sólo será admisible si, conforme a la ley del Estado en que se solicita el embargo, se puede ejecutar contra ese buque una sentencia dictada en relación con ese crédito, mediante su venta judicial o forzosa». Es decir, cuando el crédito marítimo alegado no lleve incorporado un privilegio marítimo, o el crédito no se base en una hipoteca, «*mortgage*» o gravamen de la misma naturaleza sobre el buque, o no se refiera a la propiedad o la posesión del buque, en principio sólo se podrá ejercer el derecho de embargo de un buque cuando este sea propiedad de la persona obligada en virtud del crédito o, de no ser su propietario, cuando conforme a la ley del Estado en que se solicite el embargo, se pueda ejecutar contra el buque una eventual sentencia dictada en relación con el crédito en disputa, mediante su venta judicial o forzosa.

La naturaleza e interpretación de este apartado 3 ha venido siendo objeto de debate en el seno de nuestra mejor doctrina. La discusión principal ha girado en torno a determinar si el referido apartado 3 debe ser interpretado y aplicado de forma autónoma respecto a los aparatos 1 y 2 que le preceden, o si, por el contrario, debe concurrir en todo caso junto con alguno de estos apartados.

Las posiciones no han sido del todo unánimes, sin embargo, algunos autores han indicado que, basado en su génesis, el apartado 3 actúa como límite para los apartados 1 y 2, lo que significa que, para decretar el embargo de un buque, los apartados 1 o 2 -dependiendo de si estamos hablando del *offending ship* o un *sister ship*- deben concurrir junto con el apartado 3, esto es, que el buque debe estar en algunos de los supuestos contemplados por los apartados 1 y 2 y además , y en todo caso poder ejecutarse contra ese buque una sentencia de fondo, mediante su venta judicial o forzosa «*conforme la ley del Estado en que se solicita el embargo*»[25]. Nuestros Tribunales, en dos casos relativamente recientes se ha pronunciado en la misma línea[26].

Por otro lado, en cuanto al concepto de buque y demás vehículos que pueden ser objeto de embargo, por si hubiera alguna duda, el

---

[25] H. Fonterigo, "La embargabilidad del buque bajo el artículo 3 del Convenio Ginebra 1999", disponible en *www.aedm.es*

[26] Auto de la Audiencia Provincial de Pontevedra, de 27 de noviembre de 2017 y Auto de la Audiencia Provincial de Baleares, de 11 de marzo de 2019.

artículo art. 470.3 de la LNM hace extensible las disposiciones previstas del embargo preventivo de buques a las embarcaciones. Por lo que, atendiendo a las definiciones que de buque y embarcación establece la LNM -en sus artículos 56 y 57[27]-, serán susceptibles de embargo cualesquiera vehículos con capacidad para navegar que entren dentro del concepto de buque o embarcación –con independencia de que sean o no de recreo-, quedando excluidos los artefactos navales y las plataformas fijas.

Empero, en virtud del artículo 3 de la LNM y el artículo 8 del Convenio de Ginebra de 1999, no serán susceptibles de embargo «los buques y embarcaciones de Estado, incluidos los de guerra»[28].

C. Garantía para la obtención del embargo

El tercero de los presupuestos para la obtención del embargo, -y en contrapartida con los dos anteriores- es la prestación de una fianza por parte del solicitante en cantidad suficiente para responder de los daños, perjuicios y costas que el embargo pudiera ocasionar, pudiendo ser tal garantía de cualquiera de las clases que reconoce el Derecho, incluido el aval bancario (art. 472.2).

La LNM viene a completar lo dispuesto en el Convenio de Ginebra de 1999, cuyo art. 6.1 establece, con carácter potestativo, la

---

27 «*Artículo 56. Buque.*
Se entiende por buque todo vehículo con estructura y capacidad para navegar por el mar y para transportar personas o cosas, que cuente con cubierta corrida y de eslora igual o superior a veinticuatro metros.
Artículo 57. Embarcación.
Se entiende por embarcación el vehículo que carezca de cubierta corrida y el de eslora inferior a veinticuatro metros, siempre que, en uno y otro caso, no sea calificado reglamentariamente como unidad menor en atención a sus características de propulsión o de utilización.»

28 «*Artículo 3. Navegación de buques de Estado y de guerra.*
1. *Las disposiciones de esta ley no se aplicarán a los buques y embarcaciones de Estado, incluidos los de guerra, salvo que en ella se establezca otra cosa.*
2. *Son buques y embarcaciones de Estado los afectos a la Defensa Nacional u otros de titularidad o uso público, siempre que presten con carácter exclusivo servicios públicos de carácter no comercial.*
3. *Son buques de guerra los buques de Estado adscritos a las Fuerzas Armadas, que lleven los signos exteriores distintivos de los buques de guerra de su nacionalidad y que se encuentren bajo el mando de un oficial debidamente designado por el Gobierno de su Estado, cuyo nombre esté inscrito en el escalafón de oficiales o en un documento equivalente y cuya dotación esté sometida a la disciplina de las Fuerzas Armadas regulares*».

posibilidad de que el tribunal, como condición para decretar el embargo de un buque o, hecho éste, para autorizar su mantenimiento, imponga al solicitante al momento de la solicitud de embargo -o una vez haya obtenido este- la obligación de prestar garantía de la clase, la cuantía y en las condiciones que determine el propio tribunal embargante para responder de los perjuicios que puedan irrogarse al demandado como consecuencia del embargo, y de los que se pueda tener como responsable al acreedor, en particular, pero no exclusivamente, la pérdida o el daño que puedan ocasionarse al demandado, «*a) por ser ilícito o no estar justificado el embargo*»; o «*b) por haberse pedido y prestado una garantía excesiva*». En este caso, la LNM hizo obligatoria la prestación de la garantía para la obtención del embargo.

La LNM no hizo, sino que continuar con el régimen prestablecido en España con anterioridad a la Ley, por el que toda medida cautelar, ya sea un embargo preventivo de buques, ya sea una medida cautelar general sobre cualesquiera otros bienes y derechos, exigirá la prestación de una fianza para responder de los eventuales daños, perjuicios y costas que se pudieran ocasionar al embargado.

En rigor, la prestación de la garantía no es propiamente un presupuesto del embargo sino un condicionante para su eficacia. Estrictamente hablando, el presupuesto para la adopción del embargo es el ofrecimiento a prestar garantía para el caso de que este sea adoptado, mientras que la prestación de la garantía, en tanto que condición a la que queda sometida la adopción, es un presupuesto para su ejecución[29]. En otras palabras, y términos prácticos, el embargante ofrece garantía, que queda finalmente fijada por el Tribunal en el Auto que decreta el embargo preventivo del buque, Auto de embargo que quedará condicionado y será ejecutado una vez se haya efectivamente prestado la garantía.

La novedad más relevante de la LNM en lo que respecta a la fianza es la fijación de un mínimo de un 15% del importe del crédito marítimo alegado (art. 472.2 LNM), que si bien parece ser que era algo que venían reclamando nuestros jueces en aras a la seguridad jurídica y poder contar con unos criterios más concretos a la hora de fijar la cuantía de

[29] *Op. Cit.* I. Díez-Picazo Giménez, *Comentarios* ..., p. 1233.

la fianza, este mínimo del 15% -basado en el crédito que se reclama- ha despertado algunos debates dentro de nuestra doctrina al entenderse, con razón, que en rigor el importe de la garantía no tiene relación con el crédito alegado, sino con el coste que supone inmovilizar un buque durante un tiempo prudencial hasta que el armador del buque embargado logre obtener la garantía para la liberación del buque. En todo caso, el art. 472.2 segundo párrafo LNM establece que el tribunal podrá revisar su cuantía, de oficio o a instancia de parte, en atención al porte y a las dimensiones del buque, al coste derivado de la estancia del buque en el puerto, a su precio de mercado por día, a si está o no sujeto a línea regular, a si está o no cargado, así como a sus compromisos contractuales[30], criterios todos estos que sí tienen relación directa con los eventuales daños y perjuicios que puedan derivar de la inmovilización del buque[31].

IV. JURISDICCIÓN Y COMPETENCIA

En el presente apartado trataremos únicamente la cuestión de la competencia de los tribunales para conocer de la medida cautelar, dejando la cuestión de la competencia para conocer del fondo del asunto cuando tratemos la ratificación del embargo.

En este sentido, a tenor del art. 471 de la LNM, será competente para decretar el embargo preventivo de un buque, el tribunal que tenga competencia objetiva para conocer de la pretensión principal o el del puerto o lugar en que se encuentre el buque o aquel al que se espera que el buque arribe, a elección del solicitante del embargo. Bajo una visión liberal[32] y en línea con el Convenio de Ginebra de 1999, que lo que

[30] El art. 6.5 Convenio de Ginebra 1999, ya establece expresamente que «la persona que haya prestado una garantía en virtud de las disposiciones del párrafo 1 del presente artículo podrá en cualquier momento solicitar al tribunal su reducción, modificación o cancelación», siendo completada tal disposición, como vemos, por el art 472.2 párrafo segundo LNM, que lo amplia a la persona que sufra el embargo o demás intereses del buque, y no sólo a la persona que haya prestado la garantía.

[31] Durante la redacción de este artículo, en el seno de la Asociación Española de Derecho Marítimo, se ha conformado un Grupo de Trabajo a fin de analizar la conveniencia de elevar a la Subdirección General de Normativa Marítima una propuesta de nueva redacción del art. 472.2 LNM más ajustada a la realidad del Derecho marítimo en España.

[32] *Op. cit.* I. Arroyo Martínez, *Comentarios (...)*, p. 1431-1432

pretende es facilitar la posibilidad de embargo -cuando se den, por supuesto, los demás requisitos-, la LNM otorga la competencia, a elección del actor que solicita la medida cautelar, al tribunal que tenga competencia objetiva para conocer de la pretensión principal o el del puerto o lugar en que se encuentre el buque o aquel al que se espera que el buque arribe[33]. No obstante, indica igualmente la Ley que para los casos en que se esperase la llegada de un buque, si este no llegara finalmente al puerto esperado, el Tribunal de dicho puerto perderá automáticamente su competencia. Medida esta última bastante razonable, si bien algunos autores han criticado esta solución para el caso en que el buque arribe otro puerto español, en cuyo caso entienden que la LNM podría haber optado por la remisión de los Autos al tribunal competente[34].

En cuanto a competencia objetiva, ésta le es atribuida a los Juzgados de lo Mercantil por virtud del artículo 86 ter.1.2.b) y c) de la Ley Orgánica del Poder Judicial, al tratarse la medida de embargo de una pretensión que se promueve al amparo de la normativa en materia de transportes, nacional e internacional, y que es relativa a la aplicación del Derecho marítimo.

V. EJECUCIÓN Y NOTIFICACIÓN DEL EMBARGO.

El art. 477.1 LNM dispone que, acordado el embargo, el tribunal dará traslado de la resolución por el medio más rápido al capitán marítimo del puerto en que se encuentre el buque o al que se espera que arribe, quien adoptará las medidas necesarias para la detención y prohibición de salida del buque.

La expresión «embargo» dio lugar en el pasado a ciertas discusiones doctrinales sobre su interpretación, toda vez que el término en otros idiomas («*arrest*» o «*sequestro*», en distintos idiomas) no coincide en rigor con el significado que bajo Derecho español tiene el término «embargo». Tanto los Tribunales como la mayoría de nuestra doctrina entendieron acertadamente que el término hacía referencia en todo caso a la inmovilización. La LNM ha despejado cualquier tipo de duda en

---

[33] Principio del «*fórum rei sitae*», que es seguido por el Convenio de Ginebra 1999, y ratificado por la LNM..

[34] *Op. cit.* I. Arroyo Martínez, *Comentarios (...)*, p. 1432

este sentido haciendo uso de las palabras detención y prohibición -de salida del buque[35].

A fin de poder llevar a efecto la detención, señala la LNM que la Administración Marítima podrá retirar y retener la documentación del buque, así como recabar la colaboración de la Autoridad Portuaria, de las Fuerzas y Cuerpos de Seguridad y de las entidades públicas dedicadas a la vigilancia de costas, quienes vendrán obligados a prestar la colaboración requerida con arreglo a sus respectivas atribuciones.

Indica asimismo el art. 477.2 que lo dispuesto en el capítulo de embargo preventivo de buques no afecta a los derechos o facultades que, con arreglo a la legislación administrativa y a los Convenios Internacionales aplicables, correspondan a las Administraciones públicas y portuarias para retener un buque o impedir de otro modo que se haga a la mar dentro de su jurisdicción.

Por último, respecto a la notificación, dispone el art. 478 que una vez acordado y verificado el embargo, y garantizada la traba, se notificará al capitán o al consignatario del buque, con entrega de copia de la demanda formulada y del auto que lo acuerda.

VI. LIBERACIÓN DEL BUQUE EMBARGADO. PRESTACIÓN DE CAUCIÓN SUSTITUTORIA

La LNM nada dice al respecto del levantamiento del embargo, por lo que deberemos acudir, en primer lugar, al Convenio de Ginebra de 1999, cuyo artículo 4 contempla la posibilidad de liberar el buque embargado mediante prestación de caución sustitutoria, y, en segundo lugar, y de forma supletoria, a las normas de la Ley de Enjuiciamiento Civil.

El citado artículo 4 del Convenio de Ginebra de 1999 recoge expresamente la posibilidad de liberar el buque embargado cuando se haya prestado garantía bastante en forma satisfactoria, salvo que haya sido embargado para responder de cualquiera de los créditos marítimos enumerados en los apartados s) y t) del párrafo 1 del artículo 1, es decir, cuando la controversia sea relativa a la propiedad o a la posesión del buque o sea entre los copropietarios del buque acerca de su utilización

---

35 Ibidem. p. 1431.

o del producto de su explotación, en cuyo caso, el Tribunal embargante podrá autorizar a la persona en posesión del buque a seguir explotándolo, una vez que esta persona haya prestado garantía suficiente, o resolver de otro modo la cuestión de la operación del buque durante el período del embargo.

Asimismo, establece el artículo 4.2 que, a falta de acuerdo entre las partes sobre la suficiencia y la forma de la garantía, el tribunal determinará su naturaleza y su cuantía, que no podrá exceder del valor del buque embargado.

Tal y como hemos mencionado, la Ley de Enjuiciamiento Civil igualmente prevé la posibilidad de caución sustitutoria a solicitud de la persona contra la que se hubiera trabado la medida cautelar, en cuyo caso, indica la LEC que la forma y suficiencia de la caución se determinará a juicio del Tribunal para asegurar el efectivo cumplimiento de la eventual sentencia estimatoria del ulterior procedimiento principal. Es decir, que la base de la discrecionalidad del Tribunal embargante vendría determinada por la cuantía de la reclamación y no por el valor del buque embargado, surgiendo aquí un conflicto entre el art. 4 del Convenio de Ginebra de 1999 y la propia Ley de Enjuiciamiento Civil. En cualquier caso, entendemos que el Convenio es de aplicación preferente, teniendo la Ley de Enjuiciamiento Civil carácter supletorio.

Por otro lado, tal y como indica el art. 4.3 del Convenio de Ginebra de 1999, la solicitud de levantamiento del embargo previa constitución de garantía no se interpretará en ningún caso como reconocimiento de responsabilidad ni como renuncia a cualquier defensa, o incluso al derecho de limitación de responsabilidad por parte del deudor.

Por último, igualmente se señala que en el supuesto en que un buque hubiera sido embargado por un tribunal de un Estado no parte del Convenio, y el buque no hubiera sido liberado a pesar de haber prestado garantía en relación con dicho «*buque en un Estado Parte respecto del mismo crédito*», el tribunal del Estado Parte, previa solicitud del interesado, deberá ordenar la cancelación de la garantía. Asimismo, y de forma inversa, si un buque hubiera sido liberado en un Estado no parte del Convenio por haber sido prestada garantía suficiente, se mandará cancelar toda garantía que hubiera sido prestada en un Estado Parte en relación con el mismo crédito «*en la medida en que la cuantía total de la garantía prestada en los dos Estados exceda*» del valor del crédito -por el que se hubiera embargado el buque- o del valor del buque. En todo caso, el tribunal del Estado parte no ordenará la liberación la mercancía a menos que la garantía prestada en el Estado no parte «*esté efectivamente a disposición del acreedor y le sea libremente transferible*».

VII. OPOSICIÓN AL EMBARGO Y EL POSIBLE EMBARGO "ILÍCITO"

Ya hemos señalado que para la tramitación del embargo de buques se presumirá que concurren las razones de urgencia -además del peligro por mora procesal-, adoptándose la medida *inaudita parte,* lo que se traduce en que el trámite de audiencia y oposición previo a la adopción de la medida cautelar que con carácter general, y salvo precisamente supuestos de urgencias, tiene lugar en el Derecho procesal común, queda en este caso, como veremos, diferido a un momento posterior a la adopción del embargo del buque.

Ni la LNM ni el Convenio de Ginebra de 1999 contienen disposición alguna respecto a la oposición al embargo, lo que obliga a acudir al régimen general contenido en los arts. 739 y ss. de la LEC. En este sentido, el art. 739 LEC dispone que en los casos en que la medida cautelar se hubiera adoptado inaudita parte, podrá el demandado[36] formular oposición en el plazo de veinte días, contados desde la notificación del auto que acuerda las medidas cautelares.

En lo que respecta a las causas de oposición, atendiendo al art. 740 de la LEC, estas serán «*cuantos hechos y razones se opongan a la procedencia, requisitos, alcance, tipo y demás circunstancias de la medida o medidas adoptadas*», lo que en términos prácticos ha de entenderse que como causas de oposición no sólo cabrá la infracción y el incumplimiento de los requisitos del Convenio de Ginebra de 1999, sino cualesquiera otras causas que pudieran suscitarse.

Formulada la oposición, se dará traslado del escrito al solicitante del embargo, convocándose a las partes a una vista que se celebrará

[36] Meter Albors Portales sobre la legitimación del propietario

dentro de los diez días siguientes, tras la cual el Tribunal, en el plazo de cinco días, resolverá por medio de auto; auto que será apelable sin efectos suspensivos (art. 741 de la LEC).

Finalmente, en caso de que mantuviere la medida de embargo, se condenará al opositor al pago de las costas de la oposición. De otro modo, si estimare la oposición formulada, se alzará la medida de embargo, condenando al embargante a las costas y al pago de los daños y perjuicios[37].

VIII. RATIFICACIÓN DEL EMBARGO

Todo embargo preventivo de buque, en tanto que medida cautelar o instrumental conducente a la obtención de una traba -sobre el buque en este caso- que garantice la ejecución de una eventual sentencia estimatoria, exige en todo caso su válida ratificación. Los artículos 7 del Convenio de Ginebra, 479 de la LNM, de forma complementaria, y 730 de la LEC, supletoriamente, así lo indican.

Esta instrumentalidad ha generado la duda de si sólo cabría solicitar el embargo en el caso de que ya se hubiera comenzado el procedimiento principal sobre el fondo, o por el contrario cabría la solicitud con carácter previo a la presentación de la demanda principal. A este este respecto, y con carácter general, la Ley de Enjuiciamiento Civil admite ambas posibilidades, si bien en el segundo de los casos su adopción queda sujeta a que el solicitante acredite razones de urgencia y necesidad (art. 730.2 de la LEC). El artículo 476 de la LNM, ya mencionado, ha disipado cualquier tipo duda acerca de la cuestión al indicar que, en este tipo de embargos, la urgencia se presume, y sin necesidad de acreditación *prima facie*, y ello igualmente a los efectos del mencionado artículo 730.2 LEC[38].

---

[37] La exacción de los daños y perjuicios será con arreglo a lo dispuesto en el art. 742 de la LEC, que establece que «una vez firme el auto que estime la oposición, se procederá, a petición del demandado y por los trámites previstos en los artículos 712 y siguientes, a la determinación de los daños y perjuicios que, en su caso, hubiera producido la medida cautelar revocada ; y, una vez determinados, se requerirá de pago al solicitante de la medida, procediéndose de inmediato, si no los pagare, a su exacción forzosa».

[38] *Op. cit.* E. Zarza, «Embargo preventivo de buques» (...), p.16.

a) Determinación de la competencia para conocer del fondo del asunto

Establece el artículo 7 del Convenio de Ginebra de 1999 que los tribunales del Estado en que se haya practicado un embargo o se haya prestado garantía para obtener la liberación del buque serán competentes para resolver sobre el fondo del litigio, a menos que válidamente las Partes acuerden o hayan acordado someter el litigio a un tribunal de otro Estado que se declare competente o a arbitraje.

Es decir, el Convenio, con carácter general, atribuye la competencia a los tribunales del Estado donde se haya practicado el embargo del buque (*fórum arresti*) o se haya prestado la garantía para su liberación, con la excepción de la existencia de un pacto de sumisión expresa a otros Tribunales o a arbitraje[39], y que el Tribunal judicial o arbitral se declare competente, en cuyo caso el tribunal embargante declinará su competencia para conocer del procedimiento principal sobre el fondo.

No obstante lo anterior, indica el propio artículo 7, que los tribunales del Estado en que se haya practicado un embargo o se haya prestado garantía para obtener la liberación del buque podrán declinar su competencia si la ley nacional les autoriza a ello y el tribunal de otro Estado se declara competente[40].

b) Plazo para presentar demanda sobre el fondo y ratificación del embargo

En virtud del artículo 7 del Convenio de Ginebra cuando los Tribunales del Estado (en nuestro caso los españoles) en que se haya practicado un embargo o se haya prestado garantía para obtener la liberación del buque no sean competentes o hayan declinado su competencia para

[39] Por si hubiese alguna duda, el artículo 474 de la LNM refuerza la idea de que «procederá también el embargo preventivo de un buque a los efectos de obtener una garantía, aunque, en virtud de la existencia en el contrato u otro documento de una cláusula de arbitraje o de una cláusula de jurisdicción, el crédito marítimo por el que se solicita el embargo deba someterse al conocimiento de una jurisdicción extranjera o de un tribunal arbitral».

[40] J. Portales indica sobre este punto «que habrá que entender dicha posibilidad limitada a los supuestos de acuerdos de prórroga de competencia o de arbitraje». J. Portales, «El Embargo preventivo de buques en la Ley de Navegación Marítima», *Comentarios a la Ley de Navegación Marítima*, Dykinson, Madrid, 2015, p. 451

conocer del fondo de asunto, deberán, de oficio o instancia de parte, fijar un plazo para que el embargante interponga la demanda ante un Tribunal de justicia competente o ante un Tribunal arbitral; en cuyo caso estaremos a lo dispuesto en el artículo 479 de la LNM, que establece que cuando los tribunales españoles no sean competentes, el Tribunal embargante deberá «*fijar un plazo no menor de treinta días ni mayor de noventa para que el titular del crédito marítimo acredite el inicio de un procedimiento ante el tribunal judicial o arbitral competente*».

Para el caso de que los Tribunales españoles sean competentes, nada dicen el Convenio de Ginebra y la LNM, por lo que habrá que acudir a la LEC, cuyo artículo 730.2 otorga un plazo de veinte días para entablar la demanda ante el mismo Tribunal que conoció de la medida cautelar. En este sentido, entendemos que cuando la competencia le corresponde a otro Tribunal español, opera igualmente el plazo de veinte días para la interposición de la demanda ante dicho Tribunal.

Finalmente, si no se entabla la demanda por el procedimiento principal dentro de los plazos arriba indicados, el juez acordará, a instancia de parte, la liberación del buque embargado o la cancelación de la garantía prestada, condenando al embargante al pago de las costas y declarándolo responsable de los daños y perjuicios que haya producido al sujeto respecto del cual se adoptaron las medidas.

IX. DERECHO DE REEMBARGO Y PLURALIDAD DE EMBARGOS

Nuestra LNM nada dice al respecto del derecho o no de reembargo -entendido como los sucesivos embargos sobre el buque embargado- y/o de la pluralidad de embargos -entendido como los sucesivos sobre otros buques-. Dicho esto, el Convenio de Ginebra de 1999, si bien en un principio deniega expresamente la posibilidad de reembargo o la pluralidad de embargos, sí lo admite en aquellos supuestos en los que concurran alguno de los tres requisitos previstos en su artículo 5, y que a continuación analizaremos.

Antes del Convenio de Ginebra de 1999, el propio el Convenio de Convenio de Bruselas de 1952, en su artículo 3.3, admitía de forma restrictiva la posibilidad de reembargo o la pluralidad de embargos si el demandante probaba que «*la garantía o caución ha sido definitivamente liberada antes de que se hubiese practicado el embargo subsiguiente o que no haya otra razón válida para mantenerlo*». A la luz de lo anterior, nuestra doctrina señaló por tanto que el reembargo se permitía en los mismos casos que en nuestro derecho procesal común, esto es, «*la insuficiencia de los bienes objeto de la traba o la inadecuación sobrevenida de la caución sustitutoria para garantizar la eficacia del juicio*»[41], y que se traduce en que el reembargo o sucesivos embargos habrían de fundamentarse en hechos que no hubieran sido tenidos en cuenta en el Auto firme de embargo, bien por que dichos hechos fuesen posteriores, bien por no haber sido conocidos en su debido momento, que variarían la causa *petendi*, pero en ningún caso «*podrían alegarse nuevos argumentos jurídicos ni proponerse nuevos medios de prueba, porque al no integrar la causa de pedir, quedan afectados por la cosa juzgada*»[42].

El artículo 5 del Convenio de Ginebra de 1999 ha flexibilizado dicho régimen admitiendo el reembargo cuando concurran alguno de los

41 Castro García en Auto de la Audiencia Provincial de Cádiz, Sección Séptima, de 21 de enero de 2002.

42 En un reciente Auto del Juzgado de lo Mercantil número 1 de Cádiz, de mantenimiento de Medida Cautelar, de 19 de octubre de 2019, en el que se valora un muy interesante caso de reembargo a la luz del régimen del del Convenio de Ginebra de 1999, el propio Juzgado, entre otras cosas, recuerda la doctrina del reembargo en aplicación del anterior Convenio de Bruselas de 1952 y la fuerza de cosa juzgada material de anteriores resoluciones cautelares, detallada en el anterior Auto de la Audiencia Provincial de Cádiz, Sección Séptima, de 21 de enero de 2002:

«*Como acertadamente expone el Auto recurrido, la doctrina mayoritaria admite la fuerza de cosa juzgada material de anteriores resoluciones cautelares, aunque sujeta a limites objetivos y temporales. La cosa juzgada opera en su aspecto positivo, es decir, han de concurrir las tres identidades de persona, cosa y causa de pedir, es decil; que la resolución judicial ha de tener el mismo contenido que la anterior o anteriores resoluciones dictadas. A tenor de lo anterior, la nueva petición de la adopción de la medida no puede fundamentarse en nuevos argumentos jurídicos ni en la proposición de nuevos medios de prueba, porque, al no integrar la causa de pedi; quedan afectados por la cosa juzgada. Solo podrá basarse la nueva petición en la existencia ele hechos que no fueron tenidos en cuenta en la resolución firme denegatoria o confirmatoria del embargo, bien por ser posteriores, o bien por haber sido desconocidos en su momento. (...) Por tanto, y como señal Castro García, en relación con la reiteración del embargo éste se permite en los mismos casos que en el ordenamiento español: la insuficiencia de los bienes objeto de la traba o la inadecuación sobrevenida de la caución sustitutoria para garantizar la eficacia del juicio*».

siguiente tres supuestos:

El primer lugar, que la garantía prestada sea insuficiente con relación al crédito, por su naturaleza o su cuantía, siempre que la cuantía total de la garantía no supere el valor del buque (esto último en aplicación a la limitación impuesta por el artículo 4.2 del Convenio Ginebra de 1999 ya vista).

En segundo lugar, que la persona que haya prestado la garantía no pueda, o sea probable que no pueda cumplir total o parcialmente sus obligaciones. De esta manera, se protege al demandantes a través de la posibilidad de un «*nuevo embargo, aunque sea por el mismo crédito e incluso antes de que la garantía que logró el levantamiento del embargo se trunque, por lo que, si sólo hay sospechas de que el obligado a la garantía no podrá cumplir, la adopción del reembargo dependerá de la prueba que presente el acreedor, debiéndose acreditar que existe un riesgo real y grave de que no se cumpla la caución*»[43].

Y por último, en tercer lugar, cuando se haya liberado el buque embargado o cancelado la garantía, ya sea porque lo consintió el acreedor por motivos razonables o porque no lo pudo impedir mediante la adopción de medidas razonables. Por tanto, el artículo 5, a través de este supuesto flexibiliza el régimen anterior, «*bastando para la solicitud del reembargo que el acreedor pruebe los motivos o medidas razonables en los que se fundamenta la pretensión*»[44].

Por supuesto, aunque puede parecer obvio, huelga decir que para que puede tener lugar un reembargo en los términos del Convenio de Ginebra de 1999, de haber tenido lugar previamente un embargo preventivo al amparo del Convenio de Ginebra de 1999, con independencia de la concurrencia de los presupuestos arriba mencionados, hemos de partir como presupuesto inexorable, que se haya producido la inmovilización del buque, de lo contrario no estaríamos hablando de embargo

[43] Op. cit Auto del Juzgado de lo Mercantil número 1 de Cádiz, de mantenimiento de Medida Cautelar, de 19 de octubre de 2019.

[44] Op. cit Auto del Juzgado de lo Mercantil número 1 de Cádiz, de mantenimiento de Medida Cautelar, de 19 de octubre de 2019.

[45] El aún más reciente Auto de la Audiencia Provincial de Cádiz (sección 5ª) de 24 de julio de 2020, que confirma el anterior Auto del Juzgado de lo Mercantil número 1 de Cádiz, de mantenimiento de Medida Cautelar, de 19 de octubre de 2019, así se expresa.

ni de reembargo a la luz del Convenio[45].

Finalmente, el artículo 5.2 del Convenio de Ginebra admite igualmente y bajo los mismos supuestos la pluralidad de embargos[46].

X. BIBLIOGRAFÍA

ALBORS, E., y PORTALES, J., «Embargo preventivo de buques», en EMPARANZA SOBEJANO, A. y MARTÍN OSANTE, J.M 8 (dirs), *Comentarios prácticos al régimen de la Ley de Navegación Marítima*», Ley de Navegación Marítima: Balance de su aplicación práctica, Madrid, Barcelona, Buenos Aires, Sao Paolo, Marcial Pons.

ARROYO MARTÍNEZ, I., *Comentarios a la Ley 14/2014, de 24 de julio, de Navegación Marítima*, Thomson Reuters – Aranzadi, Pamplona, 2015.

DÍEZ-PICAZO GIMÉNEZ, I., *Comentarios a la Ley de Enjuiciamiento Civil*, Madrid, Civitas, 2001.

PORTALES, J., «EL Embargo preventivo de buques en la Ley de Navegación Marítima», *Comentarios a la Ley de Navegación Marítima*, Dykinson, Madrid, 2015.

PULIDO BEGINES, J.L., *Curso de Derecho de la Navegación Marítima*, Madrid, Tecnos, 2015.

ZARZA, E. «Embargo preventivo de buques» en *Procedimientos marítimos, Apuntes de Derecho Marítimo*, Instituto de Marítimo Español, Madrid, 2015.

[46] Mientras que el Convenio de Bruselas de 1952 regulaba conjuntamente el reembargo y la pluralidad de embargos, el Convenio de Ginebra de 1999 los hace de forma más clara en distintos apartados (artículos 5.1 y 5.2 respectivamente).

EL EMBARGO PREVENTIVO DE BUQUES EN VENEZUELA

RUBÉN DARÍO BOLÍVAR C.*

CAPÍTULO I. INTRODUCCIÓN

Históricamente y aún en la actualidad, la actividad marítima tiene una importancia capital en el mundo, en la integración y en las relaciones de toda índole, pero sobre todo comerciales, donde los buques juegan un papel preponderante. No en vano aproximadamente el ochenta por ciento (80%) del intercambio comercial de mercancías entre los países del mundo se realiza a través del transporte marítimo, ejecutado por aproximadamente unos 95.400 buques que conforman la flota mundial.

---

* Abogado (Universidad Santa María, U.S.M, 1989), Especialista en Derecho Marítimo (USM, 1992), Especialista en Derecho Tributario (USM, 2016) Diplomado en Derecho de los Hidrocarburos y Minería (Universidad Monte Ávila, 2006). Director de Asuntos Navieros y miembro titular de la Asociación Venezolana de Derecho Marítimo y del Instituto Iberoamericano de Derecho Marítimo. Director General del Escritorio Jurídico Bolívar, Flores, Rodríguez y Asociados (BOFRAS).

Es bien sabido que la vocación de los buques es navegar entre puertos del mundo transportando personas y carga de materiales, equipos, provisiones, etc., y en el desarrollo de su actividad están sometidos a un complejo sistema de relaciones e intereses jurídicos, económicos, sociales, laborales, entre otros, muchas veces difícil de determinar con precisión, sujetos a ordenamientos jurídicos diversos, y es común que asuman riesgos y compromisos que en muchos casos deben garantizar y honrar con su propia existencia, por lo que jurídicamente siempre han sido objeto de fascinante estudio.

Las actividades desarrolladas vía marítima son muy riesgosas, a pesar de la cada vez mayor importancia y énfasis en las regulaciones (preventivas y posteriores) de la seguridad marítima, así como de la incorporación a paso vertiginoso de la tecnología y el conocimiento. Es por ello que las relaciones comerciales derivadas de esta actividad también requieren de mecanismos que equilibren de alguna manera el rol de cada uno de los actores en estas operaciones, en obsequio del incremento de la seguridad jurídica. Para ello es de suma importancia realizar estas actividades en términos de seguridad, eficiencia, rentabilidad, garantía, y muy especialmente generando seguridad jurídica para el importante número de partes e intereses involucrados en este negocio.

Uno de los aspectos más importantes a considerar en el desarrollo de la actividad naviera son los ingentes recursos económicos que amerita, las inversiones que requiere para su propia ejecución, de manera que las partes deben sentirse en confianza en la presencia de instrumentos normativos e institucionales legitimados que regulen su forma de ejecución y la protección en el caso de incumplimiento de partes llamadas a cumplir alguna responsabilidad.

En función de esta realidad, los países del mundo han desarrollado instituciones jurídicas específicas aplicables al sector, bien sea acogiéndose a iniciativas de orden internacional, mediante la figura de tratados, convenios y otros instrumentos, o por el esfuerzo de sus propias legislaciones internas, siendo este aspecto clave para el establecimiento de relaciones comerciales sanas, justas y equilibradas. Dada la movilidad y dinamismo de las naves, que le dan una naturaleza especial, se han creado normativas llamadas a generar confianza y certeza jurídica para sus operaciones, entre las que se encuentra la figura del Embargo Preventivo de Buques.

Al respecto el autor patrio Tulio Álvarez Ledo en su obra[1], alude que *"... Señala Jackson que el embargo preventivo de buques tiene tres posibles funciones: en primer lugar es eso precisamente, una medida cautelar, preventiva; en segundo lugar, puede considerarse a los efectos de la determinación de la jurisdicción para conocer el fondo de la controversia; por último, actúa como seguridad del crédito, por cuanto el deudor, en la mayoría de los casos, afianza la cantidad para obtener la liberación del buque..."* (Jackson, D.C., *Enforcement of Maritime Claims*. Lloyd´s of London Press Ltd. London 1.985. pags.157 y sig.).

En el transcurso de este trabajo hablaremos específicamente de esta figura jurídica, medida cautelar que tiene particular importancia en el Derecho Marítimo, y en tal sentido mencionaremos su desarrollo como institución, sus antecedentes, realidad actual, las normas sustantivas que la regulan y las adjetivas que le dan instrumentalidad.

CAPÍTULO II. ANTECEDENTES NORMATIVOS

Seguidamente vamos a mencionar y describir someramente los instrumentos normativos internacionales y nacionales más recientes dictados por las instituciones competentes, que de una u otra forma han influenciado y constituyen los antecedentes legales más importantes al momento de perfilar el Embargo Preventivo de Buques en Venezuela.

1. En el ámbito internacional

1.1. "Convenio internacional para la unificación de ciertas reglas relativas al Embargo Preventivo de Buques de Navegación Marítima", celebrado el 10 de mayo de 1.952 en la ciudad de Bruselas, Bélgica, ratificado por más de 60 países, y que entró en vigencia el 24 de febrero de 1956.

De conformidad con este instrumento, en su artículo *I numeral 1) «Crédito Marítimo» significa alegación de un derecho o de un crédito*

[1] Tulio Álvarez Ledo, *Derecho Marítimo, Tomo II*, Segunda Edición, Editorial Senpress, C.A., Caracas, 2007, pág. 853.

que tenga una de las causas siguientes; a) daños causados por un buque, ya sea por abordaje, ya de otro modo; b) pérdidas de vidas humanas o daños corporales causados por un buque o provenientes de la explotación de un buque; c) asistencia y salvamento; d) contratos relativos a la utilización o al arriendo de un buque mediante póliza de fletamento o de otro modo; e) contratos relativos al transporte de mercancías por un buque en virtud de una póliza de fletamento, de un conocimiento o de otra forma; f) pérdidas o daños causados a las mercancías y equipajes transportados por un buque; g) avería común; h) préstamo a la gruesa; i) remolque; j) pilotaje; k) suministros de productos o de material hechos a un buque para su explotación o su conservación, cualquiera que sea el lugar de los mismos; 1) construcción, reparaciones, equipo do un buque o gastos de dique; m) salarios del capitán, oficialidad o tripulación; n) desembolsos del capitán y los efectuados por los cargadores, los fletadores o los agentes por cuenta del buque o de su propietario; o) la propiedad impugnada de un buque, su explotación o los derechos a los productos de explotación y dominio; q) cualquier hipoteca naval y cualquier «mortgage».

Según el numeral *2) «Embargo» significa la inmovilización de un buque con la autorización de la Autoridad judicial competente para garantía de un crédito marítimo, pero no comprende el embargo de un buque para la ejecución de un título...",* por lo que de allí se desprende a los efectos del estudio, una clara diferenciación entre el Embargo Preventivo y el Embargo Ejecutivo, también prevista en nuestra legislación actual.

El mismo instrumento establece en su *"Artículo IV. Un buque sólo puede ser embargado con la autorización de un Tribunal o de cualquier otra Autoridad judicial competente del Estado contratante en el que se practique el embargo".* Los artículos VI y VII plantean temas de jurisdicción y competencia, y mediante el *"Artículo XI: Las Altas Partes contratantes se obligan a someter a arbitraje cualesquiera diferencias entre Estados que resultaren de la interpretación o aplicación del presente Convenio...".* Los artículos XII, XIII y XIV a su vez, establecen los mecanismos para la firma, ratificación y entrada en vigor del convenio y el XV sobre la adhesión al mismo: *"... a) El presente Convenio entrará en vigor entre los dos primeros Estados que lo hayan ratificado, seis meses después de la fecha del depósito del segundo instrumento de ratificación. b) Para cada Estado signatario que ratifique el Convenio después del segundo depósito, aquél entrará en vigor seis meses después de la fecha del depósito de su instrumento de ratificación...* ".

1.2. "Convenio Internacional sobre los Privilegios Marítimos y la Hipoteca Naval", 1993

Este convenio se celebró en el Palacio de las Naciones, Ginebra, del 19 de abril al 6 de mayo de 1993 y entró en vigencia el 5 de septiembre de 2004. En su declaración de principios establece que *"... Los Estados Partes en el presente Convenio ... Conscientes de la necesidad de mejorar las condiciones de financiación de los buques y el desarrollo de las flotas mercantes nacionales ... Reconociendo la conveniencia de uniformidad internacional en la esfera de los privilegios marítimos y la hipoteca naval ... y por ende Convencidos de la necesidad de un instrumento jurídico internacional que regule los privilegios marítimos y la hipoteca naval ... Han decidido celebrar un Convenio a esos efectos y, en consecuencia, han convenido en lo siguiente:...* ".

El artículo 1 regula el Reconocimiento y Ejecución, y el artículo 2 el Rango y efectos de las hipotecas, mortgages y gravámenes. Por su parte, establece el Artículo 4. Privilegios marítimos. *1. Los siguientes créditos contra el propietario, el arrendatario a casco desnudo, el gestor o el naviero del buque estarán garantizados con un privilegio marítimo sobre el buque:...* ", y hace una descripción de ellos contenida en cinco ordinales, cuya prelación la establece el artículo 5, dando la potestad a los estados de crear otros privilegios de acuerdo con su legislación interna (art. 6).

El Artículo 13 establece el ámbito de aplicación de la Convención, mencionando que *"... 1. Las disposiciones del presente Convenio se aplicarán, salvo que en él se disponga otra cosa, a todos los buques de navegaci6n marítima matriculados en un Estado Parte o en un Estado que no sea parte en el Convenio, a condición de que los buques de este último estén sujetos a la jurisdicción del Estado Parte. 2. Ninguna disposición del presente Convenio creará ningún derecho sobre los* buques pertenecientes a un Estado o explotados por él y utilizados únicamente para un servicio oficial no comercial, ni autorizará la ejecución de ningún derecho contra tales buques".

1.3. "Convenio Internacional sobre Embargo Preventivo de Buques", 1999

En el año 1996 se creó el Grupo Intergubernamental Mixto UNCTAD/OMI de Expertos en Privilegios Marítimos e Hipoteca Naval y Cuestiones Conexas, cuyo objeto era producir un convenio sobre el embargo preventivo de buques, basado en el proyecto de revisión del Convenio internacional para la unificación de ciertas reglas relativas al embargo preventivo de buques de navegación marítima de 1952, preparado en la Conferencia del CMI en Lisboa en 1985. La Asamblea General de las Naciones Unidas, por su resolución 52/182 de 18 de diciembre de 1997, decidió la convocatoria de una conferencia diplomática para examinar y adoptar el convenio, que fue aprobado por la Conferencia el 12 de marzo de 1999 y se encuentra vigente desde el 14 de septiembre de 2011.

El Convenio de 1999 en su Artículo 1, Definiciones, amplía en líneas generales lo que debe entenderse por Crédito Marítimo, e introduce nuevos presupuestos de procedencia respecto del Convenio de 1.952, tales como " ... *d) de indemnización por daños al ambiente, el litoral y sus intereses conexos ; ... n) los derechos y gravámenes de puertos, canales, muelles, radas y otras vías navegables ...; r) Las comisiones, corretajes u honorarios de agencias pagaderos por el propietario del buque o el arrendatario a casco desnudo, o por su cuenta, en relación con el buque; ... q) Las primas de seguro (incluidas las cotizaciones de seguro mutuo), pagaderas por el propietario del buque o el arrendatario a casco desnudo, o por su cuenta, en relación con el buque; ... s) Toda controversia entre los copropietarios (siendo novedosa sólo por lo que respecta a éstos) del buque acerca de su utilización o del producto de su explotación ... t) Una hipoteca, "mortgage" o gravamen (siendo novedosa sólo por lo que respecta a la figura de gravamen) de la misma naturaleza sobre el buque; v) Toda controversia resultante de un contrato de compraventa del buque.*

De conformidad con este instrumento, la figura del "embargo" es definida de manera similar al Convenio de 1.952, sólo incorporándole a la *"... inmovilización, la acción de la ... restricción a la salida de un buque impuesta por resolución de un tribunal en garantía de un crédito marítimo ...".* Y al igual que en aquel, dicta el Convenio del 99 en su Artículo 2, Numeral 1, *"... Sólo se podrá embargar un buque o levantar su embargo por resolución de un tribunal del Estado Parte en el que se haya practicado el embargo.... 2. Sólo se podrá embargar un buque en virtud de un crédito marítimo, pero no en virtud de otro crédito". 3... Un buque podrá ser embargado a los efectos de obtener una garantía aunque, en virtud de una cláusula de jurisdicción o una cláusula de arbitraje, el crédito marítimo por el que se haga el embargo deba someterse a la jurisdicción de los tribunales de un Estado distinto de aquel en que se practique el embargo..., y 4. ... al igual que la Ley aplicable en caso de embargo se regirá por la ley del Estado en que se haya solicitado o practicado el embargo...".*

Otro aspecto en el que existe ampliación del Convenio de 1952 por parte del Convenio de 1999, lo refleja éste en su Artículo 3, estableciendo que el embargo procederá, no solo si la persona es propietaria del buque en el momento en que nació el crédito marítimo, sino también si es arrendatario a casco desnudo, y están obligados en virtud de ese crédito. Así mismo, procede el embargo *".... si el crédito se basa en una hipoteca, "mortgage" o gravamen sobre el buque, si el crédito se refiere a la propiedad o la posesión del buque, y si el crédito es contra el propietario, el arrendatario a casco desnudo, el gestor o el naviero del buque y está garantizado por un privilegio marítimo...".* Este instrumento contempla el límite para el embargo asociado al valor del buque y como novedad la figura por vía de excepción del reembargo del buque ya liberado, bajo los requisitos establecidos en el artículo 5.

Este instrumento es aplicable a los buques que naveguen dentro de la jurisdicción de un Estado Parte, tenga o no el pabellón de un Estado Parte, y *"...no se aplicará a los buques de guerra, a las unidades navales auxiliares y a otros buques pertenecientes a un Estado o explotados por él y destinados exclusivamente, en ese momento, a un uso público no comercial...".*

1.4. "*Decisión 487 de la Comisión de la Comunidad Andina (CAN), sobre garantías marítimas (hipoteca naval y privilegios marítimos) y Embargo Preventivo de Buques*", 2000

Fue dictada en la ciudad de Caracas el 7 de diciembre de 2000 por la Comisión de la Comunidad Andina (CAN), a tenor de su texto, "... *CONSIDERANDO: Que el IX Consejo Presidencial Andino reunido en Sucre, Bolivia, instruyó a la Secretaría General de la Comunidad Andina a efectos que inicie los estudios para la presentación de propuestas destinadas a fomentar la actividad de las Marinas Mercantes de los países de la Subregión; ... Que, en este sentido, resulta necesario promover y fortalecer las Marinas Mercantes de la Subregión, con una legislación moderna y armonizada de garantías marítimas (hipoteca naval y privilegios marítimos) y embargo preventivo de buques ... Que el Comité Andino de Autoridades de Transporte Acuático (CAATA) aprobó la Resolución CAATA No. V-52 (04.NOV.94), con la que se exhorta a los Países Miembros para que se adhieran al Convenio Internacional sobre los Privilegios Marítimos y la Hipoteca Naval 1993 ... Que el citado Convenio conjuntamente con el Convenio Internacional sobre el Embargo Preventivo de Buques 1999, y los trabajos de armonización de legislación marítima efectuados por la UNCTAD y la OMI en Centro y Sudamérica, han servido como base para armonizar una normativa comunitaria destinada a fomentar el desarrollo de las empresas navieras andinas y de la actividad marino mercante en su conjunto ... dejando el desarrollo de su aplicación a la respectiva legislación nacional de los Países Miembros; ... Que el Comité Andino de Autoridades de Transporte Acuático (CAATA), en su XV Reunión Extraordinaria, aprobó el correspondiente Proyecto de Decisión; así como en su VIII Reunión Ordinaria recomendó las acciones necesarias para actualizar el Capítulo referido al embargo preventivo de buques, y en la que además se recomendó su expedición ...*".

En lo que respecta a las figuras del crédito marítimo y el embargo preventivo de buques, la Decisión acogió una integración de los textos que a esos efectos nos traen los Convenios de Embargo Preventivo de Buques de 1952 y de 1999. Es según este instrumento, "... *Crédito*

Marítimo: Un crédito que tenga una o varias de las siguientes causas: ...", y procede a realizar una numeración que recoge la totalidad de los presupuestos previstos en estas dos Convenciones. Así mismo define *"... Embargo: Toda inmovilización o restricción a la salida de un buque, impuesta como medida cautelar por resolución de un tribunal de un País Miembro, en garantía de un crédito marítimo, pero no comprende la retención de un buque para la ejecución de una sentencia, u otro instrumento ejecutorio...",* exactamente como la Convención del 99. Establece el artículo 37 del instrumento, *"... Asimismo, solamente se podrá embargar un buque en virtud de un crédito marítimo, pero no en virtud de otro crédito...".* Y según el "*Artículo 40. El procedimiento relativo al embargo de un buque, o al levantamiento de ese embargo, se regirá por la legislación nacional respectiva del País Miembro en que se haya solicitado o practicado el embargo".*

Es importante destacar lo contenido en el artículo 42 *ejusdem*, que contempla la figura de los *"buques hermanos" (Sisterships*), al señalar: *"... Procederá también el embargo de cualquier otro buque o buques que, al practicarse el embargo, fueren de propiedad de la persona que esté obligada personalmente en virtud del crédito marítimo y que, en el momento que nació el crédito, era: a) Propietaria del buque con respecto al cual haya nacido el crédito marítimo; y b) Arrendataria a casco desnudo, fletador por tiempo o fletador por viaje de ese buque...".*

En relación a este cuerpo normativo nos dicen los autores Limongi y Villaroel[2], "*... Así para el mes de Diciembre de 2000, entró en vigencia la Decisión 487 relativa a las Garantías Marítimas (Hipoteca Naval y Privilegios Marítimos) y Embargo Preventivo de Buques, texto que se adapta a las exigencias actuales sobre la materia, y que sirvió de base igualmente a los legisladores venezolanos para promulgar el Decreto con Fuerza de Ley de Comercio Marítimo, que en parte regula todo lo relativo a los Créditos Marítimos, Hipoteca Naval y Embargo Preventivo de Buques, derogando a todas las normas que se referían a estos temas y unificando criterios jurídicos actuales...".*

2 Mayela Limongi Carvajal, y Francisco A. Villaroel Rodríguez, *Créditos Marítimos en la Legislación Andina y Venezolana*, Centro del Libro (CENAL), Caracas 2005, pag. 12.

1.5. "*Decisión 532 de la Comisión de la Comunidad Andina*", 2002

Dictada en la ciudad de Lima, Perú, el 2 de octubre de 2002, quedó asentada en la Gaceta Oficial del Acuerdo de Cartagena del Año XIX, N° 848, en Lima el 4 de octubre de 2002, y sustituyó la Decisión 487 de la CAN en lo que respecta al concepto de buque en ella contenido; derogando el artículo 55 de aquella que establecía "*... No creación de un privilegio marítimo. Las disposiciones de la presente Decisión no se interpretarán en el sentido que crean un privilegio marítimo.*"; y cuando decide: "*... Artículo 3.- Facultar a la Secretaría General para que, sobre la base de lo establecido en la presente Decisión, publique un texto consolidado de la Decisión sobre Garantías Marítimas (Hipoteca Naval y Privilegios Marítimos) y Embargo Preventivo de Buques*".

2. EN EL ÁMBITO NACIONAL.

2.1. "*Código de Comercio*", 1955

El Congreso de la República de Venezuela, en uso de sus facultades constitucionales, decretó el Código de Comercio, quedando publicado en la Gaceta Oficial N° 475 Extraordinaria del 21 de diciembre de 1955, el cual, establece en su Disposiciones Generales "*Artículo 1° El Código de Comercio rige las obligaciones de los comerciantes en sus operaciones mercantiles y los actos de comercio, aunque sean ejecutados por no comerciantes*". Este instrumento, aún vigente, regulaba buena parte de la actividad marítima en el país, y en su Libro Segundo contiene disposiciones relativas a: Título I. De las Naves; Título II. De los Propietarios de la Nave; Título III. Del Capitán; Título IV. De los Contratos de la Gente de Mar; Título V. Del Fletamento, Sección I. Del Contrato de Fletamento, Sección II Del Conocimiento, Sección III. De los pasajeros; Título VI. De los Riesgos y Daños del Transporte Marítimo, Sección I. De las Averías, Sección II De la Echazón, Sección III. De la Contribución por Avería Gruesa, Sección IV. Del Abordaje; Título VII. Del Contrato a la Gruesa o Préstamo a Riesgo Marítimo, Título VIII. Del Seguro Marítimo y Título IX. De la Extinción de las Acciones.

Ahora bien, según el Código de Comercio en su *"Artículo 612° Se considera nave, para los efectos de este Libro, todo buque destinado a traficar por mar, de un puerto a otro del país o del extranjero. Bajo la palabra nave se comprenden, además del casco y quilla del buque, los aparejos correspondientes a él. El nombre aparejo designa los palos, botes, anclas, cables, jarcias, velamen, mástiles, velas y todos los demás objetos fijos y sueltos que, sin formar parte del cuerpo de la nave, son indispensables para su servicio, maniobra y navegación. No se comprende en él el armamento que no sea de uso habitual de la nave, ni las vituallas ni pertrechos".*

Es importante a efectos de este estudio lo que establecen los artículos *"... 613° Las naves son consideradas como bienes muebles; sin embargo, ellas responden de las deudas del propietario privilegiado sobre la misma nave, y pueden ser perseguidas en poder de tercero por los respectivos acreedores"; 614° La propiedad de las naves o parte de ellas, debe transferirse por escritura pública"*; como conceptualización de la figura del buque, a pesar de que posteriormente fueron derogadas, como veremos. De estas disposiciones se desprende la naturaleza jurídica de los buques, bienes muebles con características especiales, capaces de comprometer y asumir obligaciones por sí mismos; y respecto de su movilidad documental, susceptibles de ser objeto de operaciones de compra-venta, arrendamiento e hipotecas entre otros actos jurídicos, y sometidos a la formalidad del registro y publicidad, actos éstos típicos aplicables a los bienes inmuebles.

Por su parte, según el Artículo 615° Son créditos privilegiados sobre las naves o su precio y por el orden con que van enumerados, los siguientes: ...", en una enumeración que va del 1° al 11° en orden de prelación. Y menciona el "*Artículo 621°. No están sujetas a embargo las naves extranjeras surtas en puertos venezolanos, sino por deudas contraídas en el territorio de Venezuela, por causa o en utilidad de las mismas naves".*

Las disposiciones atinentes del Código de Comercio fueron derogadas por la Ley de Privilegios e Hipotecas Navales de 1.983, que establecía en su "*Artículo 37°. Se derogan los artículos 615, 616, 617, 618 y 621 del Código de Comercio, así como las otras disposiciones legales que sean contrarias a esta Ley*"; así como por la Ley de Comercio

Marítimo de 2001 en los siguientes términos: *"... Disposiciones Derogatorias, Segunda: Se deroga el Libro II del Código de Comercio "Del Comercio Marítimo"; así como el Artículo 1090 en sus ordinales 3, 4, 5 y 6; el último aparte del Artículo 1095; el primer aparte del Artículo 1100, y los Artículos 1116, 1117 y 1118, del Código de Comercio ..."*.

2.2. "*Ley de Privilegios e Hipotecas Navales*", 1983

El Soberano Congreso de la República de Venezuela, en uso de sus facultades decretó la Ley de Privilegios e Hipotecas Navales, quedando publicada en la Gaceta Oficial N° 32.820 de fecha 27 de septiembre de 1983. La misma establece en su *"Artículo 3°. A los efectos de esta Ley el término buque o nave comprende todas las embarcaciones que tengan medios fijos de propulsión y estén destinadas al tráfico por las aguas territoriales o interiores o por el mar libre entre puertos nacionales o del extranjero o entre éstos y aquellos. Bajo esta denominación se comprenderá, además del casco y la quilla, los aparejos correspondientes al buque. No se comprende el armamento que no sea de uso habitual de la nave, ni las vituallas, combustibles ni pertrechos. ... El término accesorio de navegación comprende las construcciones flotantes sin autonomía de movimiento... Se excluyen de la aplicación de esta Ley, las naves de recreo menores de diez (10) toneladas y las de guerra"*.

La ley contempla todo un sistema de establecimiento de *"... créditos privilegiados sobre la nave y sobre los créditos accesorios de la nave ... adquiridos después del comienzo del viaje..."*. (art.4). *"... Asimismo tiene privilegios sobre la nave y los créditos accesorios de la misma adquiridos después del comienzo del viaje ..."*. (art.5). A sus efectos, *"... Son créditos accesorios de la nave: 1.- Las indemnizaciones por daños no reparados sufridos por la nave; 2.- Las sumas que se le adeuden por contribución a las averías gruesas sufridas por la nave, cuando constituyan daños, no reparados; 3.- Las remuneraciones debidas al propietario por asistencia o salvamento prestadas hasta el fin del viaje, deducidas las sumas que correspondan al Capitán y a la tripulación..."*. (art.6). Y de acuerdo con el *"Artículo 15°. Las acciones por créditos privilegiados sobre la nave pueden intentarse contra el capitán"*. Esta Ley fue derogada posteriormente por la Ley de Comercio Marítimo.

2.3. "*Ley de Navegación*", 1998

El Congreso de la República de Venezuela, en uso de sus facultades decretó la Ley de Navegación, quedando publicada en la Gaceta Extraordinaria N° 5.263 de fecha 17 de septiembre de 1998, que establecía su ámbito de aplicación en el *"Artículo 1.- Todos los buques mercantes nacionales y los extranjeros en aguas venezolanas, territoriales o interiores, están sometidos a esta presente Ley"*. La Ley, ya derogada en su totalidad por varios instrumentos posteriores, regulaba aspectos sobre derecho del mar, del régimen administrativo de la navegación, de aspectos sobre el personal a bordo, especialmente de la figura del Capitán y tripulación, sobre la seguridad marítima, de la industria naval, de las inspecciones y las investigaciones científicas. Estableció así mismo un régimen sancionatorio (multas y en algunos casos retención de documentos) por incumplimiento de sus disposiciones.

Así mismo, es destacable que la Ley establecía en su *"Artículo 9.- Para los efectos de esta Ley, el término buque o nave comprende todas las embarcaciones que tengan medios fijos de propulsión y estén destinadas al tráfico por las aguas territoriales o interiores o por el mar libre entre puertos nacionales o del extranjero o entre éstos y aquellos... Las gabarras, grúas, botes y diques, casas, embarcaderos y dragas flotantes y demás construcciones sin autonomía de movimiento, no se considerarán como buques sino como accesorios de navegación*".

CAPÍTULO III. ASPECTOS GENERALES

3.1. De las medidas cautelares

El maestro Calamandrei, profesor de la Universidad de Florencia en su obra[3] define las medidas cautelares *"... como una anticipación provisoria de ciertos efectos de la providencia definitiva, encaminada*

[3] Piero Calamandrei. *Providencias Cautelares*, Editorial Bibliográfica Argentina, Cangallo 860, Buenos Aires, Argentina, 1984, pag. 45, (consultado en la página web www.venezuela-procesal.net).

a prevenir el daño que podría derivar de su retardo". Por su parte, el autor venezolano Henríquez, en su obra[4] 4), explica que *"... la tutela jurisdiccional cautelar, puede definirse, como aquella que va dirigida a hacer cesar el peligro de un daño en potencia, impidiendo la comisión o continuación de un acto perjudicial al interesado, o facilitando la actuación futura del derecho mismo..."*. Para este autor, *"... Además de la característica esencial de las medidas cautelares (la instrumentalidad) que constituye su naturaleza jurídica, existen otros rasgos característicos que contribuyen aún más a su definición y a obtener un concepto nítido y concreto de ellas, ... son propiedades de la medida cautelar que devienen directamente de su relación con la providencia definitiva, consecuencias y manifestaciones lógicas de la instrumentalidad ..., ellas son: a) "**La provisoriedad** de las providencias cautelares sería un aspecto y una consecuencia de una relación que tiene lugar entre los efectos de la providencia antecedente (cautelar) y la subsiguiente (definitiva), el inicio de los cuales señalaría la cesación de la primera...", la **Judicialidad** en el sentido de que, estando al servicio de una providencia principal, necesariamente están referidas a un juicio, tienen conexión vital con el proceso y la terminación de éste obvia su existencia...", la **Variabilidad**: Las medidas cautelares se encuentran comprendidas dentro del grupo de providencias con la cláusula rebus sic stantibus, según la cual, aun estando ejecutoriadas, pueden ser modificadas en la medida que cambie el estado de cosas para el cual se dictaron...", y la **Urgencia:** viene a ser la garantía de eficacia de las providencias cautelares. La necesidad de un medio efectivo y rápido que intervenga en vanguardia una situación de hecho ... representan una conciliación entre las dos exigencias, frecuentemente opuestas, de la justicia: la de la celeridad y la de la ponderación ...". ... el común denominador entre ellas es el efecto eminentemente ejecutivo que todas por igual presentan, con el fin de asegurar la ejecución forzosa del fallo principal ...". "... No obstante, en el ámbito de la praxis, resulta*

---

4 Ricardo Henríquez La Roche, *Medidas Cautelares (Según el Nuevo Código de Procedimiento Civil)* Reimpresión a la tercera edición aumentada Centro de Estudios Jurídicos del Zulia, Maracaibo, 1988, págs. 27, 28, 41, 42, 43 y 104 (consultado en la página web www.venezuelaprocesal.net).

ostensible que las medidas preventivas, y principalmente el embargo y el secuestro, revisten, a pesar de la intención del legislador y además de su propia función aseguradora, una función coactiva que obliga en mayor o menor medida a la persona contra quien obra a satisfacer la pretensión de la contraparte. Nos recuerda esto la pignoris capio en el Derecho romano; un procedimiento por el cual el acreedor tomaba en garantía ciertos bienes del deudor, para constreñirlo a pagar su deuda..."

En el ordenamiento jurídico venezolano, esta institución está contenida y desarrollada en el Código de Procedimiento Civil, que establece en su Libro Tercero. Del procedimiento cautelar y de otras incidencias Título I. De las medidas preventivas Capítulo I. Disposiciones Generales. *"Artículo 585° Las medidas preventivas establecidas en este Título las decretará el Juez, sólo cuando exista riesgo manifiesto de que quede ilusoria la ejecución del fallo y siempre que se acompañe un medio de prueba que constituya presunción grave de esta circunstancia y del derecho que se reclama".*

3.2. Del Embargo

3.2.1. Concepto

Desde el punto de vista idiomático, y de acuerdo con el Larousse 1998[5], *"Embargo n. m. Acción y efecto de embargar. 2. Ocupación e intervención judicial de determinados bienes, con la finalidad de sujetarlos al cumplimiento de responsabilidades derivadas de un débito. ...4. Incautación de un navío neutral o sospechoso, mientras se espera una decisión de captura o liberación... Embargo preventivo, medida acordada en favor del acreedor que le permite poner los bienes muebles de su deudor en manos de la justicia, para evitar que éste los haga desaparecer o disminuya su valor...".* Para Henríquez[6] *"Entendemos por embargo preventivo, el acto judicial a requerimiento de parte, en virtud del cual se sustrae en un depositario cualquier bien mueble del*

[5] Larousse, *Diccionario Enciclopédico*. Tercera Edición, Editorial Agrupación Editorial, 1998, pág. 375.

[6] Henríquez, Obra citada, pág. 118.

poseedor contra quien obra, con el objeto de suspender provisionalmente los atributos de su derecho de propiedad —ius abutendi, fruendi et utendí—, y tenerlos a las resultas del juicio".

Es importante destacar aquí la diferencia entre el embargo ejecutivo (en su función ejecutiva, aplicable a cualquier tipo de bienes, contemplado en el Código de Procedimiento Civil, en su Capítulo III. Del embargo de bienes, que dicta en su *Artículo 534° El embargo se practicará sobre los bienes del ejecutado que indique el ejecutante. En cualquier momento en que el ejecutado ponga a disposición del Tribunal bienes suficientes para llevar a cabo la ejecución, el Tribunal decretará el levantamiento del embargo que se haya practicado sobre el inmueble que le sirve de morada...")*, y el embargo preventivo de buque, en su función asegurativa, aplicable sólo a bienes muebles, no obstante que hemos mencionado de manera referencial el primero, de acuerdo con la metodología seleccionada para repasar esta institución jurídica procesal, partiendo de mayor a menor especificidad.

3.2.2. Características

De conformidad con la legislación venezolana, el embargo tiene las siguientes características:

3.2.2.1 Es una medida cautelar, en efecto, el Código de Procedimiento Civil venezolano establece en su *"Artículo 588°. En conformidad con el Artículo 585 de este Código, el Tribunal puede decretar, en cualquier estado y grado de la causa, las siguientes medidas: 1° El embargo de bienes muebles...".*

3.2.2.2 Es una medida accesoria, por tanto para que sea decretada debe existir previamente un procedimiento judicial. En tal sentido, la Sala de Casación Civil del Tribunal Supremo de Justicia de la República Bolivariana de Venezuela estableció:[7] *"... En ese sentido, esta Sala de Casación Civil, en un caso similar, aplicable al caso de autos, por la similitud al cual se ha hecho referencia, (Sentencia del 20 de diciembre de 2001, caso: Peter Stern y otra contra Oscar Augusto Villabon*

[7] Sala de Casación Civil del Tribunal Supremo de Justicia, sentencia N° RC.00530 de fecha 8 de Octubre de 2009, ubicada en la página web www.vlexvenezuela.com, consultado el 8 de marzo de 2020.

Rodríguez) estableció que: ... "De acuerdo con lo establecido en los artículos 585 y 588 del Código de Procedimiento Civil, las medidas cautelares son una garantía judicial que sólo puede ser decretada en un proceso pendiente (pendente lite), pues su objeto es evitar que se haga ilusoria la ejecución del fallo de mérito debido al carácter de instrumentalidad de las mismas. Esta característica hace que las medidas cautelares sólo puedan decretarse cuando exista un juicio en el que puedan surtir sus efectos, a fin de anticiparse y garantizar lo resuelto en la sentencia definitiva, lo que es hipotético porque supone que lo dispuesto en el referido fallo será a favor del que ampara la medida.

Por tanto, la incidencia de medidas cautelares es accesoria del proceso principal, aún cuando gozan de autonomía en lo que se refiere a su tramitación, ya que no suspende el curso de la demanda principal y el procedimiento se sigue mediante cuaderno separado, de conformidad con lo pautado en el artículo 604 del Código de Procedimiento Civil... La instrumentalidad de las medidas preventivas conlleva, a su vez, el carácter de provisoriedad de las mismas, porque en un primer momento éstas tienen un efecto de cautela o garantía. ***De ello resulta que los efectos de las medidas cautelares tienen relación directa y dependen de la vigencia del juicio principal, pues si la causa se extingue, bien porque se declaró judicialmente la perención de la instancia o porque el accionante desistió, las medidas decretadas pierden su eficacia y desaparecen junto con el proceso incoado, al no poder cumplir su finalidad que es la de asegurar la ejecutoriedad de la sentencia definitiva***... ". *(Negritas y subrayado de la Sala).*

3.2.2.3. Es autónomo e independiente, y así debe ser interpretado a la luz de lo establecido en el CPC, "*Artículo 604°. Ni la articulación sobre estas medidas, ni la que origine la reclamación de terceros, suspenderán el curso de la demanda principal, a la cual se agregará el cuaderno separado de aquellas, cuando se hayan terminado*". Al respecto la Sala de Casación Civil del Tribunal Supremo de Justicia estableció[8]: "*...en torno a la independencia de trámite del cuaderno de*

[8] Sala de Casación Civil del Tribunal Supremo de Justicia, Sentencia N° 209 de fecha 24 de abril de 2017, ubicada en la página web www.vlexvenezuela.com, consultado el 8 de marzo de 2020.

medidas y el juicio principal y en relación con las medidas preventivas típicas que consagra el artículo 588 del Código de Procedimiento Civil, la Sala expresó: "... El decreto que acuerda dichas medidas y la oposición que eventualmente se fórmula contra ellas, CONSTITUIRÁN INCIDENCIAS AUTÓNOMAS. Dicho decreto y oposición correspondiente se sustancian y deciden en cuaderno separado; no suspenden el curso de la causa principal la articulación sobre dichas medidas; no influyen así mismo, sobre la cuestión de fondo a decidir, ya que allí lo discutido es una materia diferente a la del juicio principal...." y más adelante agrega que "... las sentencias dictadas en las oposiciones u otras incidencias sobre medidas preventivas, son interlocutorias que tiene claramente fuerza de sentencias definitivas, en cuanto al fundamento de la oposición misma ...".

CAPÍTULO IV. ASPECTOS SUSTANTIVOS

4.1. Del Buque

La definición de buque es una de las versionadas y por ende una de las más difíciles de consolidar en el mundo de los bienes jurídicos. La existencia de los buques se remonta a la antigüedad, prácticamente, dicho en términos coloquiales, desde que el mundo es mundo, y es natural, si consideramos que las tres cuartas partes del globo terráqueo está conformado agua, por océanos, mares, ríos y otros cuerpos de agua, de manera que el hombre como ser inteligente y con raciocinio, tuvo que inventar desde el inicio de los tiempos un mecanismo para trasladarse por las vías acuáticas para el tráfico y comercio, para buscar provisiones que garantizaran su subsistencia y también para su defensa, y la consecuencia fue la creación de un artefacto flotante que de manera estable tenía esa capacidad de transportarlo. Ese artefacto, utilizado por prácticamente todas las civilizaciones que han existido en el mundo, inicialmente básico y primitivo, ha evolucionado de acuerdo a las épocas hasta llegar a nuestros días convertido en una estructura sólida, segura, de diversos tamaños y tipos, moderna, con tecnología, con una floreciente industria y comercio asociada a su utilización, y por supuesto, con una muy rica historia de instituciones e instrumentos jurídicos que lo regulan a nivel mundial.

A decir del tratadista patrio Francisco Villarroel en su obra[9], *"... La definición del concepto de buque, o nave como se le denominaba en la antigua legislación venezolana y se le denomina en algunas legislaciones extranjeras, es uno de los aspectos fundamentales del derecho marítimo. La interpretación de esta definición condiciona la aplicación de las normas de este derecho, debido a que ellas giran alrededor del buque, por ser éste su objeto".* Continúa el autor, esta vez citando a Werner Goldschmidt, en su Sistema y Filosofía del Derecho Internacional Privado, editado en Buenos Aires en 1954, que *"... Las naves no tienen sólo un gran valor económico, sino una considerable importancia política; la flota mercante de un país le facilita la vida durante la paz y solo gracias a ella vive el Estado durante la guerra. Por esa razón se apodera la nación de todos aquellos barcos que estima suyos y se consagra a la tarea de reglamenta sus condiciones y de impedir su enajenación al extranjero..."*[10]. *"... Hemos podido observar que algunos aspectos son normalmente tomados en consideración por las distintas legislaciones y convenciones, al momento de dar una definición de buque... El primer aspecto es el destino o finalidad que sería la navegación. El segundo aspecto es la capacidad o aptitud para enfrentar los peligros del mar. El tercero es estructural, disponer de medios fijos de propulsión o capacidad de desplazamiento..." "...El buque constituye el eje del derecho marítimo. En torno a él giran todas las instituciones que conforman nuestra disciplina. En efecto: a) El buque se desplaza en un medio (los espacios acuáticos) cuyo régimen debemos conocer. b) la construcción y operación de buques requiere de altas inversiones que deben ser financiadas y garantizadas; en consecuencia surgen los privilegios marítimos y la hipoteca naval. c) Las operaciones del buque son manejadas por personas que están sujetas a un régimen especial (capitán y tripulación). d) La internacionalidad de las operaciones de un buque origina, frecuentemente, problemas de aplicación del derecho internacional privado. e) La propiedad y/o libre disposición de un buque conlleva la atribución de responsabilidad contractual y*

[9] Francisco A. Villaroel Rodríguez, *Tratado General de Derecho Marítimo,* 2da. Edición, Editorial Universidad Marítima del Caribe, Caracas 2006, pág. 231.

[10] Tulio Álvarez Ledo, Obra citada, pág. 231

extracontractual del "armador", según ocurra un incumplimiento contractual o un hecho ilícito, respectivamente. f) en algunos casos se establece la responsabilidad objetiva del propietario del buque...".[11]

Desde otra perspectiva, la ya citada Decisión N° 532 de la Comisión de la Comunidad Andina, estableció "... *Artículo 1.- Modificar el texto del párrafo tercero del Artículo 1 (Definiciones) de la Decisión 487 sobre Garantías Marítimas (Hipoteca Naval y Privilegios Marítimos) y Embargo Preventivo de Buques, referente a la definición de Buque o Nave, de acuerdo al siguiente texto: "Buque o Nave: Toda construcción flotante apta para navegar, cualquiera que sea su tipo, clase o dimensión"*. Ya en suelo patrio, nos interesa conocer la definición que trae el *"Artículo 17 del Decreto con Rango, Valor y Fuerza de Ley de Marina y Actividades Conexas, cual reza "se entiende por buque toda construcción flotante apta para navegar por agua, cualquiera sea su clasificación y dimensión que cuente con seguridad, flotabilidad y estabilidad. Toda construcción flotante carente de medio de propulsión es considerado accesorio de navegación".*

En Venezuela ha sido de suma importancia para efectos de determinar el concepto, naturaleza y efectos jurídicos del buque, la sentencia del TSJ con ponencia del Magistrado Carlos Oberto Vélez, 12) en relación a :

> *"... el avocamiento al conocimiento de dos causas, una referida al procedimiento intentado por la empresa TECNOVÁLVULAS, C.A., contra PETROLAGO, C.A., el cual cursa actualmente ante el Juzgado Segundo de Primera Instancia en lo Civil y Mercantil de la Circunscripción del estado Zulia, en expediente N° 50.261 y la otra, intentada por el abogado B.P.P., en su carácter de endosatario en procuración del ciudadano ROSELIANO M.G., también contra PETROLAGO, C.A., la cual cursa actualmente en el Juzgado Primero de Primera Instancia en lo Civil, Mercantil, Tránsito, Trabajo, Agrario y Estabilidad Laboral (sic) de la Circunscripción del estado Trujillo, expediente signado con el N° 20616..." "... En esta sentencia se expone "... Respecto a la definición de buque*

[11] Ibidem. P.127.

"... Antes de la promulgación de las nuevas leyes marítimas venezolanas, teníamos varías definiciones, todas ellas deficientes, por cuanto fallaban en el propósito de determinar el concepto apropiadamente; así tenemos que el Código de Comercio se fundamentaba, exclusivamente, en la destinación, mientras que la Ley de Navegación se basaba en la autopropulsión. En este orden de ideas, para citar el ejemplo más claro, encontramos que una gabarra que transporta mercancías no era un buque, ni para el Código de Comercio, ni para la Ley de Navegación, por carecer de autonomía de movimientos; en cambio si se considera buque, como veremos, en las Reglas de La Haya ..."
La nueva legislación marítima, siguiendo la tendencia de las convenciones internacionales y las más modernas legislaciones nacionales, eliminó, en primer lugar la multiplicidad de acepciones manteniendo, exclusivamente, el término "buque", el cual define como "...toda construcción flotante apta para navegar por agua, cualquiera sea su clasificación y dimensión que cuenten con seguridad, flotabilidad y estabilidad. Toda construcción flotante carente de medio de propulsión, se considera, accesorio de navegación ...".
... La redacción original de la definición resultaba más apropiada a los fines de evitar que se pudieren generar confusiones en la interpretación de las disposiciones legales contenidas en las distintas leyes sobre la materia; en efecto: todas las normas de la Ley de Comercio Marítimo, Ley General de Puertos y la misma Ley General de Marinas y Actividades Conexas, están referidas al término 'BUQUE'; en tal sentido resultaba más apropiado incluir en el artículo 18 (clasificación de buques) un literal que expresara: "...
'...4.... Accesorios de Navegación: toda construcción flotante carente de medio de propulsión...'.
Es necesario enfatizar que para la legislación venezolana, el término buque se define como "...toda construcción flotante apta para navegar por agua...", el señalamiento sobre 'accesorios de navegación' sólo establece una diferenciación entre 'buques' con o sin medio de propulsión; la propia redacción del artículo evidencia tal circunstancia: "... se considera accesorio de navegación..."
Artículo 4. Todo buque nacional y los extranjeros, así como también los hidroaviones cuando se encuentren posados en el espacio acuático nacional, están sometidos a esta Ley, en cuanto sea aplicable. Están sometidos, además, a esta Ley cualquier construcción flotan-

te apta para navegar, carente de propulsión propia, que opere en el medio acuático o auxiliar de la navegación pero no destinada a ella, que se desplace por agua. En el evento que ésta se desplace para el cumplimiento de sus fines específicos con el apoyo de un buque, será considerada buque, y por lo tanto deberá cumplir con todas las regulaciones previstas en la ley.
La redacción del artículo transcrito supra, evidencia:
La Ley es aplicable a todo buque.
2. En el aparte único se extiende la aplicación a "...cualquier construcción flotante apta para navegar, carente de propulsión propia, que opere en el medio acuático o auxiliar de la navegación pero no destinada a ella, que se desplace por agua...". Es decir: aún el caso de las construcciones flotantes no destinadas a la navegación (plataformas de perforación, casas flotantes, diques flotantes, etc), serán consideradas buque, cuando se desplacen en el agua.
3. Por vía de consecuencia, las gabarras, que son construcciones flotantes aptas para navegar y siempre están destinadas a la navegación son, en todo momento buques.
Habida cuenta de lo expresado queda demostrado que, el término es aplicable, tanto a buques con medios fijos de propulsión como sin ellos; de navegación interior o marítima; afectados a servicios comerciales o no..."
Con vista de la definición contenida en la Ley de Comercio Marítimo y que hemos referido y también el criterio expuesto en la ut supra transcripción, el cual es totalmente compartido por la Sala, debemos concluir afirmando que la definición de buque es aplicable en el comercio marítimo, en el entendido que el objeto de esta ley se circunscribe al control de las relaciones mercantiles en el comercio marítimo y no al aspecto administrativo del sector acuático del buque en relación a su construcción y utilización en las aguas territoriales.
Por tales razones, en el caso concreto, encuentra la Sala que dentro de los bienes embargados en los juicios previamente extinguidos, se encuentran tanto buques como accesorios de éstos, como son las gabarras, las cuales son también buques, pero pertenecientes a otra clasificación de los mismos, razón suficiente para aplicar la consecuencia prevista por el artículo 94 de la Ley de Comercio Marítimo y señalar que tales medidas se ejecutaron sobre bienes inembargables.

La anterior declaración es concluyente para establecer que en el caso del juicio BUZDECOL C.A., en el que también se ejecutó una cautelar sobre dos gabarras, antes identificadas y que por su identificación también fueron objeto de embargo preventivo en los dos juicio y antes referidos, dicha medida se practicó sobre bienes inembargables, lo cual conlleva a declarar la nulidad de tal decreto y de todos los actos posteriores, ordenándole al Depositario Judicial Provisional la devolución inmediata de dichos bienes y la consecuente orden al juez de abstenerse de decretar medidas cautelares sobre cualquier bien de PETROLAGO, C.A., que sea considerado buque de acuerdo con la exposición citada supra. Así se decide...".

4.2. De los Créditos Marítimos

Limongi y Villaroel mencionan que [12] "*... Según el Diccionario Enciclopédico de Derecho Usual, de Guillermo Cabanellas, Crédito: Del Latín Ceditum, de credere, creer, confiar ... Mientras que Crédito Marítimo o Créditos sobre el Buque es definida como: Créditos y deudas a que están afectos el buque y los fletes devengados, que constituyen el patrimonio naval del naviero, con independencia de sus demás bienes. Para responder de créditos pasivos, los buques pueden ser embargados y vendidos judicialmente en el puerto en que se encuentren."*.

Los créditos marítimos en Venezuela están contemplados en la Ley de Comercio Marítimo, publicada en la Gaceta Oficial de la República Bolivariana de Venezuela N° 5.551, Extraordinario del 9 de noviembre de 2001, y reformada el 05 de enero de 2006, publicada en la Gaceta Oficial de la República Bolivariana de Venezuela N° 38.351. Este instrumento incorporó a la legislación interna el espíritu de las normas de la Decisión 487 de la Comisión De La Comunidad Andina (CAN), sobre Garantías Marítimas (Hipoteca Naval y Privilegios Marítimos) y Embargo Preventivo de Buques de 2000, reformada parcialmente por la Decisión 532 del mismo organismo, las cuales a su vez habían recogido los principios del "*Convenio Internacional para la Unificación de Ciertas Reglas Relativas al Embargo Preventivo de Buques de Navegación Marítima*" de 1.952 y el Convenio Internacional sobre Embargo

[12] Mayela Limongi Carvajal y Francisco A.Villaroel Rodríguez, (obra citada, pág. 25).

Preventivo de Buques de 1999; por mandato de la Constitución de la República Bolivariana de Venezuela, que dicta en su "*Artículo 153. La República promoverá y favorecerá la integración latinoamericana y caribeña... Dentro de las políticas de integración y unión con Latinoamérica y el Caribe, la República privilegiará relaciones con Iberoamérica, procurando sea una política común de toda nuestra América Latina. Las normas que se adopten en el marco de los acuerdos de integración serán consideradas parte integrante del ordenamiento legal vigente y de aplicación directa y preferente a la legislación interna*".

La Ley de Comercio Marítimo, con normas sustantivas y adjetivas en materia de embargo preventivo de buques, establece en su "Artículo 93. A los efectos del embargo preventivo previsto en este Título, se entiende por crédito marítimo, la alegación de un derecho o de un crédito que tenga una de las siguientes causas:

1. Pérdidas o daños causados por la explotación comercial del buque.
2. Muerte o lesiones corporales, sobrevenidas en tierra o en el agua, en relación directa con la explotación del buque.
3. Operaciones de asistencia o salvamento o todo contrato de salvamento, incluida, si corresponde, la compensación especial relativa a operaciones de asistencia o salvamento, respecto de un buque que, por sí mismo o por su carga, amenace con causar daño al medio ambiente.
4. Daño o amenaza de daño, causados por el buque al medio ambiente, en el espacio acuático, las zonas costeras o intereses conexos, así como las medidas adoptadas para prevenir o minimizar ese daño, las indemnizaciones originadas por ese daño; los costos de las medidas razonables de restauración del medio ambiente efectivamente tomadas o que vayan a tomarse y las pérdidas en que hayan incurrido o puedan incurrir terceros en virtud de ese daño.
5. Gastos y desembolsos relativos a la puesta a flote, la remoción, la recuperación, la destrucción o la eliminación de la peligrosidad que represente un buque hundido, naufragado, embarrancado o abandonado, incluido todo lo que esté o haya estado a bordo de un buque, y los costos y desembolsos relacionados con la

conservación de un buque abandonado y el mantenimiento de su tripulación.

6. Todo contrato relativo a la utilización o al arrendamiento del buque, formalizado en póliza de fletamento o de otro modo.
7. Todo contrato relativo al transporte de mercancías en el buque, formalizado en póliza de fletamento o de otro modo.
8. Las pérdidas o los daños causados a las mercancías y equipajes, transportadas a bordo del buque.
9. La avería gruesa o común.
10. El uso de remolcadores.
11. El lanchaje.
12. El pilotaje.
13. Suministro de las mercancías, materiales, provisiones, combustibles, equipos, incluyendo contenedores, servicios prestados al buque para su explotación, gestión, conservación o mantenimiento.
14. La construcción, reparación, modificación, desguace o equipamiento del buque.
15. Los derechos y gravámenes de puertos, canales, muelles, radas y otros servicios.
16. Los sueldos y otras cantidades debidas al Capitán, a los oficiales y demás miembros de la dotación, en virtud de su enrolamiento a bordo del buque, incluidos los de repatriación y las cuotas de seguridad social pagaderas en su nombre.
17. Los desembolsos hechos por cuenta del buque o de sus propietarios.
18. Las primas de seguro, incluidas las cotizaciones de seguro mutuo, pagaderas por el propietario del buque o el arrendatario a casco desnudo, o por su cuenta, en relación con el buque. 19. Las comisiones, corretajes u honorarios de agencias, pagaderos por el propietario del buque o el arrendatario a casco desnudo, o por su cuenta, en relación con el buque.
20. Toda controversia relativa a la posesión del buque.
21. Toda controversia resultante de un contrato de compraventa del buque.

22. La propiedad impugnada de un buque.
23. La copropiedad impugnada de un buque, acerca de su utilización o del producto de su explotación.
24. Toda hipoteca inscrita o gravamen de la misma naturaleza que pesen sobre el buque.

Estamos en presencia de una enumeración taxativa, de las que se llaman en doctrina Listas Cerradas, fuera de las cuales no son admisibles otras como causa de su fuente. Según LIMONGI Y VILLAROEL[13], "*... tanto en la Decisión 487, modificada por la 532 de la Comisión de la Comunidad Andina, como en el Decreto con Fuerza de Ley de 2001, tomando en consideración su naturaleza jurídica, se pueden clasificar los créditos marítimos de la siguiente manera: 1.- Créditos Contractuales ... 2.- Créditos por Hecho Ilícito ...3.- Créditos Relativos a la Propiedad ...4.- Créditos Laborales ... 5.- Créditos Tributarios...*".

4.3. De los Privilegios Marítimos

Por su parte, los privilegios marítimos están contenidos en el "*Artículo 115 (LCM). Son créditos privilegiados sobre el buque, los siguientes: 1. Los créditos por los sueldos y otras cantidades adeudadas al Capitán, oficiales y demás miembros de la tripulación del buque en virtud de sus servicios a bordo, incluidos los gastos de repatriación y las cuotas de la seguridad social pagaderas en su nombre. 2. los créditos por indemnizaciones por muerte o lesiones corporales ocurridas en tierra, a bordo o en el agua, en relación directa con la explotación del buque. 3. Los créditos por la recompensa pagadera por el salvamento del buque. 4. Los créditos por derechos de puerto, uso de vías navegables, pilotaje, remolcadores, lanchaje y demás servicios previstos en la ley. 5. Los créditos nacidos de hecho ilícito por razón de la pérdida o el daño material causado por la explotación del buque, distintos de la pérdida o el daño ocasionado a las mercancías y equipajes, transportadas a bordo del buque...*".

---

[13] Mayela Limongi Carvajal y Francisco A. Villaroel Rodríguez, Obra citada, págs. 47, 58, 60, 62 y 63.

CAPÍTULO V. ASPECTOS ADJETIVOS

5.1. De la Jurisdicción Especial Acuática

Venezuela es uno de los pocos países que tiene una jurisdicción especial para tratar la materia acuática, creada por la Ley Orgánica de los Espacios Acuáticos e Insulares (LOEA), publicada en la Gaceta Oficial No. 37.330 de fecha 22 de Noviembre de 2001, la cual menciona en su exposición de motivos *"... En el Título XVI, se crea la novísima Jurisdicción Especial Acuática, por tratarse de un derecho tan especializado como es el marítimo, atribuyéndosele a los jueces marítimos con carácter exclusivo, el conocimiento de toda acción, medida o controversia relacionada con los espacios acuáticos nacionales y conociendo en igual forma de los derechos y acciones derivadas de las operaciones que tengan lugar en las zonas portuarias. Igualmente pone de manifiesto la necesidad de crear esta jurisdicción, la urgencia con que deben resolverse ciertas medidas cautelares, ante la inminencia de la salida del buque, con probabilidades de no retornar al país, los elevados montos de daños que están siempre en juego en los casos de abordaje, la necesidad de la verificación rápida de las averías que presentan las mercancías que llegan al país, la situación especialísima del agente naviero que debe representar procesalmente al capitán o armador extranjero cuando el buque respectivo ha zarpado, los juicios por indemnización de daños y perjuicios causados al Estado o a particulares por contaminación, proveniente de un derrame o vertimiento en el agua, etc. Esta última determinación es de gran importancia en virtud del precedente creado en el caso del derrame petrolero del buque Nissos Amorgos, lo que hace de vital importancia un tratamiento jurisdiccional, concebido para amparar derechos y evitar distorsiones en decisiones que pudiesen hacer nugatorio el resarcimiento de los daños...". Y además se ordena en la "Disposición Transitoria Décima Novena. Conforme a lo previsto en los artículos de este Decreto-Ley se deberán instalar dentro de los noventa días siguientes a la fecha de entrada en vigencia de la presente ley tres (3) Tribunales Superiores Marítimos, los cuales tendrán sus sedes en la ciudades de Caracas (Región Central), Barcelona (Región Oriental) y Maracaibo (Región*

Occidental) y cinco (5) Tribunales de Primera Instancia Marítimos, distribuidos de la manera siguiente: (1) Un Tribunal Marítimo de Primera Instancia, con sede en La Guaira y con competencia en Distrito Federal, estados Miranda, Vargas y Dependencias Federales. (2) Un Tribunal Marítimo de Primera Instancia, con sede en Puerto Cabello, y con competencia en los estados Aragua, Carabobo, Cojedes, Lara, Portuguesa y Yaracuy. (3) Un Tribunal Marítimo de Primera Instancia, con sede en Puerto Ordaz y con competencia en los estados Amazonas, Apure, Bolívar, Delta Amacuro y Guárico. (4) Un Tribunal Marítimo de Primera Instancia, con sede en Maracaibo, y con competencia en los estados Barinas, Falcón, Mérida, Táchira, Trujillo y Zulia. (5) Un Tribunal Marítimo de Primera Instancia con sede en Puerto La Cruz, con competencia en los estados Anzoátegui, Monagas, Nueva Esparta y Sucre ...".

En su oportunidad solo fueron creados y establecidos físicamente, el Tribunal Superior Marítimo con Competencia Nacional y sede en la ciudad de Caracas y el Tribunal de Primera Instancia Marítimo con Competencia Nacional y sede en la ciudad de Caracas. Posteriormente, mediante la Resolución N° 2017-0011 de fecha 03 de mayo del año 2017, el Tribunal Supremo de Justicia en Sala Plena le otorgó competencia marítima a los siguientes Tribunales de Primera Instancia: en Anzoátegui, al Juzgado Segundo de Primera Instancia, con sede en Barcelona; en Bolívar, al Juzgado Primero de Primera Instancia, con sede en Puerto Ordaz; en Carabobo, al Juzgado Tercero de Primera Instancia; en Falcón, al Juzgado Cuarto de Primera Instancia, con sede en Punto Fijo; en Nueva Esparta, al Juzgado Primero de Primera Instancia; en Sucre, al Juzgado Primero de Primera Instancia con sede en Cumaná; en Trujillo, al Juzgado Primero de Primera Instancia;, y en Zulia, al Juzgado Primero de Primera Instancia, con sede en Maracaibo. Así mismo, le atribuyó competencia marítima a los Tribunales Superiores en lo civil de los estados Anzoátegui, Bolívar, Carabobo, Falcón, Nueva Esparta, Sucre, Trujillo y Zulia. Según la citada Resolución, *"... las causas que se presenten en los estados que no tienen competencia en lo marítimo serán remitidas a la jurisdicción más cercana, a los fines de conocer el tribunal competente...".*

Por otro lado, el Decreto N° 1.551 con Fuerza de Ley de Procedimiento Marítimo, de fecha 12 de noviembre de 2001, publicado en la Gaceta Oficial N° 5.554 Extraordinario, de fecha 13 de noviembre de 2001, establece en el TÍTULO I, DEL PROCEDIMIENTO MARÍTIMO, Capítulo I, Disposiciones Generales, *"Artículo 1°. El presente Decreto ley tiene por objeto establecer las normas que rigen el procedimiento ordinario en la Jurisdicción Acuática". "Artículo 2°. La Jurisdicción Especial Acuática, salvo disposiciones especiales de la ley, será ejercida por los Jueces Marítimos de conformidad con el presente Decreto Ley. Los Jueces marítimos tienen la obligación de administrar justicia tanto a los venezolanos como a los extranjeros, en la medida que las leyes determinen su competencia para conocer del respectivo asunto. Las disposiciones y los procedimientos especiales establecidos en las leyes respectivas, se aplicarán con preferencia a las normas generales y al procedimiento previsto en este Decreto Ley".*

Ahora bien, ha quedado establecida con mucha claridad la jurisdicción y competencia de los Tribunales venezolanos para conocer en causas marítimas, tomando en consideración y con bastante amplitud, los negocios jurídicos, los sujetos y objetos de esas relaciones jurídicas, el espacio geográfico nacional, continental e insular sobre el cual el país detente y ejerza derechos de soberanía y jurisdicción, como lo establece la Ley de Comercio Marítimo en las siguientes disposiciones: ***"Artículo 10.** Corresponde a la jurisdicción venezolana conocer en forma inderogable de las acciones en materia de contratos de transporte de bienes o de personas que ingresan al territorio venezolano".* Y continúa el ***"Artículo 11.** En los casos en los que se admita, una vez producido el hecho generador de la acción, la jurisdicción que corresponda a los tribunales venezolanos, podrá declinarse a favor de tribunales o al procedimiento de arbitraje".* Obviamente en materias que no sean de orden público y que de acuerdo a la ley puedan ser relajadas por convenios entre las partes. Menciona el ***"Artículo 12.** Además de la jurisdicción que atribuye la Ley de Derecho Internacional Privado en sus artículos 39 y 40, **(casos en los cuales los tribunales nacionales tengan jurisdicción en juicios intentados contra personas domiciliadas en el exterior, paréntesis nuestros)** sobre deberán someterse al conocimiento de la Jurisdicción Especial Acuática, las acciones que se* *intenten con motivo de las disposiciones que regulan el comercio marítimo, la navegación por agua, la exploración y explotación de recursos ubicados en el espacio acuático nacional, así como las acciones sobre buques inscritos en el Registro Naval Venezolano, independientemente de la jurisdicción de las aguas donde se encuentran y sobre los buques extranjeros que se encuentren en aguas en las que la República ejerza derechos exclusivos de soberanía y jurisdicción, las operaciones que tengan lugar en las zonas portuarias y cualquier otra actividad que se desarrolle en el espacio acuático nacional"*. Y el *Artículo 13. Los Tribunales de la Jurisdicción Especial Acuática son competentes para conocer en todo juicio en que sea parte un propietario o armador de un buque de bandera extranjera, en los casos en que según esta Ley el buque pueda ser embargado preventivamente, salvo que hubiere un acuerdo arbitral o de atribución de competencia a otra jurisdicción. En este caso, la medida preventiva o cautelar se decretará, a los solos efectos de obtener una garantía para ejecutar el eventual laudo arbitral o sentencia judicial que se dicte*". Aquí estamos en presencia del presupuesto típico de la institución que nos ocupa.

Como complemento a lo señalado, debemos señalar que la Ley de Procedimiento Marítimo establece en su "*Artículo 6°. Corresponde a los Tribunales de Primera Instancia conocer en primera instancia todos los asuntos, actos, cuestiones y recursos que le atribuya la ley...",* y el "*Artículo 7°. Los Tribunales Superiores Marítimos conocerán en alzada de los recursos, impugnaciones y demás actuaciones que se realicen contra las decisiones, autos y providencias dictadas por los Tribunales de Primera Instancia en lo Marítimo, en las materias que les son propias, salvo la competencia atribuida al Tribunal Supremo de Justicia*". "*Los Tribunales no conocerán la causa cuando en virtud de un tratado o convenio internacional, el asunto se encuentre atribuido con carácter exclusivo a la jurisdicción de otro Estado*" (Art. 5).

En este punto es importante destacar que esta ley adjetiva no contiene ninguna disposición que contemple regulación y tratamiento directo de las medidas cautelares marítimas, limitándose a remitir su conocimiento al C.P.C. (art. 3), aspecto que debería ser cubierto por una eventual reforma de la Ley, dadas las especificidades, especialidades y particularidades propias de éstas.

5.2. Del Procedimiento

5.2.1. De la Acción

Establece la Ley de Comercio Marítimo (LCM) en su artículo *"Artículo 92. A los efectos de esta Ley se entiende por embargo preventivo, toda inmovilización o restricción a la salida de un buque, impuesta como medida cautelar por resolución de un Tribunal de la Jurisdicción Especial Acuática competente, para garantizar un crédito marítimo"*. De manera que toda acción que tenga por objeto la obtención de una medida de embargo preventivo sobre un buque, debe tener como su causa un crédito marítimo de los previstos en el artículo 93 *ejudem*, o *"... 2. A los efectos de obtener una garantía para ejecutar el eventual laudo arbitral o sentencia judicial que se dicte, aun cuando en virtud de una cláusula de jurisdicción o una cláusula de arbitraje, el crédito marítimo esté sometido a la jurisdicción de los tribunales de un Estado extranjero o a un tribunal de arbitraje, o deba regirse por la ley de otro Estado..."*. (art. 94 LCM). (Sin embargo esta norma pudiera entrar en contradicción con la parte in fine del artículo 5 (LPM) *"Los tribunales se abstendrán de conocer, cuando en virtud de un tratado o convenio internacional, el asunto se encuentre atribuido con carácter exclusivo a la jurisdicción de otro Estado")*.

Estos postulados quedan ratificados por imperativo de la conocida decisión del TSJ que dictó[14] ... *Por tanto, estima la Sala que el artículo 94 transcrito es claro y no se presta a dudas respecto a su contenido y alcance, previendo una disposición de inembargabilidad preventiva sobre buques cuando éstos sean por créditos distintos a los marítimos, en razón de que la ley especial es de aplicación preferente y primaria y, por ello, la Sala entiende que en un juicio donde se demande cualquier crédito distinto al marítimo, está legalmente prohibido su embargo preventivo. Entiende además, que contra dichos bienes existe prohibición de decretar y ejecutar cualquier otra medida cautelar diferente al embargo, como por ejemplo el secuestro, toda vez que tal medida limitaría*

[14] Sala de Casación Civil, Tribunal Supremo de Justicia, Sentencia No. 311 de fecha 13 de noviembre de 2019, ubicada en la página web www.vlexvenezuela.com, consultado el 19 de abril de 2020.

los principios de utilización de los buques que garantiza la Ley de Comercio Marítimo, salvo la excepción contenida en el artículo 111 de la Ley de Comercio Marítimo. Por ello no cabe duda que cuando se ordene el embargo preventivo de buques o cualquier otra cautelar, fundado en acciones diferentes a las de créditos marítimos, tales decretos son ilegales y, por vía de consecuencia, inejecutables...".

La acción debe ser intentada ante un Tribunal de la Jurisdicción Especial Acuática nacional, competente por el territorio, y procederá: "*... 1. Si el propietario del buque en el momento en que nació el crédito marítimo está obligado en virtud de ese crédito y es propietario del buque al momento de practicarse el embargo... 2. Si el arrendatario a casco desnudo del buque en el momento en que nació el crédito marítimo está obligado en virtud de ese crédito y es arrendatario a casco desnudo o propietario del buque al practicarse el embargo. 3. Si el crédito está garantizado con hipoteca sobre el buque. 4. Si el crédito se refiere a la propiedad o la posesión del buque. 5. Si el crédito es contra el propietario, el arrendatario a casco desnudo, el agente naviero del buque y está garantizado por un privilegio marítimo ...*" (de los previstos en los artículos 115 y siguientes ejusdem) (Art. 95 LCM). Al respecto la anteriormente citada sentencia de la Sala Civil del Tribunal Supremo de Justicia, en una incidencia de medida cautelar surgida en el juicio por cobro de bolívares, intentado ante el Tribunal Décimo Tercero en lo Civil, Mercantil, Tránsito, Bancario y Marítimo con sede en la ciudad de Caracas, por la sociedad mercantil Stalco Shipping S.A., contra la sociedad mercantil CMI Caspian Ltd., y como tercero Interviniente la empresa Capella Offshore Shipping Ltd., dispone "*... De acuerdo con esta norma un buque puede ser objeto de embargo preventivo cuando este es causante de un crédito marítimo, cuando se discute la propiedad o posesión, cuando se trata de un privilegio marítimo o hipoteca naval, cuando es propiedad del deudor y* ***cuando se trate de deudas contraídas por el arrendatario a casco desnudo que siga siéndolo al momento del embargo o que se haya convertido en su propietario****...".*

Por otro lado, dicta la Ley de Comercio Marítimo en su "*Artículo 15. Las acciones derivadas de esta Ley podrán intentarse contra el buque y su Capitán, sin que sea necesario mención alguna sobre el propietario o armador", lo que constituye una acción in rem,* es decir, afecta directo al bien y lo sigue indiferentemente de quien ejerza la propiedad sobre el mismo.

El cuerpo normativo en estudio establece la figura de los buques hermanos en su "*Artículo 96. El demandante podrá solicitar el embargo preventivo del buque al que el crédito se refiere o en sustitución de éste, de cualquier otro buque propiedad de la persona que esté obligada en virtud del crédito marítimo, cuando al momento en que nació el crédito, era: 1. Propietario del buque con respecto al cual haya nacido el crédito marítimo. 2. Arrendatario a casco desnudo, fletador por tiempo o fletador por viaje de ese buque. El embargo de un buque que no sea propiedad de la persona obligada en virtud del crédito sólo será admisible si, conforme a la ley, se puede ejecutar contra ese buque una sentencia extranjera dictada en relación con ese crédito, mediante su venta judicial o forzosa... No podrá procederse al embargo preventivo de un buque en los casos referidos a los créditos relativos a la propiedad o a la posesión de un buque*". Esta figura fue considerada por el Tribunal de Primera Instancia Marítimo, en juicio intentado por la sociedad mercantil AGENTES NAVIEROS Y ADUANALES AGENA, C.A., vs. la sociedad mercantil NAVIADUANA ANT & ELI, S.A., cuando expone "*... Al mismo tiempo se evidencia de dicho documento público que la propiedad de dicha embarcación la ostenta la parte demandada desde el 29 de diciembre de 2011, lo que significa que ya era propiedad de la parte demandada cuando, de acuerdo a lo alegado por la parte actora en su escrito libelar, nació el crédito marítimo que con este procedimiento persigue su satisfacción por lo que, al haberse analizado y apreciado el contrato de fletamento acompañado a los solos fines cautelares con el objeto de realizar este pronunciamiento, se observó suscrito el diez (10) de octubre de dos mil doce (2012); la alegación anterior la hace la parte actora de la siguiente manera en el escrito libelar: "Invoco para esta solicitud de embargo el artículo 96 ejusdem, que establece: "El demandante podrá solicitar el embargo preventivo del buque al que el crédito se refiere o en sustitución de éste, de cualquier otro buque propiedad de la persona que esté obligada en virtud del crédito marítimo, cuando al momento en que nació el crédito, era: ... 2. Arrendatario a casco desnudo, fletador por tiempo o fletador por viaje de ese buque", habida cuenta que sobre el buque* *sustituido ... la demandada era fletadora por viaje al momento del nacimiento del crédito marítimo que aquí demando... " "... En consecuencia, este Tribunal DECRETA medida de embargo preventivo y, por lo tanto su inmovilización, sobre la siguiente embarcación:... ". Así mismo de la sentencia del T.S.J antes citada,*[15] *"... De la precedente norma se desprende que la medida de embargo del buque al que el crédito se refiere o en sustitución de éste, de cualquier otro buque* ***propiedad de la persona que esté obligada en virtud del crédito marítimo, y cuando al momento en que este nació era propietario del buque o arrendador a casco desnudo****, la excepción se produce cuando el embargo de un buque que no sea propiedad de la persona obligada en virtud del crédito sólo será admisible sí, conforme a la ley, se puede ejecutar contra ese buque una sentencia extranjera dictada o cuando en los casos referidos a los créditos relativos a la propiedad o la posesión de un buque...".*

Es importante destacar que el crédito marítimo debe estar fundamentado *"... en instrumento público, instrumento privado reconocido o tenido legalmente por reconocido, facturas aceptadas, contratos de fletamento, conocimientos de embarque, o cualesquiera otros documentos que demuestren la existencia de un crédito marítimo o privilegiado, el juez, a solicitud del demandante, decretará el embargo preventivo del buque. En los demás casos, podrá exigir que el demandante afiance por la cuantía y en las condiciones que el tribunal determine, para responder por los perjuicios que puedan causarse al demandado como consecuencia del embargo... ". (art. 97 LCM).* Igual tratamiento en cuanto a la caución o garantía tendrá el demandado que se oponga al embargo solicite su levantamiento si ya ha sido ejecutado, "...salvo cuando se trate de los créditos marítimos previstos en los numerales 20 y 21 del artículo 93 de esta Ley". *(art. 98 LCM).* Ese mismo juez será competente para conocer el fondo de la causa y para determinar el alcance de la responsabilidad del demandante, como consecuencia del embargo del buque, entre otros, por ser ilícito, no estar justificado, o haberse pedido y prestado una garantía excesiva. *(arts. 99 y 100 LCM).*

---

[15] Sala de Casación Civil, Tribunal Supremo de Justicia, Sentencia No. 311 de fecha 13 de noviembre de 2019, ubicada en la página web www.vlexvenezuela.com, consultado el 19 de abril de 2020.

5.2.2. Del Trámite

Para intentar la acción, la Ley de Procedimiento Marítimo (LPM) dispone en su *"Artículo 4°. A los efectos de presentación de demandas, decretos, práctica y levantamiento de medidas preventivas, así como de otras diligencias urgentes, son hábiles todas los días y horas". "... Cuando se trate de una medida cautelar, el solicitante deberá expresar la acción que se propone, con una síntesis de sus fundamentos. Si la acción no se refiere a la tenencia o posesión del buque sino al cobro de cantidades de dinero, el solicitante deberá señalar el monto y la forma de garantía que se debe establecer para garantizar el resultado de su pretensión...". (art.104 LCM).*

Ahora bien, aquí vamos a entrar en un punto importancia capital en relación con los requisitos de procedencia de las medidas cautelares, que es recogido en Venezuela por el Código de Procedimiento Civil en su Artículo 585°. Las medidas preventivas establecidas en este Título las decretará el Juez, sólo cuando exista riesgo manifiesto de que quede ilusoria la ejecución del fallo y siempre que se acompañe un medio de prueba que constituya presunción grave de esta circunstancia y del derecho que se reclama, y que han sido llamados casi unánimemente por la doctrina nacional e internacional como Periculum in Mora (Peligro en la demora por su traducción literal) y Presunción de Buen Derecho (Fumus Boni Iuris o Humo de buen derecho por su traducción literal).

El procesalista patrio Henríquez La Roche[16] al hablar del Fumus Boni Iuris, que *"... El fundamento o ratio legis del requisito legal de la presunción grave del derecho que se reclama radica en la necesidad de que se pueda presumir al menos que el contenido de la sentencia definitiva del juicio será de condena, como justificación de las consecuencias limitativas al derecho de propiedad que conlleva la medida. Resulta conveniente un juicio que previamente haga presumir la garantía de que la medida preventiva va a cumplir su función, instrumentalizada, de garantizar el resultado práctico de la ejecución forzosa, la cual, a su vez, depende de la estimación de la demanda... La otra condición de procedibilidad, peligro en el retardo, exige, como hemos dicho, la*

[16] Henríquez La Roche. Obra citada, págs. 188 y 192.

presunción de existencia de las circunstancias de hecho que, si el derecho existiera, serían tales que harían verdaderamente temible el daño inherente a la no satisfacción del mismo (33). No requiere la ley determinados supuestos de peligro en la mora, tipificados en varios ordinales. Este requisito ha quedado compendiado genéricamente en la frase: "...cuando exista riesgo manifiesto de que quede ilusoria la ejecución del fallo y siempre que se acompañe un medio de prueba que constituye presunción grave de esta circunstancia..." (art. 585 CPC)...".

La necesidad de coexistencia temporal de ambos requisitos queda plasmada en sentencia de ese mismo Tribunal que expone[17] "... *De conformidad con lo previsto en el precedente artículo, las medidas preventivas se decretarán cuando se verifique en forma concurrente los dos elementos esenciales para su procedencia, a saber: 1) La presunción grave del derecho que se reclama ("fumus boni iuris"); y, 2) El riesgo real y comprobable de que resulte ilusoria la ejecución de la decisión definitiva ("periculum in mora"). Es indudable que el interesado en el decreto de la medida tiene la carga de proporcionar al tribunal las razones de hecho y de derecho de la pretensión, conjuntamente con las pruebas que la sustenten por lo menos en forma aparente, quedando el sentenciador impedido de suplir la carga de la parte de exponer y acreditar sus argumentos. Si faltan esos elementos de convicción de ambas circunstancias, debe imponerse el rechazo de la petición cautelar, por ausencia de los requisitos de procedibilidad exigidos en el referido artículo 585* del *Código de Procedimiento Civil...". Por todo lo antes expuesto este Tribunal se ve forzado a determinar que el fumus boni iuris, o la presunción grave del derecho que se reclama, debe estar o continuar sujeta al debate probatorio que necesariamente deberá haber en el presente procedimiento, y así se decide.... Por lo antes determinado, se hace innecesario descender al estudio del buen derecho en relación con la demostración del peligro de infructuosidad de ese derecho ya que este requisito es concurrente al anterior para que efectivamente pueda ser decretada una medida cautelar de derecho común en un*

[17] Tribunal De Primera Instancia Marítimo con Competencia Nacional y sede en la ciudad de Caracas. Sentencia de fecha 4/12/2013. Ubicada en la página web www.vlexvenezuela.com) y consultada el día 25 de mayo de 2020.

procedimiento ordinario marítimo, y así se decide... En consecuencia, este Tribunal NIEGA la medida preventiva de embargo preventivo solicitada sobre bienes muebles propiedad de la parte demandada.".

A su vez Álvarez Ledo nos dice[18] "*...En primer lugar cabe la inaplicabilidad del artículo 585 del Código de Procedimiento Civil, en cuanto a la necesidad de acompañar un medio de prueba que, constituya presunción grave del riesgo manifiesto de que quede ilusoria la ejecución del fallo y del derecho que se reclama; en efecto, tratándose de un bien mueble que por sus propios medios puede trasladarse fuera de la jurisdicción del Tribunal, y aún del territorio nacional, tal prueba resulta inoficiosa".* Y es que ya ha sido superada desde hace mucho tiempo la discusión doctrinaria y jurisprudencial en relación a la necesidad de acompañar medios de prueba del perículum in mora para la procedencia del embargo preventivo y otras medidas cautelares aplicables en la jurisdicción marítima. Incluso ya la Ley de Comercio Marítimo adelantaba ese espíritu en su Exposición de Motivas, mencionando que "*... Igualmente pone de manifiesto la necesidad de crear esta jurisdicción, la urgencia con que deben resolverse ciertas medidas cautelares, ante la inminencia de la salida del buque, con probabilidades de no retornar al país...".*

Este criterio ya es suficientemente aceptado por los tribunales de la Jurisdicción Especial Acuática, y para muestra traemos un extracto de la anteriormente citada sentencia del Tribunal de Primera Instancia Marítimo[19], en juicio intentado por la sociedad mercantil AGENTES NAVIEROS Y ADUANALES AGENA, C.A., vs. la sociedad mercantil NAVIADUANA ANT & ELI, S.A., la cual menciona que "*... Distinto es el tratamiento para el periculum in mora de acuerdo a la medida de que se trate pues es jurisprudencia pacífica y reiterada de la jurisdicción especial acuática que para el decreto de la medida cautelar de embargo preventivo de buque este no es de obligatoria exposición ya que la norma no exige a las partes la carga de probarlo, sin que ello*

[18] Tulio Álvarez Ledo, Obra citada, pág. 876.

[19] Tribunal de Primera Instancia Marítimo con Competencia Nacional y sede en la ciudad de Caracas, de fecha 27 de marzo de 2014, ubicada en la página web www.vlexvenezuela.com, consultada el 30 de mayo de 2020.

signifique que dicho elemento no deba estar presente para que se decrete la medida cautelar en referencia tal como lo exige el artículo 585 del *Código de Procedimiento Civil, lo que sucede es que no hace falta probarlo, ya que, el mismo es un elemento o una característica intrínseca de la propia actividad marítima. Este criterio se aplica una vez más en el presente caso con el objeto de realizar el pronunciamiento sobre la medida preventiva de embargo del buque "Ay Cumaná" solicitada, y así se decide".*

Una vez acordado el embargo preventivo, "*... se cumplirá mediante notificación que hará el tribunal al Capitán de Puerto de la Circunscripción Acuática en que se encuentre el buque, quien ejecutará la medida. En casos urgentes podrá el tribunal comunicar la prohibición de zarpe por medios electrónicos ...*" (art. 104 LCM).

Otra particularidad que trae este procedimiento, y que reafirma su naturaleza cautelar, radica en la posibilidad de que "... *Una vez practicado el embargo preventivo del buque, y transcurridos treinta (30) días continuos desde esa fecha sin que comparezca el demandado, el Tribunal a solicitud del acreedor, y siempre que la obligación demandada exceda del veinte por ciento (20%) del valor del buque y que el mismo se encuentre expuesto a ruina, obsolescencia o deterioro, procederá a ordenar el remate anticipado del mismo, siempre y cuando el demandante hubiere caucionado en forma suficiente, se designará un único perito a objeto de fijar el justiprecio*". (art. 106 LCM). En los artículos 107, 108 y 109 se desarrolla el respectivo procedimiento de remate y puesta del justiprecio a la orden del Tribunal.

Por otro lado, *"... La oposición al embargo preventivo, así como la objeción al monto o forma de constitución de la garantía, se tramitarán conforme al procedimiento de las medidas preventivas previsto en el Código de Procedimiento Civil, y sin que su interposición suspenda los efectos de la resolución impugnada. La petición sobre modificación, reducción o cancelación de una garantía sustitutiva de un embargo, se tramitará bajo el mismo procedimiento".* (art. 105 LCM). Este presupuesto está contenido en el Artículo 588 del C.P.C, en su *"...Parágrafo Segundo: Cuando se decrete alguna de las providencias cautelares previstas en el Parágrafo Primero de este Artículo, la parte contra quien obre la providencia podrá oponerse a ella, y la oposición se sustanciará y resolverá conforme a lo previsto en los Artículos 602, 603 y 604 de este Código... "*, en los siguientes términos: "... *Dentro del tercer día siguiente a la ejecución de la medida preventiva, si la parte contra quien obre estuviere ya citada; o dentro del tercer día siguientes a su citación, la parte contra quien obre la medida podrá oponerse a ella, exponiendo las razones o fundamentos que tuviere que alegar.* (Plazo para intentarla, Artículo 602); *"... Haya habido o no oposición, se entenderá abierta una articulación de ocho días, para que los interesados promuevan y hagan evacuar las pruebas que convengan a sus derechos. En los casos a que se refiere el artículo 590, no habrá oposición (Se decretará la medida solicitada cuando se diere caución o garantía suficiente), ni la articulación de que trata este artículo, pero la parte podrá hacer suspender la medida como se establece en el artículo 589* (No se decretará si el demandado diere caución o garantía suficiente)..." (Tramitación, Artículo 603); *"... Dentro de dos días, a más tardar, de haber expirado el término probatorio, sentenciará el Tribunal la articulación. De la sentencia se oirá apelación en un solo efecto... "*. (Decisión, Artículo 603); *"... Ni la articulación sobre estas medidas, ni la que origine la reclamación de terceros, suspenderán el curso de la demanda principal, a la cual se agregará el cuaderno separado de aquellas, cuando se hayan terminado... "* (No suspensión de causa principal, Artículo 604).

Otro aspecto de interés lo constituye lo establecido en la Ley de Comercio Marítimo en su *"Artículo 111. Las disposiciones de este Título no excluyen el ejercicio de otras medidas cautelares de derecho común, que puedan corresponder a un acreedor para asegurar el resultado de su pretensión para los casos en que no se tratare de un crédito marítimo o de uno que goce de privilegio sobre un buque"*. Al respecto se pronunció el Tribunal De Primera Instancia Marítimo 21), en los siguientes términos: *"... de este enunciado legal se desprende la norma jurídica que faculta al Juez para decretar medidas cautelares de derecho común aún cuando se trate de créditos marítimos tal y como ha quedado también ya determinado en la sentencia No. 311 de fecha quince (15) de abril de 2004 de la Sala de Casación Civil del Tribunal Supremo de Justicia, cuando taxativamente permite el secuestro de un buque y determina que este no puede acordarse si no estuviere fundada la pretensión principal en un Crédito Marítimo. Este enunciado no prohíbe tal decreto y, antes bien, lo que hace es permitir que, cuando la demanda esté fundada en un crédito distinto a los determinados en el artículo 93 de la Ley de Comercio Marítimo, no están excluidas del procedimiento marítimo, el ejercicio de otras medidas cautelares de derecho común más sí el embargo preventivo de un buque o su secuestro.*

Y según el *"Artículo 112. Lo dispuesto en este Título, no se aplicará a los buques de guerra, a las unidades navales auxiliares y a otros buques pertenecientes a un Estado extranjero o explotados por él, destinados exclusivamente en ese momento a un uso público no comercial",* prerroggativa que tiene el estado para sus naves dedicadas a funciones de defensa de la soberanía nacional, pero que en la práctica las limita para la consecución coberturas de seguros, de casco maquinaria y de Protección e Indemnización (P&I), de auspicio de sociedades de clasificación, entre otras.

Finalmente quiero agradecer altamente a la Academia de Ciencias Políticas y Sociales de Venezuela y al Comité Organizador del Libro Homenaje al Dr. Luis Cova Arria, por la extraordinaria oportunidad con que me han honrado, permitiéndome no solamente hacer un aporte a este libro que dado el nivel de sus participantes estoy seguro será una pieza de colección, sino para expresar todo mi respeto, consideración y afecto a un venezolano de excepción como es el Dr. Cova, por sus notables aportes al sector académico nacional.

¿EN EL PROCEDIMIENTO MARÍTIMO VENEZOLANO EXISTE EL DISCOVERY?

SALVADOR R. YANNUZZI RODRÍGUEZ*

SUMARIO

Aclaratoria inicial. 1. ¿Qué es el Discovery? 2. El Discovery y el ordenamiento venezolano. 3. Mecanismos del Discovery. 3.a) La prueba documental. 3.b) Las deposiciones. 4. Conclusiones 5. Bibliografía.

PALABRAS CLAVE

Discovery. Prueba. Anticipada. Documento. Declaración.

KEY WORDS

Discovery. Proof. Anticipated. Document. Statement.

ACLARATORIA INICIAL

Si revisamos el procedimiento civil que nos rige, encontramos que existe un mecanismo establecido en el Código de Procedimiento Civil que tiene por objeto que los litigantes o, inclusive, terceros deban exhibir documentos que se encuentren en su poder, previa intimación, para que los presenten en el juicio, cuya finalidad, en el caso de que la solicitud se haga al contrario, es dejar constancia del contenido de los documentos cuya exhibición fue solicitada y admitida por el tribunal, o tener como cierto su contenido, de acuerdo a lo señalado por el peticionario, bien aportando una copia del documento o afirmando los datos que de él conozca el solicitante, por lo que es necesario que el solicitante aporte una prueba que constituya una presunción grave de que el instrumento se halla o ha hallado en poder del adversario, y agrega la norma la

* Profesor de las asignaturas Prácticas de III Nivel (UCAB), Teoría General de la Prueba y Pruebas en el Proceso (UCAB - UCV). Jefe del Departamento de Derecho Privado y Derecho Procesal de la Facultad de Derecho de la Universidad Católica Andrés Bello. Decano de la Facultad de Derecho de la Universidad Católica Andrés Bello. Individuo de Numero de la Academia de Ciencias Políticas y Sociales.

consecuencia de la falta de presentación del instrumento, que es tener como exacto su texto, tal como aparezca en la copia aportada o tener como ciertos los datos afirmados por el solicitante sobre el contenido del documento. En caso de presentarlo, se agregará al expediente, si su poseedor no lo requiere para otros menesteres, o se compulsará y se dejará constancia de su tenor o se reproducirá, de acuerdo a lo dispuesto en el artículo 502 del Código de Procedimiento Civil.

En el caso de que el documento se encuentre en poder de terceros, la normativa no establece las mismas consecuencias, pero podría acarrear una responsabilidad que el interesado en que se aporte el documento al expediente, o se compulse su contenida, estaría en capacidad de exigir, habida cuenta de la obligatoriedad que impone la norma.

Sin embargo, en los dos supuestos planteados, se realiza de manera *intralitem*, ya que no es posible llevarlo a cabo antes del juicio, por las restricciones legales, aunque hemos sostenido que de manera excepcional podría activarse este mecanismo para conservar un documento que pudiera desaparecer, debido a que quien lo posea podría destruirlo, inclusive, con fundamento en disposiciones legales.[1]

En materia marítima existe también una posibilidad de solicitar exhibiciones de documentos, grabaciones y registros, por lo que cabe preguntarse si ello puede enmarcarse dentro del *Discovery* o *Disclosure*, que se utiliza en países del *Common Law*, especialmente en el Reino Unido y en los Estados Unidos de América.

Por ello, la intención de este trabajo es establecer el alcance del *Discovery*, y si en el Decreto con fuerza de Ley de Procedimiento Marítimo (en lo adelante El Decreto) está contemplado el uso de este procedimiento para anticipar pruebas entre las partes.

---

1 El artículo 44 del Código de Comercio establece la posibilidad de destruir documentos, por cesar la obligación de conservarlos. Por ello, pensamos que pudiera usarse anticipadamente el mecanismo de la exhibición para resguardar su contenido o el interesado podría accionar por la vía de Amparo Constitucional, ante la amenaza de que se le conculquen derechos tutelados por la Constitución, como lo es el derecho a la prueba lo que conllevaría a la limitación del derecho a la defensa. En este caso, ello permitiría evitar la destrucción del documento que serviría de prueba de un hecho relevante para el juicio.

1. ¿QUÉ ES EL *DISCOVERY*?

Si hacemos una revisión del procedimiento civil federal de los Estados Unidos, nos encontramos que previa a la proposición de la demanda, las futuras partes reciben de la contraria, la mayor información sobre los aspectos que se ventilarán en la controversia que se tiene previsto incoar, lo que permite que puedan estar al tanto sobre la certeza y solidez de los argumentos de los futuros litigantes, lo que a su vez -en la mayoría de los casos- les evita alguna sorpresa derivada de los hechos que se discutirían en el juicio. Todo esto se realiza con un procedimiento denominado *Discovery* o *Disclosure*.[2]

¿Cuál es la finalidad de ello? El objetivo de este procedimiento es hacer mucho más fluido el juicio en cierne, debido a que las futuras partes -con ello- asumirán un nivel de conciencia sobre los fundamentos en los que el contrario está proyectando implementar su defensa, lo que les permite reconducir su posición argumentativa, buscar una solución concertada a la problemática o desistir de proponer el juicio si así lo considerara el futuro demandante, ante su debilidad frente a la fortaleza del futuro adversario.

Ahora bien, ¿qué es el *Discovery*? Carlos Sánchez López lo define como "*el procedimiento procesal a través del cual cada una de las partes puede obtener información de las otras, de cara a concretar el objeto de la controversia, determinar sus posiciones, y recopilar pruebas para el posterior proceso judicial*".[3] De acuerdo a dicha definición, lo relevante del *Discovery* es la posibilidad de pesquisar los elementos en que se van a fundar los contrarios, bien sean las afirmaciones que tienen previsto articular y las pruebas con las que comprobarán esas afirmaciones. De allí que, para el citado autor, los mecanismos más importantes del *Discovery* lo constituyen la aportación de documentos y las *depositions*,[4] los que analizaremos más adelante.

---

2 Regulado en las reglas 26 a 37 de las *Federal Rules of Civil Procedure* (FRCP).

3 Carlos Sánchez López, "Discovery". Tomado de la página web https://sands.legal/blog/que-es-el-discovery/, el 15 de mayo de 2020.

4 Ibidem.

2. EL DISCOVERY Y EL ORDENAMIENTO VENEZOLANO

Christian Herrera Petrus[5] expresa que en las regulaciones del *common law*, especialmente en los Estados Unidos, no se exige un vínculo de relevancia tan claro en relación con los hechos alegados al entablarse el procedimiento (en los *pleadings* iniciales) porque estos son meramente indicativos y no delimitan definitivamente el debate procesal. Obviamente que ello contrasta con las disposiciones que regulan el ingreso de las pruebas al proceso en Venezuela, las que deben tener congruencia con los hechos que se debaten en el juicio,[6] de otra manera no serían admisibles, como regla general, y de admitirse por error o duda sobre la pertinencia, legalidad, conducencia o legitimidad, se desecharía en la sentencia de mérito, si efectivamente estuviera contaminada con algunas de las condiciones indicadas. La excepción la constituye el adelanto de pruebas, mediante el retardo perjudicial por temor fundado de que el hecho pueda modificarse o desaparecer,[7] en razón de que en ese procedimiento no se explanan hechos y se limita a evacuar las pruebas en las que el solicitante pueda tener interés, por lo que no es posible determinar la pertinencia de la prueba que se aspira obtener; solamente el juez que sustancie dicho procedimiento podría pronunciarse sobre la legalidad en algunos casos. También podría anticiparse la captura de un hecho que pudiera tener relevancia, mediante la inspección ocular *extralitem*.[8]

Continúa afirmando Christian Herrera Petrus,[9] que de acuerdo con la *Rule* 26 de las *Federal Rules of Civil Procedure*, para solicitar el

---

5 Christian Herrera Petrus, "Reflexiones sobre el discovery y otros aspectos probatorios del common law en el arbitraje internacional desde la perspectiva del jurista continental". http://afarbit.org/reflexiones-sobre-el-discovery-y-otros-aspectos-probatorios-del-common-law-en-el-arbitraje-internacional-desde-la-perspectiva-del-jurista-continental/?lang=es.

6 La excepción la constituye el procedimiento laboral en Venezuela, porque la Ley Orgánica de Procedimientos del Trabajo exige que el material probatorio deben aportarlo las partes en la audiencia preliminar, y por disponerlo la Sala de Casación Social del Tribunal Supremo de Justicia, debe ofrecerse en la instalación de dicha audiencia, cuando aún no se ha contestado la demanda.

7 Procedimiento regulado en los artículos 813 - 818 del Código de Procedimiento Civil.

8 Ver artículos 1428 del Código Civil y 938 del Código de Procedimiento Civil.

9 Christian Herrera Petrus, Ob. Cit.

discovery a la contraparte o a terceros basta con que el material probatorio buscado "*appears reasonably calculated to lead to the discovery of admissible evidence*";[10] nuevamente cabe el comentario realizado acerca de la admisibilidad de los medios de prueba que pretendan utilizar las partes para trasladar los hechos al proceso, de acuerdo a nuestra legislación. En caso de que se tengan dudas sobre la pertinencia de la prueba que se pretende obtener, debe admitirse a fin de no conculcar el derecho de defensa que incumbe a la parte, pero todo esto se desarrolla dentro del proceso; mientras que en el *Discovery*, como afirma Christian Herrera Petrus,[11] la conexión requerida con los hechos alegados de principio es solo tenue. La fijación definitiva de los hechos que configuran la contienda litigiosa se producirá en el juicio, ante juez y jurado,[12] como resultado de la previa exhibición de documentos y demás materiales.[13] Por ello, es en el juicio propiamente donde se determinará la relevancia de las pruebas.

Entre los beneficios que puede conllevar el *Discovery* para los que mantienen la discrepancia, señala el citado autor que puede favorecer la igualdad procesal de las partes, evitando o limitando que una se imponga a la otra como consecuencia de sus mayores recursos económicos. Esta conclusión es relativa, porque la circunstancia de que una de las partes tenga una gran capacidad económica no modificaría los hechos, simplemente el *Discovery* permite conocer de antemano en qué elementos basaría la defensa. Obviamente que aquel que tenga mayores posibilidades económicas puede contratar una mejor defensa, en el sentido de que el equipo de abogados sea más avezado que los del contrario, e investigar más detalladamente los hechos. Agrega Herrera Petrus,[14] que como consecuencia de solicitar al contrario todos los materiales

---

[10] Traduce "*pareciera razonablemente calculado para conducir al descubrimiento de evidencia admisible*".

[11] Christian Herrera Petrus, Ob. Cit.

[12] En el sistema judicial venezolano no existe la figura del jurado.

[13] Actualmente, en el procedimiento venezolano no se admite la exhibición de cosas, lo que estaba previsto en el Código de Procedimiento Civil anterior. Las disposiciones vigentes solamente permiten la exhibición de documentos que estén en posesión de las partes o de terceros.

[14] Christian Herrera Petrus, Ob. Cit.

relativos a la disputa, impide el despliegue de actuaciones procesales sorpresivas que puedan mediatizar el sentido del veredicto del jurado (en nuestro caso del juez) sobre la base de un golpe de efecto durante el juicio. Como consecuencia de lo anteriormente indicado, es evidente, como lo expresa el autor de referencia, que el *Discovery*, favorece soluciones transadas o negociadas de los conflictos, porque permite a los litigantes evaluar mejor sus posibilidades de éxito en el pleito, al conocer con exhaustividad el material probatorio que valorará el jurado o el juez en los ordenamientos continentales.

De lo reseñado se desprende que en los procedimientos judiciales del *common law* existe una fase preliminar para examinar el material probatorio del contrario que no existe de manera obligatoria en Venezuela, y es bastante improbable que las partes se avengan a realizar un procedimiento extrajudicial en el que muestren el material probatorio, debido a que la cultura de litigio no está diseñada para ello. Es importante destacar que de acuerdo con nuestra legislación se pudieran anticipar algunas pruebas en el caso de que el hecho que se pretenda probar tenga la posibilidad de modificarse o desaparecer, y de no captarse anticipadamente haría nugatoria o desmejoraría la defensa del interesado en aportar dicha prueba, pero es una actividad que propondría una de las partes, aunque debe citarse al contrario para que tenga la posibilidad de controlar las pruebas que se pretenden evacuar, pero no sería una actividad que realizarían de consuno las futuras partes.

En esa fase preliminar, en el *Discovery*, es una obligación[15] para las partes colaborar recíprocamente, y para los terceros un deber,[16] para la obtención del material probatorio que eventualmente se utilizará en

---

15 Entendemos por obligación, los compromisos que se le imponen a las partes derivadas de la relación procesal, cuyo cumplimiento puede exigirse coercitivamente. En el caso del material probatorio, hay situaciones en las que la falta de cooperación de la parte que pueda suministrar la prueba, puede traerle consecuencias desfavorables, como lo es tener por cierto lo afirmado por el solicitante; o la falta de cooperación de una parte, puede permitirle al juez interpretar que la negativa a colaborar, confirma la exactitud de las afirmaciones del contrario.

16 En nuestra legislación son los compromisos que le corresponden a los terceros con el proceso, que de no cumplirlos se les puede sancionar. Un ejemplo de ello, es el testigo contumaz, a quien se le puede imponer una multa o arresto proporcional.

17 El objetivo de la sanción es evitar que se incumpla con el suministro de la información.

el juicio, cuya inobservancia acarrea severas sanciones para el infractor o el que niegue su cooperación.[17] En el ordenamiento venezolano, si bien está contemplado normativamente el deber de lealtad de las partes, de sus apoderados y abogados asistentes, simplemente les anuncia la existencia de su responsabilidad por los daños y perjuicios que causaren por su actuación temeraria o de mala fe;[18] en consecuencia no se le puede exigir coercitivamente a alguna de las partes en el juicio que colabore con el contrario en la producción de un material probatorio, simplemente el juez puede interpretar de la negativa a colaborar en la prueba, como una confirmación de la exactitud de las afirmaciones de la parte contraria, es decir, es una facultad del juez poder fijar el hecho si existieren causas para ello, lo que debe razonar.

En el *Discovery* se pueden distinguir, a grandes rasgos, tres fases, en la primera cada parte debe suministrar al contrario los nombres de las personas que tengan información relevante sobre los hechos relacionados con el juicio; en la segunda fase, recíprocamente, las partes se entregarán información relativa a los peritajes que serán utilizados durante el juicio; en la tercera fase, las partes se informarán acerca de los nombres de los testigos y de la documentación que será aportada como prueba durante el juicio.

No existe en el ordenamiento venezolano un procedimiento o mecanismo que permita imponer a las partes para que realicen una actividad probatoria determinada y menos que sea anterior a un juicio,[19] salvo que previamente lo hayan establecido ellas mismas, mediante un pacto probatorio,[20] lo que probablemente esté conectado con una rela-

[18] Ver el artículo 170 del Código de Procedimiento Civil. En la Ley Orgánica de Procedimientos Laborales, existe una norma con la misma redacción, pero con el agregado de que el juez puede sancionar al infractor.

[19] La excepción seria el juicio de retardo perjudicial por temor fundado, al que se ha hecho referencia precedentemente.

[20] En Venezuela no existe una regulación para que las partes celebren pactos probatorios en los que se desplacen la carga de la prueba, o se exija de alguna de ellas una actividad determinada para demostrar un hecho. Sin embargo, encontramos normas en que permiten que las partes acuerden evacuar una prueba en la que tengan interés en cualquier estado y grado de la causa (Art. 396 del Código de Procedimiento Civil). Sin embargo, estimamos que estos pactos son válidos, siempre y cuando se refieren a derechos disponibles y no hagan más onerosa la carga a quien se le desplaza, siguiendo en ello la normativa italiana.

ción contractual previa, en la que se estipule un mecanismo de conciliación.[21] En el procedimiento marítimo venezolano, como veremos, las exhibiciones se solicitan después de contestada la demanda y no previamente a la proposición del juicio.

3. MECANISMOS DEL *DISCOVERY*

Tal como se indicó precedentemente, y como lo señala Carlos Sánchez López,[22] los mecanismos esenciales del procedimiento del Discovery están constituidos por la aportación de la prueba documental y por las deposiciones (*depositions*), que corresponden a las actividades que se cumplen en la tercera fase, tal y como se ha indicado anteriormente. Procederemos a continuación a revisar a que se refiere cada una de ellas.

3.a) La prueba documental.

El documento por su propia naturaleza hace alusión a una creación humana, ya que siempre va a contener una manifestación del pensamiento, independientemente de la clasificación en que pueda situársele y del soporte que lo contenga.

No existe un acuerdo en la doctrina para conceptualizar al documento, y para tratar de establecer de qué se trata, ubicamos algunas definiciones de documento que podrían enfocarnos para entender qué es la prueba documental. Devis Echandía, expresa que documento es "*toda cosa que sea producto de un acto humano, perceptible con los sentidos de la vista y el tacto, que sirve de prueba histórica indirecta y representativa de un hecho cualquiera*";[23] el citado autor, enuncia que el contenido del documento "*puede ser declarativo – representativo, cuando contenga una declaración de quien lo crea u otorga o simplemente lo suscribe, como es el caso de los escritos públicos o privados; pero puede ser únicamente representativo (no declarativo), cuando no*

[21] En el Reglamento del Centro Empresarial de Conciliación y Arbitraje, existe un mecanismo de conciliación, pero no hay referencia alguna al avance de pruebas o al intercambio de material probatorio.

[22] Carlos Sánchez López, Ob. Cit.

[23] Hernando Devis Echandía, *Teoría General de la Prueba Judicial.* Víctor P. De Zavalía – Editor. Buenos Aires. 1981. Tomo II. Pág. 486.

contenga ninguna declaración, como ocurre en los planos, cuadros o fotografías. Por tanto el documento no es siempre un escrito".[24] Más adelante, Devis señala que "*la inmensa mayoría de los autores, tanto civilistas como penalistas, se deciden por la tesis que nosotros defendemos y consideran el documento como un objeto susceptible de percepción visual, que representa un hecho y tiene, por esto mismo, significación probatoria*".[25] Carlos Viada y Pedro Aragoneses indican que documento es todo "*objeto físico susceptible de ser llevado a la presencia del juez*",[26] lo que obviamente es un concepto muy amplio, ya que todo lo que pueda ser trasladado constituiría un documento. Carnelutti lo define como "*una cosa representativa, o sea capaz de representar un hecho*"; podemos agregar que se trata de un hecho que corresponde a la objetivación del pensamiento que por el documento se puede conocer. Para Antonio Parra Quijano, documento "*es cualquier cosa que sirve por sí misma para ilustrar o comprobar por vía de representación, la existencia de un hecho cualquiera o la exteriorización de un acto humano*"; indiscutiblemente que el documento corresponde a una creación humana mediante la cual se manifiesta el pensamiento.

Ahora bien, la prueba documental puede estar en manos de la parte o de un tercero y no solo nos referimos a la documentación física, ya que en la situación social en la que nos desenvolvemos no es posible interactuar sin sistemas informáticos, por lo que en el *Discovery*, de ser el caso, deben suministrarse bases de datos con los documentos almacenados que contengan información relacionada a lo que se discute, así como establecer las bases o mecanismos para pesquisar información necesaria o relevante para el asunto. No obstante ello, por otra parte, no se puede obviar que en algunos casos, de acuerdo a la legislación venezolana, hay restricciones contempladas en la ley para la divulgación de ciertos documentos o para su uso, supuesto en el cual no pudiera utilizarse en un proceso, salvo que se cumplan con las exigencias establecidas para poder divulgar el contenido del documento. En efecto, existen

---

[24] Ibidem.

[25] Ídem. Pág. 491

[26] Carlos Viada – Pedro Aragoneses, *Curso de derecho procesal penal*. Tomo I. Madrid 1968. Pág. 385.

prohibiciones legales para incorporar a un proceso las cartas misivas, si no constan las autorizaciones del remitente y del destinatario, y de incorporarse se considerarán ilícitas por lo que no podrían usarse en juicio, si no constan las aquiescencias a que se refieren los artículos 1.371, 1.372 y 1.373 del Código Civil, por lo que no deberían darle ingreso al proceso o desecharlas en la sentencia de mérito en el supuesto de que se hubieran admitido.[27] Tampoco podría usarse el mecanismo de la exhibición documental, ya que ello comportaría una violación de la garantía constitucional de la inviolabilidad de la correspondencia, y se trataría de una artimaña a fin de hacer ingresar una misiva al proceso sin que se hubieren otorgado las autorizaciones exigidas por la ley. En ese sentido se pronunció la Sala Constitucional del Tribunal Supremo de Justicia, en la decisión proferida el 24 de septiembre de 2003,[28] mediante la cual procedió a inadmitir una exhibición documental, por cuanto era un tercero el autor de la carta misiva, y no constar en autos su consentimiento, tal como lo dispone el artículo 1372 del Código Civil, lo que nos parece procedente.

Por otra parte, hay informaciones que se encuentran en documentos de terceros que gozan de reserva, y tampoco podrían presentarse en un proceso si no se otorgan las autorizaciones respectivas, como lo serían las correspondientes a las transacciones bancarias, las que para ser divulgadas deben contar con el beneplácito de la Superintendencia de Bancos, de acuerdo a las regulaciones establecidas por dicho Organismo.[29]

---

27 Debe recordarse que en Venezuela la admisión de las pruebas es provisoria, en el sentido de que si la prueba promovida no es evidentemente ilegal o impertinente se le da entrada, salvo su apreciación en la sentencia de mérito. Consideramos que ello es aplicable también a la prueba ilegitima y a la inconducente.

28 Ramírez & Garay. *Jurisprudencia venezolana.* Editorial Ramírez & Garay. Caracas, Tomo 191. Pág. 199. Aproseder en amparo. Sentencia número 2575.

29 Hay que aclarar que en la normativa procesal venezolana, las personas jurídicas están obligadas a suministrar información sobre datos o hechos acreditados en documentos, libros, archivos o papeles en general que lleven Bancos, Oficinas Públicas, Sociedades civiles o mercantiles, a requerimiento del tribunal, las que no podrán rehusar a informar invocando causa de reserva. Ver artículo 433 del Código de Procedimiento Civil. Sin embargo, por una resolución de la Superintendencia de Bancos de Venezuela, las entidades bancarias no pueden suministrar información alguna hasta que ese Organismo lo autorice, aunque existe una lista de funcionarios que están habilitados para requerir información obviando esa autorización, en la que no se encuentran los tribunales civiles.

También debe señalarse que existen documentos que están amparados por el secreto profesional como es el caso de las historias médicas, los documentos de contabilidad que reposen en los archivos de un profesional de la contaduría, los que no pueden ser divulgados sino a petición de la autoridad competente. En efecto, la Ley del Ejercicio de la Contaduría, en el ordinal 1ª de su artículo 11, prescribe que los contadores públicos deberán observar, en el ejercicio de las actividades que les son propias, las siguientes normas de ética: "*1) Guardar el secreto profesional, quedando en consecuencia prohibida la divulgación de información o la presentación de evidencia alguna obtenida como consecuencia de estas funciones, salvo ante autoridad competente y solo en los casos previstos en otras leyes*"; por lo que constituye una limitante. Otro tanto acontece con los Administradores Comerciales, quienes por mandato legal deben observar el sigilo profesional.

No puede perderse de vista, que pueden encuadrarse en el género documental tanto las filmaciones, fotografías y grabaciones,[30] que en algunos casos podrían constituir pruebas válidas,[31] pero en otros casos podrían ser ilegitimas.[32]

Si analizamos el artículo 12 de El Decreto encontramos que se permite tramitar de manera anticipada, a la oportunidad de la sustanciación de pruebas en el procedimiento marítimo, algunos medios de prueba, cuyo presupuesto de procedencia responde al peligro de que desaparezca el medio probatorio;[33] sin embargo, este adelanto probato-

[30] No obstante que la tendencia en la doctrina jurisprudencial venezolana es la de otorgarle la condición de prueba libre. Ver sentencia N° RC00769 del 24 de octubre de 2007, proferida por la Sala de Casación Civil del Tribunal Supremo de Justicia.

[31] Un ejemplo de ello, es el caso de las grabaciones ordenadas por la normativa legal o las obtenidas con el consentimiento de la persona o aquellas que se hayan realizado de manera voluntaria.

[32] Como serían aquellas obtenidas interceptando las comunicaciones, sin las debidas autorizaciones o aquellas obtenidas violando la privacidad. Sobre este tema puede consultarse a Salvador Yannuzzi. "La Prueba Ilegitima en Venezuela", en *III Jornadas Aníbal Dominici. Derecho Probatorio. Homenaje al Dr. Ricardo Henríquez La Roche.* Talleres Gráficos de Lito Formas. Septiembre 2011.

[33] Consideramos que cuando El Decreto se refiere a la desaparición del "*medio probatorio*", ello constituye un error de concepto, ya que el medio de prueba es el instrumento que la ley le otorga a los sujetos procesales para trasladar el hecho al expediente, que es el que puede modificarse o desaparecer. El medio de prueba este nominado en la ley.

rio no es previo al juicio, como se apuntó precedentemente, sino que se realiza una vez se ha iniciado el proceso, antes de la audiencia oral que prevé la normativa. Pensamos que la solicitud debe hacerse antes de la audiencia preliminar que corresponde convocar al juez, oportunidad en la cual las partes anunciarán los medios que pretenden utilizar para comprobar las afirmaciones de hecho que hayan realizado.[34] Sin embargo, la prueba documental no está prevista entre las que pueden valerse las partes; pero, de acuerdo a la previsión del artículo 16 de El Decreto permite dejar constancia del contenido del documento en el adelanto de pruebas antes del juicio, mediante la realización de una inspección judicial extralitem, la que debe ser instruida por un juez. Por tanto, no comparte de la naturaleza del *Discovery*, en la que no interviene el juez, salvo en algunas circunstancias en las que pudiera haber una desavenencia insalvable entre las partes.

Con respecto a los medios de prueba que pueden sustanciarse antes del juicio tenemos que puede promoverse la inspección judicial para cuya instrucción se aplicará la normativa prevista en el Código de Procedimiento Civil, con el agregado de que debe citarse a aquel a quien se aspira oponer la inspección, salvo la imposibilidad de llevar a cabo la citación, lo que establecerá el juez, caso en el cual se designará un defensor judicial a fin de atender la evacuación de esa inspección. Igualmente, de acuerdo a la remisión que hace el artículo 3 de El Decreto, consideramos que podría promoverse un Retardo Perjudicial[35] por temor fundado de que el hecho que se pretende probar pueda modificarse o desaparecer por el transcurso del tiempo, pero estimamos que estaría excluida la prueba documental, las pruebas libres y la confesión provocada por el mecanismo de posiciones juradas.[36]

Por tanto, insistimos, no existe en el procedimiento marítimo venezolano, ni en el ordenamiento procesal venezolano, un mecanismo que permita exigir la presentación previa al juicio de la prueba documental

---

[34] Sobre este aspecto puede consultarse Salvador Yannuzzi. *Régimen de pruebas en el procedimiento marítimo venezolano.* Academia de Ciencias Políticas y Sociales. Caracas. 2015.

[35] Ver nota 8.

[36] Sobre este aspecto puede consultarse a Salvador Yannuzzi, *Régimen de pruebas en el procedimiento marítimo venezolano.* Academia de Ciencias Políticas y Sociales. Caracas. 2015.

que se encuentre en posesión de alguna de las partes o de terceros.[37] Aunque en el artículo 9 de El Decreto se establece la posibilidad de que las partes pueden solicitar al tribunal que ordene a la otra la exhibición de documentos, grabaciones o registros que estén bajo la custodia o control del requerido, no se trata -como afirma un sector de la doctrina- del *Discovery*, porque esta petición se realiza y se instruye *intralitem* y no es previa al juicio. También pueden solicitar las partes, inspección de naves, de mercancías, documentos o cualquier otro objeto que esté relacionado con lo debatido en el juicio, cuya negativa permite al juez extraer las presunciones que su prudente arbitrio le aconseje, siempre y cuando el motivo fuere injustificado, como lo dispone el artículo 13 de El Decreto[38], pero todo ello se realiza una vez iniciado el juicio.

En consecuencia, consideramos que las exhibiciones e inspecciones a que se refiere El Decreto, no pueden asimilarse al *Discovery* regulado en el *common law*, e insistimos que estas se llevan a cabo dentro del juicio, mientras los mecanismos a los que estamos haciendo referencia se llevan a cabo extrajudicialmente, antes del inicio del juicio, en donde no interviene el juez, salvo en circunstancias muy excepcionales.

3.b) Las deposiciones

Cuando en el *Discovery* se refiere a las deposiciones (*depositions*), está aludiendo a la declaración oral que deben prestar las propias partes o los testigos. Algunos consideran que este mecanismo es de la mayor importancia y utilidad porque permite recoger una significativa información sobre hechos que interesan para el futuro juicio. Estas deposiciones se realizan en una sesión contradictoria, previo el juramento de aquel que debe prestar la declaración, sin la presencia del juez, las

[37] Hemos hecho referencia a que se puede exigir la presentación a una de las partes de un documento que se halle en poder del adversario. Igualmente, se puede requerir a un tercero la presentación de un documento que se encuentre en su poder, relativo al juicio; pero todo ello se realiza en un acto procesal, en la secuela del juicio, en presencia del juez, por lo que no es extrajudicial, como es el *Discovery*.

[38] La Sala de Casación Civil del Tribunal Supremo de Justicia ha relacionado la facultad concedida al juez por disposiciones que contengan ese supuesto, con la teoría de los actos propios, que permite extraer conclusiones de la conducta de la parte en el juicio, inclusive en etapa probatoria. Ver sentencia 176 del 20 de mayo de 2010. Compilación de Jurisprudencia Venezolana Ramírez & Garay. Tomo 269. Pag. 543.

que quedan registradas por un medio mecánico de reproducción, declaración que se transcribe posteriormente y esa acta contentiva de la deposición se aporta al juicio. Obviamente que el interrogatorio está relacionado con los hechos objeto de la controversia, que pueden obtenerse de la documentación aportada y que estén vinculados de alguna manera con el que presta la declaración, por lo que de esta se obtienen elementos que pueden servir para tratar de fijar otros hechos adicionales. Sin embargo, el declarante puede abstenerse de contestar las preguntas en las que deba guardar el secreto profesional o que se trate de incriminarlo. Se permite el control de la deposición y el contrario puede hacer las repreguntas que estime convenientes, a los fines de ampliar, aclarar o invalidar el dicho del deponente. Obviamente, que la declaración de los testigos permite a las partes, evaluar el conocimiento que tiene quien expone sobre los hechos o el eventual interés que pudiera tener en las resultas del juicio. Por otra parte, permite a los interesados evaluar la posibilidad de comprobar los hechos, ya que la información que reciban de los testigos les puede permitir acopiar un material probatorio importante para demostrar la veracidad de los hechos que alegarán en el juicio. Otro tanto, se puede señalar de la declaración que presten las partes, ya que le permite al contrario fijar hechos antes del inicio del proceso; sin embargo, es de advertir que en Venezuela no se permite provocar la confesión de la parte por el mecanismo de las posiciones juradas, sino dentro del juicio, de manera exclusiva. Efectivamente, de manera expresa, está excluida en el procedimiento de retardo perjudicial por temor fundado de que desaparezcan las pruebas.[39]

Si bien el artículo 12 de El Decreto, permite que en el procedimiento marítimo se adelante la deposición de testigos, esto se realiza antes de la audiencia oral, es decir, que ya el procedimiento se ha iniciado, por lo que se llevarán a cabo delante del juez, quien debe juramentar el testigo,[40] y dejar recuerdo de la declaración mediante un medio

---

[39] Debe recordarse que en este procedimiento solamente se limita a evacuar las pruebas promovidas por el solicitante, si el tribunal las admite. No existe relación alguna de hechos, y las posiciones juradas deben formularse con miras a la pertinencia de los hechos que tengan relación con el merito de la controversia. Al no haberse articulados los hechos por las partes, no podría determinarse si están ajustadas a lo que se va a discutir en el futuro juicio.

[40] En Venezuela es una condición para la validez de la prueba de testigos, que se encuentre debidamente juramentado.

mecánico, para reproducirla posteriormente en la audiencia oral, pero quien dirigió la prueba fue el juez, dentro de la causa, y todo ello se llevó a cabo en un acto procesal. Igualmente, mediante el procedimiento de retardo perjudicial por temor fundado, puede alguna de las partes anticipar la declaración de un testigo, siempre y cuando existan causas que justifiquen el adelanto de la deposición, pero en este caso también se realiza en un acto procesal, en presencia del juez, lo que constituye una diferencia total con el *Discovery*.

Lo que más se aproxima, en el ordenamiento venezolano, a una deposición como la del *Discovery*, es la que se realiza en materia penal, ante el Fiscal encargado de la investigación, pero no se hace en presencia de la parte contraria y se lleva a cabo ante un funcionario facultado por la ley para tomar la declaración. La aproximación es porque la declaración no se lleva a cabo en un acto procesal.

En consecuencia, las actividades probatorias previstas en el procedimiento marítimo venezolano, necesariamente deben llevarse a cabo con la intervención de un juez, lo que no es propio del *Discovery* cuyas actuaciones se realizan anticipadamente al juicio, y son las partes quienes llevan adelante la sustanciación de las deposiciones y la pesquisa con los documentos que el contrario ha aportado.

4. CONCLUSIONES

De acuerdo a lo expuesto, en el procedimiento marítimo venezolano no existe la figura del *Discovery,* por lo que las exhibiciones y declaraciones de testigos se realizan una vez iniciado el procedimiento, en presencia del juez, en un acto que este fije al efecto, mientras que en el *Discovery* se realiza de manera anticipada al inicio del procedimiento y no interviene el juez, salvo situaciones muy excepcionales.

En el *Discovery* se le puede exigir a las partes que declaren, mientras que en nuestro ordenamiento jurídico, ello no es posible, porque la intención de la declaración de parte es provocar la confesión, cuyo objetivo es fijar los hechos relativos al mérito de la controversia, que sean pertinentes, lo que se determinará cuando los litigantes hayan trabado la litis, al haber contestado la demanda el accionado, oportunidad en la cual se tendrá certeza de los hechos que se están controvirtiendo.

En todo caso, las posiciones juradas (mecanismo para provocar la confesión) debe hacerse en un acto procesal, presenciado por el juez de la causa, quien debe juramentar a la parte; mientras que declaración de parte en el *Discovery* es extraprocesal, y no interviene el juez, sino en casos de excepción.

En el ordenamiento venezolano no se permite evacuar de manera anticipada la prueba documental, porque por su naturaleza no desaparece, salvo que se conozca que pueda destruirse o que ha transcurrido el lapso legal para conservarla; por ello, la prueba documental no se anticipa y se aporta en el juicio, a los fines de que el contrario la acepta o proceda a su impugnación por las causales establecidas en la ley. Solamente establece la legislación la posibilidad de que se solicite el reconocimiento de firma extendida en un instrumento privado, caso en el cual se puede tachar de falso y seguir el procedimiento respetivo, pero todo ello dentro de ámbito judicial y no extraprocesal. En cambio, es de la esencia del *Discovery* el mecanismo de la aportación de la prueba documental, antes y fuera del proceso.

Como colofón de lo expuesto, debe concluirse que en el procedimiento marítimo venezolano no existe el *Discovery*.

5. BIBLIOGRAFÍA

HERRERA PETRUS, Christian, "Reflexiones sobre el discovery y otros aspectos probatorios del common law en el arbitraje internacional desde la perspectiva del jurista continental". http://afarbit.org/reflexiones-sobre-el-discovery-y-otros-aspectos-probatorios-del-common-law-en-el-arbitraje-internacional-desde-la-perspectiva-del-jurista-continental/?lang=es.

DEVIS ECHANDÍA, Hernando, *Teoría General de la Prueba Judicial.* Tomo II, Víctor P. De Zavalía – Editor. Buenos Aires. 1981.

RAMIREZ & GARAY. *Jurisprudencia venezolana.* Tomos 191 y 269. Editorial Ramírez & Garay. Caracas.

Reglamento del Centro Empresarial de Conciliación y Arbitraje.

SÁNCHEZ LÓPEZ, Carlos, "Discovery". Tomado de la página web https://sands.legal/blog/que-es-el-discovery/, el 15 de mayo de 2020.

VIADA, Carlos, y ARAGONESES, Pedro, *Curso de derecho procesal penal.* Tomo I, Madrid, 1968.

Este libro se terminó de imprimir en el mes de noviembre de 2020, en los talleres gráficos de Editorial Torino. RIF.: J-30143170-7, Teléfonos: (212) 239.7654, 235.2431. En su composición se emplearon tipos de la familia Times New Roman y Frutiger. Papel Bond 20 g.

www.ingramcontent.com/pod-product-compliance
Lightning Source LLC
LaVergne TN
LVHW082055051026
849532LV00011B/3602